Das lauterkeitsrechtliche Irreführungsverbot in Deutschland und Belgien

Europäische Hochschulschriften
Publications Universitaires Européennes
European University Studies

Reihe II
Rechtswissenschaft

Série II Series II
Droit
Law

Bd./Vol. 4488

PETER LANG
Frankfurt am Main · Berlin · Bern · Bruxelles · New York · Oxford · Wien

Dominik Roderburg

Das lauterkeitsrechtliche Irreführungsverbot in Deutschland und Belgien

Eine rechtsvergleichende Untersuchung

PETER LANG
Europäischer Verlag der Wissenschaften

Bibliografische Information der Deutschen Nationalbibliothek
Die Deutsche Nationalbibliothek verzeichnet diese Publikation in der Deutschen Nationalbibliografie; detaillierte bibliografische Daten sind im Internet über <http://www.d-nb.de> abrufbar.

Zugl.: Trier, Univ., Diss., 2006

D 385
ISSN 0531-7312
ISBN 3-631-55928-3

www.peterlang.de

Für meine Eltern

Vorwort

Die vorliegende Arbeit wurde im Sommersemester 2006 vom Fachbereich Rechtswissenschaft der Universität Trier als Dissertation angenommen. Rechtsprechung und Schrifttum wurden bis Ende 2005 berücksichtigt.

Zu großem Dank verpflichtet bin ich meinem Doktorvater *Prof. Dr. Walter F. Lindacher*, der die Arbeit stets durch Anregungen und Hinweise gefördert hat. Die Arbeit entstand während meiner Zeit als wissenschaftlicher Mitarbeiter an seiner Professur. Bessere Arbeitsbedingungen als an seinem Lehrstuhl hätte ich nirgends vorfinden können.
Weiterhin danke ich *Prof. Dr. Dr. h.c. Peter Bülow* für die rasche Anfertigung des Zweitgutachtens.

Für die Erstellung von Teilen dieser Arbeit konnte ich auf die Parlamentsbibliothek der Deutschsprachigen Gemeinschaft Belgiens zurückgreifen. Teile des Manuskriptes wurden durch *Anna Bérénice Thom* Korrektur gelesen. Hierfür schulde ich ebenso Dank wie für die Hilfsbereitschaft der Mitarbeiter(innen) des ostbelgischen Verbraucherschutzzentrums, die mir bereitwillig Einblick in ihre Tätigkeit gewährten.

Mein besonderer Dank gilt meinen Eltern *Doris und Leo Roderburg* und meinem Bruder *Christoph Roderburg*, die nicht nur bei der zeitintensiven Korrektur des Manuskriptes geholfen haben, sondern mir in jeder Phase der Arbeit und meines Studiums stets zur Seite gestanden haben. Für ihr Verständnis im Zusammenhang mit dieser Arbeit habe ich auch meiner Freundin *Alice Threinen* zu danken.

Unterstützt haben mich fast bis zum Ende der Arbeit meine Großeltern, *Gerta und Karl Friedrichs*, denen ich dieses Buch noch gerne gezeigt hätte.

Abkürzungsverzeichnis

aff.	Affaire
A.R.	Arrêté royal
Art.	Artikel
Annuaire	Pratiques du commerce et concurrence: Annuaire
BV	Belgische Verfassung
C.J.C.E.	Cour de justice de la Communauté Européenne
CUP	Commission Université-Palais
D.C.C.R.	Droit de la consommation
Doc. parlem., Chambre	Documents parlementaire de la Chambre des Représentants de Belgique
Doc. parlem., Sénat	Documents parlementaire du Sénat de des Représentants de Belgique
GüH	Gesetz über die Handelspraktiken und die Information und den Schutz des Verbrauchers vom 14. Juli 1991
GüH 1971	Gesetz über die Handelspraktiken vom 14. Juli 1971
Ing. Cons.	Revue de droit international, L´Ingénieur Conseil

J.C.B.	Jurisprudence commercial de Belgique
J.L.M.B.	Revue de Jurisprudence de Liège, Mons et Bruxelles
J.T.	Journal des Tribunaux
L.P.C.C.	Loi sur les pratiques du commerce et sur l´ information et la protection du consommateur.
M.B.	Moniteur belge
Pas.	Pasicrisie
Prés. Comm.	Président du tribunal de commerce
R.E.D.C.	Revue européenne du droit de la consommation
Rév. prat. soc.	Revue pratique des sociétés
R.C.J.B.	Revue critique de jurisprudence belge
R.D.C.	Revue de droit commercial belge
R.W.	Rechtskundig Weekblad
T.P.R.	Tijdschrift voor privaatrecht
Vz. Kh.	Voorziter van Rechtsbank de koophandel

Im Übrigen wird auf Kirchner, Hildebert, Abkürzungen für Juristen: alphabetisches Verzeichnis der Abkürzungen, 2. Auflage, Berlin et al., 1993 verwiesen.

Inhaltsübersicht

Inhaltsverzeichnis

A. Erkenntnisinteresse, Problemschwerpunkte, Gang der Untersuchung

I. Erkenntnisinteresse

Schrifttum zum lauterkeitsrechtlichen Irreführungsschutz ist sowohl in Deutschland als auch in Belgien – beides Länder mit langer Rechtstradition auf diesem Gebiet – keine Mangelware. In beiden Ländern wurden aber weite Teile des Schrifttums durch große Reformprojekte überholt – jüngst in Deutschland durch die UWG Reform von 2004, durch die das Irreführungsverbot zu einem Anwendungsfall der lauterkeitsrechtlichen Generalklausel wurde, in Belgien durch die Lauterkeitsrechtsreform von 1991 mit der das Gesetz über die Handelspraktiken und die Information und den Schutz des Verbrauchers vom 14. Juli 1991 (GüH) eingeführt wurde. Allein dies bietet für eine Untersuchung des lauterkeitsrechtlichen Irreführungsschutzes in beiden Ländern ausreichend Raum.
Wichtiger noch erscheint, dass über dieses zentrale Anliegen des Lauterkeitsrechts trotz der räumlichen und wirtschaftlichen Nähe beider Länder keine aktuelle rechtsvergleichende Betrachtung existiert.
Rechtsvergleichende Studien zum Wettbewerbsrecht scheinen aber gerade angesichts der Harmonisierungsbestrebungen auf europäischer Ebene von Bedeutung. Nur auf diese Weise kann den Erfahrungen, Traditionen und Eigenheiten der Mitgliedsstaaten angemessen Rechnung getragen werden und dem Projekt eines einheitlichen europäischen Lauterkeitsrechts Erfolg beschieden sein.
In Belgien scheint dabei das deutsche Recht attraktiver zu sein, als das belgische in Deutschland. Maßgebliches Hindernis für eine nähere Betrachtung des deutschen Rechts bilden – Belgien ist ein Land mit immerhin drei Landessprachen – insoweit ganz offenbar die Sprachgrenzen. Während im französischsprachigen Schrifttum das deutsche Recht kaum vorkommt, trifft das deutsche Recht im flämischen Schrifttum auf größeren Widerhall.

Aus dem Geschilderten resultieren auch der Schwerpunkt und die Vorgehensweise dieser Untersuchung. Im Vordergrund steht das nationale Recht. EU- bzw. EG-Recht wird nur insoweit thematisiert werden, als ihm bereits zwingende Wirkung für das nationale Recht zukommt und es somit Rechtsrealität darstellt.

II. Problemschwerpunkte

Sucht man als Verbraucher deutsche und belgische Warenhäuser auf – im Grenzgebiet ist der „Sprung nach ʹdrübenʹ" oftmals Teil eines Einkaufsbummels, fällt rasch auf, dass sich die Wirtschafts- und Werbepraktiken kaum unterscheiden. Dementsprechend sind auch die Fragestellungen im Lauterkeitsrecht nahezu identisch. Lediglich die Antworten des jeweiligen Gesetzgebers sind teilweise, manchmal auch nur vordergründig,

andere. Ein Vergleich ist umso interessanter, als die nationalen Gesetzgeber die gleichen Schutzinteressen verfolgen: Geschützt werden Mitbewerber, der Verbraucher und – in Deutschland eher prononciert – die Allgemeinheit.
Auf den ersten Blick auffallend ist dabei der unterschiedliche „regelungstechnische" Ansatz der beiden Gesetzgeber. In Deutschland erfolgt das Verbot irreführender Werbung mithilfe einer Generalklausel (§ 5 UWG), während in Belgien einer wesentlich umständlicheren enumerativen Aufzählung der irreführenden Praktiken (Art. 23 GüH) der Vorzug gegeben wurde.

Ziel wird sein, die Irreführungstatbestände aufzuzeigen und anschließend rechtsvergleichend die Stärken und Schwächen der jeweiligen Rechtssysteme gegenüberzustellen. Hier seien nur einige Stichworte genannt: Auf prozessualer Ebene etwa die Möglichkeit des belgischen Wirtschaftsministers gegen Gesetzesverstöße vorzugehen, Verfahrens- und Beweislastfragen und die Kompetenz des Richters eine Irreführung aus eigener Sachkunde festzustellen. Materiell wird auf die verschiedenen Verbraucherleitbilder und einzelne Irreführungspraktiken einzugehen sein.

III. Gang der Untersuchung

Beginnen wird die vorliegende Untersuchung mit einer Einführung in das belgische Recht, der verfassungsrechtlichen Einbettung und Schutzzwecküberlegungen hinsichtlich beider Rechte.
Angesichts der zunehmenden Bedeutung der speziellen Irreführungsverbote (in Belgien vgl. etwa das Gesetz vom 21. Oktober 1992 bezüglich der irreführenden Werbung hinsichtlich der freien Berufe; das Gesetz vom 23. Januar 2002 betreffend der Werbung für motorisierte Fahrzeuge, den königlichen Erlass vom 7. April 1995 hinsichtlich der Information und Werbung betreffend der Medikamente für die Verabreichung am Menschen) wird anschließend das Verhältnis dieser Tatbestände zu UWG und GüH sowie die Irreführungsregeln aus GüH und UWG mit ihren Bezügen zum europäischen Recht dargestellt.
Nach alledem wird der Weg bereitet sein, die belgischen und deutschen lauterkeitsrechtlichen Irreführungsverbote zu vergleichen.

B. Allgemeine Grundlegung

I. Einführung zum lauterkeitsrechtlichen Schutz gegen irreführende Werbung in Belgien

1. Überblick über die Regelungs- und Gesetzestechnik des GüH

Das GüH 1991[1] ist eine Fort- und Weiterentwicklung des Gesetzes von 1971[2]. Hinsichtlich der Reglementierung von Werbung, ist das System des GüH 1971 weitgehend erhalten geblieben: Art. 23 GüH (der an die Stelle des Art. 20 GüH 1971[3] getreten ist) verbietet bestimmte Arten der Werbung, Verhaltensweisen die nicht hiervon erfasst werden können allenfalls über die Generalklausel untersagt werden.

Der zentrale Tatbestand für irreführende Werbung findet sich in Art. 23 Nr. 1- 3 GüH. Weitere in Deutschland vom Verbot der irreführenden Werbung als mitumfasst anerkannte Verhaltensweisen werden in Art. 23 Nr. 4, 5, 9, 13 GüH geregelt.
Die genannten Vorschriften lauten:

> Sans préjudice d'autres dispositions légales ou réglementaires, est inderdite toute publicité:

---

[1] Aus dem deutschsprachigen Schrifttum vgl. die Zusammenfassungen bei Wohlgemuth WRP 1992, 457 ff.; Van den Bergh GRUR Int. 1992, 803 ff.; Henning-Bodewig GRUR Int. 1994, 455 ff.

[2] Ausführlich hierzu aus der deutschsprachigen Literatur Henning- Bodewig, Recht der Werbung in Europa, Bd. 2, Belgien, Rn. 1 ff., insbesondere Rn. 68 ff.; zum Recht vor 1971 vgl. Ulmer/Schricker/Wunderlich, S. 1 ff.

[3] Est interdite toute publicité commerciale :

1° qui comprote des indications susceptibles d' induire le public en erreur sur l' dentité, la nature, la composition, l' origine, les quantités ou les caratéristiques d'un produit ; par caratéristiques il y a lieu d' entendre les avantages d' un produit, notamment au point de vue de ses propriétés de ses possibilités d' utilisation, des conditions auxquelles il peut être acheté et des services qui accompagnent l' achat ;

2° qui comporte des comparaisons trompeuses dénigrantes ou impliquant sans nécessité la possibilité d' identifier un ou plusieurs autres commercants ;

3° qui comporte des éléments susceptibles de créer la confusion avec un autre commercant ou artisan, ses produits ou son activité

4° [...]

Damit Art. 20 GüH 1971 Anwendung fand, musste eine Werbung i.S.d. Art. 19 GüH 1971 vorliegen. Werbung war danach:

> « Pour l' application de la présente loi, est considérée comme publicité commerciale, toute information diffusée dans le but direct ou indirect de promouvoir la vente d' un produit ou d' un service auprès du public, quel que soit le lieu ou le moyen de communication mis en œuvre. »

1er qui comporte des affirmations, indications ou représentations susceptibles d' induire en erreur sur l'identité, la nature, la composition, l'origine, la quantité, la disponibilité, le mode et la date de fabrication ou les caractéristiques d'un produit ou les effets sur l'environnement, par caractéristiques il y a lieu d'entendre les avantages d'un produit, notamment au point de vue de ses propriétés, de ses possibilités d'utilisation, des résultats qui peuvent être attendus de son utilisation, des conditions auxquelles il peut être obtenu, notamment le prix ou son mode d'établissement et les caractéristiques essentielles des tests ou contrôles effectués sur le produit et des services qui l'accompagnent ;

2° qui comporte des affirmations, indications ou représentations susceptibles d'induire en erreur sur l'identité, la nature, la composition, la durée, la disponibilité, la date de prestation ou les caractéristiques d'un service ; par caractéristiques,il y a lieu d'entendre les avantages d'un service, notamment au point de vue de ses propriétés, des résultats qui peuvent être attendus de son utilisation, des conditions auxquelles il peut être obtenu, notamment le prix ou son mode d'établissement et les caractéristiques essentielles des tests ou contrôles effectués sur le service et des services qui l'accompagnent;

3° qui comporte des affirmations, indications ou représentations susceptibles d'induire en erreur sur l'identité ou les qualités du vendeur d'un produit ou service

4° par laquelle le vendeur omet des informations essentielles dans le but d'induire en erreur sur les éléments visés aux 1er, 2° et 3°;

5° qui, étant donné son effet global, y compris sa présentation, ne peut être nettement distinguée comme telle, et qui ne comporte pas la mention « publicité » de manière lisible, apparente et non équivoque. La publicité par courrier électronique, non sollicitée, doit être identifiable comme telle d'une manière claire et non équivoque dès sa réception par le destinataire[4]

9° qui porte sur une offre de produits ou de services, lorsque le vendeur ne dispose pas de stock suffisant ou ne peut effectivement prester les services qui doivent normalement être prévus compte tenu de l'ampleur de la publicité »

13° qui, ayant trait à des produits ou appareils autres que des médicaments, fait référence de manière abusive à l'amélioration de l'état de santé du consommateur

Damit Art. 23 GüH überhaupt Anwendung findet, muss es sich bei der in Frage stehenden Handlung um eine Werbung i.S.d. Art. 22 GüH handeln. Eine Werbung ist danach:

„Toute communication ayant comme but direct ou indirect de promouvoir la vente de produits ou de services, y compris les biens immeubles, les droits et les obligations, quels que soient le lieu ou les moyens de communication mis en oeuvre. »

---

[4] Der letzte Satz wurde durch das Gesetz vom 25 mai 1999 (M.B. 23.06.1999) neu eingefügt. Er sollte auf der einen Seite den Schutz der Verbraucher verbessern, auf der anderen Seite aber dem Werbenden nicht die Verpflichtung auflasten den Verbraucher vor der Versendung von Werbung um Zustimmung bitten zu müssen; vgl. Bosly/Tasiaux, S. 7.

Die in Deutschland über § 3 i.V.m. § 5 IV UWG erfasste Praktik der sog. Mondpreise, also die Werbung mit vorgetäuschten Reduktionen, wird in Belgien sowohl durch Art. 23, 1 und 2 als auch durch Art. 42 ff. GüH erfasst. Auch auf letzteres wird einzugehen sein.

2. Systematisierung

Das GüH enthält drei verschiedene Arten von Verbotstatbeständen:[5]

- Solche, die ein strafbewehrtes Verbot enthalten, wie beispielsweise Schneeballverkäufe (Art. 84 GüH[6]) oder die missbräuchliche Ausnutzung von philanthropischen Gefühlen der Verbraucher (Art. 85 GüH[7]).
- Solche, die ein per se Verbot bestimmter Verhaltensweisen enthalten und bei denen die klagende Partei keinen Schaden oder Nachteil nachweisen muss. Das Verbot der irreführenden Werbung gehört hierzu.

- Die Generalklauseln (Art. 93 GüH und 94 GüH[8]), die gegen die guten Sitten verstoßende Handlungen untersagen, aber einen Verletzung der Interessen der klagenden Partei voraussetzen.

3. Informationspflichten

Das GüH konstituiert in einigen Vorschriften Informationspflichten, die, soweit sie an Werbung anknüpfen, den für die Werbung Verantwortlichen treffen (vergl. Art. 25[9]

[5] Ähnlich de Caluwé in: CUP XVI, S. 99, 103.

[6] Art. 84 GüH:

> Il est interdit de vendre en recourant à un procédé en vente en chaîne, qui consiste à établir un réseau de vendeurs, professionnels ou non, dont chacun espère un avantage quelconque résultant plus de l' élargissement de ce réseau que de la vente de produits ou de services au consommateur. La participation en connaissance de cause à de telles ventes est également interdite.
> Est assimilée à la vente en chaîne, la vente „en boule de neige", qui consiste à offrir au consommateur des produits ou services en lui faisant espérer qu' il les obtiendra soit à titre gratuit, soit contre remise d' une somme inférieure à leur valeur réelle, sous la condition de placer auprès de tiers, contre paiement, des bons, coupons ou autres titres analogues ou de recueillir des adhésions ou souscriptions.

[7] Art. 85 GüH:

> Il est interdit d' offrir en vente ou de vendre en faisant abusivement état d' actions philanthropiques, humanitaires, ou de nature à éveiller la générosité du consommateur.

[8] Die belgische Generalklausel wurde durch das GüH aufgespalten. Art. 93 GüH erfasst unlautere Handlungen mit denen der „vendeur" gegen die Interessen anderer „vendeurs" verstößt, Art. 94 GüH erfasst unlautere Handlungen mit denen ein „vendeur" gegen die Interessen eines oder mehrer Konsumenten verstößt. Auf die Generalklauseln wird soweit einzugehen sein, als sie irreführende Werbung zum Thema haben.

[9] Art. 25 GüH :

und 26[10] GüH), ansonsten (Art. 30[11] GüH) den sog. „vendeur". Werden diese Pflichten nicht erfüllt besteht die Möglichkeit einer Unterlassungsklage gegen die entsprechende Werbung. Sind die gegebenen Informationen irreführend, kommt ein Verstoß gegen Art. 23 GüH, in Betracht. Für die vorliegende Arbeit spielen diese Vorschriften also keine besondere Rolle.

II. Schutzzweck der Irreführungsregeln des UWG und GüH

1. Deutsches Recht

a. Historisches

Zunächst wurden nur die Mitbewerber als durch das Gesetz geschützt gesehen. Allerdings wurde diese Auffassung bereits früh vom Reichsgericht in Zweifel gezogen und schließlich zu Gunsten eines auch die Interessen der Allgemeinheit schützenden Gesetzes verworfen.[12]
Seit den 70iger Jahren setzte sich zunehmend die Erkenntnis durch, dass das UWG 1909 auch die Verbraucher schützt[13], während diese früher nur als reflexartig[14] geschützt angesehen wurden.[15] Durch das neue UWG wurde der Verbraucherschutz nun

---

Toute publicité concernant des produits préemballés en quantités préétablies doit mentionner les quantités nominales du contenu des emballages, conformément aux dispositions de la section 2 du chapitre II, lorsque la publicité mentionne les prix de vente de ces produits.

[10] Art. 26 GüH:
Toute publicité faisant état d'un prix ou d'une réduction de prix, doit l'indiquer conformément aux préscriptions des articles 3 et 4, le cas échéant, de l'article 5 et des dispositions prises en application de l'article 6, 1.

[11] Art. 30 GüH:
Au plus tard au moment de la conclusion de la vente, le vendeur doit apporter de bonne foi au consommateur les informations correctes et utiles relatives aux caractéristiques du produit ou de service et aux conditions de vente, compte tenu du besoin d'information exprimé par le consommateur et compte tenu de l'usage déclaré par le consommateur ou raisonnablement prévisible.

[12] RGZ 108, 272, 274- Merx; RGZ 120, 17, 49- Markenschutzverband; RGZ 128, 320, 342- Graf Zeppelin; Nastelski GRUR 1969, 322, 322; Lindacher BB 1975, 1311, 1311.

[13] Was seit der Einführung einer Klagebefugnis der Verbraucherverbände durch die Novelle 1965 auch kaum mehr bezweifelt werden konnte; vgl. zuletzt etwa BVerfG 2001, 170, 173- Schockwerbung; BVerfG GRUR 2001, 1057, 1059- Therapeutische Äquivalenz; BGH GRUR 2002, 360, 362- H.I.V. Positive II; Köhler/Piper, UWG, Einf. Rn. 24; Baumbach/Hefermehl/Bornkamm § 5 Rn. 1.7. Mit allerdings überspitzten Einschätzungen der Schutzbedürftigkeit, die den Verbraucher undifferenziert und grundsätzlich in der Rolle des wirtschaftlich und sozial Unterlegenen sieht, vgl Schricker RabelZ 36 (1972), 316, 317; v. Hippel JZ 1972, 417, 417.

[14] Vgl. etwa GK/Lindacher § 3 Rn. 4.

[15] Wobei die Anerkennung der sog. „Schutzzwecktrias" durchaus von praktischer Relevanz ist: So ist etwa bei Monopolisten die Frage ob nur die Konkurrenten oder auch die Verbraucher geschützt wer-

auch formal anerkannt: Das UWG schützt gleichrangig[16] sowohl Mitbewerber als auch Verbraucher – denen allerdings weiterhin eine individuelle Klagemöglichkeit verwehrt wird[17] – und die Allgemeinheit, vgl. § 1 UWG.

b. Schutzzwecke und Marktmodell

Die Schutzzwecke der Irreführungsregeln des UWG können nicht isoliert von dem bestehenden Wirtschaftsmodell gesehen werden. Das UWG steht im Kontext des Marktmodells, d.h. einem Modell in dem die Verbraucherentscheidung für Erfolg oder Misserfolg eines Angebotes entscheidend ist (Konsumentensouveränität).[18]
Dieses Marktmodell beruht zum einen auf der Erkenntnis, dass eine optimale Bedürfnisbefriedigung durch die freie Entscheidung der Verbraucher über ihre Bedürfnisse und die Art und Weise ihrer Befriedigung erreicht wird[19] und zum anderen darauf, dass es diese Bedürfnisbefriedigung ist, die maßgebliches Ziel ist.
Es findet eine Auslese der besten Anbieter und Produkte statt, d.h. die vom Verbraucher am meisten gewünschten (typischerweise: besten und günstigsten) Produkte verbleiben am Markt, was einen optimalen Einsatz des Volkseinkommens ermöglicht. Insoweit ist der Schutz des Wettbewerbs Durchsetzung der Erkenntnis, dass der Beste sich durchsetzen *soll* und zwar zum Besten aller.[20] Die wirtschaftliche Selbstbestimmung[21] ist also aus mehreren Gründen von Bedeutung: Zum einen für den Verbraucher selbst, damit seine Bedürfnisse optimal befriedigt werden, zum anderen für die Allgemeinheit da ein funktionsfähiger Wettbewerb im Interesse aller liegt.
Aus dem Gesagten resultiert eine „Schiedsrichterfunktion“[22] des Verbrauchers, die dieser nur wahrnehmen kann, wenn er die zu treffende Marktentscheidung selbstbestimmt treffen kann. Dies setzt nun voraus, dass er als Kontrollinstanz in seiner Ausleseentscheidung frei ist und nicht manipuliert wird.

---

den, von entscheidender Bedeutung. Gleiches gilt bei branchenweiten Täuschungspraktiken. Hier sind Mitbewerberinteressen zwar nicht betroffen, wohl jedoch Verbraucher- und Allgemeininteressen.

[16] Begr. RegE UWG zu § 1, BT-Drcks. 15/1487, S. 16.

[17] Der Gesetzgeber fürchtete aufgrund des hohen Schutzniveaus des deutschen Rechts unerträgliche Belastungen für die Wirtschaft aufgrund einer Vielzahl zu erwartender Klagen; vgl. Begr. RegE UWG zu § 8, BT-Drcks. 15/1487, S. 22.

[18] Drexl, wirtschaftliche Selbstbestimmung, 547 ff. (zu § 3 UWG 1909); Kessler WRP 1987, 75, 87.

[19] Sog. neoklassische Konzeption, vgl. H-B/H-B/Schünemann § 1 Rn. 19; GK/Schünemann Einl A 28 f., A 29: „Funktionsfähig ist der, im neoklassischen Sinne verstandene, Wettbewerb also, wenn sich in ihm Freiheit manifestiert, und zwar die Freiheit des Handelns („Handlungsfreiheit“) und die Freiheit des Wollens („Entscheidungsfreiheit“)“; Möschel ZHR 145 (1981), 590 ff.; Rittner AcP 188 (1988), 101, 113 ff., 119 f..

[20] Dieser Prozess erlaubt es neuen Anbietern sich etablieren und durchsetzen und bereits am Markt vorhandenen Anbietern sich am Markt weiter durchsetzen zu können.

[21] Zur Bedeutung von Informationen vgl. D. VI. 3. c. bb. ddd. sowie allgemein: Menke GRUR 1993, 718 ff.; v. d. Bergh/ Lehmann GRUR Int. 1992, 1992, 588 ff.

[22] Vgl. beispielsweise Beater § 13 Rn. 22; ders. FS-Tilmann, 2003,87; Drexl, wirtschaftliche Selbstbestimmung, S. 91 ff., 547 ff.; Lettl, Schutz vor irreführender Werbung in Europa, S. 88 ff.

c. Schutzzwecktrias (§ 1 UWG)

aa. Schutz der Mitbewerber

Wurde der Schutz der Mitbewerber früher als vorrangiger Schutzzweck angesehen, ist neben ihn gleichberechtigt – oder sogar vorrangig – der Verbraucherschutz getreten.[23] Geschützt sind nicht nur die Interessen des einzelnen Mitbewerbers, sondern auch die Bündelung der Einzelinteressen der Mitglieder eines Kollektivs wie etwa die der Unternehmer einer Branche.[24]

Geschützt ist die wettbewerbsrechtliche Entfaltungsfreiheit. Diese Freiheit erstreckt sich auf alle „wettbewerbsrechtlichen Aktionsparameter"[25]. Dabei resultiert keine Schutzunwürdigkeit aus der Möglichkeit mit gleichen Mitteln „zurückzuschlagen": Das UWG schützt gerade die „anständigen" Konkurrenten vor „ungehöriger"[26] Konkurrenz.
Die Mitbewerber sollen im Bereich der irreführenden Werbung vor der Umleitung von Kundenströmung durch irreführende Werbung geschützt werden.[27]
Mit zu berücksichtigen ist auch das Interesse der Mitbewerber, dass Kunden nicht vor ganzen Branchen verschreckt und ganze Branchen in den Verdacht der Unseriosität gerückt werden. Insbesondere im Bereich der „neuen Medien" besteht oftmals ohnehin eine Unsicherheit der Kunden, die bei Bestätigung dazu führen kann, dass Kunden die entsprechenden Branchen fortan ganz meiden.

Da die Kunden Medium der Beeinträchtigung der Interessen der Mitbewerber sind, ergibt sich die Beeinträchtigung der Mitbewerberinteressen aus dem Ausmaß der Beeinflussung der Adressaten durch die irreführende Werbung.

bb. Schutz der Verbraucher[28]

aaa. Verbraucher

Geschützt ist auch die Marktgegenseite. Üblicherweise werden auf der Marktgegenseite private Endverbraucher stehen. Auf diese ist der Irreführungsschutz aber nicht beschränkt. Vor Irreführung geschützt sind ebenso gewerbliche Abnehmer.[29]

---

[23] BGH GRUR 1998, 1039, 1040- Fotovergrößerungen.
[24] H-B/H-B/Schünemann § 1 Rn. 36; Vgl. auch Beater ZeuP 2003, 11, 18 ff.; ders. JZ 1997, 916 ff. ders. Beater § 1 Rn. 3, 12 ff.
[25] Baumbach/Hefermehl/Köhler § 1 Rn. 7.
[26] Schricker RabelZ 40 (1976), 535, 535 f.
[27] Baumbach/Hefermehl/Bornkamm § 5 Rn. 1.7.
[28] Zum Verbraucherschutz über die Sanktionsseite (insbesondere zu einem Vertragsauflösungsrecht; vgl. dazu auch Weiler WRP 2003, 423 ff.) vgl. Köhler GRUR 2003, 265 ff. (S. 266 ff. zu einem Vertragsauflösungsrecht der Verbraucher). Zum Gewinnabschöpfungsanspruch vgl. insoweit etwa Sack WRP 2003, 546 ff.; Stadler, H./Micklitz, H.-W.WRP 2003, 559 ff.

bbb. Geschützte Interessen

aaaa. Schutz der Entscheidungsfreiheit

Durch das UWG soll die wirtschaftliche Selbstbestimmung des Verbrauchers geschützt werden.[30] Dem liegt der Gedanke zugrunde, dass es der Verbraucher ist, der seine Bedürfnisse am optimalsten selbst einschätzen und befriedigen kann. Insoweit soll er also in seinen Marktentscheidungen frei sein.
Der Schutz der Entscheidungsfreiheit kann in den Schutz der Entscheidungsgrundlagen und den Schutz des Entscheidungsprozesses unterteilt werden.[31]

(1.) Schutz der Entscheidungsgrundlagen

Das UWG verfolgt nicht das Ziel eines Informationsgesetzes, der Unternehmer ist nicht verantwortlich, für Informationen auf Verbraucherseite (sog. positives Informationsinteresse) zu sorgen.[32] Ziel ist vielmehr dafür zu sorgen, dass die Verbraucher nicht falsch informiert werden (sog. negatives Informationsinteresse) und ihre Entscheidung auf wahrheitsgemäßer Grundlage treffen können. Diese Funktion wird im UWG im wesentlichen durch § 5 UWG erfüllt.

(2.) Schutz des Entscheidungsprozesses

Das UWG soll die freie Willensbildung der Verbraucher schützen. Diese ist jedoch nicht durch Werbung schlechthin oder per se durch unsachliche Werbung verletzt. In der Begründung zum RegE UWG heißt es daher auch, dass „der Versuch einer gewissen unsachlichen Beeinflussung der Werbung nicht fremd ist“[33]. Unlauterkeit liegt daher erst vor, wenn die Rationalität der Entscheidung ausgeschaltet wird.[34] Der Schutz vor Beeinflussungen des Willensprozesses ist nicht Teil dieser Arbeit.

bbbb. Schutz der sonstigen Rechte ?

Wenngleich eher mit Ausnahmecharakter aber dennoch mit Einzelfallrelevanz stellt sich die Frage, ob auch sonstige – d.h. nicht marktbezogene – Interessen der Verbraucher (Gesundheit, Vermögen) durch das UWG geschützt werden sollen. Diese Frage

---

[29] BGH GRUR 1997, 380, 381- Füllanzeigen; BGH GRUR 2002, 77, 79- Rechenzentrum; BGH GRUR 2002, 81, 82- Anwalts- und Steuerkanzlei; BGH GRUR 2002, 633, 633 ff.- Hormonersatztherapie.
[30] RegE UWG, BT-Drcks. 15/1487, S. 13.
[31] Zu dieser Unterscheidung vgl. Beater, Verbraucherschutz, S. 139 ff. (zum Schutz der Entscheidungsgrundlagen) und S. 190 ff. (zum Schutz des Entscheidungsprozesses).
[32] Vgl. etwa GK/Lindacher § 3 Rn. 52.
[33] Begr. RegE UWG zu § 4 Nr. 1, BT- Drcks. 15/1487, S. 17.
[34] Baumbach/Hefermehl/Köhler § 1 Rn. 16; für das belgische Recht ebenso : De Caluwé/Delcorde/Leurquin, Les pratiques du commerce, l'information et la protection du consommateur, 1990, 2e édition, n° 11.64.

wird nicht einheitlich[35], ist aber richtigerweise abschlägig zu beantworten: „Das UWG hat den Wettbewerb zu schützen, andere Gesetze haben andere Schutzzwecke“[36]. Es ist weder Gesundheits-[37] noch Vermögensschutzrecht. Der Interessenschutz des § 1 UWG nimmt eindeutigen Bezug auf den unlauteren, sprich unverfälschten Wettbewerb. Wird die Entschließungsfreiheit des Verbrauchers nicht betroffen, ist das UWG nicht betroffen, egal wie gesundheitsschädlich ein Produkt im übrigen auch ist. Dies ergibt sich im insbesondere im Rahmen des § 5 UWG auch aus einem Vergleich mit § 123 BGB: auch hier käme niemand auf den Gedanken § 123 (Täuschungsschutz) schütze neben der Entschließungsfreiheit[38] auch noch Leib und Leben, wenn etwa ein Apotheker über die Wirkung eines Medikaments täuscht.
Das UWG schützt also nur solche Interessen, die unmittelbar mit dem Funktionieren des Wettbewerbs korrelieren, also im Rahmen des Verbraucherschutzes die Entschließungsfreiheit der Verbraucher als Steuerungsmechanismus des Marktes.[39] Etwas anderes gilt auch nicht, weil der Unternehmer mit Gesundheitsbezug wirbt. In diesem Moment wird zwar ein Marktbezug hergestellt, das Interesse wird ja gerade in den Markt, d.h. die Entscheidung des Verbrauchers einbezogen, dennoch ist hier nur Entscheidungsfreiheit und nicht die Gesundheit als marktfunktionsrelevantes Merkmal betroffen.

cc. Allgemeininteressen

aaa. Begriff

Allgemeininteresse ist als überindividuelle Wertung, als Interesse der Gesamtheit schlechthin zu verstehen.[40] Wie *Schünemann* völlig zutreffend definiert, ist unter dem Stichwort Allgemeininteresse das wohlverstandene Interesse aller an einer „funktionierenden Wettbewerbsordnung unter der sich allein – ceteris paribus – ein ökonomisches und gesellschaftliches Optimum an allseitiger Interessenwahrung erreichen lässt“, zu verstehen.[41]
Mit dem Schutz des Allgemeininteresses verfolgtes Ziel, ist mit anderen Worten der Schutz des Wettbewerbs als das Modell, das potentiell den größtmöglichen Allgemeinnutzen, d.h. Nutzen möglichst vieler verheißt. Es geht daher sachlich nicht um den Schutz der Marktteilnehmer, deren individueller Interessen, sondern um den Schutz des „unverfälschten Wettbewerbs“ als Institution. Es geht, im Rahmen des hier zu be-

[35] Vgl. etwa auf der einen Seite Baumbach/Hefermehl/Köhler § 1 Rn. 17 und auf der anderen Seite H-B/H-B/Schünemann § 1 Rn. 37, 46.
[36] Geis, FS Tilmann, S. 128.
[37] Im Zusammenhang mit dem Allgemeinschutz.
[38] Mot. I, S. 204; RGZ 134, 55; BGHZ 51, 147; MüKo/Kramer, § 123 Rn. 1 mwN.
[39] Daran ändert auch § 7 UWG nichts, auch dieser bezieht sich auf unzumutbare Beeinflussungen des Entscheidungsprozesses.
[40] Baumbach/Hefermehl Einl Rn. 51; Hösl S. 358 f.; Baumbach/Hefermehl/Köhler § 1 Rn. 37; H-B/H-B/ Schünemann § 1 Rn. 52.
[41] Schünemann WRP 2004, 928, 935.

handelnden Themas, um den Schutz der freien Entscheidung des Verbrauchers im Interesse eines funktionierenden Wettbewerbs.

bbb. Beschränkung auf das Interesse an einem unverfälschten Wettbewerb

Das durch das UWG geschützte Allgemeininteresse ist – ausweislich des unzweifelhaften Gesetzeswortlautes – auf den unverfälschten Wettbewerb beschränkt. Daraus ergeben sich zwei Eingrenzungen. Auf der einen Seite sind außerwettbewerbliche Interessen, die durchaus auch im Allgemeininteresse liegen können – Umweltschutz, ideelle Allgemeininteressen[42] – nicht mehr via Allgemeininteresse geschützt.[43]
Auf der anderen Seite findet eine Eingrenzung der wettbewerblichen Interessen auf den unverfälschten Wettbewerb statt.[44]

Der Begriff des unverfälschten Wettbewerbs knüpft zwar an europarechtliche Terminologie: Art. 3 lit. g EG „Schutz des Wettbewerbs vor Verfälschungen“ an, ist lauterkeitsrechtlich jedoch auf den Schutz des Wettbewerbs vor Verfälschungen durch unlautere Handlungen eingrenzbar.[45] Konkret: Unverfälscht ist der Wettbewerb, wenn auf die freie Markt-Entscheidung des Verbrauchers nicht durch unlauteres Verhalten Einfluss genommen wird.
Damit bleibt zu klären, was unter „Wettbewerb“ zu verstehen ist. *Köhler*[46] sieht hiervon nicht erfasst, den Leistungswettbewerb[47], „dh. des Wettbewerbs mit Preis und Qualität einer Ware oder Dienstleistung“[48]. Geschützt sei lediglich der „freie Wettbewerb“.
Ob diese Einschränkung zutreffend ist, kann für §§ 3, 5 UWG dahinstehen. Hier geht es ja gerade um einen Angriff auf den freien Wettbewerb, indem die Entscheidung des Käufers unzulässig beeinflusst wird und nicht darum, dass eine Angabe gerade deshalb als unlauter qualifiziert wird, weil nicht mit Preis, Leistung oder Qualität geworben wird.

---

[42] Vgl. etwa BGH GUR 1974, 665 m. Anm. Krieger; zu dieser Entscheidung vgl. GK/Lindacher § 3 Rn. 290.
[43] BT- Drcks. 15/1487, S. 16; Schünemann WRP 2004, 925, 933 f.; Emmerich § 3, S. 29 mwN; Baumbach/Hefermehl/Köhler § 1 Rn 36; H-B/H-B/Schünemann § 1 Rn. 54; bereits zum früheren Recht etwa Geis, FS Tilmann, S. 128: „Das UWG hat den Wettbewerb zu schützen. Andere Gesetze haben andere Schutzzwecke“ ähnlich Brandner, FS v. Gamm, S. 27: „Wettbewerbsrecht ist kein Umweltrecht“; zu dem Streit zum alten Recht vgl. etwa Lindacher BB 1975, 1311, 1312.
[44] H-B/H-B/Schünemann § 1 Rn. 55.
[45] H-B/H-B/Schünemann § 1 Rn. 55 f.
[46] Baumbach/Hefermehl/Köhler § 1 Rn. 39.
[47] Zu diesem Begriff vgl. etwa Ulmer GRUR 1977, 865 ff.
[48] BGH GRUR 1969, 287, 289- Stuttgarter Wochenblatt; BGH GRUR 1996, 363, 364- Saustarke Angebote; Baumbach/Hefermehl/Köhler § 1 Rn. 39.

2. Belgisches Recht

Eine Diskussion des Schutzweckes erfolgt in Belgien nur äußerst selten explizit.

In jüngerer Zeit wurde in einem Urteil des Handelsgerichts Brüssel[49] explizit Stellung genommen. Der Beklagte hatte in dieser Angelegenheit eingewandt, dass Art. 23 GüH nicht einschlägig sei, da die Werbung sich nicht an Konsumenten (i.S.d. Art. 1 Nr. 7 GüH) wende und diese daher nicht schutzbedürftig seien. Da sowohl Art. 22 als auch Art. 23 Nr. 1- 4 GüH nicht auf den Konsumenten (i.S.d. Art. 1 Nr. 7 GüH) abstellen, konnte dieser Einwand nicht anders als das Verlangen einer teleologischen Reduktion mangels Schutzzweckeinschlägigkeit verstanden werden. Das Gericht konzentrierte sich daher auf Schutzzweckerwägungen:

Hinsichtlich von Werbung sei das GüH eine Umsetzung der Richtlinie 84/450/EWG. Das nationale Recht müsse im Lichte des Gemeinschaftsrechts ausgelegt werden und der jeweilige belgische Richter müsse versuchen, das belgische Recht in Einklang mit den Zwecken der europäischen Richtlinien zu bringen. Folgerichtig analysiert das Gericht dann die Schutzzwecke der Richtlinie, um diese dann auf das belgische Recht zu übertragen.
Art. 1 der Richtlinie benenne als geschützt die Verbraucher, die Personen, die einen Handel oder ein Gewerbe betreiben, ein Handwerk oder einen freien Beruf ausüben sowie das Allgemeininteresse am Schutz vor irreführender Werbung. Ebenso bestimme Art. 4 der Richtlinie, dass die Mitgliedstaaten einen Schutz vor irreführender Werbung im Interesse der Verbraucher, Konkurrenten und der Allgemeinheit sicherstellen müssten.
Die Richtlinie schütze daher nicht nur die Verbraucher, sondern auch alle Personen, die einen Handel oder ein Gewerbe betreiben, ein Handwerk oder einen freien Beruf ausüben sowie das Allgemeininteresse. Dies führe dazu, dass die Art. 22 und 23 Nr. 1-4 GüH auch anwendbar seien, wenn eben keine Verbraucherinteressen betroffen seien. Das GüH sei insgesamt so auszulegen, dass die Vorschriften allen Schutzzwecken dienen und nur dann auf Verbraucherinteressen einzuschränken seien, wenn sie sich kraft Gesetzeswortlaut nur an den „consommateur" (i.S.d. Art. 1 Nr. 7 GüH) wenden.[50]

Das Urteil kann nicht anderes verstanden werden, dass die Schutzzwecke der Richtlinie auch dem belgischen Recht zugrunde zu legen sind. Die Schutzzwecke des GüH im Hinblick der Werbung und der Richtlinie 84/450/EWG sind daher identisch.
Da die Richtlinie unstreitig eine Untergrenze[51] für den Schutz normiert, ist eine Anerkennung aller drei in der Richtlinie genannten Interessengruppen in der Tat zwingend. Bei einer Nichtberücksichtigung der Konkurrenten- oder Allgemeininteressen, würde der belgische Gesetzgeber hinter dem zwingend vorgeschriebenen Schutz zurückbleiben.

---

[49] Prés. Comm. Bruxelles (ch. en cassation), 18 avril 2003, J.T. 2003, 491, 491.
[50] Prés. Comm. Bruxelles (ch. en cessation), 18 avril 2003, J.T. 2003, 491, 491.
[51] Zu dem Streit ob zugleich eine Obergrenze normiert wird, sh. C. II. 1. aa.

Nähere Ausführungen zu den einzelnen Schutzzwecken finden sich allerdings weder im belgischen Schrifttum noch in der Rechtsprechung. Insoweit kann zum belgischen Recht nur gesagt werden, dass es den Verbraucher, den Konsumenten und die Mitwettbewerber schützt. Sollten nähere Konkretisierungen doch einmal erforderlich werden, ist anzunehmen, dass die Rspr. sich am europäischen Recht[52] orientieren wird.

III. Wahrheitsgebot und Sachlichkeitsziel

« La publicité n'est licite que si elle reste à base de vérité »[53] – « Werbung muß wahr sein »[54]. Tragende Säule bei der wettbewerbsrechtlichen Beurteilung von Werbung bildet in beiden zu untersuchenden Rechtssystemen der Wahrheitsgrundsatz. Unwahre Werbung ist unlauter. Einigkeit besteht auch hinsichtlich des Anknüpfungspunktes der Wahrheit: Die Werbung muss – hier noch verkürzt beschrieben – wahr im Sinne der Verkehrsauffassung sein. Sowohl im deutschen als auch im belgischen Recht wird die Funktion der Werbung gleichsinnig eingeschätzt: Werbung dient dem Zweck des Absatzes von Leistungen[55] und bedient sich damit naturgemäß der positiven Selbstdarstellung. Wahrheit i.S.d. lauterkeitsrechtlichen Werberegelungen erfordert daher weder Neutralität[56] noch Vollständigkeit, insbesondere im Hinblick auch auf negativer Eigenschaften einer Leistung.[57]

Im deutschen Recht wird zusätzlich eine, neben den imperativen Wahrheitsgrundsatz tretende, Sachlichkeitszielvorstellung formuliert: „Werbung soll sachlich sein"[58], sich also auf Preis, Qualität und die Konditionen des Verkaufs beziehen.[59] Trotz bloßen Soll-Charakters kam dem Sachlichkeitsgebot dennoch große praktische Relevanz vor allem im Bereich der großen Generalklausel des § 1 UWG 1909 – Verbot der gefühlsbetonten Werbung und der unsachlichen Wertreklame – zu.[60] Das Sachlichkeitsgebot ist Ausprägung des Konzepts des Leistungswettbewerbs[61] im Werberecht.[62] Obwohl

---

[52] Vgl. hierzu Lettl, Schutz vor irreführender Werbung in Europa, S. 53 ff.

[53] De Caluwé, Delcorde, Leurquin, Les pratiques du Commerce, 1973, 1er édition, n°. 175 ; gleichsinnig bereits für die Zeit vor dem GüH 1971 vgl. etwa: Prés. Comm. Bruxelles, 18 juin 1964, Ing. Cons., 1964, 342, 344 note de Caluwé.

[54] Baumbach/Hefermehl vor §§ 3-8 UWG, Rn. 5f.

[55] Vgl. Art. 22 GüH : Werbung ist

> « toute communication ayant comme but direct ou indirect de promouvoir la vente de produits ou de services… »

[56] Vgl. etwa De Caluwé, Delcorde, Leurquin, Les pratiques du Commerce, 1973, 1er édition, n°. 175.

[57] Loewenheim GRUR 1980, 14, 18.

[58] Baumbach/Hefermehl/ vor §§ 3-8 UWG Rn. 6.

[59] Henning-Bodewig WRP 1992, 533, 536.

[60] Sosnitza, S. 88.

[61] Leistungswettbewerb wird gemeinhin verstanden als Wettbewerb ausschließlich mit Preis und Qualität; vgl. B. II. 1. c. cc. bbb. Diese Definition wird auch im folgenden zugrundgelegt, wobei erwähnenswert ist, dass der Begriff inzwischen teilweise als Synonym für freien und fairen (letztlich: lauteren) Wettbewerb gesehen wird; so insbesondere das BVerfG ,vgl. BVerfG GRUR 2002, 455, 455-

für das Irreführungsverbot nicht unmittelbar von Belang, soll der Vollständigkeit halber erwähnt werden, dass beide Konzepte inzwischen auch in Deutschland zunehmend in Bedrängnis geraten.[63] Der Begriff des Leistungswettbewerbs krankt an der Unbestimmbarkeit des Leistungsbegriffs. In einem auf der Selbstbestimmung des Verbrauchers fußenden Marktmodell, sind die Vorstellungen des Verbrauchers maßgebender Faktor zur Einschätzung der Güte eines Angebotes. Leistung kann also nur dass sein, was die Verbraucher dafür halten.[64] Insoweit versucht der Begriff zu abstrahieren, was aufgrund steten Wandels und mangelnder Regelmäßigkeit nicht zu abstrahieren ist.[65] Insbesondere sind bevormundende Leistungsdefinitionen abzulehnen: Die Funktionsfähigkeit des Marktes lebt von der Selbstbestimmung der Verbraucher; diese darf ihnen im Interesse aller nicht genommen werden indem man sie – nicht zuletzt: fürsorglich[66] – darauf beschränkt, Qualität und Preiswürdigkeit als Leistung zu verstehen zu haben [67] Daher ist auch die Werbung mit nichtleistungsbezogenen (unsachlichen) Elementen wie eine positiver Einkaufsatmosphäre, aber auch sozialem Prestige oder „Lifestyle“ einer Marke Teil des lauteren Wettbewerbs.

IV. Verfassungsrecht[68]

1. Einleitung

Konnte *Tilmann*[69] noch 1976 bildhaft vom Lauterkeitsrecht als einem „Garten Eden“, das von Außeneinflüssen wie dem Verfassungsrecht nahezu unbehelligt geblieben war

---

Tier- und Artenschutz; BVerfG NJW 2003, 277, 278- Juve-Handbuch, aus dem Schrifttum etwa: Nordemann, S. 233 f. (Rn. 51) („freier Leistungswettbewerb“).

[62] Der Ansatz stammt wohl von *Lobe,* Lobe, S. 47 ff., der den Wettbewerb mit einem sportlichen Wettkampf verglichen hatte, in dem nur spielregelgerechter Einsatz, also nur bestimmte Mittel erlaubt sind. Er wurde später insbesondere von *Nipperdey,* Wettbewerb, S. 16 ff., als Mittel zur Unterscheidung zwischen verbotenem Behinderungs- (oder Nichtleistungswettbewerb) und erlaubtem Leistungswettbewerb ausgebaut und zur Konkretisierung der Generalklausel genutzt (vgl. etwa: Kießling/Kling, WRP 2002, 615, 617; M. Lehmann GRUR 1979, 368 ff.; P. Ulmer GRUR 1977, 565, 565 ff.; Fezer WRP 2001, 989, 998, 1000); Henning- Bodewig WRP 1992, 533, 536.

[63] Vgl. etwa Drexl, wirtschaftliche Selbstbestimmung, S. 551; Baumbach/Hefermehl/Köhler § 1 Rn. 39; Beater § 12 Rn. 82 ff.; Sosnitza, S. 76 ff., 84 f.; v. Ungern Sternberg, FS Erdmann, 2002, 741, 759; H-B/H-B/Schünemann § 3 Rn. 136 ff.; vgl. auch Begr. RegE UWG zu § 4 Nr. 1, BT- Drcks. 15/1487, S. 17.

[64] vgl. etwa Beater ZeuP 2003, 11, 46; Sosnitza, S. 81 f. Emmerich, UWG, S. 75.

[65] Diese mangelnde inhaltliche Bestimmbarkeit ist es auch, die den Begriff zu einem Einfallstor macht, unwillkommene neue Werbeformen als Nichtleistungswettbewerb anzusehen und somit für unlauter qualifizieren zu können.

[66] Die Vertreter der Leistungswettbewerbs gehen offensichtlich davon aus, dass der Verbraucher als „homo oeconomicus“ am besten nach derartigen Kriterien entscheiden würde.

[67] Dezidiert auch H-B/H-B/Schünemann § 3 Rn. 142.

[68] Für einen Überblick über den Grundrechtsschutz von Werbung in den einzelnen EU- Mitgliedsstaaten, vgl. Skouris EuZW 1995, 438 ff.

[69] Tilmann GRUR 1976, 544, 545.

reden, hat sich dieses Bild in den letzten Jahren deutlich verändert.[70] Bereits mit der Anerkennung der Einschlägigkeit der Freiheitsrechte des Art. 5 I GG (Meinungs- und Pressefreiheit) für Wirtschaftswerbung brachte das BVerfG die Verfassung, wenngleich noch zurückhaltend ins Spiel.[71] In den nachfolgenden Benetton-Entscheidungen[72] ließ das BVerfG aber auch diese Zurückhaltung fallen und verlangte insbesondere eine konkrete Gefährdung lauterkeitsrechtlicher Schutzgüter und eine, dem – vom BVerfG in ständiger Rspr. besonders wertvoll eingeschätzten – Verfassungsgut der Meinungsfreiheit gerecht werdende Güterabwägung, bevor ein Werbeverbot ausgesprochen wird. Verfassungsrechtliche Überlegungen werden – und haben gegenwärtig bereits[73] – in Zukunft einen breiteren Raum als in der Vergangenheit einnehmen.

In Belgien hingegen spielen verfassungsrechtliche Erwägungen in der Diskussion um das GüH keine nennenswerte Rolle. Es wurden zwar einzelne Vorschriften an der Verfassung geprüft, das Irreführungsrecht war hiervon jedoch kaum betroffen. Insbesondere im Bereich der Meinungsfreiheit wird von den belgischen Gerichten nicht auf die belgische Verfassung, sondern auf Art. 10 EMRK zurückgegriffen[74].[75] Dementspre-

[70] Vgl. Lindacher, FS Tilmann, S. 195.

[71] BVerfGE 71, 162, 178 ff.; jedoch bezeichnete das Gericht in einer späteren Entscheidung die Frage erneut als „offen", vgl. BVerfG NJW 1994, 3342, 3342- Mars-Kondom.

[72] BVerfGE 102, 347 ff. und BVerfG GRUR 2003, 633 ff.- Benetton-Werbung II; vgl. zu den entsprechenden Entscheidungen des BGH und des BVerfG: Hartwig GRUR 2003, 582 ff.

[73] Vgl. beispielsweise: BVerfG GRUR 2001, 1058, 1059- Therapeutische Äquivalenz; BVerfG GRUR 2002, 455, 455- Tier- und Artenschutz; WRP 2003, 69, 70 f.- Veröffentlichung von Anwaltsranglisten.

[74] Vgl. etwa Cour d'appel de Bruxelles, 19 mei 1998, Annuaire 1998, 118, 118.

[75] Exkurs: Gründe für die geringe Bedeutung der Grundrechte im Bereich des GüH/Verfassungsbeschwerde in Belgien :
Verfassungsbeschwerden gegen Gesetze (sowie Dekrete und legislative Anordnungen (sog. „ordonnances") sind in Belgien vor dem erst seit 1983 bestehenden Schiedshof (cour d'arbitrage) vorzubringen. Handlungen der Exekutive – im Bereich des GüH etwa des Wirtschaftsministers – sind vor dem Conseil d'Etat anzufechten, vgl. Art. 160 BV i.V.m. Art. 7, 11 ff. der loi du 23 décembre 1946 (M.B. 9 janvier 1947). Anders als in Deutschland können Urteile der ordentlichen Gerichte nicht zum Gegenstand der Verfassungsbeschwerde gemacht werden, allerdings besteht die Möglichkeit eines Verfahrens vor dem Schiedshof vergleichbar mit Art. 100 GG (vgl. dazu Vande Lanotte/Goedertier, S. 1309 ff., Rn. 1960 ff.). Wichtig für den hiesigen Zusammenhang, angesichts der ohnehin bestehenden Möglichkeit eine Entscheidung der Handelsgerichte herbeizuführen, ist fast ausschließlich das Verfahren vor der Cour d'arbitrage. Auf dieses Verfahren werden wir uns daher beschränken.
Der Schiedshof verdankt seinen Namen der Tatsache, dass ihm neben seiner (seit 2003 erst wirklich auch inhaltlich bestehenden) Aufgabe Verfassungsbeschwerden und verfassungsrechtliche Bedenken eines Gerichts (vergleichbar in Deutschland mit Art. 100 GG), sog. questions préjudicielles, gegen ein Gesetz entgegenzunehmen auch eine „Schiedsrichterfunktion" – nicht: „Vermittlerfunktion", das Gericht entscheidet als vollwertiges Gericht – bei Kompetenzkonflikten zwischen dem Föderalstaat, den Gemeinschaften und Regionen zukommt (vgl. zu den einzelnen Funktionen den Kurzüberblick bei Gerlache, S. 115 ff.). In dieser Funktion lag der Gründungszweck und bis zur ersten Kompetenzerweiterung von 1988 (durch die Änderung des Art. 142 BV und der Verabschiedung der loi spéciale vom 6 janvier 1989, M.B. 07. janvier 1989), die einzige Aufgabe und der Gründungszweck des Gerichts. Durch die Föderalisierung des Staates galt es die Schwierigkeit zu lösen, dass sich nunmehr widersprechende Gesetze gegenüberstehen konnten, die mangels Normenhierarchie gleichwertig waren.

Damit die Verfassungsbeschwerde Erfolg hat, müssen die Voraussetzungen des Art. 142 BV vorliegen, die teilweise durch die loi spéciale vom 6 janvier 1989 konkretisiert werden.
Art. 142 BV:

> Il y a, pour toute la Belgique, une Cour d'arbitrage, dont la composition, la compétence et le fonctionnement sont déterminés par la loi.
> Cette Cour statue par voie d'arrêt sur :
> 1° les conflits visés à l' article 141 ;
> 2° la violation par une loi, un décret ou une règle visée à l' article 134, des articles 10, 11 et 24 ;
> 3° la violation par une loi, un décret ou une règle visée à l' article 134, des articles de la Constitution que la loi détermine.
> La Cour peut être saisie par toute autorité que la loi désigne, par toute personne justifiant d'un intérêt ou, à titre préjudiciel, par toute juridiction.
> Les lois visées à l'alinéa 1er, à l'alinéa 2, 3° et à l'alinéa 3, sont adoptées à la majorité prévue à l'article 4, dernier alinéa.

Die nach Abs. III des Art. 142 BV Prozessführungsbefugten sind auf der einen Seite jede Person die ein Interesse (Ausführlich hierzu: Vande Lanotte/ Goedertier S. 1300 ff., Rn. 1951 ff.) an der Nichtigkeitserklärung des Gesetzes vorträgt und auf der anderen Seite die in Art. 2 der loi spéciale vom 6 janvier 1989 aufgeführten Stellen, nämlich der Ministerrat, die Gemeinschafts- oder Regionalregierungen, die Vorsitzenden der Abgeordnetenkammer, des Senats und der Gemeinschafts- und Regionalparlamente jeweils auf Anfrage von zwei Dritteln der Mitglieder.

Das Gesetz muss gegen die Kompetenzordnung zwischen den Gemeinschaften, Regionen und dem Föderalstaat oder gegen ein im Titel II der BV niedergeschriebenes Grundrecht, sowie Art. 170 (Kompetenzregelung im Bereich des Steuerrechts), 172 (Gleichheitsgrundsatz im Bereich des Steuerrechts) oder 191 (Gleichheitsgrundsatz für Ausländer) der BV verstoßen.

Dabei haben für das GüH, wie angesprochen, die Grundrechte allgemein und das Grundrecht der Meinungsfreiheit im Besonderen, keine Rolle gespielt, sondern es wurde allenfalls auf Art. 10 EMRK recouriert. Maßgebend dürften hierfür zwei Aspekte sein, nämlich auf der einen Seite die verfassungsrechtliche Unangreifbarkeit von Gerichtsentscheidungen, die einen verfassungsrechtlichen Streit über die Auslegung des GüH durch die Rechtsprechung nur via „Vorfrage" erlaubt und auf der anderen Seite die bis 2003 nur eingeschränkte Möglichkeit überhaupt mit der Verfassungsbeschwerde gegen Gesetze vorzugehen. Denn erst 2003 wurde durch Art. 2 der loi spéciale vom 9 mars 2003, M.B. 11 april 2003:

> A l'article 1 de la loi spéciale du 6 janvier 1989 sur la Cour d'arbitrage, le 2° est remplacé par la disposition suivante :
> " 2° des articles du titre II " Des Belges et de leurs droits ", et des articles 170, 172 et 191 de la Constitution. ")

von der Gesetzesermächtigung des Art. 142 BV Gebrauch gemacht und die Kompetenz des Gerichtshofes für Grundrechtsverletzungen auf den gesamten Titel II der BV ausgedehnt.
Erst seit 2003 besteht daher die uneingeschränkte Möglichkeit aufgrund von Grundrechtsverletzungen – also auch der Meinungsfreiheit – gegen Gesetze vor dem Schiedshof vorzugehen. Bis dahin bestand (die Möglichkeit der Verfassungsbeschwerde wurde überhaupt erst durch Art. 1 der loi spéciale vom 6 janvier 1989 eingeführt) für den Einzelnen nur die Möglichkeit Verletzungen des Gleichheitsgrundsatzes (Art. 10 und 11 BV) zu rügen. Allerdings wurde diese Ermächtigung durch den Schiedshof in bemerkenswerter Weise ausgedehnt und letztendlich dennoch eine umfängliche verfassungsrechtliche

chend wird hier eine zentrale Erörterung der verfassungsrechtlichen Einbettung des GüH unterbleiben und statt dessen bei der Erörterung der einzelnen Vorschriften auf verfassungsrechtliche Bedenken eingegangen.

2. Einbettung des Irreführungsschutzes in das deutsche Verfassungsrecht

a. Das UWG in der Verfassung

Das Grundgesetz enthält kein ausdrückliches Bekenntnis zu einem bestimmten Wirtschaftssystem.[76] Welche Schlüsse aus dem Schweigen der Verfassung zu ziehen sind, ist nicht abschließend geklärt.
Jedenfalls lässt sich hieraus kein Neutralitätsgebot ableiten. Die früher vertretene Ansicht, der Verfassungsgeber habe jede wirtschaftspolitische Systementscheidung verhindern wollen und jedes Gesetz, das ein wirtschaftspolitisches System normiere sei verfassungswidrig,[77] wird heute nicht mehr vertreten. Gegen sie spricht bereits die Entstehungsgeschichte des GG[78]: Der Verfassungsgeber wollte die Möglichkeit der späteren Festlegung auf eine Wirtschaftsordnung sogar offen halten. Zudem ist eine funktionierende Wirtschaft Bedingung für die Wahrnehmung der staatlichen Aufgaben. Das Verbot der Schaffung einer funktionierenden Wirtschaftsordnung würde den Staat paralysieren. Insbesondere müssen daher einzelne wirtschaftslenkende Maßnahmen nicht wettbewerbsindifferent sein oder marktwirtschaftlichen Prinzipien genügen.[79]

Kontrolle ermöglicht, so dass ersterer Grund wohl der wesentliche – und weiterhin bestehende – Grund für die nur geringe Bedeutung der Grundrechte im Bereich des GüH sein dürfte. Das Gericht sah sich nicht verpflichtet, die Art. 10 und 11 der Verfassung (=Gleichheitsgrundsatz) unabhängig des übrigen Grundrechtskataloges der belgischen Verfassung anzuwenden (vgl. dazu Uyttendaele, S. 476 ff., Rn. 461 ff.). „À l'instar de la Cour de cassation et du Conseil d'Etat, elle considère que viole les règles de l' égalité et de non-discrimination une loi qui contient une distinction non conforme aux autres principes fondamentaux de la Constitution » (Lagasse J.T. 1990, 1, 10). In der Folge konnte der Schiedshof eine Norm für nichtig erklären die zwar nicht gegen eine ihm ausdrücklich zur Kontrolle zugewiesene Vorschrift verstieß, solange das Grundrecht in anderen Fällen gewährt wurde da hierin ein Verstoß gegen das Gleichheitsgebot gesehen wurde (zuletzt: Cour d'arbitrage nr. 129/2002, 19 juillet 2002, M.B. 13 juillet 2002; Cour d'arbitrage nr. 138/2002, 2 octobre 2002, M.B. 8 octobre 2002).

[76] Im Gegensatz beispielsweise zur Rheinland Pfälzischen Verfassung: „VI Abschnitt: Die Wirtschafts- und Sozialordnung. Art. 51: Die soziale Marktwirtschaft ist die Grundlage der Wirtschaftsordnung. Sie trägt zur Sicherung und Verbesserung der Lebens- und Beschäftigungsbedingungen der Menschen bei, indem sie wirtschaftliche Freiheiten mit sozialem Ausgleich, sozialer Absicherung und dem Schutz der Umwelt verbindet. In diesem Rahmen ist auf eine ausgewogene Unternehmensstruktur hinzuwirken." Ähnliche Regelungen finden sich auch in der Weimarer Reichsverfassung (Art. 151-165 WRV).

[77] Krüger DVBl 1951, 361, 361 ff.; ders. BB 1953, 565, 565.

[78] Kunert JuS 1979, 322, 327.

[79] Ständige Rspr. (BVerfGE 4, 17, 18; 7, 377, 400;) und h.L. (Scholz in Maunz/Dürig GG (Stand 1991) Art. 12 Rn. 78; Beater § 9 Rn. 1).

Vielmehr wird dem Gesetzgeber durch das Schweigen des GG[80] ein weiter Ermessensspielraum eingeräumt, der aber durch die Verfassung, insbesondere durch die Freiheitsrechte – für die vorliegende Thematik kommt insbesondere der Schutz der Berufsfreiheit und, neuerdings verstärkt im Blickfeld des Verfassungsgerichts[81], Meinungsfreiheit in Betracht – beschränkt ist. Ob der Gesetzgeber die soziale Marktwirtschaft ganz zugunsten eines laissez-faire Liberalismus oder eines planwirtschaftlichen Systems abschaffen kann, braucht hier nicht beantwortet werden. Dies geschieht weder durch §§ 3, 5 UWG noch durch das UWG insgesamt.

b. Freiheitsrechte

aa. Einführung

Zwar finden sich in den Schutzzweckdefinitionen der einzelnen Freiheitsrechte keine Angaben, ob diese auch die wirtschaftliche Betätigung des Bürgers schützen. Dadurch kann jedoch nicht ernsthaft[82] auf deren Nichtanwendbarkeit für wirtschaftliche Betätigung geschlossen werden. [83] Die Ausnahme eines für Dasein und Persönlichkeitsentfaltung so wichtigen Bereichs aus dem Grundrechtsschutz ist ohne ausdrückliche Regelung undenkbar.

Die Grundrechte dienen primär der Abwehr staatlicher Eingriffe gegen den Bürger. Sie konstituieren darüber hinaus eine objektive Werteordnung, die bei der Anwendung und Konkretisierung von Generalklauseln, also auch §§ 3, 5 UWG, zu berücksichtigen ist; sog. mittelbare Drittwirkung von Grundrechten.[84] Dies kann in Einzelfällen dazu führen, dass das Interesse an der Meinungsfreiheit die durch § 3, 5 UWG geschützten Interessen überwiegt und eine an sich irreführende Werbung hinzunehmen ist. Dies wird insbesondere dann der Fall sein, wenn wettbewerbliche Interessen nur in geringem Maße tangiert sind. Auf Basis der Grundrechte als objektive Grundordnung soll das Grundgesetz in neuester Zeit auch die Untergrenze des zu gewährleistenden Verbraucherschutzes gewährleisten. So soll das Recht auf Selbstbestimmung die Mindestanforderungen des zu gewährleistenden Verbraucherschutzes bei Bestimmung des Verbraucherleitbildes aufzeigen.[85] Diesen Aspekt werden wir auch dort[86] behandeln.

Insofern auf Grundlage der §§ 3, 5 UWG in Grundrechte eingegriffen wird, sind diese Maßnahmen nur im Rahmen des Wortlautes der §§ 3, 5 UWG möglich (Art. 20 III

---

[80] Vgl. etwa Kessler WRP 1987, 75, 81 mwN.

[81] BVerfGE 102, 347 ff. und BVerfG GRUR 2003, 633 ff.- Benetton-Werbung II; BVerfG GRUR 2001, 1058 ff.- Therapeutische Äquivalenz; BVerfG GRUR 2002, 455 ff.- Tier- und Artenschutz; WRP 2003, 69 ff.- Veröffentlichung von Anwaltsranglisten.

[82] Vgl. insoweit Krüger DVBl 1951, 361, 361.

[83] Scholz in Maunz/Düring GG (Stand 1991), Art. 12 Rn. 78; GK/Schünemann Einl A. 44.

[84] Für § 1 UWG 1909: BVerfGE 62, 230, 244; BVerfG NJW 1992, 1153, 1154; Ullmann GRUR 1996, 948, 956.

[85] Vgl. jüngst Säcker WRP 2004, 1199, 1217.

[86] Vgl. C.II.2.d.aa.bbb.bbbb.(2.)(b.).

GG). Da §§ 3, 5 UWG konkrete Gefährdungstatbestände darstellen[87], ist also erforderlich, dass der Tatbestand im Einzelfall auch erfüllt wird. Im Rahmen der Generalklauseln ist insoweit unabdingbar zu fordern, dass auch tatsächlich eine Schutzgutverletzung vorliegt.[88] Es muss bei § 5 UWG also im Einzelfall festgelegt werden, ob tatsächlich eine Eignung zur Irreführung vorliegt und damit die in § 1 UWG geschützten Interessen verletzt werden.[89]

bb. Meinungsfreiheit

aaa. Ausschluss der Wirtschaftswerbung aus dem Schutzbereich

Ob der Schutzbereich des Art. 5 I GG für kommerzielle Werbung überhaupt eröffnet ist, war lange Zeit streitig.
In der älteren nicht verfassungsgerichtlichen Rspr. wurde die Einbeziehung kommerzieller Werbung in den Schutzbereich durchweg abgelehnt.[90] Die Rspr. des BVerfG war unklar[91] ablehnend. So schien das BVerfG zwar zunächst die Meinungsfreiheit auf Wirtschaftswerbung anwenden zu wollen[92], lehnte dann aber die Anwendung ausdrücklich ab.[93] Selbst in jüngerer Zeit (27. Mai 1994) bezeichnete das BVerfG[94] – trotz seines anderslautenden Beschlusses vom 19. November 1985[95], in dem das BVerfG unter ausdrücklicher Abkehr von seiner bisherigen Rspr. die Meinungsfreiheit für anwendbar gehalten hatte – die Frage als „ offen".
Maßgeblich[96] für die Aussperrung von Wirtschaftswerbung aus dem Schutzbereich des Art. 5 I war die besondere Bedeutung, die der Meinungsfreiheit für die freiheitlich-

---

[87] Allg. Ansicht, vgl. BVerfG WRP 2003, 396, 396; Lindacher, FS Tilmann, S. 200; ders. GK/Lindacher § 3 Rn. 32.

[88] BVerfG NJW 2001, 3403, 3404 und BVerfG NJW 2002, 1187, 1188 f.; Säcker WRP 2004, 1199, 1202; Hartwig 2002, 38, 38.

[89] BVerfG WRP 2003, 396, 396; Lindacher FS Tilmann, S. 195, 200: „Die Vorverlagerung des Schutzes in den Bereich abstrakter Gefährdung ist Prärogative der Legislative".

[90] Die ältere Rspr. lehnte einen Grundrechtsschutz generell ab: Den Anfang – nach Inkrafttreten des GG – machte der Bayerische Verfassungsgerichtshof: Bay. VGHE 1951 II, 63 ff., 76. Es führte im Hinblick auf den mit Art. 5 I GG inhaltsgleichen Art. 110 der Bayerischen Verfassung aus: „Eine 'Meinung' i.S. dieser Bestimmung enthält nicht jede beliebige Äußerung. Mitteilungen, die in keiner Weise eine überzeugende, belehrende oder sonstige richtungsgebende geistige Wirkungen auf die Umwelt haben sollen oder können, sind keine Meinungsäußerungen i.S.d. Art. 110, denn diese Bestimmung will – ebenso wie früher Art. 118 der Weimarer Verfassung – das Geistesleben und die dazu erforderliche Verbreitung von Gedankengut schützen". Dies sei bei Werbung grundsätzlich nicht der Fall, Ausnahmen seien aber denkbar; OLG Braunschweig NJW 1956, 839, 840; BVerwG DVBl. 1954, 362, 363.

[91] In der Regel keine „Meinung": BVerfGE 21, 271, 278.

[92] BVerfGE 30, 336, 347 ff.; BVerfGE 53, 96, 97 ff..

[93] BVerfGE 40, 371, 382; zur Entwicklung bis 1990, vgl. bei Paulus WRP 1990, 22, 22 f.

[94] BVerfG NJW 1994, 3342, 3342- Mars-Kondom.

[95] BVerfGE 71, 162, 175: Das Gericht entschied, dass „das Grundrecht der Meinungsfreiheit jedenfalls dann als Prüfungsmaßstab in Betracht kommt, wenn eine Ankündigung einen wertenden, meinungsbildenden Inhalt hat oder Angaben enthält, die der Meinungsbildung dienen."

[96] Degenhart, FS- Lukes, S. 289; Friauf/Höfling AfP 1985, 249 ff.

demokratische Grundordnung beigelegt wurde: Art. 5 I GG schütze die freie Auseinandersetzung der Meinungen und sei somit für Demokratie, Rechtsstaat und freie Gesellschaft schlechthin konstituierend.[97] Dieser Schutzzweck sei aber nur für Äußerungen in öffentlichen Angelegenheiten einschlägig, insbesondere die Wirtschaftswerbung könne kaum für die Demokratie als lebensnotwendig angesehen werden.[98]
Zudem sei kommerzielle Werbung in erster Linie wirtschaftliche Betätigung, auf Anregung des Konsums als auf Meinungsäußerung gerichtet. Sie falle daher ausschließlich in den Schutzbereich der „wirtschaftlichen" Grundrechte der Art. 12 und 14 GG.[99]

In jüngerer Zeit hat sich jedoch die Auffassung durchgesetzt, dass auch kommerzielle Werbung in den Schutzbereich des Art. 5 I fallen kann.[100] Dies zurecht:
Eine Anknüpfung an eine kommerzielle Motivation verbietet sich schon, weil die Motive des Gebrauchs eines Grundrechts dem Bürger selbst überlassen bleiben müssen.[101] Als individuelle Freiheitsrechte stehen die Grundrechte notwendig nicht unter dem Vorbehalt „konformen" Verhaltens. Dies muss gerade für die Meinungsfreiheit gelten: Die Meinungsfreiheit dient auch dazu, Anstößiges äußern zu dürfen. Wenn aber Anstößiges geäußert werden darf, muss die Meinung auch zu anstößigen Zwecken geäußert werden dürfen. Das Verfassungsgericht prüft daher nicht die Moralität des Äußernden (bzw. von dessen Zielen). Genau so wenig findet eine Differenzierung in wertvolle und weniger wertvolle Meinungen (Inhaltsneutralität des grundrechtlichen Schutzes der Meinungsfreiheit) statt, was zusätzlich gegen die Zulässigkeit einer Beschränkung des Schutzbereichs auf Äußerungen von öffentlicher Bedeutung spricht.[102]

---

[97] BVerfGE 5, 85, 205: „Darüber hinaus ist das Grundrecht für die freiheitliche demokratische Grundordnung schlechthin konstituierend, indem es den geistigen Kampf, die freie Auseinandersetzung der Ideen und Interessen gewährleistet, die für das Funktionieren dieser Staatsordnung lebensnotwendig ist"; BVerfGE 7, 198, 208: „eines der vornehmsten Menschenrechte überhaupt" das „in gewissem Sinn die Grundlage jeder Freiheit überhaupt" sei; BVerfGE 71, 201, 219 f.; 82, 272, 281 f.; Dreier/Schulze-Fielitz Art. 5 I, II, Rn. 40 mwN.
[98] Paulus WRP 1990, 22, 22; Eicke WRP 1988, 645, 648.
[99] Paulus WRP 1990, 22, 22; Ullmann GRUR 1996, 948, 949.
[100] BVerfGE 102, 347 und BVerfG GRUR 2003, 633, 635- Benetton-Werbung II; BVerfG GRUR 2001, 1058, 1059- Therapeutische Äquivalenz; BVerfG GRUR 2002, 455, 455- Tier- und Artenschutz; WRP 2003, 69, 70 f.- Veröffentlichung von Anwaltsranglisten; Dreier/Schulze-Fielitz Art. 5 I, II, Rn. 45; Brandner, FS Erdmann, S. 536: „kein Zweifel" daran, dass Wirtschaftswerbung in den Schutzbereich des Art. 5 I GG fallen kann; Degenhart, FS Lukes, S. 287 ff; Friauf/Höfling AfP 1985, 249 ff.; Drettmann, Wirtschaftswerbung und Meinungsfreiheit, 1984; Lerche, Werbung und Verfassung, 1971; Braun WRP 1982, 510, 510 ff. mit historischem Abriss (S. 510 f.); vgl. auch Wacke, FS Schack, S. 207, der jedenfalls im Zweifelsfall die Werbung mit Grundrechtsschutz versehen will; Kresse WRP 1985, 536, 537 . Fezer NJW 2001, 580, 581; Ruess WRP 2002, 1376, 1377; Lindacher, FS Brandner, S. 402.
[101] Degenhart, FS Lukes, S. 292 f.
[102] BVerfGE 30, 336, 347; Brandner, FS Erdmann, S. 537; Degenhart, FS Lukes, S. 290; Dreier/Schulze-Fielitz Art. 5 I, II, Rn. 45.

Eine solche Beschränkung wäre auch nicht nur eine unzulässige Privilegierung[103] dieser Aussagen, sie verstößt schlicht gegen den Schutzzweck (und damit Schutzbereich) des Art. 5 I GG.[104] Art. 5 I GG hat – vom BVerfG anerkannt[105] – zwei Wurzeln:[106] Einmal seine unzweifelhaft vorhandene Bindung zum Rechtsstaat- und vor allem zum Demokratieprinzip: Ohne Möglichkeit in Belangen des Gemeinwesens frei zu reden kann keine Demokratie bestehen.[107] Neben diese „öffentliche Meinungsfreiheit" tritt aber die Bedeutung des Art. 5 I GG für den Einzelnen bei der Entfaltung der eigenen Persönlichkeit: „Art. 5 I GG ist Teil des in der Menschenwürde wurzelnden[108] elementaren Rechts auf Denkfreiheit, auf individuell-private Befriedigung von geistiger Neugier, Wissensdurst und Mitteilungsbedürfnis und auf zwischenmenschliche Kommunikation in allen Lebensbereichen mit ihren sozialen Wirklichkeitskonstruktionen" [109]. Beide Wurzeln stehen dabei in einem „sowohl-als-auch"[110]-Verhältnis müssen also nicht kumulativ vorliegen. Letzterer Teil des Grundrechts würde bei einer Beschränkung auf Äußerungen in öffentliche Belange bedeutungslos werden.

---

[103] Zur Annahme einer solchen Privilegierung mag die Betonung der Bedeutung der Meinungsfreiheit für die demokratische Grundordnung durch das BVerfG beigetragen haben.

[104] Selbst wenn man aber eine Dominanz der „demokratischen Funktion" der Meinungsfreiheit anerkennt, kann die Folge nicht sein, dass Äußerungen außerhalb öffentlicher Belange keinen Schutz durch die Meinungsfreiheit genießen (ebenso Degenhart, FS Lukes, S. 291). Dies wäre nur dann der Fall, wenn Voraussetzung für einen freien und staatlich ungelenkten öffentlichen Diskurs nur Äußerungsfreiheit in öffentlichen Belangen wäre. Dies ist aber unzutreffend. „Private" Belange können sich zu öffentlichen Belangen entwickeln. Eine solche Entwicklung erscheint regelmäßig bei den Menschen existentiell betreffenden – wie beispielsweise wirtschaftlichen – Fragen möglich. Auch diese Entwicklungsfähigkeit und Möglichkeit ist aber Voraussetzung für den freien öffentlichen Diskurs. Beispiel: Sicher kommt einer Diskussion zweier Jugendlicher um eine „Big Brother"-TV-Sendung nicht die gleiche öffentliche Bedeutung zu, wie einer Diskussion um die Menschenwürde zwischen zwei Hochschullehrern. Andererseits kann aber eine Diskussion um derartige Sendungen sich zu einer öffentlichen Diskussion um die Menschenwürde entwickeln. Eine uneingeschränkte öffentliche Diskussion setzt daher einen Vorfeldschutz auch für Meinungsbildung und -äußerung in privaten Belangen voraus.

[105] In seinen früheren Entscheidungen wurde die individualrechtliche Komponente sogar regelmäßig vor der demokratischen erwähnt: BVerfGE 7, 198, 208; 12, 123, 125; 12, 205, 259; während er in späteren die das Nebeneinander beider Belange vorausgesetzt hat: BVerfGE 27, 71, 81; 42, 133, 139; vgl. Maunz/Dürig/Herzog Art. 5 I, II Rn. 10.

[106] Dreier/Schultze-Fielitz Art. 5 I, II, Rn. 40; Maunz/Dürig/Herzog Art. 5 Rn. 2 ff.

[107] BVerfGE 5, 85, 205: „Darüber hinaus ist das Grundrecht für die freiheitliche demokratische Grundordnung schlechthin konstituierend, indem es den geistigen Kampf, die freie Auseinandersetzung der Ideen und Interessen gewährleistet, die für das Funktionieren dieser Staatsordnung lebensnotwendig ist"; BVerfGE 7, 198, 208: „eines der vornehmsten Menschenrechte überhaupt" das „in gewissem Sinn die Grundlage jeder Freiheit überhaupt" sei; BVerfGE 71, 201, 219 f.; 82, 272, 281 f.; Dreier/Schulze-Fielitz Art. 5 I, II, Rn. 40 mwN.

[108] Wobei mit dieser Feststellung nicht viel gewonnen ist: Die Menschenwürde bedeutet letztlich die Anerkennung der Subjektsqualität jedes einzelnen Menschen und lässt sich damit als Grundlage für jedes Recht des Einzelnen anführen.

[109] Dreier/Schulze-Fielitz Art. 5 I, II, Rn. 40.

[110] Maunz-Düring/ Herzog § 5 Rn. 8.

Bedenkenswert ist schließlich noch folgendes: Typischer Schutzgehalt des Art. 5 I ist gerade auch, auf die Meinung Dritter Einfluss nehmen zu können, auf andere geistig wirken[111] zu können.[112] Genau dieses bezweckt Werbung.
Der Einbeziehung von Wirtschaftswerbung in den Schutzbereich der Meinungsfreiheit hat sich das BVerfG in seinen neueren Entscheidungen[113] nun auch angeschlossen. Danach erstreckt sich der Schutz der Meinungsfreiheit jedenfalls auf kommerzielle Meinungsäußerungen und reine Wirtschaftswerbung, *soweit diese einen wertenden, meinungsbildenden Inhalt* hat.[114]
Wie diese Einschränkung inhaltlich zu verstehen ist, wird nicht näher konkretisiert. Bereits in der Diktion ist kein Unterschied zu der bereits bestehenden Kategorisierung in Werturteile und Tatsachen erkennbar. Darüber hinaus gehende Deutungen[115] erweisen sich als nicht tragfähig:
Zum Einen ließe sich die Formulierung des BVerfG dahingehend deuten, dass das Gericht einen Gegensatz zwischen Werbung mit meinungsbildendem Charakter auf der einen Seite und auf der anderen Seite Werbung, die bloß informierende Elemente (Preis, Gewicht, Existenz eines Produkts etc.) enthält, herstellen will. Es läge nahe anzunehmen, dass das Gericht, indem es letztere Angaben von dem Schutz der Meinungsfreiheit ausnehmen will, den Schutz vor Werbelügen sicherstellen will.
Jedoch hat Werbung niemals ausschließlich informierenden – im Gegensatz zu meinungsbildendem – Charakter. Selbst Werbung die inhaltlich ausschließlich „informative" Angaben enthält, gewinnt meinungsbildenden Charakter, indem sie auf die Entscheidungsbildung der Marktteilnehmer ob ein bestimmtes Produkt anderen Produkten gegenüber vorzugswürdig ist, einwirkt.[116] Informationen die aber in Zusammenhang mit der Meinungsbildung stehen, sind anerkanntermaßen durch Art. 5 I geschützt.[117] Im übrigen wird in den Fällen der Werbelügen eine Ausnahme von dem Schutz der Meinungsfreiheit bereits dadurch bewirkt, dass nach Ansicht des BVerfG bewusst un-

---

[111] Zur „Geistigkeitstheorie" der WRV, vgl. etwa bei Braun WRP 1982, 510, 511.
[112] BVerfGE 7, 198, 210; 93, 266, 289; 97, 391, 398; Dreier/Schultz-Fielitz Art. 5 I, II, Rn. 69; Kresse WRP 1985, 536, 537.
[113] BVerfGE 102, 347 und BVerfG GRUR 2003, 633, 635- Benetton-Werbung II; BVerfG GRUR 2001, 1058, 1059- Therapeutische Äquivalenz; BVerfG GRUR 2002, 455, 455- Tier- und Artenschutz; WRP 2003, 69, 70 f.- Veröffentlichung von Anwaltsranglisten; vgl. auch Hartwig NJW 2002, 38, 38 f.
[114] Bereits in seinem Beschluss vom 19.11.1985, BVerfGE 71, 162, 175 formulierte das Gericht, dass „das Grundrecht der Meinungsfreiheit auch für eine Wirtschaftswerbung jedenfalls dann als Prüfungsmaßstab in Betracht kommt, wenn eine Ankündigung einen wertenden, meinungsbildenden Inhalt hat oder Angaben enthält, die der Meinungsbildung dienen". In seinen jüngsten Entscheidungen hat das Gericht diese Rspr. bestätigt: BVerfG GRUR 2001, 170, 172 (Benetton I); BVerfG WRP 2003, 633, 635 (Benetton II); BVerfGE GRUR 2002, 455, 455; auch Bilder fallen in den Schutzbereich der Meinungsfreiheit soweit diese – wie häufig in der Werbung – eine Meinungsäußerung transportieren, BVerfGE 30, 336, 352.
[115] Zu den verschiedenen Ansätzen vgl. Kübler/Kübler, FS Ulmer, S. 921 f.; vgl. auch Henning WRP 2003, 1193, 1198.
[116] Ablehnend auch F. Kübler/J. Kübler, FS Ulmer, S. 921.
[117] BVerfGE 61, 1, 7; 85, 23, 31.

wahre Tatsachenbehauptungen – also Lügen – nicht unter den Schutz des Art. 5 I fallen.[118] Eine weitergehende Restriktion wäre daher überflüssig.
Zum anderen käme die Annahme in Betracht, dass das BVerfG solche Werbung ausgrenzen will, die über die bloße Anzeige eines Waren- oder Dienstleistungsangebots hinaus keine Aussage enthält. So wollen offenbar auch *Krings/Dietlein*[119] dieses Kriterium verstanden wissen: Das BVerfG sei so zu verstehen, dass nur Werbung, bei der gesellschaftskritische Aspekte im Vordergrund stehen, Art. 5 I GG unterfallen, während „die ′normalen′ Meinungsäußerungen im Wettbewerb (...) nicht von vornherein verfassungsrechtlich privilegiert sind"[120]. Hiergegen spricht aber, dass an inhaltlich wertende Kriterien angeknüpft wird, um zu beurteilen, ob eine Aussage „würdig" ist, in den Schutzbereich des Art. 5 I GG vorzudringen. Ob eine Aussage Stellungnahme zu öffentlichen Angelegenheiten ist, ist nicht im Rahmen des Schutzbereichs, sondern im Rahmen der Abwägung der Rechtfertigung des Eingriffs in die Meinungsfreiheit zu berücksichtigen.[121]
Daher kommt dem Kriterium des „soweit diese einen wertenden, meinungsbildenden Inhalt hat" keine über die bereits bestehende Einschränkung für Tatsachen hinausgehende, Eingrenzungsfunktion zu.[122] Diese Interpretation wird auch von einem späteren Urteil[123] des BVerfG gestützt. Das BVerfG recouriert dort auf das Kriterium des „wertenden, meinungsbildenden Inhaltes" legt in der Folge aber lediglich dar, dass es sich um eine „Meinung im Rechtssinne" handelt. Indem die Beklagte die „therapeutische Äquivalenz" als bewiesen darstelle, äußere sie sich billigend zu der zugrunde liegenden Studie, dies reiche aus.
Kommerzielle Werbung steht damit – ob dies nun wünschenswert ist oder nicht[124] – unter dem Schutz der Meinungsfreiheit[125] insofern sie eine Meinung beinhaltet.

Meinung ist eine wertende Betrachtung der Dinge (Tatsachen, Verhaltensweisen, sonstige Verhältnisse). Unter den weit zu verstehenden Begriff[126] fallen alle Ansichten, Auffassungen, Anschauungen, Einschätzungen, Stellungnahmen und jedes sonstige Werturteil.[127]
Umstritten ist, ob auch Tatsachenbehauptungen unter den Art. 5 I GG fallen. Dies wird von der h.L. abgelehnt, da es sich nicht um eine Meinung handele. Tatsachen seien

---

[118] BVerfGE 61, 1, 8; 85, 1, 15; 90, 241, 247 f. zutreffend kritisch: Dreier/Schulze-Fielitz Art. 5 I, II, Rn.65.
[119] Krings/Dietlein, FS Helm, S. 105, 106.
[120] Krings/Dietlein, FS Helm, S. 106.
[121] Degenhart, Lukes FS, S. 291.
[122] Mit (wohl) identischer Interpretation: Brandner, FS Erdmann, S. 537.
[123] BVerfG GRUR 2001, 1158, 1159- Therapeutische Äquivalenz.
[124] Vgl. Krings/ Dietlein, FS Helm, S. 105: Für den strengen Wettbewerbsrechtler „mit wehem Herz".
[125] So auch F. Kübler/ J. Kübler, FS Ulmer, S. 921 f.
[126] BVerfGE 61, 1, 9; BVerfGE 71, 162, 179.
[127] Unstrittig: Schmidt-Bleibtreu/Klein/Kannengießer Art. 5 Rn. 3; Dreier/Schulze-Fielitz Art. 5 I, II, Rn. 62; Maunz/Dürig/Herzog § 5 Rn. 50. Die Beurteilung erfolgt aus der Sicht eines verständigen Empfängers unter Berücksichtigung der für ihn wahrnehmbaren, den Sinn der Äußerung mitbestimmenden Umstände; abweichende Vorstellung sind nicht maßgeblich; BVerfG WRP 2003, 633, 635 f.- Benetton II.

keine Werturteile, sondern einem objektiven Beweis zugänglich. Die Ablehnung der Einbeziehung von Tatsachenäußerungen in den Schutzbereich der Meinungsfreiheit ist zwar bereits im Ansatz verfehlt, nach dem genannten Schutzzweck des Grundrechts kann es bei Art. 5 I GG nur um das „Recht auf freie Rede“ schlechthin gehen[128], jedoch wirkt sich diese Einschränkung auf die hier in Rede stehenden Fragestellungen nicht aus.[129] Eine Tatsache wird von der h.L. nämlich bereits deshalb unter dem Meinungsbegriff gefasst, „weil und soweit sie Voraussetzung der Bildung von Meinungen ist“.[130]

Danach ist der Meinungsbegriff bei Werbung jedenfalls erfüllt: Reine Imagewerbung enthält naturgemäß keine bloßen Eigenschaftsangaben, sondern rein wertende Stellungnahmen.[131] Produktbezogene Werbung ist bereits deshalb meinungsbildend, weil sie ein Produkt zum Kauf empfiehlt[132], die darin genannten Tatsachen sind unabdingbar für die Beurteilung, ob ein Produkt vorzugswürdig ist oder nicht.

bbb. Relevanz der Tatsache, dass Wirtschaftwerbung vorliegt.

Wie bereits angedeutet ist die Frage, ob die Meinung öffentliche oder private Belange betrifft, eine Frage der Abwägung.[133]

Bei der Feststellung welche Belange berührt sind, handelt es sich dabei um eine objektive Fragestellung,[134] das verfolgte Ziel des Werbenden ist nicht entscheidend. Warum jemand von seinen Grundrechten Gebrauch macht, ist gerade im Bereich der Meinungsfreiheit irrelevant.[135] Daher gereicht es dem Werbenden auch nicht zum Nachteil, dass er wirtschaftliche Zwecke verfolgt.[136]

Betrifft die Meinung nun öffentliche Belange, wiegt das Grundrecht in der Abwägung deutlich schwerer. Zu der individualschützenden Komponente tritt dann die demokratische Komponente unterstützend hinzu. Es ist diese Komponente, auf die das BVerfG die überragende Bedeutung stützt. Keinesfalls ist daher eine Gleichbehandlung zwischen den beiden Fällen möglich[137]. Ist das öffentliche Interesse nicht betroffen, wer-

---

[128] Ebenso Wendt in v. Münch/Kunig, Art. 5, Rn. 9; Badura, Staatsrecht C 62; Maunz/Dürig/Herzog Art. 5 Rn. 50 ff.

[129] Vgl. Maunz/Dürig/Herzog Art. 5 I, II, Rn. 55a, der darauf hinweist, dass der Mittelweg des BVerfG allgemein weitgehend zu identischen Ergebnissen wie die M.M. – die das Tatsachenerfordernis ablehnt – führt.

[130] St. Rspr., vgl. etwa BVerfGE 61, 1, 8; 65, 1, 41; 85, 1, 15; 90, 1, 15; aus der Literatur: Dreier/Schulze-Fielitz Art. 5 I, II, Rn. 63; Maunz/Dürig/Herzog Art. 5 Rn. 55a; Säcker WRP 2004, 1199, 1203.

[131] Köhler/Piper § 3 Rn. 28; a.A. jedoch ohne nähere Begründung: Brandner, FS Erdmann, S. 536, 537 sowie Säcker WRP 2004, 1199, 1204.

[132] Ackermann WRP 1998, 665, 668; Köhler/Piper § 3 Rn.28; Köhler WRP 1998, 455, 460; Kloepfer/Michael GRUR 1991, 170, 173; v. Becker GRUR 2001, 1101, 1102.

[133] Mit einem Vergleich zum amerikanischen Recht Kübler/Kübler, FS Ulmer, S. 922 ff; Degenhart, FS Lukes, S. 291.

[134] So auch Brandner, FS Erdmann, S. 537.

[135] Degenhart, FS Lukes, S. 292 f.

[136] Säcker WRP 2004, 1199, 1205; Degenhart, FS Lukes, S. 292 f.

[137] Zurecht mit Nachdruck: Lindacher, FS Brandner, S. 402; Säcker WRP 2004, 1199, 1205f.

den andere Belange sich im Vergleich deutlich leichter durchsetzen können. Im Bereich der irreführenden Werbung wird Art. 5 I GG daher angesichts der schützenswerten Verbraucher- und Konkurrenteninteressen und des verfassungsgerichtlichen Ausschlusses der bewussten Unwahrheit[138] und erwiesen unwahren Tatsachen[139] keine überragende Bedeutung erlangen können.

cc. Berufsfreiheit

Werbliche Äußerungen unterfallen nach allg. Ansicht[140] dem Schutzbereich von Art. 12 GG. Eingreifende Regelungen stellen i.d.R. Berufsausübungsschranken dar[141] und unterfallen somit gem. der 3-Stufentheorie[142] des BVerfG den niedrigsten Rechtfertigungshürden.
Erforderlich ist daher lediglich, dass der Eingriff durch (vernünftige) Gründe des Allgemeinwohls gerechtfertigt und verhältnismäßig ist.[143] Der Schutz vor irreführender Werbung ist ein solcher „vernünftiger Grund des Allgemeinwohls".[144]

dd. Pressefreiheit

Bezüglich der Pressefreiheit bestehen keine besonderen Schwierigkeiten. Es ist seit langem anerkannt, dass der Anzeigen- und Annonceteil von der Pressefreiheit umfasst wird, da er die wirtschaftliche Basis der Presse sichert.[145]
Im Rahmen der Pressefreiheit kann sich der Grundrechtsberechtigte auch auf die Meinungsfreiheit des Werbenden berufen: „Soweit Meinungsäußerungen Dritter, die den Schutz des Art. 5 I 1 GG genießen, in einem Presseorgan veröffentlicht werden, schließt die Pressefreiheit diesen Schutz mit ein: „Einem Presseorgan darf die Veröffentlichung einer fremden Meinungsäußerung nicht verboten werden, wenn dem Meinungsträger selbst ihre Äußerung und Verbreitung zu gestatten ist. In diesem Umfang kann sich das Presseunternehmen auf eine Verletzung der Meinungsfreiheit Dritter in einer gerichtlichen Auseinandersetzung berufen"[146].

---

[138] BVerfGE 54, 208, 219; 61, 1, 7; 66, 116, 149; 82, 43, 51; 85, 1, 15; 99, 185, 197; a.A.: etwa: Dreier/Schulze-Fielitz Art. 5 I, II, Rn. 65, 66.
[139] Selbst wenn diese Voraussetzung für die Meinungsbildung sind , vgl. BVerfGE 54, 208, 219; 99, 185, 197.
[140] GK/Lindacher § 3 Rn. 10.
[141] BVerfG NJW 1993, 1969, 1970.
[142] Grundlegend zur 3- Stufentheorie vgl.: BVerfG 7, 377, 397 ff.; BVerfGE 25, 1, 11 ff.
[143] BVerfGE 7, 377, 405 f.; 65, 116, 125; 70, 1, 28; 78, 155, 162.
[144] BGH GRUR 1990, 1032, 1034; BGH GRUR 1997, 758, 759.
[145] BVerfGE 21, 271, 278; 64, 108, 114; 102, 347, 359; Jarass/Pieroth, Art. 5 Rn. 26; Degenhart, FS Lukes, S. 301.
[146] BVerfG GRUR 2001, 170, 172- Benetton I.

V. Verhältnis der Irreführungsverbote zu anderen Normen

1. §§ 3, 5 UWG zu anderen Normen

a. Binnenstaatliche Normen

aa. Verhältnis zu den §§ 3, 4 UWG

Zwischen §§ 3, 4 und §§ 3, 5 UWG sind zahlreiche Überschneidungen denkbar. Werden etwa klare und eindeutige Angaben nach § 4 Nr. 4 und 5 UWG unterlassen, wird oftmals auch zugleich eine Irreführung vorliegen. Mit einer getarnten Werbung (§§ 3, 4 Nr. 3 UWG) kann gleichzeitig eine Irreführung einhergehen. Ebenso kann eine vermeidbare Herkunftstäuschung nach § 4 Nr. 9 lit. a UWG zugleich eine Irreführung gem. §§ 3, 5 UWG darstellen oder ein missbräuchliches Kopplungsangebot den Verbraucher zugleich irreführen.

Da es sich sowohl bei § 4 als auch bei § 5 UWG um Beispiele für unlauteres Wettbewerbsverhalten i.S.d. § 3 UWG handelt, besteht Anspruchskonkurrenz.
Eine Einschränkung muss jedoch hinsichtlich des ergänzenden Leistungsschutzes gelten. Hier wird die Grenze zwischen unzulässiger Nachahmung und Nachahmungsfreiheit durch §§ 3, 4 Nr. 9 gezogen. Die Nachahmungsfreiheit kann daher nicht via allgemeinem Irreführungsschutz ausgehebelt werden, und geht dem Schutz vor Irreführung vor. Sind die Voraussetzungen der §§ 3, 4 Nr. 9 UWG zu verneinen, so sperrt dies daher ein Vorgehen aus §§ 3, 5 UWG.[147]

bb. Irreführungsverbote außerhalb des UWG

Außerhalb des UWG existieren sowohl konkrete als auch abstrakte Irreführungstatbestände. Während konkrete Gefährdungstatbestände eine Irreführungsgefahr im Einzelfall voraussetzen, besteht diese Erfordernis bei abstrakten Irreführungstatbeständen nicht. Hier kommt, der Einschätzung des Gesetzgebers zufolge, bestimmten Verhaltensweisen ein so hohes Irreführungspotential zu, dass er sie unabhängig ihrer Irreführungseignung im Einzelfall, durch, dem konkreten Gefährdungstatbestand des §§ 3, 5 UWG vorgelagerte, abstrakte Gefährdungstatbestände verboten hat.
Grundsätzlich wird §§ 3, 5 UWG weder von abstrakten noch von konkreten Irreführungstatbeständen außerhalb des UWG ausgeschlossen. Die angesprochenen Normen – etwa: §§ 17, 18, 22, 24, 27 LMBG[148], §§ 25 WeinG, § 8 I Nr. 2 AMG, §§ 3 ff. HWG – sollen von ihrer Zielsetzung her §§ 3, 5 UWG nicht ausschließen, sie sind lediglich Ausprägungen des in §§ 3, 5 UWG zutage tretenden Irreführungsverbotes.[149]

---

[147] BGH GRUR 1997, 754, 755- grau/magenta; Köhler/Piper § 5 Rn. 1.64. Ist hingegen ein Anspruch aus ergänzendem Leistungsschutz gegeben, so ist zugleich bei Vorliegen der Tatbestandsvoraussetzungen, auch §§ 3, 5 UWG anwendbar, vgl. aaO.

[148] Ausführlich zum Verhältnis Lebensmittel- und Wettbewerbsrecht, vgl. Streinz GRUR 1996, 1 ff.

[149] BGHZ 106, 101, 103- Dresdener Stollen I; GK/Lindacher § 3 Rn. 48.

Allerdings regeln einige Irreführungsnormen einen Lebenssachverhalt abschließend und erschöpfend. Ob dies der Fall ist, ist durch Auslegung zu ermitteln. Der lauterkeitsrechtliche Irreführungsschutz kann in diesen Fällen nicht weitergehen, als der jeweils spezialgesetzliche Irreführungsschutz. Dies ist etwa bei § 17 I Nr. 5 LMBG gegeben. Dieser ist die Umsetzung von Art. 2 der Richtlinie 2000/13/EG, die zu einer Vollharmonisierung des nationalen Rechts führen soll und daher als abschließend zu betrachten.[150] Ebenso enthalten die § 22 II Nr. 1a LMBG[151] für die Beurteilung der Tabakwerbung und § 3 BierV für die Kennzeichnung von Bier abschließende Regelungen.

cc. Irreführung durch gesetzlich vorgeschriebene Bezeichnungen[152]

Grundsätzlich werden sich kennzeichnungsrechtlicher Sprachgebrauch (im folgenden: Bezeichnungsnorm) und Verkehrsverständnis decken. Es existieren jedoch auch Fälle, in denen das Verkehrsverständnis abweicht. Es kommt in diesen Fällen zu einer Irreführung i.S.d. §§ 3, 5 UWG und zwar gerade weil gesetzeskonform bezeichnet wird. Es besteht also eine Kollision von gesetzlichen Vorschriften: Auf der einen Seite wird die Verwendung eines Begriffs durch Gesetz zugelassen oder sogar vorgeschrieben, auf der anderen Seite die Verwendung gerade dieses Begriffs durch Gesetz verboten (§§ 3, 5 UWG). Selbstverständlich kann nur eines gelten. Dabei ist zu beachten, dass sich nur die Interessen durchsetzen, die von der Norm, der Vorrang eingeräumt wird, geschützt werden. Eine Berücksichtigung der vom Gesetzgeber verfolgten Ziele ist folglich unabdingbar.
Kollidieren zwei Normen, kann auch die Normenhierarchie nicht unbeachtet bleiben. Es ist daher zu trennen: Die kennzeichnungsrechtliche Vorschrift kann einfaches (nationales) Gesetz sein, sie kann RVO sein, sie kann Europarecht sein.

aaa. Einfaches Gesetz

Ist die Bezeichnungsnorm einfaches (nationales) Gesetz, besteht im Grundsatz Einigkeit, dass die Bezeichnungsnorm vorgeht.[153] Lediglich die Begründung ist streitig.

---

[150] Zu § 3 UWG 1909: BGH GRUR 2002, 1091, 1092- Bodenseetafelwasser; BGH GRUR 2003, 628, 629- Klosterbrauerei.
[151] BGH WRP 1988, 237, 239- in unserem Haus muss alles schmecken.
[152] Nicht gleichgesetzt werden kann diese Frage mit der irreführenden Verwendung von Fach- oder Behördenterminologie. Hier besteht kein vergleichbarer Normenkonflikt, vgl. Gloy/Helm § 53 Rn. 63.
[153] Dies entspricht i.E. der heute ganz h.M. vgl. aus der jüngsten Rspr. OLG Hamburg GRUR-RR 2004, 36, 36 „Die Verwendung einer gesetzlich vorgeschriebenen oder zugelassenen Bezeichnung ist grundsätzlich zulässig, sofern die Ware der in der Rechtsvorschrift vorgesehenen Beschaffenheit entspricht, auch wenn ein nicht unerheblicher Teil der betroffenen Verkehrskreise die Bezeichnung in einem anderen als dem gesetzlich festgelegten Sinne versteht"; Gloy/Helm § 53 Rn. 64; H-B/H-B/Dreyer § 5 Rn. 58; Baumbach/Hefermehl/Bornkamm § 5 Rn. 2.199; Emmerich, § 14 S. 285.

aaaa. „Soll-Verkehrsauffassung“[154]

Die h.L.[155] und oftmals auch die Rspr.[156] arbeiten mit der Lehre der „Soll-Verkehrsauffassung“ oder „normierten Verkehrsauffassung“. Danach ist nicht die tatsächliche – „Ist-“ – Verkehrsauffassung maßgeblich, sondern die durch die Bezeichnungsnorm vorgeschriebene. Wird eine Bezeichnung also im gesetzlich vorgeschriebenen Rahmen verwendet, so kommt es auf eine eventuell anders bestehende Verkehrsauffassung nicht an, vielmehr wird die Verkehrsauffassung durch die Bezeichnungsvorschrift normiert: „Die Einhaltung der dort vorgesehenen Kennzeichnungsvorschriften kann *regelmäßig* [Hervorhebung durch Verf.] nicht als wettbewerbswidrig beanstandet werden. Werden in der Werbung gesetzlich vorgeschriebene oder zugelassene Bezeichnungen verwendet, bedarf es grundsätzlich keiner besonderen Aufklärung über Bedeutung oder Inhalt dieser Bezeichnungen. Der Werbende kann vielmehr regelmäßig von einer entsprechenden Kenntnis der beteiligten Verkehrskreise [...] ausgehen [...]“[157]. Dies soll sowohl bei gesetzlich vorgeschriebenen, als auch bei nur erlaubten Bezeichnungen gelten.[158] Die Lehre von der „Soll- Verkehrsauffassung“ ist nicht nur terminologisch – von einer „Verkehrsauffassung“ kann keine Rede sein – abzulehnen; zudem wird die Normenkollision zwischen der Bezeichnungsnorm und § 5 UWG nicht gelöst, sondern eher verschleiert: Es steht gerade in Frage ob trotz einer entgegenstehenden Verkehrsauffassung die Bezeichnung verwendet werden darf. Die Verkehrsauffassung durch einen Kunstgriff nun einfach abzuwandeln erscheint nicht weiterführend.

bbbb. Lex generalis/Lex specialis

Insbesondere im älteren lebensmittelrechtlichen Schrifttum wurde argumentiert, die Bezeichnungsnormen seien vorrangig, da „allgemeinverbindlich“. Damit ist gemeint, dass sie auch für Verbraucher und Richter bindend seien. Dies greift jedoch schon deshalb nicht, da auch §§ 3, 5 UWG „allgemeinverbindlich“ ist. Zutreffend ist jedoch die Analyse des Problems als ein Konkurrenzproblem. Darauf aufbauend lässt sich fragen,

---

[154] Nicht zu verwechseln ist die Soll- Verkehrsauffassung mit dem was *Bornkamm* „geläuterte Verkehrsauffassung“ nennt, Baumbach/Hefermehl/Bornkamm § 5 Rn. 2.89. Die Möglichkeit, dass die tatsächliche Verkehrsauffassung sich gesetzlichen Bestimmungen anpasst, durch diese „gesteuert“ wird vgl. BGH GRUR 1958, 32, 33- Haferschleim; OLG Köln GRUR 1958, 492, 496- Eis-Pralinen, steht natürlich außerhalb jeder Diskussion, hilft bei hier erörterten Fragestellung jedoch nicht weiter: es geht ja gerade darum, dass die tatsächliche Verkehrsauffassung und die gesetzliche Bezeichnung auseinanderfallen, also die Steuerung versagt hat.

[155] zum alten Recht: Baumbach/ Hefermehl § 3 Rn. 98; Köhler/ Piper § 3 Rn. 186; v. Gamm § 3 Anm. 4; ablehnend etwa GK/Lindacher § 3 Rn. 59.

[156] Teils mit Einschränkungen: „regelmäßig“ teils ohne solche Einschränkungen: OLG Hamburg GRUR 1990, 137, 139; OLG Hamburg WRP 1983, 347, 349; OLG Frankfurt WRP 1984, 613, 614; vgl. allerdings neuerdings OLG Hamburg GRUR-RR 2004, 36, 37: Die Bezeichnungsnorm sei in der Abwägung als die Rechtswidrigkeit der Irreführungsgefahr ausschließender Erlaubnissatz (sofern die Voraussetzungen der Erlaubnisnorm gewahrt seien) zu berücksichtigen, schließe also die Rechtswidrigkeit aus.

[157] BGH WRP 1991, 642, 643.

[158] OLG Hamburg WRP 1983, 347, 349; OLG Frankfurt WRP 1984, 613, 614.

ob die Bezeichnungsnormen Lex specialis zu §§ 3, 5 UWG sind. In diese Richtung zielen jedenfalls die Argumente der genannten Autoren: Das (allgemeinere) Irreführungsverbot (§§ 3, 5 UWG) habe der spezielleren Erlaubnis zur Verwendung eines Begriffs zu weichen. Zwei Normen stehen jedoch nur dann im Verhältnis der Spezialität, „wenn der Anwendungsbereich der spezielleren Norm *völlig* in der allgemeineren Norm aufgeht".[159] Dies ist jedenfalls bei Normen, die über die bloße Bezeichnung hinaus die Verkehrsfähigkeit von Produkten regeln, nicht der Fall. Auch bei ausdrücklichen Bezeichnungsnormen treten neben dem Bezeichnungszweck häufig andere Normzwecke (etwa Verbraucherschutz).[160]

cccc. Einschränkende Auslegung der §§ 3, 5 UWG

In Rspr. und Literatur wird der Vorrang der Bezeichnungsnorm teilweise mit einer einschränkenden Auslegung der §§ 3, 5 UWG begründet.
Zwar ähnelt dies im Ergebnis einem Lex specialis/ Lex generalis Verhältnis – die allgemeinere Norm wird durch die speziellere eingeschränkt – ohne jedoch hiermit identisch zu sein. Die Begründung des Ergebnisses ist ein anderes: würde die Bezeichnungsnorm nicht vorgehen, so widerspräche dies nicht nur der Bezeichnungsnorm, diese würde komplett überflüssig werden. Die Einschränkung erfolgt also nicht, weil die Bezeichnungsnorm spezielleres Recht ist, sondern weil der Gesetzeszweck es gebietet: Hat der Gesetzgeber eine Bezeichnung statuieren wollen, so war ihm auch das – der Regelung einer jeden Bezeichnung immanente – Risiko einer Irreführung bewusst. Der Gesetzgeber hat das Risiko bewusst in Kauf genommen und damit zu erkennen gegeben, dass der Bezeichnung Vorrang vor der Gefahr einer Irreführung zukommt. Alles andere würde dem Willen des Gesetzgebers zuwider laufen und die Bezeichnungsnorm in ihrem Sinn beschneiden. Daraus ergibt sich auch, dass eine gesetzeskonforme Bezeichnungsverwendung, nicht nur „regelmäßig"[161] beanstandungsfrei ist. Daher erscheint auch eine Konstruktion dieses Ergebnisses über eine Interessenabwägung als fehlerhaft.[162] Im Rahmen einer Interessenabwägung besteht jedoch stets die Möglichkeit, dass sich die Interessen des Verkehrs, nicht in die Irre geführt zu werden, durchsetzen. Dann bliebe die Bezeichnungsnorm unbeachtet. Dafür, dass die Bezeichnungsnorm unter einem derartigen Vorbehalt stünde, bestehen aber keine Anhaltspunkte.

---

[159] Larenz, Methodenlehre und Rechtswissenschaft, S. 256.
[160] So auch Hösl, S. 353 ff.; Schweikert WRP 1984, 613, 614.
[161] Zu dieser Einschränkung vgl. B. V. 1. a. cc. aaa. aaaa.
[162] Jedenfalls der Stellung der Erörterung zufolge gleicher Ansicht: H-B/H-B/Dreyer § 5 Rn. 58 f., der die Frage bei der Erörterung der Gesetzeskonkurrenzen erörtert.

Auf die vorgeschlagene Weise – einschränkende Auslegung – lassen sich auch die üblicherweise gebildeten Fallgruppen[163]

- die Bezeichnung wird vorgeschrieben
- die Bezeichnung wird ausdrücklich zugelassen
- Normen in denen die Bezeichnung verwendet wird und aus denen u.U. die Zulassung der Bezeichnung geschlussfolgert werden kann

lösen.

Bei den beiden zuerst genannten Gruppen wird eine Regelung zur Benutzung der Bezeichnung getroffen.[164] Nach dem soeben Ausgeführten ist der Vorrang vor §§ 3, 5 UWG damit gegeben. Eine Ausnahme kommt nur dann in Betracht, wenn der Verkehr durch zusätzliche Angaben, durch besondere Hervorhebungen oder Aufmachungen der Ware irre geführt wird, die der Werbende neben der gesetzlich vorgeschriebenen/erlaubten Bezeichnung verwendet. Dies wird von der Bezeichnungsvorschrift nicht mehr mit abgedeckt, es ist dann insoweit ein Rekurs auf §§ 3, 5 UWG möglich.[165]
Eine Irreführung ist jedoch unter engen Voraussetzungen aus einer Aufklärungspflicht zu konstruieren. Grundsätzlich treffen den Werbenden keinerlei Aufklärungspflichten hinsichtlich der vorgeschriebenen oder zugelassenen Bezeichnungen.[166]
Eine Aufklärungspflicht ist allerdings zu bedenken, wenn die gesetzliche Bezeichnung von Herstellern und Handel zunächst gerade nicht verwendet wurde und nunmehr entgegen lang dauernder Übung verwendet wird.[167]

Schwieriger ist die Konstellation der bloßen Benutzung der Norm in einem Gesetzestext: Hier ist unklar, ob eine Regelung bezüglich der Bezeichnung getroffen werden sollte. Die Norm ist dann dahingehend auszulegen, ob eine Verwendungsgestattung durch den Gesetzgeber intendiert war.[168] Ergibt sich danach, dass die Bezeichnung nur gewählt wurde, um den Regelungsgegenstand zu beschreiben oder abzugrenzen, so ist i.d.R. eine Bezeichnungsregel abzulehnen. Werden hingegen die Voraussetzungen der Verkehrsfähigkeit von Produkten geregelt, spricht vieles dafür anzunehmen, dass

[163] H-B/H-B/Dreyert § 5 Rn. 58, 59; Gloy/Helm § 53 Rn. 64 f.; vgl. auch OLG Frankfurt 1984, 613, 614.
[164] A.A. H-B/H-B/Dreyer § 5 Rn. 59: Nur wenn die Angabe gesetzlich vorgeschrieben ist. Dies allerdings unter falscher Berufung auf BGH GRUR 1992, 70 ff.: Hier war es gerade so, dass die Vorschrift die Angabe nicht ausdrücklich zugelassen hat, vgl. aaO, S. 71, wo dies ausdrücklich erwähnt wird. Gegen die Ansicht *Dreyers* sprechen zwingend die im Text vorgetragenen Gründe; wie hier etwa Emmerich § 14, S. 285.
[165] BGH GRUR 1984, 455, 456- Französischer Brandy; BGH GRUR 1995, 60, 62- Napoléon IV; OLG Frankfurt GRUR 1984, 878; Gloy/Helm § 53 Rn. 64.
[166] H-B/H-B/Dreyer § 5 Rn. 58; GK/Lindacher § 3 Rn. 62.
[167] GK/Lindacher § 3 Rn. 62; BGH GRUR 1983, 651, 653- Feingoldgehalt.
[168] Hösl, S. 356; GK/Lindacher § 3 Rn. 63.

auch die Bezeichnung mitgeregelt werden sollte.[169] Letztlich ist dies aber eine Frage der Auslegung im Einzelfall.[170]
Nimmt man keinen Willen des Gesetzgebers zur Gestattung der Bezeichnung an, gelten die üblichen Regeln. Diese Konstellation kann dann insbesondere im Rahmen der Interessenabwägung – unter dem Gesichtspunkt schutzwürdiger Informationsinteressen sowie dem Allgemeininteresse an Markttransparenz – Relevanz gewinnen.[171]

bbb. Rechtsverordnungen

Bezeichnungsnormen finden sich ganz überwiegend nicht in Gesetzen im formellen Sinne, sondern in Rechtsverordnungen wie sie etwa aufgrund der §§ 9, 19 LMBG erlassen werden können. Das beschriebene Kollisionsproblem zwischen zwei gleichrangigen Normen gilt hier in gleicher Weise, wird jedoch um Fragen der Normenhierarchie erweitert[172]:
Voraussetzung für eine vorrangige Bezeichnungsnorm ist jedenfalls die Wirksamkeit der Bezeichnungsnorm. Dies erscheint bei Bezeichnungsrechtsverordnungen zweifelhaft. Eine RVO ist nur wirksam wenn sie – neben anderen Voraussetzungen (vergl. Art. 80 GG) – zum einen nicht gegen höherrangiges Recht verstößt und zum anderen auf einer (wirksamen) Ermächtigungsgrundlage beruht, Art. 80 GG.

aaaa. Verstoß gegen höherrangiges Recht

Höherrangiges Recht im Verhältnis zu Rechtsverordnungen sind Verfassungsnormen und formelle Gesetze – also auch §§ 3, 5 UWG. Schreibt nun eine Bezeichnungsverordnung die Benutzung irreführender Bezeichnungen vor, oder lässt diese zumindest zu, so steht die RVO nicht im Einklang mit den §§ 3, 5 UWG. Steht eine Rechtsverordnung nicht im Einklang mit höherrangigem Recht, so ist die Folge nach allgemeinen Grundsätzen Nichtigkeit (bzw. Teilnichtigkeit) der RVO. Eine Kollisionsproblematik würde sich mangels kollidierender Bezeichnungsnorm dann erst gar nicht stellen.[173]
Eine solche Betrachtung verkürzt die Problematik jedoch unzulässig. Das Regelungsinstrument der Rechtsverordnung wäre im Bezeichnungsrecht weitgehend – angesichts einer immer zu gegenwärtigen Gefahr der Irreführung – entwertet. Gerade in den Rechtsgebieten, in denen typischerweise Bezeichnungsnormen erlassen werden – dem Lebensmittelrecht im untechnischen Sinne – erlangt die Beschleunigungs- und Entlastungsfunktion von Rechtsverordnungen im Vergleich zu Gesetzen aber eine besondere Bedeutung. Zudem ist zu Berücksichtigen, dass dem Gesetzgeber die Gefahr einer Irreführung schon beim Erlass der Ermächtigungsgrundlage bewusst ist. M.E. wird §§ 3,

[169] Hösl, S. 356; GK/Lindacher § 3 Rn. 63.
[170] Beispiele: BGH GRUR 1958, 492, 496- Eis-Pralinen; BGH GRUR 1992, 70, 71- 40 % weniger Fett.
[171] GK/Lindacher § 3 Rn. 66.
[172] Wrange WRP 1986, 125, 126; GK/Lindacher § 3 Rn. 60.
[173] Vgl. Wrange WRP 1986, 125, 126.

5 UWG – im Rahmen der dargestellten[174] Grundsätze – daher schon durch die Ermächtigungsgrundlage (i.Vm. der RVO) eingeschränkt. Hiergegen sprechen auch keine durchgreifenden verfassungsrechtlichen Bedenken: Die Position des Parlaments wird durch Art. 80 GG ausreichend geschützt.
Die Bezeichnungsnorm steht nach der hier vertretenen Auffassung daher nicht im Widerspruch zu (dem einschränkend auszulegenden) §§ 3, 5 UWG und ist daher auch nicht nichtig.

bbbb. Übereinstimmung mit der Ermächtigungsgrundlage

Wie ausgeführt[175] gehen wir davon aus, dass der Gesetzgeber bei der Regelung von Bezeichnungen bewusst das Risiko einer Irreführung eingeht. So verhält es sich auch mit Ermächtigungsgrundlagen zu Bezeichnungsnormen. Etwas anderes kann nur gelten, wenn der Verordnungsgeber über dieses Risiko hinausgeht, indem er etwa entgegen einer bekannten und beständigen Verkehrsauffassung bezeichnet.

b. Europarecht

Auch und gerade im Europarecht kommen Bezeichnungsnormen vor. Diese sind dem Interesse einer Harmonisierung der Bezeichnungen und dem damit einhergehenden Schutz des Verkehrs sowie der Aufhebung von Markthemmnissen geschuldet.
Es entspricht der allgemeinen Auffassung, dass sich die europarechtlichen Bezeichnungsnormen im Rahmen ihrer Reichweite gegenüber §§ 3, 5 UWG durchsetzen.[176] Begründet wird dies mit dem Vorrang des Europarechts vor dem nationalen Recht. Eine diesen Normen entsprechende Bezeichnung kann daher nicht aufgrund des nationalen Irreführungsverbots verboten werden.

2. Verhältnis des GüH zu anderen Normen

a. Ausschluss der freien Berufe aus dem Anwendungsbereich des GüH[177]

Freiberufler ist gem. Art. 2 des Gesetzes relatif à la publicité trompeuse et à la publicité comparative, aux clauses abusives et aux contrats à distance en ce qui concerne les professions libérales[178] „toute activité professionnelle indépendante de prestation de services ou de fourniture de biens, qui ne constitue pas un acte de commerce ou une activité artisanale visée par la loi du 18 mars 1965 sur le registre de l´artisanat et qui n´est pas visée par la loi du 14 juillet sur les pratiques du commerce et

[174] Vgl. B. V. 1. a. cc. aaa. cccc.
[175] Vgl. den vorangehenden Gliederungsabschnitt (B. V. 1. a. cc. bbb. cccc.).
[176] BVerwG ZLR 1992, 528, 535; OLG Karlsruhe ZLR 1994, 391, 393, v. Gamm § 49, Rn. 62; GK/Lindacher § 3 Rn. 59 mwN.
[177] Dieser Ausschluss ist dem deutschen Recht unbekannt. Hier fallen die Freiberufler unter das UWG.
[178] M.B. 20 november 2002 ; Gesetzesbegründung : Doc. parl., Chambre, 2001-2002, n° 1469/1; Kurzübersicht bei: De Wulf R.D.C. 2002, 95 ff.

sur l'information et la protection du consommateur, à l'exclusion des activités agricoles et d'élevage ».

Trotz eines klaren Willens des Gesetzgebers zum Ausschluss der freien Berufe aus dem Anwendungsbereich des GüH[179] wird dieser Ausschluss im Schrifttum gelegentlich in Zweifel gezogen[180].

Unstreitig ist, dass ein Freiberufler kein „vendeur" i.S.d. GüH ist. Allerdings knüpfen die meisten Vorschriften über die Werbung nicht an den „Akteur" sondern an die „Aktion" an. So ist etwa für die Anwendung der Art. 22, 23 GüH ist nicht maßgebend, ob der Werbende « vendeur » i.S.d. GüH ist.

Problematisch ist nun, dass der Wille des Gesetzgebers sich nicht in den gesetzlichen Bestimmungen niederschlägt. Zwar hat der Gesetzgeber mit genannten Freiberufler-Gesetz ein – im untechnischen Sinne – spezielles Gesetz für Freiberufler erlassen, jedoch schließt Artikel 4[181] dieses Gesetzes andere Gesetze ausdrücklich nicht aus („sans préjudice de l'application de lois plus contraignantes"). Daraus wird teilweise auf die Möglichkeit geschlossen, das GüH auch auf freie Berufe anzuwenden.
Eine solche Auslegung würde jedoch gegen den ausdrücklichen Willen des Gesetzgebers, Freiberufler generell aus dem Anwendungsbereich des GüH auszuschließen, verstoßen.[182]
Dies wird durch die Neuregelung in diesem Bereich durch das zitierte Gesetz vom 20 November 2002 noch deutlicher. Das Gesetz ersetzte das loi du 21 octobre 1992 relative à la publicité trompeuse en matière de professions libérales[183] und das loi du 3 avril 1997 relative aux clauses abusives dans les contrats conclus entre les titulaires de professions libérales et leurs clients[184]. Ziel der Neuregelung war es, die Bestimmungen hinsichtlich irreführender Werbung und „clauses abusives" für Freiberufler in einem Gesetz zusammenzufassen.[185] Auch dies spricht insoweit für einen speziellen Charakter des Gesetzes – wie er etwa auch dem Code de Commerce zukommt – in seinem Anwendungsbereich.

Dieser Ausschluss wurde jüngst durch ein Urteil des Handelsgerichts Nivelles[186] bestätigt: « La L.P.C.C. ne s' applique pas aux professions libérales ».[187]

---

179 N.N. D.C.C.R. 1994, 198, 204 f.
180 N.N. D.C.C.R. 1994, 198, 204 f.
181 « Sans préjudice de l'application de lois plus contraignantes, toute publicité trompeuse est interdite en matière de professions libérales ».
182 N.N. D.C.C.R. 1994, 198, 204 f.
183 M.B. du 17 novembre 2002, abrogée par la loi du 2 août 2002, M.B. 20 novembre 2002.
184 M.B. 30 ai 1997, modifié par la loi du 7 décembre 1998, M.B. 23 décembre 1998, et abrogée par la loi du 2 août 2002, M.B. 20 novembre 2002.
185 N.N. Bilan 2001, 420, 421 .
186 Prés. Comm. Nivelles 18 novembre 2002, R.D.C. 2002, 183, 183 s. note Ponet.
187 Ebenso Michaux R.D.C. 1994, 578, 606.

b. Verhältnis der Generalklauseln zu anderen Normen

Von Bedeutung für den Irreführungsschutz ist das Verhältnis der Generalklausel zu anderen Normen, da es aufgrund des Fehlens einer Generalklausel im Bereich des Irreführungsrechts zu Regelungslücken kommen kann, die sich – insofern anwendbar – über die Generalklausel schließen lassen.
Klärungsbedürftig erscheint insoweit die Frage der Ausdehnung der Generalklauseln, nämlich ob diese lediglich auf solche Wettbewerbshandlungen anwendbar sind, die keine Werbung darstellen, oder ob diese zwar auch auf Werbemaßnahmen anwendbar aber lediglich eine ergänzende, lückenfüllende („résiduaire") Funktion haben sollen, oder ob sie auf alle Werbemaßnahmen anwendbar sind, gleichgültig ob und von welchen Vorschriften diese ansonsten noch erfasst werden.

aa. Exkurs: Generalklauseln (Art. 93 und 94 GüH) und Irreführung

aaa. Text/ Allgemeines

Bei den Art. 93 und 94 GüH handelt es sich um die lauterkeitsrechtlichen Generalklauseln im belgischen Recht. Art. 93 GüH soll die Verletzungen von Konkurrenteninteressen, Art. 94 GüH soll die Verletzungen von Verbraucherinteressen erfassen:

Art. 93 GüH:

> Est interdit tout acte contraire aux usages honnêtes en matière commerciale par lequel un vendeur porte atteinte ou peut porter atteinte aux intérêts professionels d'un ou plusieurs autres vendeurs.

Art. 94 GüH:

> Est interdit tout acte contraire aux usages honnêtes en matière commerciale par lequel un vendeur porte atteinte ou peut porter atteinte aux intérêts d'un ou de plusieurs consommateurs

bbb. Ausgewählte Voraussetzungen

aaaa. « Usages honnêtes en matière commerciale »

Was hierunter genau zu verstehen ist[188], ist weithin umstritten. Einigkeit besteht jedenfalls, dass irreführende Werbung jedenfalls gegen die „usages honnêtes" verstößt.

---

[188] Für die Bestimmung der honnêteté gilt für den Bereich der Werbung die Besonderheit, dass auf Regeln und Selbstverpflichtungen der Werbebranche zurückgegriffen werden kann. Diese sind selbstverständlich nicht bindend für den Richter, sondern geben ihm Anhaltspunkte, welche Gepflogenheiten in der Branche noch lauter sind und welche nicht. Dabei muss der Richter jedoch stets prüfen, ob die Regelung auch tatsächlich eine usage honnête i.S.d. Art. 93, 94 GüH darstellt. Auch die Verbotstatbestände des Art. 23 GüH können als Hinweis dienen welche Verhaltensweisen – beispielsweise verwandte oder ähnliche Praktiken – unlauter sind. Wichtigstes Beispiel für ein solche Regelwerk ist der « Code de pratiques loyales en matière de publicité », der von der Chambre de commerce

bbbb. Porte ou peut porter atteinte aux intérêts[189] *du vendeur/consommateur*

Nicht erforderlich ist ein tatsächlicher Schaden. Ausreichend ist, dass ein Schaden als möglich erscheint. Eine präventive (Unterlassungs-) Klage wird hierdurch jedoch nicht möglich. Lediglich der Schaden darf „potentiell" sein, die Handlung, durch die der potentielle Schaden hervorgerufen wird, muss schon tatsächlich begangen worden sein.

bb. Lösungsvorschlag zum Konkurrenzverhältnis

aaa. Rechtslage im alten Recht

Der dargestellten Frage kam unter dem GüH 1971 noch eine große Bedeutung zu.[190] Da die per se-Verbotsregeln nur einen Bruchteil der als unlauter zu qualifizierenden Fälle erfassten und zudem noch in ihrer Anwendbarkeit extrem beschränkt waren – beispielsweise fanden sie keine Anwendung auf Dienstleistungen – bestand ein Bedürfnis auf die Generalklausel (Art. 54 GüH 1971[191]) auch im Werbebereich zurückzukommen.

Gegen die Anwendung des Art. 54 GüH 1971 auf Werbung sprach allerdings, dass die Unterlassungsklage nur in bestimmten Fällen zulässig war und durch eine extensive Auslegung des Art. 54 GüH 1971 die Unterlassungsklage auch in Bereichen hätte Anwendung finden können, die durch Art. 55 GüH 1971[192] gar nicht vorgesehen war. Dennoch hatte sich der Cour de cassation, nach einer nur kurz zuvor ergangenen anderslautenden Entscheidung,[193] letztlich der extensiven Auslegung angeschlossen.[194]

---

internationale aufgestellt wurde vg. bei De Caluwé/Delcorde/Leurquin, Les pratiques du commerce, l'information et la protection du consommateur, 1995, 2e édition, n° 31.1.

[189] Vgl. zu diesem Begriff ausführlich Balate, in: Les pratiques du commerce, l'information et la protection du consommateur, premier bilan, p. 163 ff.

[190] Vgl. etwa De Caluwé, Delcorde, Leurquin, Les pratiques du Commerce, 1973, 1er édition, n°. 205; Stuyck/van Gerven, Handelspraktijken, Rn. 96 ff.; aus dem deutschsprachigen Schrifttum zum alten Recht vgl. Henning- Bodewig, Recht der Werbung in Europa, Bd. 2, Belgien, Rn. 15 ff. sowie Schricker GRUR Int. 1972, 184, 191.

[191] Est interdit toute acte contraire aux usages honnêtes en matière commerciale par lequel un commercant ou artisan porte atteinte ou tente atteinte aux intérêts professionnels d'un ou de plusieurs autres commercants ou artisans.

[192] « Le président du tribunal de commerce constate l'existence et ordonne la cessation d'un acte, même pénalement réprimé, constituant un manquement aux dispositions :
(...)
i) de l'article 54 interdisant toute acte contraire aux usages honnêtes en matière commerciale ».
Art. 20 gehörte nicht zu den aufgezählten Akten.

[193] Cour de cassation, 4. juin 1976, Pas. 1976 I, 1081 ff.

[194] Cour de cassation, 27 mai 1977, Pas. 1977 I, 994, 996 s. note E.K.

bbb. Lösungsvorschlag zum neuen Recht

aaaa. Hinsichtlich im GüH geregelter Fälle (bspw. Art. 23 GüH)

Die Ausgangslage hat sich im Vergleich zum alten Recht grundlegend geändert. Angesichts der Ausdehnung der per se Verbotsregelungen hat der Streit generell einen Teil seiner Brisanz verloren, da nunmehr die meisten unlauteren Werbehandlungen durch Art. 23 GüH erfasst sind.
Zudem ist durch die Einführung des Art. 95 GüH[195] die Einschränkung, die noch in Art. 55 GüH 1971 enthalten war, weggefallen. Es lässt sich nunmehr also nicht mehr anführen, durch die Anwendung der Generalklausel erlange die Unterlassungsklage eine unzulässig weite Anwendung.

Für das neue Recht hat sich daher die h.M. der extensiven Auslegung der Cour de cassation[196] angeschlossen. Die Art. 93, 94 gelten daher uneingeschränkt auch im Bereich der Werbung. Ist gleichzeitig Art. 23 GüH verletzt, sind beide Normen nebeneinander anwendbar.
Diese Auslegung wurde nunmehr auch in einigen neueren Gerichtsurteilen bestätigt: « le non-respect d´une disposition légale reprise dans la LPCC constitue également une infraction à l´article 93 de la même loi lorsqu´ elle peut porter atteinte aux intérêts professionnels d´un ou de plusierurs autres vendeurs »[197].
Dem kann nur zugestimmt werden. Wie *de Caluwé* ausführlich dargelegt hat, sind die in Art. 23 GüH genannten Fälle historisch betrachtet nur Anwendungsfälle des allgemeinen Verbots unlauteren Wettbewerbsverhaltens.[198] Zwar wollte der Gesetzgeber mit Art. 23 GüH eine Kodifikation unlauteren Verhaltens in der Werbung erreichen – „Est poursuivie l´oeuvre de codification des usages en matière de publicité dont l´interdiction recouvre désormais toutes ses formes trompeuses, comparatives, dénigrantes et déloyales »[199] – aus dem Wortlaut « Sans préjudice d´autres dispositions légales ou réglementaires, est interdite toute publicité… »wird jedoch ersichtlich, dass Art. 23 GüH keine abschließende Wirkung zukommen sollte. Das GüH würde sich auch sonst großer Teile seiner Wirksamkeit berauben: Eine Kodifikation ist durch ei-

[195] Le président du tribunal de commerce constate l´existence et ordonne la cessation d´un acte, même pénalement réprimé constituant une infraction aux dispositions de la présente loi.
[196] Vz. Kh. Kortrijk, 11 december 2000, Annuaire 2000, 238, 242; vergleichbar auch Vz.Kh. Brussel, 22 december 1999, Annuaire 1999, 382, 383 ; De Caluwé in : CUP XVI, 103 ff.
[197] Vz. Kh. Kortrijk, 11 december 2000, 238, 242; Verougstraete in: Stuyck/Wytinck, p. 139; vergleichbar auch Vz.Kh. Brussel, 22 december 1999, Annuaire 1999, 382, 383; vgl. auch Hof van Beroep te Brussel, 27 augustus 1996, Annuaire 1996, 196, 197: „L´offre en vente de produits de bonne réputation, sans avoir la moindre certitude que des commandes éventuelles pourront être honorées, équivaut à la pratique de la marque d´appel contraire à l´art. 93 LPCC"; obwohl diese Praktik auch von Art. 23, 9° LPCC erfasst ist; gleichsinnig aus der Literatur etwa Puttemans Annuaire 1995, 104, 107.
[198] De Caluwé in : CUP XVI, S. 104 ff., insbesondere 109 ; vgl. auch Doc. Parlem., Sénat, Session 1984- 1985, Exposé des motifs, Doc. n° 847/1, 4.
[199] Doc. Parl., Sén., 947 (1984-1985), n° 1, p. 16.

nen limitierten Tatbestand von vornherein unmöglich.[200] Als Beispiel lässt sich auf die Benetton-Werbungen hinweisen, von denen nach Einschätzung der belgischen Literatur mehrere „incontestablement“ die Menschenwürde verletzten[201] und – mangels Erfassung durch Art. 23 GüH – unter Berufung auf die Generalklausel – für verbotswürdig gehalten werden.

Für Werbung, die in den Anwendungsbereich des Art. 23 GüH fällt, hat dies prozessual zur Folge, dass es angeraten erscheint, sich jeweils auf Art. 23 und Art. 93 f. GüH zu berufen.[202] Liegt ein Verstoß gegen Art. 23 GüH vor, stellen sich keine weiteren Schwierigkeiten. Dieser Verstoß ist jedoch oftmals schwieriger nachzuweisen, als ein bloßer Verstoß gegen die „usages honnêtes“, weshalb es günstig sein kann, gleichzeitig die Art. 23 und 93 f. anzuführen.

bbbb. Hinsichtlich von anderen Spezialregelungen außerhalb des GüH

Hinsichtlich der Frage von außerhalb des GüH stehender Spezialgesetze besteht weitgehend Einigkeit, dass ein Verstoß gegen ein Gesetz zugleich einen Verstoß gegen Art. 93 und 94 GüH darstellt.[203] Schon deshalb können diese Gesetze Art. 93 und 94 GüH nicht gleichzeitig ausschließen.

c. Verhältnis des Art. 23 GüH zu anderen Normen[204]

Irreführungsverbote außerhalb des Art. 23 Nr. 1- 4 GüH kommen etwa in Art. 4 § 2 des arrêté royal du 7 avril 1995, relativ à l'information et à la publicité concernant les médicaments à usage humain[205], oder der arrêt royal du 17 avril 1980 concernant la publicité de produits alimentaires, vor.
Art. 23 GüH bestimmt ausdrücklich, dass er andere Normen nicht verdrängt. Art. 23 GüH wird von spezialgesetzlichen Werbevorschriften nicht verdrängt, solange sich aus dem jeweiligen Spezialgesetz nichts anderes ergibt.[206] Im Regelfall stehen Art. 23 GüH und das Spezialgesetz daher nebeneinander.[207]

---

200 Puttemans Annuaire 1995, 104, 107.

201 Puttemans Annuaire 1995, 104, 108.

202 De Caluwé in : CUP XVI, 110.

203 Vgl. etwa: Vz. Kh. Kortrijk, 11 december 2000, 238, 242; vergleichbar auch Vz.Kh. Brussel, 22 december 1999, Annuaire 1999, 382, 383.

204 Einen Überblick (Stand 2003) für welche Produkte Spezialvorschriften existieren findet sich bei De Caluwé/Delcorde/Leurquin, Les pratiques du commerce, l'information et la protection du consommateur, 2003, 2e édition, A. 2.(1) auf einen Abdruck wurde hier auf Platzgründen abgesehen.

205 M.B. 12 mai 1995.

206 De Caluwé in : Les pratiques du commerce, Èditions du jeune Barreau, p. 43.

207 Für den arrêt royal du 17 avril 1980 concernant la publicité de produits alimentaires ausdrücklich : Hof van Beroep te Brussel, 29 mei 1996, Annuaire 1996, 74, 75 ; vgl. auch Prés. Comm. Nivelles, 2 juin 2000, Annuaire 2000, 60, 61: „La commercialisation d'un salami sous un étiquetage qui n'est pas conforme aux dispositions légales et réglementaires applicables à l'époque des faits, en ce que l'étiquette contient une indication susceptible d'induire en erreur sur le monde de fabrication ou les caractéristiques du produit, est contraire à l'art. 23, 1° LPCC et l'art. 93 LPCC ».

d. Irreführung bei gesetzlich vorgeschriebenen Angaben

Insoweit hat der Cour de cassation 1987 – noch zum alten Recht, die Grundsatzfrage ist jedoch unverändert geblieben – eine heute noch gültige[208] Leitentscheidung getroffen.[209]

In Frage stand, ob eine Werbung für Tabakprodukte, die den Nikotingehalt der beworbenen Zigaretten in gesetzlich vorgeschriebener Weise angab, deshalb irreführend ist, weil die gesetzlich vorgeschriebene Messmethode zu niedrige Werte liefert und den Verbraucher daher über den wahren Nikotingehalt der Zigaretten in die Irre führt.

Der Kläger war der Auffassung, dass eine Werbung selbst dann gegen Art. 20 Nr. 1 GüH 1971 verstößt, wenn die – irreführende – Angabe durch Gesetz vorgeschrieben ist.
Hiermit unterlag er sowohl in erster und zweiter Instanz. Das Berufungsgericht[210] stellte zusammenfassend fest, dass es einem Werbenden nicht zum Nachteil gereichen könne, wenn er auf der Verpackung seines Produktes einen Hinweis anbringe, der nicht nur erlaubt sei, sondern sogar ausdrücklich vorgeschrieben werde. Daher verstoße die Werbung gegen Art. 20 Nr. 1 GüH 1909.
Der Cour de cassation entschied wie folgt : « Ne peuvent être des indications susceptibles d'induire en erreur sur l'identité, la matière, la composition, l'origine, les quantités ou les caractéristiques d'un produit au sens de l'art. 20, 1er, de la loi du 14 juillet 1971 sur les pratiques du commerce, les mentions visées par la loi spécifique postérieure et par les arrêtés d'exécution dont la légalité n'est pas contestée ».[211]

Gegen das Ergebnis – und natürlich auch die Begründung – dieser Urteile wenden sich Teile der Literatur. Das Urteil der Cour de cassation liefe darauf hinaus, dass die Tatsache, den speziellen Bezeichnungsnormen genüge zu tun, gleichzeitig bedeute nicht gegen Art. 20 Nr. 1 GüH 1971 zu verstoßen. Es bestehe kein Rechtssatz, dass der Erlass einer speziellen (Bezeichnungs-) Vorschrift notwendigerweise eine bereits bestehende allgemeinere Regelung verdrängt.[212] Es sei vielmehr ohne weiteres denkbar, dass die allgemeinere Regelung verletzt werde, wenn die Spezialvorschrift respektiert werde. Vielmehr verdänge die Spezialregelung die vorher ergangene allgemeinere Regelung nur, wenn der Gegenstand der Regelungen identisch sei. In jedem Fall sei der Wille des Gesetzgebers die Generalklausel zu verdrängen, zu prüfen. Bei der Bezeichnungsvorschrift und dem GüH 1971 handele es sich bereits um Regelungen mit ver-

---

[208] Vgl. etwa Hof van Beroep te Antwerpen, 31 augustus 1999, Annuaire 1999, 152, 153: « L'emballage de lait chocolaté qui représente des barres de chocolat stylisées n'est pas susceptible de tromper le consommateur quant à la présence de chocolat dans cette boisson [...] et que cet usage du terme « lait chocolaté » et de représentations de chocolat est autorisé par la législation en matière d'étiquetage de produits alimentaires » (eine Begründung liefert das Urteil nicht).

[209] Cour de cassation, 29 janvier 1987, R.D.C. 1987, 433 ff.

[210] Cour d'appel de Bruxelles, 6 juin 1985, J.T., 1985, 649, 649.

[211] Cour de cassation, 29 janvier 1987, R.D.C. 1987, 433, 433.

[212] Pottier R.D.C. 1987, 433, 444 ff.

schiedenem Gegenstand (Volksgesundheit und lauteres Wettbewerbsverhalten) auch, wenn beide letztlich den Verbraucherschutz bezweckten. Letztendlich kommt es darauf aber nicht an. Wie im deutschen Recht handelt es sich nicht um eine Frage von Lex specialis/generalis, sondern um eine einschränkende Auslegung von Art. 23 GüH. Die Gerichte[213] stellen auch völlig zutreffend in ihren Urteilsbegründungen fest, dass zwischen Art. 20 Nr. 1 GüH 1971 und der Bezeichnungsvorschrift kein Konflikt oder Widerspruch besteht, sondern „complémentarité ». Art. 20 Nr. 1 GüH 1971 ist nur soweit einschlägig, als nicht Bezeichnungsvorschriften eine bestimmte Bezeichnung vorschreiben. Art. 20 Nr. 1 GüH 1971 erlaube es alles Irreführende zu verbieten, außer eben die durch Bezeichnungsvorschrift vorgeschriebenen Angaben. Der Grund hierfür ist wie im deutschen Recht, dass die Bezeichnungsvorschrift ansonsten völlig überflüssig werden würde.

Dies führt auch nicht zu einer *dem Gesetz* zuwiderlaufenden Beeinträchtigung des Verbraucherschutzes, da der Verbraucher – sozusagen vom Gesetzgeber legalisiert – getäuscht werden darf.[214] Da im Bereich von Bezeichnungsvorschriften – gerade wenn konkurrierende Meßmethoden bestehen – Irreführungsgefahren offensichtlich sind, muss unterstellt werden, dass diese vom Gesetzgeber bewusst in Kauf genommen und gegenüber dem Regelungsinteresse abgewogen werden. Der Gesetzgeber hat durch die Bezeichnungsvorschrift den Verbraucherschutz vor Täuschung in diesem Bereich eingeschränkt. Wenn weitergehender Verbraucherschutz erforderlich erscheint, ist es Sache des Gesetzgebers diesen zu gewähren.

3. Verhältnis der §§ 3, 5 UWG zum MarkenG und des GüH zum loi de Benelux

Tatbestände die auch unter das Markengesetz fallen, bleiben im Rahmen dieser Arbeit außer Betracht. Sowohl in Deutschland als auch in Belgien liegt der Schwerpunkt in diesem Bereich nicht im Lauterkeitsrecht, sondern im Bereich des Markengesetzes bzw. des loi Benelux. Außerdem werden Täuschungen über die betriebliche Herkunft in Belgien nicht durch das Irreführungsverbot (Art. 23 Nr. 3 GüH), sondern durch das Verbot der verwirrenden Werbung erfasst (Art. 23 Nr. 8 GüH). Eine Abgrenzung der verschiedenen Gesetze kann daher im Rahmen dieser Arbeit unterbleiben.[215]

---

213 Vgl. bei Pottier R.D.C. 1987, 433, 445.

214 Darüber hinaus wird angeführt, in jüngerer Zeit sei ein immer verstärkteres Aufkommen von derartigen technischen Normen und Bezeichnungsvorschriften festzustellen. Die Ansicht des Cour de Cassation führe dazu, dass Art. 20, 1° GüH 1971 ausgehöhlt werde.

215 Inzwischen hat der BGH Einzelentscheidungen in denen der BGH das MarkenG für abschließend gehalten hatte (vgl. für den Schutz für bekannte Marken gem. §§ 14 I Nr. 3, 15 III MarkenG: BGHZ 138, 349, 351- MAC Dog; BGH GRUR 1999, 992, 993- BICK PACK; BGH GRUR 2000, 70, 73- Szene; BGH GRUR 2000, 608, 610- ARD-1; BGHZ 147, 56, 60 f.- Tagesschau; BGH GRUR 2002, 167, 171- Bit/Bud; BGH GRUR 2002, 340, 342- Fabergé; BGH GRUR 2003, 973, 974- Tupperparty und für den Bereich geografischer Herkunftsabgaben (§§ 126 MarkenG): BGHZ 139, 138, 139- Warsteiner II; BGH GRUR 2001, 73, 76- Stich den Buben; BGH GRUR 2002, 160, 162- Warsteiner III) verallgemeinert: „mit dem Inkrafttreten des Markengesetzes am 1. Januar 1995 ist an die Stelle verschiedener kennzeichenrechtlicher Regelungen, […] eine umfassende in sich geschlossene kennzeichenrechtliche Regelung getreten, die im allgemeinen, den aus den Generalklauseln hergeleiteten

Schutz verdrängt. Wie der Senat bereits für die bekannte Marke sowie für geografische Herkunftsbezeichnungen entschieden hat, ist in dem Anwendungsbereich der jeweiligen Bestimmungen des Markengesetzes für die gleichzeitige Anwendung der §§ 1 und 3 UWG oder des § 823 grundsätzlich kein Raum. Nicht anders verhält es sich mit dem nunmehr in §§ 5, 15 MarkenG geregelten Schutz des Unternehmerkennzeichens", vgl. BGHZ 149, 191, 195 f.- shell.de. Zum ganzen vgl. Piper GRUR 1996, 429, 435, Sack GRUR 1995, 81, 93; Fezer MarkenG § 2 Rn. 1; Fezer WRP 2000, 863, 863 ff.; Ingerl WRP 2004, 809 ff.; Ingerl/Rohnke Vor §§ 126-139 Rn. 1; vgl. auch OLG Hamburg GRUR-RR 2004, 36, 37 f.- Spreewälder Gurken. Letztlich darf die Bedeutung der Frage ohnehin nicht überschätzt werden, da im UWG und MarkenG einheitliche Verbraucherleitbilder bestehen und keine höheren Anforderungen als an die Irreführung im Bereich des Markenrechts zu stellen sind, vgl. BGH GRUR 1999, 251, 252- Warsteiner I; BGH WRP 2001, 1450, 1453- Warsteiner III.; zum Verhältnis von Markenrecht und wettbewerbsrechtlichem Kennzeichenschutz vgl. Bornkamm GRUR 2005, 97 ff.

C. Vorab: Verbraucherleitbild

I. Allgemeines

Eine Irreführung liegt vor, wenn eine Angabe den von ihr angesprochenen Verkehrskreisen einen unrichtigen Eindruck vermittelt.[216] Die Maßgeblichkeit des angesprochenen Verkehrs – und nicht etwa eines objektiven Beobachters – besteht dabei in beiden Rechtssystemen: „Le caractère trompeur d'une opération promotionelle ne peut être interprété que par référence à ce qui a pu être percu par ses destinataires et non par rapport à la maîtrise que peut avoir son organisateur".[217]
Ebenso besteht Einigkeit, dass „irreführend" nicht objektiv, sondern subjektiv, in dem Sinne, dass es auf das Verständnis der Verbraucher und nicht auf das Verständnis des Werbenden ankommt, zu verstehen ist.[218]

Es stellt sich die Frage, auf welche Verbraucher der Irreführungsschutz ausgerichtet werden soll. Die Verbraucherschaft setzt sich bekanntlich höchst heterogen zusammen. Während sich einzelne Verbraucher nur schwierig oder gar nicht „aufs Glatteis führen lassen" sind andere Teile der Verbraucherschaft höchst leichtgläubig gegenüber Anpreisungen jeder Art. Was für den einen Verbraucher so noch erwünschte Information ist, kann den anderen – weniger Begabten oder Erfahrenen – schon irreführen.
Auch die Interessen der Konkurrenten, keine Kunden durch unlauteren Wettbewerb zu verlieren, sind mit in den Blick zu nehmen. Auf der anderen Seite steht hingegen das Interesse der Unternehmen die eigenen Waren anpreisen zu können, was eine Voraussehbarkeit erfordert, welche Werbung noch zulässig ist und welche schon irreführend. Über diese Fragestellungen hat sich in Deutschland das Verbraucherleitbild nicht nur zu einem der umstrittensten Begriffe des Wettbewerbsrechts entwickelt, sondern auch eine Bedeutung erlangt[219] die ihm in Belgien bei weitem nicht zugebilligt wird.

Die sich in Deutschland entwickelnde Diskussion nahm dabei, gemessen am üblichen Stil des wissenschaftlichen Diskurses, gelegentlich kuriose[220] Formen an. Der BGH orientiere sich an dem Leitbild eines „wirtschaftunmündigen"[221] Verbrauchers, „eines

[216] Köhler/Piper § 3 Rn. 106 mwN.
[217] Cour d'appel de Mons, 6 février 1996, Annuaire 1996, 160, 160 ; vgl. auch Vz. Kh. Gent, 18 november 2002, Annuaire 2002, 249, 251: (zur vergleichenden Werbung) : « cette appréciation [ob eine Irreführung vorliegt] concerne la perception du consommateur auquel la publicité s'adresse et non celle du concurrent comparé.
[218] Vgl. ausführlich zum deutschen Recht unter D. IV. 1. b. und E. III. 2. a. bb zum belgischen Recht.
[219] Beater, Verbraucherschutz, S. 75.
[220] Mit, wie Doepner WRP 1997, 999, 1000 sowie ders., FS Lieberknecht, S. 169 zutreffend feststellt, abnehmendem Unterhaltungswert.
[221] Legt man Stellungnahmen zu den Fähigkeiten des Durchschnittsverbrauchers aus der Literatur zugrunde, nicht zu Unrecht: vgl etwa Schricker GRUR 1975, 349, 355: „Er [der Durchschnittsverbraucher] pflegt über ein relativ bescheidenes Einkommen zu verfügen, von dem ein großer Teil für die Befriedigung von Grundbedürfnissen festgelegt ist. Der Durchschnittsverbraucher pflegt in

bedauernswerten Wesens am unteren Rande des Intelligenzspektrums"[222], er verfolge ein Leitbild „eines absolut unmündigen, fast schon pathologisch dummen und fahrlässig unaufmerksamen Betrachters"[223] – eine Unterstellung die sogar Eingang in belgische Literatur gefunden hat[224] – bzw. eines „an der Grenze zur Debilität verharrenden, unmündigen, einer umfassenden Betreuung bedürftigen, hilflosen Verbrauchers"[225]. Demgegenüber wurde dem EuGH, teilweise bevor er sich ausdrücklich äußern konnte, ein Verbraucherleitbild eines „mündigen"[226], „informierten"[227], „aufgeklärten"[228] oder sogar „vernünftigen"[229] Verbrauchers zugeschrieben.[230]
Sowohl BGH als auch EuGH hatten in neuerer Zeit mehrfach Gelegenheit sich zum jeweils bevorzugten Verbraucherleitbild zu äußern. Die Rechtsmaterie befindet sich daher weiterhin im Fluss und in Teilbereichen weiterhin jenseits einer abschließenden Klärung.
Anhand der neueren Rechtsprechung gilt es zunächst das europäische Leitbild und dessen Vorrang vor einem ebenso darzustellenden nationalen Leitbild zu klären. Im Anschluss werden die nationalen Leitbilder verbunden mit einer eigenen Stellungnahme dargestellt.

II. Verkehrsauffassung

1. Europäisches Leitbild

a. Bedeutung des europäischen Leitbildes für die nationalen Rechte

Bevor das europäische Verbraucherleitbild erörtert wird, ist zunächst abzuklären, welche Bedeutung ihm für die nationalen Rechte zukommt.[231] Nur wenn es für diese relevant ist, muss es im Rahmen der vorliegenden Arbeit näher thematisiert werden. Zugleich macht die nähere Erörterung des Standes der insoweit bestehenden belgischen

---

wirtschaftlichen Dingen geringe Kenntnis und Einsicht zu besitzen. Die Produktvielfalt und die Mannigfaltigkeit der Werbe- und Vertriebsmethoden vermag er nicht annährend zu überblicken. Meist fehlen auch die bescheidensten Voraussetzungen für wirtschaftlich rationales Planen und Handeln; in den wenigsten Privathaushalten werden ein Budget aufgestellt noch Ein- und Ausgaben aufgezeichnet".

[222] Möllering WRP 1990, 1, 10.

[223] So der Kläger *Prantl* in dem Bocksbeutel-Verfahren vor dem EuGH, vgl. EuGH GRUR Int. 1984, 291, 293.

[224] vgl. Straetmans, Handlespraktijken anno 1996, S. 38.

[225] Emmerich, Das Recht des unlauteren Wettbewerbs, S. 230; ders., FS Gernhuber, 1993, 857, 870.

[226] Für viele: Leisner EuZW 1991, 498, 502, Emmerich, UWG (5. Auflage), S. 181; ders., FS Gernhuber, 1993, 870, 871; zahlreiche weitere Nachweise bei Sack WRP 1999, 399, 399 (Fn. 2).

[227] Aicher, in W. Schuhmacher, Verbraucherschutz in Österreich in der EG, Wien, 1992, S. 116.

[228] Aicher aaO., S. 116, 117, 122.

[229] Leible DZWir 1994, 177, 178.

[230] Weitere Beschreibungen bei Sack WRP 1999, 399, 399.

[231] Zur grundsätzlichen Bedeutung des Europarechts für das nationale Recht vgl. etwa Coing NJW 1990, 937 ff.

und deutschen Dogmatik nur dann Sinn, wenn sie nicht ohnehin durch zwingendes Europarecht überlagert wird.

Das Verhältnis des europäischen Rechts zum nationalen Recht ist jedoch auch in weiteren Zusammenhängen von Bedeutung. Art. 2. 2 der Richtlinie 84/450/EWG fordert, dass die Täuschungshandlung nicht nur geeignet ist, einen Irrtum hervorzurufen, sondern dass sie zusätzlich geeignet ist, das wirtschaftliche Verhalten der Konsumenten zu beeinflussen. Insbesondere im belgischen Schrifttum und Rechtsprechung wird nun diskutiert, ob dieses Kriterium, das sich dem belgischen Gesetz selbst nicht entnehmen lässt, zwingend auf das belgische Recht zu übertragen ist. Die Beantwortung dieser Frage hängt ausschließlich vom Verhältnis des europäischen Rechts zum nationalen Recht ab.

In Betracht für eine Bindungswirkung des europäischen Rechts kommt zunächst die Richtlinie des Rates 84/450/EWG zur irreführenden Werbung. Anschließend ist zu berücksichtigen, dass nationale Regelungen gegen irreführende Werbung relevant für die europäischen Grundfreiheiten, insbesondere Art. 28 EG (Warenverkehrsfreiheit) sowie Art. 49 EG (Dienstleistungsfreiheit), sind.

aa. Bindung an die Richtlinie 84/450/EWG

aaa. Auslegung des Art. 7 I der Richtlinie 84/450/EWG

Eine von der Richtlinie abweichende nationale Beurteilung (des Verbraucherleitbildes) widerspricht nur dann der Richtlinie, wenn diese den Irreführungsbegriff für das nationale Recht zwingend regelt. Dies hängt von der Interpretation von Art. 7 der Richtlinie ab. Regelt dieser, dass die Irreführungsrichtlinie insgesamt nur einen Mindeststandard festsetzt, verstoßen strengere nationale Regelungen oder eine strengere nationale Rspr. nicht gegen die Richtlinie.
Zieht man den Wortlaut von Art. 7 I der Richtlinie heran, so spricht mehr für die letztgenannte Ansicht.[232] Der Wortlaut erlaubt den Mitgliedsstaaten ganz allgemein eine weiterreichendere Regelung. Es wird insbesondere nicht zwischen dem Irreführungstatbestand auf der einen Seite und Verfahrensregelungen und Sanktionen auf der anderen Seite unterschieden.

Dieses Verständnis von Art. 7 der Richtlinie ist aber nicht unumstritten. Teilweise wird Art. 7 der Richtlinie nur auf die Sanktionskomponente, gerade nicht aber auf die tatbestandlichen Voraussetzungen der Richtlinie bezogen.[233]

---

[232] In diesem Sinne vgl. beispielsweise Ahrens WRP 2000, 812, 815; Reese, Grenzüberschreitende Werbung in der europäischen Gemeinschaft, 1994, S. 27 f.; Niemöller, S. 157 f.; Deutsch GRUR 1996, 541, 542; Kissler GRUR 1995, 73, 79; GK/Lindacher § 3 Rn. 12- 16; Sack GRUR Int. 1998, 263, 266; ders. in: Schwarze, S. 107 ff.; Keßler WRP 1993, 571, 574 mwN; Kocher GRUR Int. 2002, 707, 707; Rüffner WBl 1996, 89, 95.

[233] Everling in: ZAW, Irreführende Werbung in Europa, S. 43, 51 f; ders. ZLR 1994, 221, 237; Fezer WRP 1995, 671, 676; Schricker GRUR Int. 1994, 586, 592; Steindorff WRP 1993, 139, 149 f.

So formuliert Generalanwalt Tesauro in seinen Schlussanträgen zur Rechtssache „Nissan“:
„Was schließlich die Überlegung angeht, dass Art. 7 der Richtlinie die Mitgliedsstaaten ermächtigt, Bestimmungen zu erlassen, die einen weiterreichenden Schutz der Verbraucher vorsehen, so möchte ich nur bemerken, dass es sich im vorliegenden Fall nicht um besondere Maßnahmen zur Gewährleistung eines solchen Schutzes handelt, sondern um die Auslegung der allgemeinen Definition der Richtlinie [...].“[234]

In der Nissan- Entscheidung selbst findet sich keine Stellungnahme des EuGH zu Art. 7 I der Richtlinie. Die Vorlagefrage lautete, ob die betreffende Form der Werbung „im Einklang mit den derzeitigen europäischen Vorschriften steht.“[235] Der EuGH präzisierte dies zu der Frage, ob die betreffende Werbung mit der Richtlinie 84/450/EWG in Einklang steht und beantwortete dahingehend, dass die Richtlinie es nicht verbietet, in einer Anzeige Fahrzeuge als neu, billiger und mit Herstellergarantie versehen darzustellen wenn ...“[236]. Der EuGH beschränkte sich also auf eine Auslegung des Irreführungsbegriffs des Art. 2 und Art. 3 der Richtlinie. Wie Art. 7 der Richtlinie zu verstehen sei, ließ der EuGH hingegen unbeantwortet.
Dennoch wird die Entscheidung von den Anhängern der beschriebenen Ansicht für ihre Zwecke in Anspruch genommen:

„Die Kommission hat ihm [dem EuGH] vorgetragen, dass die Rspr. in Frankreich Fahrzeuge, die bereits zugelassen waren, nicht mehr als neu anerkenne, aber gemeint, dass eine solche Rspr. nicht als weitergehende Bestimmung im Sinne des Art. 7 der Richtlinie angesehen werden könne. Der Gerichtshof hielt dies offenbar, da ihm eine andere Ansicht nicht vorgetragen wurde, für so selbstverständlich, dass er es nicht einmal erwähnte.“[237]
Auch *Kisseler*[238] nimmt diese Position ein, wenn er über die Nissan-Entscheidung schreibt: „ [...] weil strengere Auffassungen [zum Verbraucherleitbild] nicht die Billigung des Europäischen Gerichtshofes finden.“
Art. 7 könne schon deshalb nicht auch auf die Definition der irreführenden Werbung bezogen sein, weil der Gerichtshof die in der Richtlinie verwendeten Begriffe selbst auslege um die Rechtsangleichung zu gewährleisten. Dieses Ziel würde verfehlt, wenn die nationalen Gerichte den Begriff der irreführenden Werbung autonom auslegen dürften.[239]

Eine solche Argumentation begegnet jedoch durchgreifenden Bedenken. Bei der Auslegung von Art.7 können Rechtsangleichungszwecke schwerlich angeführt werden. Richtig ist zwar, dass Art. 2-6 der Richtlinie auch einen Harmonisierungszweck ver-

[234] EuGH Slg. 1992 I, 131, 145 - Nissan.
[235] EuGH Slg 1992, I- 131 ff., 134, 140, Rn. 5- Nissan.
[236] EuGH Slg. 1992, I- 131 ff., 151, Rn. 19- Nissan.
[237] Everling, Grundfreiheiten des EWG- Vertrages, S. 18.
[238] Kisseler WRP 1994, 1, 4.
[239] Everling in: Irreführende Werbung in Europa, Maßstäbe und Perspektiven, S. 52.

folgen. Art. 7 verfolgt nach Sinn und Zweck der Vorschrift jedoch gerade den gegenteiligen Zweck.
Zudem soll nach Art. 153 I EG die Harmonisierung auf dem Gebiet des Verbraucherschutzes auf hohem Schutzniveau erfolgen, während das Schutzniveau der Richtlinie sich auf eher niedrigem Schutzniveau bewegt. Auch die Richtlinie verfolgt erklärtermaßen den Zweck, den Schutz gegen irreführende Werbung zu verbessern. Dieser Zweck würde aber in vielen Mitgliedsstaaten in sein Gegenteil verkehrt, wenn mit der Richtlinie die Schutzstandards in diesen Ländern abgesenkt werden müssten.

Auch die Berufung auf den EuGH ist nicht tragfähig. Bereits in der noch vor der Nissan- Entscheidung ergangenen Pall/Dahlhausen-Entscheidung hatte der EuGH ausgeführt, dass die Richtlinie sich auf eine „Teilharmonisierung der nationalen Rechtsvorschriften über irreführende Werbung durch die Festsetzung von objektiven Mindestkriterien, anhand deren sich feststellen lässt, ob eine Werbung irreführend ist und von Mindestanforderungen in Bezug auf die Einzelheiten des Schutzes gegen eine solche Werbung“[240] beschränkt.
Diese Position hat der EuGH in der Clinique-Entscheidung[241] wortgleich wiederholt. Der EuGH lässt also keinen Zweifel, dass die Richtlinie nur Mindestanforderungen setzt und Art.7 sich auf die gesamte Richtlinie bezieht.

Dies entspricht Erwägungsgrund 7 der Präambel der Richtlinie. Dort ist angegeben, die RL stelle nur „objektive Mindestkriterien“ auf. Auch der europäische Gesetzgeber ging also davon aus, dass den Mitgliedsstaaten die Möglichkeit verbleibt, strengere Irreführungskriterien zu regeln.

Nationale Irreführungsverbote, die sich eines von Art. 2, 3 der Richtlinie abweichenden Irreführungsbegriffs (dessen Teil das Verbraucherleitbild ist) bedienen, verstoßen daher aufgrund Art. 7 I der Richtlinie nur dann gegen die Richtlinie, wenn sie von der Richtlinie „nach unten“ abweichen.[242]

bbb. Insbesondere: Die Position Köhlers[243]

Köhler konstruiert eine Begrenzungswirkung der Richtlinie „nach oben“. Der Zweck der Rechtsharmonisierung sei gefährdet, wenn es im Belieben der einzelnen Mitgliedsstaaten stünde, schärfere Bestimmungen einzuführen.

---

240 EuGH Slg. 1990, I- 4827, 4850 Rn. 22- Pall/ Dahlhausen.
241 EuGH GRUR 1994, 303, 303, Rn. 10- Clinique zu dieser Entscheidung vgl. auch die Anmerkung von Meyer WRP 1994, 382.
242 Hieran hat auch die Richtlinie 97/55/EG v. 6. Oktober 1997 (ABl. Nr. L 290/18), die sich ausschließlich auf vergleichende Werbung bezog, nichts geändert, vgl. insoweit und zu irreführender vergleichender Werbung Ohly GRUR 2003, 641, 643 ff., 646
243 Köhler GRUR Int. 1994, 396, 399 ff.; ders. ZLR 1994, 241, 250 ff; vgl. dazu Deutsch GRUR 1996, 541, 542; Tilmann, FS Piper, S. 483; Roth, FS für Mestmäcker, S. 742 f.; Sack GRUR Int. 1998, 263, 268.

Wie bereits gezeigt, ist jedoch zu bedenken, dass der Gesetzgeber mit Art. 7 I der Richtlinie bewusst und gewollt ein Einfallstor für, über das Schutzniveau der Richtlinie hinausgehende, nationale Maßnahmen, in die Richtlinie aufgenommen hat. Der Zweck der Rechtsharmonisierung ist hier von Anfang an begrenzt worden und lässt sich daher nicht für eine Begrenzung von Art. 7 der Richtlinie anführen.

Außerdem – so Köhler – heiße es in der Begründung zur Richtlinie, die von den Mitgliedsstaaten zu erlassenden Rechtsvorschriften gegen irreführende Werbung müssten „angemessen und wirksam" sein. Dies bedeute auch „Erforderlichkeit". Bestätigt würde dies noch dadurch, dass man die Richtlinie, obwohl sie an sich auch für reine Inlandssachverhalte gelte, anhand der vom EuGH zu Art. 28 EG entwickelten Maßstäbe auszulegen habe. Dies bedeute, dass jede Beschränkung der Werbung zum Schutze des Verbrauchers, dem Grundsatz der Verhältnismäßigkeit entsprechen müsse.
Daraus sei zu folgern, dass die nationale Regelung geeignet sein müsse, einen weitergehenderen Verbraucherschutz zu gewähren, als er sich aus Art. 2 Nr.2 der Richtlinie ergebe. Zu diesem Zweck müsse die nationale Regelung auch erforderlich sein. Besonders sei dabei zu berücksichtigen, ob der Verbraucherschutz nicht schon durch anderweitiges nationales Recht (in Deutschland bspw. §§ 123, 463 a.F. BGB, 13 a UWG a.F. etc.) gewährleistet sei.[244] Zudem sei eine nationale Regelung nur dann als erforderlich anzusehen, wenn nationale Besonderheiten dies rechtfertigten.

Auch der Vorschlag *Köhlers* kann jedoch nicht überzeugen. Zwar ist es zutreffend, dass Art. 28 EG bei der Auslegung der Richtlinie zu berücksichtigen ist.[245] Die Richtlinie darf daher nicht so ausgelegt werden, dass Markthindernisse entstehen. Dies bedeutet nun aber nicht, dass in Art. 7 I der Richtlinie, die Kriterien des Art. 28 EG hineingelesen werden dürfen. Dies würde den beschränkten Anwendungsbereich des EG-Vertrages unzulässig ausdehnen und insbesondere dazu führen auch Inlandssachverhalte, bei denen keine Markthindernisse entstehen können, Art. 28 EG zu unterstellen.[246] Zum anderen bleibt der Prüfungsmaßstab des Art. 28 EG bei Sachverhalten, die ihn betreffen, weiterhin erhalten.
Zu fordern, dass nationale Besonderheiten eine Regelung erforderlich machen, würde der Richtlinie einen weitgehend harmonisierenden Charakter geben, der ihr ausweislich Art. 7 I sowie der Präambel („Mindeststandard") nie zukommen sollte.

ccc. Schlussfolgerung

Die Richtlinie gibt einen Mindeststandard vor, der jedoch sowohl vom belgischen als auch vom deutschen Recht fast ausschließlich übertroffen wird. Die entsprechenden

---

[244] Dafür, dass diese anderen Regelungen dem Irreführungsverbot vorrangig im Sinne einer Sperrwirkung sein sollten, bestehen jedoch keinerlei Anhaltspunkte.
[245] EuGH Slg. 1994, I- 317, 335, Rn. 12- Clinique.
[246] Vgl. auch Sack, GRUR Int. 1998, 263, 268: „Weder Wortlaut noch der Zweck des Art. 28 EG rechtfertigen es, seine Maßstäbe auch außerhalb seines beschränkten Regelungsbereiches anzuwenden".

nationalen Regelungen sind von ihr daher kaum betroffen. Auf eine nähere Darstellung der Richtlinie 84/450/EWG wird daher verzichtet.[247]

bb. Bindungswirkung durch Art. 28 EG

aaa. Einleitung

Die Rechtsprechung und die Stellungnahmen der Literatur zu den Grundfreiheiten des EG-Vertrags haben im Laufe der Jahre eine, selbst für den Europarechtler, kaum mehr zu überblickende Fülle angenommen. An dieser Stelle kann daher keine allgemeine Erörterung der Freiheiten im Binnenmarkt erfolgen. Für diese Untersuchung ist es auch nicht erforderlich, den Versuch der Bestimmung allgemein gültiger Leitlinien zu unternehmen. Im Vordergrund werden nur die speziell wettbewerbsrechtlichen Fragestellungen der Binnenmarktfreiheiten stehen.

bbb. Inhalt des Art. 28

aaaa. Dassonville-Formel

Art. 28 EG betrifft unsere Konstellation in der Alternative der „Maßnahme mit gleicher Wirkung".
Ausgangspunkt für die Auslegung der „Maßnahme mit gleicher Wirkung" in Art. 28 EG ist die sog. Dassonville-Formel: „Jede Handelsregelung der Mitgliedsstaaten, die geeignet ist, den innergemeinschaftlichen Handel unmittelbar oder mittelbar, tatsächlich oder potentiell zu behindern, ist als eine Maßnahme mit gleicher Wirkung wie eine mengenmäßige Beschränkung anzusehen und verstößt damit gegen Art. 28 EG"[248]
Mit dieser Formel wertete der EuGH Art. 28 zu einem allgemeinen Behinderungsverbot auf:[249] Der Wortlaut der Dassonville-Formel erfasst nicht nur diskriminierende, sondern auch unterschiedslos anwendbare staatliche Maßnahmen, welche die Einfuhr von Waren aus anderen EG-Staaten behindern.[250]

---

[247] Zu der Richtlinie 84/450/EWG zuletzt Lettl, Schutz vor irreführender Werbung in Europa, S. 13 ff.
[248] EuGH Slg. 1974, 837, 852, Rn. 5- Dassonville.
[249] Lecheler, Einführung in das Europarecht, S. 238.
[250] Die teilweise geäußerte Ansicht, vgl. Beater § 7 Rn. 14, die Dassonville-Formel beziehe sich ausschließlich auf diskriminierende Maßnahmen, beruht wohl auf einer missverständlichen Formulierung in Erwägungsgrund 6 der Entscheidung, die in der Tat einen Diskriminierungsfall betraf. Jedenfalls seit der ausdrücklichen Einbeziehung von nichtdiskriminierenden staatlichen Maßnahmen in den Anwendungsbereich des Art. 28 EG durch die „Cassis de Dijon-Entscheidung" hat die Streitfrage aber keinen sachlichen Wert mehr.

bbbb. Cassis de Dijon-Einschränkung

(1.) Darstellung der Entscheidung

Später schränkte der EuGH jedoch in der „Cassis de Dijon-Entscheidung" ein: „in Ermangelung einer gemeinschaftlichen Regelung [...] ist es Sache der Mitgliedsstaaten, alle, die Herstellung von Vermarktung [...] betreffenden, Vorschriften für ihr Hoheitsgebiet zu erlassen. Hemmnisse für den Binnenhandel der Gemeinschaft, die sich aus den unterschiedlichen nationalen Regelungen über die Vermarktung dieser Erzeugnisse ergeben, müssen hingenommen werden, soweit diese Bestimmungen notwendig sind, um zwingenden Erfordernissen gerecht zu werden, insbesondere den Erfordernissen einer wirksamen steuerlichen Kontrolle, des Schutzes der öffentlichen Gesundheit, der Lauterkeit des Handelsverkehrs und des Verbraucherschutzes[251]."[252][253]

Als zwingende Erfordernisse werden der Verbraucherschutz sowie wie die Lauterkeit des Handelsverkehrs relevant. Diese sind nicht gleichbedeutend und auch der EuGH unterscheidet, wenn nötig zwischen diesen Erfordernissen.[254]

(2.) Zwingende Erfordernisse des Verbraucherschutzes

Bei der Frage, was auf europäischer Ebene unter Verbraucherschutz zu verstehen ist, kann der EuGH auf Art. 153 EG zurückgreifen. Der EGV strebt ein hohes Verbraucherschutzniveau an, Art. 95 III 1 und Art. 153 EG. Dabei stehen das Recht des Verbrauchers auf Information und der Schutz seiner wirtschaftlichen Interessen im Vordergrund, Art. 153 I EG.

(3.) Zwingende Erfordernisse der Lauterkeit des Handelsverkehrs

In welchem Verhältnis diese Erfordernis zum Verbraucherschutz steht, ist ungeklärt, kann jedoch dahinstehen: Soweit das nationale Lauterkeitsrecht auch dem Verbraucherschutz dient, sind beide Erfordernisse thematisiert. Steht nur der Schutz der Kon-

---

[251] Indem der EuGH den Verbraucherschutz als ungeschriebenen Einschränkungstatbestand anerkannt hat, fand der Verbraucherschutz Eingang in das Europäische Recht. Aus heutiger Sicht stellt diese Rspr. eine Umsetzung des Vertragszieles „Verbraucherschutz" dar (Art. 3 lit t, Art. 153 EGV).

[252] EuGH Slg. 1979, 649, 662 Rn. 8- Cassis de Dijon.

[253] Ob es sich dabei bei den sog. zwingenden Erfordernissen um Rechtfertigungsgründe, oder um tatbestandsausschließende Gründe handelt, ist unklar. Die vom Gericht verwendeten Formulierungen deuten darauf hin, dass es die „zwingenden Erfordernisse" – im Einklang mit Stimmen aus der Literatur – als tatbestandsausschließende Gründe ansieht. Eine solche Klassifizierung ist jedoch nicht ohne Zweifel. Letztlich nehmen die „zwingenden Erfordernisse" eine nämliche Funktion wie Rechtfertigungsgründe war und werden auch nach den gleichen Grundsätzen geprüft. Auch ändert das Vorliegen der „zwingenden Erfordernisse" nichts an der einfuhrbeschränkenden Wirkung – und somit der tatbestandlichen Erfüllung des Art. 28 EG – der Maßnahme. Auch dies spricht eher für eine Einordnung unter die Rechtfertigungsgründe.

[254] EuGH Slg. 1985, 3721 ff., Rn. 1 ff.- Miro; EuGH Slg. 1995, I- 3599, Rn. 34 ff.- Kommission/ Deutschland; zu letzterem Urteil ausführlich Beater, Verbraucherschutz, S. 59 ff.

kurrenten und das Allgemeininteresse an der Lauterkeit des Handelverkehrs in Frage, kommt der Erfordernis der Lauterkeit des Handelsverkehrs eigenständige Bedeutung zu.[255]

(4.) Verhältnismäßigkeitsprüfung

Erforderlich ist, dass die Maßnahme in einem angemessenen Verhältnis zu dem verfolgten Zweck steht und dieser Zweck nicht durch andere Maßnahmen erreichbar ist, die den innergemeinschaftlichen Handel weniger beschränken (Verhältnismäßigkeitsprüfung).[256]

Ins Verhältnis gesetzt werden die Interessen (zwingende Erfordernisse), zu deren Schutz das nationale Werbeverbot erlassen wurde mit der Warenverkehrsfreiheit.
Das Verbot einer Werbung ist unverhältnismäßig, wenn der Eingriff in die Marktfreiheiten durch das Werbeverbot schwerer wiegt, als der verfolgte Zweck im Hinblick auf Lauterkeit des Handelverkehrs und/oder Verbraucherschutz.
Folglich muss der durch das Werbeverbot angestrebte Erfolg umso schwerer wiegen, je massiver der Eingriff durch das Verbot wiegt. Im Zweifel gebührt dabei den Marktfreiheiten der Vorrang.

Das Verbraucherleitbild des EuGH beruht nun auf dieser Abwägung.[257] Es wird durch diese Abwägung gebildet, es spiegelt – und wird durch sie konstituiert – „ein Bündel normativer und tatsächlicher Umstände"[258], insbesondere auch die gemeinschaftsrechtliche Interessenlage[259] und Schutzzwecke des Irreführungsverbotes.[260]

cccc. Art. 30 EG

Art. 30 EG ist eng auszulegen, der Katalog an Rechtfertigungstatbeständen ist abschließend.[261] Insbesondere hat es der EuGH, abgesehen von Ausnahmefällen[262], abgelehnt – anders als die PVÜ[263] – das Recht gegen unlauteren Wettbewerb zum gewerblichen und kommerziellen Eigentum i.S.d. Art. 30 EG[264] oder als Vorschriften zum

---

255 Lettl WRP 2004, 1079, 1084.
256 Vgl. beispielsweise EuGH WRP 1995, 677, 678, Rn. 15- Mars mwN.
257 EuGH Slg 2000 I- 117, 146, Rn. 28- Lifting Crème.
258 Lettl GRUR Int. 2004, 85, 87.
259 Umfassend: C. II. 1. b.
260 Vgl. die umfassende Darstellung bei Gliederungspunkt C. II. 1. b.
261 Vgl. bspw. EuGH Slg. 1961, 695, 720- Kommission/Italien; Schmidt, Art. 30 EG- Vertrag als Grenze der Anwendbarkeit des nationalen Wettbewerbsrecht, S. 59 f.
262 EuGH Slg. 1992, I-5529, 5561 ff. Rn. 23 ff., 37 ff.- Exportur/LOR; vgl. auch Fezer 1994, 317, 320; ders. WRP 2000, 863, 871 (unter Verweisung auf dasselbe Urteil jedoch mit der Bezeichnung Turrón de Alicante); Sack, Neuordnung, S. 145 mwN.
263 Art. 1 II und insbesondere 10-10ter der Pariser Verbandübereinkunft von 1883; vgl. zu dieser Übereinkunft aus neuerer Zeit etwa Henning-Bodewig, Tilmann FS, S. 150 f.
264 EuGH Slg. 1981, 1625, 1638 Rn. 8; vgl. auch Everling ZLR 1994, 221, 233; Henning-Bodewig GRUR Int. 2002, 389, 391; Sack, Neuordnung, S. 145 mwN.

Schutz der öffentlichen Ordnung[265] zu zählen. Art. 30 EG hat daher keine besondere Bedeutung bei der Rechtfertigung von Werbebeschränkungen erlangt.

dddd. Anwendung des Gesagten auf Werbeverbote

Unter Heranziehung der Dassonville-Formel ergaben sich keine Schwierigkeiten werbebeschränkende nationale Maßnahmen als Handelshemmnisse, d.h. als Maßnahmen gleicher Wirkung, einzuordnen.
Die „Standarderwägung"[266] des EuGH lässt sich demnach wie folgt zitieren:
„Rechtsvorschriften, die bestimmte Formen der Werbung und bestimmte Methoden der Absatzförderung beschränken oder verbieten, obwohl sie den Handel nicht unmittelbar regeln, (können) geeignet sein, das Handelsvolumen zu beschränken, weil sie die Absatzmöglichkeiten beeinträchtigen".[267]
Werbebeschränkende Maßnahmen fielen daher grundsätzlich in den Anwendungsbereich des Verbots von Art. 28 EG, unbeschadet, wie schon erwähnt, einer Rechtfertigung durch eine zwingende Erfordernis oder Art. 30 EG.

eeee. Keck-Entscheidung

(1.) Darstellung der Entscheidung

Die Rechtslage änderte sich mit dem Urteil Keck und Mithouard. Dem EuGH hatte sich der Sachverhalt gestellt, dass die Herren Keck und Mithouard, als Leiter zweier, nahe der deutschen Grenze erbauten Einkaufszentren, Produkte unter Einstandspreis verkauft hatten und deswegen entsprechend der französischen Legislatur, mit einem Strafverfahren belegt wurden. Sie verteidigten sich nun mit dem Argument die entsprechenden französischen Vorschriften verstießen gegen Art. 28 EG. Das zuständige Tribunal de grande instance de Strasbourg legt die beiden Verfahren daher dem EuGH vor. In seinem anschließenden Urteil prägte der EuGH die sog. Keck- Formel[268]:

---

[265] EuGH Slg. 1984, 3663 Rn. 18, 19- Kohl Ringelhan; Sack WRP 1998, 871, 874 f.
[266] Timmermans, in Schwarze (Hrsg.), Werbung und Werbeverbote im Lichte des europäischen Gemeinschaftsrechts, S. 28
[267] EuGH, Slg 1990 I, 667, 686, Rn. 7- GB- Inno- BM; vgl. auch die im belgischen Schrifttum in diesem Zusammenhang eher beachtete Oosthoeck- Entscheidung, C.J.C.E., 15 décembre 1982, aff. 286/ 81, Rec., 1982, p. 4575: „ une législation qui limite ou inderdit certaines formes de publicité et certains moyens de promotion des ventes bien qu'elle ne conditionne pas directement les importations peut être de nature à restreindre le volume de celles-ci par le fait qu'elle affecte les possibilités de commercialisation pour les produits importés. On ne saurait exclure la possibilité que le fait pour un opérateur concerné d'être contraint, soit d'adopter des systèmes différents de publicité ou de promotion des ventes en fonction des Etats membres concernés, soit d'abondonner un système qu'il juge particulièrement efficace, puisse constituer un obstacle aux importations même si une telle législation s'applique indistinctement aux produits nationaux et aux produits importés ».
[268] EuGH Slg. 1993, I- 6097 ff, Rn. 1 ff- Keck; die Entscheidung hat ein kaum noch zu überblickendes Echo in der Literatur gefunden; vgl. nur: die Urteilsanmerkung von Arndt ZIP 1994, 188 ff. ; Arndt JuS 1994, 469 ff. ; Jestaedt/Kaestle EWS 1994, 26 ff.; Mathies, FS-Everling, S. 803 ff.; Roth, FS Großfeld, S. 929 ff.; Micklitz IStR 1994, 86 ff; Lenz NJW 1994, 1633, 1633; Schwintowski, S. 457

„Nach dieser Rspr. ist die Anwendung nationaler Bestimmungen, die im Gebiet des Einfuhrmitgliedstaats bestimmte Verkaufsmodalitäten beschränken oder verbieten, auf Erzeugnisse aus anderen Mitgliedsstaaten nicht geeignet, den Handel zwischen den Mitgliedstaaten zu behindern, sofern diese Bestimmungen erstens für alle betroffenen Wirtschaftsteilnehmer gelten, die ihre Tätigkeit im Inland ausüben, und sofern sie zweitens den Absatz der inländischen Erzeugnisse und der Erzeugnisse aus anderen Mitgliedstaaten rechtlich wie tatsächlich in der gleichen Weise berühren. Der Grund hierfür liegt darin, dass die Anwendung derartiger Regelungen nicht geeignet ist, den Marktzugang für diese Erzeugnisse im Einfuhrmitgliedstaat zu versperren oder stärker zu behindern, als sie dies für inländische Erzeugnisse tut."[269]

(2.) Nicht von Keck erfasst

Die Keck-Entscheidung klammert nationale Regelungen von Verkaufsmodalitäten nur unter zwei Einschränkungen aus dem Anwendungsbereich des Art. 28 EG aus.

(a.) Universalität

Die Regelung, die eine Verkaufsmodalität darstellt, muss „für alle betroffenen Wirtschaftsteilnehmer gelten, die ihre Tätigkeit im Inland ausüben".

Aus dieser Formulierung wird teilweise geschlossen, dass die Keck-Einschränkung nur Beschränkungen inländischer Unternehmen („die ihre Tätigkeit im Inland ausüben") aus dem Bereich des Art. 28 EG ausnehmen wollte, die Keck-Rechtsprechung aber nicht auf den inländischen Vertrieb ausländischer Unternehmen anwendbar sei.[270]

Eine solche Interpretation des Halbsatzes ist bereits vom Wortlaut her nicht geboten. Ebenso gut können auch alle Unternehmen (d.h. sowohl in- als auch ausländische Unternehmen) gemeint sein, die ihre Tätigkeit im Inland ausüben.[271] Eine Anknüpfung an den Standort des Unternehmens ist darüber hinaus auch systematisch falsch: Art. 28 EG schützt den freien Warenverkehr, nicht aber Unternehmen aufgrund ihres auswärtigen Standortes.[272]

---

ff. ; Freund JA 1997, 716, 716 ff.; Drexl,in Bogandy (Hrsg.), Europäisches Verfassungsrecht, S. 747, 789 ff; Feiden, Die Bedeutung der „Keck"- Rechtsprechung im System der Grundfreiheiten, S. 1 ff.; Baumbach/ Hefermehl, Einl. Rn. 628b.; Ebenroth, FS Piper, S. 133 ff; Heermann, WRP 1999, 381, 382; Reuthal WRP 1997, 1154, 1556; Schmidt, Art. 30 EG- Vertrag als Grenze der Anwendbarkeit des nationalen Wettbewerbsrechts, S. 67 ff.; Sack WRP 1998, 103, 104 ff.; Lettl, Schutz vor irreführender Werbung in Europa, S. 123 ff.; Timmermans, in : Schwarze Werbung und Werbeverbote im Lichte des europäischen Gemeinschaftsrechts, S. 28 ff.; Balate in : CUP XVI, p. 291 ff.; Joliet J.T.D.E., 1994, 145 ff.; Joliet GRUR 1994, 979 ff.; Walebroeck J.T.D.E. 1994, 160 ff; Stuyck Les pratiques du commerce, l'information et la protection du consommateur, premier bilan, p.. 299 ff. jeweils mwN.

269 EuGH GRUR Int. 1995, 900, 902, Rn. 37- Alpine Investments.

270 Krüger, S. 79 ff.

271 Sack WRP 1998, 103, 108.

272 Sack WRP 1998, 103, 108.

Dementsprechend hat der EuGH in der Säuglingsanfangsnahrung-Entscheidung[273] die Keck-Rechtsprechung auch auf ausländische Unternehmen angewendet, die Säuglingsanfangsnahrung im griechischen Inland verkauften.

(b.) Neutralität (Diskriminierungsverbot)

Die Regelungen müssen „den Absatz der inländischen Erzeugnisse und der Erzeugnisse aus anderen Mitgliedsstaaten rechtlich und tatsächlich in gleicher Weise berühren".

Die Keck-Rspr. führt daher für diskriminierende nationale Maßnahmen keinerlei Änderungen herbei: Diese fallen weiterhin in den Anwendungsbereich des Art. 28 EG.

Der EuGH stellt für die Frage, wann eine nationale Maßnahme diskriminierend wirkt, darauf ab, ob die Regelung nach den Maßstäben von Art. 12 EGV auf eine Diskriminierung hinausläuft, also insbesondere die Unterschiedlichkeit aus Gründen der Staatsangehörigkeit hergestellt wird bzw. die Regelung gerade an die Eigenschaft des Produkts als „ausländisch" anknüpft.

(aa.) Grundsätzliche Benachteiligung ausländischer Waren durch Werbe- und Absatzbeschränkungen ?

Teilweise[274] wird erwogen, ausländische Waren seien durch Werbebeschränkungen per se stärker benachteiligt als inländische und würden folglich durch Werbebeschränkungen diskriminiert.

Zum einen entfielen die Kostenvorteile die durch grenzüberschreitende Werbemaßnahmen entstehen, da die Unternehmen für die einzelnen Mitgliedsstaaten verschiedene Werbesysteme entwickeln müssten. Dies sei eine Diskriminierung, da diese Kosten ausschließlich auf dem Inlandmarkt tätigen Konkurrenten, nicht entstehen. Insoweit ist jedoch keine Diskriminierung erkennbar. Auch dem nur auf dem Inlandsmarkt tätigen Mitbewerber entstehen Kosten dadurch, dass er seine Werbung ausschließlich für den Inlandsmarkt abstimmen muss und sie nicht für weitere Länder verwenden kann. Demnach werden die Konkurrenten höchstens gleichgestellt.[275]

Zum anderen sei ausländische Ware dem Markt nicht in gleichem Maße bekannt wie inländische und bedürfe daher in höherem Maße der Werbung. Zudem sei die Rechtsordnung im Inland dem ausländischen Unternehmen weniger bekannt, was dessen Werbekampagnen nochmals erschwere.[276]
Diese Argumentation trifft angesichts der Möglichkeit der Konsultation von nationalen Fachkräften– wenn überhaupt – allenfalls für kleinere mittelständische Unternehmen

---

[273] EuGH Slg. 1995, I- 1621 ff.- Säuglingsanfangsnahrung.
[274] Schilling EuR 1994, 50, 59; Freund JA 1997, 716, 720; Lenz NJW 1994, 1633, 1633.
[275] Sack WRP 1998, 103, 107.
[276] Schilling EuR 1994, 50, 59; Freund JA 1997, 716, 720

zu, denen hierzu die finanziellen Ressourcen fehlen. Keinesfalls kann sie jedoch die weitreichenden Folgen rechtfertigen, die entstehen würden, würde man eine generelle Diskriminierung ausländischer Unternehmen annehmen. Auf diese Weise würden letztlich doch alle werbebeschränkenden nationalen Regelungen von Art. 28 EG erfasst. Eine solche Auslegung ist daher nicht mit den Intentionen der Keck- Rspr. zu vereinbaren.[277]

Praktisch ist die Diskussion durch die Semeraro-Entscheidung[278] des EuGH jedenfalls obsolet geworden. In dieser Entscheidung hat der EuGH klargestellt, „dass nationale Rechtsvorschriften, die allgemein den Handel mit einem Erzeugnis und damit auch dessen Einfuhr beschränken, nicht allein deswegen so betrachtet werden können, als schränkten sie für diese eingeführten Erzeugnisse die Möglichkeit des Zugangs zum Markte in einem stärkeren Maße als für entsprechende inländische Erzeugnisse ein".[279]

(bb.) Das Verbot der Irreführung über die ausländische Herkunft

Bereits in seiner Entscheidung Kohl/Ringelhorn (6.11.1984)[280] hatte der EuGH zu entscheiden, ob ein auf § 3 UWG gestütztes Verbot der Irreführung über die ausländische Herkunft der Ware mit Art. 28 EG vereinbar ist. Der EuGH verneinte diese Frage, da eine solche Auslegung von § 3 UWG nur ausländische (d.h. importierte) Waren betreffe und diese daher diskriminiere.
Dem kann jedoch nicht zugestimmt werden.[281] Das Verbot der Irreführung über die nationale Herkunft einer Ware hängt nicht davon ab, ob über die inländische oder ausländische Ware getäuscht wird.[282] Zudem besteht ein offensichtliches Interesse derartige Irreführungspraktiken zu verhindern.[283] Joliet[284] führt insoweit den auf andere Produkte verallgemeinerungsfähigen Beispielsfall einer belgischen Brauerei an, die ihrem Bier eine Bezeichnung gibt, die einen deutschen Ursprung vorspiegelt.

(3.) Präzisierung des Begriffs: „ Verkaufsmodalität"

Nunmehr stellt sich also die Frage, wann nichtdiskriminierende werbebeschränkende nationale Maßnahmen noch gegen Art. 28 EG verstoßen. Hierzu gilt es zu bestimmen, was genau der EuGH mit „Verkaufsmodalitäten" meint.
Die genannte Differenzierung erweist sich in ihrer Anwendung auf den konkreten Fall weiterhin als ungeklärt und höchst schwierig.

---

[277] Schilling EuR 1994, 50, 54; Freund JA 1997, 716, 720.
[278] EuGH Slg. 1996 I- 2975 ff.- Semeraro.
[279] EuGH Slg. 1996 I- 2975 ff., 3007 Rn. 24- Semeraro.
[280] EuGH Slg. 1984, 3651; vgl. dazu Sack GRUR 1996, 461, 470; ders. Sack WRP 1998, 103, 111 mwN.
[281] So auch: Gloy/Helm § 52 Rn. 35 a.E.; Joliet GRUR Int. 1994 1, 12 f.
[282] Gloy/Helm § 52 Rn. 35 a.E.
[283] Joliet GRUR Int. 1994, 1, 13.
[284] Joliet GRUR Int. 1994, 1, 13.

Der EuGH hat lediglich Beispiele verlautbart, die nicht in diesen Bereich fallen, nämlich nationale Regelungen, die sich auf die Bezeichnung von Waren, ihre Form, ihre Abmessungen, ihr Gewicht, ihre Zusammensetzung, ihre Aufmachung, ihre Etikettierung und ihre Verpackung beziehen.[285]

Kaum Anhaltspunkte für eine genauere Verortung der Position des EuGH ergeben sich aus seiner Folgerechtsprechung im Anschluss an die Keck-Rechtsprechung. In diesen Entscheidungen wurde die Keck-Rechtsprechung zwar bestätigt, jedoch nicht weiter präzisiert. Verkaufsmodalitäten sind (u.a.) danach Regelungen zu Ladenöffnungszeiten[286], Feiertagsregelungen hinsichtlich der Ladenöffnungszeiten[287], in der Hünermund- Entscheidung ein standesrechtliches Werbeverbot in Apotheken[288], ein staatliches Tabakwarenmonopol[289], ein Verbot des Verkaufs von Waren mit niedriger Gewinnspanne[290]. Ebenso sah der EuGH das griechische Verbot, Säuglingsmilch außerhalb von Apotheken zu verkaufen[291].

Die Keck-Rechtsprechung veranlasste die Literatur zu zahlreichen Deutungsversuchen[292]: Hauptsächlich wird – im Anschluss an den EuGH – danach differenziert, ob die in Frage stehende Regelung das Wann, Wo, Wie, durch wen und zu welchem Preis betrifft (=Verkaufsmodalität) oder ob es sich um eine Regelung betreffend Aufmachung, Abmessung, Ausstattung, Bezeichnung, Etikettierung, Form, Verpackung, Gewicht einer Ware handelt (=produktbezogene Regelung).[293]

In Bezug auf die für diese Arbeit relevante Fragestellung der Werbung hat der EuGH eine Präzisierung vorgenommen[294]: Der EuGH hat einerseits nationale Vorschriften, die allgemein die Werbung für den Vertrieb von Produkten verbieten, als Verkaufsmodalität angesehen[295], während er in der Mars-Entscheidung produktbezogene Wer-

---

[285] EuGH Slg. 1993, I- 6097, 6131 Rn. 15- Keck und Mithouard.
[286] EuGH, Slg. 1994, I- 2199, 2233, Rn. 12- Tankstation t' Heukske.
[287] EuGH, Slg. 1996, I- 2975, 3004 f., Rn. 12- Semeraro.
[288] EuGH, Slg. 1993, I- 6787, 6823, Rn. 21- Hünermund; vgl. zu dieser Entscheidung Stuyck Les pratiques du commerce, l'information et la protection du consommateur, premier bilan, p. 299 et s.
[289] EuGH Slg. 1995, I- 4663, 4694 Rn. 34- Domingo Banchero.
[290] EuGH Slg. 1995, I- 2467, 2490, Rn. 12- Belgapom.
[291] EuGH, Slg. 1995, I- 1621, Rn. 13- Kommission/ Griechenland.
[292] Vgl. beispielsweise Lenz NJW 1994, 1633, 1633; Freund JA 1997, 716, 716 ff.; Drexl, in: Bogandy (Hrsg.), S. 747, 789 ff; Feiden, Die Bedeutung der „Keck"- Rechtsprechung im System der Grundfreiheiten, S. 1 ff.; Baumbach/ Hefermehl, Einl. Rn. 628b.; Ebenroth, FS Piper, S. 133 ff; Heermann, WRP 1999, 381, 382; Reuthal WRP 1997, 1154, 1556; Schmidt, Art. 30 EG- Vertrag als Grenze der Anwendbarkeit des nationalen Wettbewerbsrechts, S. 67 ff.; Sack WRP 1998, 103, 104 ff.; Lettl, Schutz vor irreführender Werbung in Europa, S. 123 ff.; Timmermans, in : Schwarze Werbung und Werbeverbote im Lichte des europäischen Gemeinschaftsrechts, S. 28 ff.; Balate in : CUP XVI, 291 ff.; Joliet J.T.D.E., 1994, 145 ff.; Walebroeck, J.T.D.E 1994, 160 ff; Stuyck Les pratiques du commerce, l'information et la protection du consommateur, premier bilan, p.. 299 ff. jeweils mwN.
[293] Heermann, WRP 1999, 381, 383; ders. GRUR Int. 1999, 579, 584 f.
[294] Epiney, EGV Art. 28, Rn. 29.
[295] EuGH Slg. 1995, I- 179, 216 Rn. 20 ff.- Leclerc/TF1 Publicité SA.

beregelungen als vom Anwendungsbereich des Art. 28 gedeckt ansah[296]. Es ist zwischen produkt- und vertriebsbezogener Werbung zu unterscheiden.
Danach sind zwei verschiedene Kategorien von Fällen zu unterscheiden:

- Wirkt sich die Regelung auf das Produkt selbst, also Aufmachung, Zusammensetzung Verpackung etc. aus, so liegt eine produktbezogene Reglung vor, für die der EuGH die Prüfung weiterhin anhand von Art. 28 EG durchführt.

- Betrifft die Werberegelung hingegen nicht das Produkt selbst, so handelt es sich um eine Verkaufmodalität, die aus dem Anwendungsbereich von Art. 28 EG herausfällt.

(4.) Grenzüberschreitende Werbung in Europa (sog. „Euro-Marketing")

In der europarechtlichen Literatur wird die Keck-Rechtsprechung hinsichtlich grenzüberschreitender Werbung für unanwendbar gehalten. Insoweit sei alles beim Alten geblieben, Art. 28 EG sei uneingeschränkt auf derartige Sachverhalte anwendbar.[297]

Dies ist unhaltbar.[298] Die Keck-Formel unterscheidet an keiner Stelle zwischen rein inländischen und grenzüberschreitenden Verkaufsmodalitäten. Sie findet ihrem Wortlaut in allen bisherigen Entscheidungen zufolge unterschiedslos Anwendung.[299]
Auch das – schon abgelehnte[300] – Diskriminierungsargument (höhere Kosten und Mühen durch ausländische Anbieter) vermag die intendierte Unterscheidung nicht zu rechtfertigen.
Ein Ignorieren der Keck-Rechtsprechung in den Fällen des sog. Euro-Marketings würde letztlich dazu führen, dass für weite Teile der Werbung die Keck-Rechtsprechung umgangen würde, was vom EuGH kaum gewollt war.

(5.) Zusammenfassung

Stellt das Werbeverbot eine Verkaufsmodalität i.S.d. Keck-Rspr. dar, unterfällt die entsprechende Regelung nicht der Warenverkehrsfreiheit gem. Art. 28 EG und ist, vor-

---

[296] EuGH Slg. 1995, I- 1923, 1940, Rn. 12- Mars; vgl. auch Lüder EuZW 1995, 609, 609; Lüder EuZW 1996, 615, 619.
[297] Basedow EuZW 1994, 225; Fezer JZ 1994, 317, 321 f.; Leible/Sonitza GRUR 1995, 799, 801; Meyer WRP 1994, 99 f.; ders. GRUR Int. 1996, 98 ff., 100.
[298] Ebenso Baumbach/ Hefermehl, Einf. Rn. 627a; Bornkamm GRUR 1994, 298; Reuthal WRP 1997, 1154, 1156; Tilmann BB 1994, 1793, 1799 (Fn. 66); Sack WRP 1998, 103, 106 mwN.
[299] Der Hinweis *Fezers* in: Fezer JZ 1994, 317, 321, die Anwendung der Keck- Rechtsprechung auf derartige Konstellationen würde gegen die Oosthoek-, GB-Inno-BM- und Yves Rocher (zu dieser Entscheidung vgl. die Anmerkung von Schricker WRP 1993, 617 ff. und Bornkamm GRUR 1993, 748 ff. sowie Lehmann GRUR Int. 1993, 764)- Entscheidungen verstoßen, überzeugt nicht, der EuGH wollte gerade von seiner Rechtsprechung abweichen, vgl. Rn. 16 der Keck- Entscheidung: „entgegen der bisherigen Rechtsprechung".
[300] Vgl. C. II. 1. a. bb. bbb. eeee. (2.) (b.).

behaltlich anderen entgegenstehenden Vorschriften des Europarechts, europarechtlich nicht zu beanstanden.
Ansonsten ist Art. 28 EG und die daraus resultierenden Einschränkungen anwendbar.[301]

ffff. Beschränkung des Art. 28 EG durch Art. 7 I der Richtlinie 84/450/EWG

(1.) Problemdarstellung

Vorne[302] wurde bereits die Frage erörtert, ob die Anwendung von Art. 7 I der Richtlinie durch die zu Art. 28 EG entwickelten Kriterien der „Geeignetheit, Erforderlichkeit und Angemessenheit“ beschränkt wird. Umgekehrt gilt es jedoch auch zu beantworten, ob Art. 28 EG durch Art.7 I der Richtlinie eingeschränkt wird.
Nach dem Stand der Literatur ist insbesondere zu beantworten, ob Art. 28 EG trotz Art. 7 I der Richtlinie überhaupt noch auf über die Richtlinie hinausgehende nationale Irreführungsverbote Anwendung finden kann. Insbesondere von Reuthal[303] wird vertreten, dass Art. 7 I der Richtlinie den Anwendungsbereich des Art. 28 EG begrenze. Gebe es eine spezifische Gemeinschaftsregelung, hier Art. 7 der Richtlinie, dann sei, aufgrund der Bindung des EuGH an das Gesetz, nur diese maßgeblich, eine einzelstaatliche Regelung also nur an dieser Regelung zu messen.[304] Art. 7 I der Richtlinie ordne den Mitgliedsstaaten eine nationale Gesetzgebungskompetenz zu und der EuGH sei an diese Richtlinie gebunden. Dies sei bei der Anwendung von Art. 28 EG zu berücksichtigen. Der EuGH könne sich nicht über den in Art. 7 I RL zum Ausdruck gebrachten Willen des Gemeinschaftsgesetzgebers hinwegsetzen und letztlich die Irreführungsrichtlinie dadurch außer Kraft setzen, dass er durch die Anwendung des Art. 28 EG seinen eigenen Irreführungsmaßstab an die Stelle des von der RL ausdrücklich zugelassenen nationalen Irreführungsmaßstabs stelle.[305]

(2.) Lösungsvorschlag

Eine entsprechende Konstellation stellte sich in der Sache Pall/Dahlhausen (sog. Pall-Entscheidung[306]). Ein italienisches Unternehmen verkaufte in Deutschland Waren unter Verwendung eines ®- Zeichens, obwohl zwar in Italien, nicht aber in Deutschland Warenzeichenschutz bestand.
Da die Richtlinie 84/450/EWG einen Mindeststandard normiert, s.o., der vom nationalen Gesetzgeber nicht unterschritten werden darf, stellte sich die Frage, wie zu verfahren ist, wenn aufgrund Art. 28 EG unter den Standard der Richtlinie zurückgefallen werden muss.

---

[301] Vgl. auch das zusammenfassende Schema bei Heermann GRUR Int. 1999, 579, 593 f.
[302] Vgl. C. II. 1. a. aa. bbb.
[303] Reuthal WRP 1997, 1154, 1160 f.; vgl. auch Lettl, Schutz vor irreführender Werbung in Europa, S. 144 ff.
[304] Reuthal WRP 1997, 1154, 1160 f.
[305] Reuthal WRP 1997, 1154, 1161; GK/Lindacher § 3 Rn. 23.
[306] EuGH GRUR Int. 1991, 215 f.

Die Bundesregierung hatte angeführt, eine Absenkung der Kriterien lauteren Wettbewerbs unter die Mindestanforderungen der Richtlinie 84/450/EWG sei über Art. 28 EG nicht zu erreichen, da sich die Mitgliedsstaaten auf ein einheitliches Mindestniveau geeinigt hätten, das sowohl im Inland als auch bei grenzüberschreitendem Verkehr gelten müsse.[307]

Dem hatte der EuGH entgegengehalten[308], dass das Verbot „auch in der Richtlinie 84/450/EWG [...] keine Grundlage" findet. Die anschließende Begründung, die Richtlinie normiere lediglich ein Mindestniveaum, bleibt in ihrer Bedeutsamkeit etwas dunkel.

Diese Rechtsprechung entspricht der Auffassung des EuGH, dass nationale Regelungen in Bereichen, die abschließend harmonisiert wurden, anhand der „Harmonisierungsmaßnahme" und nicht anhand des primären Gemeinschaftsrechts zu beurteilen sind.[309] Angesichts von Art. 7 I der Richtlinie sowie der offenen Definition der Irreführung in Art. 2 der Richtlinie kann von einer abschließenden Harmonisierung jedoch nicht die Rede sein. Für die Anwendung des Art. 28, 49 EG bleibt danach also Raum.

Die Gegenauffassung verkennt die europäische Normenhierarchie. Es ist anerkannt, dass dem primären Gemeinschaftsrecht Vorrang vor dem sekundären zukommt.[310]
Das bedeutet, dass Art. 28 EG der Richtlinie und speziell Art. 7 Grenzen setzt. Daher ist die Richtlinie zwar i.S.d. Grundfreiheit auszulegen[311], nicht jedoch die Grundfreiheiten i.S.d. Richtlinie. Art. 28 EG stellt vielmehr die Obergrenze für nach Art. 7 I EG zulässige nationale Regelungen dar[312] und nicht etwa umgekehrt.

cc. Bindungswirkung Art. 49 EG

Aufgabe der vorliegenden Arbeit ist nicht eine Analyse der Rechtsprechung und Lehre zur Dienstleistungsfreiheit anzustellen. Es soll hier daher – über eine kurze, einleitende Darstellung des Art. 49 EG hinaus – nur eine schwerpunktmäßige Darstellung erfolgen.

---

307 Vgl. EuGH GRUR Int. 1991, 215, 216, Rn. 22.
308 Vgl. EuGH GRUR Int. 1991, 215, 216, Rn. 22.
309 EuGH Slg. 1992, I- 4947, Rn. 9- Vanacker und Lesage; Slg. 2001, I- 9897, 9930, Rn. 32- Daimler Chrysler; Lettl WRP 2004, 1198, 1082.
310 EuGH Slg. 1992, I- 3669, 3711, Rn. 26- Delhaize; EuGH Slg. 1996, I- 3457, 3529, Rn. 36- Bristol-Myers; Wiebe EuZW 1994, 41, 44 f.; Tilmann GRUR 1997, 790, 798; Sack GRUR 1997, 1, 2; ders. GRUR Int. 1998, 263, 268; Streinz, FSGitter, S. 978: „Denn die Richtlinie dispensiert nicht von der Beachtung der Vorschriften über den freien Warenverkehr (Art. 30/36 EGV) und kann dies als sekundäres Gemeinschaftsrecht gegenüber dem primären Gemeinschaftsrecht auch gar nicht"; vgl. auch Doepner, FS Lieberknecht, S. 193 f.; Rüffner WBl 1996, 133, 134.
311 EuGH GRUR 1994, 303, 303, Rn. 12- Clinique; Tilmann, FS Piper, S. 482.
312 Gamerith WBl. 1995, 473, 481.

aaa. Grundlegung und Begriff der Dienstleistung

Die Dienstleistungsfreiheit ergänzt und vervollständigt den Schutz der wirtschaftlichen Betätigungsfreiheit im Binnenmarkt, indem das grenzüberschreitende Angebot von Dienstleistungen garantiert wird. [313]
Diese Bezüge sind bei der Interpretation der Vorschriften über die Dienstleistungsfreiheit zu berücksichtigen. Insbesondere bei den produktbezogenen Aspekten ist die Verwandtschaft zur Warenverkehrsfreiheit von besonderer Bedeutung.[314]

Eine genaue Definition wird durch Art. 50 I EG nicht gegeben, jedoch lässt sich aus Art. 50 I EG, 49 EG sowie der Rspr. des EuGH – für unsere Zwecke ausreichend – grob definieren, dass Dienstleistung jede selbstständige, unkörperliche grenzüberschreitende wirtschaftliche Leistung ist, die nicht anderen Grundfreiheiten zuzuordnen ist.[315]
Die wirtschaftliche Leistung muss dabei nicht notwendigerweise den von Art. 50 II genannten traditionellen Kriterien der gewerblichen, kaufmännischen, handwerklichen und freiberuflichen Tätigkeiten unterfallen.[316]

Danach kann für ein Werbungsverbot die Dienstleistungsfreiheit unter zwei Aspekten relevant werden: Werbung als Dienstleistung an sich und Werbung bezogen auf andere Dienstleistungen.[317]

bbb. Verbot einer Werbung/Übernahme der Keck-Rspr.

Art. 49 I verbietet Beschränkungen des freien Dienstleistungsverkehrs. Als Beschränkungen werden solche Maßnahmen angesehen, die die Ausübung der Dienstleistungsfreiheit „unterbinden, behindern oder weniger attraktiv machen“[318]. Das Beschränkungsverbot ist dabei nicht auf Diskriminierungen beschränkt.[319]

Aufgrund der vergleichbaren Weite des Beschränkungsverbotes des Art. 49 zu dem der Maßnahmen gleicher Wirkung wird diskutiert, ob die Keck-Rspr. auf Art. 28 EG sinngemäß anzuwenden ist.[320]

---

[313] Seidel, Die Dienstleistungsfreiheit in der neuesten Rechtsentwicklung, in: Rechtsangleichung S. 61 (64 ff.); Hailbronner/Nachbaur EuZW 1992, 105, 106.
[314] Beispiel für eine solche Orientierung in: EuGH Slg. 1995, I- 1141, 1176, Rn. 33 ff.- Alpine Investment.
[315] Ehlers/Pache § 11 II 3 Rn. 20 ff.
[316] Ehlers/Pache § 11 II 3 Rn. 21.
[317] Timmermanns, in: Schwarze (Hrsg.), Werbung und Werbeverbote im Lichte des europäischen Gemeinschaftsrechts, S. 26 f.
[318] EuGH Slg. 2002, I- 305, 364, Rn. 22- Kommission/ Italien.
[319] Streinz/ Müller-Graff EGV Art. 49, Rn. 70.
[320] Sack WRP 1998, 103, 116; Timmermanns, in: Schwarze (Hrsg.) Werbung und Werbeverbote im Lichte des europäischen Gemeinschaftsrechts, S. 26 u. 34; Streinz/Müller-Graff EGV Art. 49, Rn. 88 mwN.

aaaa. Beschränkende Maßnahmen bei Werbung für Dienstleistungen

Hier drängt sich der Vergleich mit Art. 28 EG geradezu auf, es stellt sich folglich die Frage, ob die Keck-Rspr. Anwendung finden sollte.
Die allgemein für wünschenswert gehaltene Parallelauslegung von Art. 28 und Art. 49 EG spricht für die Bejahung dieser Frage.[321] Dennoch herrscht über diese Frage keine Einigkeit.
Jedenfalls wird – entgegen Stimmen aus dem Schrifttum – diese Fragestellung nicht durch die Entscheidung „Alpine Investments“[322] im ablehnenden Sinne entschieden.

Zwar hat es der EuGH in „Alpine Investments“ abgelehnt unter Berufung auf die Keck-Grundsätze, Art. 49 EG für nicht einschlägig zu befinden. Dies jedoch nicht, weil der EuGH die Keck-Rspr. für prinzipiell unübertragbar auf Art. 49 EG hielt, sondern weil im konkreten Fall eine Übertragung nicht in Betracht kam.[323]
In Alpine-Investments lag der Fall tatsächlich so, dass der Staat des Leistungserbringers (Herkunftsland) das Verbot der Telefonwerbung erlassen hatte, im Fall Keck erfolgte aber durch den Empfängerstaat.
Die Keck-Entscheidung betraf folglich eine Behinderung von Verkaufsmodalitäten durch den Einfuhrstaat, die Entscheidung „Alpine Investments“ hingegen eine Beschränkung durch den Ausfuhrstaat.
Der EG-Vertrag unterscheidet im Bereich der Warenverkehrsfreiheit zwischen Ausfuhr- und Einfuhrbeschränkungen: Art. 28 EG regelt Einfuhrbeschränkungen durch den Einfuhrstaat während Art. 29 EG Ausfuhrbeschränkungen durch den Ausfuhrstaat thematisiert.
Eine vergleichbare Unterscheidung existiert für die Dienstleistungsfreiheit jedoch nicht, im Gegensatz zu Art. 28 EG ist Art. 49 EG nicht nur auf Beschränkungen des grenzüberschreitenden Dienstleistungsverkehrs durch den Staat des Dienstleistungsempfängers anwendbar, sondern eben auch auf Beschränkungen für Dienstleistungen an Empfänger in anderen Mitgliedsstaaten durch den Staat in dem der Leistungsempfänger ansässig ist.
Die Keck-Rspr. betrifft nun auf Ebene des Warenverkehrs nur Art. 28 EG, also Beschränkungen durch den Einfuhrstaat, nicht aber Art. 29 EG.
Der Fall Alpine-Investments findet seine Parallele daher nicht in Art. 28 EG, sondern in Art 29 EG, für den die Keck-Rspr. gerade nicht gilt.[324] Eine Vergleichbarkeit, die eine Übertragung der Keck-Rspr. gebieten würde, war daher im Fall Alpine-Investments von vornherein nicht gegeben. Dies trifft aber keine Aussage darüber, wie es sich in einem andersgelagerten Fall verhält.

---

[321] Sack WRP 1998, 103, 116; Timmermanns, in: Schwarze (Hrsg.) Werbung und Werbeverbote im Lichte des europäischen Gemeinschaftsrechts, S. 26 u. 34.
[322] EuGH GRUR Int. 1995, 900 ff.- Alpine Investments.
[323] Ebenso und zum folgenden Knobl WBl. 1995, 313; Kort JZ 1996, 132, 137 f.; Sack WRP 1998, 103, 112; i.E. (keine Übertragung der Keck-Rspr.) auch Henning-Bodewig GRUR Int. 2002, 389, 392.
[324] Zur Parallele von Art. 49 EG und Art. 29 EG bei solchen Fallgestaltungen vgl. Knobl WBL 1995, 30 ff. 310 a.E., 311; Kast JZ 1996, 132 ff, 137.

Gegen die Ausdehnung der Keck-Rspr. auf Art. 49 EG bestehen jedoch durchschlagende Bedenken: Der Kecksche Zentralbegriff der Verkaufsmodalität ist vom Warenverkehr nicht ohne weiteres auf Dienstleistungen übertragbar. Eine Beschränkung, die für den Warenverkehr lediglich eine Verkaufsmodalität betrifft, sich also lediglich auf die „Umwelt" des Produkts bezieht, ist für den Dienstleistungsverkehr nicht zwingend ebenso zu deuten.
Die Unterscheidung zwischen produktbezogen – nicht produktbezogen ist für Dienstleistungen in dieser Weise nicht durchführbar. Hier bilden Dienstleistung und „Umwelt" der Leistung eine viel engere Einheit. Staatliche Maßnahmen werden die Dienstleistung fast immer berühren. Auf der anderen Seite sind Dienstleistungen aber viel eher und leichter an staatliche Regelungen anzupassen als Produkte, so dass eine Regelung welche die Dienstleistung berührt, den Zugang zum nationalen Markt nicht notwendigerweise behindern muss.

bbbb. Beschränkende Maßnahmen bei Werbung als Dienstleistung

Hier kann nichts anderes gelten: Die Übertragung der Keck-Rechtsprechung ist abzulehnen.

dd. Zusammenfassung

Insoweit die Werbung unter die Marktfreiheiten fällt, also marktbehindernde Wirkung entfaltet, setzt das europäische dem nationalen Recht mittelbar eine Grenze.

b. Inhalt des europäischen Verbraucherleitbildes

aa. Präzisierung der Fragestellung

Die (deutsche) Diskussion um das geeignete Verbraucherleitbild dreht überwiegend um die Schlagwörter des mündigen „europäischen" Verbrauchers gegenüber dem flüchtigen „deutschen" Konsumenten. Eine derart verkürzte Darstellung läuft jedoch Gefahr zu verwischen, dass es um zwei verschiedene Fragestellungen geht, die im Grunde unabhängig voneinander zu beantworten sind: „Es müsste doch wirklich Allgemeingut sein, dass nicht ′der letzte Trottel′[...] geschützt werden sollte. Aber, dass eine – nämlich: eine vermeintlich oder wirklich überspannte Rechtsprechung – hat mit dem anderen – der Ablehnung der normativen Verkehrsauffassung – nichts zu tun."[325]

Zum einen stellt sich die Frage wie die Verkehrsauffassung ermittelt wird.
Dies ist empirisch (sog. Ist-Verkehrsauffassung), also indem die tatsächliche Verkehrsauffassung ermittelt wird, oder aber normativ (sog. Soll-Verkehrsauffassung), indem eine Verkehrsauffassung unterstellt wird, möglich.

---

[325] Schweizer GRUR 2000, 923, 924.

Zum anderen stellt sich die Frage des „angemessenen Schutzniveaus“[326], ob also bereits Minderheiten, weniger Begabte geschützt werden sollen oder ob eine Täuschung des mündigen Verbrauchers erforderlich sein soll.

bb. Entscheidungskriterien des EuGH

aaa. Verhältnismäßigkeitsprüfung

Die Prüfung des EuGH findet im Rahmen der Verhältnismäßigkeitsprüfung i.S.d. Cassis de Dijon-Rechtsprechung[327] bei der Frage ob die nationale Regelung gerechtfertigt ist, statt.[328]
Wie bei jeder Verhältnismäßigkeitsabwägung handelt es sich um eine Einzelfallprüfung, bei der es jedoch mit dem Binnenmarktinteresse eine Konstante gibt.

bbb. Zu berücksichtigende Umstände

aaaa. Binnenmarktinteresse und Informationsmodell

(1.) Buet- Entscheidung[329]

Die französische Gesellschaft Educational Business Services (EBS), geführt durch den Geschäftsführer Roger Buet, vertrieb durch Haustürwerbung eine Methode zur Erlernung der englischen Sprache.
Wegen des darin liegenden Verstoßes gegen das Verbot der Haustürwerbung nach Art. 13 des Gesetzes Nr. 71- 556 vom 12. Juli 1971[330] und Art. 8 II des Gesetzes Nr. 72- 1137 vom 22.12.1972[331] verurteilte das Tribunal de grande instance Paris, Roger Buet zu einer Gefängnisstrafe und einer Geldbuße und stellte die zivilrechtliche Haftung der Firma EBS fest.
Einem von Buet hiergegen behaupteten Verstoß gegen Art. 28 EG – da er zur Aufgabe einer besonders wirksamen Vertriebstechnik gezwungen werde und durch das Verbot der Absatz der Erzeugnisse auf dem französischen Markt beschränkt werde – hielt die französische Regierung entgegen, es bestehe ein zwingendes Erfordernis des Verbraucherschutzes und der Lauterkeit des Handelsverkehrs i.S.d. Cassis-Rechtsprechung.[332]

---

[326] Doepner WRP 1997, 999, 1000.
[327] Vgl. Gliederungspunkt C. II. 1. a. bb. bbb. bbbb.
[328] Vgl. nur Nyssens J.T. 1998, 202, 209.
[329] EuGH Slg. 1989, 1235 ff., Rn. 1 ff.- Buet
[330] Zitiert aus EuGH Slg. 1989, 1236, 1236 f.- Buet: Art. 13 des Gesetzes Nr. 71- 556 vom 12. Juli 1971 verbietet es Privatpersonen in ihrer Wohnung aufzusuchen, um den Abschluss eines Unterrichtsvertrages herbeizuführen.
[331] Vgl. dazu EuGH Slg. 1989, 1236, 1236- Buet: Art. 8 II des Gesetzes Nr. 72- 1137 vom 22.12.1972 verbietet Privatpersonen in ihrer Wohnung aufzusuchen um ihnen Unterlagen etc. zum Kauf anzubieten, die auf die Befriedigung derselben Bedürfnisse gerichtet sind, wie die Dienstleistungen, für die die Werbung an der Haustür wegen ihres Gegenstands durch eine besondere Vorschrift verboten ist.
[332] EuGH Slg. 1989, 1236, 1238- Buet.

Nach Ansicht der französischen Regierung stand das Verbot der Haustürgeschäfte auch in einem angemessenen Verhältnis zum verfolgten Zweck des Verbraucherschutzes, da vor allem alte Personen, Ausländer, die Zugang zum Arbeitsmarkt suchen und Eltern von Kindern mit Schulschwierigkeiten von Vertretern umworben würden, so dass die Missbrauchsgefahr besonders groß sei.[333]
Dem folgte der EuGH: „Die Gefahr eines unüberlegten Kaufs ist jedoch besonders ausgeprägt, wenn sich die Werbung an der Haustür auf den Abschluss eines Unterrichtsvertrages oder den Kauf von pädagogischem Material richtet. Der potentielle Kunde gehört nämlich häufig zu einer Kategorie von Personen, die aus dem einen oder anderen Grund einen Bildungsrückstand haben den sie aufholen wollen. Dies macht sie besonders schutzlos gegenüber Verkäufern von pädagogischem Material, die sie davon zu überzeugen versuchen, dass die Benutzung des Materials ihnen eine berufliche Zukunft sichert.“
Hier orientierte der EuGH sich offensichtlich nicht an einem „mündigen“ oder „durchschnittlichen“ Verbraucher, sondern an einem besonders schutzbedürftigen Verbraucher.[334]

Die Buet-Entscheidung blieb aber eine Ausnahme in der Rechtsprechung des EuGH. In keiner weiteren Entscheidung findet sich eine Erwägung oder gar ein Bekenntnis in Richtung „flüchtiger Verbraucher“. Lediglich in der Lifting-Entscheidung zeigte der EuGH sich bereit auch soziale, kulturelle und sprachliche Eigenheiten zu berücksichtigen.[335]
Diese Zurückhaltung ist den wirtschaftspolitischen Zielen des Binnenmarkts geschuldet. Durch den Binnenmarkt wird der Verbraucher notwendig ständig mit neuen auch fremdartigen Produkten konfrontiert. Der hohe Schutz den das Leitbild des „flüchtigen und weniger verständigen Verbrauchers“ erfordern würde, würde die Produzenten dazu zwingen sämtliche Traditionen und Eigenheiten der jeweiligen Märkte zu berücksichtigen, damit der Verbraucher nicht irregeführt wird.[336] Dies würde die Umsetzung des Binnenmarkts, wenn nicht verhindern, so doch deutlich erschweren.
Dem EuGH blieb insoweit keine andere Wahl als auf ein Modell abzustellen, in dem es den Verbrauchern zugemutet wird sich zu informieren:[337] Mag Margarine in Belgien auch noch so lange nur in Quadratform verkauft worden sein[338], ist es doch nicht irreführend, wenn ausländische Hersteller den belgischen Verbraucher mit Margarine in anderer Präsentation konfrontieren, solange nur ein Hinweis auf die Eigenschaft des Produkts als Margarine vorhanden ist. Die Verbraucher eines Mitgliedslandes dürfen daher nicht daran gehindert werden, ein Produkt aus einem anderen Land kennen zu lernen, solange ihnen nur die erforderlichen Informationen über dieses Produkt an die Hand gegeben werden.

[333] EuGH Slg. 1989, 1236, 1238- Buet.
[334] Nyssens J.T. 1998, 207, 212; Kissler WRP 1994, 1, 7; Sack WRP 1998, 264, 265.
[335] EuGH Slg. 2000 I- 117, Rn. 1 ff.- Lifting Creme.
[336] Vgl. in diesem Sinne GA Capotorti in EuGH Slg. 1979, 649, 673.
[337] Im Ergebnis auch Micklitz/Kessler WRP 2003, 919, 924; Dauses RIW 1998, 500, 502.
[338] Aufgrund einer Regelung die die (ohnehin zweifelhafte) Verwechslungsgefahr mit Butter eindämmen sollte; vgl. EuGH Slg. 1982, 3961 ff., Rn. 1 ff.- Rau; EuGHE 1982, 947, 958- de Kikvorsch.

Verbrauchergewohnheiten dürfen zur Verwirklichung des Binnenmarktes die einzelnen Märkte nicht via Behauptung einer drohenden Irreführung gleichsam zementieren.[339]

(2.) „Etikettierungsrechtsprechung"[340]

Den Weg auf einen informierten Verbraucher abzustellen – in der Literatur teilweise auch als „Informationsmodell"[341] bezeichnet – beschritt der EuGH daher bereits in seinen frühen Entscheidungen zum Verbraucherschutz. Schon in der Entscheidung „Rau"[342] aus dem Anfang der achtziger Jahre stellte der EuGH fest, dass informierende Maßnahmen geeignet sind den Verbraucherschutz als „zwingendes Erfordernis" i.S.d. „Cassis-Rechtsprechung" zu gewährleisten.[343]
In der § 3 UWG unmittelbar betreffenden Entscheidung Pall/Dahlhausen hatte die Firma Pall die Firma P.J. Dahlhausen auf Unterlassung in Anspruch genommen da die Firma P.J. Dahlhausen, für ein zwar in Italien nicht aber in Deutschland eingetragenes Warenzeichen dass ®- Zeichen in Deutschland verwendet hatte.[344] Durch eine derartige Verwendung des ®- Zeichens werde der Verbraucher i.S.d. § 3 UWG irregeführt.
Der EuGH lehnte im Rahmen der Prüfung des Verbraucherschutzes und der Lauterkeit des Handelsverkehrs als „zwingende Erfordernisse" im Rahmen der „Cassis-Rechtsprechung" eine Irreführung ab, da es „Wirtschaftsteilnehmern" durchaus zuzumuten sei, „im öffentlichen Register die Rechtslage in bezug auf das fragliche Warenzeichen [zu] prüfen"[345], letztlich trifft den Verbraucher daher sogar eine Informationsobliegenheit.[346]
Betraf diese Entscheidung mit den Käufern von Blutfiltern, also Ärzten, noch ein ohnehin über Medizinprodukte informiertes Publikum, so hat das Gericht seine Rechtsprechung, die einen Vorrang der Verbraucherinformation vor dem Werbeverbot begründet, in seinen weiteren Entscheidungen konsequent fortgesetzt.[347] Einen weiteren – jedenfalls aus der Sicht deutscher Autoren – „Höhepunkt"[348] erreichte der EuGH mit seiner Entscheidung zum deutschen Reinheitsgebot[349]. Hier sah der EuGH die Etikettierung von Flaschen und Fässern mit den Inhaltsstoffen des enthaltenen Bieres als ein milderes Mittel als ein Werbeverbot an.

---

339 Dauses RIW 1998, 750, 751 f. zu diesem Aspekt auch Kessler WRP 1993, 571, 577.
340 Vgl. hierzu auch Dauses RIW 1998, 750, 751; Nyssens J.T. 1998, 207, 212.
341 Kemper/Rosenow WRP 2000, 517, 518.
342 EuGH Slg. 1982, 3961, 3973, Rn. 17- Rau.
343 So auch Fezer WRP 1995, 671, 674; kritisch zum Verbraucherschutz durch Information: v. Hippel RabelsZ 37 (1973) 268, 269, der annimmt die angebotenen Informationen würden vom Verbraucher „nur begrenzt" genutzt.
344 Zum EuGH gelangte die Rechtssache durch die Anfrage des Landgerichts München I.
345 EuGH Slg. 1990, I- 4827, 4850, Rn. 21- Pall/Dahlhausen.
346 Fezer WRP 1995, 671, 674.
347 Vgl. die im folgenden Text genannten Entscheidungen. Rechtssprechungsübersicht bei Niemöller, S. 168 (Fn. 895).
348 Kemper/ Rosenow WRP 2001, 370, 371 (Fn. 20).
349 EuGH, Slg. 1987, 1227 ff., Rn. 1 ff.- Reinheitsgebot.

(3.) GB-INNO-BM[350]

Welche zentrale Stellung der Verbraucherinformation – die logisch die Annahme eines informierbaren Verbrauchers voraussetzt – im europäischen Recht zukommt, legte der EuGH erneut in der Rechtssache GB- INNO-BM[351] dar. In unbekannter Deutlichkeit formulierte der EuGH die Bedeutung der Informationsrechte der Verbraucher. Das Recht auf Information wird als ein fundamentales Recht der Verbraucher anerkannt. GB-INNO-BM hat insoweit bis heute nicht an Bedeutung eingebüßt.
Die belgische Firma GB-INNO-BM, die Supermärkte nahe der belgischen Grenze betrieb, hatte Werbeprospekte auf luxemburgischem Gebiet verteilen lassen. Darin waren herabgesetzte Preise während einer zeitlich begrenzten Sonderaktion angegeben und zusätzlich den früheren Preisen gegenübergestellt worden. Beide Angaben waren nach belgischem Recht nicht zu beanstanden, während luxemburgisches Recht sowohl zeitlich begrenzte Sonderangebote als auch Preisgegenüberstellungen verbat. Ein luxemburgischer Händlerverband erreichte die Untersagung der Verteilung der Werbung in Luxemburg.
Der EuGH fasste die vorgelegte Rechtssache auf die Frage zusammen, ob „nationale Rechtsvorschriften, die dem Verbraucher den Zugang zu bestimmten Informationen verwehren, im Interesse des Verbraucherschutzes gerechtfertigt sein können."[352]
Der EuGH lehnte dies ab.[353] Eines der grundlegenden Erfordernisse des Verbraucherschutzes sehe das Gemeinschaftsrecht in der Unterrichtung des Verbrauchers. Art. 28 EG könne daher nicht derart ausgelegt werden, „dass nationale Rechtsvorschriften, die dem Verbraucher den Zugang zu bestimmten Informationen verwehren, durch zwingende Erfordernisse des Verbraucherschutzes gerechtfertigt werden können"[354].
Das Gemeinschaftsrecht stelle einen engen Zusammenhang zwischen dem Schutz und der Unterrichtung der Verbraucher her. Der EuGH beruft sich auf die beiden Ratsprogramme „zum Schutz und der Unterrichtung der Verbraucher"[355] aus den Jahren 1979, 1981. Im zweiten Programm wurden fünf fundamentale Rechte des Verbrauchers definiert[356], zu denen das Recht auf „Unterrichtung und Aufklärung" gehört.

(4.) Schlussfolgerung

Die Rechtsprechung des EuGH zum Verbraucherleitbild steht in einem speziell europarechtlichen Kontext. Sie ist nicht zwingend Zeichen eines grundlegend anderen Verständnisses von Verbraucherschutz oder Lauterkeit als in Deutschland. Vielmehr beur-

[350] EuGH, Slg 1990 I, 667 ff., Rn. 1 ff.- GB-Inno-BM; ausführlich zu dieser Entscheidung Heermann WRP 1993, 578 ff.
[351] EuGH, Slg 1990 I, 667 ff., Rn. 1 ff.- GB-Inno-BM.
[352] EuGH, Slg 1990 I, 667, Rn. 13.- GB-Inno-BM.
[353] EuGH aaO. (Rn. 18)
[354] EuGH aaO. (Rn. 18).
[355] ABl. C 92, 1; ABl. C 133, 1.
[356] Das Recht auf Unterrichtung und Aufklärung; das Recht auf Schutz seiner Gesundheit und Sicherheit; das Recht auf den Schutz seiner wirtschaftlichen Interessen; das Recht auf Wiedergutmachung erlittenen Schadens; das Recht auf Vertretung.

teilt der EuGH die ihm vorgelegten Fälle unter anderen Aspekten als die nationalen Gerichte.[357] Ausgangspunkt der meisten dem EuGH angetragenen Streitigkeiten sind die Freiheiten des EG-Vertrages: Eine in einem anderen Staat zulässige (nicht irreführende) Werbung wird in einem anderen Staat als irreführend untersagt.
Der EG-Vertrag ist aber von vornherein nicht materiell-wettbewerbsrechtlich geprägt (wie das deutsche UWG oder das belgische GüH), sondern von der Idee des Binnenmarktes als ein Raum ohne Binnengrenzen, in dem der freie Verkehr von Waren, Personen, Dienstleistungen und Kapital gewährleistet ist, Art. 14 II EG. Auf Grundlage des EG-Vertrages wird der EuGH also nicht nach der optimalen wettbewerbsrechtlichen Lösung suchen, sondern muss einen Ausgleich zwischen den sich widersprechenden nationalen Rechten suchen und versuchen die Märkte möglichst offen zu halten.
Nimmt man speziell die zu Art. 28 EG ergangen Entscheidungen in den Blick, so fällt sofort auf, dass der EuGH aufgrund nationaler Irreführungsregelungen ergangene Verbote ausschließlich danach prüft, ob sie vor dem Hintergrund des freien Warenverkehrs zu rechtfertigen sind.
Im Vordergrund steht damit immer die Frage nach der Verträglichkeit für den Binnenmarkt und damit die Interessen des werbenden Unternehmers.[358] Der wettbewerbsrechtliche Hintergrund des Verbots und damit originär wettbewerbsrechtliche Überlegungen finden allenfalls indirekt im Rahmen einer Verhältnismäßigkeitsprüfung Beachtung durch das Gericht. Die durch den Nationalstaat verteidigten Interessen des Konkurrenten- oder Verbraucherschutzes müssen im Rahmen dieser Prüfung jedoch „zwingend" sein, damit sie sich durchsetzen können. Im Zweifel werden wettbewerbsrechtliche Überlegungen also zugunsten des Binnenmarktsgedankens unter den Tisch fallen.

(5.) Exkurs: Einheitliches Verbraucherleitbild

Für die Richtlinie 84/450/EWG liegt ein grundsätzlich anderer Ausgangspunkt zugrunde.[359] Die Richtlinie wird nicht in gleicher Weise durch den Binnenmarktgedanken bestimmt, sondern basiert auch auf wettbewerbsrechtlichen Zielsetzungen.
Hier bestand für den EuGH die Möglichkeit den Schwerpunkt seiner Erwägungen auf materiell-wettbewerbsrechtliche Erwägungen zu legen. Der EuGH hat den sekundärrechtlichen Rahmen jedoch nicht für wettbewerbsrechtliche Erwägungen oder gar Begründungen genutzt. Ganz im Gegenteil geht der EuGH in seinen neueren Entscheidungen von einem einheitlichen europäischen Verbraucherbild aus, das durch die geschilderten primärrechtlichen Erwägungen geprägt ist.[360] In der „Clinique"-Entscheidung[361] betont der EuGH, dass das Sekundärrecht im Lichte der Warenver-

[357] Beater GRUR Int. 2000, 963, 968.
[358] Beater, GRUR Int. 2000, 993, 996; ders., Verbraucherschutz und Schutzzweckdenken im Wettbewerbsrecht, S. 97; den Binnenmarktaspekt betonend auch Doepner, FS Lieberknecht, S. 187; Roth, FS Mestmäcker, S. 727 f.
[359] Beater, Verbraucherschutz, S.50.
[360] Beater GRUR Int. 2000, 963, 972.
[361] EuGH GRUR 1994, 303 304, Rn. 12- Clinique.

kehrsfreiheit auszulegen sei. In „Gut Springenheide“[362] führt der EuGH an, er habe bereits mehrfach den irreführenden Charakter einer Bezeichnung, einer Marke oder einer Werbeaussage anhand der Bestimmungen des EG- Vertrages oder des abgeleiteten Rechts geprüft und aus diesen Urteilen [also sowohl denen zum EG-Vertrag als auch denen zum abgeleiteten Recht] ergebe sich der Irreführungsbegriff.[363]
Der EuGH geht folglich von einem über die verschiedenen Rechtsgebiete (Wettbewerbsrecht, Markenrecht, Gesundheitsrecht etc.) einheitlichen Irreführungsbegriff aus, der nicht zwischen Primärrecht und Sekundärrecht[364] unterscheidet. Ursprünglich entwickelt wurde der Irreführungsbegriff vom EuGH im Rahmen des Primärrechts. Damit wird der Irreführungsbegriff auch im Rahmen des Sekundärrechts mit Erwägungen ausgefüllt, die nicht wettbewerbsrechtlich sind, sondern in deren Vordergrund die weiteste Entfaltung der Interessen des jeweils werbenden Unternehmens stehen.

Diese Entwicklung – oder Fehlentwicklung[365] – eines einheitlichen europarechtlichen Verbraucherleitbildes führt für die vorliegende Untersuchung jedenfalls dazu, dass für die nachfolgende Präzisierung des europäischen Verbraucherleitbildes nicht zwischen Primärrecht und Sekundärrecht unterschieden werden muss.

bbbb. Sonstige Umstände

(1.) Gemeinschaftsgrundrechte und allgemeine Rechtsgrundsätze der Gemeinschaft

Bei der Abwägung sind auf beiden Seiten auch die Grundrechte und allgemeinen Rechtsgrundsätze der Gemeinschaft zu berücksichtigen.[366]
Zwar verfügt Europa noch nicht über einen Grundrechtskatalog[367], jedoch erkennt der EuGH seit längerem die durch die EMRK gewährten Rechte sowie, im Rahmen einer rechtsvergleichenden Betrachtung der Verfassungstraditionen der Mitgliedsstaaten,[368] bestimmte Gemeinschaftsgrundrechte an[369]: Anerkannt wurden beispielsweise Meinungsfreiheit[370] (Art. 10 EMRK), Eigentum[371], sowie der Gleichheitsgrundsatz i.S.v. Chancengleichheit.

---

[362] EuGH GRUR Int. 1998, 795 ff.- Gut Springenheide.
[363] EuGH GRUR Int. 1998, 795, 797, Rn. 30 und 31.- Gut Springenheide.
[364] Vgl. etwa EuGH Slg. 1998 I, 4691- Gut Springenheide- zu VO 1907/90; Slg. 1999 I, 547- Sektkellerei Kessler- zu VO 2333/92; GRUR Int. 2000, 356- Liftingcreme zur Richtlinie 76/768; Slg. 2000, 2297, 2333- Darbo- zur Richtlinie 2000/13/EG; GRUR 2002, 354, 356- Toshiba/Katun- zur Richtlinie 84/450/EWG.
[365] Beater GRUR Int. 2000, 963, 972; in diesem Sinne auch Lettl, Schutz vor irreführender Werbung in Europa, S.145.
[366] Vgl. insbesondere Reuthal WRP 1997, 1154, 1159.
[367] Bei Beendigung dieser Arbeit war die EU- Verfassung noch nicht europaweit ratifiziert.
[368] EuGH, Slg. 1969, 419, 431, Rn. 7- Stauder; EuGH Slg. 1974, 491, 511, Rn. 14- Nold.
[369] Vgl. auch Schwarze in: Schwarze (Hrsg.), Werbung und Werbeverbote im Lichte des europäischen Gemeinschaftsrechts, S. 17; ders., FS Deringer, 1993, 159 ff.
[370] EuGH GRUR Int. 2004, 626, 629, Rn. 50 f.- Karner Industrie- Auktionen GmbH; EuGH Slg. 1997, I- 3689, 3715 f. Rn. 18- Vereinigte Familienexpress; vgl. zur Werbung Hatje in: Schwarze (Hrsg.), Werbung und Werbeverbote im Lichte des europäischen Gemeinschaftsrechts, S. 48 ff.

(2.) Besonders wertvolle Rechtsgüter

Stehen auf Seiten des Verbrauchers besondere Rechtsgüter in Gefahr, ist dies in der Abwägung zu berücksichtigen.
Als solches besonderes Rechtsgut ist die Gesundheit der Verbraucher zu nennen. So liegt etwa eine Irreführung vor, wenn einem Produkt eine nicht vorhandene „heilende" Wirkung zugesprochen wird. Ebenso ist zu berücksichtigen, wenn durch eine Werbung besondere Gesundheitsgefahren begründet werden.

Als Beispiel für die Anwendung des genannten Abwägungsumstandes ist die Lifting Crème- Entscheidung[372] des EuGH zu erwähnen. Dort war zu erwägen, ob durch die Bezeichnung „Lifting" für eine (gesundheitlich unbedenkliche) Crème der Kunde i.S. einer heilenden Wirkung irregeführt werde.

M.E. betrifft dieser Fall jedoch nicht den Bereich der Gesundheitswerbung. Die besondere Schutzbedürftigkeit des Verbrauchers resultiert aus der besonderen Zwangslage, in die Menschen durch eine Krankheit versetzt werden und der besonderen Bedeutung die der Gesundheit zukommt.
Antifaltencreme verspricht nun nicht die Heilung einer Krankheit. Falten stellen keinen pathologischen Zustand und daher auch keine Beeinträchtigung der Gesundheit dar. Die soeben geschilderte Zwangslage besteht daher gerade nicht. Auch die Anleihe an ein operatives Lifting reicht insoweit nicht aus, da es – wie gesagt – um eine gesundheitsfördernde Wirkung gehen muss, die bei rein kosmetischen Fragen nicht thematisiert ist.[373]

(3.) Kein Interesse der Anbieter an objektiv falschen Angaben

Es besteht – auch im Sinne eines freien Wettbewerbs – kein schutzwürdiges Interesse der Anbieter an objektiv falschen Angaben, wie falschen Preisen, Mengen etc.

cc. Empirische oder normative Feststellung der Verkehrsauffassung

Der EuGH hat sich bedauernswerterweise zur Art der Ermittlung der Verkehrsauffassung nicht ausdrücklich geäußert. Vielmehr sind die – hauptsächlich in jüngerer Zeit ergangenen – verwertbaren Entscheidungen[374] mehrdeutig. Ob insoweit überhaupt ein Problembewusstsein beim EuGH vorhanden ist, erscheint zweifelhaft.

---

[371] EuGH Slg. 1974, 491, 511, Rn. 14- Nold.
[372] EuGH Slg. 2000 I- 117, Rn. 1 ff.- Lifting Crème.
[373] Anders Lettl, Schutz vor irreführender Werbung in Europa, S. 114; im hier genannten Sinne auch de Caluwé, in : Les pratiques du commerce, Èditions du jeune Barreau, p. 63 (für die ähnliche Frage bei Art. 23 Nr. 13 GüH); wohl auch EuGH Slg. 2000 I- 117, 146, Rn. 28- Lifting Creme.
[374] EuGH GRUR Int. 1998, 795 ff.- Gut Springenheide; EuGH WRP 1999, 307 ff.- Sektkellerei Kessler; EuGH Slg. 2000 I- 117 ff.- Lifting Creme.

„Leading case" ist die vom EuGH später mehrfach wörtlich zitierte Gut Springenheide- Entscheidung[375].

Hierin definiert der EuGH erstmals[376], dass es für eine Irreführung „auf die mutmaßliche Erwartung eines durchschnittlich informierten, aufmerksamen und verständigen Durchschnittsverbrauchers"[377] ankommt und zwar ohne dass ein Sachverständigengutachten oder eine Verbraucherbefragung eingeholt werden müsse[378]. Andererseits stehe einem derartigen Sacherverständigengutachten durch nationale Gerichte aber zumindest bei Vorliegen „besonderer Umstände", bzw. wenn das nationale Gericht „besondere Schwierigkeiten"[379] habe über eine Irreführung zu befinden, nichts entgegen.

Da es insoweit keine gemeinschaftsrechtlichen Bestimmungen gebe, sei es auch Sache der nationalen Gerichte „nach seinem nationalen Recht den Prozentsatz der durch eine Werbeaussage getäuschten Verbraucher zu bestimmen, der ein Verbot dieser Werbeaussage zu rechtfertigen vermag".

In seiner Entscheidung „Lifting"[380] ergänzt der EuGH das Kriterium der „mutmaßlichen Erwartung eines durchschnittlich informierten, aufmerksamen und verständigen Durchschnittsverbrauchers" dahingehend, dass „soziale, kulturelle oder sprachliche Eigenheiten es rechtfertigen können", dass ein Begriff von den Verbrauchern des einen Mitgliedstaates in einem anderen Sinne verstanden werden könne als von den Verbrauchern eines anderen Mitgliedsstaates.[381] Auch soll ein Sachverständigengutachten schon dann möglich sein, wenn das nationale Gericht dies für erforderlich hält[382], von „besonderen Schwierigkeiten" oder „besonderen Umständen" ist nicht mehr die Rede.[383]

Welche Schlussfolgerungen nun aber aus dieser Rspr. zu ziehen sind, ist – und dies wird bis zu einer Stellungnahme des EuGH auch so bleiben – ungeklärt. Während beispielsweise *Scherer* es für „ganz evident"[384] hält, dass die Rspr. des EuGH eine empirische Feststellungsweise ausschließt, nehmen andere Autoren[385] „mit gleicher Vehe-

[375] EuGH GRUR Int. 1998, 795 ff.- Gut Springenheide.

[376] Entgegen der von ihm angegebenen Rechtsprechungsnachweise; EuGH GRUR Int. 1998, 795 ff., Rn. 30- Gut Springenheide, zitiert werden die Entscheidungen GB-INNO-BM, Pall, Yves Rocher, Verband Sozialer Wettbewerb, Langguth, Mars.

[377] EuGH GRUR Int. 1998, 795, 797, Rn. 31- Gut Springenheide.

[378] aaO.

[379] EuGH WRP 1999, 307, 310, 311, Rn. 37- Sektkellerei Kessler; jedoch unter Verweis auf Gut Springenheide, so dass wohl kein sachlicher Unterschied intendiert ist.

[380] EuGH Slg. 2000 I- 117, Rn. 1 ff.- Lifting Creme.

[381] EuGH Slg. 2000 I- 117, 147, Rn. 29- Lifting Creme.

[382] EuGH Slg. 2000 I- 117, 147, Rn. 31- Lifting Creme.

[383] Ob der EuGH hiermit jedoch einen sachlichen Unterschied begründen wollte bleibt offen.

[384] Scherer GRUR 2000, 273, 275; dies. WRP 1999, 991 ff.; zurückhaltend zustimmend auch Ahrens WRP 1999, 389, 394; ebenso zurückhaltend etwa auch Nyssens J.T. 1998, 207, 213: „ La Cour semble…".

[385] Sack WRP 1999, 399, 401; Ahrens WRP 2000, 812, 814, Kiethe/Groeschle WRP 2001, 230 ff.; Spätgens WRP 2000, 1023, 1026.

menz“[386] an, dass den Entscheidungen des EuGH zu entnehmen sei, dass der EuGH der empirischen Bestimmung der Verkehrsauffassung zuneige.

Als Indiz für eine normative Tendenz des EuGH lässt sich in der Tat anführen, dass es auf die mutmaßliche Erwartung der fiktiven Figur ***eines*** durchschnittlichen Verbrauchers ankommen soll.[387] Zudem basiert die Rspr. des EuGH auf dem Harmonisierungsgedanken[388], der ein Marktgeschehen, bestimmt durch einen typisierten europäischen Verbraucher, unterstellt. Dieses Kunstprodukt eines Verbrauchers hat aber keine tatsächliche Verkehrsauffassung die empirisch feststellbar wäre, sondern eine Soll-Verkehrsauffassung.

Andererseits könnte die erwähnte Formulierung – legt man den Schwerpunkt nicht auf „eines“ – auch als Indiz für ein gemischt empirisch-normatives Leitbild verstanden werden, in dem es zwar auf die tatsächlichen Ansichten ankommt, jedoch ein Teil der Ansichten normativ ausgeschieden wird. Letztlich könnte – allerdings äußerst unwahrscheinlich bereits aufgrund des Binnenmarktinteresses – die erwähnte Formulierung, betrachtet man zudem die Möglichkeit einer Sachverständigenfeststellung, sogar so verstanden werden, dass die Verkehrsauffassung rein tatsächlich festzustellen und bei einer Feststellung aufgrund eigener Sachkunde des Gerichts von einem durchschnittlichen Verbraucher auszugehen ist, weil der EuGH davon ausgeht, dass der Verkehr die Werbung *tatsächlich* mit diesen Eigenschaften wahrnimmt.
Für eine empirische Ermittlung würde sprechen, dass der EuGH in „Gut Springenheide“ danach fragt wie der Durchschnittsverbraucher eine Angabe „wahrscheinlich auffassen wird und zudem den nationalen Gerichten die Möglichkeit der Einholung einer Verbraucherbefragung, sowie die Festsetzung der Grenze ab wann ausreichend Verbraucher – tatsächlich – irregeführt sind damit eine Irreführung angenommen werden kann, einräumt. Sowohl eine Verbraucherbefragung als auch die Festlegung einer (prozentual bestimmten) Menge zu täuschender Verbraucher ist aber für die Feststellung einer rein normativ bestimmten Verkehrsauffassung völlig überflüssig.[389]
Seit seiner Lifting-Entscheidung[390] will der EuGH zudem nationale „soziale, kulturelle oder sprachliche Eigenheiten“ berücksichtigen.[391]Dass der EuGH diese nur tatsächlich zu ermittelnden nationalen Eigenheiten berücksichtigen will, lässt wohl annehmen, dass er die tatsächlich vorhandene Wirklichkeit jedenfalls mitberücksichtigen will.
Die Ermittlungsweise bleibt letztlich also unklar.[392] Daran kann wohl auch nichts ändern, dass der vom EuGH verwendete Begriff der „eigenen Sachkunde des Gerichts“

---

[386] Seibt GRUR 2002, 465, 466.
[387] Scherer WRP 1999, 991, 992; dies. GRUR 2000, 273, 275.
[388] Ausführlich vgl. C. II. 1. b. bb. bbb. aaaa. (4.).
[389] Sack WRP 1999, 399, 401; Seibt GRUR 2002, 465, 466; Spätgens WRP 2000, 1023, 1027; insoweit erscheint die Feststellung der BGH stelle auf „den“ Durchschnittsverbraucher ab (vgl. etwa Lettl, UWG, Rn. 123) zumindest vorschnell.
[390] EuGH Slg. 2000 I- 117, Rn. 1 ff.- Lifting Creme.
[391] Vgl. auch EuGH WRP 2002, 918, 922- Gräbner/Paracelsus; sowie Helm, FS Tilmann, S. 138 .
[392] In Betracht kommt jedes der unter C. II. 2. d. aa. aaa. aaaa. genauer dargestellten Verfahren.

ein Terminus ist, der im Zusammenhang mit Tatfragen verwendet wird.[393] Klarheit kann nur eine Entscheidung des EuGH bringen.

dd. Maßstab an den Verbraucher

aaa. Mars-Entscheidung

Durch den EuGH wurde das europäische Verbraucherleitbild wenigstens ansatzweise erstmalig in der Mars-Entscheidung[394] definiert. In diesem Fall – angeblich konstruiert um das deutsche Verbraucherleitbild zu desavouieren[395] – ging es in aller Kürze um folgendes: Der Hersteller von „Mars"-Schokoladenriegeln führte eine Werbeaktion in Europa durch. Von Frankreich aus wurden diese Riegel nach Deutschland exportiert. Dabei wies – als Teil der Werbeaktion – die Verpackung die Aufschrift „plus 10 %" auf. Dieser Teil der Verpackung war nun größer als das Mehr von 10 % des Schokoladenriegels, was das OLG Köln dazu veranlasste die Aufmachung für irreführend zu befinden, da der Verbraucher dadurch angeblich über den Umfang des Mehrinhaltes in die Irre geführt werde.

Dem wollte der EuGH nicht folgen[396], und bekannte sich zum „verständigen Verbraucher": „Von verständigen Verbrauchern kann erwartet werden, dass sie wissen, dass zwischen der Größe von Werbedrucken, die auf eine Erhöhung der Menge des Erzeugnisses hinweisen, und dem Ausmaß dieser Erhöhung nicht notwendig ein Zusammenhang besteht".
Eine nähere Präzisierung welche genauen Eigenschaften dieser verständige Verbraucher aufweist, erfolgte dabei nicht. Dies ist um so bedauerlicher, da sich nämliches auch aus dem deutschen Leitbild, jedenfalls bei vernünftiger Anwendung, ergeben hätte.[397]

bbb. Gut Springenheide- und Folgeentscheidungen

aaaa. Durchschnittlicher Verbraucher

In der Gut Springenheide- Entscheidung[398] hat der EuGH sein Verbraucherleitbild erstmals näher präzisiert. Es kommt auf die mutmaßlichen Erwartungen eines durchschnittlich informierten, aufmerksamen und verständigen Durchschnittsverbrauchers an.

---

[393] Hierauf macht Seibt GRUR 2002, 465, 467 aufmerksam.
[394] EuGH WRP 1995, 677, 678, Rn. 24- Mars.
[395] Traub, das Verbraucherleitbild in rechtsvergleichender Sicht, S. 27.
[396] Streinz/Leible ZIP 1995, 1236, 1240 konstatieren gar „Fassungslosigkeit".
[397] Traub, Das Verbraucherleitbild in rechtsvergleichender Sicht, S. 27.
[398] EuGH GRUR Int. 1998, 795 ff.- Gut Springenheide.

Das genannte Leitbild wiederholte der EuGH dann in den Entscheidungen Sektkellerei Kessler[399], Lifting[400], und weiteren Folgeentscheidungen.

bbbb. Besonders schutzwürdige Verbrauchergruppen

Erreicht eine Werbung lediglich eine bestimmte, besonders schutzwürdige, Konsumentengruppe, so kommt es auf den Durchschnittsverbraucher dieser Gruppe an.[401]
Im umgekehrten Fall, der Werbung an Fachkreise, gilt identisches: Es kommt auf die mutmaßlichen Erwartungen eines durchschnittlich informierten, aufmerksamen und verständigen Durchschnittsfachmanns an.

Erreicht die Werbung allerdings nicht nur die besonders schutzwürdigen Verbraucher, sondern auch die Allgemeinheit, kommt es auf den durchschnittlichen Verbraucher gemessen an der Allgemeinheit an, was zu einem Schutzdefizit für besonders schutzwürdige Verbraucher führt.[402]

Dies wird insbesondere von *Reuthal*, der hierin einen Verstoß gegen das gemeinschaftliche Grundrecht auf Chancengleichheit sieht, kritisiert.[403]
Kinder, Jugendliche, ausländische und der Landessprache nicht mächtige Verbraucher besäßen bei der Teilnahme am Wirtschaftsverkehr aufgrund ihrer Defizite nicht die gleichen Chancen, wie intellektuell besser ausgebildete Verbraucher.[404]
Das Gemeinschafsgrundrecht der Chancengleichheit sei ein zwingendes Erfordernis zur Rechtfertigung einer nationalen Maßnahme, die geeignet ist, den Handel zwischen den Mitgliedsstaaten zu beschränken, daher seien nationale Regelungen die insoweit Chancengleichheit herstellen, gerechtfertigt.[405]

Dem kann aber nicht gefolgt werden. Die von *Reuthal* aufgezeigten Folgen des europäischen Leitbildes sind zwar nicht zu bestreiten, jedoch hinzunehmen, da das Leitbild eines informierten, aufmerksamen und verständigen Durchschnittsverbrauchers gemessen an der Allgemeinheit, insoweit die Werbung sich an diese wendet, zur Aufrechterhaltung und Schaffung eines Binnenmarktes unerlässlich ist. Durch den Binnenmarkt wird, s.o., der Verbraucher mit neuen und unbekannten Waren, unbekannten Sprachen etc. konfrontiert. Würde man dies durch das Abstellen auf besonders schutzwürdige Verbraucher unmöglich machen, würde das Anbieten dieser Waren unmög-

---

[399] EuGH WRP 1999, 307, 310, 311, Rn. 36- Sektkellerei Kessler.
[400] EuGH Slg. 2000 I- 117, 146, Rn. 28- Lifting Creme.
[401] EuGH Slg. 1989, 1235, 1243, Rn. 12 bis 14- Buet; Reich ZHR 164 (2000), 433, 438; Lettl, Schutz vor irreführender Werbung in Europa, S. 98 f.
[402] Vgl. die Schlussanträge von GA Mischo, in EuGH, Slg. 1998, I- 4657, 4669 Rn. 54- Gut Springenheide; ebenso unter Berufung auf GA Mischo aaO, vgl. Lettl, Schutz vor irreführender Werbung in Europa, S. 99.
[403] Reuthal WRP 1997, 1153, 1164.
[404] Zu dem doppelten Nachteil der diesen Verbrauchern entsteht, vgl. die „the poor pay more"-These: Wimmer ZVP 1981, 64; Scherl ZVP 1978, 110; Beater, Verbraucherschutz, S. 116 f. mwN.
[405] Reuthal WRP 1997, 1153, 1164.

lich oder jedenfalls erheblich erschwert werden, und die Interessen der Anbieter unzulässig eingeschränkt werden. Etwas anderes kann jedoch in Ausnahmefällen gelten, wenn die Interessen der schutzwürdigen Verbraucher im Einzelfall als besonders gewichtig – weil die Folgen der Irreführung beispielsweise besonders schwerwiegend sind – in der Verhältnismäßigkeitsabwägung erscheinen.

cccc. Durchschnittlicher europäischer Verbraucher

Grundsätzlich kommt es aufgrund des Binnenmarktgedankens auf den europäischen Verbraucher an. Bestehen jedoch nationale kulturelle, soziale und sprachliche Eigenheiten, sind diese zu berücksichtigen.[406] Insoweit sind dann die mutmaßlichen Erwartungen eines durchschnittlich informierten, aufmerksamen und verständigen nationalen Durchschnittsverbrauchers der durch die Werbung erreichten Personengruppe, maßgeblich.[407]

dddd. Präzisierung der Standardformel

Inhaltlich unterscheidet das Verbraucherleitbild des EuGH dabei zwischen der Wahrnehmung von Werbung (Informationsaufnahme) einerseits und der Verarbeitung der Werbung (Informationsverarbeitung) andererseits.[408]
Die folgende Darstellung bezieht sich – soweit keine anderen Angaben erfolgen – auf Publikumswerbung, d.h. auf die Werbung an das breite Publikum.

(1.) Vorab: Reichweite des „durchschnittlich"

Maßgeblich sind, wie bereits geschildert, die Erwartungen eines durchschnittlich informierten, aufmerksamen und verständigen Durchschnittsverbrauchers.
Dabei wird in der deutschen Literatur, basierend auf der deutschen Fassung der Verbraucherleitbildbeschreibung des EuGH nun problematisiert, ob sich „durchschnittlich" auch auf „aufmerksamen und verständigen" oder nur auf die Informiertheit des Verbrauchers bezieht. Relevant wird dies insbesondere für die Frage, ob nur der „verständige" Verbraucher erfasst sein soll.[409] Bereits auf Basis der deutschen Fassung ergeben sich deutliche Anhaltspunkte: Indem der EuGH auf einen Durchschnittsverbraucher abstellt, kann er nur einen Verbraucher mit insgesamt durchschnittlichen Attributen im Blick haben, was sonst soll ein Durchschnittsverbraucher sein ? Vergleicht man zudem mit den französischen und englischen Fassungen spricht alles für die Relativierung:[410]
In der französischen Fassung ist von einem „consommateur moyen, normalement informé et raisonnablement attentif et avisé" die Rede. Es ist dort also ein „vernunftge-

---

[406] EuGH Slg. 2000 I- 117, 146, Rn. 29- Lifting Creme.
[407] Köhler/Piper Einf. Rn. 73; anders noch EuGH GRUR 1994, 303, 304, Rn. 21- Clinique, in der der EuGH ohne Prüfung nationaler Eigenheiten auf den EU- Verbraucher abstellte.
[408] Lettl GRUR Int. 2004, 85, 86; Wuttke WRP 2004, 820, 821.
[409] So etwa Leible EuZW 1998, 528, 529; Ackermann WRP 2000, 807, 808.
[410] Aus dem neueren Schrifttum vgl. beispielsweise Wuttke WRP 2004, 820, 822.

mäß“ aufmerksamer und verständiger Verbraucher angesprochen. Ob mit „raisonablement“ nun „angemessen“[411] „vernunftgemäß“[412] oder gar „ausreichend“[413] gemeint ist, erscheint m.E. nicht von großer Relevanz. Alle drei – eher abstrakten – Adjektive beziehen sich auf die Umstände des konkreten Einzelfalles[414] und erheben diese in Maßgeblichkeit für die zu verlangende Aufmerksamkeit. Ein inhaltlicher Unterschied ist daher nicht erkennbar. Auch durch die Formulierung „normalement“ wird auf den Verbraucher in einer bestimmten Situation Bezug genommen.
Im englischen ist von „an average consumer who is reasonably well-informed and reasonably observant an circumspect“. “Reasonably“ ist dabei mit “ziemlich bzw. angemessen zu übersetzen.
Daher findet sich sowohl in der englischen als auch in der französischen Fassung eine entsprechende Relativierung. Weichen nun die Sprachenfassungen eines Urteils voneinander ab, ist eine Übereinstimmung anhand Sinn und Zweck der Regelung sowie Systematik herbeizuführen.[415] Das Verbraucherleitbild beruht auf dem Verhältnismäßigkeitsprinzip und damit auf einer Einzelfallbetrachtung. Damit ist ein absolutes Abstellen auf einen verständigen Verbraucher nicht vereinbar. Zudem sieht Art. 153 I EG vor, dass die Gemeinschaft zum Ziel hat, einen Beitrag zur Förderung der Verbraucherinteressen und zum Erreichen eines hohen Verbraucherschutzniveaus zu leisten (vgl. auch Art. 93 III EG). Hiermit wäre unvereinbar, nur auf einen verständigen Verbraucher, der einen Idealtypus darstellt, abzustellen.[416]
Daher kommt es auf einen durchschnittlich aufmerksamen und durchschnittlich verständigen Verbraucher an.[417]

(2.) Informationsaufnahme

Der Aspekt der Informationsaufnahme ist mit den Kriterien der „Informiertheit“ und „Aufmerksamkeit“ angesprochen.

(a.) Aufmerksamkeit

Dabei hat der EuGH das Ausmaß an Aufmerksamkeit, das er von einem vernunftgemäß aufmerksamen Verbraucher verlangt durch einen produktbezogenen Maßstab konkretisiert. Was letztlich an Aufmerksamkeit verlangt wird, hängt von der Art der

---

[411] EuG, 4.11.2003, T-85/02, Rn. 30- El Castillo; Sack, Mitt. 2002, 494, 497.
[412] So lautet jedenfalls die Übersetzung in Pons, Großwörterbuch, 2004.
[413] EuG, 3.12.2003, T- 305/02, Rn. 33- Nestlé Waters France.
[414] EuGH Slg. 1999. I-513, Rn. 36- Sektkellerei Kessler; EuGH Slg. 2000 I- 117, Rn. 32- Lifting Creme.
[415] EuGH Slg. 1998 I,8679, 8697- Codan; Slg. 2001, 8615, 8678- Jany; Sack Mitt. 2002, 494, 496.
[416] Identisch in der Analyse: Helm, FS Tilmann, S. 142.
[417] So auch Lettl, UWG, Rn. 45; Lettl GRUR 2004, 449, 453; Lettl, Schutz vor irreführender Werbung in Europa, S. 93 f.; Bornkamm, in: FS 50 Jahre BGH, S. 361; Bornkamm WRP 2000, 830, 835. Spätgens WRP 2000, 1023, 1027; Sack in Schwarze: S. 125

Waren und Dienstleistungen ab.[418] Dabei geht der EuGH davon aus, dass dargebotene Informationen – insbesondere auf dem Produktetikett – auch zur Kenntnis genommen werden.[419]

(b.) Informiertheit

Zur „durchschnittlichen Informiertheit" sind bislang kaum Entscheidungen ergangen. Die Rspr. läuft für den Verbraucher auf die Obliegenheit hinaus, sich bis auf das Niveau des durchschnittlichen Verbrauchers zu informieren. Geht man von der französischen Übersetzung „normalement" aus, so ist von einem normalen Kenntnisstand auszugehen. Dieser wird insbesondere durch die Medien gebildet und bezieht alle Informationen ein, über die ein normaler, durchschnittlicher Verbraucher verfügt. Über welche Informationen ein Verbraucher verfügen muss, lässt sich letztlich nur anhand der in Frage stehenden Produktgruppe bestimmen. Auch hier kann es nur auf einen produktbezogenen Maßstab hinauslaufen.
Dem entspricht auch die Darbo-Entscheidung.[420] Dort wurde für Konfitüre mit der Bezeichnung naturrein geworben. Hiergegen waren nun Einwände erhoben worden, da die entsprechende Konfitüre Schwermetallrückstände enthielt. Der EuGH ging dabei davon aus, dass der Verbraucher ausreichend über die Konzentration von Schwermetallen in der natürlichen Umwelt und damit auch in Erdbeeren (es handelte sich um Erdbeerkonfitüre) informiert sei. Diese nicht unerheblichen Anforderungen dürften wohl der Tatsache geschuldet sein, dass der Verbraucher „normalerweise" außergewöhnlich gut über Gesundheits- und Ernährungsfragen informiert ist.

(3.) Informationsverarbeitung

Die Informationsverarbeitung ist mit dem Aspekt der Verständigkeit thematisiert. Verständigkeit leitet sich dabei von dem Begriff „Verstand" – die Fähigkeit sinnliche Inhalte ins Denken aufzunehmen und zu beurteilen –ab, maßgeblich ist also welche Schlüsse der Verbraucher aus aufgenommenen Informationen zieht. Insoweit spielt auch die Aufmerksamkeit erneut eine Rolle, da der Verbraucher, wenn er eine Werbung aufmerksam beurteilt, eher von seinen Fähigkeiten Gebrauch machen wird.
Auch insoweit existieren nur vereinzelte Entscheidungen. In der Mars-Entscheidung ging der EuGH davon aus, dass dem Verbraucher bewusst sei, dass der Anteil des Flächeninhaltes der Werbung mit einem Mehrinhalt an der Gesamtverpackung nicht notwendigerweise mit dem Prozentualen „Mehr" an Produkt korrespondiert.
In einer neueren markenrechtlichen Entscheidung[421] ging der EuGH davon aus, dass der Verbraucher aus einer bestimmten Form einer Verpackung nicht auf die Herkunft

[418] EuGH Slg. 1999 I- 3819, 3841, Rn. 26- Lloyd Schuhfabrik Meyer; EuGH Slg. 2003, I- 2799, Rn. 52- LTJ Diffusion.
[419] Sog. Etikettierungsrechtsprechung, ausführlich beschrieben unter C. II. 1. b. bb. bbb. aaaa. (2.).
[420] EuGH Slg. 2000, I- 2297, 2336, Rn. 27 f.- Darbo; vgl. zu dieser Entscheidung auch die Anmerkung von Hartwig GRUR Int. 2000, 758 ff. und Seitz/Riemes EuZW 2000, 511 ff.
[421] EuGH WRP 2004, 475, Rn. 52 f.- Henkel.

der Ware schließt, da der Verbraucher an dreidimensionale Marken (noch) nicht gewöhnt sei.[422]
Insbesondere in diesem Bereich wird die jeweils angesprochene Verbrauchergruppe relevant. So verlangt der EuGH von besonders schutzwürdigen Verbrauchergruppen weniger Verständigkeit als von weniger schutzwürdigen Gruppen.[423]

Wie dargelegt[424] geht der EuGH davon aus, dass der Verbraucher ihm angebotene Informationen nicht nur zur Kenntnis nimmt, sondern diese auch tatsächlich in seine Marktentscheidung einbezieht und verarbeitet. Dies gilt insbesondere auch hinsichtlich von neuen Produkten und Absatzformen; der EuGH geht also von einem lernfähigen und bereiten Verbraucher aus.[425] Tradierte Vorstellungen und Gebräuche sind daher nicht ohne weiteres schutzwürdig.[426]
Dem Verbraucher kann dabei auch zugemutet werden aus äußeren Umständen zu schlussfolgern, aus der Vertriebsform (Absatz in „normalen" Geschäften) muss der Verbraucher beispielsweise auf den Charakter des Produktes (als nichtmedizinisches Produkt) folgern.[427]

2. Deutsches Verbraucherleitbild

a. Anwendungsbereich des UWG-Verbraucherleitbildes im Bereich sekundären Gemeinschaftsrechts

Durch europäisches Sekundärrecht vorgegeben ist, wie gezeigt, der irreführungsrechtliche Mindestschutz. Hinsichtlich des Vollschutzes gilt, dass kein autonomes Recht der Mitgliedsstaaten in Bereichen besteht, in denen durch spezielle und abschließende sekundärrechtliche Gemeinschaftsregelungen eine abschließende Rechtsangleichung herbeigeführt wurde. Hier ist den Nationalstaaten ein Abweichen – auch auf Basis des neben[428] den besonderen gemeinschaftsrechtlichen Irreführungsverboten anwendbaren allgemeinen Irreführungsverbotes – vom europarechtlichen Leitbild nicht erlaubt. Das gemeinschaftsrechtliche Leitbild ist verbindlich. Das nationale Recht der Irreführung stellt sich hier wie ein „Flickenteppich", zerschnitten von in Teilbereichen maßgebendem Europarecht, dar.

---

[422] Die Einordnung dieses Falles unter dem Problempunkt der Aufmerksamkeit durch den EuGH und im Anschluss durch Lettl WRP 2004, 1079, 1092, dürfte unzutreffend sei: Die Form der Ware entgeht dem Verbraucher nicht, vielmehr erscheint fraglich, ob er aus der Form (also der Information) die richtigen Schlüsse zieht.
[423] EuGH Slg. 1989, 1235 Rn. 12 bis 14- Buet, ausführlich beschrieben unter C. II. 1. b. bb. bbb. aaaa. (1.).
[424] Vgl. C. II. 1. b. bb. bbb. aaaa.
[425] Vgl. ausführlich C. II. 1. b. bb. bbb. aaaa.; vgl. erneut EuGH Slg. 1987, 1227 Rn. 32- Reinheitsgebot.
[426] Siehe unter Gliederungspunkt C. II. 1. b. bb. bbb. aaaa. (2.); vgl. erneut EuGH Slg. 1987, 1227 Rn. 32- Reinheitsgebot.
[427] EuGH GRUR 1994, 303, 304 Rn. 21- Clinique.
[428] BGH GRUR 2002, 1091, 1092- Bodensee-Tafelwasser; BGH GRUR 2003, 628, 629- Klosterbrauerei; Bornkamm, FS 50 Jahre BGH, S. 354; Baumbach/Hefermehl/Bornkamm § 5 Rn. 1.37.

Eine abschließende Rechtsangleichung wurde etwa durch Art. 2 der Etikettierungsrichtlinie 2000/13/EG[429] für den Bereich des lebensmittelrechtlichen Irreführungsverbotes herbeigeführt.[430] Der Art. 2 I lit. a der Richtlinie verbietet irreführende Etikettierungen. Ein ähnliches Verbot enthält Art. 87 III der Richtlinie 2001/83/EG[431], der ein Verbot irreführender Arzneimittelwerbung enthält. Das der Richtlinie zugrunde liegende Verbraucherleitbild ist maßgeblich für die nationalen Umsetzungen der entsprechenden Richtlinien. Dies sind in Deutschland § 17 I Nr. 5 LMBG und § 3 HWG. Nämliches gilt für Art. 3 a lit. a der Irreführungsrichtlinie, insoweit das Irreführungsverbot auf vergleichende Werbung Anwendung findet.[432]
Auch in Verordnungen finden sich Irreführungsverbote, die für ihren Bereich abschließend sind und autonomes nationales Recht unterbinden. Die bekannteste Verordnung dürfte wohl die der Gut Springenheide-Entscheidung zugrunde liegende Verordnung (EWG) 1907/90 v. 26.06.1990 über bestimmte Vermarktungsnormen für Eier sein.[433]

b. Entscheidungskriterien/Einfluss des europäischen Primärrechts

aa. Entscheidungskriterien

Dem UWG liegt eine rein wettbewerbsrechtliche Funktion zugrunde. Darüber hinausgehende gemeinschaftsrechtliche Gesichtspunkte sind vom Gesetzeszweck her, allenfalls unter dem Aspekt des Allgemeininteresses an einem funktionierenden Binnenmarkt, zu berücksichtigen. Der BGH wird – im Gegensatz zum EuGH[434] – also vor allem eine wettbewerbsrechtlich optimale Lösung suchen.

---

[429] ABl. EG v. 06.05. 2000, Nr. L 109, 29, zuletzt geändert durch RL 2001/101/EG der Kommission v. 26.11.2001, ABl. EG L 310, S. 19.
[430] BGH GRUR 2002, 1091, 1092- Bodensee- Tafelwasser; BGH GRUR 2003, 628, 629- Klosterbrauerei.
[431] ABl. EG L 311, S.67, zuletzt geändert durch RL 2003/63/EG der Kommission v. 25.06.2003, ABl. EG L 159, S. 46.
[432] EuGH Slg. 2003, I- 2799 Rn. 44.
[433] ABl. EG L 173, S. 5, zuletzt geändert durch VO (EG) 2052/2003 des Rates v. 17.11. 2003, ABl. EG L 305, S. 1; weitere Irreführungsverbote finden sich beispielsweise in Art 13 I lit c, d der Verordnung (EWG) 2081/92 v. 14.7.1992 zum Schutz von geografischen Angaben und Ursprungsbezeichnungen für Agrarerzeugnisse und Lebensmittel (ABl. EG L 208, S. 1 zuletzt geändert durch VO (EG) 806/2003 des Rates v. 14.4.2003, ABl. EG L 122, S. 1), in Art. 8 lit c der Verordnung (EG) 178/2002 v. 28.01. 2002 zur Festlegung der allgemeinen Grundsätze und Anforderungen des Lebensmittelsrechts (ABl. EG L 31, S. 1, zuletzt geändert durch VO (EG) 1642/2003 des EP und des Rates v. 22.07.2003, ABl. EG L 254, S. 4), in Art. 17 II 1. HS. der Verordnung (EWG) 2082/92 v. 14.07.1992 über Bescheinigungen besonderer Merkmale von Agrarerzeugnissen und Lebensmitteln (ABl. EG L 208, S.9; zuletzt geändert durch VO (EG) 806/2003 des Rates 14.04.2003, ABL. EG L 122, S. 1).
[434] Vgl. C. II. 1. b. bb. bbb. aaaa. (4.).

bb. Einfluss des europäischen Primärrechts

Auf der anderen Seite ist der BGH an Art. 28 und 49 EG gebunden. Das, durch diese geschützte, Interesse an einem ungehinderten Handel ist daher bei Fällen innereuropäischer Werbung im Rahmen der Interessenabwägung zu berücksichtigen. Die deutschen Gerichte haben dabei die dargestellte[435] Abwägung durchzuführen und danach zu beantworten, ob eine, einen Eingriff in Art. 28/ 49 EG rechtfertigende, Irreführung vorliegt.[436]

c. Rechtsprechung bis einschließlich zur Orientteppich-Entscheidung

aa. Darstellung der früheren Rechtsprechung (empirische Ermittlung/Leitbild des flüchtigen Verbrauchers)

Maßgeblich waren die tatsächlichen Verbrauchererwartungen, die notfalls per Verbraucherbefragung festgestellt wurden.[437] Dem lag der Gedanke zugrunde, dass an einen tatsächlich existierenden Verbraucher gerichtete Werbung sich an dessen Verständnis messen lassen muss.[438]
War eine bestimmte Anzahl an getäuschten Verbrauchern – der BGH ging von einer Quote von 10-15 % aus[439] – erreicht, galt die Werbung als irreführend.[440]
Folge und Zweck dieser niedrigen Irreführungsquote war, dass eine Werbung oftmals bereits dann irreführend war, wenn sie nur den ungebildeten, flüchtigen, unverständigen Teil der Verbraucherschaft täuschte. Angemerkt sei jedoch, dass es sich auch umgekehrt verhalten konnte, es also auch ausreichte, dass aufgrund besonderer Umstände nur die 10 % der aufmerksamsten, verständigsten Verbraucher in die Irre geführt wurden.
Ermittelte der Richter die Verkehrsauffassung aufgrund eigener Sachkunde – die weit überwiegende Anzahl der Fälle –, hatte er den Eindruck eines flüchtigen Durchschnittsverbrauchers bei ungezwungener und unkritischer Aufnahme der Werbeaussa-

---

[435] Umfassende Darstellung bei C. II. 1.
[436] Baumbach/Hefermehl/Bornkamm § 5 Rn. 1.30.
[437] GK/Lindacher § 3 Rn. 99; Baumbach/Hefermehl § 3 Rn. 23 ff.; Niemöller, S. 38 ff. sowie die in den folgenden Fußnoten genannten (Rspr-) Nachweise.
[438] Vgl. Baumbach/ Hefermehl § 3 Rn. 23: „Die Werbung ist für den Verbraucher bestimmt, und darum muss dessen Auffassung über ihren Inhalt entscheiden".
[439] Bei bestimmten Erzeugnissen war auch eine geringere Quote ausreichend. Insbesondere bei gesundheits- und umweltbezogener Werbung sollte eine geringere Quote genügen; vgl. etwa BGH GRUR 1980, 797, 799- Topfit Boonekamp; BGH GRUR 1991, 546, 547- ... aus Altpapier; GK/Lindacher § 3 Rn. 98.
[440] Vgl. beispielsweise BGH GRUR 1962, 270- Bärenfang; BGH GRUR 1969, 422, 423- Kaltverzinkung m. Anm. Gross; BGH GRUR 1979, 716, 718- Kontinent Möbel; BGH GRUR 1992, 66, 68- Königl.- Bayrische Weisse. Mit Einzelfallabweichungen über eine Interessenabwägung; danach war in der Bocksbeutel-Entscheidung selbst eine Quote von 47 % nicht ausreichend; vgl. BGH GRUR 1971, 313, 315- Bocksbeutelflasche; Keilholz, FS Simon, S. 683.

ge zu Grunde zu legen.[441] Das mag zwar als stark normativer Anklang erscheinen, stellte aber einen Erfahrungssatz über die tatsächliche Sichtweise des Verbrauchers auf die Werbung dar.
Der Richter ersetzt also – zur Feststellung der tatsächlichen Verkehrsauffassung – die empirische Erhebung durch eine Schätzung aufgrund eigener Sachkunde. Feststellungsziel war aber weiterhin die tatsächliche Verkehrsauffassung.[442] Unter Zugrundelegung dieses Maßstabes ergeben sich regelmäßig für das Gericht mehrere mögliche Verkehrsauffassungen. Diese waren jeweils relevant, wenn nicht nur ein völlig unerheblicher Teil des angesprochenen Verkehrskreises die Werbung in dem bestimmten Sinn verstand. Diese Aufgreifschwelle lag wie gezeigt – abhängig von einer Interessenabwägung – bei 10-15 % deren Erreichen der Richter dann abschätzen musste. Erst dieser zweite Schritt, nämlich das Ansetzen einer so niedrigen Aufgreifschwelle, dass auch besonders schutzwürdige Verbrauchergruppen beachtet wurden, war normativ.[443]

bb. Orientteppich-Entscheidung

Bereits in den 90er Jahren war allmählich eine Veränderung in der Rspr. zu bemerken. In mehreren Entscheidungen[444] hinsichtlich objektiv zutreffender Werbung ging der BGH davon aus, dass eine etwaige Irreführung vereinzelter Verbraucher unbeachtlich sei, da das Informationsinteresse der Leser nicht hinter möglichen Missverständnissen flüchtiger und uninteressierter Leser zurücktreten dürfe. Insbesondere durch den Druck der europäischen Rspr. ist der BGH dann insgesamt von seinem angestammten Verbraucherleitbild abgewichen und favorisiert mit einigen Einschränkungen inzwischen ein dem Gemeinschaftsrecht nahestehendes Verbraucherleitbild. Erstmals stellte der BGH in der Orientteppich-Entscheidung ausdrücklich auf einen Verbraucher mit durchschnittlicher Wahrnehmungsbereitschaft und –fähigkeit ab.[445] Wahrnehmungsbereitschaft und Einsatz der Fähigkeiten werden dabei nicht immer gleich sondern situationsadäquat eingesetzt:

> „ Der Grad der Aufmerksamkeit des durchschnittlich informierten und verständigen Verbrauchers, auf dessen Verständnis es ankommt, ist abhängig von der jeweiligen Situation. Er wird vor allem von der Bedeutung der beworbenen Waren oder Dienstleistungen für den angesprochenen Verbraucher abhängen und wird beispielsweise dort eher gering, d.h. flüchtig sein, wo es um den Erwerb geringwertiger Gegenstände des täglichen Bedarfs geht. Auch das erste Durchblättern von Werbebeilagen oder Zeitungsanzeigen wird regelmäßig flüchtig erfolgen, wobei sich die Begriffe „flüchtig" und „verständig" nicht gegenseitig ausschließen. Erst im

---

[441] BGH GRUR 1970, 425, 426- Melitta; BGH GRUR 1969, 415, 416- Kaffeerösterei; Baumbach/Hefermehl § 3 Rn. 33; Dreher JZ 1997, 167, 173; Ullmann GRUR 1991, 789, 792; Spätgens WRP 2000, 1023, 1024.
[442] Identisch Doepner, FS Lieberknecht, S. 170.
[443] Identisch Doepner, FS Lieberknecht, S. 171.
[444] BGH WRP 1996, 729, 730- Der meistverkaufte Europas; BGH GRUR 1997, 304, 306- Energiekostenpreisvergleich II; vgl. auch BGH GRUR 1996, 985 ff.- PVC-frei, die *Drexl* in: Drexl, Neuordnung, S. 185 bereits als Hinwendung zu einem Leitbild des verständigen Verbrauchers im Bereich der Umweltwerbung interpretierte.
[445] BGH GRUR 2000, 619, 621- Orientteppich

> Falle eines am Angebot einer bestimmten – nicht völlig geringwertigen – Ware oder Dienstleistung entweder von vornherein bestehenden oder bei flüchtiger Durchsicht geweckten Interesses wird die Werbung mit größerer Aufmerksamkeit wahrgenommen. Diese situationsadäquate Aufmerksamkeit des Durchschnittsverbrauchers ist für die Ermittlung des Verkehrsverständnisses maßgebend. Mögliche Missverständnisse flüchtiger oder uninteressierter Leser haben dabei zurückzutreten."[446]

Mit dieser Entscheidung hat sich der BGH keineswegs generell von einem „flüchtigen" Verbraucher verabschiedet. Im Einzelfall kann auch der flüchtige Verbraucher weiterhin geschützt sein, nämlich wenn es sich um Werbung handelt, der der durchschnittliche Verbraucher nur mit flüchtiger Aufmerksamkeit begegnet. Dies hat der BGH in der Scanner-Werbung-Entscheidung nun auch ausdrücklich entschieden.[447]
Der BGH verwendet mit den Begriffen der Informiertheit, der Aufmerksamkeit und der Verständigkeit nämliche Kriterien wie der EuGH. Dabei können die neuen Kriterien nicht anders interpretiert werden, als dass sich Informiertheit und Aufmerksamkeit auf die Informationsaufnahme beziehen, die Verständigkeit hingegen auf die Informationsverarbeitung. Die Kategorisierung in Informationsaufnahme und Verarbeitung wird vom BGH bestätigt, indem er zwischen Flüchtigkeit (Informationsaufnahme) und Verständigkeit (Informationsverarbeitung) trennt.
Ein Leser kann eine Werbebroschüre also durchaus „flüchtig" durchblättern, die wenigen aufgenommenen Informationen aber dennoch verständig interpretieren.

Dieses Verbraucherleitbild entspricht auch dem Willen des Gesetzgebers der sich ausdrücklich zum Leitbild „des durchschnittlich informierten und verständigen Verbrauchers" [...] „der das Werbeverhalten mit einer der Situation angemessenen Aufmerksamkeit verfolgt"[448] bekennt.

d. Auswirkungen der (Nach-)Orientteppich-Rechtsprechung auf die Art der Ermittlung und das Verbraucherleitbild

Der genaue Standpunkt der (Nach-)Orientrechtsprechung ist für beide Fragen nicht immer klar geworden. Dies – angesichts uneindeutiger Entscheidungen – insbesondere hinsichtlich des Ermittlungsverfahrens. Hinsichtlich der Schutzhöhe ist hingegen in größerem Maße Klarheit eingekehrt: Der BGH beruft sich durchgehend auf den durchschnittlichen Verbraucher.[449]

---

[446] BGH GRUR 2000, 619, 621- Orientteppich; ebenso etwa: BGH GRUR 2002, 81, 83- Anwalts- und Steuerkanzlei; BGH GRUR 2002, 715, 716- Scanner-Werbung.
[447] BGH GRUR 2002, 715 ff.- Scanner-Werbung: Bereits im Leitsatz heißt es: „§ 3 UWG schützt auch den flüchtigen Verbraucher, wenn es sich um eine Werbung handelt, die der durchschnittlich informierte, aufmerksame und verständige Verbraucher üblicherweise mit diesem Grad der Aufmerksamkeit wahrnimmt."
[448] Begr. RegE UWG zu § 5, BT- Drs. 15/1487, S. 19; dieses Leitbild lag bereits der Aufhebung des Rabattgesetzes und der Zugabeverordnung zugrunde, vgl. BT- Drs. 14/5221, sowie BT- Drs. 14/4424.
[449] Vgl. etwa BGH GRUR 2000, 820, 821- Space Fidelity Peep-Show; BGH GRUR 2000, 1106, 1108- Möbel-Umtauschrecht; BGHZ 148, 1, 7- Mitwohnzentrale; BGH GRUR 2002, 182, 183- Das Beste jeden Morgen; BGH GRUR 2002, 550, 552- Elternbriefe; BGH GRUR 2002, 715, 716- Scannerwer-

In beiden Punkten soll hier versucht werden, größere Klarheit zu erreichen. Dies soll auf der einen Seite dadurch geschehen, dass im Rahmen einer eigenen Stellungnahme ein Lösungsvorschlag für beide Fragen unterbreitet wird. Auf der anderen Seite soll die neueste Rspr. analysiert und ihre Konformität mit den hiesigen Vorschlägen untersucht werden.

aa. Eigene Stellungnahme

Bei der Beurteilung des geeigneten „Verbraucherleitbildes"[450] geht es um zwei verschiedene Fragen: Wie wird die Verkehrsauffassung ermittelt und sind die so ermittelten Auffassungen i.S.d. Irreführungsrechts beachtlich? Ausschließlich letztere Frage ist eine Frage des Schutzniveaus. Daher kann das Leitbild eines mündigen Verbrauchers auch in einem empirischen System verwirklicht werden.[451] Wer das Schutzniveau der früheren Rechtsprechung für zu hoch erachtet, muss also nicht zwingend ein normatives Leitbild vertreten: „Aber das eine – nämlich: eine vermeintlich oder wirklich überspannte Rechtsprechung – hat mit dem anderen – der Ablehnung der normativen Verkehrsauffassung – nichts zu tun"[452]. Eine etwaige Aversion gegen den „flüchtigen" Verbraucher ist also kein Argument gegen eine empirische Ermittlung der Verkehrsauffassung.
Die Bestimmung der Schutzhöhe des UWG erfolgt notwendig normativ. Eine Schutzhöhe kann evident nicht anders bestimmt werden. Selbst wenn man sich also für ein empirisches Modell entscheidet, ist nur die Ermittlung der Verkehrsanschauung empirisch. Die Schlussfolgerungen hieraus sind in jedem erdenklichen Modell normativ geprägt.[453] Ein rein empirisches Modell ist daher nicht denkbar. Es ist also zu fragen: Was *ist* die Verkehrsauffassung und *soll* diese für ein Verbot der Werbung ausreichen?

In diesem Sinne ist auch die ältere deutsche Rechtsprechung zu interpretieren: Die Formel der notwendigen Irreführung eines nicht völlig unerheblichen Teils der angesprochenen Verkehrskreise enthält eine quantitative Relevanzschwelle, die Ergebnis einer wertungsjuristisch geleiteten Interpretation ist[454], die einen weitgehenden Schutz der Wettbewerber und auch der Verbraucherminderheiten bieten soll. Ordnet man die frühere deutsche Rechtsprechung ein, so war das Abstellen auf den flüchtigen Verbraucher Teil der Ermittlung, die Quote und Interessenabwägung hingegen gehörten zum normativen Teil.

---

bung; BGH GRUR 2003, 249- Preis ohne Monitor; BGH GRUR 2003, 447, 448- THERMAL BAD; BGH GRUR 2004, 162, 163- Mindestverzinsung; BGH GRUR 2004, 244, 245- Marktführerschaft; BGH GRUR 2004, 249, 251- Umgekehrte Versteigerung im Internet; BGH GRUR 2004, 435, 436- FrühlingsgeFlüge; BGH GRUR 2005, 438, 440- Epson-Tinte.

450 Unter Übernahme einer häufig Ermittlung und Schutzhöhe zusammenfassenden Terminologie (vgl. etwa Baumbach/Hefermehl/Bornkamm § 5 Rn. 1.38). Im Folgenden wird der Begriff des Verbraucherleitbildes nur noch im Zusammenhang mit der Schutzhöhe verwendet.

451 Vgl. etwa Doepner, FS Lieberknecht, S. 167 f.

452 Schweizer GRUR 2000, 923, 924.

453 So auch Drexl, wirtschaftliche Selbstbestimmung, S. 430; Ahrens WRP 2000, 812, 813.

454 Ahrens WRP 2000, 812, 813.

aaa. Art der Ermittlung

aaaa. Kurzvorstellung der verschiedenen Arten der Ermittlung

(1.) Normative Feststellung der Verkehrsauffassung

Maßgeblich ist im Rahmen einer normativen Ermittlung „der" – etwa – durchschnittlich informierte, aufmerksame und verständige Umworbene.[455] Es kommt also nicht darauf an, wie der Verkehr die Werbung tatsächlich, sondern wie der normative Verbraucher eine Werbung sieht. Es gibt nicht verschiedene mögliche Auffassungen, sondern nur *eine*, die das Gericht wertend ermittelt. Empirische Erhebungen sind nicht maßgeblich, sondern geben lediglich Anhaltspunkte zur Struktur des Kreises der Umworbenen und zu deren tatsächlichen Anschauungen, die dann in die wertende Beurteilung einfließen können.[456]
Die Folge wäre, dies sei hier kurz angerissen, dass es nicht mehr darauf ankommt, ob real existierende Verbraucher in die Irre geführt werden. Theoretisch denkbar wäre sogar, dass überhaupt kein Umworbener einem Irrtum unterliegt bzw. unterliegen würde, die Werbung aber trotzdem als irreführend gewertet wird. Ebenso denkbar wäre, dass eine Vielzahl von Personen tatsächlich in die Irre geführt werden, während sich bei wertender Betrachtung keine Irreführung der Verbraucher ergibt.[457]

(2.) Empirische Feststellung der Verkehrsauffassung

Im Rahmen einer empirischen Feststellung der Verkehrsauffassung wird die tatsächliche Verkehrsauffassung festgestellt. Insoweit diese nicht anders zu ermitteln ist, notfalls auch per Verkehrsbefragung.

(3.) Gemischt empirisch-normatives Modell[458] als dritter Ermittlungsansatz ?

Im Gegensatz zu einem rein normativen Leitbild gibt es in diesem Leitbildtyp nicht „den" Verbraucher, sondern es werden weiterhin tatsächlich die verschiedenen Auffassungen ermittelt (empirischer Teil). Anschließend werden die Meinungen ausgeschlossen[459], die ein Verbraucher mit bestimmten Eigenschaften – etwa ein „normaler" Verbraucher – nicht fassen darf (normativer Teil). Die von einem durchschnittlichen Verbraucher verlangten Eigenschaften werden als Mindestgrenze aufgefasst und nicht als Typusbeschreibung über die jeder Verbraucher verfügt. Es handelt es sich nicht um tatsächliche Eigenschaften der Verbraucher, sondern um wertend bestimmte (Sorg-

---

[455] Also eine in vielen Fällen real gar nicht existierende Person.
[456] Vgl. etwa Lettl, UWG, Rn. 446; H-B/H-B/Dreyer § 5 Rn. 72.
[457] Dies räumt etwa auch H-B/H-B/Dreyer § 5 Rn. 77, 78 ein, der hierin jedoch offenbar kein Problem erblickt.
[458] Ausführlich zu diesem Ansatz vgl. C. II. 2. d. aa. bbb. cccc. (3.).
[459] Plastisch Reese WRP 1998, 1035, 1040: nicht schutzwürdige Verbrauchervorstellungen müssten mit einem „normativen Skalpell herausgeschnitten" werden.

falts-) Mindestanforderungen, mit denen der Verbraucher an die Werbung herantreten muss.
Die übrigbleibenden Auffassungen müssen relevant i.S. einer Aufgriffschwelle sein.

Von der Art der Ermittlung der Verkehrsauffassung besteht also kein Unterschied zu der als „empirisch“ bezeichneten Ermittlungsweise. Zwischen dem „empirischen“ und dem gemischt normativ-empirischen Modell braucht daher nicht unterschieden zu werden. Es handelt sich *nicht* um verschiedene Methoden der Ermittlung der Verkehrsauffassung. Beide gehen von der empirischen Ermittlung aus und verwenden lediglich auf dieser tatsächlichen Ermittlung der tatsächlichen Verkehrsauffassung basierend, andere Methoden (die empirische Methode eine Kombination zwischen Quote und Interessenabwägung, die gemischt normativ-empirische Methode den soeben geschilderten Ausschluss bestimmter Verkehrsauffassungen) um die gewünschte – auf normativem Entschluss beruhende – Schutzhöhe herzustellen. Diese Unterschiede werden unten innerhalb der Darstellung der Schutzhöhe thematisiert und bewertet werden.

bbbb. Ablehnung des normativen Leitbildes

Zwingende Rückschlüsse für eine normative Ermittlung lassen weder die §§ 133, 157 BGB, noch sonstige Wertungen der Privatrechtsordnung zu.[460] Unbestreitbar liegt den §§ 133, 157 BGB eine objektive, sprich normative Auslegung zu Grunde. Zum einen kann die BGB-Auslegung nicht mit der normativen Ermittlung der Verkehrsauffassung gleichgesetzt werden. Im BGB ist etwa durchaus anerkannt, dass eine Aussage verschiedene Bedeutungen haben kann, dann wird der Aussage rechtlich nichts entnommen.[461] Zudem sind BGB und UWG insoweit nicht vergleichbar: Die Gründe für eine normative Auslegung im Rahmen der §§ 133, 157 BGB liegen auf der Hand. Willenserklärungen sind auf die Herbeiführung einer rechtlichen Bindung, zumeist eines Vertrages, gerichtet. Die Durchsetzung dieser Bindung ist aber nur möglich, wenn bestimmbar ist, woran wer gebunden ist. Verträge wären bedeutungslos, wenn man sich mit dem Hinweis, man habe in Wirklichkeit etwas anderes gewollt, der Bindungswirkung entziehen könnte.[462] Gesetzessystematisch betrachtet, würden bei einer anderen Auslegung auch die Regelungen über die Anfechtung leer laufen.
Eine Bindungswirkung wie im BGB steht jedoch bei Werbung nicht in Rede. Die mit der normativen Auslegung im BGB verfolgten Ziele sind daher von vornherein nicht übertragbar. Sie stehen einer anderen Auslegungsmethode für das Wettbewerbsrecht daher nicht im Wege.[463]

---

[460] Scherer WRP 1996, 991, 996.
[461] Vgl. etwa den Paradefall – vor Einführung des Euros – dass ein Franzose in der Schweiz gegenüber einem Belgier eine Willenserklärung in „Franken“ abgibt.
[462] Ahrens WRP 2000, 812, 813; Seibt GRUR 2002, 465, 468.
[463] Identisches Ergebnis bei: Ahrens WRP 2000, 812, 813; Seibt GRUR 2002, 465, 468.

Das normative Modell der Ermittlung der Verkehrsauffassung „ermittelt“ die Verkehrsauffassung indem es sie vorschreibt. Sie ist Ergebnis einer Interessensabwägung durch den, den Einzelfall entscheidenden Richter.
Von einer Verkehrsauffassung kann insoweit nicht gesprochen werden. Maßgeblich ist nicht was der Verkehr tatsächlich von einer Werbung hält, sondern was er davon halten soll. Dementsprechend wird die Frage der Verkehrsauffassung von den meisten Vertretern dieser Ansicht auch als reine Rechtsfrage begriffen. Normiert werden dabei nicht die Fähigkeiten des Verbrauchers, sondern – zugegebenermaßen idealerweise unter Berücksichtigung derselben – die konkrete „Auffassung“. Daher negiert die normative Auffassung auch die Existenz mehrerer Deutungsmöglichkeiten, sondern nimmt jeweils nur eine einzige an.
Dies verkennt, dass sich über eine bestimmte Angabe selbst bei dem vernünftigsten Verbraucher mehrere Ansichten ergeben können. Die normative Auffassung lässt insoweit sogar Auffassungen unberücksichtigt, die sich ein – von ihren Vertretern zumeist gleichzeitig beschworener – durchschnittlicher Verbraucher bilden kann und bildet. Ein solches Ergebnis ist jedoch, wie noch zu zeigen ist[464], unter Zugrundelegung eines Interessenausgleichs nicht zu rechtfertigen.

Eine weitere Gefahr und letztlich auch das zentrale Argument gegen eine normative Ermittlung liegt in der nicht zu leugnenden Gefahr der Entfernung von der Realität.[465]
Es ist, wie bereits[466] dargestellt, sogar möglich, dass, obwohl tatsächlich niemand getäuscht wird, eine Werbung aufgrund ihres irreführenden Charakters verboten wird und umgekehrt, dass eine Werbung die zahlreiche Verbraucher *tatsächlich* täuscht, nicht verboten wird. Ersteres ist mit Sicherheit ein Verstoß gegen Art. 5 I GG letzteres ist in verbraucherschutzrechtlicher Hinsicht mindestens zweifelhaft.

Auch die Vertreter der normativen Auffassung räumen ein, die Bestimmung der Verkehrsauffassung dürfe sich nicht zu weit von der Realität entfernen. Dies ist nur möglich, indem letztlich dann doch empirische Elemente berücksichtigt werden. So will etwa *Drexl* die Interessen der nicht irregeführten Verbraucher von der Höhe der Irreführungsquote abhängig machen: Je höher die Quote um so geringer seien die Interessen der nicht getäuschten Verbraucher bei Konzipierung des Leitbildes zu betrachten.[467]
Das Argument, die empirische Auffassung vermenge normatives und empirisches[468] trifft also auch für die normative Auffassung zu. Letztlich benötigen beide Auffassungen sowohl normative als auch empirische Kriterien. Gerade in Grenzfällen kann eine normative Ermittlung nicht ohne empirische Feststellungen auskommen, damit nicht „an die Stelle der wirklichkeitsnäheren Empirie eine Scheinmündigkeit des Verbrauchers gesetzt wird, die nichts anders ist, als das subjektive Verständnis des Rich-

---

[464] Vgl. C. II. 2. d. aa. bbb.
[465] Dies berücksichtigt etwa auch Drexl, wirtschaftliche Selbstbestimmung, S. 430 f., wenngleich er andere Schlussfolgerungen zieht.
[466] Vgl. C. II. 2. d. aa. aaa. aaaa. (1.).
[467] Drexl, wirtschaftliche Selbstbestimmung, S. 433.
[468] Niemöller, S. 214.

ters“[469]. Letzteres dürfte nicht zu der erhofften[470] Vergrößerung der Rechtssicherheit durch Normierung der Verkehrsauffassung beitragen. Eine Argumentation, die aber ohnehin auf tönernen Füßen steht: Rechtssicherheit, so die Vertreter dieser Ansicht, liege nur vor, wenn vor der Vornahme einer bestimmten Handlung festgestellt werden könne, ob diese Handlung den Geboten des Rechts entspricht, was bei einer empirischen Auffassung nicht möglich sei, da hier die Werbemaßnahme erst durchgeführt werden müsse, bevor eine Urteil möglich sei. Diese Definition[471] der Rechtssicherheit trifft nun allerdings bei allen Tatbeständen, die eine Reaktion Dritter, die letztlich nie endgültig vorhersehbar ist, voraussetzen, nicht zu. Insoweit hilft auch die normative Ermittlung nicht. Auch diese muss irgendeinen Verbrauchertypus als maßgebend ansehen und dies ist notwendig ein situationsabhängiger. Diese Situationen und die letztliche Einschätzung durch den oder mehrere Richter sind für den Werbenden aber nicht vorhersehbarer als die tatsächliche Verkehrsauffassung. Insoweit besteht wenigstens die Möglichkeit durch eigene – und sei es nur im privaten Umfeld des Werbenden – Umfragen vorab mit großer Sicherheit die Verkehrsansicht abzuklären.[472]

Durch die Ablehnung der normativen Ermittlung ergibt sich, dass die Verkehrsauffassung empirisch zu ermitteln ist.

bbb. Schutzhöhe

Die Frage der Schutzhöhe stellt sich bei normativer und empirischer Ermittlung in verschiedener Weise: Bei der normativen Ermittlung wird durch die Bestimmung der Verkehrsauffassung hergestellt. Bei der empirischen Ermittlung indem zwischen den tatsächlich gefundenen Ansichten die unbeachtlichen ausgesiebt werden; die hierzu möglichen Methoden werden unter C. II. 2. d. aa. bbb. cccc. dargestellt.

Besondere Kritik hat die ältere Rechtsprechung[473] des BGH auf sich gezogen, die einen flüchtigen Verbraucher voraussetzte und durch eine niedrige Aufgreifschwelle einen hohen Minderheitenschutz garantierte. Zutreffend an dieser Kritik ist jedenfalls, dass die Rechtsprechung es unterlassen hat ihren Schutzstandard näher zu begründen und auch das Schrifttum sich oft auf Leerbegriffe wie den „Verbraucherschutz“ zurückgezogen hat.[474]
Dabei ist eine Fokussierung auf den Verbraucher nicht per se kritikwürdig: Er ist schließlich das Medium für alle Schutzzwecke. Nur reicht es eben nicht aus, hier stehen zu bleiben.

---

[469] Drexl, wirtschaftliche Selbstbestimmung, S. 432; vergleichbar Kisseler WRP 1994, 1, 5, 9.
[470] Scherer WRP 1999, 991, 995; dies. GRUR 2000, 273, 278.
[471] Wonach beispielsweise § 263 StGB, der auch auf eine tatsächliche Irreführung abstellt verfassungswidrig wäre. Dies trifft evident nicht zu.
[472] Gegen die empirische Ermittlungsweise wird zudem geltend gemacht, das Leitbild müsse einer Konkretisierung von Verantwortungssphären dienen, das Risiko des Missverständnisses müsse gerecht verteilt werden. Das hat aber erneut nichts mit der Art der Feststellung zu tun.
[473] Vgl. C. II. 2. c. aa.
[474] Niemöller, S. 200, 214.

Es stellt sich dann die Frage nach dem richtigen oder angemessenen Verbraucherschutz sowie nach anderen Interessen der übrigen Marktteilnehmer und der Allgemeinheit um den Schutzstandard zu konkretisieren.

aaaa. Anzahl oder Fähigkeiten der Verbraucher (Argument der Irreführungsrendite)

(1.) Darlegung des Arguments

Bei der Frage der geeigneten Schutzhöhe, also nach der rechtlichen Relevanz der tatsächlichen Verkehrsauffassung(en) sind zwei verschiedene Ansätze in Betracht zu ziehen. Die naheliegendste wäre, ein Mindestmaß an Fähigkeit zu fordern, mit dem der Verbraucher an die Werbung herantreten muss. Zu bedenken ist demgegenüber jedoch, dass, je mehr Verbraucher als rechtlich unerheblich aus der Betrachtung ausgeklammert werden, je größer die Möglichkeiten für einen Werbenden werden, unbehelligt durch das UWG, durch *tatsächlich* irreführende Werbung eine Irreführungsrendite[475] zu erzielen.

Versteht man dieses Argument als Plädoyer für den besonders schutzwürdigen Verbraucher, um über das Abstellen auf diesen Verbraucher, sowenig wie möglich Verbraucher auszuschließen, handelt es sich nicht um ein Argument für ein bloßes Abstellen auf die Anzahl an getäuschten Verbrauchern, sondern um einen Hinweis im Rahmen der Auswahl der Mindestfähigkeiten des Verbrauchers.[476]

Es ist jedoch auch ein anderes Verständnis möglich. Aus dem Argument ließe sich auch schlussfolgern, die Fähigkeiten des Verbrauchers für unbeachtlich zu halten und nur auf die Anzahl der tatsächlich Getäuschten abzustellen. Denn nur über die Reduktion der Anzahl rechtlich unerheblich aber *tatsächlich* Getäuschter, lässt sich die – unstreitig – unerwünschte Irreführungsrendite möglichst gering halten.

(2.) Ablehnung einer Konkretisierung der Rechtserheblichkeit ohne Berücksichtigung der (Mindest-) Verbraucherfähigkeiten

Die bloße Anzahl der Getäuschten ist kein ausreichendes Kriterium zur Bestimmung der rechtlichen Erheblichkeit einer bestimmten Verkehrsansicht. Die notwendige Anzahl tatsächlich getäuschter Verbraucher ist abhängig davon, welche Irreführungsrendite noch als hinnehmbar angesehen wird. Isoliert betrachtet ist keinerlei Irreführungsrendite zulässig, sogar die Irreführung nur eines Verbrauchers aus einer beliebig großen durch die Werbung erreichten Gruppe würde zum Verbot einer Werbung führen. Ein solches Ergebnis wird jedoch zurecht von niemandem vertreten, vielmehr besteht Einigkeit, dass auch die Interessen des Werbenden, der nichtgetäuschten Verbraucher

---

[475] Wobei die Rendite durchaus schon in der Tatsache, dass sich der Kunde aufgrund der irreführenden Werbung mit dem Angebot befasst, liegen kann, vgl. näher D. V. 1. c. bb.

[476] Bei diesem Verständnis vgl. zu dem Argument der Irreführungsrendite unter C.II. 2. d. aa. bbb. bbbb. (3.).

und der Allgemeinheit an einem nichtverfälschten Wettbewerb zu berücksichtigen sind, da dass Lauterkeitsrecht nicht nur die Interessen des Konkurrenten, sondern die schon beschriebene[477] Schutzzwecktrias schützt und auch die Interessen des Werbenden im Auge behalten muss.[478] Wenn die Interessen der Werbenden, der nichtgetäuschten Verbraucher und der Allgemeinheit an einem nichtverfälschten Wettbewerb nun aber nicht außen vor bleiben sollen, müssen auch die zu fordernden Verbraucherfähigkeiten eine Rolle spielen, da nur der Schutz der Konkurrenteninteressen durch die Anzahl der tatsächlich getäuschten Verbraucher determiniert wird, während für die übrigen Schutzzwecke ein Abstellen auf die Fähigkeiten der Verbraucher unabdingbar ist.[479]

Die Anzahl der Verbraucher kann daher immer nur ein zusätzliches, nie aber das dominierende Kriterium sein. Etwas anderes resultiert auch nicht aus der bisherigen Rspr. des BGH, die zur Ermittlung der rechtlichen Erheblichkeit auf eine Quote abstellte. Dies geschah, wie gezeigt, allerdings nicht weil ein Abstellen auf die Fähigkeiten abgelehnt wurde, sondern als Mittel zur Einbeziehung gerade auch von schwächer begabten Verbrauchern. Entscheidend ist folglich, die dem Verbraucher abgeforderten Mindestfähigkeiten zu bestimmen und zu konkretisieren.

---

[477] Unter B. II. 1. c.

[478] Vgl. ausführlich unter D. VI. 3.

[479] **Konkurrenteninteressen**

Die Interessen der Konkurrenten sind nicht von den Fähigkeiten der Getäuschten, sondern von deren Anzahl abhängig. Von dieser hängt nämlich die Höhe der Irreführungsrendite des Werbenden und der damit korrespondierende Nachteil der Konkurrenten ab.

Interessen der Werbenden

Die Interessen der Werbenden an informierender Werbung liegen auf der Hand. Ihre Interessen hängen maßgeblich von der Voraussehbarkeit der Zulässigkeit von Werbung ab. Nur diese erlaubt es, überhaupt informierend zu werben. Diese Vorhersehbarkeit ist aber nur gegeben, wenn Werbung an Verbrauchern mit bestimmten Mindesteigenschaften und -fähigkeiten ausrichtet werden kann.

Allgemeininteresse an einem funktionierenden Markt

Der Schaden, der einem funktionierenden Markt, also der gewollten Durchsetzung der vom Verbraucher gewünschten – typischerweise besten und günstigsten Leistungen – durch eine Irreführungsrendite, die genau dieses Durchsetzen verhindert, entsteht, liegt auf der Hand.

Andererseits wurde die überragende Bedeutung von Informationen und Werbung schon dargestellt. Diese würde außer acht gelassen, wenn man nicht auf die Fähigkeiten abstellen würde, denn nur ein solches Abstellen erlaubt es, die Zulässigkeit einer Werbung vorhersehbar werden zu lassen.

Interessen der Verbraucher

Insoweit ist zwischen den Interessen der getäuschten und denen der nichtgetäuschten Verbraucher zu trennen.

Die Interessen der getäuschten Verbraucher sind unabhängig von ihren Fähigkeiten, optimaler Schutz ist nur zu gewährleisten, wenn es gerade nicht auf ihre Fähigkeiten, sondern nur auf die Tatsache ihrer Täuschung ankommt. Anders liegt es aber bereits bei dem Interesse der nichtgetäuschten Verbraucher an Informationen. Dieses hängen davon ab, auf welche Fähigkeiten abstellt wird. Je geringer die Fähigkeiten die abverlangt werden, umso spärlicher werden die Informationen sein, die – angesichts des Täuschungsrisikos bei faktengestützter Werbung – überhaupt noch in den Markt gelangen werden.

bbbb. Mindestfähigkeiten der Verbraucher

(1.) Ablehnung des besonders schutzbedürftigen Verbrauchers

Ausgangspunkt des Verbraucherleitbildes eines Marktverhaltensgesetzes wie dem UWG kann nur der 'Verbraucher im Markt' sein. Dem Verbraucher kommt – wie dargelegt – in einer Marktwirtschaft weitestgehende Selbstbestimmung zu: Es ist seine Entscheidung, welche Güter er zu seiner Bedürfnisbefriedigung konsumiert und vor allem: Was er für seine Bedürfnisse hält. Das heißt aber auch, dass er umgekehrt die Verantwortung für seine Fehleinschätzungen trägt. Das geltende Wirtschaftssystem dessen Teil das UWG ist, geht also ohne Zweifel von einem Verbraucher mit der Fähigkeit zur Selbstverantwortung aus. Nur einem solchen Verbraucher kann letztlich auch die Fähigkeit zur Schiedsrichterrolle zugebilligt werden.
Diese Erkenntnis wird auch durch einen Blick auf den, für den Letztverbraucher wichtigsten Teilbereich der Privatrechtsordnung, dem BGB, bestätigt. Das BGB – vgl. nur das Kernstück, das Vertragsrecht – geht zweifellos von einem „mündigen", d.h. zu selbstverantwortlichem Handeln fähigen Menschen:„Leitbild des vernünftigen, selbstverantwortlichen und urteilsfähigen Rechtsgenossen"[480] dessen rechtliche Mündigkeit nur vom Eintritt weitgehend formaler Kriterien vgl. §§ 2, 104 ff. BGB abhängig ist, aus.[481] Daran hat auch die Einführung zahlreicher verbraucherschützender Vorschriften letztlich nichts ändern können. Die Vertragsfreiheit wurde keineswegs so stark zurückgedrängt, dass von einer Aufgabe des selbstständigen und selbstverantwortlichen Rechtssubjektes die Rede sein könnte. Zudem ist anzuerkennen, dass auch der mündige, selbstverantwortliche Verbraucher sich in einem hochkomplexen und spezialisierten Wirtschaftssystem als schutzbedürftig erweisen kann, ohne dass ihm hierdurch seine prinzipielle Mündigkeit abzusprechen ist. Dem Bekenntnis zu einem „mündigen" Verbraucher stehen auch sozialwissenschaftliche Untersuchungen, die belegen, dass der Verbraucher Werbung im Regelfall nur flüchtige Aufmerksamkeit entgegenbringt, nicht entgegen. Sogar ganz im Gegenteil. Der Verbraucher demonstriert mit einer nur flüchtigen Wahrnehmung von Werbung vielmehr rationales Informationsverhalten:
Bei Geschäften mit nur geringem Entscheidungsrisiko, ist ein solches auf ineffizienten Zeit- und Mitteleinsatz verzichtendes Verhalten „geradezu unmittelbarer Ausdruck seiner Fähigkeit zu rational-effizienter Steuerung seines Informationsverhaltens".[482]
Das Bekenntnis zu einem „mündigen" Verbraucher schließt also daher nicht die These vom sich flüchtig verhaltenden Verbraucher aus – oder wird davon ausgeschlossen –, sondern belegt nur, dass sich flüchtig verhaltende Verbraucher, durchaus verständig sein können. Das auch nicht schutzbedürftige Verbraucher sich flüchtig verhalten können müssen, erweist sich auch im Hinblick auf einen funktionierenden Wettbewerb als zwingend: Dieser lebt von der Produktvielfalt, von Wettbewerb in bereits gesättigten Bereichen. Der Verbraucher ist durch das überbordende Warenangebot in vielen Be-

[480] Wieacker, Privatrechtsgeschichte der Neuzeit, S. 482.
[481] Schünemann, FS Brandner, S. 282 ff.
[482] Niemöller, S. 217; vgl. zu sozialwissenschaftlichen Studien zum Informationsverhalten der Verbraucher und dem Einfluss der Werbung ders. S. 7 ff.

reichen gar nicht in der Lage diesen Waren und ihrer Werbung mit maximaler Aufmerksamkeit zu begegnen. Würde man den Verbraucher nun zwingen ständig maximale Aufmerksamkeit an den Tag zu legen, würde man dem Verbraucher Unmögliches abverlangen.[483] Wer also einen funktionierenden Wettbewerb anstrebt, kann diesen bei der Folgenbetrachtung auf Seiten des Verbrauchers nicht leugnen.

(2.) Weitere Konkretisierung

(a.) Vertragsparität

Eine weitergehende Konkretisierung könnte über die Grundsätze der Vertragsparität zu erreichen sein.[484]

Formell verstanden bedeutet Vertragsparität die von der Rechtsordnung näher ausgestaltete Rechtsstellung der Rechtssubjekte als gleichberechtigte Vertragspartner. In einem materiellen Sinne geht es bei dem Begriff der Vertragsparität um die Frage der Möglichkeit realer Einflussnahme auf die Vertragsgestaltung, also um das reale Kräfteverhältnis zwischen den Vertragsbetroffenen. Sie äußert sich in einem negativen Sinne als die Möglichkeit auf eine Vertragsgelegenheit zu verzichten, in positiver Hinsicht als die Möglichkeit den Vertragsinhalt mitzubestimmen.

Diese Grundsätze sollen nun aus einem tatsächlichen und einem systematischen Grund auch für das UWG relevant sein. Von § 5 UWG seien Vorgänge im Bereich der Vertragsanbahnung erfasst, so dass von einer tatsächlichen Vertragsbezogenheit gesprochen werden könne.

Zum anderen sei erforderlich, dass die unrichtige Angabe geeignet ist, das wirtschaftliche Entscheidungsverhalten zu beeinflussen, das seinerseits typischerweise Niederschlag in rechtsgeschäftlichen Regelungen finde.

Beziehe man die Kriterien der Vertragsparität nun auf das lauterkeitsrechtliche Irreführungsverbot, so könne die „funktionale Vertragsbezogenheit" von § 5 UWG dahin präzisiert werden, dass das Irreführungsverbot paritätsbezogene Regelungen des Vertragsrechts insoweit ergänzt, als dadurch paritätsrelevante Störungen der Selbstbestimmung bereits im Vorfeld eines Vertrages unterbunden werden sollen.

Die als eine rationale Abwägung gedachte Entscheidung werde in paritätsrelevanter Weise durch die Einflussnahmemöglichkeiten der Werbung erheblich gestört, insofern die Gefahr bestehe, irreführungsbedingt eine Entscheidung auf mangelhafter Entscheidungsgrundlage zu treffen. Rechtlich missbilligenswert sei die Irreführung erst aufgrund ihrer Paritätsrelevanz.

Das Irreführungsverbot erfasse danach lediglich (wettbewerbsbedingte) Störungen der Vertragsparität. Paritätsrelevanz im Zusammenhang einer behaupteten Irreführung könne erst dann angenommen werden, wenn ein im Mindestmaß selbstverantwortlich handelnder Verbraucher fehlgeleitet werde. Vertragsparität mitbeinhalte ihrerseits das Prinzip der Selbstverantwortung als Spiegelbild und Kehrseite der Selbstbestimmung.

---

[483] Vgl. in diesem Sinne: Prés. Comm.Namur, 31 mai 1995, Annuaire 1995, 154, 169, das sich freilich für einen besonders schutzbedürftigen Verbraucher ausspricht.

[484] Vgl. zu diesem von *Niemöller* entwickelten Ansatz Niemöller, S. 220 ff.

Für den Bereich der Vertragsanbahnung bedeute dies, dass der Verbraucher die Folgen einer von ihm zu verantwortenden etwaigen Flüchtigkeit selber tragen müsse.

Im Resumé zwar identisch wie hier vertreten, scheint die Herleitung jedoch unzutreffend: Die Grundsätze zur Vertragsparität passen schon deshalb nicht, weil die Werbung gerade nicht zu einer Bindung, die zu einer Einschränkung der wirtschaftlichen Freiheit führt, welche mit der Selbstbestimmung des Verbrauchers erklärt werden müsste. Sie mündet nur in den seltensten Fällen in einen konkreten Vertragsschluss, in diesen Fällen greifen die Schutzmechanismen des BGB.[485] Die Interessenlage ist eine völlig andere: Es geht hier nicht um einen Zweipersonenbereich in dem für Vertragsparität zwischen den Verhandelnden gesorgt werden müsste, sondern von vornherein sind auch andere Interessen, nämlich die der Funktionsfähigkeit des Wettbewerbs und die unbeteiligter Mitbewerber relevant. Deutlich wird dies auch an der von *Niemöller* herangezogenen Bürgschaftsrechtsprechung: Während hier vom BVerfG auf eine unerträgliche Belastung abgestellt wurde, reicht im Irreführungsrecht bereits die Gefahr einer Irreführung aus[486], eine tatsächliche Belastung oder Irreführung muss nicht einmal eintreten.

(b.) Materielle Vertragsfreiheit (reale Selbstbestimmung) des Verbrauchers, Art. 1 I, 2 I GG

Der für § 5 UWG notwendige Verbraucherschutz wird neuerdings via Grundgesetz hergeleitet.[487] Nach der einschlägigen BVerfG-Rechtsprechung, insbesondere der Bürgschaftsrechtsprechung, erfordere die unstreitig verfassungsrechtlich abgesicherte Privatautonomie, das Vorhandensein real freier Selbstbestimmung. Insoweit kommt dem Zivilrecht die Aufgabe zu, realen Machtungleichgewichten jedenfalls da entgegenzuwirken, wo von ihnen eine Gefährdung privatautonomer Entscheidung ausgeht. „Hat einer der Vertragsteile ein so starkes Übergewicht, dass er den Vertragsinhalt faktisch einseitig bestimmen kann, bewirkt dies für den anderen Vertragsteil Fremdbestimmung“[488].

Gesetzliche Vorschriften, die sozialem und wirtschaftlichem Ungleichgewicht entgegenwirken, verwirklichen auch das grundgesetzliche Sozialstaatsprinzip.

Sozialstaatprinzip und Privatautonomie sind auch dem belgischen Recht Begriff, so dass diesen Erwägungen insoweit transnationale Bedeutung zukommt.

Das lauterkeitsrechtliche Irreführungsverbot sei nun in einem solchen Kontext auszulegen.

Werbung stelle insoweit eine Gefährdung dieser „realen Selbstbestimmung“ dar, als sie unzulässig auf die Nachfrageseite einwirke und zu Fremdbestimmung der Markt-

---

[485] So auch Reich ZHR 164 (2000), 433, 437.

[486] Der Irreführungstatbestand wird sowohl in Belgien als auch in Deutschland als auch in Europa als Gefährdungstatbestand gesehen.

[487] Niemöller, S. 235; Drexl, wirtschaftliche Selbstbestimmung, S, 253 ff., der in das GG ein Grundrecht auf „wirtschaftliche Selbstbestimmung des Verbrauchers“ hineinliest; Drexl, Neuordnung, S. 163 ff.;

[488] BVerfGE 89, 214, 232.

entscheidung führe. Dieser verfassungsrechtliche Verbraucherschutz wird nun durch die grundgesetzliche Verhältnismäßigkeitsabwägung begrenzt, in die insbesondere die verfassungsrechtliche Stellung der Werbung einzustellen ist.

Gegen diesen Ansatz bestehen jedoch erhebliche Bedenken. Es geht im Rahmen der §§ 3, 5 UWG nicht um Selbstbestimmung im Sinne der Bürgschaftsrechtsprechung des BVerfG, nämlich im Rahmen von Verträgen. Kommt es zu einem Vertrag greifen die ausreichenden – durch die Rechtsprechung des BVerfG fortgebildeten – Grundsätze des BGB. Es stellt sich also die Frage nach dem Gehalt des Selbstbestimmungsgrundrechts gerade im Vorfeld des Vertrages. Dieses kann hier nicht den gleichen Gehalt haben. Es geht um die Entschließungsfreiheit der Verbraucher in allgemeinster Hinsicht, d.h. in allgemeiner wirtschaftlicher Hinsicht, sich mit Werbung zu befassen, ein Geschäft zu betreten, überhaupt ein Produkt näher in Augenschein zu nehmen. Dies kann nicht mit dem Schutz des Selbstbestimmungsrechts gleichgesetzt werden, der im Rahmen eines mit Bindungswirkung und wirtschaftlichen Folgen verbundenen Vertrages erforderlich ist. Ohnehin wird nur eine Untergrenze gesetzt, die zudem noch variabel – d.h. durchbrechbar – durch eine Abwägung[489] ist. Beruft sich also ein Verbraucher darauf, dass § 5 UWG ihn nicht ausreichend schütze, sind auch die Grundrechte und Interessen anderer einzubeziehen. Insoweit ist man also nicht wesentlich weiter als vorher, nur, dass nun eben ein Anhaltspunkt besteht, wann Verbraucherschutz als besonders relevant anzusehen ist. Es läuft also auf eine Abwägung hinaus. Der Ansatz besagt daher lediglich, dass die Entschließungsfreiheit auch grundrechtlich geschützt ist, keinesfalls ist er aber der allein maßgebliche oder dominierende Ansatz.[490]

(3.) Interessenlage, Herleitung über den „normalen" Verbraucher

(a.) Zusammenfassung der Interessenlage

Notwendig ist zunächst ein Blick auf die wichtigsten – für besondere Interessenlagen, in denen eine Interessenabwägung gerechtfertigt sein kann, sei auf die dortigen[491] Ausführungen verwiesen – Interessenkonstellationen, die bei Festsetzung eines geeigneten Schutzstandards von Bedeutung sind.

[489] Bei der Einschätzung des notwendigen Verbraucherschutzes sind stets auch die „Verbraucherinteressen" der nicht getäuschten Verbraucher zu berücksichtigen. Ebenso schlagen die Interessen der werbenden Unternehmen mittelbar auf die Verbraucher zurück: Eine möglichst freie Werbung sorgt (jedenfalls zunächst) für mehr und aggressiveren Wettbewerb und fallende Preise, was den Interessen der Verbraucherschaft natürlich entspricht.

[490] Anders etwa Niemöller, S. 237: „Die in einem realen Sinn verstandene Privatautonomie bestimmt systemimmanent wie verfassungsrechtlich gleichzeitig Ziel und Grenzen zulässigen Irreführungsschutzes".

[491] Vgl. D. VI. 3.

(aa.) Verbotsinteressen[492]

- Adressateninteressen

Hinsichtlich dieser Interessen kann auf die bereits erfolgten[493] Ausführungen zu den Schutzzwecken des UWGs verwiesen werden: Schutzinteresse der Adressaten ist ihre Entscheidungsfreiheit.

- Konkurrenteninteressen

Die Mitbewerber sollen vor Umleitung von Kundenströmung (also Abwerbung von Kunden) durch irreführende Werbung geschützt werden.[494]

- Allgemeininteressen

Ziel des Kriteriums ist es (ausschließlich), einen funktionsfähigen Wettbewerb aufrecht zu erhalten.

(bb.) Verbotsgegeninteressen[495]*/Grundrechte*[496]

(aaa.) Grundrechte

Die Grundrechte[497] (sog. mittelbare Drittwirkung) sind ohne Zweifel bereits bei der Auslegung des Irreführungsmerkmals, also auch bei Festsetzung des Schutzstandards zu beachten.

(bbb.) Wettbewerbsbezogene Interessen

(aaaa.) Gegeninteressen des Werbenden bzw. der gleichartig Werbenden: Aktives Informationsinteresse

Das ökonomische Interesse des Werbenden über seine Produkte aufklären und informieren zu können, liegt auf der Hand.

---

[492] Verbotsinteressen sind die Interessen die für ein Verbot sprechen.
[493] Vgl. B. II. 1. c. bb.
[494] Vgl. B. II. 1. c. aa.
[495] Unter Verbotsgegeninteressen sind die Interessen die gegen ein Verbot sprechen, zu verstehen.
[496] Gemeint sind hier die gegen ein Verbot sprechenden Grundrechte.
[497] Vgl. insoweit B. IV.

(bbbb.) Gegeninteressen der nichtgetäuschten Adressaten: Passives Informationsinteresse

Für die nichtgetäuschten Adressaten stellt die Werbung im Wesentlichen eines dar: Erwünschte Information. Durch ein Verbot der Werbung wird dieses (passive) Informationsinteresse der Adressaten beeinträchtigt.[494]
Das Interesse der Verbraucherschaft an zutreffenden Informationen kann dabei kaum hoch genug eingeschätzt werden, da es letztlich Informationen sind, die eine sinnvolle Verausgabung der Privateinkommen und damit eine optimale Bedürfnisbefriedigung erlauben.
Diese Interessen können auch nicht dadurch relativiert werden, dass es „grundsätzlich der Findigkeit des Werbenden [...]" obliege „nach anderen, nicht irreführenden Angaben zu suchen, mit denen er die streitige Angabe und Information" ersetzen könne.[495]
Selbstverständlich obliegt es dem Werbenden, seine Produkte und Dienstleistungen anzupreisen. Dies ändert jedoch nichts an dem Informationsinteresse der Adressaten. Diese Interessen werden auch durch die Obliegenheit des Werbenden nicht etwa überlagert: Privater Konsum liegt nicht lediglich im Interesse der Anbieter, sondern (mindestens) ebenso im Interesse der Verbraucher.

(cccc.) Interessen der Allgemeinheit

Das Allgemeininteresse kann nicht nur ein Verbot begründen, sondern auch gegen ein Verbot von Werbung sprechen. Bei dem hier in Frage stehenden Verbot von Werbung kommt als entgegenstehendes Interesse nur die Bedeutung der Werbung für einen unverfälschten Wettbewerb in Betracht.
Werbung kommt insoweit insbesondere zweierlei Bedeutung zu. Zum einen geht es um die Informationsverbreitung und zum anderen um die Schaffung allgemeiner Kaufanreize in Form von Imagewerbung für Produkt und Herstellerfirma. Letzterer Fall dürfte für unsere Fragestellung kaum einmal relevant werden, da hier nur selten mit Angaben i.S.d. § 5 UWG geworben wird.
Übrig bleibt also der „wettbewerbliche Negativeffekt"[496] „aus erzwungenem Kommunikationsverzicht"[497]. Diesen Negativeffekt unterteilt *Lindacher*[498] in vier Kategorien, von denen zwei von Allgemeiner Bedeutung sind, die beiden anderen in besonderen Konstellationen für die Interessenabwägung[499]. Negativeffekte für:

---

[494] Prägnant: OLG Frankfurt WRP 1983, 687, 688- Die Mode kommt von Neckermann: Es „erscheint durchaus gerechtfertigt, das Bedürfnis des Werbenden und das Informationsinteresse des Angesprochenen zu berücksichtigen". Wenn der nicht-irregeführte Verkehr auf relevante Informationen verzichten müsste, sei es „vielleicht" gerechtfertigt, den Prozentsatz der Irregeführten, die noch hinzunehmen sind, höher anzusetzen.
[495] Hösl, S. 301 f.
[496] Lindacher, FS Nirk, S. 590.
[497] Lindacher, FS Nirk, S. 590.
[498] Lindacher, FS Nirk, S. 590 ff.
[499] Und daher auch dort dargestellt werden, vgl. D. VI. 3. b. bb. ccc.

- Markttransparenz

Idealer Wettbewerb vollzieht sich bei umfassendem Marktwissen aller Akteure. Zwar ist das Irreführungsverbot kein Informationsgebot, dennoch ist zu beachten, dass dem Markt Informationen nicht ohne drängende Not entzogen werden dürfen.[504]

- Marktoffenheit

Voraussetzung für einen unverfälschten Wettbewerb im beschriebenen Sinne[505] ist auch die Offenheit des Marktes für neue Anbieter. Die Offenheit des Marktes (insbesondere für *newcomer*) darf nicht durch eine übermäßige Erschwerung der Werbung und damit der Förderung von Monopolen beeinträchtigt werden. [506]

(b.) Herleitung des Schutzstandards über eine Abwägung

Das gewählte Schutzniveau tangiert die Interessen der Verbraucher, des Werbenden, der Konkurrenten und der Allgemeinheit. Um das geeignete Schutzniveau zu erreichen ist erforderlich, dass die Interessen aller Parteien angemessen beachtet werden. Erforderlich ist der bereits[507] angesprochene zweite, normative Schritt. Insoweit ist ein gerechter Risikoausgleich, durch eine Abwägung der in Rede stehenden Interessen, herzustellen. Es konkurrieren dabei die im Rahmen der Darstellung der Schutzzweckerwägungen[508] und der Interessenlage[509] dargestellten und gewichteten Belange. Diese müssen zur Konkretisierung herangezogen werden.
Soeben[510] wurde das rationale, d.h. situationsadäquate Verhalten des Verbrauchers dargestellt. Dies ist selbstverständlich zu berücksichtigen. Sicher bei der Herleitung des geeignetes Schutzstandards ist dabei, dass ein ausschließliches Abstellen auf einen besonders schutzwürdigen Verbraucher, die Interessen des Werbenden, der Nichtgetäuschten und auch das Allgemeininteresse an Markttransparenz unzulässig und verfassungswidrig (Art. 5, 12 GG) beeinträchtigt würden.
Ein solcher Schutzstandard liefe zudem auf eine völlig einseitige Risikoverteilung hinaus. Das Risiko von Miss- und Fehlverständnissen würde so ausschließlich auf den Werbenden übertragen. Dies kann auch nicht damit gerechtfertigt werden, dass „wer raffinierte Werbestrategien ausklügeln kann, um Verbraucher zu beeinflussen" auch wisse, ob diese geeignet seien die Verbraucher in die Irre zu führen und könne dies dann auch zumutbarerweise vermeiden.[511] Die Interessen des Werbenden sind – trotz

---

[504] Mit gleichem Ergebnis: Van den Bergh/Lehmann GRUR Int. 1992, 588, 590, 593.
[505] Vgl. B. II. 1. c. cc.
[506] In diesem Sinne auch BGH GRUR 1957, 278, 279- Evidur.
[507] Vgl. C. II. 2. d. aa. bbb. cccc.
[508] Vgl. B. II. 1. c.
[509] Vgl. C.II. 2. d. aa. bbb. bbbb. (3.) (a.) sowie D. VI. 3.
[510] Vgl. C. II. 2. d. aa. bbb. bbbb. (1.).
[511] Sack WRP 1998, 264, 268. Diese Überlegung des vorgenannten Autors dürfte nicht unmaßgeblich in seiner Annahme fußen, dass in der Mehrzahl der Fälle, die Irreführung keine „Panne" ist, sondern Teil der Werbestrategie.

der Grundsatzentscheidung des Gesetzgebers gegen irreführende Werbung – nicht in jedem Fall geringer einzuschätzen als Verbraucherinteressen oder die Interessen der Konkurrenz. Vielmehr muss ein gerechter Ausgleich, eine Ausgewogenheit der Risikoverteilung hergestellt werden.
Dabei werden die einzustellenden Interessen und deren Gewicht in den Regelfällen vergleichbar bis identisch sein. Die angemessene Schutzhöhe muss daher nicht ohne zwingende Gründe in jedem Einzelfall neu ermittelt werden, sondern kann – schon um die Rechtsanwendung zu erleichtern und Rechtssicherheit zu schaffen, für den Regelfall typisiert festgelegt werden.

Zugrunde zu legen ist danach der Verbraucher mit normalen Fähigkeiten der „homme de la rue". Im Regelfall würde es eine unverhältnismäßige Beeinträchtigung der Interessen des Werbenden, der nichtgetäuschten Verbraucher aber auch des Allgemeininteresses am Markt darstellen, auf Verbraucher Rücksicht nehmen zu müssen, die nicht marktgerecht an die entsprechende Werbung herantreten. Dem Werbenden wäre es dann in der Tat nicht mehr möglich überhaupt halbwegs zuverlässig einschätzen zu können, ob seine Werbung zulässig ist, da via Minderheitenberücksichtigung Zufälligkeiten aller Art nie auszuschließen wären.

Dem steht auch das Sozialstaatsprinzip nicht entgegen. Dessen Aussagegehalt für den vorliegenden Sachverhalt ist umstritten, es bietet aber keinesfalls einen Vollkaskoschutz gegen die Risiken eigener Fahrlässigkeit und die Marktwirtschaft schlechthin. Anders liegt es etwa, wenn eine besondere Irreführungsgefahr geschaffen wird. Hier setzt der Werbende ein besonderes Risiko, das im Rahmen einer Interessenabwägung Berücksichtigung finden muss und eine Abweichung von der Regelfall-Schutzhöhe gebieten kann. Werden etwa besonders schutzbedürftige Verbraucher als eigene Verbrauchergruppe angesprochen, stehen daher weder schützwürdige Interessen des Werbenden noch der Verbraucherschaft an der Werbung in Rede. Korrekturen in Richtung eines verständigeren Verbrauchers kommen dann nicht in Betracht.

Einen ändernden Einfluss auf die Schutzhöhe kann auch das Argument der Verhinderung einer Irreführungsrendite nicht haben. Nicht ausräumbar ist es allerdings durch den bloßen Hinweis, der unterdurchschnittliche Verbraucher sei nicht schutzwürdig. Beim UWG handelt es sich nicht um ein reines Verbraucherschutzrecht, sondern es ist Wettbewerbsrecht, das zwar auch, aber nicht nur die Verbraucherinteressen schützt. Die übrigen Interessen – etwa die Belange der Konkurrenten, die durch eine Irreführungsrendite beeinträchtigt werden – bleiben weiterhin beachtlich.
Eine Abschwächung erfährt die Berufung auf die Vermeidung einer Irreführungsrendite bereits dadurch, dass gezielte Spekulationen auf unterdurchschnittliche Verbraucher immer mit einem Klagerisiko verbunden sind, da das Ergebnis einer Irreführungsklage im vorhinein nicht feststeht. Allein das Risiko erfolgreich verklagt zu werden, wird vor derartigem Geschäftsgebaren bereits abschrecken.
Zudem ist durch das Abstellen auf den „homme de la rue" ohnehin der Großteil der Verbraucher erfasst. Der noch verbleibende Teil der unerheblichen und damit Stoff einer Irreführungsrendite bildenden tatsächlich getäuschten Verbraucher erscheint ange-

sichts der bisherigen Erkenntnisse über die Interessenlage – hervorgehoben sei nur die überragende Bedeutung der Verbraucherinformation[512] für den Werbenden, die nichtgetäuschten Verbraucher und die Funktionsfähigkeit des Marktes – als hinnehmbar.

Die Eigenschaften des Normalverbrauchers brauchen hier im Einzelnen nicht erörtert zu werden. Dies geschieht bei[513] der Darstellung der bisherigen Rechtsprechung zu eben diesem Punkt. Abstrakt betrachtet, müssen die Fähigkeiten des Durchschnittsverbrauchers möglichst realistisch ermittelt werden, damit die Wertentscheidung für dieses Schutzniveau tatsächlich nachvollzogen wird. Es geht letztendlich nicht um einen „durchschnittlichen" Verbraucher. „Durchschnittlich" hat einen mathematischen Beigeschmack, der der Sache nicht gerecht wird. Es geht bei Publikumswerbung um den normalen Verbraucher, den „homme de la rue". So formuliert etwa treffend *Spätgens*[514] zum europäischen Leitbild: „Es ist schlicht und einfach der Normalbürger". Dies kommt auch in den – dies sei vorweggenommen – belgischen und europäischen Fassungen des Leitbildes zum Ausdruck: Es ist dort von einem „consommateur moyen, *normalement* informé et *raisonnablement* attentif et avisé" die Rede. Es ist dort also ein „vernunftgemäß" aufmerksamer und verständiger Verbraucher angesprochen. Ob mit „raisonablement" nun „angemessen"[515], „vernunftgemäß"[516] oder gar „ausreichend"[517] gemeint ist kann hier dahinstehen. Jedenfalls geht es weniger um einen „durchschnittlich" informierten, verständigen Verbraucher, sondern einen „angemessen", „normal" informierten und „angemessen", „normal" verständigen Verbraucher.

cccc. Mittel zur Herstellung dieses Niveaus

Im Rahmen des Grundansatzes einer empirischen Ermittlung der Verkehrsauffassung kommen verschiedene Methoden in Betracht, um das Leitbild eines durchschnittlichen Verbrauchers umzusetzen.

(1.) Interessenabwägung

Ein erstes Mittel wäre eine generelle Interessenabwägung. Bei vollständiger und ausschließlicher Umsetzung über dieses Instrument würde man die relevanten Ansichten ohne festes Leitbild jeweils durch Abwägung aller im Einzelfall betroffenen Verbraucher-, Konkurrenten-, und Allgemeininteressen bestimmen. Diese Vorgehensweise würde zwar mit Sicherheit die präzisesten Einzelfallergebnisse liefern, jedoch erscheint es für den Normalfall zu aufwendig und nicht notwendig in jedem Einzelfall

---

512 Vgl. bei C. II. 2. d. aa. bbb. bbbb. (3.) (a.) (bb.) (bbb.) (dddd.), sowie umfassend unter D. VI. 3. c. bb. ddd.
513 Vgl. bei C. II. 2. d. bb. bbb.
514 Spätgens WRP 2000, 1023, 1026.
515 EuG, 4.11. 2003, T-85/02, Rn. 30- El Castillo.
516 Pons, Großwörterbuch, 2004.
517 EuG, 3.12.2003, T- 305/02, Rn. 33- Nestlé Waters France.

erneut neu sämtliche Interessen gegeneinander abzuwägen, da die Interessenlage im absoluten Regelfall wie beschrieben[518] besteht.

(2.) Quote (= Schlichte Modifizierung innerhalb der bisherigen Rechtsprechungs-Vorgehensweise)

Wie bereits gezeigt, versuchte der BGH bislang, die von ihm gewählte Schutzhöhe – Berücksichtigung auch der schwächer Begabten – über eine Quote an getäuschten Verbrauchern zu erreichen.
In den bisherigen Kategorien gedacht, hätte das Abstellen auf den durchschnittlichen Verbraucher zur Folge, dass die Aufgreifschwelle angehoben werden müsste, da 10-15 % nicht den durchschnittlichen Verbraucher repräsentieren. In der Literatur werden insoweit Zahlen i.H.v. 25-30 % genannt.[519]

(3.) Gemischt empirisch-normatives Leitbild[520]

(a.) Grundsätzliches

Im Gegensatz zu einem rein normativen Leitbild gibt es in diesem Leitbildtyp nicht „den" Verbraucher, sondern es werden weiterhin tatsächlich die verschiedenen Auffassungen ermittelt (empirischer Teil).
Anschließend werden die Meinungen ausgeschlossen[521], die ein „normaler" Verbraucher nicht fassen darf (normativer Teil). Die von einem durchschnittlichen Verbraucher verlangten Eigenschaften werden als Mindestgrenze aufgefasst und nicht als Typusbeschreibung über die jeder Verbraucher verfügt. Die übrigbleibenden Auffassungen müssen relevant i.S. einer Aufgriffschwelle sein. Es werden also nach der Ermittlung der tatsächlichen Verkehrsauffassung in einem zweiten, normativen, Schritt via einer normativen „Notbremse" solche Ansichten ausgeschieden, die auf Basis durchschnittlicher, normaler, Fähigkeiten nicht erklärbar sind. Eingefügt wird also eine Untergrenze an Fähigkeiten, die der Verbraucher aufweisen und anwenden muss.

Aus alledem ergibt sich zum einen, dass nur solche Ansichten von Bedeutung sind, die tatsächlich gefasst wurden. Zum anderen, dass nicht nur eine Verkehrsansicht existiert, sondern auch mehrere Ansichten über ein und dieselbe Werbung in Betracht kommen, da nicht eine Verkehrsauffassung maßgeblich ist, sondern die Fähigkeiten eines dem

---

518 Vgl. C. II. 2. d. aa. bbb. bbbb. (3.) (a.).
519 Baumbach/Hefermehl/Bornkamm § 5 Rn. 2.104.
520 Genau betrachtet ist die Bezeichnung unzutreffend. Selbst in einem empirischen Leitbild ist, wie gezeigt, die Frage der Schutzhöhe normativ und die Methodik der Ermittlung der relevanten Auffassungen daher „gemischt". Zum einen ist dieser Begriff aber für die hier beschriebene Ermittlungsweise üblich, zum anderen tritt die normative Komponente deutlicher nach außen. Daher erscheint die Bezeichnung gerechtfertigt.
521 Plastisch Reese WRP 1998, 1035, 1040: nicht schutzwürdige Verbrauchervorstellungen müssten mit einem „normativen Skalpell herausgeschnitten" werden.

Schutzstandard angepassten Verbrauchers, aufgrund derer aber durchaus verschiedene Ansichten vertreten werden können.
Die hiesige Auffassung bedeutet letztlich eine „Mengenlehre“ der Verbraucherschaft: Aus der Verbraucherschaft resultiert die Teilmenge der Durchschnittsverbraucher, deren Auffassungen für die Verkehrsauffassung relevant sind und die Teilmenge der sonstigen Verbraucher, deren Auffassungen im Rahmen des § 5 UWG irrelevant sind. Alle „Anhänger“ einer bestimmten beachtlichen Ansicht stellen jeweils eine weitere Teilmenge der durchschnittlichen Verbraucher dar. Ob die Anzahl der Verbraucher mit einer bestimmten Ansicht die Erheblichkeitsschwelle überschreitet, kann – wie bislang – nur empirisch ermittelt werden.

(b.) Ausnahmsweise: Interessenabwägung

Für den Regelfall[522] werden, wie gezeigt, alle solche Ansichten ausgeschlossen, die ein bestimmter Verbrauchertypus nicht fassen würde. Sollte sich im Einzelfall die Notwendigkeit einer Abweichung ergeben, kommt weiterhin eine gesonderte Interessenabwägung in Betracht. Diese Vorgehensweise erscheint auch schon deshalb hilfreich, weil so dem beklagten Phänomen der mangelnden Begründung von Urteilen abgeholfen wird. Weicht das Gericht von dem Regelstandard ab, muss es dies auch besonders begründen.

(c.) Quote

Die Ansichten, die übrig bleiben, müssen, wie bereits erwähnt, eine bestimmte quantitative Erheblichkeit haben. Sind die Vertreter einer bestimmten Auffassung zahlenmäßig ausreichend um die Erheblichkeitsschwelle zu überschreiten, ist eine für § 5 UWG relevante Verkehrsauffassung gefunden.

Bei der Festlegung der erforderlichen Anzahl an durchschnittlichen Verbrauchern, ist der Gedanke der Vermeidung einer Irreführungsrendite zu berücksichtigen. Dieser verbietet eine übermäßig hoch angesetzte Anzahl an erforderlichen Anhängern einer bestimmten Auffassung, um das Potential an Verbrauchern, das der Werbende ungestraft täuschen darf, so weit wie eben vertretbar zu reduzieren. Die „Quote“ die hier verwendet wird, dient dazu, den Werbenden vor unvorhersehbaren „Ausreißern“, die auch auf Basis durchschnittlicher Fähigkeiten möglich sind, zu schützen. Darüber hinaus besteht kein Bedürfnis die Interessen der Werbenden, der nichtgetäuschten Verbraucher und der Allgemeinheit an der Funktionsfähigkeit des Marktes weitergehender zu berücksichtigen; es wurde bereits herausgearbeitet, dass es interessengerecht ist, dass der Werbende seine Werbung dem normalen Verbraucher anpassen muss.

---

522 Vgl. im einzelnen unter C. II. 2. d. aa. bbb. cccc.(3.).

(d.) Vorgehen in der Praxis

Stellt der Richter die Verkehrsauffassung anhand eigener Sachkunde fest, muss er alle möglichen Auffassungen des Verkehrs von der Werbung einschätzen, da er die tatsächliche Auffassung des Verkehrs von einer Angabe einschätzt, also eine empirische Untersuchung ersetzt (empirischer Teil). Anschließend muss er dann alle Ansichten, zu denen ein durchschnittlicher Verbraucher nicht kommen kann, ausschließen (normativer Teil).
In der Praxis wird der Richter sich freilich darauf beschränken, ausschließlich die Ansichten einzuschätzen zu denen ein durchschnittlicher Verbraucher kommen kann, also beide Schritte zusammen zu ziehen. Dann muss er einschätzen, ob die Auffassungen, die sich ergeben, die Aufgreifschwelle überwinden.

(4.) Entscheidung für die gemischte Vorgehensweise

Eine bloße Anhebung der Quote wäre untauglich, den durchschnittlichen Verbraucher, auf den es, wie dargelegt, ankommen soll, umzusetzen. Die verlangten Eigenschaften des Verbrauchers lassen sich nicht in eine Quote fassen und umsetzen. Es ist ein, durch den mit mathematischer Konotation versehenen Begriff „durchschnittlich", hervorgerufener Irrtum, dass Eigenschaften mathematisch ausgedrückt werden können. Dies ist vielmehr dadurch erreichbar, indem unmittelbar danach gefragt wird, ob eine bestimmte Auffassung noch auf Basis bestimmter Mindestfähigkeiten erklärbar ist.
Zudem fehlt dem Vorgehen über eine Quote – 25 % ? 30 % ? 35 % ? – auch an Rechtsklarheit.
Demgegenüber fällt es wesentlich leichter zu beurteilen, ob eine bestimmte Auffassung noch von einem durchschnittlichen Verbraucher gebildet wird oder nicht.
Auf diese Art und Weise wird auch dem Zweck der Beschränkung auf den durchschnittlichen Verbraucher größtmöglich Rechnung getragen. Maßgebliches Argument für die Beschränkung auf diesen Verbrauchertyp ist, dass der Unternehmer seine Werbung nicht auf jeden noch so unverständigen Verbraucher abrichten, sie gleichsam narrensicher machen kann, wenn er noch informierend statt rein emotional oder inhaltsleer werben will.[523] Es muss jedoch gelten, dass der Werbende nicht so werben darf, dass mehr als nur unerhebliche Teile der „normalen, durchschnittlichen" Verbraucher in die Irre geführt werden. Dies kann über eine Quote, aber nicht in jedem Fall erreicht werden. Dies sei an einem Beispiel verdeutlicht:

Eine Bank lanciert eine Werbung für Kapitalprodukte, die sich an das breite Publikum richtet (Werbefernsehen). Durch diese Werbung werden:

20 % der durchschnittlichen Verbraucher getäuscht.
70 % der durchschnittlichen Verbraucher werden nicht getäuscht.
10 % des Verkehrs, die sog. flüchtigen Verbraucher, werden ebenso nicht getäuscht, da sie die Werbung nicht so recht durchschauen und die Täuschung nicht bemerken.

---

[523] Und daher auf diese Werbeform verzichten werde, wogegen Markttransparenzgründe sprechen.

Bei einer Irreführungsquote von etwa 30 % läge dann keine relevante Irreführung vor. Mit einer Quote würde letztlich also nur erreicht, dass der Werbende einen gewissen Teil der Verbraucher irreführen darf und zwar unabhängig ihrer Eigenschaften. Der Grund dafür, dass der Werbende bestimmte Ansichten nicht berücksichtigen muss, ist gerade nicht gegeben. Es ist aber nicht akzeptabel, dass ein Werbender mehr als unerhebliche Teile der Verbraucher mit normalen, durchschnittlichen Fähigkeiten sanktionslos täuschen darf.

dddd. Hinweis

Soweit im Folgenden von „durchschnittlichen Verbrauchern" die Rede ist, sind Verbraucher gemeint, welche die, noch zu präzisierenden, Mindestanforderungen erfüllen.

bb. Einordnung und Zusammenfassung der neuen Rspr. des BGH

Im Folgenden werden wir die neueste Rspr. in die oben dargestellten Kategorien der Ermittlungsweise und der Herstellung des Schutzniveaus einordnen und darstellen. Manches bleibt dabei freilich spekulativ. Darüber hinaus erfolgt eine Darstellung der konkreten Anforderungen die der BGH an den „durchschnittlichen Verbraucher stellt.

aaa. Entscheidung für ein gemischt empirisch-normatives Leitbild

aaaa. Wandel der Rspr. zur normativen Ermittlung ?

In jüngster Zeit wird dem BGH eine Hinwendung zur normativen Ermittlungsweise, die er in der Elternbriefe-Entscheidung[524] vollzogen haben soll, unterstellt. [525]

In der Elternbriefe-Entscheidung[526] hatte der BGH entschieden, dass an die Feststellung der Verkehrsauffassung durch den Richter kraft eigener Sachkunde – in Abweichung zu seiner früheren Rspr. – keine höheren Anforderungen bei der Verneinung der Irreführung zu stellen seien als bei der Bejahung. Gleichfalls wurde darauf verzichtet, dass der Richter zum angesprochenen Personenkreis gehört.
Dreyer führt nun an, wenn mit der neuen Formel des durchschnittlich informierten, situationsadäquat aufmerksamen und verständigen Durchschnittsverbrauchers eine bloße Verschärfung des Verbraucherleitbildes intendiert gewesen sei, hätte der BGH in der

---

[524] BGH GRUR 2002, 550, 552- Elternbriefe.
[525] Vgl. H-B/H-B/Dreyer § 5 Rn. 75 ff.; Lettl, Schutz vor irreführender Werbung in Europa, S. 184: der Elternbriefe- Entscheidung seien „erste Anhaltspunkte" zu entnehmen, dass mit dem Abstellen auf einen „durchschnittlich informierten, situationsadäquat aufmerksamen und verständigen Durchschnittsverbraucher" der Irreführungsquote keine Bedeutung mehr zukommt, und maßgeblich nicht mehr das Verständnis einer bestimmten Anzahl von Verbrauchern, sondern nur noch dasjenige *eines* (Hervorhebung durch Lettl) bestimmten Verbrauchers sei; Lettl ZGR 2003, 853, 866; Lettl, Anmerkung zur BGH- Entscheidung „Elternbriefe" v. 18.01.2001, WuB V B. § 1 UWG 4.02.
[526] Maßstab des durchschnittlich informierten, situationsadäquat aufmerksamen und verständigen Durchschnittsverbrauchers.

Elternbriefe-Entscheidung weiterhin danach fragen müssen, ob der Richter der umworbenen Personengruppe angehöre – oder ihr zumindest nahe stehe –, ob er also zu den durchschnittlichen Verbrauchern gehöre. Nur dies erlaube es ihm, ein Urteil über die tatsächlichen Auffassungen der Personengruppe zu treffen. Indem er diese Feststellung unterlasse und das Erfordernis des Angehörens zur umworbenen Personengruppe aufgebe[527], gebe er zu erkennen, dass er nunmehr dem normativen Verbraucherleitbild anhänge. Denn „entbehrlich werden solche Feststellungen nur deshalb, weil man dem Richter in seiner diesbezüglichen Eigenschaft ohnehin die Kompetenz einräumt, normativ das Verständnis des Durchschnittsumworbenen zu ermitteln, so dass es nicht mehr darauf ankommt, welche Stellung er innerhalb des Kreises der Umworbenen einnimmt, bzw. einnehmen würde." „Nur weil der Durchschnittsverbraucher eine *Kunstfigur*[528] des Rechts ist, dessen Verständnis das Gericht ermitteln kann und muss, weil es als Organ der Rechtspflege normative Feststellungen treffen kann, [...] gelten für die Notwendigkeit der Beweiserhebung über die Verkehrsauffassung gleiche Anforderungen, ob die Irreführungsgefahr im Ergebnis bejaht wird oder ob sie im Ergebnis verneint wird."

Ein solcher zwangsläufiger Zusammenhang zwischen der Angehörigkeit zu der betroffenen Verbrauchergruppe und der Möglichkeit der tatsächlichen Feststellung der Verkehrsauffassung, besteht aber nicht. Die Verkehrsauffassung – es handelt sich immerhin um Werbebotschaften, die in der Regel auf Verständlichkeit angelegt sind und die daher überblickbar bleiben – ist häufig auch von Personen einschätzbar, die nicht zum angesprochenen Verkehrskreis gehören. Zudem dürften ständig mit einschlägigen Fragestellungen beschäftigte Wettbewerbsrichter ausreichend geschult und erfahren sein, um die erforderlichen Feststellungen treffen zu können, ohne selbst durch die Werbung angesprochen zu werden.[529]

Zweifel an der Auslegung der Elternbriefe- Entscheidung durch *Dreyer* und *Lettl* ergeben sich außerdem durch die spätere Marktführerschaft- Entscheidung[530] des BGH. Hierin verlangt der BGH, dass das Gericht eine Verbraucherbefragung durchführen müsse, wenn es die Verkehrsauffassung nicht aufgrund eigenen Erfahrungswissens einschätzen könne.[531]
Mittels einer Verbraucherbefragung wird aber die tatsächliche Verkehrsauffassung festgestellt. Sie ist bei einer Soll-Verkehrsauffassung gerade nicht erforderlich.[532]

Spätestens durch die Mindestverzinsungs-Entscheidung des BGH dürfte die These von einem durch den BGH vertretenen normativen Leitbild überholt sein.[533] Das Min-

[527] Ausdrücklich: BGH WRP 2004, 339, 342- Marktführerschaft.
[528] Hervorhebung durch Dreyer.
[529] BGH WRP 2004, 339, 342- Marktführerschaft.
[530] WRP 2004, 339, 339 ff.- Marktführerschaft.
[531] BGH WRP 2004, 339, 341- Marktführerschaft.
[532] Hiergegen: H-B/H-B/Dreyer § 5 Rn. 81.

destverzinsungs-Urteil enthält Aussagen, die mit einem normativen Verbraucherleitbild unvereinbar sind.
Im genannten Fall warb die Beklagte AG damit, sich an ihr als stiller Gesellschafter zu beteiligen. In ihrem Emissionsprospekt versprach sie eine „Mindestverzinsung" von 6 % per anno. Hiermit werde, so das BerGer., der Eindruck der Sicherheit ähnlich eines festverzinslichen Wertpapiers oder einer ähnlich sicheren Anlage geschaffen. Dieser Eindruck entstehe zwar nicht bei allen Adressaten, jedoch bei mindestens 15-20 % von ihnen.
Der BGH befand nun, dass es zwar nicht ausreichend sei, wenn lediglich 15-20 % der angesprochenen Anlageinteressenten irregeführt würden. Es sei aber ausreichend, wenn verständige durchschnittlich vorsichtige Anleger zumindest zu einem erheblichen Teil in die Irre geführt würden. Zwar sei auf die Sicht eines durchschnittlich informierten Verbrauchers abzustellen, das bedeute jedoch nicht, dass § 3 UWG 1909 nur eingreife, „wenn die Angabe geeignet ist, *jeden*[534] durchschnittlich informierten und verständigen Werbeadressaten irrezuführen. Denn auch diese Verbraucher können eine Werbeangabe unterschiedlich auffassen."[535]
Hieraus muss[536] geschlossen werden, dass der BGH nicht von *dem* durchschnittlichen Verbraucher. Denn der normative Durchschnittsverbraucher kann, da seine Auffassung normativ bestimmt wird, nicht mehrere Ansichten haben. Dieses Bekenntnis zu Verbrauchern mit abweichenden Ansichten ist auch darüber hinaus von großer Bedeutung. Es gibt zu der Frage Anlass, wann ein Verbraucher zu verschiedenen Auffassungen kommen kann. Wenn man zwar tatsächlich ermittelt, aber allen Verbrauchern dieselben Eigenschaften und Betrachtungsweisen einer Werbung zuschreibt, kommen letztlich alle Verbraucher zu der gleichen Ansicht. Der BGH geht daher davon aus, dass die Verbraucher durchaus verschiedene Eigenschaften aufweisen. Er geht jedoch offenbar von einer Untergrenze aus, unter die die Fähigkeiten des Verbrauchers nicht absinken dürfen.

bbbb. Ablehnung des empirischen und Annahme des gemischten Modells

Im Rahmen des empirischen Leitbildes könnte die Hinwendung zu einem durchschnittlichen Verbraucher nun schlicht als Anhebung der Aufgreifschwelle angesehen werden. Dies ist m.E. nicht anzunehmen, es sei jedoch darauf hingewiesen, dass sich keine eindeutige Aussage in der Rspr. findet. So spricht der BGH etwa in der Mindestverzinsungsentscheidung von einer Anhebung der Quote, jedoch äußerst unbestimmt und ohne jede dogmatische Festlegung. Zudem kann die Mindestverzinsungsentscheidung, in der der BGH, wie soeben gezeigt, offenbar von einer Untergrenze ausgeht, unter die die Fähigkeiten der Verbraucher nicht absinken dürfen,

---

[533] BGH NJW 2004, 439, 439 ff.- Mindestverzinsung; in der Entscheidung stellt der BGH erneut auf eine Irreführungsquote ab, die bei einem normativen Verbraucherleitbild überflüssig ist; mit gleichem Ergebnis Spätgens, FS Tilmann, S. 242 f.: Entscheidend weiterhin das „Sein und nicht das Sollen".
[534] Hervorhebung durch Verf.
[535] BGH GRUR 2004, 162, 163- Mindestverzinsung = BGH NJW 2004, 439, 440- Mindestverzinsung.
[536] A.A: Lettl, UWG, Rn. 126 da der BGH anschließend wieder auf den „Durchschnittsanleger" abstellt.

zwanglos im Sinne des gemischt empirisch-normativen Leitbildes verstanden werden. Letztlich unbestimmt, dennoch in Richtung der hier favorisierten Methodik, blieb auch die Elternbriefe-Entscheidung in der der BGH annahm, dass solche Auffassungen als unbeachtlich auszusondern sind, die sich ein Verbraucher, der nicht den geforderten Anforderungen genügt, bildet.

bbb. Präzisierung des Maßstabes an den Verbraucher (Verbraucherleitbild)

Im Folgenden werden wir das von der Rspr. vertretene Leitbild eines durchschnittlichen Verbrauchers präzisieren, also darstellen, welche Mindestfähigkeiten der BGH von einem durchschnittlichen Verbraucher erwartet.

Das neue Verbraucherleitbild hat nicht nur Gültigkeit für den Bereich der irreführenden Werbung, sondern für das gesamte Wettbewerbsrecht.[537] Auch außerhalb der irreführenden Werbung liegende wettbewerbsrechtliche Rspr., die das Verbraucherleitbild betrifft, kann daher zur Auslegung des Verbraucherleitbildes herangezogen werden.

aaaa. Verbrauchergruppe/Schutz von Minderheiten

Ist die angesprochene Personengruppe besonders schutzwürdig – es sei hier auf eine Definition aus dem belgischen Recht zurückgegriffen: Verbraucher, die „sans faire preuve de négligence ou de désinvolture, ne sont pas aptes à comprendre convenablement les qualités réelles de ce qui leur est offert, de faire la part des choses entre ce qui relève de l'information complète et objective et ce qui est teinté d'exagération, d'invraisemblance ou est franchement fallacieux »[538] – so ist der Verbraucherbegriff an den durchschnittlichen Verbraucher dieser Verbrauchergruppe zu adaptieren, dh. es kommt auf den Verbraucher mit den durchschnittlichen Fähigkeiten dieser Gruppe an. Ebenso sind allgemein die Eigenheiten (beispielsweise regionale Besonderheiten[539]) der angesprochenen Personengruppe zu berücksichtigen.
Diese Vorgehensweise hat zur Folge, dass der Schutzstandard für Minderheiten erheblich abgesenkt wird. Wer hinter den durchschnittlichen Fähigkeiten der Personengruppe zurückbleibt, bleibt ungeschützt.[540] Wird durch eine Werbung beispielsweise die Allgemeinheit angesprochen, so gehören zur Allgemeinheit Menschen mit ganz unterschiedlichen Fähigkeiten: Erwachsene und Kinder, Hilfsarbeiter und Wissenschaftler etc. Nimmt man hieraus die durchschnittlichen, normalen Fähigkeiten, ist evident, dass es Teile der Gruppe geben wird, die die normalen Fähigkeiten nicht erreichen werden. Diese sind – wie sogerade dargestellt – nunmehr ungeschützt.

---

[537] Vgl. BGH GRUR 2003, 538, 539 f.- Gesamtpreisangebot; BGH GRUR 2003, 626, 627- Umgekehrte Versteigerung II; BGH GRUR 2004, 344, 345- Treue Punkte. Ein entsprechendes Leitbild gilt nun auch im Markenrecht, vgl. Baumbach/Hefermehl/Köhler § 1 Rn. 24 mwN.
[538] Cour d'appel de Liège, 13 octobre 1998, R.D.C. 1998, 412, 413 ff.
[539] Insoweit führt H-B/H-B/Dreyer den Beispielsfall an, dass in bestimmten Teilen Deutschlands unter „kaltem Kaffee" ein Cola- Limonade- Mischgetränk verstanden wird. Diese sprachliche Eigenheit ist zu berücksichtigen.
[540] Vgl. die nämlichen Überlegungen zum europäischen Leitbild: C. II. 1. b. dd. bbb. bbbb.

bbbb. „Durchschnittlich" informierter [...] und verständiger Verbraucher

Wie im Gemeinschaftsrecht stellt sich die Frage, ob der Begriff der Verständigkeit relativiert werden muss, ob sich „durchschnittlich" also auch auf „verständig" bezieht. Dies ist mit den gleichen Argumenten wie beim europäischen Leitbild zu bejahen.
Ohne eine solche Relativierung würde, wie im Rahmen des Europarechts dargestellt[541], auf einen Idealtypus abgestellt, was mit dem Schutzzweck des Verbraucherschutzes (§ 1 UWG) nicht zu vereinbaren wäre.
Die folgende Darstellung bezieht sich – soweit keine anderen Angaben erfolgen – auf Publikumswerbung, d.h. auf die Werbung an das breite Publikum.

cccc. Informationsaufnahme

(1.) Informiertheit

Der BGH hat – wie der EuGH – das Erfordernis der Informiertheit bislang nicht weiter definiert. Es kann daher auf die Ausführungen zum europäischen Leitbild verwiesen werden. Es kommt auf einen „normal" informierten Verbraucher an. Dabei kommen sämtliche Informationsquellen und Medien in Betracht, auf die der Verbraucher „normalerweise" zurückgreift. Auch hier kommt es erneut auf einen produktbezogenen Maßstab an: Über Lebensmittel und sonstige für die Gesundheit relevante Produkte ist der Verbraucher i.d.R. besser informiert, als über thematisch eher fernliegende Produkte.
Daneben lässt sich sagen, dass schwer zugängliche Informationen dem normal informierten Verbraucher erfahrungsgemäß weniger geläufig sind als allgemein zugängliche.

So weiß ein normal informierter Verbraucher, dass ein Mobiltelefon, das zum Preis von 0,0 € angeboten wird, mit einem Kartenvertrag verbunden ist.[542] Ebenso weiß ein normal informierter Verbraucher, dass er weitere Informationen zu einem Produkt auf dem Produktetikett findet.[543]

(2.) Aufmerksamkeit

Der BGH verlangt eine situationsadäquate Aufmerksamkeit, d.h. die Aufmerksamkeit hängt von der Situation ab, in der der Verbraucher mit der Werbung konfrontiert wird.

(a.) Begriff der Aufmerksamkeit

Aufmerksamkeit bedeutet hinsichtlich der Informiertheit, die Bereitschaft den Inhalt der Werbung zur Kenntnis zu nehmen, sich zu informieren, indem beispielsweise Pro-

---

541 Vgl. C. II. 1. b. dd. bbb. dddd. (1.).
542 BGH GRUR 1999, 261, 263- Handy- Endpreis.
543 BGH GRUR 2002, 160, 162- Warsteiner III.

duktetiketten gelesen werden, Begleitumstände und Vergleichsangebote zur Kenntnis genommen werden.[544]
Hinsichtlich der Informationsverarbeitung bedeutet sie die Bereitschaft, näher über die aufgenommenen Informationen nachzudenken, d.h. die Werbung kritisch zu prüfen.[545]

Die „Aufmerksamkeit“ ist also auf zwei Ebenen von Bedeutung. Die Aufmerksamkeit kann sich bereits begrifflich nur auf andere Eigenschaften beziehen. Sie ist eine Sammelbezeichnung für die Vorgänge bei einem erhöhten Wachsamkeitszustand. Der Verbraucher ist eher bereit sich zu informieren, eher bereit kritisch nachzudenken. Es erscheint daher zweifelhaft, ob die Aufmerksamkeit als Kriterium überhaupt notwendig ist, oder die gleichen Überlegungen nicht einfacher und ohne Überlappungen bei der Informiertheit und der Verständigkeit durchgeführt werden könnten.
Erkennt man die Aufmerksamkeit, wie die ganz überwiegende Meinung, als eigenständiges Kriterium an, ist das Kriterium eher der Informationsaufnahme als der Informationsverarbeitung zuzuschlagen, da die „Grundverständigkeit“ des Verbrauchers weniger von seiner Aufmerksamkeit abhängt, als seine Bereitschaft, Informationen überhaupt zur Kenntnis zu nehmen und aufzunehmen.

(b.) Produktbezug

Der BGH knüpft zur Beurteilung der Situation primär an das beworbene Produkt an. Maßgeblich ist dabei, ob es sich um einen geringwertigen Gegenstand des täglichen Bedarfs handelt oder ob es sich um höherwertigere Produkte handelt, die nicht den täglichen Bedarf decken. Im ersteren Fall wird vom Verbraucher nicht mehr als eine flüchtige Aufmerksamkeit erwartet, während im letzteren Fall eine größere Aufmerksamkeit erwartet wird.

Um nicht geringwertige Produkte handelt es sich beispielsweise bei einem Orientteppich[546], bei einer Anwaltsdienstleistung[547], bei einem Gebrauchtwagenkauf[548] und auch bei einer Kapitalanlage[549].

(c.) Einfluss des Mediums

Die Aufmerksamkeit, die ein Verbraucher einer Werbung entgegen bringt, hängt zudem von dem Medium ab, mit der die Werbung präsentiert wird. In mehreren Ent-

---

[544] In diesem Sinne BGH GRUR 2003, 538, 539- Gesamtpreisangebot; BGH GRUR 2003, 626, 627- Umgekehrte Versteigerung.
[545] In diesem Sinne BGH GRUR 2003, 626, 627- Umgekehrte Versteigerung.
[546] BGH GRUR 2000, 619, 621-Orient- Teppichmuster.
[547] BGH GRUR 2002, 81, 83- Anwalts- und Steuerkanzlei.
[548] BGH GRUR 2003,626, 627; der BGH bringt dies zwar nicht ausdrücklich zum Ausdruck, jedoch ergibt sich dies aus den Anforderungen, die er an die Aufmerksamkeit und Verständigkeit stellt.
[549] BGH GRUR 2004, 162, 163- Mindestverzinsung.

scheidungen hat der BGH darauf abgestellt, dass Werbebeilagen oder Zeitungsanzeigen flüchtig bzw. „eher beiläufig“[550] wahrgenommen werden.[551]

dddd. Informationsverarbeitung: Verständigkeit

Bei der Verständigkeit geht es um die Fähigkeit des Verbrauchers, aufgenommene Informationen einzuordnen und zu verarbeiten.
Der BGH hat den Begriff der angemessenen, normalen Verständigkeit nicht abschließend definiert, jedoch lassen sich seiner Rspr. durchaus Anhaltspunkte entnehmen, welche Anforderungen an den Verbraucher zu stellen sind.

Allgemein ist vom Verbraucher zu erwarten, dass er allgemeine (markt-) wirtschaftliche Zusammenhänge berücksichtigt, dass er sich etwa vor Augen führt, dass ein Verkäufer Mobiltelefone nicht einfach verschenken wird, sondern Gegenleistungen dafür verlangen wird, die im Beispiel des Mobiltelefons über den Netzvertrag zu erbringen sind.[552]

Der Grad an Verständigkeit, der vom Verbraucher im Einzelfall erwartet wird, ist dabei – jedenfalls auch – produktspezifisch. Bei Produkten mit einem nicht unerheblichen Wert und einer nicht nur kurzen Lebensdauer, muss der Verbraucher näher überlegen und die Werbeaussagen kritisch würdigen.[553]
Diese Rspr. hat der BGH jüngst in der Mindestverzinsungsentscheidung wiederholt, bei der Überprüfung von Angeboten von Kapitalanlagen sei der Verbraucher „durchschnittlich vorsichtig“[554].

Dabei ist er auch zu vergleichenden Überlegungen, etwa hinsichtlich der Preiswürdigkeit, durchaus in der Lage.[555] So ist der verständige Verbraucher in der Lage über die Vor- und Nachteile – insbesondere den Wert – eines Kombinationsangebotes aus Skiausrüstung und Pauschalreise zu entscheiden.[556]

Erkennbar reißerische, übertreibende, weitgehend nichtssagende oder humorvolle Werbeaussagen nimmt der Verbraucher nicht wörtlich, sondern muss ausreichend verständig sein, hiervon keine bestimmte Erwartungen abzuleiten.[557]

---

[550] BGH WRP 2004, 339, 341- Marktführerschaft.
[551] BGH GRUR 2000, 619, 621- Orientteppichmuster; BGH GRUR 2002, 715, 716- Scanner-Werbung; BGH WRP 2004, 339, 341- Marktführerschaft; vgl. auch OLG Frankfurt a.m., GRUR-RR 2005, 128: nur geringe Aufmerksamkeit bei Fernsehwerbung.
[552] BGH GRUR 1999, 261, 263- Handy- Endpreis.
[553] BGH GRUR 2003, 626, 627- Umgekehrte Versteigerung II.
[554] BGH GRUR 2004, 162, 163- Mindestverzinsung.
[555] BGH GRUR 2003, 538, 540- Gesamtpreisangebot; BGH GRUR 2004, 344, 345- Treue- Punkte.
[556] BGH GRUR 2003, 538, 540- Gesamtpreisangebot.
[557] BGH GRUR 2000, 820, 821- Space Fidelity Peep Show; BGH GRUR 2002, 828, 829- Lottoschein.

Danach schließt der Verbraucher von einer „Space Fidelity Peep-Show“ und der Inaussichtstellung von „spacigen Sofortgewinnen“ nicht– so jedoch das BerG – auf Gewinne „von weltraumartigen Ausmaßen“.
Ein verständiger Verbraucher darf sich – selbst bei Produkten, die höhere Aufmerksamkeit gebieten – an ein durch die Wortwahl naheliegendes Verständnis halten[558] und braucht auch nicht damit zu rechnen, dass die Angaben auf denen das Verständnis beruht, an einer anderer Stelle des Werbeprospektes korrigiert werden.[559]

Von einem verständigen Verbraucher kann – jedenfalls bei geringwertigen Gütern des täglichen Bedarfs[560] – keine nähere Analyse eines, sich zwar bei näherer Prüfung als unzutreffend herausstellendes, ohne nähere Prüfung jedoch offensichtlich gebotenen Verständnisses, verlangt werden.[561]
So kann von einem angemessen verständigen Leser nicht erwartet werden, dass er den Begriff „Marktführerschaft“ im Hinblick auf ein Nachrichtenmagazin dahingehend versteht, dass zwischen Reichweite (erreichte Leserschaft) und verkauften Heften zu unterscheiden ist.[562]

eeee. Interaktion der einzelnen Faktoren

Ob eine bestimmte Auffassung noch von einem solchermaßen ausgestatteten Verbraucher gebildet werden kann, ist erst durch eine Interaktion der einzelnen Kriterien zu bestimmen.

ffff. „Dreiste Lüge“ (Herstellerpreisempfehlung-E[563]; Scanner-Werbung[564]-E)

In der Herstellerpreisempfehlung-Entscheidung hatte der BGH bereits entschieden, dass es bei falschen Angaben hinsichtlich „leicht nachprüfbaren, objektiven Tatsachen“ nicht darauf ankomme, ob man von einem flüchtigen oder aufmerksamen Verbraucher ausgehe, das Irreführungsverbot müsse in der Lage sein, die durch nichts zu rechtfertigende, dreiste Lüge zu erfassen.[565] Dies hat er in der „Scanner Werbung“-Entscheidung[566] nochmals wiederholt. Wenn im Rahmen des § 3 UWG 1909 auf das Bild eines durchschnittlich informierten, aufmerksamen und verständigen Verbraucher abgestellt werde, müsse dennoch gewährleistet sein, dass das Irreführungsverbot „seine ureigenste Aufgabe zu erfüllen imstande ist, den Einsatz der Unwahrheit in der

---

558 BGH NJW 2004, 439, 440- Mindestverzinsung.
559 BGH NJW 2004, 439, 440- Mindestverzinsung.
560 Für die Leserschaft, auf die der BGH abstellt, stellt ein Nachrichtenmagazin unzweifelhaft ein solches Produkt dar. Für die an Inseraten interessierten Kunden gilt dies zwar nicht, diese bildeten jedoch nicht Gegenstand der Begründung des BGH.
561 BGH WRP 2004, 339, 342- Marktführerschaft.
562 BGH WRP 2004, 339, 342- Marktführerschaft.
563 BGH GRUR 2001, 78, 79- Falsche Herstellerpreisempfehlung.
564 BGH GRUR 2002, 715, 716- Scanner-Werbung.
565 BGH GRUR 2001, 78, 79- Falsche Herstellerpreisempfehlung.
566 BGH GRUR 2002, 715, 716- Scanner-Werbung.

Werbung zu verhindern". Ob die Unwahrheit dabei absichtlich eingesetzt wird, ist nicht von Bedeutung. Im Fall der unrichtigen Herstellerpreisempfehlung ging der BGH sogar von einem Versehen aus.[567]
Auch in der Literatur wird teilweise vertreten, das Verbraucherleitbild sei irrelevant bei objektiv unrichtigen Angaben, da diese per se wettbewerbswidrig seien und es daher nicht auf Anforderungen an das Verbraucherverhalten ankomme.[568]
Welchen Zweck der BGH mit dieser Rspr. genau verfolgt bleibt unklar. Ziele und Absichten des Werbenden sollen weiterhin irrelevant bleiben. Ob eine Werbung objektiv falsch ist, ist nur durch einen Vergleich zwischen Realität und der Aussage zu ermitteln. Welcher Sinn der Aussage zukommen soll, ist nach dem Verbraucherverständnis zu ermitteln. Dies ist seit langem unstreitig. Unstreitig ist ebenso, dass objektiv falsche Angaben nicht „per se" wettbewerbswidrig sind, sondern als nicht irreführend und nicht unlauter verstanden werden, wenn sie beim Verkehr zu keinem Missverständnis führen.[569] Dies gilt selbst dann, wenn der Werbende täuschen wollte. Maßgebliches Argument hierfür ist, dass „ureigenstes Ziel" des Irreführungsverbotes gerade nicht darin liegt, den Einsatz der objektiven Unwahrheit zu verhindern, sondern die Täuschung des Verbrauchers. Nur dann sind die in § 1 UWG genannten Interessen überhaupt betroffen. Wenn der BGH diese Prinzipen aufbrechen wollte, es also hinsichtlich objektiv falscher Angaben allgemein oder für objektiv falsche, leicht nachprüfbare Tatsachen nicht mehr auf das Verkehrsverständnis ankommen soll, wäre das aus den gerade genannten Gründen abzulehnen.
Ebenso geht der Hinweis fehl, „ein vernünftiger Grund, weswegen der Beklagten die Werbung mit einer eindeutig falschen Angabe gestattet werden sollte" sei nicht ersichtlich. Die Frage ist ja gerade wie die Verbraucher die Aussage verstehen, damit sie als eindeutig falsch i.S.d. wettbewerblichen Verständnisses von wahr und unwahr gewertet werden kann und deswegen nicht zu rechtfertigen ist.

3. Belgisches Verbraucherleitbild

a. Art der Ermittlung der Verkehrsauffassung

Der Frage wird im belgischen Recht geringer gewichtet als im deutschen Recht. Dementsprechend ist die aufzuzeigende Diskussion auch in geringerem Maße detailliert als in Deutschland. Insbesondere fehlt es in weiten Teilen an noch an einer abstrakt dogmatischen Erschließung der Fragestellung. Wir versuchen daher vereinzelte Stellungnahmen der Literatur und Rspr. zu systematisieren.

Während zur Frage der Schutzhöhe noch vereinzelte Aussagen existieren, existiert eine Diskussion zur Frage der Art der Ermittlung in Belgien nicht. Die Antwort auf die Frage kann also nur durch aus dem Verbraucherleitbild abgeleitet werden. Wir werden

[567] BGH GRUR 2001, 78, 79- Falsche Herstellerpreisempfehlung.
[568] Lettl GRUR 2004, 449, 456 f.
[569] BGH GRUR 1957, 285, 286- Erstes Kulmbacher.

daher zunächst die Frage nach der Schutzhöhe (Verbraucherleitbild) beantworten und dann auf die Frage der normativen oder empirischen Ermittlung zurückkommen.

b. Darstellung des belgischen Verbraucherleitbildes

Eine Legaldefinition des Verbraucherleitbildes existiert nicht. Insbesondere kann nicht Art. 1, 7 LPCC herangezogen werden. Dieser bezeichnet keine Kriterien welcher Verbraucher geschützt werden soll, sondern definiert lediglich den Anwendungsbereich bestimmter Vorschriften, in denen auf den « consommateur » ausdrücklich Bezug genommen wird.[570] Mangels einer gesetzlichen Definition ist der Begriff daher im Wege der Auslegung zu ermitteln.[571] Maßgeblich sind letztlich also die von Rspr. und Lehre herausgearbeiteten Grundsätze.[572]

aa. Consommateur moyen

Betrachtet man die ältere – also zum GüH 1971 ergangene – belgische Rechtsprechung[573], so wird dort auf den „een middelmatig geinformeerd publiek“, den „minst verstandige consument“, den „doorsnee[574] consument met voldoende[575] kritische zin“, der „niet bedachtzame koper“, der „gemiddelde verbruiker“, der „doorsnee verbruiker“ abgestellt.[576]
Allgemein dominierte jedoch der „consommateur moyen, normalement et raisonnablement avisé“[577] und der „consommateur d'attention moyenne et sans connaissance spéciale“[578] und der „consommateur moyennement informé“[579]. Maßgeblich war also der durchschnittlich informierte und aufmerksame und verständige Verbraucher.[580] Dieser Verbrauchertypus lag auch den Vorarbeiten zum GüH 1991 zugrunde[581] und hat sich inzwischen auch durchgesetzt: „le risque d'erreur doit être jugé du point de vue du consommateur de référence, c'est-à-dire le consommateur

570 Cour de cassation, 12 octobre 2000, Pasic., 2000, I, 1533, 1538 f.
571 Cour de cassation, 12 octobre 2000, Pasic., 2000, I, 1533, 1538 f.
572 Coene D.C.C.R., 1992-93, 116, 118.
573 Vgl. dazu Henning-Bodewig, Recht der Werbung in Europa, Bd. 2, Belgien, Rn. 74 ff.
574 Durchschnittlich.
575 Normalem.
576 Aufstellung von de Vroede in : Liber amicorum aimé de caluwé, 1995, p. 145, 157 f. mit den entsprechenden Nachweisen.
577 Etwa: Hof van Beroep Antwerpen, 19 novembre 1990, Annuaire 1990, 274, 275 note Brison. Unzutreffend daher Ackermann WRP 1996, 502, 510.
578 Hof van Beroep Antwerpen, 19 novembre 1990, Annuaire 1990, 274, 275 note Brison; auf die Tatsache, dass beim breiten Publikum keine Spezialkenntnisse zu erwarten sind, stellt auch Vz. Kh. Brussel, 20 juillet 1990, Annuaire, 1990, 591, 594 ab.
579 Prés. Comm. Bruxelles, 28 mai 1984, R.D.C., 1985, 123, 124, zu dieser Entscheidung vgl. unter E. III. 2. d. aa. aaa.
580 Vgl. auch zu den beiden wichtigsten Alternativen (consommateur moyen/consommateurs les moins intelligents et les moins avertis: Prés. Comm. Charleroi, 5 juin 1997, Annuaire 1997, 196, 201 f.
581 Doc. Parl., Sénat, 945, 1984-1985, n°1, p.16.

moyennement avisé faisant partie du public ciblé de la publicité »[582]. In jüngeren Entscheidungen[583] finden sich zwei « Standardformeln » Zum einen die des „consommateur moyen et raisonnablement normalement avisé et ne disposant pas de connaissances particulières »[584] und zum anderen finden sich der « consommateur moyen, pourvu de bon sens et d´esprit critique ».[585]

bb. „Consommateurs de faible formation et peu éclairés" bzw. „consommateur le moins avisé"

In vereinzelten Entscheidungen wurde jedoch auf die „consommateurs de faible formation et peu éclairés" bzw. „consommateur le moins avisé" abgestellt.[586] Genauer ausgedrückt sind solche Verbraucher gemeint, die „sans faire preuve de négligence ou de désinvolture, ne sont pas aptes à comprendre convenablement les qualités réelles de ce qui leur est offert, de faire la part des choses entre ce qui relève de l´information complète et objective et ce qui teinté d´exagération, d´invraisemblance ou est franchement fallacieux »[587] bzw. die Verbraucher, die ohne jeden kritischen Sinn für das ihnen Gesagte nicht in der Lage sind, Fallen, Übertreibungen oder irreführendes Schweigen des Werbenden zu erkennen.[588]

So hatte der Handelsgerichtspräsident Brüssel in einer Entscheidung ein Haarwuchsmittel – das zu einem angeblich sicheren und schnellen Haarwachstum führe – betreffend, entschieden die Werbung sei irreführend, da zumindest Verbraucher die lediglich mit geringer Intelligenz oder Kritikfähigkeit ausgestatten sind getäuscht werden könnten.[589] Der Schutz des GüH 1971 müsse aber auch für diese Teile des Verkehrs gelten.

---

[582] Vz. Kh. Kortrijk, 27 november 2000, Annuaire 2000, 217, 220.

[583] Identisch auch die Literatur, vgl. etwa: Daele R.D.C. 2002, 247; Coene, D.C.C.R. 1992-93, 116, 119; De Batselier, Annuaire 2003, 248, 255.

[584] Bruxelles 19 octobre 1995, Annuaire 1995, 118; 118 ; Prés. Comm. Bruxelles 29 décembre 1997, Annuaire 1997, 214, 214; Cour d´appel de Bruxelles, 25 septembre 1998, Annuaire 1998, 85, 85 ; Cour d´appel de Bruxelles, 2 mars 1999, Annuaire 1999, 509, 513; Cour d´appel de mons, 25 juin 2001, Annuaire 2001, 95, 95; Vz.Kh.Leuven, 4 novemner 2003, Annuaire 2003, 265, 266 ; Meyer 2001, 633, 634 Kommentierung der Entscheidung Prés. Comm. Liège 18 mai 2001 ; vgl. auch Batselier Annuaire 2003, 248, 255: « Wat de klant of consument betreft dient te worden uitgegaan van de normaal bedachtzame doorsnee consument[584] of nog de gemiddelde consument met gezond verstand en kritische zin. [584] Er is misleidende reclame zodra een verkeerde voorstelling van zaken wordt gegeven, ongeacht of deze verkeerde reclame al dan niet opzettelijk is. Het volstaat dat het economisch gedrag van de consument potentieel beinvloed wordt[584]".

[585] Cour d´appel de Bruxelles Annuaire1999, 509, 513; Vz. Kh. Gent, 18 november 2002, Annuaire 2002, 249, 251.

[586] Prés. Comm. Bruxelles, 3 september 1974, J.C.B., 1974, 500, 508 note Ballon übersetzt in: GRUR Int. 1975, 179 ff.; Prés. Comm Brussel, 14 mars 1977, J.C.B. 1978, 293, 306 note Verougstraete.

[587] Cour d´appel de Liège, 13 octobre 1998, R.D.C. 1998, 412, 413 ff.

[588] Cour d´appel de Liège, 13 octobre 1998, R.D.C. 1998, 412, 413 ff.

[589] Prés. Comm. Bruxelles, 3 séptembre 1974, GRUR Int. 1975, 179. Aus dem deutschen Schrifttum zu dieser Entscheidung vgl. Henning-Bodewig, Recht der Werbung in Europa, Bd. 2, Belgien, Rn. 74; vgl. auch Prés. Comm. Bruxelles, 14 mars 1977, J.C.B. 1978, 293, 306 note Verougstraete. Zu letzterer Entscheidung auch: De Caluwé/Delcorde/Leurquin, Les pratiques du commerce, l´information et la

Diese Entscheidungen konnten sich in der Folge aber nicht durchsetzen und das zugrundeliegende Verbraucherleitbild wurde einhellig abgelehnt: Keinesfalls dürfe etwa das (angebliche) deutsche Verbraucherleitbild auf Belgien übertragen werden und auf einen pathologisch dummen Verbraucher abgestellt werden.[590] Auch in der Rspr. wurde ein solches Leitbild zwischenzeitlich klar verworfen: „on doit tenir compte du degré de discernement et de sens critique de la moyenne des consommateurs, la loi n´étant pas déstinée à protéger les faibles d´esprit. Le public ne saurait se dispenser du moindre effort d´attention ou de réflexion.[591]

In einer jüngeren Entscheidung hatte dann jedoch das Handelsgericht Tournai[592] – in einer nicht Art. 23 GüH betreffenden Angelegenheit – zunächst auf den „consommateur raisonablement avisé“ der angeblich durch eine grenzüberschreitende Werbung, in der die Preise nur in französischen Francs angegeben wurden, beeinträchtigt werde (in Frage standen die Art. 4, 26 GüH) abgestellt[593], dann aber zusätzlich festgestellt, dass auch ältere und uninformierte getäuscht würden, die es auch zu schützen gelte[594]. Letztlich stellte das Gericht wohl insgesamt auf „schwächere“ Verbraucher ab und setzte in einem „Kunstgriff“ den consommateur raisonnablement avisé mit ihnen gleich.[595]
Eine unerwartete Wiederbelebung erfuhr das Leitbild des unmündigen Verbrauchers dann endgültig durch ein Urteil, diesmal Art. 23 GüH betreffend die Cour d´appel de Liège du 13 octobre 1998[596]. Darin unterstützte das Gericht das Leitbild des unmündigen Verbrauchers und es erfolgte erstmals seit langem eine echte argumentative Auseinandersetzung: Der Entscheidung zugrunde lag der Fall der Werbung eines Versandhauses das mittels mehrerer irreführender Werbungen geworben hatte. Das Gericht stellte nun auf den „consommateur de faible formation et peu éclairé“ ab: Die Vorschriften des GüH dienten nicht ausschließlich dazu, den „consommateur normalement et raisonnablement avisé“ zu schützen, sondern ebenso die « consommateurs de faible formation et peu éclairés ».
Es sei zwar zutreffend, dass das GüH nicht geschrieben wurde um die „faibles d´esprit“ zu schützen, jedoch sei ebenso richtig, dass es nicht (ausschließlich) für diejenigen geschrieben wurde die ohnehin kaum zu täuschen seien. Ziel des Gesetzgebers bei der Einführung der Vorschriften über irreführende Werbung sei gewesen zu verhindern, dass der Verbraucher getäuscht werde und lautere Informationen über die an-

---

protection du consommateur, 1990, 2e édition, n° 11.21.2.(2), der die Entscheidung als abschreckendes Beispiel für die Folgen eines derartigen Leitbildes anführt. Aus dem deutschen Schrifttum zu dieser Entscheidung vgl. Henning-Bodewig, Recht der Werbung in Europa, Bd. 2, Belgien, Rn. 71 u. 74.
[590] Straetemans, Handelspraktijken anno 1996, S. 38.
[591] Prés. Comm. Tournai, 2 mars 1993, cité par D. De Locht, p. 197.
[592] Prés. Comm. Tournai, 7 mai 1997, J.T. 1998, 202 ff. (insbes. Rn. 61, 80, 91)
[593] Prés. Comm. Tournai, 7 mai 1997, J.T. 1998, 202, 208 (Rn. 90).
[594] Prés. Comm. Tournai, 7 mai 1997, J.T. 1998, 202, 208 (Rn. 91).
[595] Mit ähnlicher Einschätzung: Nyssens J.T. 1998, 207, 212, der das gewählte Leitbild im Übrigen ablehnt, aaO.
[596] Cour d´appel de Liège vom 13 octobre 1998, R.D.C. 1998, 412, 413 ff.

gebotenen Produkte und Dienstleistungen erhalte.[597] Zur Erfüllung dieses Schutzzwecks – Schutz der Verbraucher vor Irreführung – sei aber erforderlich, dass auch der schwächere Konsument mitberücksichtigt werde und letztendlich der Schutz so breit wie möglich sei und niemanden ausschließe. Denn schließlich könne jeder Verbraucher « prétendre à ce qu'un climat de bonne foi, de confiance et de sécurité le dispense de recherches minutieuses sur les subtilités ou les pièges des messages promotionnels »[598] Daher müsse jeder Verbrauchertypus Berücksichtigung finden.
Vor der eingeschalteten Cour de cassation machte die Gegenseite nun vor allem geltend, dass die Art. 22, 23 GüH im Lichte der europäischen Rechtsprechung auszulegen seien[599], die von einem Verbraucher mit normalen Fähigkeiten ausgeht. Die Cour de cassation entschied nun, unter Umgehung der Art. 22 und 23 GüH zu denen er sich schlicht nicht äußerte, nur zu Art. 94 GüH. Dieser diene nicht der Umsetzung der Richtlinie 84/450/EG und sei daher auch nicht im Lichte der Richtlinie auszulegen. Hinsichtlich der durch Art. 94 GüH geschützten Verbraucher könne er sich den Ausführungen zur erforderlichen Schutzhöhe der Cour d'appel nur anschließen.[600] Ob das Gericht insoweit von einer Spaltung des Verbraucherleitbildes zwischen Irreführungstatbestand und Generalklausel ausgeht bleibt zwar ungesagt, wäre aber logische Konsequenz.

Die beiden genannten Entscheidungen fanden allerdings in der weiteren Rechtsentwicklung keinerlei Niederschlag.[601] So lehnte etwa die Cour d'appel de Bruxelles das Leitbild des « consommateur le moins intelligent » ab ohne ein Wort über die Entscheidung der Cour d'appel de Liège zu verlieren : « Pour déterminer si l'usage de la mention « yaourt à la grecque » pour un yaourt fabriqué en dehors de Grèce peut induire en erreur le consommateur, il faut avoir égard au consommateur doté d'un minimum de bon sens et d'esprit critique, et non au consommateur le moins intelligent »[602]. In den jüngsten Entscheidungen wird weiterhin ohne Diskussion vom durchschnittlichen Verbraucher ausgegangen.[603]

---

[597] Zur Klarstellung: Das Gericht hat mit Sicherheit kein Informationsgebot statuieren wollen, ein solches ist bereits mit Art. 30 GüH geregelt. Werden Informationen gegeben, müssen diese auch zutreffend sein.
[598] Prés. Comm. Namur, 31 mai 1995, Annuaire 1995, 154, 169.
[599] Cour de cassation, 12 octobre 2000, Pasic., 2000, 1533, 1538.
[600] Cour de cassation, 12 octobre 2000, Pasic., 2000, 1533, 1539.
[601] Eine daher überbewertende Darstellung bei Lettl, Schutz vor irreführender Werbung in Europa, S. 156 f.
[602] Cour d'appel de Bruxelles, 2 mars 1999, Annuaire 1999, 509, 509.
[603] Cour d'appel de mons, 25 juin 2001, Annuaire 2001, 95, 95; Vz. Kh. Gent, 18 november 2002, Annuaire 2002, 249, 251; Vz. Kh. Leuven, 4 november 2003, Annuaire 2003, 265, 266 ; Meyer 2001, 633, 634 Kommentierung der Entscheidung Prés. Comm. Liège 18 mai 2001 ; vgl. auch Batselier Annuaire 2003, 248, 255: « Wat de klant of consument betreft dient te worden uitgegaan van de normaal bedachtzame doorsnee consument[603] of nog de gemiddelde consument met gezond verstand en kritische zin. [603] Er is misleidende reclame zodra een verkeerde voorstelling van zaken wordt gegeven, ongeacht of deze verkeerde reclame al dan niet opzettelijk is. Het volstaat dat het economisch gedrag van de consument potentieel beinvloed wordt[603]".

Dem ist zuzustimmen. Die Urteile der Cour d'appel de Liège und auch der Cour de cassation sind abzulehnen[604] da tragende Gründe des Urteils nicht zu überzeugen vermögen.
Zum Urteil der Cour de cassation, in dem nur die Grundsätze des Gerichts aus Lüttich wiederholt werden, sei nur gesagt, dass das von ihm offenbar angenommene geteilte Verbraucherleitbild in keinem Fall überzeugt: Wenn er das europäische Leitbild im Rahmen des Art. 23 GüH akzeptieren will, kann er es diese Entscheidung nicht über Art. 94 GüH unterlaufen.
Ein wichtiges Argument des Lütticher Gerichts war, dass der zugrunde gelegte Verbrauchertypus von der Art des Werbung und des Publikums, an das die Werbung sich richtet, abhängen kann. Dies ist inzwischen unbestritten, gibt jedoch keine Auskunft darüber, ob auf den „consommateur moyen, normalement et raisonablement avisé" oder den „consommateur le moins avisé" der jeweiligen Gruppe abzustellen ist.
Auch die Ausführungen zum Verbraucherschutz überzeugen nicht. Es ist absolut unstrittig, dass der Verbraucher geschützt werden sollte. Die Frage ist nun aber gerade ob jeder einzelne Verbraucher – unabhängig wie absurd seine Fehlvorstellung – geschützt werden sollte oder ob es auf die Auffassungen der Verbrauchers mit durchschnittlichen Fähigkeiten ankommen soll. Die Auffassung der Cour d'appel de Liège widerspricht dabei den Intentionen des Gesetzgebers. Es ergibt sich eindeutig aus den Vorarbeiten, dass der Gesetzgeber von dem Leitbild des „consommateur moyen, normalement et raisonablement avisé" ausgegangen ist.[605] Hierfür spricht auch die Nähe des GüH zur Richtlinie 84/450/EWG: Die Werbevorschriften des GüH (Art. 22 und 23 GüH) setzten unstreitig die Richtlinie 84/450/EWG in belgisches Recht um. Die Richtlinie stellt nun auf den « consommateur moyen, normalement informé et raisonablement attentif et avisé » ab. Zwar kann das belgische Recht weitergehend schützen, jedoch spricht der Sinn des Gesetzes, die Richtlinie umzusetzen, als ein zusätzliches Argument dafür, dass der Gesetzgeber ein dem europäischen Recht vergleichbares Verbraucherleitbild anstrebte. Dieses Leitbild überzeugt auch wertungsmäßig.[606]

cc. Konkretisierung des Leitbildes

aaa. Konkreter Maßstab/public cible[607]

Betrachtet man die neuere Literatur und Rechtsprechung wird nicht mehr auf einen abstrakten „consommateur moyen" abgestellt, sondern ein konkreter Maßstab betont.[608] Die Eigenschaften des Verbrauchers könnten nicht abstrakt definiert werden.[609]

---

[604] Explizit auch : Hendrix/Francq Annuaire 2002, 207, 208 ; vgl. auch Brussel 25 september 1998, Annuaire 1998, 85, 85.
[605] Doc. Parl., Sénat, 945, 1984-1985, n°1, p.16.
[606] Vgl. dazu unter C. II. 2. d. aa. bbb.
[607] Im flämischen: „doelgroup".
[608] Prés. Comm. Charleroi, 5 juin 1997, Annuaire 1997, 196, 202; Hendrix/Francq Annuaire 2002, 207, 208; zu dem insoweit im französischen Recht bestehenden Streit: Franck REDC 2000, 93 ff.; unzutreffend: Ackermann WRP 1996, 502, 510.

Maßgeblich sei vielmehr die jeweilige „doelgroup“ bzw. das „public cible“. Charakteristisch sind insoweit die folgenden Formulierungen: „le risque d'erreur doit être jugé du point de vue du consommateur de référence, c' est-à-dire le consommateur moyennement avisé faisant partie du public ciblé de la publicité »[610] und « pour apprécier la nature d'une publicité trompeuse, il convient de vérifier in concreto (c'est-à-dire en se référant au critère du consommateur concerné par la publicité litigieuse et les services y visés), si la dite publicité suscite une impression erronée. »[611].
Berücksichtigt wird dabei sowohl der Inhalt, die Natur und die Art der Werbung, die Natur und Art des Produktes und insbesondere der angesprochene Personenkreis, an den sich die Werbung richtet („public cible“).[612] Dies ist etwa bei der Werbung eines Billigflugveranstalters ein junges Publikum, das sich nach preisgünstigen Flügen umsieht.[613]
Die neuere belgische Rechtsprechung und Literatur geht insoweit also auch von einem insbesondere produktbezogen situationsadäquat aufmerksamen Verbraucher aus („nature de produits“). So ging das Handelsgericht Brüssel bei Werbung für Feuerwehrhelme vom Maßstab eines sehr vorsichtigen, aufmerksamen Verbrauchers aus, da es sich um Produkte handele bei denen typischerweise hohe Aufmerksamkeit walten gelassen werde und die von einem spezialisierten und erfahrenen Publikum erworben werden.[614]
Unzutreffend ist daher die Verallgemeinerung von *Hendrix/Francq*[615] „Evenzeer mag men de gemiddelde consument niet als een passieve persoon beschouwen: ook de consument heeft de plicht bepaalde informatie op te zoeken of na te vragen“. Die Rspr. legt vielmehr einen situationsabhängigen Maßstab an. Für generelle Informationspflichten bestehen keinerlei Anhaltspunkte, sie wären auch unzutreffend.

bbb. Verdeutlichung durch Einzelfälle

aaaa. Einleitung

Die belgischen Gerichte gehen also durchaus von einem Verbraucher aus, der aufmerksam und verständig am Marktgeschehen teilnimmt. Dies gilt insbesonders auch bei Werbung, die sich an das breite Publikum wendet. Während in früheren Entscheidungen sich noch eher abschätzige Einschätzungen über den „l'homme de la rue“ fan-

---

609 Vgl. Prosmans in : CUP XVI, p. 241 f.; Straetmans, Handelspraktijken anno 1996, S. 38 ff.
610 Vz. Kh. Kortrijk, 27 november 2000, Annuaire 2000, 217 , 220 ; werden berufliche Verbraucher betroffen, spricht ein Teil der Literatur daher auch von « professionnel[s] moyen », vgl. Dessard/Lambrechts Annuaire 1999, 70, 73.
611 Cour d'appel de mons, 25 juin 2001, Annuaire 2001, 95, 95.
612 Evrard, J.T. 1985, p. 185 et s. (n° 11); De Caluwé/Delcorde/Leurquin, Les pratiques du commerce, l'information et la protection du consommateur, 1990, 2e édition, n° 11.21.2.(3) ; Hendrix/Francq Annuaire 2002, 207, 208.
613 Vgl. C. II. 3. b. cc. bbb. bbbb.
614 Prés. Comm. Bruxelles, 3 novembre 1993, Prat. Comm. 1994, 1, 5 n° 16.
615 Hendrix/Francq Annuaire 2002, 207, 209 identisch C. Francq, les differentes images du consommateur à travers la doctrine et la jurisprudence, Journées d'études de Salzbourg, 1995, Ligue Internationale de la Concurrence, 47,52,61.

den – so formulierte etwa *Verougstrate*[616] noch, der Richter müsse sich in die Position eines weniger intelligenten Personenkreises als er selbst es ist versetzten – , hat sich der- Blick auf das breite Publikum („l'homme de la rue“) gewandelt: „ l'homme de la rue ne saurait plus se laisser prendre aux faux pièges des conditionnements, couleurs, symboles spécifiques. Doué d'un sens de l'observation normal, il est à même de faire la part des choses sans s'attacher à l'impression générale d'ensemble qui se dégage de chaque produit. Bien au contraire, le consommateur moyen trouvera satisfaction dans sa recherche d'un article détérminé s'il peut par un sens de l'observation normal, se diriger dans une grande surface directement vers les rayons où sont entreposés les produits concurrents offerts à son choix. L'impression générale d'ensemble qui se dégage de chaque produit ne saurait conduire à l'erreur ».[617]

Maßgeblich für die konkreten Auswirkungen eines Verbraucherleitbildes ist insbesondere welche Erwartungen hinsichtlich der Informationserfassung und Verarbeitung gestellt werden. Dies soll daher im Folgenden anhand einiger aktueller Einzelfälle dargestellt werden.

bbbb. Cour d'appel de Mons, 25 juin 2001[618]

Deutlich auf den Aspekt der Informationserfassung und Verarbeitung stellte in jüngerer Zeit insbesondere die Cour d'appel de Mons in seinem Urteil vom 25 juin 2001 ab: « Pour apprécier la nature d'une publicité trompeuse, il convient de vérifier in concreto (c'est-à-dire en se référant au critère du consommateur concerné par la publicité litigieuse et les services y visés), si ladite publicité suscite une impression erronée. Il s'indique de considérer l'impression générale que le consommateur retire de la publicité. *Ce dernier n'apprécie pas le message publicitaire comme un objet autonome isolé de tout contexte, mais il le situe dans un ensemble d'informations qui sont à sa connaissance sur le service concerné. La perception d'une publicité est inséparable de l'état de l'opinion commune à propos du service visé »*[619].

Dem Urteil lag ein Streit zwischen der BIAC, die den Flughafen Bruxelles (Zaventem) und der BSCA, die den Regionalflughafen Charleroi (nahe bei Brüssel) betreibt, zugrunde. Die BSCA hatte dabei die Formulierungen „l'autre aéroport de Bruxelles“, „de andere luchthaven van Brussel“, „the other Brussels airport“ , „Brussels South (Charleroi)“ sowie „Brussels has two quality airports. Here's the other“ verwendet. Die BIAC hielt diese Werbung für irreführend hinsichtlich des Ortes des/der Starts/Landung. Das Gericht lehnte im Ergebnis eine Irreführung ab. Es sei nicht dargetan, dass der Verkehr hinsichtlich des Ortes von Start und Landung in die Irre geführt werde. Abgestellt wird dabei auf den Kenntnisstand der Verbraucher. Maßgeblich sei hier der Per-

[616] Verougstraete J.C.B. 1978, 308, 309, Anmerkung zu Prés. Comm. Bruxelles, 14 mars 1977, J.C.B., 1978, 293 ff.

[617] Comm. Liège, prés 9 nov. 1992, cité par D. De Locht, Introduction à la loi sur les pratiques du commerce, 1996, p. 194.

[618] Annuaire 2001, 95, 95.

[619] Cour d'appel de mons, 25 juin 2001, Annuaire 2001, 95, 95. Hervorhebung durch den Verf.

sonenkreis der Flugpassagiere. Diesen sei bekannt, dass bei Flughäfen, die nahe an größeren Städten liegen zumeist namentlicher Bezug auf diese Städte genommen werde und kalkuliere mit ein, dass es mehrere Flughäfen gebe. Er sei umso mehr in der Lage die Flughäfen zu unterscheiden, als in der Werbung von « l'autre aéroport », « the other airport », « de andere luchthaven » sowie von Brussel South Charleroi die Rede war.
Das Gericht[620] geht erkennbar davon aus, dass der Verkehr, unabhängig von den in der Werbung enthaltenen Informationen, bestimmte Erfahrungen und bestimmtes Wissen um die angebotene Dienstleistung hat und auch bei der Interpretation der Werbung auf dieses zurückgreift. Der Verbraucher weiß um die Praxis kleiner Flughäfen, den Namen der nächstgrößeren Stadt zu verwenden, um dem Publikum eine geografische Vorstellung über die Lage des Flughafens zu geben. Zudem geht das Gericht davon aus, dass der normal informierte Passagier weiß, dass es in Brüssel einen großen Flughafen gibt und damit die Information „the other“ einordnen kann. Gleichzeitig setzt es beim Publikum geografische Grundkenntnisse voraus, indem es etwa erwartetet, dass das Publikum weiß, dass Charleroi eine Stadt und kein Stadtteil Brüssels ist.

Ähnlich verhielt sich das Handelsgericht Brüssel[621] zum sachlich weitgehend gleichen – allerdings mit anderem Kläger und Beklagten (das Busunternehmen Eurolines SA gegen das Billigflugunternehmen Ryanair) – Fall. Auch das Brüsseler Gericht lehnte eine Irreführung mit der Begründung ab, dass dem Verbraucher alle erforderlichen Informationen zur Verfügung standen um den Standort des Flughafens zu kennen. Die Besonderheit – aus Sicht des Verbraucherleitbildes – war, dass diese Informationen zwar auf der Internetseite, auf der sich die Werbung befand, zur Verfügung standen, allerdings – was mit keinerlei Schwierigkeiten verbunden war – auf der Seite gesucht werden (durch anklicken) mussten. Das Gericht geht also – ohne dies ausdrücklich anzusprechen oder näher zu präzisieren – davon aus, dass bestimmte Informationsobliegenheiten des Verbrauchers bestehen. Dies dürfte dem angesprochenen Publikum, ein weitgehend junges Publikum das über ausreichend Interneterfahrung verfügt um über Internet einen Flug buchen zu können, für das diese Recherchen also ohne (erheblichen) Zeit- oder Kostenaufwand möglich sind, geschuldet sein. Hinzu kam, die weithin bekannte Geschäftsstrategie Ryanairs, Nebenflughäfen zu günstigen Preisen anzufliegen, die beim Verkehr hinsichtlich des Zielflughafens eine erhöhte Aufmerksamkeit auslöst.[622]

---

[620] Kritisch: Diamant, Annuaire 2001, 100 f.: „A mon sens toutefois, l'énumération par la Cour d'un certain nombre de correctifs dont l'effet serait d'éliminer pour certains consommateurs le risque d'être trompé par la publicité, implique que la publicité litigieuse, par la représentation incriminée qu'elle contient, est susceptible d'induire en erreur et répond par conséquent à la définition de la publicité interdite par l'article 23, 2° de la LPCC. »
[621] Prés. Comm. Bruxelles, 17 juin 2002, Annuaire 2002, 204, 206.
[622] So auch Hendrix/Francq Annuaire 2002, 207, 208.

cccc. Vz. Kh. Leuven, 4 november 2003[623]

In einem weiteren Fall legte das Handelsgericht Löwen dar, über welche Kenntnisse der Verbraucher im Bereich der Telekommunikationswerbung verfügt und welche Überlegungen er mittels dieser Kenntnisse anstellt.[624]
Im Juli 2003 hatte das Telekommunikationsunternehmen N.V. Base in verschiedenen niederländisch- und französischsprachigen Tages- und Wochenzeitungen eine Werbekampagne lanciert. Die Kampagne bestand in Preisvergleichen zwischen dem „prepaid 1“- Tarif der N.V. Base und einem Abonnement bei der N.V. Belgacom. Die nachfolgenden Ausführungen beschränken sich auf den als irreführend beanstandeten Teil und nicht auf den Vergleich. Die beanstandete Werbung lautete wie folgt:

> „Hallo! U betaalt nog steeds € 16,50 abonnement per maand voor uw vaste Belgacom-lijn!! Met Base-prepaid 1 bent u voor slechts € 0,58 per maand *altijd en overal bereikbaar*[625]. *
> * vergelijking exclusief installatiekosten. € 0,8 gebaseerd op Base-prepaid 1 kosten beltegoed € 7, 12 maanden geldig.

Belgacom beanstandete nun auf der einen Seite die Passage „altijd en overal bereikbaar“ sowie die angegebenen monatlichen Kosten.

- „altijd en overal bereikbaar“

Die Belgacom berief sich darauf, das Base-Netz decke nicht das gesamte belgische Staatsgebiet ab. Art. 23 Nr. 2 GüH verbiete nun aber die Täuschung über „kenmerken“ einer Dienstleistung. Unter „kenmerken“ sind zu verstehen, die Vorteile, Eigenschaften einer Dienstleistung.
Dem wollte das Gericht nicht folgen: « Le consommateur moyen sait qu'il ne peut être joignable sur son téléphone portable à certains endroits parce que le réseau a une couverture limitée. Il ne déduira donc pas du slogan d'un opérateur télécom « joignable toujours et partout » que cet opérateur offre une couverture dans tout le pays, d'autant plus que le consommateur moyen est au courant du fait que les différents opérateurs de téléphonie mobile n'offrent pas tous la même couverture ».[626]
Der Verbraucher könne daher durch „altijd en overal bereikbaar“ nicht getäuscht werden.

- Täuschung über den Begriff „Installationskosten:“

Schließlich beanstandete die Belgacom noch, durch den Passus „vergelijking exclusief installatiekosten“ werde der Verbraucher über die wahren Kosten in die Irre geführt.
Die behaupteten 0,58 € Kosten ergaben sich daraus, dass das Jahresentgelt von 7 € durch 12 Monate geteilt werden. Hinzu kamen jedoch 28 € Installationskosten, die laut

---

[623] Annuaire 2003, 265, 266.
[624] Vz. Kh. Leuven, 4 november 2003, Annuaire 2003, 265, 266.
[625] Hervorhebung durch den Verfasser; Übersetzung: „allzeit und überall erreichbar“.
[626] Vz. Kh. Leuven, 4 november 2003, Annuaire 2003, 265, 266.

Werbung vom Vergleich ausgeschlossen sein sollten, aber jedes Jahr aufs Neue fällig wurden; so dass sich ein Preis von monatlich 2,33 € ergab. Insoweit werde der Verbraucher über den Preis getäuscht.

Ob eine Irreführung vorliegt, hängt davon ab, wie der Verbraucher den Begriff „Installationskosten" versteht. Versteht er dies so, dass lediglich die variablen Kosten, die tatsächlich bei 0,58 € monatlich lagen – angegeben werden, so entsprechen die angegebenen Kosten den wirklichen Kosten und es liegt keine Irreführung vor. Besteht hingegen die Möglichkeit, dass der Verbraucher den Begriff „Installationskosten" ausschließlich mit Festnetzanschlüssen verbindet – meint solche Kosten fielen für ein GSM nicht an – und den Ausschluss von solchen Kosten daher nur auf die Belgacom bezieht, so wird er darüber in die Irre geführt, dass noch weitere Kosten zu den in der Werbung genannten Kosten hinzukommen.

Das Gericht nimmt nun letzteres an. Der „gemiddelelde, redelijke en voorzichtige consument" sei nicht vertraut mit dem Bestand und dem Sinn von Installationskosten in Bereich des mobilen Telefonsektors. Der Konsument kenne den Begriff Installationskosten im Bereich des festen Telefonsektors, doch gehe er nicht davon aus, dass solche Kosten bezahlt werden müssen, um den Gebrauch eines Mobiltelefons zu ermöglichen. Dem Verbraucher sei zwar der Begriff „Aktivierungskosten" ein Begriff, jedoch setzte er dies nicht gleich mit dem ihm aus dem Festnetzbereich bekannten Begriff „Installationskosten".

Es bestehe daher die Möglichkeit, dass der Verbraucher der den Begriff „Installationskosten" ausschließlich mit Festnetzanschlüssen verbindet und meint, lediglich die Installationskosten der Belgacom seien nicht in die Preisdarstellung miteinbezogen, während bei BASE keine Einschränkungen bestünden, die Aufstellung also komplett sei.

Auch in diesem Fall legt das Gericht elementare Kenntnisse über die Dienstleistung zugrunde. Dabei scheint das Gericht vor allem „normalerweise" vorhandenes Erfahrungswissen zugrunde zu legen. So wird wohl jeder Handy-Nutzer schon einmal die Erfahrung gemacht haben, dass die Netzdeckung nicht 100 % ist. Andererseits werden spezifische Kenntnisse über Vertragskonditionen mit denen der Verbraucher sich erfahrungsgemäß kaum auseinandersetzt nicht erwartet. Das Gericht geht zudem davon aus, dass der Verbraucher mit seinem Wissen Überlegungen anstellt, wie die Tatsache zeigt, dass das Gericht erwägt, ob der Verbraucher von Installations- auf Aktivierungskosten hätte schließen können. Jedoch sind die Anforderungen hier nicht allzu hoch gestellt, so wird nicht verlangt, dass er „Installationskosten" mit „Aktivierungskosten" gleichsetzt.

dddd. Cour d'appel de Bruxelles, 2 mars 1999[627]

Nestlé Belgien vertrieb in Belgien einen außerhalb Griechenlands hergestellten Jogurt unter dem Namen „Yaourth à la Grecque". Dies wurde als irreführend beanstandet da eine falsche geografische Herkunft vorgegaukelt werde.[628] Das Gericht bewertete die Werbung hingegen nicht als irreführend.

---

[627] Cour d'appel de Bruxelles, 2 mars 1999, Annuaire 1999, 509, 513.
[628] Cour d'appel de Bruxelles, 2 mars 1999, Annuaire 1999, 509, 513.

Maßgeblich sei, ob der durch die Werbung avisierte « consommateur moyen » durch die Werbung irrgeführt werde. Der « consommateur moyen » sei in diesem Falle aus der Gruppe der Verbraucher zu ermitteln, die in Belgien Lebensmittel in größeren Märkten einkaufen um diese zuzubereiten und zu verbrauchen. Das Gericht legt dann den Erfahrungshorizont des betroffenen Verbrauchers dar, indem es sich in dessen Lage versetzt: Jeder der einen größeren Lebensmittellanden betrete oder ein «livre élémentaire de cuisine » oder eine Speisekarte in einem Restaurant konsultiere könne sich leicht einen Eindruck davon machen, dass der Verbraucher täglich mit Produkthinweisen auf Länder, Kontinente, Regionen oder Städte konfrontiert sei. Der Verbraucher besitze daher ein hohes Erfahrungswissen in diesem Bereich – so wisse der Verbraucher beispielsweise, dass das einzige bolonaisische, russische oder thailändische von „sauce bolonaise, les œufs à la russe, les crakers thai » ihr Name sei – und wisse daher um die Bedeutung solcher Angaben. Der durchschnittliche Ver-braucher wisse daher, dass Ortsangaben im Lebensmittelbereich oftmals nicht auf die Herkunft, sondern nur auf das Rezept des Produktes hindeuten. Dies insbesondere wenn die Formulierung „à la“ gebraucht werde.

In diesem Urteil wird deutlich, dass insbesondere die Art des beworbenen Produktes für das zugrunde zu legende Wissen maßgeblich ist. Im Bereich von Lebensmitteln wird der Verbraucher in der Regel über ein großes Wissen verfügen, da er täglich mit derartigen Produkten in Kontakt kommt. Es wird vom Verbraucher erwartet, dieses Erfahrungswissen auf neue Produkte zu übertragen. Die Tatsache, dass der Verbraucher Produkten des täglichen Lebens mit nur geringer Aufmerksamkeit begegnet, erörtert das Gericht nicht, das mag daran gelegen haben, dass es der Ansicht war, dass in Zeiten großen Gesundheitsbewusstseins dieser Grundsatz für Lebensmittel nicht gilt, und mangelnde Aufmerksamkeit durch große Erfahrung kompensiert werden kann.

c. Empirische oder normative Ermittlung

Mangels diesbezüglicher Diskussion[629] kann hier keine in Belgien existierende Meinung wiedergegeben werden, sondern – wie bereits im europarrechtlichen Teil – nur eine Mutmaßung abgegeben werden. Letztlich ist aufgrund der in der belgischen Rspr. immer wieder betonten Nähe des belgischen zum europäischen Recht zu erwarten, dass die belgischen Gerichte die Art und Weise der Ermittlung des EuGH übernehmen werden, sollte dieser sich dazu äußern.

Den bereits zitierten Entscheidungen ist zu entnehmen, dass es auf die tatsächliche Verbraucheransicht ankommt. Dies ergibt sich aus den Formulierungen, dass der „consommateur moyen“ etwas weiß und eben nicht « gewusst haben müsste »“, vgl. etwa das Urteil der Cour d´appel de Bruxelles: « Attendu qu´aux termes de la publicité incriminée, [...] le consommateur d´assurances moyen *comprend* qu´il va bénéficier

[629] Die einzige tiefgehendere Auseinandersetzung findet sich soweit ersichtlich bei Nyssens J.T. 1998, 207, 210 ff.

d'une réduction de prime ... »[630]. Das Gericht schreibt hier eindeutig wie der Verbraucher die Werbung tatsächlich verstehen wird. Ebenso äußern sich in neuerer Zeit etwa auch Hendrix/Francq[631], die darlegen wie die Verbraucher „hoogstwaarschijnlijk" eine Aussage verstehen werden. Zudem findet sich ein (wenngleich vereinzeltes) Urteil, in dem es heißt, dass wenn der Richter die Verkehrsauffassung (im zitierten Fall die Relevanz der Angabe für das ökonomische Verhalten der Verbraucher) nicht selber einschätzen könne, er auch auf einen Sachverständigen zurückgreifen könne.[632]
In einer neueren Entscheidung aus dem Jahre 2001, die im Anschluss an einen Aufsatz Van den Bergh's[633] erging, findet sich zudem nunmehr die Formulierung, dass eine objektiv zutreffende Werbung dann irreführend ist, wenn sie irreführende Vorstellungen bei *„een niet onbelangrijke groep consumenten"* hervorruft.[634] Wie diese Passage im Einzelnen zu verstehen ist bleibt – weil sie nicht weiter präzisiert wird – völlig im Dunkeln. Sie zeigt aber, dass das Gericht von verschiedenartigen Verbraucheransichten ausgeht und eine bestimmte – wenngleich nicht näher präzisierte Menge an getäuschten Verbrauchern verlangt. All dies widerspricht einem normativen Leitbild.

Mangels Existenz einer (nachvollziehbaren) Irreführungsquote kann das Leitbild des durchschnittlichen Verbrauchers dabei nur über den Weg des gemischt empirisch-normativen Leitbildes erreicht werden. Die Einschränkung auf den Verbraucher mit normalen Fähigkeiten stellt eine Art „Fangleine" dar. Insoweit ist also davon auszugehen, dass in Belgien die Ermittlung empirisch stattfindet und die gewollte Schutzhöhe durch einen Ausschluss der Meinungen die den Fähigkeiten des normalen Verbrauchers nicht entsprechen durchgesetzt wird.

---

630 Cour d'appel de Bruxelles, 10 avril 1997, Annuaire 1997, 133, 135. Hervorhebung durch den Verf.
631 Hendrix/Francq Annuaire 2002, 207, 208.
632 Vz.Kh. Hasselt, 17 januari 1997, Annuaire 1997, 173, 173 : « Lorsque le juge ne dispose pas de suffisamment de connaissances pour déterminer l'importance,pour le comportement d'achat du consammateur, de l'information éventuellement erronée, il peut demander l'avis d'un expert ».
633 Van den Bergh in: Liber Amicorum Paul De Vroede, p. 1346 (n° 2).
634 Vz. Kh. Kortrijk 22 october 2001, Annuaire 2001, 253, 265; Hervorhebung durch den Verf.

D. Tatbestandliche Voraussetzungen der Irreführung gem. UWG 2004

I. Allgemeine Voraussetzungen

§ 5 UWG verweist auf § 3 UWG und damit auch auf dessen Voraussetzungen. Dieser normiert als allgemeine, nicht irreführungsspezifische, Voraussetzungen eine Wettbewerbshandlung und eine nicht unerhebliche Beeinträchtigung des Wettbewerbs. Diese allgemeinen Voraussetzungen sollen hier, weil nicht irreführungsspezifisch, außen vor bleiben.

II. Werbung

1. Begriff

Unlauter (§ 3 UWG) handelt, wer irreführend wirbt (§ 5 UWG). Der Begriff der Werbung wird im Gesetz nicht definiert, er knüpft an die Definition in Art. 2 Nr. 1 der Irreführungsrichtlinie 84/450/EG an. Werbung ist danach „jede Äußerung bei der Ausübung eines Handels, Gewerbes, Handwerks oder freien Berufs mit dem Ziel, den Absatz von Waren oder die Erbringung von Dienstleistungen, einschließlich unbeweglicher Sachen, Rechte und Verpflichtungen zu fördern".

Bei der Auslegung des Begriffs ist zwar die Richtlinie mit in den Blick zu nehmen, er muss aber nicht richtlinienkonform ausgelegt werden. Im Hinblick auf § 5 UWG besteht autonomes Recht der Mitgliedsstaaten, Art. 7 I der Richtlinie 84/450/EG[635]. Anders ist dies, für den hier nicht zu thematisierenden § 6 UWG, hier ist die Richtlinie gem. § 7 II Richtlinie abschließend und die nationale Umsetzung hat daher richtlinienkonform zu erfolgen. Es kann insoweit also zu einem Auseinanderfallen des Begriffs der Werbung innerhalb des UWG kommen.

2. Einzelheiten

a. Äußerung

Der Begriff der Werbung erfordert zunächst eine Äußerung. Dieser Begriff ist weit auszulegen, die Form der Äußerung ist beliebig[636], sie kann öffentlich oder in einem individuellen Verkaufsgespräch erfolgen. Äußerung ist daher jede Kommunikation.

---

[635] Vgl. umfassend C. II. 1. a. aa.

[636] EuGH Slg. 2001, I- 7945, Rn. 31- Toshiba/Katun (zur Richtlinie 84/450/EG).

b. Tätigkeitszusammenhang und Tätigkeitsziel

aa. Grundsätze

Erforderlich ist, wie soeben dargestellt, dass die Förderung des Absatzes „in Ausübung eines Handels, Gewerbes, Handwerks oder freien Berufs“ erfolgt. Dieses Erfordernis entspricht dem der „Irreführung zu Zwecken des Wettbewerbs über geschäftliche Verhältnisse des § 3 a.F.[637] Dieses Erfordernis ist eigentlich bereits im Rahmen des § 3 (dort als Teil des Merkmals „Wettbewerbshandlung“[638]) zu prüfen, da es aber im belgischen Recht im Rahmen des Art. 22 GüH eine Rolle spielt, soll, um im Rahmen eines Rechtsvergleichs hierauf zurückkommen zu können, eine kurze Erörterung erfolgen. Objektiv ist eine Handlung, die geeignet ist den Wettbewerb zu fördern und subjektiv der Wille des Werbenden, den Wettbewerb zu fördern, erforderlich.

bb. Objektive Eignung zur Förderung des Absatzes

Eine solche Eignung ist zu bejahen, wenn die Handlung sich irgendwie positiv auf den Marktauftritt und die Marktposition eines Unternehmens auswirken kann. Dabei ist ausreichend, wenn die Position lediglich gefestigt (erhalten) werden soll, die Werbung also nicht auf Erweiterung des Kundenstammes gerichtet ist.[639] Ausreichend sind sämtliche Formen der Werbung, eine unmittelbar auf Produktabsatz gerichtete Werbung ist nicht erforderlich.

cc. Subjektives Element: Wettbewerbsförderungsabsicht

Eine Wettbewerbshandlung erfordert zusätzlich, dass mit dem Ziel gehandelt wird, den Wettbewerb des eigenen oder eines fremden Unternehmens zu fördern, § 2 I Nr. 1 UWG. Insoweit hat sich zwar die Terminologie zum früheren Recht (§§ 1, § 3 UWG 1909: „Handeln zu Zwecken des Wettbewerbs“) geändert, ohne dass hiermit jedoch eine materielle Änderung verbunden wäre. Erforderlich ist also auch im neuen Recht eine Wettbewerbsförderungsabsicht[640].

Bloßes Bewusstsein reicht insoweit nicht aus, jedoch ist, wenn noch andere konkrete Umstände hinzutreten, anzunehmen, dass wer in entsprechendem Bewusstsein handelt auch ein entsprechendes Ziel verfolgt.[641] Dabei muss das Motiv der Wettbewerbsförderungsabsicht nicht das Einzige sein. Es genügt vielmehr, dass neben anderen Zielen

---

[637] H-B/H-B/Dreyer § 5 Rn. 143.

[638] Vgl. hierzu die Legaldefinition in § 2 I Nr. 1.

[639] BGH GRUR 1959, 488, 489-Konsumgenossenschaften; BGH GRUR 1970, 465, 467-Prämixe; BGH GRUR 1986, 615, 618- Reimportierte Kraftfahrzeuge.

[640] Vgl. zur Wettbewerbsförderungsabsicht etwa: BGH GRUR 1973, 371, 372- Gesamtverband; BGH GRUR 1983, 379, 380- Geldmafiosi; BGH GRUR 1986, 812, 813- Gastrokritiker; BGH GRUR 1986, 898, 899- Frank der Tat; BGH GRUR 1989, 430- Krankentransportbestellung; BGH GRUR 1997, 473, 474- Versierter Ansprechpartner; BGHZ 136, 111, 117- Kaffeebohne.

[641] BGH GRUR 1981, 658, 660- Preisvergleich; a.A. Bauer, Handeln zu Zwecken des Wettbewerbs, 1991, 66.

wenigstens *auch* Wettbewerbszwecke verfolgt werden und diese Absicht nicht hinter anderen Beweggründen zurücktritt.[642] Maßgeblich bei der Beurteilung ob Wettbewerbsabsicht vorlag sind die jeweiligen Umstände des Einzelfalles.
Bei bestimmten Handlungen besteht nach der Lebenserfahrung eine Vermutung einer Wettbewerbsförderungsabsicht. Diese Vermutung ist jedoch widerleglich. Dies geschieht dadurch, dass die andere Partei (also der Verletzende) Umstände dartut, die entweder die Lebenserfahrung als solche widerlegen, oder aber im konkreten Einzelfall das Fehlen der entsprechenden Absicht beweist. Maßgeblich ist insoweit eine Gesamtschau der Umstände, des Zwecks und – insbesondere – des Inhalts der beanstandeten Äußerung.[643]
Ist der handelnde Unternehmer und ist sein Verhalten objektiv geeignet den Wettbewerb des eigenen Unternehmens zu fördern, spricht nach der Lebenserfahrung eine widerlegliche tatsächliche Vermutung für eine entsprechende Absicht zur Förderung des Wettbewerbs.[644]
Diese Vermutung wird nicht dadurch widerlegt, dass zugleich noch andere Ziele verfolgt werden.[645] Diese auf der Lebenserfahrung ruhende Vermutung gilt dementsprechend nicht in Bereichen in denen die Erfahrung eine Wettbewerbsabsicht nicht nahe legt bzw. andere Faktoren völlig im Vordergrund stehen. Dies gilt etwa bei der Förderung fremden Wettbewerbs durch Privatpersonen. Während bei der Förderung eigener wirtschaftlicher Interessen die Entfaltung einer Förderungsaktivität auf ein entsprechendes Ziel schließen lässt, liegt ein solcher Schluss bei der Förderung fremder Unternehmen keineswegs nahe.[646] Hinzukommen können auch noch andere Faktoren, die eine Vermutung auf eine Wettbewerbsförderungsabsicht verhindern, so etwa bei der Veröffentlichung von Warentest durch Verbraucherverbände.[647]

---

[642] BGH GRUR 1983, 379, 380- Geldmafiosi; BGH GRUR 1986, 812, 813- Gastrokritiker; BGH GRUR 1990, 373, 374- Schönheits- Chirurgie; BGH GRUR 1992, 450, 452- Beitragsrechnung; BGH GRUR 1997, 907, 908- Emil-Grünbär-Klub; BGH GRUR 2002, 987, 993- Wir Schuldenmacher; BGH GRUR 2002, 1093, 1094- Kontostandsauskunft; BGH GRUR 2003, 800, 801- Schachcomputerkatalog.

[643] BGH GRUR 1993, 761, 762- Makler- Privatangebot; BGH GRUR 1992, 707, 708- Erdgassteuer; OLG Düsseldorf WRP 1998, 421, 425-. FDP-Zahlen.

[644] St. Rspr. zu §§ 1 und 3 UWG 1909: vgl. BGH GRUR 2003, 800, 801- Schachcomputerkatalog; BGH GRUR 2002, 193, 194- Kontostandsauskunft; BGHZ 136, 111, 117- Kaffeebohne; BGH GRUR 1993, 761, 762- Makler-Privatangebot; BGH GRUR 1992, 707, 708- Erdgassteuer; BGH GRUR 1962, 34, 36- Torsana; BGH GRUR 1990, 522, 524- HBV-Familien- und Wohnrechtsschutz.

[645] BGH GRUR 1997, 761, 764- Politikerschelte.

[646] BGH GRUR 1997, 912, 913- Die Besten I; BGH GRUR 1997, 914, 915- Die Besten II; BGH GRUR 1995, 270, 272- Dubioses Geschäftsgebaren; BGH GRUR 1986, 898, 899- Frank der Tat; OLG Hamburg GRUR-RR 2004, 52, 53- Kooperation Forum; H-B/H-B/Keler § 2 Rn. 49; Ebenso nicht anwendbar bei Angaben von Wissenschaftlern: BGH GRUR 1957, 360, 361- Phylax-Apparate; BGH GRUR 1962, 45, 49- Betonzusatzmittel; OLG Karlsruhe WRP 1977, 45, 47; bei der Rechtsberatung durch Rechtsanwälte: BGH GRUR 1967, 428, 429- Anwaltsberatung. Besonderheiten – die hier zu speziell wären – bestehen insbesondere hinsichtlich von Äußerungen in den Medien. Hier ist zusätzlich die Pressefreiheit mit ins Kalkül zu ziehen, vgl. etwa BGH WRP 1998, 595, 596- AZUBI' 94.

[647] BGH GRUR 1981, 658, 660- Preisvergleich; OLG Karlsruhe GRUR 1989, 681, 681- Wasserenthärter.

c. Beschränkung auf Absatzgeschäfte

Die genannte Definition beschränkt den Werbebegriff auf Kommunikation hinsichtlich von Absatzgeschäften (vgl. Wortlaut: „der Absatz von Waren"; „Erbringung von Dienstleistungen"), während Werbung für eigene Nachfrage vom Wortlaut nicht erfasst wird. Dies bereitet im absoluten Regelfall keine Schwierigkeiten, da der Hauptsinn von Werbung im Absatz von Produkten besteht, kann jedoch in Einzelfällen – wenn eben die eigene Nachfrage Gegenstand einer Werbung bildet – zu Ungereimtheiten führen.

So wäre die Werbung eines Händlers, der für den Ankauf von Unterhaltungselektronik wirbt[648] ebenso wenig erfasst, wie die Werbung eines Wohnungsbauunternehmens, das auf der Suche nach Baugrundstücken falsche Angaben über die Bebaubarkeit eines Grundstücks macht, oder eines Arbeitgebers, der in Stellenanzeigen Vergünstigungen anbot, die er in Wahrheit nicht gewährte.[649]

Auch solche Fälle müssen jedoch offensichtlich durch das Irreführungsverbot erfasst werden, ein Unterschied zu den Fällen der Werbung hinsichtlich des Absatzes, der eine Ausklammerung rechtfertigen könnte, ist jedenfalls nicht zu erkennen. Werbung i.S.d. § 5 UWG ist daher sowohl Angebots- als auch Nachfragewerbung.[650]

d. Werbung durch Dritte

Der Werbende muss nicht für das eigene Unternehmen werben.

Letzteres folgt primär aus § 8 II UWG, der den Unterlassungsanspruch nicht ausschließlich auf den Inhaber eines Betriebs bezieht. Zieht man den Wortlaut der Richtlinie heran, so ergibt sich nichts anderes. Dies folgert bereits aus dem Wortlaut, man kann einen Handel etc. auch für einen Dritten *ausüben.*[651] Ausreichend für § 5 UWG ist daher die Förderung fremden Absatzes.

Der Werbende muss dabei jedoch entweder selbst unternehmerisch tätig sein, oder aber in funktionellem Zusammenhang zu einer fremden unternehmerischen Tätigkeit handeln.[652] Ein solcher Zusammenhang liegt vor, wenn der Dritte von dem Unternehmer, zu dessen Gunsten er handelt, mit der Wahrung seiner Interessen betraut worden ist. Insoweit kann die „alte" Kasuistik herangezogen werden. Keine Werbung stellen daher Äußerungen von Privatpersonen dar, die ohne Interessenswahrer zu sein, in den Wettbewerb eingreifen wollen.

Der erforderliche Zusammenhang zu einem fremden Unternehmen liegt etwa vor bei Wirtschaftsverbänden, die zwar nicht in eigenem Namen unternehmerisch tätig werden, jedoch die Interessen ihrer Mitglieder wahren.[653] Dies gilt auch für Mitarbeiter,

---

[648] OLG Düsseldorf GRUR 1988, 711, 711.

[649] OLG Koblenz WRP 1998, 540, 540 [LS]; OLG Nürnberg GRUR 1991, 330, 330.

[650] Und auch i.S.d. Art. 2 Nr. 1 84/450/EWG, vgl. Lettl, Schutz vor irreführender Werbung in Europa, S. 67; dies ist, s.o. für § 5 UWG allerdings nicht unmittelbar relevant.

[651] A.A.: Baumbach/Hefermehl/Bornkamm § 5 Rn, 2.18., der jedoch auf die französische und englische Fassung der Richtlinie abstellend zum gleichen Ergebnis gelangt.

[652] Baumbach/Hefermehl/Bornkamm § 5, Rn. 2.18.

[653] Vgl. zum alten Recht BGH GRUR 1973, 371, 372- Gesamtverband.

die sich zugunsten des Arbeitgebers im Wettbewerb äußern. Verbraucheraufklärung durch Verbraucherverbände stellt hingegen niemals Werbung dar, die Verbände sind nicht Interessenswahrer eines Unternehmers.[654]

3. Angaben über geschäftliche Verhältnisse

Durch die Gesetzesnovelle ist das Erfordernis der „Angabe über geschäftliche Verhältnisse" weggefallen, was eine erhebliche Ausweitung des Tatbestandes zur Folge hätte. Fraglich erscheint jedoch, ob der Begriff mit dem Fortfall aus dem Gesetzestext auch aus der Gesetzesanwendung wegfallen sollte.

a. Geschäftliche Verhältnisse

In § 3 UWG 1909 war der Gegenstand der Irreführung auf geschäftliche Verhältnisse beschränkt. Dieses Erfordernis ist nunmehr weggefallen und es sind keine zwingenden Gründe ersichtlich die Einschränkung aufrecht zu erhalten.[655] Damit wird der Anwendungsbereich des § 5 UWG im Vergleich zu § 3 UWG 1909 ausgeweitet, es werden nunmehr auch die Fälle der Irreführung erfasst, die aufgrund dieses Merkmal nicht unter § 3 UWG 1909 fielen und notgedrungen durch § 1 UWG 1909 in der Fallgruppe der wettbewerbswidrigen Irreführung erfasst wurden. Dies waren namentlich die Fälle der redaktionellen Werbung und der irreführenden Angaben über Mitbewerber[656].

b. Angaben

Das Merkmal der Angabe wird nicht mehr explizit gefordert, lediglich in den Beispielen für irreführende Werbung des § 5 II UWG findet es Erwähnung.

Dennoch muss es weiterhin in § 5 UWG hineingelesen werden. Ohne diese Einschränkung würde jede beliebige Äußerung durch § 5 UWG erfasst werden. Für einen Irreführungstatbestand sind aber Äußerungen, die überhaupt auf eine Irreführung hin geprüft werden können, also einer objektiven Prüfung zugänglich sind, erforderlich.[657] Genau diese Beschränkung auf einer Irreführungsprüfung zugängliche Äußerungen verfolgte der Angabenbegriff. Eine Korrektur ist daher in zwei Richtungen möglich: Entweder ist § 5 I UWG „wer durch irreführende Angaben wirbt" zu lesen, oder aber der Werbebegriff ist als „jede Äußerung von Angaben bei der Ausübung eines Handels ..." zu verstehen. Beide Lösungen führen zu identischen Ergebnissen. Allerdings spricht für die erstere Lösung, dass Werbung auch auf andere Art als durch Angaben möglich ist. Daher ist die Einschränkung außerhalb des Werbungsbegriffs vorzunehmen.

---

[654] BGH GRUR 1976, 268, 270 f.- Warentest II.

[655] Baumbach/Hefermehl/Bornkamm § 5 Rn. 2.22.

[656] Diese Fälle wurden jedoch bereits von GK/Lindacher § 3 Rn. 292 unter § 3 UWG 1909 erfasst.

[657] Köhler/Lettl WRP 2003, 1019, 1023; Gloy/Helm § 53 Rn. 5; für das alte Recht vgl. BGH GRUR 1997, 227, 228- Aussehen mit Brille; BGH GRUR 1997, 229, 230 f.- Beratungskompetenz; BGH GRUR 1997, 666, 668- Umweltfreundliche Reinigungsmittel; BGH GRUR 2002, 182, 183- Das Beste jeden Morgen.

III. Angaben

1. Ausgangspunkt

Der Begriff der Angabe ist anhand des Normzwecks des § 5 UWG zu ermitteln, nämlich der Verhinderung einer irreführenden – also unzutreffender – Information der Beworbenen durch Werbung.[658] Angabe ist danach jede vom angesprochenen Verkehr[659] als solche verstandene informierende Kommunikation, die – da sie irreführend sein muss – inhaltlich verifizierbar bzw. widerlegbar ist. Fehlt der Kommunikation – insgesamt, nicht jedes Wort muss eine Information beinhalten – jede überprüfbare Aussage, liegt keine Angabe vor.[660] Phantasiebezeichnungen werden daher oftmals keine „Angabe" sein.[661]

Da der Verkehr maßgeblich ist, kommt es auf die Sicht des durchschnittlichen Verbrauchers an. Ob eine Verifizierung oder Negierung tatsächlich gelingen kann ist daher unerheblich. Ein reines Werturteil, das vom Verkehr als verifizierbar angesehen wird ist Angabe.[662]

2. Verifizierbarkeit

a. Nicht nachprüfbare Aussagen (insbesondere Werturteile/Floskeln)

Für den Begriff der „Angabe" ist nicht die Unterscheidung zwischen Tatsache und Werturteil entscheidend, sondern die Verifizierbarkeit bzw. Widerlegbarkeit der Aussage.[663] Dabei kann durchaus nur ein Teil einer Aussage dieses Kriterium erfüllen. Dann liegt nur insoweit eine Angabe vor. Wirbt etwa eine Stadt damit, auf ihrem Gebiet liege der schönste Aussichtspunkt der Mosel, so ist eine Verifizierbarkeit zwar nicht hinsichtlich der (rein subjektiven) Frage ob nun wirklich der „schönste" Aussichtspunkt vorhanden ist gegeben, wohl aber, ob überhaupt ein Aussichtspunkt von touristischem Wert vorhanden ist.[664] Insoweit existieren nämlich durchaus objektive Kriterien. Keinen nachprüfbaren Inhalt besitzen auf den ersten Blick auch Werbeslogans wie: „Die schönsten Blumen der Welt"[665] „künstlerisches Ereignis"[666]; „Mutti

---

[658] GK/Lindacher § 3 Rn. 75.
[659] Baumbach/Hefermehl/ Bornkamm § 5 Rn. 2.26; H-B/H-B/ Dreyer § 5 Rn. 121; Gloy/Helm § 53 Rn. 8; GK/Lindacher § 3 Rn. 75.
[660] BGH GRUR 1964, 33, 35- Bodenbeläge; BGH GRUR 1997, 227, 228- Aussehen mit Brille; BGH GRUR 1997, 229- Beratungskompetenz; BGH GRUR 1997, 666, 668- Umweltfreundliche Reinigungsmittel; BGH GRUR 2002, 182, 183- Das Beste jeden Morgen; Gloy/Helm § 53 Rn. 5; GK/ Lindacher § 3 Rn. 75.
[661] Prés. Comm. Bruxelles, 25 janvier 1993, Annuaire, 1993, 60, 63.
[662] H-B/H-B/ Dreyer § 5 Rn. 121.
[663] BGH GRUR 1973, 594, 595- Ski-Sicherheitsbindung; BGH GRUR 1975, 141, 142- Unschlagbar; Baumbach/Hefermehl/ Bornkamm § 5 Rn. 2.24; Gloy/Helm § 53 Rn. 8; Ludwig, S. 71.
[664] OLG Koblenz 1983, 225, 226; vergleichbar: BGH GRUR 1975, 141, 142- Unschlagbar.
[665] Baumbach/Hefermehl/Bornkamm § 5 Rn. 2.32.

gibt mir nur das Beste"[667], „irgendwie besser"[668] oder „das Beste jeden Morgen"[669]. Wie so eben ausgeführt, ist jedoch immer zu prüfen, ob sich in der Aussage nicht doch ein nachprüfbarer Kern „versteckt". Insbesondere wenn die Beschaffenheit einer Ware angepriesen wird, ist oftmals letztlich doch eine Reduktion auf einen Tatsachenkern möglich.[670] Zwar liegt mit der Aussage „das beste jeden Morgen" keine Verifizierbarkeit – mangels objektiver Kriterien – dahingehend vor, ob es sich wirklich um das „beste" Frühstück handelt, wohl jedoch liegt eine Angabe hinsichtlich einer hochwertigen Qualität des Frühstücksproduktes vor. Insoweit erscheint die Annahme, dass die Werbung , der Unternehmensinhaber habe sich dem „Gesunden Wohnen" und einer umweltgerechten Produktion verschrieben, keine Angabe enthalten soll[671] zweifelhaft. Der Verkehr entnimmt einer solchen Werbung jedenfalls, dass das Unternehmen in besonderer Weise umweltfreundlich (d.h. energieeffizient, schadstoffarm etc.) baut.
Ein Tatsachenkern verbirgt sich in der Regel auch hinter bewusst subjektiven Formulierungen wie: „Wir sind überzeugt: Weit und breit ist keiner günstiger".[672]

Imperative Kaufappelle wie „sieh alle Möbellager durch und kaufe dann bei Schulenburg"[673] oder „den [eine Waschmaschine] und keinen anderen"[674] oder aus jüngerer Zeit: Willy säht: Bis 17.4. kein Wäschmaschin kaufe jon"[675] besitzen keinen objektiv nachprüfbaren Inhalt und sind daher keine Angaben i.S.d. § 3 UWG.

b. Objektiv nachprüfbare reklamehafte Übertreibungen

aa. Grundsätze

Neben Anpreisungen ohne objektiv nachprüfbaren Inhalt existieren Anpreisungen, die zwar objektiv nachprüfbar sind, jedoch vom Verkehr als Übertreibung durchschaut werden und als „reklamehafte Übertreibung ohne eigentlichen Wesensgehalt"[676] nicht

---

[666] Baumbach/Hefermehl/Bornkamm § 5 Rn. 2.32.
[667] BGH GRUR 1965, 363, 365- Fertigbrei.
[668] Da lediglich eine subjektive Wertung beinhaltend, OLG Rostock WRP 1995, 658, 659.
[669] BGH GRUR 2002, 182, 183 f.- Das Beste jeden Morgen.
[670] BGH GRUR 1969, 425, 426- Melitta-Kaffee mit Anmerkung Krüger.; Die Angabe „das Beste jeden Morgen", enthält nur insoweit einen nachprüfbaren Tatsachenkern als es sich um ein qualitativ hochwertiges Produkt handelt, dem Verkehr ist bewusst, dass es sich bei der Frage, was das beste Frühstück ist, um eine, sich objektiver Nachprüfbarkeit entziehende, subjektive Einschätzung handelt, vgl. BGH GRUR 2002, 182, 184; Gloy/Helm § 53 Rn. 8; Baumbach/Hefermehl/Bornkamm § 5 Rn. 2.132.
[671] BGH GRUR 1996, 367, 368- Umweltfreundliches Bauen.
[672] OLG Hamm GRUR 1988, 768, 769 weitere Beispiele: Äußerungen in Frageform, Vermutungen, Willensäußerungen. Auch hier ist regelmäßig ein Tatsachenkern vorhanden, vgl. Gloy/Helm § 53 Rn. 8.
[673] Hamburg GRUR 1953, 534, 535.
[674] BGH GRUR 1965, 365, 366- Lavamat II; in der Sache identischer Fall auch: „R.-Uhren kaufen sie am besten bei W. Oder kennen Sie eine bessere Adresse ?", KG WRP 1982, 220, 221.
[675] BGH GRUR 2001, 752, 753- Eröffnungswerbung.
[676] RGZ 131,75, 78- „... ja aber Odol ist besser".

ernstgenommen werden. Da es auf die Verkehrsanschauung ankommt und der Verkehr derartigen „Phrasen“ keinen Informationswert beimisst, liegt auch in diesen Fällen keine Angabe vor.[677]
Die Schwierigkeit ist nun zu erkennen wann der Verkehr eine Übertreibung erkennt und wann nicht. Dem Publikum sind die Werbemechanismen bekannt. Es weiß, dass es nicht jedes Wort auf die Goldwaage legen darf. Schließlich werden auch in der Umgangssprache Superlative recht inflationär gebraucht (beispielsweise die verbreitete Verwendung des Terminus „super“), so dass der Verkehr durch Übertreibungen nicht unvorbereitet getroffen wird. Man muss daher davon ausgehen, dass der Verkehr – jedenfalls heutzutage – durchaus nicht mehr jede Werbeaussage wörtlich ernst nimmt, sondern von sich aus Anpreisungen, auch weitgehend relativieren wird.

Letztlich kommt es immer auf die Verkehrsanschauungen im Einzelfall an.

bb. Erfahrungssätze zur Verkehrsauffassung

Es existiert eine Reihe von Begriffen, bei denen die Übertreibung so offenkundig ist, dass sie vom Verkehr jedenfalls nicht wörtlich genommen werden. So glaubt niemand an „Wunder“ und im Zusammenhang mit der Ankündigung eines „Putzwunders“ oder „Backwunders“ erwartet niemand den tatsächlichen Eintritt eines „Wunders“.[678]

Auch von der Person des Werbenden hängt ab, inwieweit der Verkehr eine Werbung ernst nimmt. Es gilt, dass der Verkehr Kaufleuten einen Vertrauensvorschuss entgegenbringt, diese als seriös und nicht notorische „Großschwätzer“ ansieht, denen nicht zu glauben ist.[679]
Allgemein ist davon auszugehen, dass der Verkehr Werbungen bekannter Unternehmen ernst nimmt.[680]

Auch wird die Branchenüblichkeit von Übertreibungen vom Verkehr berücksichtigt. Die Branchenüblichkeit von Übertreibungen ist und darf zwar grundsätzlich kein Argument für die Verwässerung der Irreführungsschutzes sein.[681] Jedoch kann anderer-

---

[677] GK/Lindacher § 3 Rn. 79; v. Gamm Kap. 36 Rn. 19; anders Baumbach/Hefermehl/Bornkamm § 5 Rn. 2. 35. es liege eine Angabe vor, fehle aber an der Irreführung; vgl. bereits Baumbach/Hefermehl § 3 Rn. 17: Es liege zwar eine Angabe aber keine Irreführung vor – überraschend da ders. § 3 Rn. 12: „ Angaben ... können nur solche sein, die in Bezug auf diesen Sachverhalt nach Auffassung der Verkehrs etwas aussagen“.
[678] Auch hier besteht jeweils die Möglichkeit, dass Übertreibungen vom Verkehr in eingeschränktem Maße „ernst“ genommen werden. Dann liegt in diesem Umfang eine Angabe vor, Godin/Hoth UWG § 3 Rn 6 mwN. So verlangt der Verkehr von einer unzerreißbaren Hose zwar nicht deren Unzerreißbarkeit wohl aber eine besondere Haltbarkeit, Baumbach/Hefermehl/Bornkamm § 5 Rn. 2.125 mit weiteren Beispielen.
[679] GK/Lindacher § 3 Rn. 80.
[680] GK/Lindacher § 3 Rn. 82; vgl. auch Baumbach/Hefermehl § 3 Rn. 61: Was sich hier auf der Grenze zwischen Scherz und Ernst bewege, sei wegen der Gefahr der Irreführung der Verbraucher als unzulässig zu werten.
[681] GK/Lindacher § 3 Rn. 82.

seits nicht außer Betracht bleiben, dass die Branchenüblichkeit das Verkehrsverständnis maßgeblich mitbeeinflusst. So werden beispielsweise Ankündigungen in der Waschmittelbranche – auch wenn sie von bekannten Unternehmen geäußert werden – hinsichtlich der „Waschkraft" des jeweiligen Produkts aus Erfahrung kaum noch „für voll" genommen.[682]

Eine Rolle spielt auch die Art und Inhalt der Werbung. Erfahrungsgemäß wird der Verkehr eine Werbung, die sich konkret und substantiell mit einem Produkt befasst, eher ernst nehmen als allgemein-abstrakte Anpreisungen.[683] Bildliche oder sich eines Wortwitzes bedienende Werbung wird der Verkehr tendenziell weniger ernst oder gar wörtlich nehmen.[684] Auch in diesem Bereich wird sich die Veränderung des Verbraucherleitbildes liberalisierend auswirken.

3. Ausdrucksform (§ 5 III UWG)

Die Ausdrucksform ist irrelevant. In Betracht kommt jede Form der Kommunikation (Wort, Bild, Ton etc.).[685] Wer etwa einen Radiospot für Teigwaren mit Hühnergegacker unterlegt ruft bei einem nicht unerheblichen Teil des Publikums die Fehlvorstellung hervor, die Waren seien aus Frischei hergestellt und macht daher irreführende Angaben, wenn dieses nicht verwendet wird.[686]

4. Gebrauch einer Unternehmens-, Verband-, Waren-, Verfahrensbezeichnung

Im Gebrauch einer Unternehmens-, Verband-, Waren-, Verfahrensbezeichnung kann nach allg. Ansicht eine Angabe liegen.[687] Der Eintrag einer Firma ins Handelsregister schützt dabei nicht vor einem Verbot nach §§ 3, 5 UWG.[688] Allerdings ist bei der Anwendung des § 5 UWG jeweils zu beachten, ob nicht eine abschließende Wertung aus dem Markenrecht vorgeht.[689]

---

682 Vgl. zum belgischen Recht etwa Prés. Comm. Bruxelles, 19 septembre 1994, Annuaire 1994, 109, 109 mit einem Überblick üblicher Werbesprüche in der (belgischen) Waschmittelbranche und die Darstellung unter E. III. 2. d. aa. bbb.

683 OLG Stuttgart NJW RR 1988, 1254, 1254: Die Werbung „Preisknüller des Jahres" für einen bestimmten PC ist eine nachprüfbare Alleinstellungsbehauptung; Baumbach/Hefermehl § 3 Rn. 60.

684 Baumbach/Hefermehl/Bornkamm § 5 Rn. 2.127; vgl. etwa BGH GRUR 2002, 982, 984- Die Steinzeit ist vorbei: Die Werbung eines Holzhäuserherstellers für seine Produkte mit dem genannten Slogan.

685 Gloy/Helm § 53, Rn. 6; Baumbach/Hefermehl/Bornkamm § 5 Rn. 2.36. ff.; H-B/H-B/Dreyer § 5 Rn. 133 f.

686 BGH GRUR 1961, 544, 544 f.- Hühnergegacker.

687 Baumbach/Hefermehl/Bornkamm § 5 Rn. 2.39; GK/Lindacher § 5 Rn. 91.

688 BGH GRUR 2003, 448, 449- Gemeinnützige Wohnungsgesellschaft.

689 Vgl. insbesondere BGHZ 149, 191, 195 f- shell.de; BGH GRUR 2001, 73- Stich den Buben.

5. Angaben durch Unterlassen

Unter den Begriff der „Angaben" fällt sicher positives Tun. Die Fälle des Unterlassens von Informationsvermittlung lassen sich in zwei Kategorien unterteilen.

a. Schweigen

Das völlige Unterlassen der Informationsvermittlung zu einem für die Abnehmer relevanten Thema, stellt keine Angabe i.S.d. § 5 UWG dar.[690] Als Beispiel sei genannt, dass ein Nahrungsmittelhersteller nicht die Inhaltsstoffe seiner Produkte benennt, obwohl gewisse enthaltene – an sich harmlose – Stoffe (Milch, Getreide etc.) bei bestimmten Verbrauchern allergische Reaktionen hervorrufen.
Insoweit besteht Einigkeit in Rspr. und Lehre, dass § 5 UWG zwar ein Verbot irreführender Werbung enthält, aber kein Informationsgebot.[691] Ein nicht befriedigtes Informationsinteresse der Verbraucherschaft allein begründet keine Irreführung.[692] Die genannte Fallgruppe ist denn auch unabhängig von einer etwaigen Irreführung des Publikums zu diskutieren. Die Notwendigkeit dem Publikum gewisse Produktinformationen zur Verfügung zu stellen, beispielsweise den genau aufgeschlüsselten Inhalt eines Nahrungsmittels, stellt sich unabhängig davon ob der Verkehr ansonsten in die Irre geführt wird. § 5 UWG ist daher nicht der geeignete Weg Informationsgebote durchzusetzen.

b. Unvollständige Angaben

Ein Angabe liegt hingegen in den Fällen der unvollständigen Werbung vor, in denen zwar – sei es auch konkludent[693] – Angaben gemacht werden, damit zusammenhängende (negative) Informationen aber vorenthalten werden, so dass das Publikum der (positiv erfolgten) Angabe einen weiterreichenderen Sinn entnimmt. Insoweit bestimmt § 5 II 2 UWG wann eine Irreführung vorliegt. Darauf ist im Rahmen der Darstellung der irreführenden Praktiken zurückzukommen.

---

[690] Baumbach/Hefermehl/ Bornkamm § 5 Rn. 2.42; identisch Köhler/Piper § 3 Rn. 102.
[691] GK/Lindacher § 3 Rn. 52.
[692] GK/Lindacher § 3 Rn. 197.
[693] Dies ist für eine Angabe ausreichend, s.o.

IV. Irreführende Angaben

1. Methode der Feststellung einer Irreführung

a. Irreführungsgefahr/tatsächliche Irreführung

Seit jeher bestand im deutschen Recht Einigkeit, dass eine Irreführungsgefahr ausreicht und es auf eine tatsächliche Täuschung des Verkehrs nicht ankommt.[694]

An der Gültigkeit dieses Grundsatzes waren angesichts der Nissan-Entscheidung des EuGH Zweifel aufgekommen. Diese wären zwar angesichts Art. 7 I Richtlinie 84/450/EWG für das nationale Recht nicht zwingend, jedoch bei der Auslegung auch für das nationale Recht zu beachten.
In der Rechtssache Nissan[695] stellte der EuGH für die Richtlinie 84/450/EG in dem – im wettbewerbsrechtlichen Schrifttum – berühmt-berüchtigt gewordenen Erwägungsgrund 16 fest: „Was zweitens die Werbung mit dem niedrigeren Fahrzeugpreis betrifft, so kann man sie nur dann als irreführend bezeichnen, wenn nachweislich von einer erheblichen Anzahl von Verbrauchern, an die sich diese Werbung wendet, die Kaufentscheidung in der Unkenntnis getroffen wurde, dass der niedrigere Fahrzeugpreis mit einer geringeren Ausstattung der vom Parallelimporteur verkauften Fahrzeuge einhergeht“[696].
Von dieser Fassung weicht entgegen der Ansicht von *Deutsch*[697] auch die französische Fassung des Urteilstexts[698] – die gem. Art. 31 der Verfahrensordnung des EuGH maß-

---

[694] Allerdings muss der Richter von dieser überzeugt sein. Die Irreführungsgefahr muss also tatsächlich vorliegen, die bloße Möglichkeit einer Irreführungsgefahr reicht nicht aus, vgl. H-B/H-B/Dreyer § 5 Rn. 150.

[695] EuGH Slg. 1992, I- 131- Nissan = EuGH WRP 1993, 233 ff.- Nissan, der EuGH hatte über die Werbung eines französischen KFZ- Importeurs zu entscheiden, der KFZ aus Belgien einführte und in Frankreich günstiger als die französischen Modelle verkaufte, ohne den Hinweis zu geben, dass die belgischen Modelle schlechter ausgestatten waren als die französischen. Zudem waren die KFZ im Hinblick auf die Einfuhr in Belgien bereits zugelassen, jedoch niemals gefahren worden. Insoweit stellte sich die Frage ob die KFZ noch als „neu“ bezeichnet werden durften. Die Vorlagefrage – so wurde sie auch explizit vom EuGH verstanden, EuGH WRP 1993, 233, 233 (Rn. 8)- Nissan – richtete sich nach der Richtlinienkonformität gem. 84/450/EG der entsprechenden Werbung. Der EuGH ist angeblich selbst nicht mehr glücklich mit dieser Entscheidung, vgl. Traub, Das Verbraucherleitbild in rechtsvergleichender Sicht, S. 22; Doepner, FS Lieberknecht, S. 187.

[696] EuGH WRP 1993, 233, 234- Nissan.

[697] Andeutungsweise bereits in Deutsch GRUR 1996, 541, 544; eingehend dann Deutsch GRUR 1997, 44 f.

[698] 16. Pour ce qui est, en second lieu, de la publicité sur le prix moins élevé des voitures, on ne saurait qualifier cette publicité de trompeuse que dans l'hypothèse où il serait établi que la décision d'achat d'un nombre significatif de consommateurs auxquels la publicité en cause s'adresse est prise dans l'ignorance de ce que le prix réduit des véhicules s'accompagne d'un nombre moindre d'accessoires équipant les voitures vendues par l'importateur parallèle. Die französische Fassung übersetzt *Deutsch* nun dahingehend, dass nicht der Nachweis einer tatsächlich erfolgten Täuschung verlangt werde, sondern nur die Hypothese, dass eine Täuschung geschehen könnte. Ferner werde nicht von einer – quantitativ – erheblichen Anzahl von Verbrauchern gesprochen, sondern nur von einer bedeutsamen (signi-

geblich, da im Nissan-Verfahren französisch die Verfahrenssprache war[699] – nicht ab. Nach beiden Fassungen reicht die bloße Eignung zur Irreführung nicht aus, sondern es ist ein Vertragsschluss – zudem einer erheblichen Anzahl von Verbrauchern – erforderlich, der auf der Irreführung beruht.
Der Entscheidung kann aber nicht gefolgt werden. Sie widerspricht bereits der dritten Erwägung der Präambel zur Richtlinie in der es heißt dass irreführende Werbung auch dann gegen wirtschaftliche Interessen von Verbrauchern verstößt, wenn es nicht zu einem Vertragsschluss kommt. Maßgeblich ist aber der klare Verstoß gegen den auch ausdrücklichen Wortlaut der Richtlinie[700]. Art. 2 Nr. 2 der Richtlinie lässt genügen, dass die Angabe zur Irreführung geeignet ist.[701] In der „Langguth-Entscheidung" hat der EuGH deutlich gemacht wie „geeignet zur Irreführung" zu verstehen ist".[702] Aus den Ausführungen des EuGH zu Art. 40 der Verordnung Nr. 2392/89 geht hervor[703], dass eine Aussage dann zur Irreführung geeignet ist, wenn anhand der Auffassungen oder Gewohnheiten der betroffenen Verbraucher festgestellt wird, dass tatsächlich die Gefahr einer Beeinflussung ihres wirtschaftlichen Verhaltens besteht.[704] Es besteht kein nachvollziehbarer Grund, warum die „Geeignetheit zur Irreführung" im Rahmen der Richtlinie 84/450/EG anders zu beurteilen sein soll als im Rahmen der genannten Verordnung. Dies umso mehr, als der EuGH bestrebt ist, ein einheitliches Verbraucherleitbild zu schaffen.

Daher reicht auch nach der Richtlinie 84/450/EG eine Irreführungsgefahr aus, es besteht insoweit kein Widerspruch zwischen deutschem und europäischem Recht.

---

fikanten) Zahl. Der Gerichtshof verlange jedenfalls keine zahlenmäßige Quantifizierung. Die Übersetzung *Deutsch's* entspricht jedoch nicht dem üblichen französischen Sprachgebrauch. „Significatif" mag für sich allein stehend mit „bedeutsam" übersetzt werden können. „Un nombre significatif" steht jedoch unzweifelhaft für eine erhebliche Anzahl von Verbrauchern. Die französische Fassung spricht auch nicht davon, „dass eine Täuschung geschehen könnte". Die „conditionnel- Form" (ait- Endung) bezieht sich nicht auf die Täuschung als solche sondern auf die Bedingung wann eine Irreführung insgesamt anzunehmen ist: Die Werbung könnte nur dann als täuschend qualifiziert werden, im Falle dass nachgewiesen wäre, dass die Kaufentscheidung einer erheblichen Anzahl von Verbrauchern, an die die Werbung sich richtet, in Verkennung der Tatsache getroffen wurde, dass der niedrigere Kaufpreis der von dem Parallelimporteur verkauften Fahrzeuge mit einer geringwertigeren Ausstattung einhergeht. Die französische und die deutsche Fassung sind daher inhaltlich gleichbedeutend.

[699] Art. 31 VerfO EuGH: Verbindlich ist die Fassung in der Verfahrenssprache oder falls der Gerichtshof gem. Art. 29 eine andere Sprache zugelassen hat, die Fassung dieser Sprache.
Die Veröffentlichung erfolgt zwar gem. Art. 30 § 2 VerfO EuGH auch in anderen Sprachen, jedoch treten diese Fassungen im Zweifelsfalle zurück.

[700] Text s.o.; vgl. auch Rüffner WBl 1996, 96, 97.

[701] Das Erfordernis der Schädigung oder Eignung zur Schädigung der Mitbewerber ändert daran nichts, weil dieses nicht zwingend mit der Eignung zur Täuschung vorliegen muss („oder").

[702] EuGH Slg. 1995, I. 1737 ff.- Langguth.

[703] EuGH WRP 1999, 307 ff.- Sektkellerei Kessler.

[704] So der EuGH in der Selbstanalyse der Langguth- Entscheidung in EuGH WRP 1999, 307, 310 (Rn. 33)- Sektkellerei Kessler.

b. Vorgehensweise zur Feststellung der Irreführung

Die Vorgehensweise zur Ermittlung der Irreführung hängt von der zugrundliegenden Art der Ermittlung der Verkehrsansicht, sowie dem Verbraucherleitbild ab. Wir gehen wie bereits dargestellt davon aus, dass der BGH seinen Entscheidungen ein gemischt empirisch normatives Leitbild zugrundelegt. Entscheidend ist zur Erinnerung danach folgendes:

Wird die tatsächliche Verkehrsauffassung durch Beweisaufnahme ermittelt, so ist die tatsächliche Verkehrsauffassung via Sachverständigengutachten zu ermitteln, Auffassungen, die die normative Hürde nicht nehmen, auszusondern und bei den verbleibenden Ansichten zu prüfen, ob sie zahlenmäßig relevant sind (sog. Irreführungsquote).

Methodisch am nächstliegenden ist eine Dreischrittprüfung:

- 1. Schritt:

Zunächst ist zu klären, an welche Verkehrskreise sich eine Werbebehauptung wendet. Es ist evident, dass ein Fachpublikum eine Angabe anders versteht als die breite Masse.

- 2. Schritt:

Hier ist zu fragen, wie die festgestellten Verkehrskreise die Angabe verstehen. Insbesondere spielt dabei das zugrundeliegende Verbraucherleitbild eine Rolle. Ergeben sich mehrere Bedeutungen, so stellt sich die Frage, welche davon erheblich sind. Hier ist der normative Ausschluss eines Teils der Verbraucheransichten zu beachten.

- 3. Schritt:

In einem letzten Schritt ist zu prüfen, ob der Sinn, der der Angabe durch den maßgeblichen Verkehr beigelegt wird, mit der Realität übereinstimmt.

c. Einzelheiten

aa. Zu Schritt 1

aaa. Angesprochener Verkehr

Für die Anwendung des § 5 UWG ist nicht immer auf den Durchschnitt der Gesamtbevölkerung abzustellen. Eine Werbebehauptung kann sich an verschiedene – private und/oder gewerbliche – Kreise wenden; es können das breite Publikum, nur Teile desselben – beispielsweise bei teuren Luxusartikeln –, Fachkreise angesprochen werden. Angesprochen von der Werbung ist jeder, der die Werbung mit Marktteilnahmeinteresse zur Kenntnis nimmt, d.h. neben denjenigen, die bereits Waren der entsprechen-

den Art nachfragen auch potentielle Kunden mit Interesse – möglicherweise erst gerade durch die Werbung geweckt – an den Waren.[705]
Maßgeblich ist im Rahmen eines Modells mit empirischen Ansatz nicht die Personengruppe, auf die die Werbung abzielt, an die die Werbung also gerichtet ist, sondern die Personengruppe, die von der Werbung tatsächlich erreicht wird.[706]
Ein anderes Ergebnis ist auch nicht unter Heranziehung des Art. 2 Nr. 2 der Richtlinie 84/450/EG zu erzielen, nach der es auf die Personen, an die sich die Werbung richtet, oder die von ihr erreicht werden, ankommen soll. Zwar setzt die Richtlinie Mindeststandards zum Schutz vor irreführender Werbung, jedoch benötigen Personen, die von einer Werbung nicht erreicht werden, beim besten Willen keinen Schutz vor dieser Werbung. Durch die Richtlinie wird daher kein höheres Schutzniveau erreicht hinter dem das deutsche Recht zurückbleiben würde.[707]

Werden durch eine Werbung mehrere Verkehrskreise angesprochen, so sind diese getrennt voneinander zu beurteilen. Ausreichend ist es, wenn die Irreführungserfordernisse in einem dieser Verkehrskreise vorliegen[708], wobei sich quantitativ zu bestimmende Erfordernisse weiterhin an der Gesamtzahl orientieren.

bbb. Publikumswerbung

Werbung an das breite Publikum wird zumeist bei Massenartikeln und Artikeln des täglichen Bedarfs vorliegen. Zu diesem Verkehrskreis zählt jedermann.[709]
Die Eigenschaften und der Aufmerksamkeitsmaßstab wurden bereits[710] beschrieben.

Die Werbung kann sich jedoch an spezielle Verkehrskreise wenden. Dies ist insbesondere bei der Werbung für solche Artikel der Fall, die nur von engen Kreisen nachgefragt werden beispielsweise Luxusartikel, Utensilien für extravagante Sportarten etc. sowie bei Werbung an Verkehrskreise, die zwar nicht zum Fachpublikum zu zählen sind, jedoch über spezielle Vorkenntnisse verfügen.[711]

---

[705] GK/Lindacher § 3 Rn. 132.

[706] So auch Keßler WRP 1990, 73, 81; Niemöller, S. 43. Der BGH spricht insoweit von den durch die Werbung „angesprochenen“ Verkehrskreisen; vgl. BHG GRUR 1958, 444, 446 f.- Emaillelack; BGH GRUR 2001, 350 f.- Lampenkatalog; BGH GRUR 2002, 77, 79- Rechenzentrum. Diese Entscheidungen sind daher nicht – wie von H-B/H-B/Dreyer § 5 Rn. 84 dahingehend zu interpretieren, der BGH stelle auf die „Zielrichtung“ der Werbung ab, dies stimmt mit dem Wortlaut der Entscheidung „angesprochen“ nicht überein. Zutreffend ist hingegen die von H-B/H-B/Dreyer § 5 Rn. 84 vorgeschlagene Terminologie von einem „Umworbenenbegriff“. Es kommt in der Tat darauf an, wer tatsächlich umworben wird.

[707] A.A. Lettl, UWG, Rn. 116, um einen "Gleichlauf" zwischen europäischen und deutschen Recht zu erzielen.

[708] BGH GRUR 1961, 545, 547- Plastic-Folien; BGH GRUR 1968, 200, 201- Acrylglas; BGH WRP 2004, 339, 342- Marktführerschaft.

[709] Baumbach/Hefermehl/Bornkamm § 5 Rn. 2.76.

[710] Vgl. C. II. 2. d. bb. bbb.

[711] BGH GRUR 2003, 800, 802- Schachcomputerkatalog.

Wendet sich eine Werbung an Einzelpersonen oder erkennbare Personen – im Rahmen eines individuellen Verkaufsgesprächs – so gilt auch hier der Grundsatz, dass es auf die Auffassung der angesprochenen Verkehrskreise ankommt. „Verkehrskreis" ist insoweit die einzelne Person. Der Werbende muss also Rücksicht auf deren Fähigkeiten nehmen.[712]

ccc. Fachkreise

aaaa. Grundsatz

Werden durch eine Werbung nur Fachkreise angesprochen, so kommt es ausschließlich auf das Verständnis dieser Kreise an.[713]

Fachkreise sind angesprochen, wenn sich die Werbung an Fachpublikum wendet, dh. ein Publikum mit überdurchschnittlicher Erfahrung mit entsprechenden Waren. Dies ist regelmäßig dann der Fall, wenn von einer Werbung Industriebetriebe, Dienstleister, oder der Handel angesprochen wird; Gewerblichkeit ist dabei keine Voraussetzung.[714] Andererseits kann nicht pauschal davon ausgegangen werden, dass jeder Unternehmer zugleich Fachmann sei. Es ist also auch bei Werbung, die sich an Unternehmer richtet zu prüfen, ob die von der Werbung Betroffenen tatsächlich über überdurchschnittliche Erfahrungen und Kenntnisse mit entsprechenden Waren verfügen[715], die Angesprochenen müssen daher auf ihrem Fachgebiet angesprochen sein. So verfügen Gewerbetreibende beispielsweise auf kaufmännischem Gebiet nicht pauschal über besondere Erfahrungen und sind deshalb nicht ohne weiteres insoweit als Fachleute anzusehen.[716]

Eine bedeutsame Einschränkung wird von der Rspr. insoweit gemacht, als die Werbung tatsächlich auf Fachkreise beschränkt bleiben muss. Dies wird jedoch nur in seltenen Fällen gewährleistet sein. Oftmals wird die Werbung gegenüber Fachleuten mittelbar auch Nichtfachleute – zumeist den privaten Endverbraucher – treffen, weil die Werbebehauptungen weitergegeben werden, beispielsweise in Verkaufsgesprächen oder indem Werbematerial unmittelbar weitergereicht wird. In diesen Fällen sind die insoweit Angesprochenen mit in den Blick zu nehmen.
Fraglich ist insbesondere, ob zum maßgeblichen Verkehr auch das – meist kaufmännische – fachunkundige Personal zu zählen ist, das im Vorfeld der Kaufentscheidung zunächst mit der Werbung befasst ist. Ob nun auch dieses Personal zum maßgeblichen

---

[712] Baumbach/Hefermehl/Bornkamm § 5 Rn. 2.82.
[713] BGHZ 27, 1, 4- Emaillelack; BGH GRUR 1966, 445, 447- Glutamal; BGH GRUR 1973, 78, 80-Verbraucherverband; BGH GRUR 1975, 141, 142- Unschlagbar; BGH GRUR 1984, 376, 377- Johannisbeerkonzentrat; GK/Lindacher § 3 Rn. 134 ff..
[714] OLG Stuttgart WRP 1991, 523, 524. Im Fall wurden gegenüber Kegelvereinen Kegelbahnzusatzeinrichtungen beworben.
[715] BGH GRUR 1973, 78, 80- Verbraucherverband.
[716] BGH GRUR 1991, 554, 555- Bilanzbuchhalter: Gewerbetreibende verfügen nicht „regelmäßig über besondere Kenntnisse und Erfahrungen, welche die von dem Sprachsinn der Bezeichnung „Bilanzbuchhalter" ausgehende Irreführungsgefahr ausschließen könnten".

Verkehr gehört, oder ob es unbeachtlich ist, wird nicht einheitlich beantwortet,[717] ist aber zu bejahen:

Angesprochen von der Werbung wird nicht das Unternehmen als solches. Angesprochen sind vielmehr die Angestellten/Verantwortlichen eines Unternehmens. Insoweit kommen alle diejenigen in Betracht, die mit am Einkauf beteiligt sind, also durchaus auch Vorfeldpersonal. Maßgeblich sind nun die tatsächlichen Verhältnisse. Kommen also tatsächlich andere Verkehrskreise als Fachpublikum mit der Werbung in Kontakt, sind diese auch mit in Betracht zu ziehen.
Ein Irrtum des Nichtfachpersonals ist immer auf seine Marktentscheidungsrelevanz zu prüfen. Damit der Irrtum anlockende Wirkung entfaltet, also Marktentscheidungsrelevanz besitzt, ist erforderlich, dass die Irreführung tatsächlich die im Vorfeld tätigen Personen dazu veranlasst das Fachpersonal zu veranlassen sich mit der Ware zu befassen. Darauf, ob die Irreführung bei der eigentlichen Kaufentscheidung noch andauert, kommt es hingegen nicht an.[718] Ein derartiger Verlauf widerspricht jedoch der Lebenserfahrung: Einschlägige Werbung wird im Regelfall durch das kaufmännische Personal an das Fachpersonal weitergeleitet. Eine Vorauswahl durch das Verwaltungspersonal findet i.d.R. – gerade wegen ihrer mangelnden Kenntnisse – nicht statt.

bbbb. Besondere Eigenschaften von Fachleuten

Die Aufmerksamkeit von Fachleuten wird zumeist schon aufgrund ihrer beruflichen Befassung und Verantwortung höher als die des privaten Publikums sein.[719] Aufgrund ihrer Vorbildung und Erfahrung können sie zudem Angaben leichter erfassen.[720]
Dabei lässt sich der durchschnittlich informierte Fachmann von fachlicher Terminologie und gesetzlichen Bestimmungen leiten,[721] weshalb Fachkreise durch unrichtige fachliche Angaben irregeführt werden können, die für das allgemeine Publikum ohne Bedeutung wären.[722]

ddd. Regionale Verkehrsauffassung

Der Sinn, der einer Angabe beigelegt wird, kann regional durchaus abweichen. Wird nur in einer Region geworben, ist die Auffassung des gesamten Bereichs der von der jeweiligen Werbemaßnahme betroffen wird maßgeblich.
Werden mehrere Regionen von einer Werbung betroffen, und die Werbung nur in einer dieser Regionen missverstanden, kommt ein regional begrenztes Unterlassungsgebot in Betracht.[723]

---

[717] Vgl. einerseits BGH GRUR 1988, 700, 702- Messpuffer; Köhler/Piper § 3 Rn. 116 und andererseits GK/Lindacher § 3 Rn. 136.
[718] BGH GRUR 1988, 700, 702- Messpuffer.
[719] Spätgens WRP 2001, 1023, 1024.
[720] BGH GRUR 1966, 445, 448- Glutamal; BGH GRUR 2002, 444, 445- Ersetzt.
[721] BGH GRUR 1984, 376, 377- Johannisbeerkonzentrat.
[722] BGH GRUR 1969, 422, 423- Kaltverzinkung; BGH GRUR 2002, 633, 634- Hormonersatztherapie.
[723] BGH GRUR 1983, 32, 33 f.- Stangenglas I.

Beispiel: Für ein Verbot, ein Bier, das zwar obergäriges, jedoch kein „Kölsch" ist, zu Werbezwecken in sog. Stangengläsern darzustellen, kommt eine regionale Begrenzung auf den Kölner Raum in Betracht, wenn nur in Köln helles, obergäriges Bier in Stangengläsern mit Kölsch assoziiert wird.[724]
Erforderlich ist jedoch immer, dass gemessen an der Gesamtheit der angesprochenen Verkehrskreise, die erforderliche Irreführungsquote erreicht wird.[725]

Bei der Interessenabwägung gelten für die Konstellation, dass ein Verbot notwendig den gesamten Verkehr treffen würde, jedoch nur eine Region durch die Werbung irregeführt wird, besonders strenge Maßstäbe. Eine lediglich regional beschränkte Irreführung ist daher eher hinzunehmen, wenn ein Verbot nicht regional zu beschränken ist.

bb. Zu Schritt 2

Hier ist zu fragen, wie die festgestellten Verkehrskreise die Angabe verstehen. Insbesondere spielt dabei das zugrunde liegende Verbraucherleitbild eine Rolle. Ergeben sich mehrere Bedeutungen, so stellt sich die Frage, welche davon erheblich sind. Hier ist der normative Ausschluss eines Teils der Verbraucheransichten zu beachten. Schließlich muss eine zu beachtende Ansicht eine bestimmte zahlenmäßige Erheblichkeit haben, damit sie von rechtlicher Relevanz ist.

aaa. Methode/Maßgeblichkeit der tatsächlichen VA/normative Korrektur

Die Methode der Feststellung wurde bereits[726] erläutert. Hierauf sei verwiesen.

Weil es auf die tatsächliche Verkehrsauffassung ankommt, ist diese selbst dann maßgebend, wenn sie lexikalischem, fachlichem, behördlichem und gerichtlichem Gebrauch widerspricht[727]. Andererseits kann nicht übersehen werden, dass sich der tatsächliche Gebrauch oftmals der „offiziellen" Terminologie anpassen wird und dieser daher ein Anhaltspunkt für den tatsächlichen Gebrauch entnommen werden kann.[728] Dies gilt umso mehr, je stärker die angesprochenen Verkehrskreise (fachlich) von der Terminologie betroffen sind.[729]

---

[724] BGH GRUR 1983, 32, 33 f.- Stangenglas I.
[725] Baumbach/Hefermehl/Bornkamm § 5 Rn. 2.81.
[726] C. II. 2. d. aa. aaa.
[727] BGH GRUR 1957, 128, 130- Steinhäger: grammatikalisch-philologische Bedeutung unerheblich; BGH GRUR 1982, 111, 113- Orginal-Maraschino; Gloy § 53 Rn. 63 mwN; andere Grundsätze gelten bei abweichendem gesetzlichen Gebrauch, vgl. dazu B. V. 1.
[728] Fezer/Peifer § 5 Rn. 189; Gloy/Helm § 53 Rn. 63.
[729] BGHZ 27, 1, 12 f.- Emaille-Lack, BGH GRUR 1984, 376, 377- Johannisbeerkraut.

bbb. Verständnis eines Durchschnittsverbrauchers

aaaa. Vorab

Die Fähigkeiten der Durchschnittsverbraucher wurden bereits[730] dargelegt. Hier sollen einige grundlegende Konsequenzen, für die Sicht des Verbrauchers auf eine Werbung dargelegt werden.

bbbb. Maßgeblichkeit des Gesamteindrucks

(1.) Grundsätze

Der Verkehr verschafft sich erfahrungsgemäß einen Gesamteindruck von der Werbung; maßgebend – wie sich auch aus § 5 II UWG ergibt – ist die Wirkung, die die Werbung insgesamt betrachtet, auslöst.[731] Dies ändert selbstverständlich nichts daran, dass, insofern eine Werbung mehrere Einzelangaben enthält, jede einzelne Angabe mit der Realität übereinstimmen muss.[732] Einzelne Elemente dürfen daher nicht aus ihrem Zusammenhang gerissen werden und isoliert auf Täuschungseignung geprüft werden.[733] Dies gilt jedoch für die einzelnen Medien nur mehr oder weniger stringent. Eine – beispielsweise – umfänglichere Werbeschrift wird vom Verkehr erfahrungsgemäß nicht insgesamt gelesen. Enthält sie also mehrere selbstständig erscheinende Aussagen, müssen diese selbstständig wahr sein. Finden sich anderer Stelle berichtigende Angaben, die eine Irreführung verhindern, wird der Verkehr dennoch in die Irre geführt.[734] Werbung in zeitlicher Abfolge muss sowohl in jedem Teilabschnitt als auch in der Gesamtwirkung wahr sein.[735]
Auch Waren-, Verfahrens- und Unternehmensbezeichnungen werden vom Verkehr als selbstständig wahrgenommen und müssen daher als solche einer Irreführungsprüfung standhalten.[736]

(2.) Blickfangwerbung

Die Gesamtwirkung einer Werbung, die, wie soeben dargelegt, für das Verkehrsverständnis erfahrungsgemäß maßgeblich ist, wird oftmals durch blickfangmäßig herausgehobene einzelne Werbeaussagen geprägt. Die nachfolgend dargestellten Erfahrungs-

---

[730] Vgl. C. II. 2. d. bb. bbb.
[731] H-B/H-B/Dreyer § 5 Rn. 153; Baumbach/Hefermehl/Bornkamm § 5 Rn. 2. 88.; zum alten Recht vgl.: BGH GRUR 1968, 382, 385- Favorit II; BGH GRUR 2002, 550, 552- Elternbriefe; BGH GRUR 2002, 715, 716- Scanner Werbung; BGH GRUR 2003, 361, 362- Sparvorwahl; OLG Hamburg GRUR 2004, 46, 47; GK/Lindacher § 3 Rn. 139 f.; dies entspricht auch Art. 3 der Richtlinie 84/450/EG.
[732] Baumbach/Hefermehl/Bornkamm § 5 Rn. 2.109.
[733] BGH GRUR 1968, 382, 385- Favorit II; BGH GRUR 1970, 425, 426- Melitta-Kaffee; BGH GRUR 1984, 741, 742-patended.
[734] GK/Lindacher § 3 Rn. 139.
[735] BGH GRUR 1958, 294, 296- Essenzlimonaden.
[736] BGH GRUR 1955, 251, 252- Silberal; BGH GRUR 1969, 422, 423- Kaltverzinkung.

sätze zur sog. Blickfangwerbung stellen daher keine Ausnahme, sondern eine Ergänzung des „Gesamtwirkungsgrundsatzes", dar.
Blickfangwerbung liegt in der Regel vor, wenn im Rahmen einer Gesamtankündigung einzelne Angaben im Vergleich zu den übrigen Angaben besonders herausgestellt sind.[737]

Unter Zugrundelegung einer flüchtigen und unaufmerksamen und vor allem unverständigen Wahrnehmung des Verbrauchers, galt bislang der Grundsatz, der Verkehr nehme den Blickfang wahr und glaube hiermit das Wesentliche erfahren zu haben. Der übrige Werbetext bliebe deshalb erfahrungsgemäß unbeachtet. Der Verkehr glaube bereits durch den Blickfang alles Wesentliche erfahren zu haben. Da demgemäß im Regelfall der Blickfang das Verständnis der Werbung prägt, muss er für sich wahr sein.[738] Richtigstellungen im übrigen Text – der ja nicht wahrgenommen werde – seien daher unbeachtlich.[739] Allerdings wurden Richtigstellungen oder Präzisierungen, die am Blickfang teilhatten zugelassen.[740]

Das gilt nach neuem Recht grundsätzlich weiter[741]: Eine Irreführung liegt vor, wenn der Verbraucher glaubt der Blickfang enthalte abschließende Angaben und diese Angaben unzutreffend sind. Eine Aufklärung im weiteren Text reicht dann nicht, weil der Verkehr den Blickfang als selbstständig wahrnimmt und durch diesen irregeführt und veranlasst wird, sich mit den weiteren Aussagen beschäftigt, was ein für die Marktrelevanz ausreichendes Anlocken darstellt.
Nicht ausreichend ist hingegen, wenn der Verkehr erkennt, dass der Blickfang nicht abschließend ist, ihm keine abschließenden Angaben entnimmt und er daher nicht an etwas glaubt was nicht zutrifft. Die bloße Anlockwirkung ohne Irreführung reicht nicht aus, der Verbraucher muss gerade durch einen *irreführenden* Blickfang angelockt werden.
Nicht abschließend aus Verbrauchersicht ist die blickfangmäßige Herausstellung, wenn diese als solche substanzlos oder ergänzungsbedürftig ist – dies ist etwa bei am Blickfang teilhabenden Hinweisen der Fall – und ihren Aussagegehalt erst im Zusammenhang mit dem Rest der Werbung gewinnt.[742]

---

[737] Vgl. etwa Bork GRUR 1988, 422, 423.
[738] BGH GRUR 1958, 485, 487- Odol m. Anm. Droste; BGH GRUR 1962, 411, 412 f.- Watti; BGH GRUR 1967, 360, 361 m. Anm. Hoepffner; BGH GRUR 1974, 729, 731- Sweepstake m. Anm. Hoth; BGH GRUR 1982, 242, 244- Anforderungsscheck für Barauszahlungen; BGH GRUR 1986, 318, 320- Verkaufsfahrten I; BGH GRUR 1990, 282, 286- Wettbewerbsverein IV; BGH GRUR 1991, 554, 555- Bilanzbuchhalter.
[739] BGH GRUR 1968, 433, 467- Westfalenblatt II; BGH GRUR 1985, 58, 60- Mischverband II; BGH GRUR 1991, 554, 555- Bilanzbuchhalter.
[740] St. Rspr. vgl. etwa BGH GRUR 2003, 163, 164- Computerwerbung II; diese aufklärenden Hinweise konnten etwa durch Sternchenhinweis o.ä. erfolgen, vgl. BGH GRUR 1999, 264, 267- Handy für 0, 00 DM mwN.
[741] BGH GRUR 2000, 911, 913-Computerwerbung I (sh. dazu Michel WRP 2002, 389 ff.); BGH GRUR 2003, 163, 164- Computerwerbung II; BGH GRUR 2003, 249 ff.- Preis ohne Monitor.
[742] BGH GRUR 2000, 1106, 1107- Möbel-Umtauschrecht.

Ein – wenngleich verkanntes – Paradebeispiel für solch ergänzungsbedürftigen Blickfang findet sich in der „Preis ohne Monitor“-Entscheidung des BGH.[743] Dort wurden zwei Computer mit Monitor nebst Preis blickfangmäßig abgebildet, wobei die Leistungsmerkmale und die Anmerkung, dass die Computer ohne Monitor verkauft werden – nach Einschätzung des Gerichts – nicht am Blickfang teilhabend abgebildet wurden. Der BGH nahm eine Irreführung an, da der Hinweis nicht am Blickfang teilhabe und der Verkehr glaube einen Computer mit Monitor zu erhalten. Dies ist unzutreffend, da selbst der unbedarfteste Verbraucher einen Computer nicht nach Aussehen sondern nach Leistungsmerkmalen kauft. Jedem ist insoweit klar, dass der Blickfang nicht abschließend ist.[744]

Insoweit – situationsabhängig – der Verbraucher die Werbung aufmerksam und verständig zur Kenntnis nimmt, wird er die Werbung insgesamt zur Kenntnis nehmen und sein Urteil nicht schon durch einen Blickfang bilden lassen.[745] So werden sich insbesondere Fachkreise kaum auf einen Blickfang beschränken, sondern sich ihr Urteil über Eigenschaften der Ware stets nur durch die Werbung insgesamt bilden.

Äußerst bedeutsam für die Aufmerksamkeit des Verbrauchers ist die Art des beworbenen Produktes. Bei hochwertigen Produkten wird der Verkehr die Werbung aufmerksam zur Kenntnis nehmen, sich daher kaum auf einen Blickfang verlassen und ihm keine abschließende Informationen entnehmen.[746]

Dieser Gedanke dürfte auch der Computerwerbung II-Entscheidung des BGH zugrunde gelegen haben: In einer Werbung wurden PC-Komplettsysteme herausgestellt beworben. In der Fußzeile der Anzeige befand sich der Hinweis, dass eine Mitnahmegarantie nicht gegeben werden kann. Ob möglicher Irreführungsgefahren für den Verbraucher über die sofortige Mitnahmemöglichkeit der blickfangmäßig beworbenen Computer stellte der BGH folgendes fest: „Eine irrtumsausschließende Aufklärung kann in solchen Fällen daher nur durch einen klaren, unmissverständlichen Hinweis erfolgen, wenn dieser am Blickfang teilhat und dadurch eine Zuordnung zu den herausgestellten Angaben gewahrt bleibt.[747]

Dennoch sprach der BGH dem Hinweis über die Mitnahmemöglichkeit in der zweifelsfrei nicht am Blickfang teilhabenden Fußnote die Eignung zu, mögliche Irreführungshinweise zu beseitigen. Diesen Widerspruch zu dem eben erst aufgestellten Erfordernis begründet der BGH damit, dass der durchschnittlich informierte Verbraucher, der einen 1000 € teuren Computer erwerben möchte, auch den Fußnotenhinweis

---

[743] BGH GRUR 2003, 249 ff.- Preis ohne Monitor.

[744] Zudem: Die Irreführung wurde ersichtlich darin gesehen, dass der Händler den PC mit den Leistungsmerkmalen nicht zu diesem Preis mit Monitor liefern kann. Nur: Die Leistungsmerkmale nahmen auch nicht am Blickfang teil, hätten bei der Beurteilung daher auch außen vor bleiben müssen. Stellte man nur auf den Blickfang ab, so wäre die Werbung nur dann irreführend, wenn der Händler nicht in der Lage wäre einen PC mit dem entsprechenden äußeren Aussehen wie die Computer in der Werbung (mit Monitor) zu dem entsprechenden Preis zu liefern. Dazu ist der Händler aber mit Sicherheit in der Lage.

[745] Michel WRP 2002, 389, 394; Wuttke WRP 2004, 820, 823.

[746] Wuttke WRP 2004, 820, 823.

[747] BGH GRUR 2003, 163, 164- Computerwerbung II.

wahrnehme und aus ihm erkenne, dass das Gerät nicht zur sofortigen Mitnahme bereitstehe.

ccc. Quote

Das Irreführungsverbot soll eine Irreführung der Marktgegenseite verhindern. Dabei kann jedoch nicht getreu der Devise: „Jede Irreführung ist eine zuviel" jede Werbung, die auch nur einen Verbraucher täuscht, verboten werden. Es wird immer ein Teil, selbst des durchschnittlichen Verkehrs eine Werbung in irgendeiner Form missverstehen, was Werbung faktisch unmöglich machen würde. Ein solches Ergebnis ist, da Werbung grundrechtlich geschützt und jedes Verbot daher unter dem Vorbehalt der Verhältnismäßigkeit steht, ausgeschlossen. Bislang wurde daher von einer Schwelle von ca. 10-15 % ausgegangen, wobei eine genaue Festlegung der Rspr. nicht erfolgte. Dies war der Rspr. schon deshalb unmöglich, weil sie die zu berücksichtigenden Verbotsgegeninteressen im Rahmen der Bestimmung der Aufgreifschwelle berücksichtigte, was zu einer Einzelfallvariablen Quote führte.[748]

Aufgrund des neuen Leitbildes sind, wie bereits angedeutet, Änderungen notwendig. Die Quote kann, wie dargelegt, um das neue Verbraucherleitbild wirksam werden zu lassen, nicht einfach erhöht werden.[749]
Nach dem vom BGH vertretenen Leitbild werden die Ansichten, die nicht mit den Fähigkeiten eines durchschnittlichen Verbrauchers korrespondieren, vorab ausgesondert.[750] Damit wird dem Verhältnismäßigkeitsgrundsatz weitestgehend genüge getan. Dennoch kann es nicht ausreichen, dass ein einzelner Durchschnittsverbraucher getäuscht wird. Allerdings muss die Quote deutlich abgesenkt werden, wobei, auch zur Verhinderung von statistischen Fehlern, eine Quote von 5-10 % der Durchschnittsverbraucher ausreichen sollte. Dies gebietet auch der Verhältnismäßigkeitsgrundsatz: Werden nur ganz wenige Durchschnittsverbraucher getäuscht, kann dies nicht ausreichen, um eine Werbung zu verbieten. Zudem können auch – einzelne – normal aufmerksame und verständige Verbraucher zu abwegigen Auffassungen gelangen.

cc. Zu Schritt 3

Anschließend ist zu prüfen, ob Verkehrsauffassung und Realität übereinstimmen. Widrigenfalls liegt – vorbehaltlich der übrigen Voraussetzungen des § 5 UWG – eine Irreführung vor.[751]

---

[748] BGH GRUR 1966, 445, 449- Glutamal; BGH GRUR 1980, 797, 799- Topfit Boonekamp; BGH GRUR 1987, 171, 172- Schlußverkaufswerbung; BGH GRUR 1992, 874, 876-Hyanit; Teplitzky GRUR 1989, 461, 467; Piper GRUR 1996, 147, 163.

[749] So aber BGH NJW 2004, 161, 163- Mindestverzinsung; Baumbach/Hefermehl/Bornkamm § 5 Rn. 2.104.; wie hier: Gloy/Helm § 53 Rn. 34; OLG Köln GRUR-RR 2004, 271, 272.

[750] Zutreffend daher: Gloy/Helm § 53 Rn. 34.

[751] BGHZ 42, 134, 141.

2. Modalitäten einer Irreführung

a. Vorab

Soweit im folgenden Rückschlüsse der Wirkung bestimmter Werbeformen auf die Verkehrsauffassung gezogen werden, wird von den Fähigkeiten eines normalen Verbrauchers ausgegangen.

Wie dargestellt, kommen auf Basis des normalen Verbrauchers oftmals mehrere Verkehrsansichten in Betracht. Die Einschätzungen über die Verkehrsauffassung sind daher nicht abschließend, sondern Einschätzungen, dh. im Einzelfall können durchschnittliche Verbraucher durchaus auch zu anderen Ansichten als hier dargestellt kommen.

b. Objektiv falsche Angaben

aa. Objektiv falsche Angaben als primärer Anwendungsfall des §§ 3, 5 UWG

Der primäre Anwendungsfall des §§ 3, 5 UWG, ist der, sachlich (objektiv) unrichtiger Angaben, die vom Verkehr auch in ihrem objektiven Sinne verstanden werden.[752]
Irreführend ist beispielsweise die Werbebehauptung „aus Altpapier", wenn das konkrete Papier nicht aus Altpapier besteht[753], eine Telekommunikationsgesellschaft im Call by Call-Verfahren, die eigene Vorwahl als „Sparwahl" bezeichnet, obwohl eine Einsparung nicht zu erzielen ist[754].
Ausreichend ist dabei, dass einer Angabe vom Verkehr mehrere Bedeutungen zugeschrieben werden, und einzelne aber nicht alle Bedeutungsalternativen zutreffend sind. Ist eine Bezeichnung lediglich objektiv unklar, ohne dass sich hieraus Fehlvorstellungen des Verkehrs ergeben, so begründet dies alleine keine Irreführung i.S.d. § 5 UWG. Entscheidend ist alleine, dass beachtliche Teile des Verkehrs sich Fehlvorstellungen über Eigenschaften machen.[755] Wird etwa die Bezeichnung „Kunstglas" von einem beachtlichen Teil des Verkehrs nicht als „Kunststoffglas" sondern als künstlerisch gestaltetes Glas aufgefasst, so liegt eine Irreführung vor.[756]

---

[752] BGH GRUR 2002, 715, 716- Scanner-Werbung; Gloy/Helm § 53 Rn. 55 mwN; GK/Lindacher § 3 Rn. 161.

[753] BGH GRUR 1991, 546, 547- „... aus Altpapier".

[754] OLG Köln NJWE- WettbR 1999, 103, 104.

[755] Allgemeine Meinung, BGHZ 27, 1, 9- Emaille-Lack; BGH GRUR 1960, 563, 564- Sektwerbung; BGH GRUR 1960, 576, 569- Kunstglas; BGH GRUR 1970, 609, 619- Regulärer Preis; BGH GRUR 1982, 563, 564- Betonklinker; LG Düsseldorf GRUR 1990, 693, 693; BGH GRUR 1992, 66, 67- Köngl. Bayerische Weisse; OLG Köln NJW-RR 1997, 991, 993; OLG Köln NJWE-WettbR 1998, 105, 105 f.; BGH GRUR 2000, 436, 438- Ehemalige Herstellerpreisempfehlung; Gloy/Helm § 53, Rn. 68 mwN; Baumbach/Hefermehl/Bornkamm § 5 Rn. 2.109.

[756] BGH GRUR 1960, 567, 569 f.- Kunstglas.

bb. Vom Verkehr erkannte Falschbezeichnungen

Versteht der Verkehr die Werbung hingegen so, dass, obwohl der Werbende sich objektiv falsch ausdrückt, keine Abweichung zur Realität besteht, so liegt – da es ausschließlich auf die Verkehrsauffassung ankommt – auch keine Irreführung vor.[757]

c. Täuschung durch wahre Angaben[758]

Legt man den – unstreitigen – Ansatz der Maßgeblichkeit des Verkehrsverständnisses zugrunde, können auch objektiv richtige Angaben irreführend sein. Dies dann, wenn sie von einem relevanten Teil der Durchschnittsverbraucher derart (miss-)verstanden werden, dass sie mit der Realität nicht übereinstimmen.

Dass ein solches Verständnis des Irreführungsbegriffs nicht selbstverständlich ist, zeigen die Ausführungen des EuGH in der Nissan- Entscheidung[759]:

> Rn. 17: „Was drittens und letztens die Aussage der Herstellergarantie angeht, ist hervorzuheben, dass ein solcher Hinweis nicht als irreführende Werbung betrachtet werden kann, sofern er der Wahrheit entspricht."[760]

Insofern der EuGH wirklich sagen wollte, dass wahre Angaben nicht irreführend sein können, so ist dies tatsächlich unzutreffend und auch normativ unerklärlich. Wahre Angaben können auch den erfahrensten Verbraucher täuschen, auch aus Harmonisierungsgründen besteht kein Grund objektiv wahre Angaben generell für zulässig zu erklären. Das vom EuGH favorisierte Informationsmodell erfordert vielmehr geradezu, dass wahre Angaben auch so präsentiert werden, dass sie ihre Informationsfunktion wahrnehmen können und nicht gerade das Gegenteil bewirken. Jedoch ist die Formulierung des EuGH ohnehin uneindeutig.[761] Möglicherweise wollte der EuGH lediglich darauf hinweisen, dass, wenn die beworbene Herstellergarantie tatsächlich (in dem angegebenen Umfang) bestand, von vornherein keine Täuschung der Verbraucherschaft vorliegt und daher eine Irreführung von vornherein nicht in Betracht kommt.

In Deutschland entspricht es inzwischen der allgemeinen Ansicht, dass auch durch objektiv wahre Angaben getäuscht werden kann. Legt man den geltenden Irreführungsbegriff, dem zu folge es auf das Verkehrsverständnis ankommt, zugrunde, so

---

[757] BGHZ 27, 1, 10- Emaillelack; BGH GRUR 1957, 285, 286- Erstes Kulmbacher; OLG Hamburg WRP 1984, 334, 334; OLG Karlsruhe WRP 1991, 257, 257; Baumbach/Hefermehl/Bornkamm § 5 Rn. 2.69.

[758] Zu unterscheiden von der sogleich behandelten Konstellation ist zunächst der Fall, dass eine objektiv richtige Angabe vom Verkehr richtig verstanden wird, der Verkehr sie aber nicht glaubt und das Angebot deshalb für besonders günstig hält. Es liegt dann – mangels einer Angabe – kein Verstoß gegen § 5 UWG vor, vgl. BGH GRUR 1967, 530, 532- Fahrschule.

[759] EuGH Slg. 1992, I- 131- Nissan = EuGH WRP 1993, 233 ff.- Nissan.

[760] EuGH WRP 1993, 233, 234- Nissan.

[761] Hierauf wies zuletzt Sack, GRUR 2004, 89, 90, hin.

kann nicht daran gezweifelt werden, dass eine Irreführung auch durch objektiv wahre Angaben möglich ist.
Dabei darf jedoch in der Beurteilung nicht vergessen werden, dass der Werbende immerhin mit wahren Angaben wirbt und ein schützenswertes Interesse daran hat, tatsächlich bestehende Eigenschaften seiner Produkte hervorzuheben. Diese Interessen sind, wie auch die Interessen der nichtgetäuschten Verbraucher an Information, im Rahmen einer Interessenabwägung zu berücksichtigen.[762] Darauf wird zurückzukommen sein.

Im folgenden werden die wichtigsten Unterfallgruppen der täuschenden Werbung mit wahren Angaben dargestellt.

aa. Werbung mit Selbstverständlichkeiten[763]

Ein typischer Fall der Irreführung durch objektiv wahre Angaben ist die sog. Werbung mit Selbstverständlichkeiten. Irreführend ist diese Werbung, weil die angesprochenen Verkehrskreise nicht erkennen, dass es sich bei den betonten Eigenschaften in Wahrheit um Selbstverständlichkeiten handelt und die Eigenschaften dem beworbenen Gegenstand daher als besonderen Vorzug gegenüber vergleichbaren Konkurrenzprodukten anrechnen.[764]
Damit der Verkehr eine selbstverständliche Eigenschaft für einen besonderen Vorzug gegenüber Konkurrenzprodukten hält, ist erfahrungsgemäß[765] Voraussetzung, dass die Eigenschaft besonders hervorgehoben wird, durch die Art und Weise der Erwähnung als „ungewöhnlich" präsentiert wird.
Eine Irreführung liegt daher nicht vor, wenn der Verkehr erkennt, dass es sich um selbstverständliche und nicht um besondere Eigenschaften des Produktes handelt.[766]
Dies dürfte etwa – entgegen einer Entscheidung des OLG Karlsruhe – bei einer Werbung eines Bildhauers für die Anfertigung von Grabmälern mit der Angabe „standsi-

[762] vgl. etwa BGH GRUR 1996, 910, 912- der meistverkaufte Europas; GK/Lindacher § 3 Rn. 174, 176 mwN.; im Einzelnen vgl. D. VI. 3. b. bb. aaa. aaaa. (2.).
[763] BGH GRUR 1956, 550, 553- Tiefenfurter Bauernbrot; OLG Hamburg WRP 1982, 424; BGH GRUR 1961, 288, 293- Zahnbürsten; OLG München WRP 1980, 440 ff.; OLG Karlsruhe NJWE-WettbR 1997, 121 ff.; BGH GRUR 1981, 206 ff.- 4 Monate Preisschutz; OLG Karlsruhe WRP 1986, 113 ff.; OLG Köln NJWE-WettbR 1999, 101 ff.; BGH GRUR 1973, 481, 483- Weingeist; BGH GRUR 1963, 371, 375- Wäschestärkemittel: GRUR 1987, 916, 917- Gratis-Sehtest; BGH GRUR 1990, 1027 ff.- incl. MWSt. I; BGH GRUR 1990, 1028 ff.- incl. MWSt. II; BGH GRUR 1990, 1029 ff.- incl. MWSt. III; BGH GRUR 1991, 323, 323- incl. MWSt. IV; Gloy/Helm § 53 Rn. 40 ff; GK/Lindacher § 3 Rn. 167 ff.; Baumbach/Hefermehl/Bornkamm § 5 Rn. 2.113. ff..; Michalski BB 1992, 440 ff.; im Europarrecht ist die Werbung mit Selbstverständlichkeiten für Teilbereiche explizit normiert: vgl. Art. 2 I a der Richtlinie 2000/13/EG über die Etikettierung und Aufmachung von Lebensmitteln sowie die Werbung hierfür.
[764] Gloy/Helm § 53 Rn. 40 mwN; GK/Lindacher § 3 Rn. 167.
[765] Im Einzelfall kann hier aufgrund des Gesamtbildes der Werbung die Wirkung der Werbung natürlich auch anderes einzuschätzen sein.
[766] GK/Lindacher § 3 Rn. 173.

chere Fundamentierung“ anzunehmen sein.[767] Ebenso wird der Verkehr durch eine Werbung in der ein Rettungsdienst damit wirbt „qualifizierte Hilfe“ leisten zu können nicht dahingehend in die Irre geführt, dass er etwa glaubt, nur der werbende Dienst leiste „qualifizierte“ Hilfe.[768]

Es muss beachtet werden, dass dem Werbenden grundsätzlich frei stehen muss, mit tatsächlich vorhandenen Merkmalen seines Angebots werben zu dürfen. Dies gebieten sowohl die Interessen der Werbenden als auch das Informationsinteresse der Verbraucher und das Interesse der Allgemeinheit an Markttransparenz.

aaa. Selbstverständliche Eigenschaften

„Selbstverständlich“ sollen Angaben dann sein, wenn sie zum Wesen der Ware/Leistung gehören, oder gesetzlich vorgeschrieben sind.[769] Diese Definition, deren ersten Teil *Michalski* – nicht zu unrecht – als eine eher „allgemeine Floskel“[770] bezeichnet, ist unzutreffend und unzureichend. Die Irreführung liegt in der Fallgruppe der Werbung mit Selbstverständlichkeiten gerade darin, dass der Eindruck einer besonderen Eigenschaft, eines bei vergleichbaren Konkurrenzprodukten nicht bestehenden Vorteils entsteht. Hierauf muss bei einer Definition des Selbstverständlichen Bezug genommen werden.
Selbstverständlich ist eine Eigenschaft daher dann, wenn die Produkte/Dienstleistungen nahezu aller anderen Anbieter ebenfalls entsprechende Eigenschaften aufweisen. Die Ausnahme muss zur „nachgerade vernachlässigbaren Größe“[771] werden, das Vorhandensein der entsprechenden Eigenschaften jedenfalls mehr als bloße „Regelübung“[772] darstellen.
Dies bedeutet auch, dass dem Vorhandensein gesetzlicher Vorschriften keine zwingende Bedeutung zukommt. Zwar ist es sehr wahrscheinlich, dass diese auch eingehalten werden, jedoch nicht zwangsläufig.[773] Werden die Vorschriften die das Vorhandensein bestimmter Eigenschaften vorschreiben also von einem nicht zu vernachlässigenden Teil der Wettbewerber nicht befolgt, oder handelt es sich um Eigenschaften

---

[767] OLG Karlsruhe NJWE-WettbR 1997, 121, 122.
[768] OLG Koblenz GRUR 1986, 129, 130.
[769] Baumbach/ Hefermehl/ Bornkamm § 5 Rn. 2.113; Köhler/Piper § 3 Rn. 180 jeweils mwN.
[770] Michalski BB 1992, 440, 444; ob eine Eigenschaft zum Wesen einer Ware gehöre lasse sich abgrenzen, idem auf die „vielleicht durch die naturwissenschaftlichen Bedingungen bestimmte Erwartung der relevanten Verbraucherkreise abgestellt“ werde, aaO.
[771] GK/Lindacher § 3 Rn. 169.
[772] GK/Lindacher § 3 Rn. 169.
[773] Es spricht eine Vermutung für die Einhaltung gesetzlicher Vorschriften, der Werbende, der die Nichteinhaltung gesetzlicher Vorschriften geltend macht trägt daher die Beweislast hierfür; GK/ Lindacher § 3 Rn. 168.

deren Vorhandensein mangels Kontrollverfahren unklar bleibt[774], so ist die Eigenschaft nicht selbstverständlich.[775]
Es kommt daher auf die tatsächliche Übung und nicht auf gesetzliche Vorschriften an.

bbb. Besonders hervorgehobene Eigenschaften

Die „selbstverständlichen" Eigenschaften müssen derart hervorgehoben werden, als ungewöhnlich präsentiert werden, dass beim Verkehr der Eindruck entsteht es handele sich um eine Besonderheit.[776] Eine besondere Betonung ist eher anzunehmen, wenn die Werbung blickfangmäßig[777] herausgestellt wird, als wenn sie bloß im Fließtext platziert ist.[778]
Damit der Anschein des Besonderen entstehen kann, muss durch die Art und Weise der Darstellung Besonderheit behauptet werden. Es muss also mit der Eigenschaft selbst geworben werden, sie muss erkennbar als eigenständiges – und vor allem: besonderes – Kaufargument herausgestellt werden und darf nicht bloß klarstellenden Charakter[779] haben.
Hieran fehlte es etwa bei sämtlichen MWSt.-Entscheidungen des BGH. Zwar eignet der Aussage „incl. MWSt." durchaus ein Werbecharakter. Diese Eigenschaft wird jedoch in den, den verschiedenen Entscheidungen zugrunde liegenden Anzeigen nicht

---

[774] Wie die Fortbildung eines Anwaltes zu der ein Anwalt zwar gem. § 43 a VI BRAO verpflichtet ist, was jedoch nicht überwacht wird; BVerfG WRP 2001, 1284, 1285.
[775] GK/Lindacher § 3 Rn. 168. Zumindest missverständlich daher BGH GRUR 1990, 1027, 1028- incl. MWSt. I.
[776] Veranschaulichend lassen sich die üblicherweise von der Rspr. angelegten Kriterien anhand der BGH- Entscheidungen incl. MWSt. I, II, IV illustrieren; vgl. zuletzt auch LG Braunschweig GRUR-RR 2004, 30, 32.
In dem ersten zu entscheidenden Sachverhalt (**MWSt. I**) wurde blickfangmäßig ein Preis angegeben und per Sternchenverweis auf den Satz „inclusive MwSt. und inclusive Fahrspaß" in einem Fließtext verwiesen. Der BGH lehnte eine Herausstellung ab, da ein solcher Satz in einem Fließtext zu unauffällig sei und auch angesichts der Unauffälligkeit nicht über den Verweis am Blickfangcharakter der Preisangabe teilhat.
In **MWSt. II** bewarb ein Händler ein Fahrzeug mit dem Satz: „Audi 80 CC, Quattro inkl. MWSt. DM 24 900,-". Hier entschied nun der BGH, dass der Hinweis auf die MWSt. dem Verkehr nicht nur als ein erläuternder Zusatz erscheine, sondern vielmehr den Eindruck einer nur vom Beklagten gewährten Besonderheit erwecke, die bei anderen Autohändlern nicht ohne weiteres zu erhalten sei.
In **MWSt. IV** wurde mit den Satz geworben „incl. aller Km und MWSt. 185, 96 DM". Der Satz fand sich in dem – kurzen – Erläuterungstext zu dem Angebot, einen BMW 530 zu mieten. Maßgeblich sei die Anzeige in ihrer konkreten Ausgestaltung. Der Hinweis auf die MWSt. werde nicht besonders herausgestellt. Durch den Hinweis werde dem Interessenten nur gesagt, dass neben dem beworbenen Preis keine weiteren Entgeltforderungen auf ihn zukämen. Dies habe lediglich Klarstellungsfunktion.
Die Entscheidungen haben sich inzwischen dadurch erledigt, dass dem Verkehr klar ist, dass die Preise die Mehrwertsteuer beinhalten und der Hinweis lediglich klarstellende Funktion hat, insoweit also jedenfalls keine Irreführung mehr vorliegt.
[777] BGH GRUR 1990, 1028, 1029- incl. MWSt. II.
[778] BGH GRUR 1990, 1027, 1028- incl. MWSt. I.
[779] BGH GRUR 1991, 323, 323- incl. MWSt. IV.

als eigenständiges Kaufargument herausgestellt, sondern wird lediglich als klarstellender Zusatz zum Preis präsentiert.

ccc. Ausnahme: Leicht nachprüfbare Eigenschaften ?

Eine Ausnahme soll gelten, wenn auf Umstände hingewiesen wird, deren Vorhandensein der Abnehmer bei verkehrsüblicher Verwendung der Ware ohne weiteres selbst prüfen kann und zu prüfen gewohnt ist.[780] Die besondere Betonung verborgener selbstverständlicher Umstände würde dann eine Irreführung bedeuten, nicht aber die leicht zu prüfenden Eigenschaften. Diese Einschränkung ist abzulehnen. Die eigene Prüfung der Ware nach Kauf kann eine einmal erfolgte Täuschung nicht beseitigen[781], da jedenfalls eine anlockende Wirkung verbleibt. Diese ist anerkanntermaßen ausreichend.[782]

bb. Assoziative Zweitbedeutung

aaa. Begriff

Ein weiterer Fall der Werbung mit objektiv wahren Angaben ist die Werbung mit Angaben mit assoziativer Zweitbedeutung.
„Assoziative Zweitbedeutung" meint in Abgrenzung zu den Fällen der Mehrdeutigkeit, dass eine Angabe eine klare (nicht mehrdeutige) Primärbedeutung aufweist, der Verkehr (bzw. Teile desselben) ihr aber eine Zweitbedeutung assoziiert, die nicht den tatsächlichen Verhältnissen entspricht.[783]Der Hersteller von Rasierapparaten warb etwa mit der – insoweit zutreffenden – Aussage „der meistverkaufte Europas"[784]. Dem hatte ein Teil der Verbraucherschaft nun die – nicht zutreffende – Zweitaussage entnommen, dass diese Aussage sich auch auf den deutschen Markt übertragen ließe.[785]

bbb. Grundsätze zur Irreführung

Ist die vom Verkehr der Angabe beigelegte Bedeutung, unzutreffend, ist die Angabe irreführend.
Dabei ist jedoch jeweils die normative Begrenzung des BGH zu beachten. Daher kommen nur solche Assoziationen in Betracht die den Fähigkeiten eines durchschnittlichen Verbrauchers entsprechen. Darauf läuft in den meisten Fällen auch die bisherige Einschränkung[786] durch Rspr. und Literatur hinaus, dass der Werbende solche Auffas-

---

[780] BGH GRUR 1963, 371, 371- Wäschestärkemittel.
[781] So auch Michalski BB 1992, 440, 444 mwN.
[782] vgl. D. V. 1. c. bb.
[783] Vgl. Gloy/ Helm § 53 Rn. 39; GK/Lindacher § 3 Rn. 175 ff. Sack GRUR 1996, 461 ff.
[784] BGH GRUR 1972, 129, 130- Der Meistverkaufte der Welt; anders inzwischen: BGH GRUR 1996, 910, 912;- Der Meistverkaufte Europas vgl. zu dieser Entscheidung die Anmerkung von Doepner GRUR 1996 914 ff.; OLG Köln GRUR 1999, 360- Meistverkaufte Mini-Van weltweit.
[785] Zahlreiche weitere Fallbeispiele bei GK/Lindacher § 3 Rn. 175.
[786] BGH GRUR 2002, 72, 74- Preisgegenüberstellungen im Schaufenster; Gloy/Helm § 53 Rn. 39

sungen des Verkehrs nicht gegen sich gelten lassen muss, die der Verkehr in dem Bewusstsein trifft, dass der Werbende eine entsprechende Tatsachenbehauptung nicht aufgestellt hat, sondern, dass es sich nur um eine von ihm – dem Verbraucher – aufgestellte Assoziation handelt. Ein solcher reflexartiger Bezug bedeute nicht, dass der Verkehr glaube, der Werbende selbst stelle einen Bezug zu weiteren, über den Inhalt der Werbung hinausgehenden Sachverhalten her.[787] So liege es etwa bei einer Preissenkung, die sich auf einen besonderen Artikel beschränke. Stelle der Verbraucher daraufhin die Vermutung an, der Werbende sei allgemein besonders preisgünstig, so mache diese Schlussfolgerung die Werbung nicht irreführend.[788]

d. Fortwirkende Irreführung

aa. Begriff

In diesen Fällen verbindet der Verkehr mit der Angabe die Erinnerung an frühere irreführende Werbemaßnahmen des Werbenden und gelangt so zu einer mit der Wirklichkeit nicht in Einklang stehenden Auffassung vom Inhalt der späteren Werbung. Die früheren Fehlvorstellungen werden sozusagen aktiviert und wirken fort (sog. „carry-over-Effekt“[789]).[790]

bb. Beispiel („Ei-wie-fein“-Fall)[791]

Die Margarine des Beklagten enthielt ca. 1% Eigelb (angeblich sollte hierdurch der Geschmack verbessert werden, sowie eine bessere Wirkung beim Backen erzielt werden) und wurde deshalb unter der Bezeichnung Ei-fein auf den Markt gebracht. Auf der Verpackung wurde auf den Eigehalt durch die Abbildung eines halben Eis sowie durch den Schriftzug „feinste Eigelbmargarine“ hingewiesen. Dies wurde für irreführend befunden, da beim Verbraucher Vorstellungen über die besonderen Eigenschaften geweckt wurden, die nicht in Einklang mit dem geringen Eigehalt standen. Daraufhin änderte der Hersteller die Bezeichnung der Margarine in „Ei-wie-fein“; der Hinweis „feinste Eigelbmargarine“ wurde durch „mit 10g Eigelb in 1000g“ und die Abbildung des Eis durch die Abbildung einer Margerite deren Blütenkern die Gestalt ein Eidotters aufwies, ersetzt. Die neue Aufmachung alleine war zwar nicht zu beanstanden. Ange-

---

[787] BGH GRUR 2002, 72, 74- Preisgegenüberstellungen im Schaufenster.
[788] BGH GRUR 2002, 72, 74- Preisgegenüberstellungen im Schaufenster.
[789] Sack GRUR 1996, 461, 467.
[790] BGH GRUR 1958, 86, 88 f.- Ein- fein; BGH GRUR 1963, 589, 593- Lady Rose; BGH GRUR 1964, 686, 688- Glockenpackung II; BGH GRUR 1965, 368, 372- Kaffe C; BGH GRUR 1970, 425, 426- Melitta-Kaffee; BGH GRUR 1971, 255, 257- Plym-Gin; BGH GRUR 1982, 685, 686- Ungarische Salami II; OLG Hamburg 1990, 137, 139; OLG Köln NJWE-WettbR 2000, 209, 211; Gloy/Helm § 53 Rn. 43; Baumbach/Hefermehl/ Bornkamm § 5 Rn. 2.120; GK/ Lindacher § 3 Rn. 201.
[791] BGH GRUR 1958, 86, 89- Ei-fein; BGH GRUR 1962, 97, 99 f.- Ei-wie-fein; weitere Kasuistik: BGH GRUR 1982, 685, 686- Ungarische Salami II: Fortwirkung der Täuschung über die Herkunft einer Salami bei bloßer Einfügung eines goldenen Streifens in die auf ungarische oder italienische Herkunft hinweisende rot-weiß-grünen Streifengebung der Verpackung einer in Deutschland hergestellten Salami.

sichts der Fortwirkung der früheren Werbung wurde die Bezeichnung „Ei-wie-fein" jedoch wie „Ei-fein" verstanden und dieser Eindruck wurde noch verstärkt durch die Aufmachung der Verpackung. Der BGH bewertete daher die neue Aufmachung als irreführend.

cc. Einzelheiten

Erforderlich, damit die durch die vorherige Werbung vermittelte Auffassung fortwirken kann, ist jedenfalls, dass sie sich hinreichend verfestigt hat und noch nicht verblasst ist.[792] Maßgeblich ist insoweit Dauer, Intensität und Breitenwirkung der vorherigen Werbemaßnahme. Jeweils ist der angesprochene Adressatenkreis immer im Auge zu behalten: Bei einem Fachpublikum verfestigt sich eine Aussage erfahrungsgemäß in der Regel schneller und es vergisst sie langsamer.

Um zu vermeiden, dass eine Werbung durch frühere irreführende Werbung gleichsam „infiziert" wird, muss ein eindeutiger Abstand von der früheren irreführenden Werbung gehalten werden.[793]
Das gilt auch unter Geltung des neuen Verbraucherleitbildes. Auch der normal informierte und aufmerksame Durchschnittsverbraucher wird schwer erkennbare, marginale Veränderungen einer Werbung kaum einmal beachten und die notwendigen Schlussfolgerungen ziehen. Auch eine in Wahrheit abgewandelte Werbeaussage kann daher im Sinne der früheren Werbung verstanden werden.[794] Dies liegt besonders nahe, wenn in der früheren Aussage eine anschließend benutzte Angabe bereits als Bestandteil enthalten war.[795]
Nicht ausreichend sind – wie im Ei-fein-Fall – bloße Abwandlungen der früheren Werbung, oder etwa die Einflechtung eines goldfarbenen Streifens in den weißen Farbteil, einer an die – irreführend benutzte – ungarische Flagge erinnernden Farbkombination.[796] Dabei kann – selbst wenn die Werbung ersatzlos eingestellt wird – bereits der Vertrieb einer Ware in ihrer bisherigen, an sich nicht zu beanstandenden Aufmachung, die durch die frühere Werbeangabe hervorgerufenen irrigen Vorstellungen aktivieren.[797]
Die Fallgruppe der fortwirkenden Irreführung wirkt insoweit als Umgehungssperre des § 5 UWG.

[792] BGH GRUR 1971, 255, 257- Plym-Gin; Gloy/Helm § 49 Rn. 45 f.; GK/ Lindacher § 3 Rn 203; Köhler/Piper § 3 Rn. 191 mwN.
[793] BGH GRUR 1963, 589, 563- Lady Rose; BGH GRUR 1957, 348, 349- Klasen Möbel; OLG München NJW-RR 1990, 300, 301; Gloy/Helm § 53 Rn. 43; GK/Lindacher § 3 Rn. 201.
[794] Gloy/Helm § 53 Rn. 43.
[795] OLG München NJW-RR 1990, 300, 301- Deutsche Kreditkarte/DKK.
[796] BGH GRUR 1982, 685, 686- Ungarische Salami II.
[797] BGH GRUR 1964, 686, 689- Glockenpackung II.

e. Unsichere Vorstellungen auslösende Angaben

aa. Begriff

Oftmals löst eine Werbeangabe – insbesondere durch die Verwendung fachspezifischer oder dem Bezeichnungsrecht entstammender Terminologie – bei den angesprochenen Verkehrskreisen unsichere Vorstellungen aus.[798] Der Verkehr kennt nicht die genaue Bedeutung des Begriffs und wird womöglich spekulieren. Abzugrenzen sind diese Fälle von den Fällen der Mehrdeutigkeit, in denen der Verkehr einer Angabe zwar mehrere bestimmte Angaben entnimmt, sich subjektiv aber nicht unsicher ist.

In Betracht kommen folgende Konstellationen:

aaa. Der Verkehr entnimmt der Aussage keine sachliche Vorstellung

Zwar ist keine genaue oder präzise Vorstellung des Verkehrs erforderlich, jedoch reichen vage, verschwommene Vorstellungen oder bloße Gedankenassoziationen, die lediglich Anklänge an bestimmte Begriffe wie Gesundheit, Kosmetik, Medizin usw. hervorrufen, ohne dass aus ihnen klare Vorstellungen über eine Eigenschaft der angebotenen Ware abgeleitet würden[799] nicht aus – da keiner objektiven Überprüfung zugänglich –, um eine Irreführungsprüfung durchführen zu können.[800]

bbb. Der Verkehr entnimmt der Angabe Eigenschaftsvorstellungen

Macht sich der Verkehr trotz seiner Unsicherheit Vorstellungen über die Bedeutung der Angabe, ist zu prüfen, ob diese Vorstellung relevant i.S.d. der normativen Eingrenzung des BGH und marktentscheidungsrelevant war.

Die Vorstellung muss dabei nicht bis ins Einzelne konkretisiert sein. Auch nicht konkretisierte Erwartungen qualitativer Art oder unpräzise, aber nachprüfbare, Vorstellungen über die Wirkung einer Ware – etwa ein Produkt sei gesundheitsfördernd[801] ohne dass sich die Vorstellung jedoch auf bestimmte Erkrankungen bezieht – sind ausreichend für eine Verbrauchervorstellung die enttäuscht werden kann.[802]

---

[798] BGH GRUR 1967, 30, 32- Rum Verschnitt; GK/Lindacher § 3 Rn. 178 ff; Köhler/Piper § 3 Rn. 172 ff.

[799] BGH GRUR 1969, 546, 548- med; Köhler/Piper § 3 Rn. 161.

[800] So auch H-B/H-B/Dreyer § 5, Rn. 189.

[801] So lag der Fall in BGH GRUR 1967, 362, 369- Spezialsalz I; in einer früheren Werbung des Beklagten war die Wirkung u.a. hinsichtlich Knochenaufbau, Fettansatz, Stoffwechsel, Drüsenfunktion, Körperflüssigkeit und dem Aufbau der Zähne thematisiert worden; der Verbraucher braucht insbesondere bei solchen weitschweifigen Versprechungen nicht den Überblick im Einzelnen zu behalten; BGH GRUR 2003, 247, 248- THERMAL BAD.

[802] BGH GRUR 1967, 362, 369- Spezialsatz I; BGH GRUR 2003, 247, 248- THERMAL BAD; Köhler/Piper § 3 Rn 160.

ccc. Verweisende Verkehrsvorstellung

Soweit der Verkehr sich einer eigenen Eigenschaftsvorstellung enthält, ist jeweils die Existenz einer verweisenden Verkehrsvorstellung zu untersuchen.
In vielen Fällen wird der Verkehr davon ausgehen, dass die Ware jedenfalls den Anforderungen (zumeist Standards wie die DIN) entspricht, die der Gesetzgeber oder auch Fachkreise an sie stellen. Dabei kommt es nicht darauf an, dass ihm der Inhalt der Standards im Einzelnen bekannt ist, es reicht aus, wenn er von der Existenz und der Einhaltung dieser Standards ausgeht.[803]

Darauf basierend ist eine Irreführung abzulehnen, wenn die Voraussetzungen der Norm gewahrt bleiben: In einer Werbung für einen Geländewagen wurde damit geworben, das KFZ erfülle den Abgasgrenzwert „Euro 3“.[804] Dagegen wendete der Kläger ein, dem Verbraucher sei bewusst, dass es sich bei Euro 3 und Euro 4[805] um Abgasnormen für PKW handele. Er erwarte daher, dass der Geländewagen, der tatsächlich als PKW genutzt werde, auch die Grenzwerte für normale PKW einhalte. Der Geländewagen halte aber nur die Grenzwerte für leichte Nutzfahrzeuge ein. Der potenzielle Käufer werde daher über die tatsächliche Umweltbelastung, die von diesem Fahrzeug ausgehe, getäuscht.
Das Gericht lehnte eine Irreführung hingegen ab. Dem Verkehr sei lediglich bekannt, dass es sich bei Euro 3 und 4 um Regelungen handelt, die sich auf das Abgasverhalten eines Fahrzeuges bezieht. Eine Irreführung sei abzulehnen, da der Geländewagen diese Normen erfülle. Er falle zwar in eine andere Kategorie der Euro-3-Norm als etwa Kleinwagen, die Erwartung der angesprochenen Verkehrskreise beschränkt sich aber auf die Einhaltung der Norm, was auf den Wagen zutreffe. Welche Kategorien und Grenzwerte die mehrfach geänderte Norm hat, wisse der Verbraucher nicht, er gehe schlicht von der Einhaltung des geltenden Umweltstandards aus.

Voraussetzung ist jeweils, dass der Verkehr von der Existenz eines Standards ausgeht, da der Verkehr nur von der Einhaltung solcher Anforderungen ausgehen kann, die ihm auch bekannt sind. Über § 5 UWG kann nicht – losgelöst von einer Irreführung und mit der Begründung der Verbraucher sei schutzwürdig oder gar -bedürftig – allgemein die Einhaltung von technischen Standards oder Bezeichnungsrecht durchgesetzt werden. Es existiert auch keine Verbrauchererwartung, dass allgemein sämtliche existierenden Normen eingehalten werden; so wünschenswert dies auch erscheinen mag, es kommt auf die tatsächliche Erwartung an und tatsächlich existiert eine solche, der allgemeinen Lebenserfahrung zuwiderlaufende, Erwartung nicht.
So ist die Verwendung der blau-weißen Farbe für Abschleppseile, die nicht den DIN-Anforderungen der mit dieser Farbe gekennzeichneten Seile entsprechen, nicht irreführ-

---

[803] LG Braunschweig GRUR- RR 2004, 30, 31- Euro 3.; BGH GRUR 1988, 832- Benzinwerbung; BGH GRUR 1985, 974- DIN 2093; BGH GRUR 1992, 117- IEC- Publikationen.
[804] LG Braunschweig GRUR- RR 2004, 30, 31- Euro 3.
[805] Euro 3 verweist auf die EU- Richtlinie 98/69/EG. Diese unterscheidet hinsichtlich der Obergrenzen nach Gewichtsklassen, im Einzelnen vgl. LG Braunschweig GRUR- RR 2004, 30, 31- Euro 3.

rend, da dem Verkehr die Existenz einer die Farbgebung von Abschleppseilen und deren Bezug auf die die Zugfestigkeit regelnde Norm nicht bekannt ist.[806]
Fehlt es an gesetzlichen Standards, die Grundlage der verweisenden Verkehrsvorstellung sein können – oder geht der Verkehr nicht von der Existenz eines normierten Standards aus – ist zu prüfen, ob es an Eigenschaften mangelt, die vom Verkehr von einem derartigen Angebot erwartet werden.[807]

bb. Beachtlichkeit unsicherer Verkehrsvorstellungen

Auch unsichere Vorstellungen sind im Rahmen einer empirisch festgestellten Verkehrsauffassung grundsätzlich beachtlich. Dies schlichtweg deswegen, weil sie existieren.
Maßgeblich ist, dass der Verbraucher eben diese Vorstellungen von der Angabe hat und bei Nichtzutreffen trotz seiner Unsicherheit auch getäuscht wird.[808]
Der Umstand, dass der Verbraucher seine Erwartungen quasi ins „blaue hinein" trifft, kann im Rahmen der normativen Begrenzung Berücksichtigung finden. Dies aber nur, wenn der Verbraucher sich eine derartige Vorstellung vernünftigerweise nicht machen darf. Dies ist im Einzelfall zu prüfen. Eine Vorstellung wird daher nicht grundsätzlich schutzunwürdig, nur weil sie unsicher ist. [809] Die Interessen des Werbenden können im Rahmen der Interessenabwägung berücksichtigt werden. Im Einzelnen gilt:

aaa. Verkehrsauffassung

Im Rahmen der Feststellung der Verkehrsauffassung ist die normative Begrenzung durch den BGH zu berücksichtigen. Abzustellen ist demnach auf den durchschnittlichen Verbraucher.
Insoweit ist zu berücksichtigen, dass der durchschnittliche Verbraucher – situationsangemessen – seine Aufmerksamkeit immer dann steigern wird, wenn er erkennt, dass er etwas nicht versteht oder weiß. Es ist also allgemein ein höheres Niveau an Informiertheit und Verständigkeit zu erwarten. Der Verbraucher wird sich also nur äußerst zurückhaltend Eigenschaftsvorstellungen über die Ware machen, wenn ihm bekannt ist, dass ihm das Wissen hierfür fehlt. Dies wirkt sich als eine Obliegenheit des Käufers, sich weiter zu informieren, aus. Jedenfalls bei hochwertigen Gütern ist vom Verbraucher zu erwarten, dass er angebotene und ohne Aufwand zugängliche Informationsquellen wie Etiketten oder aber auch vorhandenes Personal, soweit Beratungsgespräche bei entsprechenden Waren stattfinden, konsultiert. Dies gilt in eingeschränk-

---

[806] BGH GRUR 1985, 555, 555 f.- Abschleppseile.
[807] Baumbach/Hefermehl/Bornkamm § 5 Rn. 2.110; GK/Lindacher § 3 Rn. 181; Köhler/Piper § 3 Rn. 173 (beide zum alten Recht).
[808] A.A. Baumbach/Hefermehl/Bornkamm § 5 Rn. 2.110 unter unzutreffender Berufung auf BGH GRUR 2003, 247, 248 f.- THERMAL BAD.
[809] BGH GRUR 1967, 30, 32- Rum Verschnitt; Köhler/Piper § 3 Rn. 172.

tem Maße aber auch für geringwertige Güter des täglichen Lebens. Jedenfalls muss hier bei Unsicherheit die Verpackung gelesen werden.[810]
Sollte sich im Einzelfall dennoch ein Teil des Verkehrs derartige (beachtliche) Vorstellungen machen, ist eine solche Verkehrsauffassung in der Tat zu berücksichtigen.

bbb. Marktentscheidungsrelevanz

Erfahrungsgemäß wird der durchschnittliche Verbraucher Vorstellungen denen er selbst misstraut, nicht zur Marktentscheidungsgrundlage machen. Die Marktentscheidungsrelevanz ist in diesen Fällen also sorgfältig zu prüfen.

ccc. Interessenabwägung

Im Rahmen der Interessenabwägung muss berücksichtigt werden, dass die Vorstellungen des Verkehrs bewusst unter dem Risiko der Unsicherheit getroffen wurden. Demgegenüber ist u.a. das Interesse des Werbenden zu berücksichtigen auch mit Fachterminologie werben zu können.[811]

f. Übertreibende Angaben[812]

Übertreibende Angaben sind als solche nicht verboten. Sie können jedoch lauterkeitsrechtlich unzulässig, da irreführend, sein. Maßgebend sind insoweit die allgemeinen Regeln.
Zunächst muss überhaupt eine Angabe i.S.d. § 5 UWG vorliegen. Liegt eine Angabe i.S.d. § 5 UWG vor, so ist zu prüfen, ob sie auch irreführend ist.

g. Unterlassen

aa. Angabe

Es geht insoweit um die Fälle, die bereits[813] unter dem Aspekt des „Verschweigens" thematisiert wurden. Es wurde herausgearbeitet, dass in diesen Fällen eine Angabe vorliegt.

---

[810] Vgl. BGH GRUR 2003, 247, 248 f.- THERMAL BAD: Der Käufer eines Badezusatzes muss die Verpackung lesen: „Es fehlt jedenfalls an einer wettbewerbsrechtlich relevanten Irreführung, weil die betreffenden Teile des Verkehrs auf der Verpackung eine Erläuterung der insoweit lediglich unklaren Aussage finden und hieraus unschwer entnehmen können, dass es sich bei den Badetabletten der Beklagten. um ein künstlich gewonnenes Erzeugnis handelt".
[811] Vgl. dazu D. VI. 3. b. bb. aaa. aaaa.; Wirbt er mit gesetzlich vorgeschriebener Terminologie und wird der Verkehr hierdurch irregeführt, so gelten dazu die Ausführungen unter B. V. 1. a. cc.
[812] Zu dem insoweit besonders häufig einschlägigen Fall der Alleinstellungs- oder Spitzenstellungswerbung vgl. D. IV. 2. h.
[813] D. III. 5. a.

bb. Neuerungen durch das UWG 2004

aaa. § 5 II 2 UWG

Das Verschweigen von Tatsachen wurde durch das neue UWG in § 5 II 2 geregelt:

> „Bei der Beurteilung, ob das Verschweigen einer Tatsache irreführend ist, sind insbesondere deren Bedeutung für die Entscheidung zum Vertragsschluss nach der Verkehrsauffassung sowie die Eignung des Verschweigens zur Beeinflussung der Entscheidung zu berücksichtigen."

Mit dieser Formulierung sollte die bisherige Rechtsprechung festgeschrieben werden.[814]

bbb. Abweichende Ansicht zur bisherigen Rechtsprechung

Der Forderung der h.M. nach einer „Aufklärungspflicht" liegt erkennbar die Vorstellung zugrunde, dass es sich um ein Unterlassungsdelikt handelt.[815] Sie geht von einer Kombination von positivem Tun (Angabe) und einem Unterlassen (Verschweigen bestimmter Umstände) aus. Diese Vorstellung ist nun durchaus bestreitbar, etwa mit dem Hinweis, dass es sich ausschließlich um einen positiven Erklärungsakt, nämlich einer Angabe, der der Verkehr einen Inhalt beimisst, der nicht der Realität entspricht, handelt. Insoweit weicht die vorliegende Fallkonstellation nicht von der üblichen ab und könnte daher nach den allgemeinen Regeln behandelt werden.[816] Für diese abweichende Ansicht sprechen auch die Abgrenzungsschwierigkeiten zu den Fällen des positiven Handelns, die die Rspr. aufwirft.[817]

Diese Auffassung hat sich jedoch durch die eindeutige Übernahme der Gegenansicht in das Gesetz erledigt.

---

[814] Amtl. Begr. zu § 5 II des Gesetzesentwurfs der Bundesregierung, BT- Drucks. 15/1487, S. 19: „Grundsätzlich gilt nach der Rechtsprechung zum bisherigen UWG, dass im Verschweigen einer Tatsache dann eine irreführende Angabe liegt, wenn für den Werbenden eine Aufklärungspflicht besteht. Eine solche Pflicht kann, wenn sie sich nicht schon aus Gesetz, Vertrag oder vorangegangenem Tun ergibt, im Wettbewerb nicht schlechthin angenommen werden, da der Verkehr nicht ohne weiteres die Offenlegung aller, insbesondere auch der weniger vorteilhaften Eigenschaften einer Ware oder Leistung erwarten. Wohl aber kann sich eine Aufklärungspflicht aus der besonderen Bedeutung ergeben, die der verschwiegenen Tatsache nach Auffassung des Verkehrs für den Kaufentschluss zukommt, so dass das Verschweigen geeignet ist, das Publikum in relevanter Weise irre zu führen, also seine Entschließung zu beeinflussen. Dieser von der Rspr. entwickelte Maßstab wird durch Satz zwei ausdrücklich in das Gesetz übernommen".

[815] Schricker, FS Zweigert, S. 571.

[816] GK/Lindacher § 3 Rn. 184.

[817] Zu diesen Schwierigkeiten vgl. Keyßner, S. 23 ff.

ccc. Abgrenzung

aaaa. Konkludente Angaben

Das Verschweigen von Umständen stellt kein reines „Nichtssagen" dar. In letzterem Fall fehlt es bereits an einer Angabe. Hieran will § 5 II 2 UWG auch nichts ändern.[818] Verschweigen von Umständen i.S.d. § 5 II 2 UWG wird vielmehr erst im Zusammenhang mit einer positiven Angabe relevant, also der Fall, dass der Verkehr im Zusammenhang mit einer Angabe dem Schweigen die Aussage entnimmt, ein Umstand liege vor oder nicht vor.

Dies macht die Abgrenzung zu konkludenten Angaben schwierig, denn auch bei diesen geht es darum, dass der Werbende sich nicht ausdrücklich zu einem Umstand äußert, der Verkehr dem aber eine bestimmte Bedeutung beimisst. Die Abgrenzung ist aber von Bedeutung, da das Verschweigen nur unter den zusätzlichen Erfordernissen des § 5 II 2 UWG irreführend ist, während für konkludente Angaben die allgemeinen Regeln gelten.
Maßgeblich muss hier sein, ob – nach der Verkehrsauffassung – die Angabe eine (konkludente) Äußerung zu dem fraglichen Punkt enthält – dann konkludente Angabe – oder aber zu der betreffenden Frage keinerlei Äußerung enthält – womit ein Verschweigen vorliegt – und der Verkehr gerade aus diesem Schweigen seine Rückschlüsse zieht. „Sprechend" ist, wie es *Dreyer*[819] treffend formuliert in letzterem Fall nicht die Werbung selbst, sondern die darin enthaltene Lücke.

bbbb. Irreführung hinsichtlich des positiv Gesagten

Wie bereits gesagt, stellt reines Schweigen keine Angabe dar. Das Verschweigen setzt also einen positiven Teil voraus. Ist das positiv Gesagte bereits unzutreffend, gelten hinsichtlich diesen Teils die allgemeinen Regeln.

cc. Einzelheiten

aaa. Grundsätzliches

aaaa. Tatsächliche Irreführung des Verkehrs

In einem empirischen Modell muss gelten: Irreführung auch durch Verschweigen nur, wenn der Verkehr tatsächlich in die Irre geführt wird.[820]
Wenn nun in Rechtsprechung und Schrifttum die Rede von einer Aufklärungspflicht ist, dann deshalb weil zwar der Verkehr unmittelbar über Eigenschaften der Ware getäuscht werden muss, eine Täuschung des Verkehrs aber nur vorliegen wird, wenn der

[818] H-B/H-B/Dreyer § 5, Rn. 787.
[819] H-B/H-B/Dreyer § 5, Rn. 789.
[820] BGH WRP 1999, 1155, 1157- EG- Neuwagen II.

Verbraucher eine Aufklärung hinsichtlich der verschwiegenen Unständen (vernünftigerweise) erwartete und deshalb der Ware unzutreffende Eigenschaften zuschrieb.[821] Die Täuschung des Verkehrs korreliert daher unmittelbar mit der Verkehrserwartung nach Aufklärung.[822] Eine Aufklärungspflicht liegt demnach dann vor, wenn eine Verkehrserwartung nach Aufklärung besteht. Der Verkehr erwartet eine solche Aufklärung zum einen, wenn eine solche Pflicht gesetzlich angeordnet ist oder sich aus vorangegangenem Tun ergibt. Zum anderen kommen noch andere Fälle in Betracht die der BGH wie folgt zusammenfasst: „soweit das Gesetz keine Aufklärungspflicht anordnet, besteht diese im Wettbewerb nicht schlechthin. Denn der Verkehr erwartet nicht ohne weiteres die Offenlegung aller – auch weniger vorteilhaften – Eigenschaften einer Ware oder Leistung. Die Pflicht zur Aufklärung besteht jedoch in den Fällen, in denen das Publikum bei Unterbleiben des Hinweises in einem wesentlichen Punkt, der den Kaufentschluss zu beeinflussen geeignet ist, getäuscht würde“[823].

bbbb. Zumutbarkeit

Besteht eine Verkehrserwartung nach Aufklärung, sind in einem weiteren Schritt[824], wie die Rspr. zutreffend feststellt[825], auch die Interessen des Werbenden zu berücksichtigen.[826] Eine Aufklärungspflicht besteht daher nur dann, wenn unter Berücksichtigung der Interessen des Verkehrs dem Werbenden eine Aufklärung zuzumuten[827] ist.

bbb. Voraussetzungen

aaaa. Aufklärungspflicht gem. Verkehrsauffassung

(1.) Gesetz, Vertrag, vorangegangenes Tun

Gesetzliche Aufklärungspflichten werden insbesondere durch Kennzeichnungsvorschriften wie etwa die §§ 3 bis 8 Lebensmittel-KennzeichnungsVO, 9 Zusatzstoff-ZulassungsVO statuiert. Auch das UWG enthält in den § 4 Nr. 4 und 5 nunmehr ge-

---

[821] Anders auf Basis eines normativen Modells: H-B/H-B/Dreyer § 5 Rn. 793: „erwarten darf“.

[822] Unzutreffend daher diese Aufklärungspflicht aus Treu und Glauben (§ 242) – wie etwa Fezer/Peifer § 5 Rn. 387 – herzuleiten.

[823] BGH GRUR 1999, 1151, 1152- EG-Neuwagen I; BGH GRUR 1989, 682, 682 f.- Konkursvermerk; BGH WRP 1993, 239, 239 f.- Sofortige Beziehbarkeit; GRUR 1996, 793, 795- Fertiglesebrille; WRP 1999, 839, 839 f.

[824] Anders H-B/H-B/Dreyer § 5 Rn. 793, der diese Interessen in eine Interessenabwägung die wiederum zur Ermittlung dienen soll, ob die verschwiegenen Tatsachen eine besondere Bedeutung besitzen, was wiederum eine Aufklärungspflicht begründe, einstellen will. Die Begründung einer Aufklärungspflicht ausschließlich via Interessenabwägung ist nur in einem normativen Verbraucherleitbild zutreffend (das von *Dreyer* vertreten wird).

[825] BGH GRUR 1999, 1151, 1152 f.- EG-Neuwagen I; BGH GRUR 1989, 682, 683- Konkursvermerk; BGH WRP 1999, 839, 840- Auslaufmodelle I; BGH WRP 1999, 842, 843- Auslaufmodelle II.

[826] GK/Lindacher § 3 Rn. 199 f.; Gloy/Helm § 53 Rn. 48.

[827] Identische Terminologie: BGH WRP 1999, 842, 844- Auslaufmodelle II.

setzliche Informationspflichten.[828] Auch insoweit kommt bei Nichterfüllung der Pflicht eine Irreführung gem. §§ 3, 5 UWG in Betracht. Maßgeblich ist jedoch auch hier, dass die Verletzung der Informationsverpflichtung eine Irreführung hervorruft. Die bloße Verletzung einer gesetzlichen Informationspflichtverletzung reicht nicht aus.

Eine Aufklärungspflicht aus vorangegangenem Tun liegt insbesondere vor, wenn eine vormals richtige Werbung durch eine Änderung der tatsächlichen Umstände falsch wird. Hier kann eine Aufklärungspflicht dahingehend bestehen, diese Werbung richtig zu stellen.[829]

(2.) Sonstige Fälle

(a.) Grundsätze

Ob der Verkehr im konkreten Fall eine Aufklärung erwartet, kann nicht pauschalisiert, sondern eben nur im konkreten Einzelfall bestimmt werden. Dabei haben verschiedene Faktoren eine Bedeutung. Herausgestellt wurde durch die Rspr.[830] und nunmehr auch durch das Gesetz, ob es sich um eine wesentliche Eigenschaft, die den Kaufentschluss zu beeinflussen geeignet ist, handelt.[831] Maßgeblich ist die Bedeutung der verschwiegenen Tatsache für die Entscheidung zum Vertragsschluss. Die Bestimmung der Bedeutung erfolgt aus der Sicht der Durchschnittsverbraucher. Die Bedeutung von Einzelangaben ist naturgemäß von Produkt zu Produkt verschieden. Es geht, kurz ausgedrückt, um die jeweiligen Schlüsselinformationen über ein Produkt.[832]
Daneben[833] kann etwa die Art und Qualität der Beratung etc. eine Rolle spielen. Dabei ist jedoch immer zu beachten, dass der Verkehr nicht von einer „Runduminformation" durch Werbung ausgeht und diese auch nicht verlangt; der Verkehr weiß sowohl um den notwendig schlagwortartigen Charakter von Werbung und dem Interesse des Werbenden, seine Werbung durch umfängliche Erwähnungen negativer Eigenschaften der Ware nicht ins Gegenteil zu verkehren.
Eine Konkretisierung erfahren diese Grundsätze im Einzelfall. Sie seien an den Auslaufmodell-Entscheidungen des BGH[834] verdeutlicht.

---

[828] Eppe WRP 2004, 153, 158.
[829] BGH GRUR 1958, 30- Außenleuchte; BGH GRUR 1983, 777, 778- Möbel-Katalog.
[830] BGH GRUR 1999, 1151, 1152- EG-Neuwagen I; BGH GRUR 1989, 682, 682 f.- Konkursvermerk; BGH WRP 1993, 239- Sofortige Beziehbarkeit; BGH GRUR 1996, 793, 795- Fertiglesebrille; BGH WRP 1999, 839, 839 f.
[831] Ob der Vertrag tatsächlich geschlossen wird ist hingegen unbeachtlich. Dies ergibt sich zum einen bereits aus dem Gesetzestext, zum anderen berührt irreführende Werbung unabhängig davon, ob sie zum Abschluss eines Vertrags führt, die wirtschaftlichen Interessen der Verbraucher und Mitbewerber.
[832] Einzelheiten vgl. etwa bei Fezer/Peifer § 5 Rn. 393 ff.
[833] Die gesetzliche Aufzählung ist nicht abschließend, vgl. § 5 II 2 UWG: „insbesondere".
[834] vgl. insbesondere BGH WRP 1999, 839 ff- Auslaufmodelle I; BGH WRP 1999, 842 ff.- Auslaufmodelle II; BGH WRP 2000, 514 ff.- Auslaufmodelle III.

(b.) Konkretisierung: Auslaufmodelle I-III[835]

(aa.) Exkurs: Definition Auslaufmodelle

Auslaufmodelle sind solche Waren, die vom Hersteller nicht mehr produziert oder nicht mehr im Sortiment geführt oder von ihm selbst als Auslaufmodell bezeichnet werden.[836] Kein Auslaufmodell liegt jedoch vor, wenn die Ware lediglich unter anderer Bezeichnung identisch weiterproduziert wird.[837]

(bb.) Verkehrserwartung hinsichtlich einer Aufklärung

(aaa.) Sonderfall: Üblichkeit des Hinweises

Besteht bereits eine Üblichkeit, im Verkehr auf die Eigenschaft als Auslaufmodell hinzuweisen, bedarf es keiner besonderen Begründung mehr warum der Verkehr im konkreten Fall einen Hinweis erwartet.[838]
Für die „Üblichkeit" ist nicht von Bedeutung, ob einzelne andere Unternehmen, die Auslaufmodelle anbieten, durchweg oder weitgehend auf den jeweiligen Umstand hinweisen. Allein die Tatsache, dass der Verbraucher immer wieder entsprechenden Hinweisen begegnet, deutet auf eine Erwartung der Verbraucher hin, darüber aufgeklärt zu werden, dass es sich um ein Auslaufmodell handelt.[839]
Ein solcher Fall der Üblichkeit liegt beispielsweise im Bereich der Verkaufs von Skiern vor, in dem es allgemein üblich ist, auf Nachfolgemodelle hinzuweisen.[840]

(bbb.) Sonstige Konstellationen[841]

Die Frage, ob eine Verkehrserwartung hinsichtlich der Aufklärung über die Eigenschaft als Auslaufmodell besteht, wird in diesen Fällen allgemein als einer Generalisierung nicht zugänglich angesehen. Vielmehr wird nach Warengruppen kategorisiert.[842]
Bei Artikeln des täglichen Bedarfs legt der Verkehr keinen Wert darauf, ob die zu erwerbende Ware aktuell ist, während er beim Kauf hochwertiger und langlebiger oder modeabhängiger Gegenstände entscheidenden Wert auf Aktualität legt und daher auch

---

835 vgl. insbesondere BGH WRP 1999, 839 ff- Auslaufmodelle I; BGH WRP 1999, 842 ff.- Auslaufmodelle II; BGH WRP 2000, 514 ff.- Auslaufmodelle III; vgl. auch LG Kassel GRUR 2004, 651, 652.
836 BGH WRP 1999, 839, 841- Auslaufmodelle I.
837 OLG Köln NJOZ 2003, 1903, 1905; dies kann nicht uneingeschränkt (insbesondere im Modebereich sind hier Abweichungen denkbar) gelten, wenn die Bezeichnung auf der Ware angebracht ist.
838 BGH GRUR WRP 1999, 839, 840- Auslaufmodelle I; BGH WRP 1999, 842, 843- Auslaufmodelle II; BGH GRUR 1982, 374, 376- Ski-Auslaufmodelle; Loewenheim GRUR 1980, 14, 16; GK/Lindacher § 3 Rn. 189 f., 196; BGH GRUR 1999, 1148, 1150- Shareware-Version.
839 BGH WRP 1999, 839, 840- Auslaufmodelle I; GK/Lindacher § 3 Rn. 196.
840 BGH GRUR 1982, 374, 376- Ski-Auslaufmodelle.
841 Vgl. insbesondere BGH WRP 1999, 839 ff- Auslaufmodelle I; BGH WRP 1999, 842 ff.- Auslaufmodelle II; BGH WRP 2000, 514- Auslaufmodelle III.
842 BGH GRUR WRP 1999, 839, 840- Auslaufmodelle I; BGH WRP 2000, 514, 516- Auslaufmodelle III.

eher einen Hinweis auf die Eigenschaft als Auslaufmodell erwartet. Dabei ist auch zu beachten, ob für Geräte der jeweiligen Art auch nach längerer Zeit üblicherweise noch Ersatzteile vorhanden sein sollen, was den Verbraucher tendenziell daran hindert, Auslaufmodelle zu beschaffen

Konkreter betrachtet ist eine entsprechende Verbrauchererwartung erfahrungsgemäß bei Waren zu bejahen, bei denen aufgrund ihrer Hochwertigkeit eine eingehende Beratung stattfindet; bei Waren bei denen es insbesondere aus technischen Gründen (im Bereich der Unterhaltungselektronik: Kompatibilität der Geräte, Ersatzteilbevorratung) oder aus Prestigegründen (Mode, Mobiltelefone) für den Verbraucher wichtig ist auf dem neuesten Stand zu sein (bzw. nicht schon beim Kauf veraltete Ware zu erwerben) und er aufgrund der Hochwertigkeit der Ware auch von einem entsprechenden Hinweis ausgehen kann. Dabei spielt der Preis zwar keine bestimmende Rolle, kann aber nicht unberücksichtigt bleiben. Ihm kommt insbesondere für bestimmte Bereiche eine Ausschlussfunktion zu. In bestimmten Warensegmenten – wie beispielsweise Mobiltelefone, Mode, Unterhaltungselektronik – ist es bekannt, dass ältere Ware wesentlich billiger abgegeben wird, ein weiterer Hinweis wird dann nicht erwartet. Der Verkehr ist für die Exklusivität die die beschriebenen Artikel – gerade im Modebereich – verheißen, oftmals bereit, weit über dem stofflichen Warenwert liegende Preise zu zahlen; als Gegenleistung erwartet er dann jene Exklusivität.

Bei hochwertigen Gütern oder Gütern, die einer technischen Entwicklung unterliegen, bedarf es einer Aufklärung über ein Nachfolgemodell jedenfalls dann, wenn dieses Verbesserungen im qualitativen oder technischen Bereich aufweist.[843]

Abweichend war die Rechtsprechung zwar wenn die Neuerungen im subjektiven Bereich lagen, d.h. Geschmack, Mode, Warenimage usw. betrafen: Hier sei der Wunsch des Verbrauchers, stets das modernste Gerät zu erwerben, nicht allein maßgeblich, da hinter diesem Wunsch die „unreflektierte Überzeugung“[844] stehe, das neueste Gerät müsse auch zugleich das Beste sein. Solange das neue Modell aber keinen höheren technischen Standard verkörpere, werde der Verkehr nicht irregeführt falls ein Hinweis auf den Charakter als Auslaufmodell fehle.[845]

Insoweit hat der BGH in seiner Auslaufmodell-II-Entscheidung aber erfreulicherweise für Klarheit gesorgt und die Entscheidung des OLG kassiert.[846] Dem ist zuzustimmen. Die Rspr. des OLG´s verkennt den Unterschied zwischen bloßer Bedarfsbefriedigung und Konsum und ist rechtspraktisch – es dürfte den Gerichten schwer fallen, im Einzelfall zu entscheiden, ob das Nachfolgemodell technisch einen Schritt nach vorn bedeutet – auch nur schwer nachzuvollziehen. In einer Marktwirtschaft ist es nicht Sache der Gerichte zu entscheiden welches Gerät das „Beste“ für einen Kunden ist und nach welchen Kriterien dies zu entscheiden ist.[847]

Die Verkehrsauffassung gibt dabei auch vor, ab welchem Zeitpunkt ein Hinweis erforderlich ist. Der durchschnittlich ökonomisch informierte Verbraucher erwartet nicht –

[843] Loewenheim GRUR 1980, 14, 16.
[844] So das OLG Hamburg, zitiert aus BGH WRP 1999, 842, 844- Auslaufmodelle II.
[845] So das OLG Hamburg, zitiert aus BGH WRP 1999, 842, 844- Auslaufmodelle II.
[846] BGH WRP 1999, 842, 844- Auslaufmodelle II.
[847] Er kann jedoch in einer gesondert durchzuführenden Interessenabwägung Bedeutung erlangen.

jedenfalls bei Anschaffungen außerhalb des Luxussegmentes – dass mit dem Tag, an dem der Hersteller seine Produktion der jeweiligen Ware ändert oder einstellt, alle im Handel befindliche Ware als Auslaufmodell kennzeichnet.[848] Jedenfalls solange noch kein Nachfolgemodell im Handel ist, dürfte nur selten eine Verkehrserwartung bezüglich einer Kennzeichnung als Auslaufmodell bestehen. Unabhängig der Verkehrserwartung ist eine solche Kennzeichnungspflicht dem Händler auch nicht zuzumuten. Der BGH nimmt zurecht an, der Händler habe ein berechtigtes Interesse daran, die aus dem aktuellen Sortiment erworbene Ware ohne den verkaufsschädigenden Hinweis absetzen zu können, solange noch kein Nachfolgemodell im Handel ist.[849]

bbbb. Zumutbarkeit der Aufklärungspflicht

(1.) Abgrenzung

Besteht eine Verkehrserwartung hinsichtlich einer Aufklärungspflicht, muss die Aufklärung dem Werbenden auch zumutbar sein, s.o.

In der Fallgruppe der Aufklärungspflicht aus Gesetz oder vorangegangenem Tun stellt sich die Frage nur begrenzt: Hinsichtlich gesetzlicher oder vertraglich vereinbarter Pflichten ist keine Zumutbarkeitsprüfung anzustellen. Anders ist es hingegen bei einer auf vorangegangenem Tun beruhenden Aufklärungspflicht. Hier ist jeweils eine Interessenabwägung durchzuführen, ob die Art des vorangegangenen Tuns ausreichend war, um im konkreten Fall eine Zumutbarkeit der Aufklärungspflicht zu begründen.
Hauptanwendungsfall der Zumutbarkeitsprüfung ist die soeben[850] thematisierte Fallgruppe der Aufklärungspflicht aus sonstigen Gründen. In der Rspr. finden sich folgende Ausführungen: „Allerdings müssen auch die Interessen des Werbenden beachtet werden: Seine wettbewerbsrechtliche Aufklärungspflicht bezieht sich nicht auf jede Einzelheit der geschäftlichen Verhältnisse. Vielmehr besteht aus dem Gesichtspunkt des § 3 UWG 1909 eine Verpflichtung, negative Eigenschaften des eigenen Angebots in der Werbung offenzulegen, nur insoweit, als dies zum Schutz des Verbrauchers auch unter Berücksichtigung der berechtigten Interessen des Werbenden unerlässlich ist“[851].
Wie der letzte Satz zeigt, geht der BGH davon aus, dass die Interessen der Verbrauchers an Offenlegung durch die Interessen des Werbenden nicht nur beschränkt werden, sondern mit ihnen korrelieren. Sie sind daher in Bezug aufeinander zu bestimmen, bei überragend wichtigen Eigenschaften ist dem Unternehmer mehr zumutbar als bei unwichtigen Eigenschaften.

---

[848] BGH WRP 1999, 839, 841- Auslaufmodelle I; BGH WRP 2000, 514, 517- Auslaufmodelle III.
[849] BGH WRP 1999, 839, 841- Auslaufmodelle I; BGH WRP 2000, 514, 517- Auslaufmodelle III.
[850] D. IV. 2. g. cc. bbb. aaaa. (2.).
[851] BGH GRUR 1999, 1151, 1152 f.- EG-Neuwagen I; BGH GRUR 1989, 682, 683- Konkursvermerk; BGH WRP 1999, 839, 840- Auslaufmodelle I; BGH WRP 1999, 842, 843- Auslaufmodelle II; BGH GRUR 2002, 182, 185- Elternbriefe.

(2.) Abwägungsrelevante Interessen

Auf der einen Seite sind in diese Abwägung selbstverständlich die Interessen des Werbenden, gerade keine geschäftsschädlichen Tatsachen via „Werbung" bekannt geben zu müssen, einzustellen.[852]

Auf der anderen Seite sind die Interessen der Verbraucher, nicht durch unvollständige Angaben getäuscht zu werden, zu berücksichtigen. Dieses Interesse wird ausweislich des Gesetzestextes und der bisherigen Rspr. insbesondere durch die Bedeutung der verschwiegenen Tatsache für die Entscheidung des Durchschnittsumworbenen und der Eignung des Verschweigens, zur Beeinflussung bestimmt, vgl. § 5 II 2 UWG.

- Bedeutung für die Entscheidung zum Vertragsschluss

Dabei ist zum einen die Frage, ob der Angabe überhaupt eine Bedeutung zukommt und – bejahendenfalls – welcher Stellenwert ihr zukommt, zu beantworten. Die Bedeutung von Einzelangaben ist naturgemäß von Produkt zu Produkt verschieden.

- Eignung des Verschweigens zur Beeinflussung der Entscheidung

Eine Angabe ist nur dann zur Beeinflussung der Entscheidung des Verkehrs geeignet, wenn der Verkehr erwartete aufgeklärt zu werden. Diesem Kriterium kommt hier also keine eigenständige Funktion zu, weil es notwendig vorliegt, wenn die Prüfung bis zur Zumutbarkeitsfrage fortgeschritten ist. Dieses zusätzliche Kriterium ist mithin überflüssig.[853]

- Weitere Interessen

Neben diesen beiden im Gesetz genannten Aspekten, können auch andere Umstände eine Rolle spielen. Voraussetzung ist aber, dass es sich um marktrelevante Interessen der Verbraucher handelt.
Nicht beachtlich sind hingegen Allgemeinwohlaspekte. Diese berühren nicht die Zumutbarkeit für den Werbenden, sondern sind im Rahmen der allgemeinen Interessenabwägung zu thematisieren. Insoweit spielt es etwa keine Rolle, ob ein Verbot möglicherweise den europäischen Markt beeinträchtigen kann.[854] Wohl kann jedoch berück-

---

[852] Loewenheim GRUR 1980, 14, 14 f.
[853] Weshalb der Bundesrat auch empfohlen hatte, die Formulierung zu streichen (mit der Begründung sie sei identisch mit der Marktentscheidungsrelevanz) vgl. Stellungnahme Bundesrat BT-Drcks. 15/1487, S. 31 was die Bundesregierung jedoch ablehnte, da die Eignung der Beeinflussung entfallen könnte, „wenn die angesprochenen Verkehrskreise trotz unterbliebener Aufklärung von den wesentlichen Tatsachen Kenntnis haben" vgl. BT-Drcks. 15/1487, S. 41, was jedoch übersieht, dass es dann von vornherein an einer Irreführung fehlt. Eine Angabe wird nicht wegen des Verstoßes gegen eine Aufklärungserwartung irreführend, sondern wenn durch die Verletzung der Aufklärungserwartung unrichtige Produktvorstellungen bestehen.
[854] Unzutreffend daher: BGH WRP 1999, 1151, 1154- EG- Neuwagen I.

sichtigt werden, ob die Annahme einer Aufklärungspflicht einen Werbenden besonders trifft, etwa einen Verkäufer von Importfahrzeugen hinsichtlich von Garantiezeitverkürzungen.[855]

(3.) Abwägung

Die erforderliche Abwägung muss davon ausgehen, dass vom Werbenden keine lückenlose Aufklärung über jeden noch so unbedeutenden Umstand verlangt werden kann. Dies widerspräche in fundamentaler Weise anerkennungswürdigen Interessen des Werbenden, der gerade darauf angewiesen ist, seine Produkte bestmöglich darzustellen, um seine Leistungen absetzten zu können.
Was dem Unternehmer zumutbar ist, bestimmt sich durch Inbezugsetzen der Bedeutung der Unternehmerinteressen mit denen der Verbraucher. Kurz: Je bedeutender die Interessen des Verkehrs, umso mehr ist dem Werbenden auch an Aufklärungspflichten zumutbar. Liegt es hingegen umgekehrt, kann eine Aufklärungspflicht abzulehnen sein: In den EG-Neuwagen-Entscheidungen I, II hatte der BGH darüber zu entscheiden, ob der Verkäufer eines EG-Neuwagens darauf aufmerksam machen muss, dass die Garantiezeit aufgrund des Imports bereits teilweise abgelaufen ist.[856] Bezüglich der Garantieverkürzung leitet der BGH aus den Interessen des Werbenden eine Beschränkung der Aufklärungspflicht auf die Fälle her, in denen die Garantiezeit schon seit mehr als zwei Wochen läuft.
Es müsse dem Umstand Rechnung getragen werden, dass der Parallelimporteur darauf angewiesen ist, Fahrzeuge mit Tageszulassung anzubieten, bei denen die Garantiezeit notwendig schon seit kurzer Zeit läuft. Eine Verpflichtung bereits in der Werbung die Verkürzung der Zeit anzugeben, träfe die Parallelimporteure besonders hart.
Andererseits sind auch berechtigte Interessen des Verkehrs, eine Garantieverkürzung von bereits unter zwei Wochen zu erfahren, eher gering.

Insbesondere auch die Konkursvermerk-Entscheidung[857] verdeutlicht die vorzunehmende Abwägung, zwischen den Interessen des Unternehmens, gewisse Unstände zu verschweigen und dem Interesse des Verkehrs sie zu erfahren. Dabei ist auch der Zeitpunkt der Aufklärung zu berücksichtigen. In dieser Entscheidung hatte der BGH zu entscheiden, ob der Konkursverwalter eines Kühlsysteme verkaufenden Unternehmens bereits in der Werbung darauf hinweisen muss, dass sich das Unternehmen in Konkurs befindet. Der BGH hat es dabei abgelehnt generell eine solche Pflicht anzunehmen. Eine Aufklärungspflicht bestehe nur, soweit dies zum Schutz des Verkehrs unerlässlich sei, zudem seien die Interessen des werbenden Unternehmens zu berücksichtigen. Folglich müsse eine Abwägung durchgeführt werden. Dem Interesse, das in Konkurs befindliche Unternehmen bestmöglich zu verwalten und zu verwerten – das erheblich durch eine Pflicht jede Werbung mit dem geschäftsschädigenden Hinweis zu versehen,

---

[855] BGH WRP 1999, 1151, 1154- EG-Neuwagen I.
[856] BGH WRP 1999, 1151 ff.- EG-Neuwagen I; BGH WRP 1999, 1155 ff.- EG-Neuwagen II; zu diesen Entscheidungen vgl. Sack WRP 2000, 23 ff.
[857] BGH GRUR 1989, 682 ff.- Konkursvermerk.

eingeschränkt würde – stünden keine zwingenden Interessen des Verkehrs gegenüber. Dem Unternehmen wird so die Möglichkeit eingeräumt, Vertragsverhandlungen aufzunehmen, während derer auf der einen Seite dem Interesse potentieller Kunden vom Zustand des Unternehmens zu erfahren, genüge getan wird, auf der anderen Seite dem Unternehmen aber auch die Möglichkeit bleibt, andere von seiner Leistungsfähigkeit zu überzeugen.

dd. Interessenabwägung

Da die Interessen des Werbenden und Verbrauchers schon im Rahmen der Zumutbarkeitsprüfung zur Sprache kamen, wird es hier vor allem auf das Allgemeininteresse ankommen. Zur Interessenabwägung im Einzelnen, vgl. D. VI.

h. Allein- und Spitzenstellungswerbung

aa. Begriff/Abgrenzung zur vergleichenden Werbung

Eine Alleinstellungswerbung liegt vor, wenn der Verkehr der Werbung entnimmt, dass dem beworbenen Unternehmen oder dessen Produkten allgemein oder auf bestimmten Gebieten ein Vorsprung vor der gesamten Konkurrenz zukommt.[858]
Eine Spitzenstellungswerbung liegt vor, wenn der Verkehr der Werbung entnimmt, dass das Unternehmen des Werbenden oder dessen Produkte allgemein oder auf bestimmten Gebieten einer Spitzengruppe angehören.[859]
Maßgeblich für die Unterscheidung ist jeweils, wie der Verkehr die Werbung auffasst.

Allein- und Spitzenstellungswerbung enthält notwendig einen Vergleich zu Konkurrenzprodukten oder -unternehmen. Sie unterfällt dann den zusätzlichen Voraussetzungen des § 6 UWG, wenn der Verkehr die Werbeaussage als Vergleichsaussage versteht,[860] wenn also ein Mitbewerber oder die von diesem angebotenen Waren oder Dienstleistungen, unmittelbar oder mittelbar erkennbar sind. Eine erkennbare Bezugnahme i.S.d. § 6 UWG setzt voraus, dass die Werbung so deutlich gegen einen oder mehrere bestimmte Konkurrenten gerichtet ist, dass sich eine Bezugnahme den Verbrauchern geradezu aufdrängt und sich nicht nur reflexartig ergibt.[861] Daran fehlt es bei einer Alleinstellungswerbung in aller Regel, da nicht bestimmte Konkurrenten individualisiert werden, sondern der Werbende sich gegenüber allen Mitbewerbern abgrenzt.[862]
Werden allerdings aufgrund der konkreten Marktverhältnisse – insbesondere wenn der Wettbewerb sich im Wesentlichen zwischen zwei Wettbewerbern abspielt – für den

[858] Gloy/Helm § 55 Rn. 1; Baumbach/Hefermehl/ Bornkamm § 5 Rn. 2.135.
[859] Gloy/Helm § 55 Rn. 1; Baumbach/Hefermehl/ Bornkamm § 5 Rn. 2.137.
[860] Lindacher, FS Brandner, S. 413.
[861] BGH GRUR 1999, 1100, 1101- Generika-Werbung; BGH GRUR 2002, 982, 982- Die „Steinzeit" ist vorbei.
[862] Kritisch Lux GRUR 2002, 682; Baumbach/Hefermehl/Köhler § 6 Rn. 12; Gloy/Helm § 55 Rn. 2.

Verbraucher bestimmte Konkurrenten individualisierbar, muss die Werbung den Voraussetzungen des § 6 UWG genügen.[863]

bb. Angabe

Eine Angabe liegt nicht vor, wenn der Verkehr der Werbeaussage keinen objektiv nachprüfbaren Tatsachenkern hinsichtlich einer Alleinstellung entnimmt.
Hierunter fallen Formulierungen wie „Mutti gibt mir nur das Beste“[864] oder „das Beste jeden Morgen“[865]. In diesen Fällen ist jedoch immer in Betracht zu ziehen, dass der Verkehr den Anpreisungen eine besondere Qualität der Erzeugnisse entnimmt und die Werbung als Spitzengruppenzugehörigkeitsbehauptung versteht.
Ebenso liegt keine Angabe vor, wenn der Verkehr eine Aussage als reklamehafte (marktschreierische) Übertreibung nicht ernst nimmt. Insbesondere nimmt der Verkehr bestimmte in der Werbung ständig verwandte Floskeln von vornherein nicht ernst, sondern reduziert sie auf einen ernstzunehmenden Kern. Formulierungen wie „einmalig“[866], „optimal“[867], „super“, „mega“ etc. werden vom Verkehr daher nicht als Alleinstellungsberühmung aufgefasst, sondern allenfalls als Behauptung einer Spitzengruppenzugehörigkeit. Eine Irreführung liegt in diesen Fällen daher nur dann vor, wenn diese Spitzenstellung nicht existiert.

cc. Irreführung

Allein- oder Spitzenstellungswerbung ist irreführend, wenn die behauptete Position tatsächlich nicht besteht.

aaa. Spitzenstellungswerbung

Behauptet der Werbende die Zugehörigkeit zur Spitzengruppe, muss zum einen diese Stellung „mathematisch“ korrekt sein. Zum anderen stellt der Verkehr erfahrungsgemäß an die „Spitzengruppe“ bestimmte Anforderungen, diese muss insbesondere „geschlossen“ sein. Der Verkehr wird sich getäuscht fühlen, wenn der Werbende zwar einer mathematisch korrekt ermittelten Spitzengruppe angehört, seine Konkurrenten in dieser Gruppe ihm jedoch „haushoch“ überlegen sind.[868] Das werbende Unternehmen muss daher auch qualitativ dieser Gruppe zugehörig sein. Ausreißer nach oben – etwa ein extrem dominanter Marktführer – sind dabei allerdings unschädlich.[869] Existiert

---

863 BGH GRUR 1961, 85, 90- Pfiffikus-Dose; OLG Hamburg GRUR-RR 2001, 84, 85.
864 BGH GRUR 1965, 363, 365- Fertigbrei.
865 BGH GRUR 2002, 182, 184- Das Beste jeden Morgen.
866 OLG Koblenz WRP 1986, 168, 168.
867 BGH WRP 2002, 71, 74- Anwaltsrundschreiben.
868 BGH GRUR 1969, 415, 416- Kaffeeösterei; OLG Koblenz GRUR 1985, 300, 301; OLG Koblenz GRUR 1985, 300, 301- „eines der größten Polstermöbel-Spezialhäuser im Großraum…“; OLG Hamburg MD 2003, 863, 865- „einer der führenden Anbieter“.
869 GK/Lindacher § 3 Rn. 214.

keine Spitzengruppe, ist die Behauptung, zu einer solchen zu gehören, irreführend.[870] Daneben existieren, neben dem Verhältnis zur Konkurrenz, auch qualitative Kriterien an die Tätigkeit des Unternehmens. Wer etwa damit wirbt, er sei eines der weltweit größten Internetunternehmen, wirbt irreführend, wenn er nicht einmal in ganz Europa tätig ist, weil eben der Verkehr dieses Erfordernis an eine Spitzengruppenzugehörigkeit für weltweite Internetunternehmen stellt.[871]

bbb. Alleinstellungswerbung

Maßgeblich ist, ob die behauptete Stellung tatsächlich besteht. Die Verkehrsauffassung bestimmt in welcher Hinsicht der Vorsprung aufgrund der Aussage erwartet wird.[872]
Aus der aktuellen Rspr. sei hier die Frage genannt, welche Marktstellung einem Unternehmen zukommen muss, das sich als das „weltgrößte" (oder ähnlich) bezeichnet. Der Verkehr erwartet danach nicht mehr[873], dass die Stellung als „größtes" auch auf dem deutschen Markt besteht.[874] Offen gelassen wurde, ob der Verbraucher zwar keine Alleinstellung, wohl aber eine Zugehörigkeit zur Spitzengruppe im inländischen Markt erwartet. Jedenfalls erwartet der Verkehr, dass ein Dienstleistungsunternehmen, das sich als das „Größte der Welt" bezeichnet, nicht nur in Deutschland und wenigen anderen Ländern tätig ist.[875]
Von einem Unternehmen, das sich als „Größtes", oder „Nr.1"[876] bezeichnet, erwartet der Verkehr dabei nicht lediglich, dass es quantitativ das Größte ist, sondern, dass es das Leistungsfähigste ist. Hierfür ist die Anzahl Kunden kein notwendiger Indikator. So ist bei Dienstleistungsunternehmen nicht die absolute Anzahl an Kunden, sondern vielmehr der Umfang der in Anspruch genommenen Dienste entscheidend. Anders liegt es hingegen, wenn der Werbende den Begriff „größter" in eindeutigem Zusammenhang mit einer Kundenzahl verwendet. Dem Verkehr ist klar, dass der Begriff „größter" insoweit in rein quantitativem Zusammenhang verwendet wird. Wer etwa damit wirbt „mit mehr als ... Kunden ist T-Online Europas größter Online-Service" wirbt nicht irreführend.[877]
Ebenso nach der Verkehrsauffassung bestimmt es sich, auf welchem Marktsegment die Irreführung bestehen muss.[878] Heißt es etwa in einer an Frauen gerichteten Werbung, der beworbene Rasierer sei als einziger mit federnd gelagerten Klingen ausge-

---

[870] OLG Köln GRUR 1989, 528, 530- Eines der reinsten Mineralwässer der Erde.
[871] BGH WRP 2004, 1165, 1169- Größter Online-Dienst.
[872] Vgl. etwa Gloy/Helm § 55 Rn. 7 f. mwN.
[873] Anders noch: BGH GRUR 1972, 129, 130- Der Meistverkaufte der Welt.
[874] BGH GRUR 1996, 910, 912- Der Meistverkaufte Europas; OLG Köln GRUR 1999, 360- Meistverkaufter Mini-Van weltweit.
[875] BGH WRP 2004, 1165, 1168- Größter Online-Dienst; OLG Hamburg AfP 2001, 234, 234- Zweitgrößter Online-Dienst der Welt; OLG Hamburg GRUR-RR 2002, 73, 73- Europas größter Online-Dienst; OLG Frankfurt MD 2003, 730, 735- Weltweit die Nr. 1.
[876] Vgl. OLG Koblenz WRP 1993, 124, 124 f.- Nr.1 in Rheinland-Pfalz.
[877] BGH WRP 2004, 1165, 1168- Größter Online-Dienst.
[878] Vgl. etwa BGH GRUR 1985, 140, 141- Größtes Teppichhaus der Welt.

rüstet, muss diese Aussage nicht für den Rasierermarkt im Allgemeinen (also auch für Männer), sondern nur auf dem der Rasierer für Frauen zutreffend sein.[879] Die Aussage „Die große deutsche Tages- und Wirtschaftszeitung" bezieht der maßgebliche Verkehr auf den Markt, der stark an Fragen des Wirtschaftslebens orientierten Tagespresse.[880] Existiert der Teilmarkt nicht, auf dem der Werbende seine Vorrangstellung behauptet und kommt den Produkten daher nicht die behauptete Vorrangstellung zu, ist die Werbung irreführend.

Jedenfalls ist für eine Alleinstellung mehr als nur ein geringfügiger Vorsprung notwendig und der Vorsprung muss auch mehr als eine Momentaufnahme sein. Erforderlich ist vielmehr, dass der Werbende einen deutlichen Vorsprung gegenüber seinen Mitbewerbern vorzuweisen hat und der Vorsprung die Aussicht auf eine gewisse Stetigkeit bietet.[881]
Bei der Frage der Stetigkeit der Alleinstellung ist entscheidend, ob die Alleinstellung noch für „geraume Zeit"[882] in der Zukunft bestehen wird. Insoweit handelt es sich um eine Prognoseentscheidung. Maßgeblich sind insoweit der Umfang des Abstandes und das Gebiet auf dem der Vorsprung besteht. Hinweis, ob ein rasches Aufholen der Konkurrenz anzunehmen ist, kann auch sein, ob der Vorsprung schon lange Zeit besteht. Eine Irreführung liegt jedenfalls vor, wenn der Vorsprung von „heute auf morgen" von Mitbewerbern eingeholt werden kann.[883]

Damit überhaupt eine Alleinstellung vorhanden ist, muss eine Vergleichbarkeit der Unternehmen, der Produkte gegeben sein. Für Unternehmen heißt dies, dass sie auf einem abgrenzbaren Markt die gleichen Produkte anbieten. Die Leistungen müssen funktionell austauschbar sein, Bedarfsalternativen darstellen.[884] Es darf keine wesentlichen Systemunterschiede geben, sonst keine Substituierbarkeit besteht. Die Waren sind dann keine Alternativen, sondern ein Aliud.[885] Sind die Produkte nur in Teilbereichen funktionsidentisch und liegt damit die geforderte Austauschbarkeit nicht generell vor, nimmt der BGH eine Aufklärungspflicht bei Alleinstellungswerbung an.[886]

---

[879] OLG Köln MD 2001, 861.
[880] BGH GRUR 1998, 951, 953- Die große deutsche Tages- und Wirtschaftszeitung; OLG Hamburg AfP 1999, 79, 82.
[881] BGH GRUR 1963, 34, 36- Werkstatt und Betrieb; GRUR 1981, 910, 911- Der größte Biermarkt der Welt; BGH GRUR 1991, 850, 851- Spielzeug- Autorennbahn; BGH GRUR 1996, 910, 911- Der meistverkaufte Europas; BGH GRUR 1998, 951, 952- Die große deutsche Tages- und Wirtschaftszeitung; BGH GRUR 2002, 182, 184- Das Beste jeden Morgen; BGH GRUR 2003, 800, 802- Schachcomputerkatalog; BGH WRP 2004, 1165, 1168- Größter Online-Dienst; Gloy/Helm § 55 Rn. 8; vgl. auch Baumbach/Hefermehl/Bornkamm § 5 Rn. 1.148: Eine nach Umfang und Dauer wirtschaftlich erhebliche Sonderstellung.
[882] BGH GRUR 1991, 850, 852- Spielzeug-Autorennbahn.
[883] BGH GRUR 1991, 850, 852- Spielzeug- Autorennbahn.
[884] BGH GRUR 1992, 404, 406- Systemunterschiede; GK/Lindacher § 3 Rn. 210.
[885] GRUR 1991, 850, 851- Spielzeug- Autorennbahn.
[886] BGH GRUR-RR 2002, 169, 171.

dd. Ausdrucksformen

aaa. Superlativ

Die Werbung mit dem Superlativ – „Mutti gibt mir nur das Beste“[887]; „Das Beste jeden Morgen“[888]; „Die größte Wohnwelt“[889], „Größter Kosakenchor in Europa“[890] – stellt die naheliegendste und typische Form der Alleinstellungswerbung dar. Eine Alleinstellungsberühmung kann insbesondere bei Fehlen eines bestimmten Artikels jedoch trotz Verwendung des Superlativs abzulehnen sein.[891] Keine Alleinstellungswerbung liegt vor, wenn mittels Superlativ ein Vorsprung vor den eigenen Produkten behauptet wird: „Das beste Persil aller Zeiten“. Der Vorsprung muss vor fremden Produkten behauptet werden.[892]

bbb. Komparativ

Nimmt der Komparativ auf bestimmte Mitbewerber Bezug, so handelt es sich um vergleichende Werbung und es müssen daher die Voraussetzungen des § 6 UWG gewahrt sein. Unabhängig davon sind jedenfalls die Voraussetzungen des § 5 UWG zu wahren.

Der Komparativ dient vornehmlich dem Vergleich mit anderen Waren. Er kann jedoch auch dazu verwendet werden, eine Alleinstellung zu suggerieren. Insbesondere, wenn ein konkretes Bezugsobjekt fehlt, kann es für den Verkehr nahe liegen, der Werbung eine Alleinstellungsbehauptung zu entnehmen. So stellt die Angabe „der bessere Anschluss“ eine Alleinstellungswerbung dar. Ebenso stellt die Angabe „Rank Xerox bietet bessere Produkte“ eine Alleinstellungswerbung dar, da die Verbraucher dieser Angabe entnehmen, dass Xerox die besten Produkte bietet.[893]

ccc. Negativer Komparativ

Bei wörtlicher Auslegung einer derartigen Werbung kommt lediglich zum Ausdruck, dass kein Mitbewerber über einen nennenswerten Vorsprung gegenüber dem Werbenden verfügt; der Werbende selbst behauptet jedoch auch nicht, selbst einen Vorsprung zu besitzen. Es handelt sich folglich nicht um eine Alleinstellungswerbung, sondern bloß um eine Spitzenstellungswerbung.[894]

---

[887] BGH GRUR 1965, 363, 365- Fertigbrei.
[888] BGH GRUR 2002, 182, 183- Das Beste jeden Morgen.
[889] OLG Karlsruhe WRP 1985, 357, 357.
[890] OLG Köln NJW WettbR 1998, 272, 273- Größter Kosakenchor in Europa.
[891] Der Werbespruch „Beste Auswahl, beste Lage, beste Übersicht“ enthält mangels bestimmten Artikels keine Alleinstellungs- sondern lediglich eine Spitzenstellungswerbung, KG Berlin GRUR 1999, 1021, 1021 f.
[892] Baumbach/Hefermehl/Bornkamm § 5 Rn. 2.139.
[893] BGH GRUR 1973, 78, 80- Verbraucherverband.
[894] Gloy/Helm § 55 Rn. 12.

Maßgeblich ist nicht die wörtliche Auslegung, sondern die Interpretation der Werbung durch den Verkehr. Dieser kann nun unabhängig von einer wörtlichen Auslegung der Werbung dennoch eine Alleinstellungswerbung entnehmen. Zwar dürfte es weitaus übertrieben sein mit Generalisierungsanspruch zu unterstellen, dem durchschnittlich informierten Verbraucher falle der Unterschied zwischen „dem besten“ und „es gibt keinen besseren“ nur selten auf. Jedoch ist einzuräumen, dass insbesondere bei flüchtiger Lektüre durchaus eine Verwechslungsgefahr zwischen Superlativ und negativem Komparativ besteht. So verstand immerhin ein Drittel, der in einer demoskopischen Umfrage Befragten die Aussage „es gibt kein besseres Bier“ i.S.v. „das beste Bier“.[895] Maßgeblich ist, mit welcher Aufmerksamkeit der Verbraucher der Werbung begegnet. Bei genauerer Lektüre liegt der Unterschied ja auf der Hand. Der Verbraucher muss[896] der Werbung dabei mit situationsadäquater Aufmerksamkeit und Verständigkeit begegnen. Insbesondere bei niedrigpreisigen Waren des täglichen Lebens entspricht dieser Maßstab einer lediglich flüchtigen Informationsaufnahme und einer beiläufigen Informationsverarbeitung. In diesen Fällen kommt eine Irreführung eher in Betracht als bei Waren, denen der Verbraucher mit größerer Aufmerksamkeit und Verständigkeit gegenübertritt.

ddd. Bestimmter Artikel

Im Einzelfall kann auch durch die Verwendung eines bestimmten Artikels beim Verkehr der Eindruck einer Alleinstellung hervorgerufen werden.
Jedoch ist jeweils zu berücksichtigen, dass es sich insoweit um eine sehr häufige Form der Werbegestaltung handelt und der Verkehr daher an sie gewöhnt ist.[897]
Das Publikum wird die Verwendung des bestimmten Artikels in der Regel lediglich als verstärkten Hinweis auf den Werbenden ansehen.[898]
Etwas anderes kann sich jedoch ergeben, wenn der Artikel in besonderer Weise betont oder herausgehoben wird.[899]
Ebenso wird der Verkehr aus der Verbindung eines Eigenschaftswortes[900] mit empfehlender Konotation und einem bestimmten Artikel geneigt sein, eine Alleinstellung anzunehmen.[901]
Wird ein geografischer Bezug hergestellt, so kommt es insbesondere auf die Größe des Gebietes an. Der Verkehr wird bei kleinerer Ausdehnung des Gebiets eher eine Allein-

---

[895] OLG Hamburg WRP 1977, 811, 813- Es gibt kein besseres Bier.
[896] Vgl. C. II. 2. d. aa. bbb. cccc. (3.); Ansichten, die auf niedrigerer Aufmerksamkeit und Verständigkeit beruhen, bleiben danach außer Betracht.
[897] BGH GRUR 1998, 951, 953- Die große deutsche Tageszeitung; BGH GRUR 1971, 365, 366- Wörterbuch.
[898] Gloy//Helm § 55 Rn. 13.
[899] Gloy/Helm § 55 Rn. 13.
[900] Wird dieses in der Superlativform verwendet, gelten die zur Superlativwerbung dargestellten Grundsätze.
[901] OLG Köln GRUR 1953, 396, 396 f.- Das echte Eau de Cologne; OLG Celle WRP 1988, 306, 307- Das Pilsener; OLG Hamburg MD 2003, 884, 891- Der zuverlässige Standard; anders OLG München GRUR 1990, 690, 691- Das Original.

stellungsbehauptung annehmen, als bei größeren Einheiten. Die Behauptung „der große Essener Schuhmarkt“[902] zu sein, wird vom Verkehr anders beurteilt als die Behauptung „der große deutsche Schuhmarkt“ zu sein.

Als Alleinstellungswerbung wurde etwa angesehen: „das große deutsche Wörterbuch“[903]. Keine Alleinstellungswerbung wurde hingegen in der Angabe „die große deutsche Tages- und Wirtschaftszeitung“[904] gesehen, während der BGH 1957 in der Werbung „Bielefelds große Zeitung“ noch eine Alleinstellungswerbung gesehen hatte.[905]

Insoweit macht sich auch hier bemerkbar, dass der BGH das Irreführungsverbot in jüngerer Zeit weniger restriktiver handhabt als noch vor Jahren. Eine Alleinstellungsbehauptung scheidet richtigerweise in beiden Fällen aus, da dem durchschnittlich informierten Verbraucher die Verhältnisse auf dem Zeitungsmarkt bekannt sind und er weiß, dass die FAZ nicht die einzige große deutsche Tages- und Wirtschaftszeitung ist und dem Bielefelder Leser, an den die Werbung sich wendet, ebenso die Verhältnisse auf dem lokalen Bielefelder Zeitungsmarkt bekannt sind.[906]

eee. Alleinstellung durch geografische Zusätze

Die Aufnahme geografischer Zusätze in die Firma eines Unternehmens können in Ausnahmefällen den Eindruck einer Alleinstellung erwecken.[907]

In Betracht kommt auch, diese Zusätze zwar nicht in die Firma aufzunehmen, sondern nur in der Werbung zu verwenden. (etwa die Werbung „Ihr Makler an der Saar“[908] für einen Immoblienmakler).

Auch insoweit kommt es jeweils auf die Verkehrsauffassung an. Bei der Bewertung eines geografischen Zusatzes als Alleinstellungsbehauptung ist insoweit Zurückhaltung geboten. Häufig verwendete geografische Bezeichnungen mit bekanntem Werbewert werden vom Verkehr kaum einmal als Alleinstellungsberühmung verstanden.

Ohne bestimmten Artikel wird der Verkehr nur selten[909] auf besondere Qualität, Größe etc. schließen, sondern allenfalls darauf, dass der Werbende der einzige Anbieter sei.[910] Oftmals dienen geografische Bezüge – und werden auch entsprechend aufgefasst – lediglich der Abgrenzung des Tätigkeitsbereichs eines Unternehmens.[911]

---

[902] BGH GRUR 1983, 779, 780- Schuhmarkt.

[903] BGH GRUR 1971, 365, 366- Wörterbuch.

[904] BGH GRUR 1998, 951, 953- Die große deutsche Tages- und Wirtschaftszeitung.

[905] BGH GRUR 1957, 600, 602- Westfalen- Blatt I.

[906] Ebenso für die Werbung mit „die Stimme Berlins“ für eine Berliner Tageszeitung KG GRUR-RR 2001, 60- Die Stimme Berlins.

[907] BGH GRUR 1964, 314, 314 f.- Kiesbaggerei; BGH GRUR 1973, 486, 486 f.- Bayerische Bank; GRUR 1975, 380, 381- Die Oberhessische (für „oberhessische Volksbank eGmbH“); OLG Hamm GRUR – RR 2003, 289, 289- Tauchschule Dortmund.

[908] OLG Saarbrücken NJWE- WettbR 1996, 268, 269- Ihr Makler an der Saar.

[909] Anders wenn Produkte aus einer bestimmten Region bekanntermaßen besondere Qualität aufweisen.

[910] Unzutreffend daher: OLG Hamm GRUR – RR 2003, 289, 289- Tauchschule Dortmund.

[911] OLG Saarbrücken NJWE- WettbR 1996, 268, 269- Ihr Makler an der Saar.

Relevant ist dabei auch die Größe der genannten geografischen Einheit. Bei größeren Einheiten ist eine Alleinstellungsbehauptung eher fern liegend.[912] Damit korreliert auch die bekannte Bedeutung des Produkts oder Herstellers am Markt. Bei völlig unbekannten Produkten ist die Annahme einer Alleinstellungsbehauptung für größere geografische Einheiten so gut wie ausgeschlossen.
Der Zusatz „deutsch“ im Firmennamen lässt – entgegen früherer Rspr.[913] – nicht auf eine besondere Güte oder Qualität schließen. Es handelt sich um eine Regionalbezeichnung, aus der der Verkehr nicht zwangsläufig auf besondere Güte, Qualität. Größe etc. schließt.[914]

fff. Domainname

Durch branchenumfassende beschreibende Begriffe kann der Eindruck entstehen, es mit dem einzigen oder größten Anbieter zu tun zu haben. Dies wurde etwa bei dem Domainnamen „Mitwohnzentrale.de“[915] diskutiert, wobei es näher gelegen hätte, zu untersuchen ob nicht der irreführende Eindruck Branchenverband zu sein, hervorgerufen wurde.

Bei größeren Branchen kommt eine Alleinstellungssuggerierung durch einen Domainnamen nicht in Betracht. Dem vernünftigen Publikum ist klar, dass es hier mehr als einen Anbieter gibt.
Die Behauptung besonderer qualitativer Eigenschaften kann durch einen Domainnamen weder für eine Allein- noch für eine Spitzenstellungswerbung vorgespiegelt werden. Dem vernünftigen Verkehr ist bekannt, dass jeder, der sich für einen Domainnamen bewirbt, diesen nach Prioritätsgesichtspunkten zugeteilt bekommt und nicht nach besonderen Produkt- oder Unternehmenseigenschaften.

ggg. Andere Formen

In Betracht kommt jede Werbeäußerung, durch die beim Publikum der Eindruck einer Allein- oder Spitzenstellung hervorgerufen wird.
Wer sich als „Nr. 1“ bezeichnet, erweckt unzweifelhaft beim Publikum den Eindruck einer Alleinstellung.[916]

---

[912] BGH GRUR 1998, 951, 953- Die große deutsche Tages- und Wirtschaftszeitung.

[913] Vgl. OLG München NJW –RR 1990, 300, 300 ff.- Deutsche Kreditkarte. Ein Abriß über die Wandlungen der Rspr. in diesem Bereich: OLG Celle NJW WettbR 1997, 81, 81 f.; Rechtsprechungsübersicht auch bei Müller GRUR 1971, 141 ff.

[914] So auch (wenngleich zu weitgehend) OLG Celle NJW WettbR 1997, 81, 81 f.; Müller GRUR 1971, 141, 142 f.

[915] BGH GRUR 2001, 1061, 1064- Mitwohnzentrale.de.

[916] BGH GRUR 1992, 404, 406- Systemunterschiede („C. Die Nr. 1 auf dem Gebiet der Autorennbahnen“); OLG Hamm WRP 1977, 347- C. Die Nr. 1; OLG Karlsruhe WRP 1984, 635, 636- Weltweit Schlepperhersteller Nr. 1; OLG Düsseldorf WRP 1985, 266, 268 f. OLG Frankfurt WRP 1992, 328, 329; OLG Koblenz WRP 1993, 124, 124 f.- Nr.1 in Rheinland-Pfalz; OLG Köln MD 2002, 1039, 1041; OLG Frankfurt GRUR 2003, 1059, 1059 f.- Weltweit die Nr. 1; OLG Hamburg GRUR 1988, 554, 554 (zur Produktbezeichnung „Feuchtigkeitscreme No. 1“).

Gleiches gilt – insoweit sie vom Verkehr vollumfänglich ernst genommen werden – für Wendungen wie „unerreicht“[917], „führend“, „unschlagbar“. Nämliches gilt für die Berühmung „Erster“[918] zur sein bzw. die „Technologieführerschaft“[919] inne zu haben. Auch ein Slogan mit der Wendung „nur bei …“ stellt eine Alleinstellungsbehauptung dar.[920]

V. Marktentscheidungsrelevanz[921]

1. Begriff der Marktentscheidungsrelevanz

a. Sinn und Zweck des Kriteriums

§ 5 UWG verbietet die Täuschung des Verkehrs nicht aus Selbstzweck. Eine Irreführung ist daher nur dann relevant, wenn sie „schutzzweckrelevant“ ist, sie also die Schutzzwecke[922] des § 5 UWG berührt. Kurz gesagt: Wenn die Interessen des Verbrauchers, der Mitbewerber oder der Allgemeinheit an einem unverfälschten Wettbewerb berührt sind.[923]
Erforderlich ist daher eine Irreführung, die die Marktentscheidung des angesprochenen durchschnittlichen Verbrauchers[924] zu verfälschen vermag.[925]

b. Herleitung und Abgrenzung des Kriteriums

Wie bereits im alten Recht, ist das Kriterium der Marktentscheidungsrelevanz auch im neuen Recht nicht ausdrücklich enthalten, sondern wird in § 5 II 2 UWG allenfalls an-

---

917 OLG Frankfurt WRP 1984, 284, 286.
918 Vgl. OLG Hamburg GRUR 1988, 554, 554; BGH GRUR 1992, 404, 405 f.- Systemunterschiede; LG Frankfurt WRP 1993, 431, 432.
919 OLG Hamburg GRUR-RR 2002, 71, 72- Technologieführerschaft.
920 BGH WRP 2005, 94, 96- Nur bei Lotto.
921 Andere Einordnung, nämlich als Bestandteil des Tatbestandsmerkmals „wettbewerbsrechtlich relevante Irreführung“: Baumbach/Hefermehl/ Bornkamm § 5 Rn. 2.170.
922 Im Einzelnen: B. II. 1.
923 Vgl. insoweit BGH GRUR 1991, 852, 855- Aquavit; Gloy/Helm § 53 Rn. 85; GK/Lindacher § 3 Rn. 118.
924 Auch hier ist selbstverständlich das neue Verbraucherleitbild maßgeblich.
925 Begr RegE zu § 5 BT-Drcks. 15/1487, S. 19; BGH GRUR 1960, 563, 565- Sektwerbung; BGH GRUR 1970, 467, 468- Vertragswerkstatt; BGH GRUR 1973, 206, 207- Skibindungen; BGH GRUR 1987, 916, 918- Gratis- Sehtest; BGH GRUR 1991, 852, 854, 855- Aquavit; BGH GRUR 1993, 920, 922- Emilio Adani II; BGH GRUR 1995, 125, 126- Editoral I; BGH GRUR 1995, 610, 611- Neues Informationssystem; BGH GRUR 1998, 1043, 1044- GS-Zeichen; BGH GRUR 2001, 239, 241- Last-Minute-Reise; BGH GRUR 2004, 437, 438- Mindestverzinsung; BGH GRUR 2003, 628, 630- Klosterbrauerei; BGH GRUR 2004, 437, 438- Fortfall einer Herstellerpreisempfehlung; Gloy/Helm § 53 Rn. 82; Baumbach/Hefermehl/Bornkamm § 5 Rn. 2.167.; GK/Lindacher § 3 Rn. 118; Wuttke WRP 2004, 820, 825; Sack WRP 2004, 521, 521.

gedeutet. Es gilt jedoch – aufgrund seiner Unverzichtbarkeit für eine sinnvolle Anwendung des Irreführungsverbotes – im neuen wie im alten Recht.[926]

Das Merkmal der wettbewerbsrechtlichen Relevanz ist nicht gleichzusetzen mit dem Kriterium der „nicht unerheblichen Beeinträchtigung“ des § 3 UWG. Der unterschiedliche Anwendungsbereich beider Kriterien war schon im alten Recht anerkannt[927]: Während es auf der einen Seite um eine (schon im alten Recht bekannte) „Bagatellklausel“ geht, geht es bei der wettbewerbsrechtlichen Relevanz um die Frage, ob die Werbung auf die Kaufentscheidung der Angesprochenen, Einfluss nehmen kann.[928]

c. Voraussetzungen

aa. Grundsatz

Die täuschende Werbeangabe muss durch ihre Unrichtigkeit, d.h. in dem Punkt und in dem Umfang in dem sie von der Wahrheit abweicht, die wirtschaftliche Entscheidung der durchschnittlichen Verbraucher zu beeinflussen vermögen.[929] Daher ist die Feststellung worin die Unrichtigkeit unter Zugrundelegung der Auffassung des Verkehrs genau liegt, unbedingt notwendig. Nur wenn gerade dieser Punkt beim Publikum eine allgemeine Wertschätzung hervorruft und so geeignet ist die Marktentscheidung zu beeinflussen, ist §§ 3, 5 UWG einschlägig.
Dabei müssen nicht besondere Qualitätserwartungen geweckt werden. Es genügt, dass die angesprochenen Verkehrskreise mit der Angabe eine allgemeine, nicht auf konkreten Vorstellungen beruhende Wertschätzung verbinden und diese Wertschätzung geeignet ist, den Kaufentschluss in wettbewerbsrechtlich relevanter Weise zu beeinflussen. Dazu reicht es aus, wenn die Eigenschaft „irgendwie“ von Bedeutung für die Angesprochenen ist. Dies ist anzunehmen, wenn der Verkehr die bestimmte Eigenschaft in die Überlegungen, ob er sich der Ware zuwendet, einbezieht und diese sich positiv auswirkt.[930] Daran hat sich auch durch § 5 UWG nichts geändert.[931] Die Forderung *Helms*[932], es müsse nunmehr eine mehr als unerhebliche Beeinflussung vorliegen, basiert wohl auf einer mangelnden Unterscheidung zwischen dem Relevanzerfordernis

---

[926] Begr RegE zu § 5 BT-Drcks. 15/1487, S.19; Lettl, UWG, Rn. 447.
[927] BGH GRUR 2002, 77, 79- Rechenzentrum.
[928] H-B/H-B/Dreyer § 5 Rn. 219; Baumbach/Hefermehl/ Bornkamm § 5 Rn. 2.167.
[929] BGHZ 28, 1, 7- Buchgemeinschaft II; BGH GRUR 1960, 563, 565- Sektwerbung; BGH GRUR 1981, 71, 73- Lübecker Marzipan; BGH GRUR 1995, 125, 126- Editoral I; BGH GRUR 1995, 610, 612- Neues Informationssystem; BGH GRUR 2002, 715, 716- Scanner-Werbung; BGH GRUR 2003, 628, 630- Klosterbrauerei.; Baumbach/ Hefermehl § 3 Rn. 88a: „innerer Zusammenhang“ zwischen der Unrichtigkeit und dem Entschluss sich mit dem Angebot näher zu befassen; Lettl, UWG, Rn. 447; dagegen halten es Straetmans, Handelpraktijken Anno 1996, p. 42 et s. und Prosman in: CUP XVI, S. 243. für unmöglich zu bestimmen, ob für den Verkehr gerade der unzutreffende Aspekt der Werbung relevant war. Dies dürfte durch die jahrelange deutsche Rechtspraxis widerlegt sein.
[930] BGH GRUR 1981, 71, 73- Lübecker Marzipan.
[931] A.A. Gloy/Helm § 53 Rn. 85: „Nach § 5 genügt ein solcher, irgendwie gearteter Einfluss nicht mehr, vielmehr ist eine nicht unerhebliche Beeinflussung nötig.“
[932] Gloy/Helm § 53 Rn. 85.

und dem Erfordernis des § 3 UWG nach einer mehr als nur unerheblichen Beeinträchtigung des Wettbewerbs. Nicht erforderlich ist weiterhin, dass der Eigenschaft „ein oder gar das entscheidende Gewicht beigemessen wird hinter dem andere Gesichtspunkte, insbesondere der Preis und die Aufmachung der Ware zurücktreten“[933].

bb. Anlockwirkung

aaa. Grundsatz

Ausreichend ist die Eignung der Angabe zur Marktbeeinflussung. Der Umworbene muss nicht tatsächlich seine Marktentscheidung aufgrund der durch die Werbung verursachten Fehlvorstellungen gefällt haben. Eine wettbewerbsrechtliche Relevanz kommt auch dann in Betracht, wenn der Werbung keine Marktentscheidung zugunsten des Werbenden folgt oder der Angesprochene zum Zeitpunkt der Marktentscheidung nicht mehr im Irrtum befangen war, weil er vor Vertragsschluss über die Abweichung des angebotenen Produkts im Vergleich zu den Werbeangaben informiert wurde. Die Irreführung ist dann zwar nicht mehr zur Beeinflussung der Kaufentscheidung geeignet, sondern es verbleibt nur noch die anlockende Wirkung.[934] Im deutschen Recht besteht aber weitestgehend Einigkeit[935], dass es nicht erforderlich ist, dass sich die Irreführung unmittelbar auf die Kaufentscheidung auswirkt.[936] Erforderlich ist lediglich, dass die Werbung geeignet ist, den Kunden anzulocken.

Nach der Nissan-Entscheidung[937] – nach der ein irreführendes Anlocken nicht ausreicht – waren Zweifel aufgekommen, ob sich daran aufgrund europäischen Rechts etwas ändern müsse. Neben dem bereits zu dieser Entscheidung Gesagten[938], sei noch darauf hingewiesen, dass die „Nissan“-Entscheidung auch nicht mit Art. 3 lit. a der Richtlinie 84/450/EG zu vereinbaren ist. Art. 3 lit. a der Richtlinie nennt als erstes Beispiel für eine relevante Irreführung, die Irreführung über die Verfügbarkeit einer Ware. Dieser Irrtum wird aber sachlogisch vor der Kaufentscheidung aufgeklärt werden, und zudem wird in den meisten Fällen kein Kaufvertrag zustande kommen, weil

---

[933] BGH GRUR 1981, 71, 73- Lübecker Marzipan.

[934] Baumbach/Hefermehl/Bornkamm § 5 Rn. 2.175.

[935] A.A. jedoch etwa bei Schricker, in. GK/Schricker, Einl., Rn. F 339: entscheidend allein die Maßgeblichkeit der Irreführung für den getroffenen Kaufentschluss..

[936] BGH GRUR 1971, 313, 316- Bocksbeutelflasche; BGH GRUR 1981, 71, 73- Lübecker Marzipan; BGH GRUR 1988, 841, 842- Fachkrankenhaus; BGH GRUR 1989, 855, 856- Teilzahlungskauf II; BGH GRUR 1990, 1032, 1034- Krankengymnastik; BGH GRUR 1991, 772, 773- Anzeigenrubrik I; BGH GRUR 1991, 774, 775- Anzeigenrubrik II; BGH GRUR 1992, 171, 172- Vorgetäuschter Vermittlungsauftrag; BGH GRUR 1995, 610, 611- Neues Informationssystem; BGH GRUR 1996, 800, 801- EDV-Geräte; BGH GRUR 1999, 509, 511- Vorratslücken; BGH GRUR 2000, 239, 241- Last-Minute-Reise; BGH GRUR 2000, 911, 914- Computerwerbung; BGH GRUR 2002, 1095, 1096- Telefonische Vorratsanfrage; GK/Lindacher § 3 Rn. 123 f.; Wuttke WRP 2003, 839, 840; Sack WRP 2004, 521, 522 mwN.

[937] EuGH Slg. 1992, I- 131, Rn. 16- Nissan.

[938] D. IV. 1. a.

die Ware nicht ausgehändigt werden kann. Art. 3 lit. a der Richtlinie würde daher durch die Nissan-Entscheidung überflüssig.[939]

Eine solche Auslegung des Relevanzerfordernisses überzeugt auch wertungsmäßig. Selbst wenn eine unmittelbare Auswirkung auf die Marktentscheidung bei einer vorherigen Ausräumung des Irrtums nicht zu befürchten ist, geht von einer derartigen Werbung eine mittelbare Marktwirkung aus die jedenfalls die Interessen der Mitbewerber beeinträchtigt. Der Verbraucher wird oftmals die ursprünglich gewollte Ware zu ungünstigeren Konditionen dennoch erwerben oder, falls sie nicht vorrätig ist, bestellen. Zudem wird er im Geschäftslokal des Werbenden häufig andere Waren erwerben, die er ansonsten nicht oder möglicherweise bei einem Konkurrenten erworben hätte. Jedenfalls wird er Angebote der Konkurrenz nicht mehr oder nicht mehr unbeeinflusst zur Kenntnis nehmen.
Eine Aufklärung des Kunden bei Vertragsschluss ist daher nicht geeignet, eine einmal begangene Irreführung aus der Welt zu schaffen. Um ein wettbewerbswidriges Anlocken von vornherein zu verhindern, bedarf es also bereits bei der Werbung eindeutiger Hinweise, die eine Täuschung des Verkehrs von vornherein ausschließen.

Anders will neuerdings Peifer[940] – im Widerspruch zu der ganz h.M.[941] – entscheiden, wenn die anlockende Wirkung lediglich darin besteht, dass der Kunde sich mit dem Angebot näher befasst. Erforderlich sei, dass sich der Verbraucher durch die Werbung nicht mehr mit Konkurrenzangeboten befasse und damit die Konkurrenz der Chance auf die Marktentscheidung des Verbrauchers beraube.
Diese Einschränkung geht jedoch zu weit. Es ist bereits unter Konkurrentenschutzaspekten nicht erforderlich, dass die Marktentscheidung definitiv abgelenkt wird. Ausreichend ist unter diesem Aspekt jedenfalls, dass die Marktentscheidungsparameter beeinflusst werden. So etwa, wenn bei dem Verbraucher durch die täuschende Werbung Zweifel an der Attraktivität von Konkurrenzangeboten geweckt werden und dieser dann von einer Marktentscheidung zugunsten der Konkurrenz möglicherweise (zeitweilig) Abstand nimmt.
Insoweit wird der Anwendungsbereich der Ausklammerung *Peifers* bereits auf quasinull eingeschränkt: Es ist kaum denkbar, dass der Verbraucher von einer Werbung völlig unbeeinflusst bleibt, schließlich ist Werbung auf diesen Einfluss gerade angelegt. Dies ist nur vorstellbar, wenn der Verkehr die Werbung von vornherein nicht ernst nimmt, dann fehlt es aber bereits an einer Angabe.
Selbst in einer Konstellation wie von *Peifer* beschrieben, trifft seine Schlussfolgerung keineswegs zu. Es ist dann nicht etwa so, dass aus Sicht der Konkurrenz, der Verbraucher oder der Allgemeinheit „nichts passiert" ist. Der Werbende eignet sich durch die

[939] So auch Sack GRUR 2004, 89, 90.
[940] Fezer/Peifer § 5 Rn. 188 u. 242 f.
[941] BGH GRUR 1955, 251, 252- Silberal; BGH GRUR 1988, 829, 830- Verkaufsfahrten II; BGH GRUR 1988, 841, 842- Fachkrankenhaus; BGH GRUR 1990, 1032, 1034- Krankengymnastik; BGH GRUR 1995, 610, 611- Neues Informationssystem; BGH WRP 2000, 1248, 1252- Computerwerbung I; BGH GRUR 2004, 162- 163- Mindestverzinsung; LG Ellwangen CR 2004, 569, 570; Lettl, UWG, Rn. 447; GK/Lindacher § 3 Rn. 124.

auf irreführender Werbung beruhenden Anlockung die realistische Chance – und somit einen Marktvorteil – zu, die Verbraucher in seinem Sinne zu beeinflussen. Vor solcher unlauteren Chancenaneignung müssen die sich lauter verhaltenden Konkurrenten, die über derartige Einflussmöglichkeiten nicht verfügen, geschützt werden.

bbb. Exkurs: Interessenabwägung

Zwar ist eine bloß anlockende Wirkung, wie soeben geschildert, an sich ausreichend, jedoch kann sie nicht mit unmittelbar marktentscheidungsrelevanter Irreführung gleichgesetzt werden.[942] Es ist nicht davon auszugehen, dass die angelockten Verkehrsteilnehmer – trotz Aufklärung – gleichermaßen wie noch irrende Adressaten Geschäftsabschlüsse tätigen werden. Viele werden sich, ganz im Gegenteil, „betrogen" fühlen und auf weitere geschäftliche Kontakte mit dem Werbenden verzichten.[943] Es muss daher die geringere Gefahr beachtet werden, die von der lediglich mittelbar wirkenden, bloß anlockenden Werbung, ausgeht.
Zudem sind durch bloß anlockende Werbung im Wesentlichen nur die Konkurrenteninteressen tangiert. Demgegenüber können sich die berechtigten Interessen des Werbenden leichter durchsetzen.

cc. Einzelfälle

aaa. Unterlassen

Beim Unterlassen von Angaben kommt es gem. § 5 II 2 UWG „insbesondere" auf deren Bedeutung für den Vertragsschluss und die Eignung des Verschweigens zur Beeinflussung der Marktentscheidung an. Diese Kriterien sind den Erfordernissen für die Marktrelevanz[944] sehr ähnlich. Zwar sind die „insbesondere" Kriterien nicht allein maßgeblich, jedoch dominant. Wenn eine Irreführung durch Unterlassen vorliegt, wird sie in den allermeisten Fällen auch marktrelevant sein.

bbb. Gleichwertigkeit des Angebots

Auch für einen tatsächlich vorhandenen Vorteil darf nicht mit irreführenden Angaben geworben werden. Wird für eine Ware mit falschen Herkunftsangaben geworben, so ist dies selbst dann irreführend, wenn die beworbene Ware die Eigenschaften der Ware aus der vom Verkehr gewünschten Herkunftsregion aufweist, oder sogar übertrifft.[945]
Aus Schutzzweckerwägungen ergibt sich dieses Ergebnis daraus, dass ein Verbraucher sich keine andere Ware, als die von ihm gewünschte, unterschieben zu lassen braucht. Die Tatsache, dass die irreführend beworbene Ware gleichwertig ist, darf daher auch

---

[942] BGH GRUR 1999, 1122, 1124- EG-Neuwagen I; BGH GRUR 1999, 1125, 1126- EG-Neuwagen II; OLG Karlsruhe WRP 1996, 584, 586; GK/ Lindacher § 3 Rn. 125, 126.
[943] GK/Lindacher § 3 Rn. 125.
[944] Umfassend hierzu: D. V.
[945] Es wird selbst das Vorurteil des Verbrauchers von einer höheren Qualität der Ware mit einer bestimmten Herkunft geschützt, vgl. BGH GRUR 1963, 482, 485- Hollywood Duftschaumbad.

in der Interessenabwägung nicht zugunsten des Werbenden berücksichtigt werden. Auf der einen Seite ist es nicht Sache der Gerichte nachzuprüfen, ob die besondere Wertschätzung, die das Publikum mit einer Ware verbindet, berechtigt ist.[946] Auf der anderen Seite ist das Interesse des Kunden, die Ware zu erhalten die er möchte, in einer Marktwirtschaft schutzwürdig.
Es ist auch zu berücksichtigen, dass es für die (auch) geschützten Mitbewerber letztlich irrelevant ist, ob der Verbraucher geschädigt wird oder nicht. Es soll durch das Irreführungsverbot zum Schutz der Mitbewerber gerade vermieden werden, dass Nachfrageströme durch Täuschung umgelenkt werden.[947]

2. Quote für die *Relevanz*

Es gilt grundsätzlich das zur Irreführungsquote[948] Gesagte. Es ist jedoch zu berücksichtigen, dass die Höhe der Quote sich zwar auf die Gesamtheit der durchschnittlichen Verbraucher bezieht, jedoch nur der Teil des Verkehrs befragt werden darf (bzw. nur dessen Aussagen zu berücksichtigen sind), der irregeführt wurde. Wer Richtiges annimmt, ist für die Beurteilung der Frage, ob die Fehlvorstellung geeignet war die Marktentscheidung zu beeinflussen, ungeeignet: Wer Richtiges annimmt, wird durch Unrichtiges per se nicht beeinflusst.[949]

3. Nachweis

In der Regel bedarf es keiner gesonderten Beweiserhebung über die Marktentscheidungsrelevanz der Irreführung. Aus der Tatsache, dass ein nicht unerheblicher Teil der Durchschnittsverbraucherschaft getäuscht wurde, lässt sich zumeist auch auf die Relevanz der Täuschung schließen.[950] Werden große Teile des Verkehrs über eine bestimmte Eigenschaft getäuscht wird diese zumeist – aber eben nicht notwendig – auch relevant sein.[951]
Es kann allgemein von einer Marktrelevanz ausgegangen werden, wenn die Lebenserfahrung nahe legt, dass die betroffene Fehlvorstellung für einen mehr als unbeachtli-

---

[946] BGH GRUR 1981, 71, 74- Lübecker Marzipan.
[947] BGH GRUR 1963, 482, 485- Hollywood Duftschaumbad; Gloy/Helm § 53 Rn. 89.
[948] Vgl. D. IV. 1. c. bb. ccc.
[949] BGH GRUR 1987, 535, 537- Wodka "Woronoff"; BGH GRUR 1991, 852, 855- Aquavit; BGH GRUR 1993, 920, 923- Emilio Adani II: Die Beklagten vertrieben unter der Bezeichnung „Emilio Adani" Herrenstrickwaren verschiedener italienischer Hersteller. Die Kl. hielt dies für irreführend, denn mit der Verwendung der Bezeichnung „Emilio Adani" werde der Eindruck erweckt, die so bezeichnete Ware stamme von einem bestimmten Modeschöpfer, der entweder Emilio Adani heiße oder zumindest die von ihm vertriebene Ware unter diesem Pseudonym auf den Markt bringe. Der Gutachter hatte in seinem Meinungsforschungsgutachten alle Befragte zur Relevanz befragt und alle Antworten in sein Gutachten einfließen lassen. Diese Ermittlungsmethode befand das Gericht zurecht für fehlerhaft.
[950] BGH GRUR 1991, 215, 215- Emilio Adani; BGH GRUR 1991, 852, 855- Aquavit; BGH GRUR 1993, 920, 923- Emilio Adani II.
[951] Vgl. BGH GRUR 1993, 920, 923- Emilio Adani II: es gelte der Satz, dass das Maß der Irreführung auch die Relevanz beeinflusse.

chen Teil des Verkehrs relevant ist.[952] So legt die allgemeine Lebenserfahrung nahe, dass eine Angabe, die der Werbende in den Vordergrund seiner Werbung rückt, für den Verkehr auch relevant ist.[953]
Anderes gilt jedoch dann, wenn Umstände vorliegen, die Zweifel an der Relevanz der Irreführung wecken. Derartige Umstände liegen beispielsweise bei einer qualitativ nur geringen Intensität der Irreführung oder bei einer sehr niedrigen Irreführungsquote vor. Ist eine Eigenschaft hingegen erfahrungsgemäß unwesentlich für den Verkehr, muss die Relevanz bezweifelt werden. Diese Zweifel können dann nicht mit dem Hinweis, immerhin sei ein nicht unerheblicher Teil der Durchschnittsverbraucher irregeführt worden, für unbeachtlich erklärt werden.[954] Vielmehr ist die Relevanz dann gesondert festzustellen.

VI. Interessenabwägung (Rechtliche Erheblichkeit der Täuschung)

1. Hinweis zum belgischem Recht, Begrenzung der Erörterung

Eine Interessenabwägung wird im belgischen Recht nicht durchgeführt. Die Erörterung bleibt daher auf das Notwendige zum Verständnis des deutschen Rechts beschränkt.

2. Zweck, Zulässigkeit und Verortung der Interessenabwägung

a. Zweck

Fällt die Prüfung einer Irreführung positiv aus, ist ein Verbot der examinierten Werbung in der Regel indiziert.[955] Scheidet nach diesen Kriterien eine Irreführung aus, kommt ein Verbot in der Regel nicht in Betracht. Seit längerem hat sich aber ein Bewusstsein dafür gebildet, dass in besonderen Interessenskonstellationen Ausnahmen[956] von diesen Regelsätzen zu bilden sind.[957] In Einzelfällen kann aufgrund einer Interes-

---

[952] BGH GRUR 1995, 125, 126- Editoral I; BGH GRUR 1998, 949, 951- D-Netz-Handtelefon; BGH GRUR 2000, 914, 915- Tageszulassung II.
[953] BGH GRUR 2003, 628, 630- Klosterbrauerei.
[954] BGH GRUR 1993, 920, 923- Emilio Adani II. Vgl. insoweit auch Lindacher GK/ Lindacher § 3 Rn. 122, der konstatiert, das in der Praxis die Relevanz der Irreführung oftmals vorschnell unterstellt werde.
[955] GK/Lindacher § 3 Rn. 248; Hösl, S. 131 spricht insoweit von einer „Basiswertung"
[956] Der Ausnahmecharakter entspricht der ganz h.M.: BGH GRUR 1966, 445, 449- Glutamal; BGH GRUR 1971, 313, 315- Bocksbeutelflasche; in jüngerer Zeit: BGH GRUR 2003, 829, 830- Klosterbrauerei; GK/Lindacher § 3 Rn. 245; Lettl, Schutz vor irreführender Werbung in Europa, S. 185; anders: Niemöller, S. 59 f.
[957] Aus jüngster Zeit etwa BGH GRUR 2004, 613, 614- Schlauchbeutel; BGH GRUR 2003, 628 ff.- Klosterbrauerei; aus der Literatur vgl. etwa die Untersuchung von Hösl, S. 1 ff.; Baumbach/Hefermehl § 3 Rn. 97 ff. Baumbach/Hefermehl/Bornkamm § 5 Rn. 2.195 ff.; Teplitzky, FS Vieregge, 1995, S. 853 ff.; Traub, FS Nirk, S. 1017 ff.; Lindacher, FS Nirk, S. 587 ff.; Bork WRP 1985, 63ff.

senabwägung[958] eine die üblichen Kriterien erfüllende und damit irreführende Werbung hingenommen oder aber eine anhand der Hilfskriterien als nicht irreführend bewertete Werbung dennoch als irreführend verboten werden.
Aufgrund der Heterogenität der durch das UWG geschützten Interessen besteht in Sonderlagen ansonsten die Gefahr, dass die Durchsetzung der Verbotsinteressen die gegen ein Verbot streitenden Belange übermäßig in Mitleidenschaft zieht. In derartigen Sonderlagen ist eine sachgerechte Entscheidung über das Verbot oder das ausnahmsweise Dulden einer irreführenden Werbeangabe nur aufgrund einer „Abwägung der im Spiel befindlichen Interessen" zu treffen.[959]

b. Zulässigkeit

Die Zulässigkeit einer Interessenabwägung wurde schon früh herausgearbeitet und war – jedenfalls zuletzt – im Rahmen des empirischen Leitbildes unbestritten.[960]

Auch im Rahmen eines gemischten Leitbildes ist eine Interessenabwägung erforderlich. Die bereits dargestellte Notwendigkeit einer Abwägung besteht auch in diesem System fort: Die Interessen des Werbenden können derart gewichtig sein, dass sie sich auch gegenüber wesentlichen Teilen des Verkehrs und damit auch des durchschnittlichen Verkehrs durchsetzen.[961] Zudem kann es weiterhin in besonderen Konstellationen erforderlich sein, auch die Interessen von Minderheiten zu berücksichtigen, so etwa im Bereich der Gesundheitswerbung.

c. Verortung und methodische Einordnung der Interessenabwägung

Seit jeher herrscht über die – an sich zweitrangige – Frage, wo nun die Interessenabwägung im Rahmen des Irreführungsparagrafen durchzuführen ist, Uneinigkeit. Es sollen ausschließlich die Ansätze der Rechtsprechung[962] untersucht werden. Die Rechtsprechung hatte bereits mit der Glutamal-Entscheidung[963] klargestellt, dass es sich um ein Tatbestandsmerkmal der Irreführung und nicht etwa um eine tatbestandsnachgeschaltete Billigkeitsprüfung[964] handelt. In der Rechtsprechung bestanden hin-

---

[958] Der Begriff stammt von Baumbach/Hefermehl § 3 Rn. 58 ff. (9.Aufl.); von der Rspr. wurde er erstmals in BGH GRUR 1960, 563, 566- Sektwerbung übernommen.
[959] Baumbach/Hefermehl § 3 Rn. 97.
[960] Insbesondere *Borck* hat seine ursprünglich entgegenstehende (vgl. WRP 1967, 258, 259) Position aufgegeben, vgl. Borck WRP 1985, 63 ff.; neuerdings in Frage gestellt wurde der Ansatz der Interessenabwägung von Beater § 15 Rn. 163 und Hartwig GRUR 1997, 560, 568, die jedoch nicht das Ergebnis sondern nur die Methode in Frage stellten, so sei „Teleologie" nichts, was dem „Irreführungstatbestand als zusätzliches Tatbestandsmerkmal 'aufgepfropft' werden muss", sondern sei schon bei den Begriffen der „Angabe" und der „Relevanz" zu berücksichtigen, was „wohl" auch zu einer größeren Transparenz der einbezogenen Maßstäbe führen werde, vgl. Beater aaO.
[961] Vgl. BGH GRUR 1971, 313, 315- Bocksbeutel: Selbst bei einer Irreführungsquote von 47 % können die Interessen des Webenden im Einzelfall überwiegen.
[962] Zur Literatur vgl. umfassend: Hösl, S. 77 ff.
[963] BGH GRUR 1966, 445, 449 f.- Glutamal.
[964] So etwa: v. Gamm, UWG, § 3 Rn. 191.

sichtlich der Einordnung zwei Hauptströmungen: Einmal wurde die Interessenabwägung innerhalb der Bestimmung der erforderlichen Quote an getäuschten Verbrauchern durchgeführt[965], ein andermal wurde sie als eigenständiges nach der Prüfung der Täuschungsquote und Relevanz anzusprechendes Kriterium begriffen[966], wobei jedoch eine Abgrenzung zwischen den Ansätzen oftmals nicht leicht fällt.[967] In jüngster Zeit scheint der BGH nun wiederum ein eigenes Kriterium zu befürworten indem er eine Verhältnismäßigkeitsprüfung durchführt.[968]

aa. Interessenabwägung als Konkretisierung der Hilfskriterien

aaa. Quote

In seinen neueren Entscheidungen führte der BGH eine etwaig erforderliche Interessenabwägung regelmäßig bei der Bestimmung der erforderlichen Quote durch. Die üblicherweise notwendige Quote an getäuschten Verbrauchern sollte durch eine Interessenabwägung korrigiert werden können.[969]

Dies wird in Zukunft aber im Rahmen eines gemischt empirisch- normativen Leitbildes nicht mehr in Betracht kommen. Die Quote bezieht sich nur auf die durchschnittlichen Verbraucher und greift damit für die Verortung einer Abwägung zu kurz. Über eine Interessenabwägung muss auch erreicht werden können, dass im Einzelfall – etwa: gesundheitsbezogene Werbung – die Ansichten von flüchtigen Verbrauchern beachtlich sind.

---

965 Eindeutig: OLG Frankfurt WRP 1983, 677, 688- Die Mode kommt von Neckermann; BGH GRUR 1994, 519, 521- Grand Manier; wohl ebenso: BGH GRUR 1996, 985, 986- PVC- frei; BGH GRUR 2000, 73, 75- Tierheilpraktiker; BGH GRUR 1996, 910, 912- Der meistverkaufte Europas; BGH WRP 1996, 1102, 1104- Großimporteur.

966 Eindeutig: BGH GRUR 1974, 665, 665 f.- Germany: „Selbst wenn nun, wie das BerG annimmt, in der Bundesrepublik Deutschland ein rechtlich nicht unbeachtlicher Teil des angesprochenen Verkehrs in der Angabe „Germany" einen Hinweis auf das Gebiet der Bundesrepublik sehen sollte, rechtfertigt dies angesichts der Besonderheiten des Streitfalls nicht ohne weiteres den Schluß, die geografisch richtige Bezeichnung sei wegen dieser möglichen Fehlvorstellungen eines Teils der Verkehrskreise als irreführende Angabe im Sinn von § 3 UWG zu werten, denn nicht jeder auf Unkenntnis beruhende Irrtum ist nach § 3 UWG schutzwürdig"; auch als selbstständiges Kriterium zu verstehen in: BGH GRUR 1966, 445, 445- Glutamal; BGH GRUR 1973, 532, 533- Millionen trinken; BGH GRUR 1991, 852, 855- Aquavit; BGH GRUR 1995, 612, 614- Sauerstoff-Mehrschritt-Therapie; BGH GRUR 1981, 71, 74- Lübecker Marzipan.

967 Vgl. etwa die sich widersprechenden Fußnotenapparate bei Wuttke WRP 2003, 842 (Fn. 32 und 33) und Niemöller S. 58 (Fn. 303 und 306).

968 BGH GRUR 2003, 628 ff.- Klosterbrauerei; nicht wieder aufgegriffen in BGH GRUR 2004, 613, 614- Schlauchbeutel.

969 Etwa: Teplitzky, FS Vieregge, S. 857 ff.; Hösl, S. 138; Schricker ZHR 139 (1975), 208, 225; Borck WRP 1985, 63, 65.

bbb. Fähigkeiten des Durchschnittsverbrauchers

Ebenso scheidet es aus, die Interessenabwägung im Rahmen eines anderen Hilfskriteriums zu berücksichtigen, nämlich bei der Bestimmung der Fähigkeiten eines Durchschnittsverbrauchers. Es muss im Einzelfall auch die ansonsten ausreichende Quote an getäuschten Durchschnittsverbrauchern verändert werden können, da auch insoweit die Interessen des Werbenden vorrangig sein, können.[970] Dies würde jedoch ausscheiden, wenn die Frage bei den Fähigkeiten des Verbrauchers stationiert würde.

bb. Verhältnismäßigkeitsprüfung: Klosterbrauereientscheidung[971]

aaa. Einleitung

In neuester Zeit scheint die Rechtsprechung die Interessenabwägung durch eine Verhältnismäßigkeitsprüfung ersetzen zu wollen.[972] In der Klosterbrauereientscheidung[973] stellt der BGH § 3 UWG 1909 unter den Vorbehalt der Verhältnismäßigkeit, wobei in der weiteren wettbewerbsrechtlichen Rechtsprechung der Ansatz unaufgenommen blieb.[974] Auch in der Literatur[975] wird – allerdings noch ohne Ergebnis – erörtet, ob die Interessenabwägung durch die Verhältnismäßigkeitsprüfung ersetzt werden soll.

bbb. Grundsätze

aaaa. Verhältnismäßigkeitsprüfung als „Deckel" nach oben

Ein solches Verständnis erscheint jedoch unzutreffend, da es nicht sämtliche Aspekte der Interessenabwägung erfassen kann. Es dürfte letztlich auf der Annahme beruhen, dass die durch den EuGH durchgeführte Verhältnismäßigkeitsprüfung einfach übernommen werden kann.[976] Dem ist aber nicht so. Ausgangspunkt der Kritik ist insoweit, dass das Verhältnismäßigkeitsprinzip eine Begrenzung „nach oben" hin darstellt, aber

---

[970] Bereits in der Bocksbeutel- Entscheidung, BGH GRUR 1971, 313, 315- Bocksbeutelflasche, nahm der BGH an, dass sich die Interessen des Werbenden sogar gegenüber einer Täuschung wesentlicher Teile des Verkehrs durchsetzen können.

[971] BGH GRUR 2003, 628 ff.- Klosterbrauerei; vgl. zu dieser Entscheidung Teplitzky LMK 2003, 130.

[972] BGH GRUR 2003, 628, 630- Klosterbrauerbei vgl. auch Wuttke WRP 2003, 839, 841; Teplitzky LMK 2003, 130, 131; Gloy/Helm § 53 Rn. 93; H-B/H-B/Dreyer § 5 Rn. 242 ff.

[973] BGH GRUR 2003, 628 ff.- Klosterbrauerei.

[974] Keine Erwähnung etwa in: BGH GRUR 2004, 613, 614- Schlauchbeutel. Zur Verhältnismäßigkeitsprüfung im Markenrecht, wo der BGH das – vor der Einführung des MarkenG auch aus dem lauterkeitsrechtlichen Irreführungsverbot hergeleitete – Verbot der Verwendung irreführender Herkunftsangaben auf seine Verhältnismäßigkeit prüft, vgl. BGHZ 139, 138, 145- Warsteiner II; BGH GRUR 2002, 160, 162- Warsteiner III; BGH GRUR 2002, 1074, 1076- Original Oettinger.

[975] Wuttke WRP 2004, 839, 843.

[976] BGH GRUR 2003, 629, 630- Klosterbrauerei in der der BGH ausdrücklich auf die „Darbo"-Entscheidung des EuGH (EuGH, Slg. 2000, I-2297, 2336 Rn. 28- Darbo) hinweist; Lettl, Schutz vor irreführender Werbung in Europa, S. 186; Wuttke WRP 2003, 839, 841; Anklänge auch bei Teplitzky LMK 2003, 130, 131.

keine Abweichung nach unten begründen kann. Hieran krankt eine solche Übernahme aber. Der EuGH prüft, ob ein Werbeverbot an Art. 28 EG Bestand hat und unterzieht es dabei einer Verhältnismäßigkeitsprüfung.[977] Im Regelfall ist ein Werbeverbot nur dann verhältnismäßig, wenn es von einem durchschnittlichen Verbraucher ausgeht. Davon sind aber im Falle einer gesundheitsbezogenen Werbung etc. Ausnahmen möglich, s.o. Der EuGH entwickelt sozusagen im konkreten Einzelfall sein Verbraucherleitbild anhand des Verhältnismäßigkeitsprinzips neu, er prüft letztlich nicht anhand eines Verbraucherleitbildes, sondern anhand einer Verhältnismäßigkeitsprüfung. Der BGH geht aber vom Leitbild des durchschnittlichen Verbrauchers aus, also im Gegensatz zum EuGH von einer festen Untergrenze. Würde man jetzt nur eine Verhältnismäßigkeitsprüfung durchführen, so wären Ausnahmen für flüchtige, schutzbedürftige Verbrauchergruppen nicht möglich. Es muss aber möglich sein, im Ausnahmefall von dem Leitbild des durchschnittlichen Verbrauchers nach unten abzuweichen.

bbbb. Methodische Unzulänglichkeiten der Verhältnismäßigkeitsprüfung

Auch methodisch „passt“ eine Verhältnismäßigkeitsprüfung nicht. Im Gegensatz zu einer Interessenabwägung[978] wird im Rahmen der Verhältnismäßigkeitsabwägung die Erforderlichkeit, d.h. ob keine *gleich* wirksame, aber weniger einschneidende Maßnahme in Betracht kommt, geprüft. Dieser Schritt erscheint jedoch überflüssig, da leerlaufend. Ein Verbot mag zwar im Einzelfall nicht das mildeste Mittel sein. Es ist jedoch in jedem Falle das wirksamste Mittel. Ein gleich wirksames Mittel existiert nicht, Etikettierungen bieten nicht die gleiche Sicherheit wie ein Verbot. Die Frage ob der Zugewinn an Sicherheit gerechtfertigt werden kann ist demgegenüber eine Frage der Angemessenheit. Damit erweist sich ein Merkmal der Verhältnismäßigkeitsprüfung in diesen Fällen als überflüssig, die bislang praktizierte Methode der Interessenabwägung sollte beibehalten werden.

cc. Eigener Bewertungsakt im Anschluss an die Prüfung der Hilfskriterien

Überzeugender erscheint es daher die Interessenabwägung als eigenes Hilfskriterium zu sehen. Geprüft wird – wie bislang in einigen Fällen auch von der Rechtsprechung durchgeführt – dabei durch die Interessenabwägung, ob die konkrete Täuschung der Adressaten rechtlich erheblich ist.

Zunächst wird eine Irreführung des Durchschnittsverbrauchers anhand der dargestellten[979] Kriterien und anschließend die rechtliche Erheblichkeit des Ergebnisses überprüft. Der erste Schritt stellt dabei eine Art Basiswertung dar, die im Regelfall auch für

---

[977] C. II. 1. b. bb. aaa.

[978] Zunächst sind die betroffenen Interessen festzustellen, anschließend auf ihre Schutzwürdigkeit zu prüfen. Kollidierende Interessen – kollidieren werden dabei die Interessen an einem enstprechenden Verbot („Verbotsinteressen“) mit den Interessen an dem rechtlichen Bestand einer entsprechenden Werbung („Verbotsgegeninteressen“) – sind anschließend abzuwägen. Dies entspricht der Angemessenheitsprüfung im Verhältnismäßigkeitsprinzip. Zur Methode im einzelnen vgl. D. VI. 3. c.

[979] D. I.-V.

sich alleine Geltung beansprucht. Erst in besonderen Interessenkollisionen wird diese Wertung überprüft und nicht interessengemäße Ergebnisse möglicherweise korrigiert. In der Regel wird dieser Schritt dabei so wirken, dass eine festgestellte Irreführung für rechtlich nicht relevant erklärt wird. In Betracht kommt jedoch auch das Gegenteil: Eine in der Basiswertung nicht festgestellte Irreführung, etwa weil eine bestimmte Vorstellung nicht mit dem Verbraucherleitbild übereinstimmt, wird dann für dennoch relevant erklärt. Dies ist insbesondere in den Fällen der gesundheitsbezogenen Werbung der Fall, in denen die Rechtsprechung schon bislang eine geringere Irreführungsquote als ansonsten erforderlich genügen ließ, also noch stärker als ohnehin auch die Ansichten von Minderheiten berücksichtigte.

3. Interessenabwägung[980]

a. Verbotsinteressen[981]

aa. Darstellung der Interessen

aaa. Adressateninteressen

Hinsichtlich dieser Interessen kann auf die bereits erfolgten[982] Ausführungen zu den Schutzzwecken des UWGs verwiesen werden: Schutzinteresse der Adressaten ist ihre Entscheidungsfreiheit.

Dort wurde der Schutz von anderen als marktrelevanten Interessen der Verbraucher abgelehnt. Fraglich, ob die zu diesem Bereich existierende Rechtsprechung trotzdem aufrecht erhalten werden kann. So wird seit jeher jedenfalls bei gesundheitsbezogener Werbung die Irreführungsquote via Interessenabwägung herabgesetzt.[983] Die Gesundheit ist nun aber gerade kein wirtschaftliches Recht. Dennoch kann an dieser Rechtsprechung festgehalten werden. Zwar sind die entsprechenden Interessen nicht unmittelbar in der Interessenabwägung auf der Verbraucherseite zu berücksichtigen. Mittelbar finden sie aber jedoch Eingang in die Interessenabwägung. Die entsprechenden

---

[980] Im folgenden werden die Interessen die im Rahmen einer Interessenabwägung relevant sein können, sowie die Methode der Abwägung dargestellt.
Dabei kommt es notwendigerweise zu Überschneidungen insbesondere mit der Darstellung der Schutzzwecke, sowie der Darstellung der im Rahmen des Verbraucherleitbildes relevanten Interessen. Zu letzterer Darstellung unterscheidet sich die hiesige Darstellung insbesondere durch die Berücksichtigung von Sonderlagen, die für eine Interessenabwägung, die gerade solche besonderen Lagen erfassen soll, nicht aber für die Festlegung des Verbraucherleitbildes von Interesse sind.

[981] Verbotsinteressen sind die Interessen die für ein Verbot sprechen.

[982] Vgl. B. II. 1. c. bb.

[983] St. Rspr. vgl. etwa OLG München GRUR 1983, 339, 340; OLG Köln GRUR 1990, 293, 293; BGH GRUR 1966, 445, 449- Glutamal; BGH GRUR 1973, 429, 431- Idee-Kaffee I; BGH GRUR 1973, 538, 539- Idee-Kaffee II; BGH GRUR 1978, 252, 253- Kaffee-Hörfunk-Werbung; BGH GRUR 1979, 716, 718- Kontinent- Möbel; vgl. auch BGH GRUR 1980, 797, 799- Topfit Boonekamp; BGH GRUR 1992, 874, 876- Hyanit; BGH GRUR 1993, 756, 757- Mild-Abkommen; BGH GRUR 2002, 182, 185- Das Beste jeden Morgen; Gloy/Helm § 53 Rn. 33; GK/Lindacher § 3 Rn. 98.

Interessen wirken sich auf das Gewicht der Irreführung aus, da sie erfahrungsgemäß bei der Entscheidung des Verbrauchers eine maßgebliche Rolle spielen.[984] So kann etwa eine gesundheitsbezogene Werbung einen derartigen Einfluss auf die Kaufentscheidung erlangen, dass es angemessen erscheint, selbst bei äußerst niedrigen Irreführungsquoten oder sogar bei Ansichten, die nicht den Fähigkeiten eines durchschnittlichen Verbrauchers entsprechen, ein ausreichendes Gewicht der Irreführung und eine rechtliche Relevanz der Irreführung anzunehmen. Ähnliches gilt für Werbung im Bereich des Umwelt- und Tierschutzes und sonstigen Bereichen, denen Verbraucher üblicherweise für ihre Kaufentscheidungen eine überragende Relevanz beimessen.

bbb. Konkurrenteninteressen

Die Mitbewerber sollen vor Umleitung von Kundenströmung (also Abwerbung von Kunden) durch irreführende Werbung geschützt werden.[985]
Mit zu berücksichtigen ist auch das Interesse der Mitbewerber, dass Kunden nicht vor ganzen Branchen verschreckt werden. Dies kann dadurch geschehen, dass durch unlauteres Verhalten einzelner, die Kunden verunsichert und so nachhaltig abgeschreckt werden, auf diesen Märkten überhaupt zu handeln. Werden solche Kollektivinteressen betroffen, kommt diesen im Vergleich zu bloßen Einzelinteressen ein tendenziell höheres Gewicht zu.[986]

ccc. Allgemeininteressen

Ziel des Kriteriums ist es (ausschließlich), einen funktionsfähigen Wettbewerb aufrecht zu erhalten. Insoweit ist auch das Allgemeininteresse an der Schaffung neuer Märkte zu beachten.

bb. Schutzwürdigkeit der Interessen

aaa. Fragestellung

Es ist zu prüfen, ob Fälle existieren, in denen die Verbotsinteressen nicht erst in der Gegenüberstellung zu anderen Interessen zurücktreten müssen, sondern von Anfang an – sozusagen aus sich heraus – nicht schutzwürdig sind.[987] Grundsätzlich ist von der Schutzwürdigkeit der Interessen der Verbraucher, der Mitbewerber und der Allgemeinheit auszugehen. Hier sollen nur Zweifelsfragen aufgeworfen werden.

---

[984] BGH GRUR 2002, 182, 185- Das Beste jeden Morgen: „erfahrungsgemäß besonders wirksam“; BGH GRUR 1980, 797, 799- Topfit Boonekamp.
[985] Vgl. B. II. 1. c. aa.
[986] GK/Lindacher § 3 Rn. 254.
[987] Vgl. Hösl, S. 193 ff.

bbb. Fehlender wirtschaftlicher Schaden bei den Verbrauchern

Ein fehlender wirtschaftlicher Schaden führt nicht zum Wegfall der Verbotsinteressen.[988] Hinsichtlich der Interessen der Mitbewerber ist die Schutzwürdigkeit angesichts der tatsächlich erfolgten Umleitung von Kundenströmen und damit von Marktpotential, nicht weiter zweifelhaft.[989] Hinsichtlich der Verbraucher gilt, dass in einer Marktwirtschaft das Interesse des Kunden, die gewünschte Ware und nicht eine andere, lediglich gleichwertige Ware, zu erhalten, zu respektieren ist.

ccc. Fernwirkung

Eine solche Wirkung liegt vor, wenn andere als die anvisierten Verkehrskreise tatsächlich von der Werbung angesprochen werden. Beispielsweise, wenn auch Verbraucher von Fachwerbung Kenntnis nehmen. In diesen Fällen wird eine Schutzwürdigkeit der Verbraucher bejaht.[990] Zurecht, denn faktisch werden auch die Interessen der Verbraucherschaft duch die Werbung betroffen. Diese Interessen können nicht pauschal negiert werden. Wenn der Werbende verhindern will, dass seine an Fachkreise gerichtete Werbung an Verbraucher gerät, muss er hierzu die geeigneten Maßnahmen treffen. Gelingt ihm dies nicht, geht dies zu seinen Lasten.

ddd. Schutzwürdigkeit subjektiv unsicherer Vorstellungen

Auch eine subjektiv unsichere Publikumserwartung ist grundsätzlich schutzwürdig.[991] Dabei gelten im Rahmen der Interessenabwägung jedoch einige Besonderheiten. Bei Bewusstheit der eigenen Unsicherheit ist das Gewicht der Irreführung geringer. Zudem ist der Zurechnungszusammenhang zu berücksichtigen: Die Interessen des Werbenden sind höher zu gewichten, wenn er keinen (nachvollziehbaren) Anlass zu der entsprechenden Deutung gegeben hat, wenn die entsprechende Auslegung also auf reinen Phantasievorstellungen der Adressaten beruht. Ansonsten würden die Interessen der Verkäufer überhaupt zu werben, übermäßig eingeschränkt. Es wäre für ihn unvorhersehbar, ob seine Werbung zulässig ist oder nicht.

Auf Phantasievorstellungen der Adressaten beruhende Auffassungen düften aber aufgrund des normativen Kriteriums nunmehr ohnehin weitgehend unbeachtlich sein.

---

988 Vgl. D. V. 1. c. cc. bbb.
989 GK/Lindacher § 3 Rn. 128.
990 Vgl. D. IV. 1. c. ccc. aaaa.
991 Vgl. D. IV. 2. e.

b. Verbotsgegeninteressen[992]/Grundrechte[993]

aa. Grundrechte/Gemeinschaftsrechtliche Erfordernisse (insbes. Art. 28 EG[994])

Die Grundrechte[995] (sog. mittelbare Drittwirkung) sowie europarrechtliche Belange[996] sind ohne Zweifel bereits bei der Auslegung des Irreführungsmerkmals zu beachten. Geeigneter Prüfungspunkt erscheint dabei die Interessenabwägung.

bb. Wettbewerbsbezogene Interessen

aaa. Gegeninteressen des Werbenden bzw. der gleichartig Werbenden

aaaa. Aktives Informationsinteresse

Das ökonomische Interesse des Werbenden über seine Produkte aufklären und informieren zu können, liegt auf der Hand.
Wichtig wird es beispielsweise in den Fällen der Werbung mit Selbstverständlichkeiten und objektiv zutreffender Werbung.

(1.) Werbung mit Selbstverständlichkeiten

Insbesondere bei der Beurteilung der Werbung mit Selbstverständlichkeiten, ist zu beachten, dass es dem Werbenden grundsätzlich frei sein muss mit tatsächlich vorhandenen Merkmalen seines Angebots zu werben. Ein fehlender Hinweis auf üblich erbrachte Leistungen könnte ansonsten sogar so gedeutet werden, dass der Werbende nicht die übliche Leistung erbringt.[997]
Dies gebieten auch die Informationsinteressen der Verbraucher und das Interesse der Allgemeinheit an der Markttransparenz.
Eine freiwillige –im Geschäftsverkehr üblicherweise erbrachte – Leistung, die ein Werbender hervorhebt, bringt zwar eine Selbstverständlichkeit zum Ausdruck. Er handelt aber nur vorbehaltlich einer Interessenabwägung, die regelmäßig zu seinen Gunsten ausfallen wird, auch irreführend.
Unzutreffend dürfte es somit sein, die Werbung für eine Telekommunikationsleistung seitens einer Telefongesellschaft im sog. „Call-by-call"-Verfahren mit der Angabe

---

[992] Unter Verbotsgegeninteressen sind die Interessen die gegen ein Verbot sprechen, zu verstehen.
[993] Gemeint sind hier die gegen ein Verbot sprechenden Grundrechte.
[994] Hierzu (genauer: Art. 30 EGV) vgl. insbes. BGH GRUR 1994, 519, 521- Grand Marnier; BGH GRUR 1999, 1123, 1123 f.- EG-Neuwagen I und BGH GRUR 1999, 1125, 1126 f.- EG-Neuwagen II.
[995] Vgl. B. IV.
[996] C. II. 1. a. bb. und cc. ; BGH GRUR 1994, 519, 521- Grand Marnier; BGH GRUR 1996, 985, 986- PC-frei; BGH GRUR 1996, 910, 911 f.- Der meistgekaufte Europas; BGH GRUR 1999, 1123, 1123 f.- EG-Neuwagen I und BGH GRUR 1999, 1125, 1126 f.- EG-Neuwagen II; BGH WRP 1999, 1145, 1147- Tierheilpraktiker; Paech, S. 106 ff. , 153 f.; Lettl, Schutz vor irreführender Werbung in Europa, S. 186
[997] OLG Stuttgart WRP 1996, 246, 248.

„ohne Wechselgebühr", unter dem Aspekt der Werbung mit Selbstverständlichkeiten für irreführend zu erachten, weil auch kein anderer Anbieter eine Wechselgebühr verlangt.[998]

(2.) Objektiv zutreffende Angaben/Dreiste Lüge

(a.) Objektiv zutreffende Angaben

Die Fälle der objektiv wahren, aber vom Verkehr falsch verstandenen Angaben, sind traditionell die Hauptanwendungsfälle der Interessenabwägung.[999] Tangiert sind hier „üblicherweise" das Interesse des Werbenden mit den entsprechenden Angaben werben zu können und zusätzlich das hoch einzuschätzende Interesse der nichtgetäuschten Verbraucher mit den Informationen „versorgt" zu werden.

Beispiele:

Der dem Produkt beigefügte Hinweis „PVC-frei" ist auch dann zulässig, wenn ein Teil des Verkehrs aufgrund des Hinweises annimmt, das Produkt sei besonders umweltfreundlich obwohl die „Gesamt-Ökobilanz" des entsprechenden Produkts nicht besser ist als die PVC-haltiger Produkte. Es sei dem Interesse an Information der nichtgetäuschten Verbraucher Rechnung zu tragen, welches durch ein Verbot des entsprechenden Aufdrucks verletzt werde.[1000]

Eine – aufgrund einer entsprechenden Ausbildung zutreffende – Verwendung des Begriffs „Tierheilpraktiker" ist auch dann zulässig, wenn bei Teilen des Verkehrs der unzutreffende Eindruck hervorgerufen wird, dass die Berufsausübung eine staatliche Erlaubnis erfordert. Bei der gebotenen Interessenabwägung sei auch die Wertentscheidung des Gesetzgebers, der gerade keine derartige Erlaubnispflicht normiere, sowie die Tatsache, dass die Bezeichnung jahrzehntelang unbeanstandet geblieben sei, zu berücksichtigen.[1001]

(b.) Umgekehrte Konstellation: Dreiste Lüge

Im Rahmen einer Interessenabwägung nicht besonders zu berücksichtigen ist hingegen die Konstellation der sog. „dreisten Lüge". Im Rahmen der objektiv wahren Angaben geht es um die Privilegierung der objektiven Wahrheit aufgrund des Informationsinteresses des Werbenden und des Interesses an Informationen des Verkehrs. Im Falle der

---

[998] Zweifelhaft in diesem Zusammenhang auch: BGH GRUR 1961, 288, 293- Zahnbürsten ; OLG WRP 1982, 424, 424 f.- „ohne Konservierungsstoffe"; vgl. zu weiteren Entscheidungen Baumbach/Hefermehl/Bornkamm § 5 Rn. 2.114.

[999] BGH GRUR 1987, 171, 172- Schlussverkaufswerbung; BGH GRUR 1996, 985, 986- PVC-frei; BGH GRUR 1992, 70, 72- 40% weniger Fett; BGH GRUR 1996, 910 ff.- Der meistverkaufte Rasierer Europas; BGH GRUR 2000, 73, 75- Tierheilpraktiker.

[1000] BGH GRUR 1996, 985, 986- PVC-frei.

[1001] BGH GRUR 2000, 73, 75- Tierheilpraktiker.

„dreisten Lüge“ liegt mit der objektiven Unwahrheit – möglicherweise besonders offensichtlich, aber immerhin nicht so offensichtlich unwahr , dass niemand getäuscht wird – die Standardsituation des Irreführungsverbots vor, die keiner besonderen Berücksichtigung im Rahmen einer Interessenabwägung bedarf.

bbbb. Besitzstand

(1.) Exkurs: Verwirkung

Nach allgemeiner Ansicht besteht kein Anspruch darauf, eine vormals unbeanstandet praktizierte irreführende Bezeichnung auch zukünftig fortführen zu dürfen.
Insbesondere unterliegt der Unterlassungsanspruch grundsätzlich nicht der Verwirkungseinrede.[1002] Der Verwirkung unterliegen nur Ansprüche, die lediglich ein Individualinteresse verteidigen. Dies ist bei dem Unterlassungsanspruch basierend auf §§ 3, 5 UWG jedoch grundsätzlich nicht der Fall. § 5 dient auch dem Schutz (kollektiver) Interessen der Allgemeinheit und der Marktgegenseite.[1003] Eine Ausnahme kann demnach jedoch dann gelten, wenn der Unterlassungsanspruch im konkreten Einzelfall nur die Individualinteressen eines einzelnen Mitbewerbers schützt, weil andere Interessen nicht in Betracht kommen.[1004]

(2.) Besitzstand in der Interessenabwägung

Aus der Tatsache, dass eine Verwirkung (im Regelfall) nicht in Betracht kommt, kann nicht zugleich gefolgert werden, sie sei auch für die Interessenabwägung ohne Bedeutung.[1005]
Unabhängig einer Verwirkung kommt ein Schutz eines wertvollen Besitzstandes in Betracht, wenn Belange der Allgemeinheit aufgrund einer nur geringen Irreführungsgefahr nicht ernstlich tangiert sind, während auf der anderen Seite die Vernichtung eines wertvollen Besitzstandes droht.[1006]

Zur Bestimmung, wann ein Besitzstand wertvoll und ausreichend schützenswert ist, zieht der BGH mal Zumutbarkeit[1007] mal Billigkeit[1008] oder besondere Härten[1009] her-

1002 BGH GRUR 1983, 32, 34- Stangenglas I; BGH GRUR 1985, 930, 931- JUS-Steuerberatungsgesellschaft; BGH GRUR 1990, 604, 605- Dr. S.- Arzneimittel; BGH GRUR 1997, 537, 539- Lifting Creme; BGH GRUR 2003, 448, 450- Gemeinnützige Wohnungsgesellschaft; GK/Lindacher § 3 Rn. 259; Baumbach/Hefermehl/Bornkamm § 5 Rn. 2. 212.
1003 Vgl. Köhler/Piper § 3 Rn. 210: „Kollektive Schutznorm“.
1004 BGH GRUR 1957, 285, 287- Erstes Kulmbacher; BGH GRUR 1977, 159, 161- Ostfriesische Teegesellschaft.
1005 Zuletzt: BGH GRUR 2003, 628, 630- Klosterbrauerei.
1006 BGH GRUR 1966, 267, 271- White Horse; BGH GRUR 1977, 159, 161- Ostfriesische Teegesellschaft; BGH GRUR 1983, 32, 34- Stangenglas I; BGH GRUR 2003, 628, 630- Klosterbrauerei.
1007 BGH GRUR 1978, 57, 59- Förderanlagen; BGH GRUR 1981, 666, 668- Ungarische Salami.
1008 BGH WM GRUR 1981, 845, 847- Lohnsteuerhilfeverein.
1009 BGH GRUR 1966, 445, 449- Glutamal; BGH GRUR 1979, 415, 416- Cantil.

an. Der BGH konkretisiert diese Kriterien mittels dreier Hilfskriterien, wie *Hösl*[1010] herausgearbeitet hat.[1011]

- Bedeutung des Besitzstandes für das Unternehmen

Durch die Nichtanerkennung des Besitzstandes entsteht dem Unternehmen regelmäßig ein wirtschaftlicher Schaden. Relevant für die Bewertung der Schwere des Verlustes sind dabei ein absolutes und ein relatives Kriterium, wobei auf letzterem der Schwerpunkt liegt. Relevant ist die (absolute) Höhe des Schadens und die Bedeutung desselben für das Unternehmen. So ist die Aberkennung eines Besitzstandes für ein Unternehmen, das nur dieses Produkt vertreibt, möglicherweise existenzvernichtend, während derselbe (in absoluter Höhe) Schaden für ein anderes Unternehmen leicht zu verkraften wäre. Beide Fälle können aber in einer Interessenabwägung schwerlich identisch behandelt werden.

- Risikobehaftetheit der Angabe

Ist die Angabe von Anfang an risikobehaftet gewesen, kommt dem Besitzstand in der Interessenabwägung eine wesentlich geringere Bedeutung zu, als wenn die Angabe erst im Laufe der Zeit durch Veränderung der tatsächlichen Umstände irreführend geworden ist.[1012]

- Redlichkeit des Werbenden

Zwar ist die Redlichkeit des Werbenden nicht unabdingbare Voraussetzung, damit ein Besitzstand als schutzwürdig anerkannt wird, jedoch liegt es auf der Hand, dass ein bösgläubig oder grob fahrlässig erworbener Besitzstand weniger schutzwürdig ist, als ein gutgläubig erworbener.[1013] Herangezogen werden können hier die Wertungen der zivilistischen Regelungen über den gutgläubigen Eigentumserwerb, die den Gutgäubigen, nicht aber den Bösgläubigen schützen. Herangezogen werden kann auch § 817, 2 BGB, der dem in Kenntnis des gesetzlichen Verbotes bzw. Sittenwidrigkeit Handelnden den Schutz verweigert.

cccc. Namensgebrauch

Es entspricht allgemeiner Ansicht, dass es einem Gewerbetreibenden grundsätzlich frei ist, seinen eigenen Namen als Firmen- oder Warenbezeichnung zu verwenden und damit auch zu werben.[1014] In der Wyeth- Entscheidung[1015] hatte die Unternehmensinha-

[1010] Hösl, S. 262 ff.
[1011] Zu diesen Kriterien vgl. auch GK/Lindacher § 3 Rn. 262 ff.
[1012] BGH GRUR 1973, 532, 534- Millionen trinken; GK/Lindacher § 3 Rn. 264; Hösl, S. 262.
[1013] OLG Köln WRP 1981, 160, 164 ff.; GK/Lindacher § 3 Rn. 263.
[1014] BGH GRUR 1958, 185 ff.- Wyeth m. Anm. Bußmann; Baumbach/Hefermehl § 3 Rn. 196; GK/Lindacher § 3 Rn. 256.
[1015] BGH GRUR 1958, 185, 187- Wyeth m. Anm. Bußmann.

berin ihre Firma nach ihrem Namen gewählt (Gabriel Wyeth OHG). Die vertriebenen Parfümerieerzeugnisse wurden unter dem Namen Gabriel Wyeth und den jeweiligen englischsprachigen Sortenbezeichnungen vertrieben („Cleaning Milk“, „Skin-Tonic“, „Vitamin-Oil“). Eine solche Firmierung ist unter Irreführungsgesichtspunkten unbenommen. Anderes muss jedoch gelten, wenn Umstände vorliegen, die über die bloße Namensnennung hinaus eine Irreführungsgefahr schaffen. Insoweit wurde die Entscheidung Wyeth auch kritisiert, da dort zur Namensnennung zusätzlich via der englischen Sortenbezeichnungen eine unzutreffende Nähe zu englischen Erzeugnissen hergestellt wurde.[1016]

In diesen Fällen ist im Rahmen der Abwägung immer die Zumutbarkeit von klarstellenden Zusätzen – und damit von Ausweichmöglichkeiten – zu erwägen.

bbb. Gegeninteressen der nichtgetäuschten Adressaten

aaaa. Passives Informationsinteresse

Für die nichtgetäuschten Adressaten stellt die Werbung im Wesentlichen eines dar: Erwünschte Information. Durch ein Verbot der Werbung wird dieses (passive) Informationsinteresse der Adressaten beeinträchtigt.[1017] Das Interesse ist umso offensichtlicher, als die entsprechenden Informationen bei einem Verbot dem Verkehr ganz entzogen würden, also keine Ausweichmöglichkeit für den Werbenden besteht.

Das Interesse der Verbraucherschaft an zutreffenden Informationen kann dabei kaum hoch genug eingeschätzt werden, da es letztlich Informationen sind, die eine sinnvolle Verausgabung der Privateinkommen und damit eine optimale Bedürfnisbefriedigung erlauben.

Diese Interessen können auch nicht dadurch relativiert werden, dass es „grundsätzlich der Findigkeit des Werbenden [...]“ obliege „nach anderen, nicht irreführenden Angaben zu suchen, mit denen er die streitige Angabe und Information“ ersetzen könne.[1018] Selbstverständlich obliegt es dem Werbenden, seine Produkte und Dienstleistungen anzupreisen. Dies ändert jedoch nichts an dem Informationsinteresse der Adressaten, das wie gezeigt, umso mehr tangiert ist, als dem Werbenden ein Ersatz – auch aufgrund eigener Unzulänglichkeit – nicht gelingt. Diese Interessen werden auch durch die Obliegenheit des Werbenden nicht etwa in der Abwägung überlagert: Privater Konsum liegt nicht lediglich im Interesse der Anbieter, sondern (mindestens) ebenso im Interesse der Verbraucher.

[1016] Baumbach/Hefermehl § 3 Rn. 196; GK/Lindacher § 3 Rn. 258; Bußmann GRUR 1958, 188, 188.

[1017] Prägnant: OLG Frankfurt WRP 1983, 687, 688- Die Mode kommt von Neckermann: Es „erscheint durchaus gerechtfertigt, das Bedürfnis des Werbenden und das Informationsinteresse des Angesprochenen zu berücksichtigen“. Wenn der nicht-irregeführte Verkehr auf relevante Informationen verzichten müsste, sei es „vielleicht“ gerechtfertigt, den Prozentsatz der Irregeführten, die noch hinzunehmen sind, höher anzusetzen.

[1018] Hösl, S. 301 f.

bbbb. Verkehrsverwirrung

Werden dem Verbraucher bislang gewährte Informationen entzogen, ist daneben eine Verwirrung des Verkehrs über den Fortbestand der beworbenen Eigenschaften zu befürchten.[1019] Teile der Verbraucher könnten sogar annehmen, die entsprechende Eigenschaft sei nun nicht mehr vorhanden und sie würden insoweit getäuscht. So würde ein Verbot zur Verhinderung einer Irreführung letztlich sogar in sein Gegenteil verkehrt.

ccc. Interessen der Allgemeinheit

Das Allgemeininteresse kann nicht nur ein Verbot begründen, sondern auch gegen ein Verbot von Werbung sprechen. Bei dem hier in Frage stehenden Verbot von Werbung kommt als entgegenstehendes Interesse nur die Bedeutung der Werbung für einen unverfälschten Wettbewerb in Betracht.
Werbung kommt insoweit insbesondere zweierlei Bedeutung zu. Zum einen geht es um die Informationsverbreitung und zum anderen um die Schaffung allgemeiner Kaufanreize in Form von Imagewerbung für Produkt und Herstellerfirma. Letzterer Fall dürfte für unsere Fragestellung kaum einmal relevant werden, da hier nur selten mit Angaben i.S.d. § 5 UWG geworben wird.
Übrig bleibt also der „wettbewerbliche Negativeffekt“[1020] „aus erzwungenem Kommunikationsverzicht“[1021]. Diesen Negativeffekt unterteilt *Lindacher*[1022] in vier Kategorien: Negativeffekte für

- Markttransparenz

Idealer Wettbewerb vollzieht sich bei umfassendem Marktwissen aller Akteure. Zwar ist das Irreführungsverbot kein Informationsgebot, dennoch ist zu beachten, dass dem Markt Informationen nicht ohne drängende Not entzogen werden dürfen.[1023]
Dabei ist auch künftige Markttransparenz beachtlich. Ist also zu erwarten, dass ein noch missverstandener Begriff sich durchsetzen wird, kann eine kurzfristige Irreführung unbeachtlich sein.[1024]

- Marktoffenheit

Voraussetzung für einen unverfälschten Wettbewerb im beschriebenen Sinne ist auch die Offenheit des Marktes für neue Anbieter. Die Offenheit des Marktes (insbesondere für *newcomer*) darf nicht durch eine übermäßige Erschwerung der Werbung und damit der Förderung von Monopolen beeinträchtigt werden. [1025]

[1019] BGH GRUR 1958, 444, 447- Emaillelack; GK/Lindacher § 3 Rn. 274.
[1020] Lindacher, FS Nirk, S. 590.
[1021] Lindacher, FS Nirk, S. 590.
[1022] Lindacher, FS Nirk, S. 590 ff.
[1023] Mit gleichem Ergebnis: Van den Bergh/Lehmann GRUR Int. 1992, 588, 590, 593.
[1024] BGHZ 42, 134, 142- 20 % unter dem empfohlenen Richtpreis.
[1025] In diesem Sinne auch BGH GRUR 1957, 278, 279- Evidur.

• Freihaltebedürfnis

Allgemeingebräuchliche Bezeichnungen sind gemeinfrei zu halten. Die Kommunikation ist von der Monopolisierung von Begriffen und den damit verbundenen Einschnitten für die Werbenden, ihr Angebot präsentieren zu können, frei zu halten.[1026]

• Irreführungsverbot und nachstoßender Wettbewerb

Wettbewerb ist nicht nur durch Innovation gekennzeichnet sondern auch und gerade durch Nachahmung: Erfolgreiche Produkte werden kopiert und idealerweise bei gleicher Qualität günstiger als das Orginal angeboten. Schutz besteht für den Erfinder insbesondere durch Patent-, Gebrauchsmuster und Urheberrecht.[1027] So ungünstig diese Praxis für den Anbieter des Orginals sein mag, so günstig ist sie für den Verbraucher und die Allgemeinheit: Bessere Produkte stehen zu einem günstigeren Preis zur Verfügung, neue Produkte müssen erfunden werden um sich erneut einen Vorsprung zu verschaffen.
Fehlvorstellungen, bei dem beworbenen Produkt handele es sich um das Original, sind daher, soweit für den Werbenden keine adäquaten Ausweichmöglichkeiten existieren, im Rahmen einer Interessenabwägung regelmäßig hinzunehmen.

c. Abwägung

aa. Methode

Es ist eine Zweischritt- Prüfung durchzuführen: Zunächst müssen die Folgen eines Verbotes für die Gegeninteressen und die Folgen eines Nichtverbotes, also einer Irreführung, für die Verbotsinteressen ermittelt werden.
Anschließend müssen diese in Relation gesetzt werden. Dabei spielen Art und Schwere der jeweiligen Beeinträchtigungen (die sich durchaus aufaddieren können) und abstrakt die Bedeutung des jeweiligen Interesses, eine Rolle. Die Abwägung folgt dabei einem „Korrespondenzprinzip“: Je stärker die Interessen auf der einen Seite, um so stärker müssen die Gegeninteressen sein, um sich durchzusetzen.

bb. Auflösung der Kollision

aaa. Grundentscheidung des Gesetzgebers

Bei der Abwägung ist zunächst zu berücksichtigen, dass die grundlegende Wert- und Abwägungsentscheidung bereits durch den Gesetzgeber getroffen wurde: Irreführende Werbung ist untersagt. Völlig zurecht sind die Gerichte daher im Rahmen der Interessenabwägung davon ausgegangen, dass ein Verbot trotz einer an sich gegebenen Irreführung nur dann abzulehnen ist, wenn Belange der getäuschten Verbraucher und der

---

1026 BGH GRUR 1986, 469, 470- Stangenglas II; BGH GRUR 1986, 822 f- Lakritz-Konfekt.
1027 Vgl. auch den Leistungsschutz des UWG in § 4 Nr. 9 lit. a.

Allgemeinheit nur untergeordnet in Mitleidenschaft gezogen werden, weil das Gewicht der Irreführung qualitativ und quantitativ gering ist und besonders gewichtige Interessen gegen ein Verbot sprechen.

bbb. Gewichtung der Verbotsinteressen

Wie gezeigt ist ein maßgebliches Kriterium das Gewicht der Irreführung. Das Gewicht der Irreführung kann nicht lediglich mit einem geringen Prozentsatz an getäuschten Verbrauchern gleichgesetzt werden.[1028] Es ist vielmehr durch eine Gesamtschau aus den folgenden Faktoren zu ermitteln.

aaaa. Anzahl der getäuschten Verbraucher gemessen an der Anzahl der Adressaten

Ein ganz wesentlicher Faktor bei der Beurteilung des Gewichtes der Irreführung stellt evidenterweise die Quote an getäuschten Verbrauchern dar. Im Rahmen des gemischten Leitbildes kommen zwei Quoten in Betracht: Einmal diejenige bezogen auf alle Verbraucher und einmal die Quote bezogen auf durchschnittliche Verbraucher. Grundsätzlich maßgebend ist die Quote der zu beachtenden, also der durchschnittlichen Verbraucher.

Eine hohe Quote an getäuschten Verbrauchern hat dabei zwar einen hervorragenden jedoch keinen absoluten Wert in der Interessenabwägung, wie etwa der Bockbeutelfall[1029] zeigt; hier wurde trotz einer Irreführungsquote von 47 % die Werbung nicht verboten.

bbbb. Bedeutung des Merkmals für die Käuferentscheidung

Es ist jeweils die Bedeutung der beworbenen Eigenschaft für die Marktentscheidung der Adressaten in Betracht zu ziehen. Eine Täuschung in für die Adressaten wichtigen Punkten ist für den Adressaten weitaus gefährlicher als eine Täuschung in unwesentlichen Punkten, da die anlockende Wirkung, bzw. die Wirkung für den Kaufentschluss ungleich größer ist.[1030] Die größere Relevanz der Angaben ist dann selbstverständlich zu berücksichtigen.
Welchen Angaben nun eine derart gesteigerte Bedeutung zukommt, hängt von verschiedenen Faktoren, insbesondere Produktgruppe und Marktsegment des Produkts ab. Allgemein kann aber davon ausgegangen werden, dass Angaben hinsichtlich des Preises, der Qualität und Wirksamkeit/Tauglichkeit von besonderer Relevanz für die Adressatenschaft sind.[1031]

[1028] BGH GRUR 1971, 313, 315- Bocksbeutelflasche; BGH GRUR 1983, 32, 34- Stangenglas I; BGH GRUR 1986, 903, 904- Küchen-Center; BGH GRUR 2003, 629, 630- Klosterbrauerei; GK/Lindacher § 3 Rn. 259; Paech, S. 92 f.; Gloy/Helm § 53 Rn. 93 mwN.
[1029] BGH GRUR 1971, 313, 315- Bocksbeutelflasche.
[1030] Hösl, S. 219 ff.
[1031] GK/Lindacher § 3 Rn. 251.

cccc. Schutzwürdigkeit einzelner Personenkreise

Wie bereits dargelegt[1032], können besonders schutzbedürftige Verbraucher, wenn sie nur einen kleinen Teil der Adressatenschaft ausmachen leicht durch das Raster fallen. Dennoch sollten sie im Rahmen der Interessenabwägung Berücksichtigung finden. Insoweit ist auch die Quote der getäuschten besonders schutzwürdigen Nichtdurchschnittsverbaucher an der Gesamtzahl der Verbraucher beachtlich. Werden diese in hoher Anzahl getäuscht, so fördert dies eine ausnahmsweise Durchsetzung der Interessen der besonders schutzwürdigen Verbraucher.

dddd. Täuschungsfolgen für die Adressaten

Zwar ist der Eintritt eines Schadens für §§ 3, 5 UWG nicht erforderlich, jedoch ist die Schadenseignung für die durch das UWG geschützten Interessen einer Angabe im Rahmen der Bewertung der Adressateninteressen zu berücksichtigen.[1033]

ccc. Gewichtung der Verbotsgegeninteressen

Im Rahmen der Gewichtung der Gegeninteressen spielen Ausweichmöglichkeiten eine mitentscheidende Rolle.[1034] Das Gewicht der Interessen ist deutlich erhöht, wenn der Verlust endgültig und unersetzlich wäre. Anders hingegen, wenn ein ähnlicher Werbeerfolg durch andere Formen der Werbung möglich wäre. Ob eine solche Ausweichmöglichkeit existiert hängt davon ab, ob der Schaden der durch ein Ausweichen für die betroffenen Interessen entstehen würde nur unerheblich ist. Maßgeblich sind dabei werblicher Effekt und Kosten der Maßnahme. Zumutbarkeit ist bei vergleichbarem Werbeeffekt – hier sind auch die passiven Informationsinteressen des nichtgetäuschten Verkehrs zu beachten – zu vergleichbaren Kosten gegeben.

Auf Seiten des Werbenden sind insbesondere zu beachten:

- Keine Ausweichmöglichkeiten

Insoweit gilt das soeben Gesagte.

- Produkteinführung

Mit ins Kalkül zu ziehen ist die Bedeutung der entsprechenden Information für den Werbenden. Handelt es sich um ein neues Produkt ist die Bedeutung es zu bewerben höher einzuschätzen, als bei eingeführten, tradierten Produkten.[1035]

[1032] Vgl. C. II. 2. d. bb. bbb. aaaa.
[1033] Köhler/Piper § 3 Rn. 212.
[1034] Hösl, S. 306.
[1035] GK/Lindacher § 3 Rn. 270.

- Abwehrsituation

Bei im Gang befindlichen „Werbeschlachten“ oder der Abwehr gegen neu eingeführte Produkte ist das Aufklärungsinteresse ebenfalls höher einzuschätzen als gewöhnlich.

ddd. Besonderes Gewicht der aktiven und passiven Informationsinteressen

Aussagen zum abstrakten Gewicht eines einzelnen Interesses können nur schwer getroffen werden. Dennoch soll ein Hinweis auf die besondere Bedeutung der Informationsinteressen erfolgen. Je weiter sich das Verbraucherleitbild in Richtung eines eigenverantwortlichen Verbrauchers verschiebt, umso bedeutsamer wird es dem Verbraucher die notwendigen Informationen zu entsprechendem Handeln an die Hand zu geben. Dies ist zwar – wie gesagt – nicht Aufgabe des UWG, das kein Informatonsgebot enthält, jedoch wäre es widersprüchlich auf der einen Seite ein Leitbild das umfängliche Informationen verlangt zu vertreten, auf der anderen Seite aber Informationen in der Werbung weiter als unbedingt notwendig entgegenzuwirken.
Dieses Interesse ist zudem jeweils unter dem Aspekt des funktionsfähigen Wettbewerbs und der Entschließungsfreiheit tangiert. Dass Information conditio sine qua non für Markttransparenz und damit Wettbewerb schlechthin ist, wurde bereits dargelegt. In der Addition beider Aspekte ergibt sich daher, dass das Interesse an Information soweit wie möglich zuzulassen ist und sich gegen andere Interessen durchsetzen muss.

E. Allgemeine tatbestandliche Voraussetzungen des Art. 23 GüH

I. Rechtsprechung vor 1991

Durch das GüH 1991 – das eine Fortschreibung des GüH 1971 und keine Neuentwicklung darstellt – wurde nicht die gesamte ältere Rechtsprechung und Literatur überflüssig. Wir werden daher auch diese Rechtsprechung und Literatur heranziehen.

II. Werbung

Voraussetzung für die Anwendbarkeit des Art. 23 GüH ist, dass eine Werbung i.S.d. GüH vorliegt.
Der Begriff der Werbung ist in Art. 22 GüH definiert. Werbung i.S.d. des GüH ist danach:

> Toute communication ayant comme but direct ou indirect de promouvoir la vente de produits ou de services, y compris les biens immeubles, les droits et les obligations, quels que soient le lieu ou les moyens de communication mis en oeuvre.

Art. 22 GüH normiert im wesentlichen zwei Voraussetzungen: Objektiv ist eine „communication" erforderlich, subjektiv muss diese mit Ziel den Absatz von Produkten oder Dienstleistungen zu fördern, erfolgen.

Danach würde Nachfragewerbung nicht unter die Regelungen des Art. 23 GüH fallen. Dies hätte jedoch ein Zurückbleiben des belgischen Rechts hinter dem Schutz der Irreführungsrichtlinie zur Folge.[1036] Mangels jedweder – soweit ersichtlich – Diskussion in Belgien zu dieser Frage und da das belgische Recht eine Umsetzung der Richtlinie sein sollte, ist insoweit von einer planwidrigen Regelungslücke auszugehen und Art. 22 GüH zumindest analog anwendbar.

1. Anwendungsbereich des Werbebegriffs des GüH

Der Begriff der Werbung wird durch Art. 22 GüH für „dieses Gesetz" definiert.[1037] Für andere Gesetze[1038] in denen der Werbebegriff von Bedeutung ist, hat die Definition des GüH keine Bedeutung. Allerdings scheint sich der weite Werbebegriff des GüH im

[1036] Zur diesbezüglichen Auslegung der Irreführungsrichtlinie, vgl. Fn. 675.
[1037] Ferrant, Pratiques du commerce, S. 45; für den identischen Wortlaut des Art. 19 GüH 1971 vgl. De Caluwé/Delcorde/ Leurquin, Les pratiques du commerce, l'information et la protection du consommateur, 1e édition, n°. 163.
[1038] Beispielsweise betreffend Tabak, Medikamente, vgl. insoweit B. V. 2. c.

belgischen Recht zunehmend durchzusetzen. Das Handelsgericht Antwerpen[1039] entschied für den Bereich der Werbung für medizinische Produkte, dass hier der Werbebegriff nicht weniger weit als der des GüH zu interpretieren ist.

2. Aufgabe der *Publikums*werbung

Das im GüH 1971 noch bestehende Erfordernis der Publikumswerbung – also die Werbung gegenüber der breiten Verbraucherschaft – wurde fallen gelassen.
Unter dem Regime des alten Gesetzes war insbesondere die Werbung gegenüber Fachpublikum nicht von Art. 22 GüH erfasst, sondern wurde über Art. 54 GüH 1971 als Verstoß gegen die guten Sitten behandelt.
Dies ist nunmehr überflüssig geworden. Für Art. 22 GüH ist nicht mehr maßgeblich welches Publikum von der Werbung erreicht wird; die Werbung kann sich nunmehr sowohl an die breite Verbraucherschaft als auch an Fachpublikum wenden.
Zweifelsfragen ergeben sich jedoch insoweit, als die Werbung sich an Einzelpersonen richtet. Von Teilen der Rechtsprechung wird vorgebracht, dass Werbung gegenüber Einzelpersonen nicht unter den Begriff der „publicité" zu subsumieren sei. Dieser verlange dem allgemeinen Sprachgebrauch nach einen „aspect public", der gerade nicht durch individuellen und persönlichen Kontakt geprägt sei. So lehnte das Handelsgericht Brüssel es etwa ab, Behauptungen von Pharmavertreten in Einzelgesprächen gegenüber Ärzten, als Werbung anzusehen.[1040]
Insoweit setzt sich ein bereits zum alten Recht bestehender Streit fort. *De Caluwé* hatte bereits in seiner Kommentierung zum GüH 1971 in Zweifel gezogen, dass Werbung i.S.d. Wettbewerbsrechts zwingend ein Kollektiv erreichen müsse.[1041]
Dem ist zuzustimmen. Der Wille des Gesetzgebers ist durch die Streichung der Worte „auprès du public" eindeutig zum Ausdruck gekommen. Zwar verstößt eine derartige Auslegung des Begriffs „publicité" gegen den französischen Sprachgebrauch. Jedoch kann der „aspect public" nur in der französischen Fassung als Teil des Wortlautes angesehen werden. Sowohl im Deutschen („Werbung") als auch im Flämischen („reclame"[1042]) ist ein „aspect public" nicht Teil des Wortlautes.[1043] In diesem Sinne ist der Streit in der Rechtsprechung mittlerweile auch entschieden. In mehreren neueren Entscheidungen wurde anerkannt, dass der Werbebegriff bereits erfüllt ist, wenn die Kommunikation an einen Einzelnen gerichtet ist[1044]: « Les termes généraux de l'article

---

[1039] Anvers, 26 juin 1995, Prat. Comm. 1995/5, 152.

[1040] Prés. Comm. Bruxelles, 26. octobre 1992, Annuaire, 1992, 163, 163 ; in beiden Fällen (vgl. Fn. soeben) konnte letztlich ein Verbot über die Generalklauseln bewirkt werden.

[1041] De Caluwé/Delcorde/Leurquin, Les pratiques du commerce, l'information et la protection du consommateur, 1990, 2e édition, n° 11.11.

[1042] Als Ersatz für den Begriff der « handelspubliciteit », was zusätzlich gegen das Erfordernis eines « aspect publique spricht ».

[1043] Puttemans in: Les pratiques du commerce, l'information et la protection du consommateur, premier bilan, p. 204, Rn. 2.

[1044] Vz. Kh. Brussel 13 januari 1997, Annuaire 1997, 447; Vz. Kh. Brussel 14 april 1997, Annuaire 1997, 185; Vz. Kh. Kortrijk, 17 juni 2002, 211, 212 : «qu'il s'agisse d'une communication individuelle, n'empêche pas que cette communication doive être considérée comme une publicité» ; Prés. Comm. Liège (7e ch.), 11 février 1999, J.T. 1999, 370, 371.

22 LPCC ne permettent pas d'exclure de la notion de publicité une communication faite individuellement aux clients.»[1045]. Nicht mehr erforderlich ist daher, dass die Kommunikation sich an das breite Publikum[1046] oder an consommateurs i.S.d. Art. 1, 7[1047] wendet.

3. Communication

Das Erfordernis der „communication" löst das Erfordernis der „information" des Art. 19 GüH 1971 ab.

In den Gesetzesmotiven erfolgt die Umschreibung des Begriffs weitgehend exemplifizierend.
Unter den Werbebegriff sollen demnach fallen:[1048]

- Werbebriefe
- Ladenschilder und Embleme
- Etikettierungen und Verpackungen[1049]
- Ausstellungen
- Preisangaben
- Mündliche Anpreisungen
- Verkaufsveranstaltungen
- Broschüren und Kataloge

Abstrakt ist „Kommunikation" als ein Akt „assurant, quel qu'en soit le moyen, la transmission d'une information"[1050] zu definieren.
Auch insoweit erfolgt eine Erweiterung des Anwendungsbereichs der per se- Verbotsregelungen. Der Unterschied zum Erfordernis der „information" des GüH 1971 besteht darin, dass die „Kommunikation" nur die äußere Hülle der Übermittlung meint, während mit „Information" inhaltliche Erfordernisse an die potentielle Werbung gestellt wurden.[1051]
Jedoch ist insbesondere in der Rechtsprechung umstritten, ob nicht dennoch eine Information übermittelt werden muss: So hat das Handelsgericht Brüssel entschieden, dass

---

[1045] Prés. Comm. Bruxelles, 14 avril 1997, Annuaire 1997, 185, 185.
[1046] Vz. Kh. Brussel, 21 maart 2000, 105, 105 ausführlich : 109: „Les soumissions de vendeurs à des marchés publics concernant le traitement des déchets sont des communications ayant pour but de promouvoir la vente de leurs services et constituent donc une publicité au sens de l'article 22 LPCC. Le fait que ces soumissions ne soient pas déstinées au public n'est pas pertinent. »
[1047] Ausführlich bereits B. II. 2.; Vz. Kh. Brussel, 21 maart 2000, 105, 105, 109; Vz. Kh. Kortrijk 19 februari 2001, Annuaire 2001, 116, 117.
[1048] Doc. Parlem., Sénat, session 1984-85, n° 947/1, p.16.
[1049] Für Verpackungen gleichsinnig : Hof van Beroep te Gent, 20 januari 2003, Annuaire 2003, 129, 130 : « Compte tenu de la définition très large de la publicité, l'emballage d'un produit doit également être considéré comme de la publicité ».
[1050] Ferrant, Pratiques du commerce, p. 44.
[1051] So auch: De Caluwé in: Les pratiques du commerce, Èditions du jeune Barreau, p. 40.

die Bezeichnung „APIC“[1052], die im allgemeinen Sprachgebrauch keine Bedeutung besitzt, mangels informierendem Charakter keine Kommunikation und daher auch keine Werbung i.S.d. Art. 22 GüH sei.[1053] Auch *de Caluwé* scheint einen informierenden Charakter zu fordern: „Le terme 'communication'vise en fait tous renseignements ou indications, si minimes soient- ils“[1054]. Dies entspricht der h.A.[1055] zum alten Recht der zufolge eine „information“ nur dann vorlag, wenn der Äußerung ein objektiver – Nachprüfbarkeit gewährleistender – Tatsachenkern zu entnehmen war.
Der Präsident des Handelsgerichts Turnhout lehnte es dagegen ab, einen informierenden Charakter der Angabe zu fordern.[1056] Dem ist zuzustimmen. Mit dem Begriff „Kommunikation“ hat der Gesetzgeber sich gerade von einer inhaltlichen Beurteilung des Kommunikationsaktes verabschiedet. Kommuniziert werden kann hingegen sowohl in informierender Weise, aber auch in einer völlig sinnfreien Weise.
Ein so verstandener Begriff entspricht auch dem tatsächlichen Zweck von Werbung, nämlich – wie in Art. 22 GüH auch genannt – der Förderung des Absatzes von Produkten und Dienstleistungen.[1057] Dazu ist ein informierender oder nachprüfbarer Charakter der Werbebotschaft nicht notwendig.
Etwas anderes ergibt sich auch nicht aus der Zusammenschau von Art. 22 und Art. 23 GüH. Damit eine Werbung irreführend sein kann, ist zwar zwingend erforderlich, dass diese inhaltlich so weit „aufgeladen“ ist, dass sie nachprüfbar und damit unzutreffend sein kann. Die Verbotssätze des Art. 23 GüH setzen nach ihrem Sinn und Zweck also eine inhaltlich beurteilbare Grundlage voraus. Da der Werbebegriff im wesentlichen für Art. 23 GüH Bedeutung hat, macht auf den ersten Blick ein von inhaltlichen Erwägungen absehender Werbebegriff keinerlei Sinn. Der Notwendigkeit einer Beschränkung wurde jedoch explizit in den einzelnen Verbotssätzen des Art. 23 GüH Rechnung getragen.[1058] Diese Beschränkungen nun – zudem: im Widerspruch zum Wortlaut – zusätzlich in Art. 22 GüH zu transportieren, ist daher nicht notwendig. Einem so verstandenen Werbebegriff entspricht auch, dass die Definition vom Gesetzgeber bewusst weit verstanden werden will.

Irrelevant ist dabei, in welcher Form kommuniziert wird, welche Verbreitungsform und welcher Ort für die Kommunikation gewählt wird, Art. 22 GüH.[1059]

[1052] Als Handelsname für ein Unternehmen.
[1053] Prés. Comm. Bruxelles, 25 janvier 1993, Annuaire 1993, 60, 63.
[1054] De Caluwé/Delcorde/Leurquin, Les pratiques du commerce, l'information et la protection du consommateur, 1990, 2e édition, n° 11.7.; die Entscheidung des Präsidenten des Handelsgerichts ausdrücklich bejahend Prosman in: CUP XVI, S. 236.
[1055] Stuyck/van Gerven, Handelspraktijken, Rn. 110.
[1056] Prés. Comm. Turnhout, 24 juni 1994, Annuaire 1994, 105, 107, kritisch auch Straetmans, Handelspraktijken Anno 1996, p. 33-34.
[1057] So auch bereits die Kritik gegenüber dem alten Recht, vgl. Henning-Bodewig, Recht der Werbung in Europa, Bd. 2, Belgien, Rn. 47.
[1058] Vgl. bspw. Art. 23 Nr.1: « qui comporte des *affirmations, indications ou représentations* » [Hervorhebung durch den Verfasser].
[1059] Prés. Comm. Bruxelles, 20 mai 1996, Annuaire 1996, 324, 324.

Als Kommunikation[1060] sind von Rechtsprechung und Lehre u.a.[1061] anerkannt worden:

- Ein Werbeanschreiben[1062]
- Eine Einladung zu einer Verkaufsveranstaltung[1063]
- Etiketten und Verpackungen[1064]
- Eine Modenschau[1065]
- Eine Erkennungsmelodie[1066]
- Ein Zeitungsartikel[1067]
- Eine Farbenkombination[1068]
- Eine Rechnung[1069]
- Gleichfalls stellt der « Name » einer Homepage (sog. Domaine) eine Kommunikation dar[1070]

Die Kommunikation kann dabei auch in mittelbarer Weise erfolgen, wenn der Werbende sich eines Dritten zur Kommunikation bedient: « Un article paru dans un journal suite à une lettre d'un vendeur à la rédaction de journal, dans lequel il fait référence à une conversation téléphonique du même jour, doit être considéré comme une communication de ce vendeur concernant ses activités et ses produits et ayant comme

[1060] Die zitierten Urteile betreffen teilweise den im alten Recht verwendeten Begriff der „Information". Da eine „Information" aber notwendigerweise auch eine Kommunikation darstellt, können diese Urteile auch zum neuen Recht herangezogen werden.

[1061] Vollständigere Aufstellung bei De Caluwé/Delcorde/ Leurquin, Les pratiques du commerce, l'information et la protection du consommateur, 1990, 2e édition, n° 11.8.

[1062] Comm. Bruxelles, prés, 28 févr. 1983, Ing. Cons., 1983, 267, 267; Cass., 26 janv. 1984, Pas., 1984, I, 585, 585.

[1063] Comm. Bruxelles, prés., 25. nov. 1983, J.T., 1984, p. 263, 263.

[1064] Comm. Bruxelles, prés., 29. septembre 1988, Ing. Cons., 1989, 50, 50.

[1065] Comm. Hasselt, 20 février 1976, inédit, cité par Evard/Van Innis, J.T., 1978, 17, 19 (n° 15).

[1066] Prés. Comm. Ostende, 6 sept. 1984, inédit cité par De Caluwé/Delcorde/ Leurquin, Les pratiques du commerce, l'information et la protection du consommateur, 1990, 2e édition, n° 11.8.

[1067] Prés. Comm. Bruxelles, 9 mai 1983, J.T. 1984, 263, 263.

[1068] Prés. Comm. Liège, 1 er avril 1983, J.C.B., 1984, 65, 67 (im Hinblick auf eine markenrechtliche Konstellation).

[1069] Prés. Comm. Bruxelles, 3 août 1995, Annuaire 1995, 193, 195 : « La mention de la qualité de concessionnaire exclusif (im konkreten Fall : der Zippo USA) sur une facture, bien qu'elle suive effectivement la vente, constitue bien une mesure de publicité dans la mesure d'une part où, même après réalisation d'une vente, elle rappelle cette qualité à l'acheteur et constitue une mesure de promotion indirecte pour une vente ultérieure éventuelle, et d'autre part où en cas de facturation d'autres produits commercialisés par la défenderesse, elle constitue une mesure de promotion directe de vente de ces produits sur base de cette qualité de concessionnaire exclusif. »

[1070] Vz. Kh. Brussel, 9 mei 2003, Annuaire 2003, 621, 622 und ebenso eine Werbung, da sie den Zugriff auf eine Internetseite ermöglicht, die der Beförderung des Absatzes von Waren oder Dienstleistungen dient; ebenso: Vz. Kh. Antwerpen, 9 augustus 2001, Annuaire 2001, 666, 666: « Le site internet d'un vendeur et la création sur ce site d'un forum doivent être considérés comme une publicité lorsque le site se compose d'information offerte au public dans le but – direct ou indirect – de promouvoir la vente des produits du vendeur ».

but de promouvoir la vente de ces produits, et correspond dès lors à la définition légale de publicité ».[1071]

4. Absatzförderungsziel[1072]

a. Objektives Element

Obwohl in der belgischen Literatur nicht ausdrücklich thematisiert, ist m.E. dennoch zu fordern, dass die Kommunikation geeignet ist, den Absatz von Produkten oder Dienstleistungen zu fördern. Dies wird durch eine neuere Entscheidung bestätigt.[1073] Auf den Einwand des Klägers, eine Stellenanzeige sei nicht verkaufsfördernd und daher keine Werbung, legte das Gericht dar, dass die Anzeige im konkreten Fall sehr wohl verkaufsfördernd sei: « Une annonce de recrutement peut constituer une publicité si elle contient des données qui promeuvent la vente et qui n´ont comme telles aucun rapport avec le recrutement de personnel, comme par exemple la mention que l´on appartient à un groupe qui est leader du marché». Dies ist aber ein reines Kriterium der Geeignetheit. Ebenso zu verstehen ist eine Entscheidung des Präsidenten des Handelsgerichts Brüssel: « Une fois diffusée, une publicité constituée de folders destinés principalement aux professionnels échappe au contrôle de son annonceur et est donc susceptible d´atteindere également des consommateurs»[1074].

b. Subjektives Element

aa. Grundsätze

Damit eine Werbung i.S.d. Art. 22 GüH vorliegt, muss der Autor der Werbung mit dem direkten oder indirekten Ziel handeln, den Absatz von Produkten und Dienstleistungen einschließlich Immobiliargüter, Rechte und Obligationen zu befördern. Nicht von Bedeutung ist dabei, ob für ein eigenes oder ein drittes Produkt gehandelt wird. Auch die Beförderung des Absatzes Dritter, etwa durch Gebrauchempfehlungen, fällt unter Art. 22 GüH. Ein Absatzförderungsziel wird vermutet, wenn die Kommunikation von einem « vendeur » i.S.d. Art. 1 Nr. 6 GüH ausgeht.[1075]

[1071] Vz. Kh. Brussel, 5 april 2000, Annuaire 2000, 113, 114, 116; identisch: Hof van Beroep te Brussel, 18 juni 2002, Annuaire 2002, 123, 123 f.

[1072] Dabei ist die – europarechtlich durch die RiLi 84/450/EG gebotene – Einbeziehung von Immobiliargütern, Rechte und Obligationen durch das Gesetz von 1991 besonders zu erwähnen.

[1073] Vz. Kh. Brussel, 6 maart 2000, 95, 95 f.; vgl. dazu aus Deutschland: BGH GRUR 2003, 540, 541-Stellenanzeige: „... dass grundsätzlich auch eine Stellenanzeige eine nach dem Gesetz gegen den unlauteren Wettbewerb zu beurteilende Werbemaßnahme enthalten kann [und in dem genannten Fall auch enthielt], die Wettbewerbszwecken dient".

[1074] Prés. Comm. Bruxelles 20 mai 1996, Annuaire 1996, 324, 324.

[1075] Vz. Kh. Kortrijk, 27 november 2000, Annuaire 2000, 217, 219 ; Vz. Kh. Kortrijk, 24 juni 1996, Annuaire 1996, 220, 220; Vz. Kh. Kortrijk 22 oktober 2001, Annuaire 2001, 253, 254;Vz. Kh. Brugge, 2 october 2003, Annuaire, 232, 233; G.Straetmans, 'De vernieuwde reclamereglementering uit de WHPC herbezocht aan de hand van markante rechtspraak' in Handelspraktijken Anno 1996, J. Stuyck (éd), p. 33.

Eine Kommunikation, die *ausschließlich* aus karitativen oder wissenschaftlichen Zwecken erfolgt, ist daher keine Werbung i.S.d. GüH.[1076] Als insoweit praktisch wichtiger Anwendungsfall wird in der Literatur und in den Gesetzesmotiven der Fall von Vergleichstests durch Verbraucherschutzorganisationen genannt.[1077]

bb. Begriff des „but direct"/"indirect"

Zu beachten ist – wie der Gesetzestext auch zum Ausdruck bringt – dass das Absatzförderungsziel nicht das Primärziel des Handelnden darstellen muss. Erforderlich ist lediglich, dass die Absatzförderung ein mittelbares Ziel („but indirect") des Werbenden darstellt: « dès que le but de promotion commerciale est indirect, même si le but principal avoué est différent, la loi s'appliquera »[1078].
Schwierig ist, was nun genau unter einem derartigen „but indirect" zu verstehen ist.
Eine Definition des Begriffs findet sich soweit ersichtlich in der belgischen Literatur nicht.
Nicht vergleichbar ist dieser Ausdruck jedenfalls mit dem im deutschen Strafrecht verwendeten dolus eventualis in Abgrenzung zum dolus directus.
Abgelehnt wurde – ohne verallgemeinerungsfähige Begründung – ein indirektes Absatzförderungsziel in einem Fall, in dem eine Zahntechnikerin nach der Trennung von ihrem Mann – der eine Zahnarztpraxis im gleichen Haus betrieb – folgenden Text in einem Fenster dieses Gebäudes befestigte : « attention, ce laboratoire ne fait plus de prothèses pour le dentiste (divorce, adulere) ».[1079] Einigkeit besteht insoweit, dass es ausreichend ist, wenn die Absatzförderung zumindest „auch" in den Willen aufgenommen wurde. Ein solcher Fall liegt insbesondere bei Imagewerbung vor, deren Hauptziel darin liegt, das Image einer Marke zu verbessern, deren indirektes Ziel aber darin besteht, den Absatz von Waren oder Dienstleistungen zu befördern.[1080]
Auch im Bereich dieses indirekten Zieles gilt dabei die soeben geschilderte Vermutung : « Le fait que l'objet d'une circulaire *d'un vendeur*[1081] destinée à sa clientèle soit d'informer celle-ci de sa décision de se tourner vers un autre fournisseur pour un certain nombre de produits, n'empêche pas que cette communication tend, au moins indircetement, à la promotion commerciale et constitue, pourtant, une publicité au sens de l'art. 22 LPCC »[1082].

1076 Cass. (1er ch.), 2 novembre 1999, J.T. 2000, 64, 65.
1077 Exposé des motifs, projet 947, p. 15 ; De Caluwé in: Les pratiques du commerce, Èditions du jeune Barreau, p. 40 ; Prosman in : CUP XVI, p. 236.
1078 Cour de cassation, 12 novembre 1999, Annuaire 1999, 788, 788 = J.T. 2000, 64, 65; De Caluwé/Delcorde/ Leurquin, Les pratiques du commerce, l'information et la protection du consommateur, 1990, 2e édition, n° 11.10.
1079 Vz. Kh. Leuven, 27 maart 2001, Annuaire 2001, 736, 736.
1080 Cour de cassation, 12 novembre 1999, Annuaire 1999, 788, 788= J.T. 2000, 64, 65: « Une communication qui favorise ou renforce l'image de marque de son auteur et a ainsi indirectement pour but de promouvoir la vente de ses produits ou services est une publicité au sens de l'art. 22 LPCC » ; Cour de cassation, 12 novembre 1999, J.T. 2000, 64, 64 ; Vz. Kh. Gent, 26 maart 2001, Annuaire 2001, 135, 135.
1081 Hervorhebung durch den Verf.
1082 Vz. Kh. Kortrijk 19 februari 2001, Annuaire 116, 117.

In der Literatur wird über diese Vermutung hinausgehend, die Frage aufgeworfen, ob auch ein ungewollt erzielter Werbeeffekt als indirektes Ziel angesehen werden kann. Bereits zum alten Recht – mit seinem wesentlich restriktiveren Werbebegriff wurde vertreten[1083], aus dem Willen des Gesetzgebers hinsichtlich eines möglichst weiten Werbebegriff lasse sich schlussfolgern, dass auch ungewollte Absatzförderung ausreichen müsse. Nämliches müsse für das neue Recht – in dem der gesetzgeberische Wille noch eindeutiger zum Ausdruck kommt – erst Recht gelten. Insbesondere sei auch mit in den Blick zu nehmen, dass Werbung unter dem Blickwinkel des Publikums zu betrachten ist.[1084] Dazu passe ein Abstellen auf den inneren Willen nicht. Gegen diese Auslegung spricht jedoch der eindeutige Wortlaut der Vorschrift: Ein Ziel kann nicht ungewollt verfolgt werden. Daher würde diese Ansicht auf eine Aufgabe eines gesetzlich eindeutig normierten Tatbestandmerkmals hinauslaufen. Angesichts der weitreichenden Vermutung der Gerichte, dürfte diese Frage praktisch jedoch ohnehin kaum relevant werden.

5. Ausschlussgrund „Selbstverteidigung“ ?

Das Handelsgericht Charleroi[1085] lehnte in einer Entscheidung das Vorliegen einer Werbung ab, da die „Kommunikation“ ein bloßer Selbstverteidigungsakt gegenüber einem durch die antragstellende Partei ebenfalls initiierten Fälschungsprozesses gewesen sei. Ein derartiger negativer Ausschlussgrund ist jedoch für die Frage, ob eine Werbung i.S.d. Art. 22 GüH vorliegt nicht vorgesehen.[1086]

III. Art. 23 GüH

1. Einleitung

a. Zur Regelungstechnik

Wie bereits erwähnt[1087], ist die Regelungstechnik des Art. 23 GüH eine andere als die des § 5 UWG. Irreführende Werbung wird nicht im Wege einer Generalklausel verboten, sondern es erfolgt eine enumerative Aufstellung von verschiedenen Verbotstatbeständen. Daraus folgt, dass selbst wenn der Verkehr getäuscht, wird eine Irreführung nur dann relevant für Art. 23 GüH ist, wenn sie durch die Auflistung der Verbotstatbestände erfasst ist.

[1083] De Caluwé/Delcorde/ Leurquin, Les pratiques du commerce, l'information et la protection du consommateur, 1e édition, n° 167.

[1084] De Caluwé/Delcorde/ Leurquin, Les pratiques du commerce, l'information et la protection du consommateur, 1990, 2e édition, n° 11.10.(2).

[1085] Prés. Comm. Charleroi, 6 mai 1994, D.C.C.R, 1995, 335, 338, note Straetmans.

[1086] Ablehnend auch Prosman in : CUP XVI, p. 237.

[1087] B. I. 1.

Diese äußerst umständliche Regelungstechnik wird im belgischen Schrifttum zurecht kritisiert. Sie erfordert auf „Paragrafenmonster"[1088] zurückzugreifen, um sicherzustellen, wenigstens die meisten der anvisierten Fälle zu erfassen und birgt letztendlich, insbesondere für neue und zum Zeitpunkt der Gesetzgebung noch unbekannte Werbeformen, dann dennoch die Gefahr von Lücken, die über eine allgemeine Generalklausel geschlossen werden müssen.[1089]
Trotz dieser „Zerstückelung" des Irreführungsverbotes existieren einige Begriffe, die immer wieder in den einzelnen Verbotstatbeständen des Art. 23 GüH vorkommen und im GüH teilweise auch in einem eigenen, vor die Klammer gezogenen ersten Kapitel definiert wurden. Diese Begriffe sollen auch später hier in einem „allgemeinen Teil" vorab behandelt werden.[1090]

b. Prinzip der „interdiction limitative"

Art. 23 GüH enthält eine detaillierte Aufzählung von Irreführungstatbeständen. Hieraus schlussfolgert insbesondere *de Caluwé*[1091] nun, dass dies zu einer restriktiven und strikten Interpretation zwinge. Dem kann jedoch kaum zugestimmt werden. Richtig und unzweifelhaft ist, dass die Aufzählung abschließend ist. Eine restriktive Interpretation der einzelnen Begriffe würde jedoch gegen den eindeutigen Willen des Gesetzgebers, jede Form von irreführender Werbung zu verbieten, verstoßen.[1092] Dies entspricht auch der Richtlinie 84/450/EWG, die als irreführende Werbung definiert: „la publicité, qui d'une *manière quelconque*[1093] [...] induit en erreur [...]". Nur so kann auch ein Urteil des Handelsgerichts Brüssels[1094] verstanden werden, in dem eine (falsche) Angabe über die Öffnungszeiten unter Art. 23 Nr. 1 GüH (ohne nähere Präzisierung) gefasst wurde.

c. Per se-Verbotstatbestand

Art. 23 GüH ist eine per se- Verbotsnorm. Dies bedeutet, dass weder ein Schaden, noch ein möglicher Schaden beim getäuschten Publikum erforderlich ist.[1095]

1088 De Caluwé in : Les pratiques du commerce, Èditions du jeune Barreau, p. 46.

1089 De Caluwé in : Les pratiques du commerce, Èditions du jeune Barreau, p. 46.: „ Quand donc le législateur comprendra-t-il que la meilleure manière die légiférer est encore de recourir à un texte général posant les lignes directrices et faisant confiance aux tribunaux pour assurer son application à la réalité mouvante » ; allerdings hat sich die Auflistung bislang als sehr vollständig erwiesen.

1090 Vgl. E. III. 2.

1091 De Caluwé in : Les pratiques du commerce, Èditions du jeune Barreau, p. 44.

1092 Cour d'appel de Mons, 6 février 1996, Annuaire 1996, 160, 160, 176.

1093 Hervorhebung durch den Verf.

1094 Vz. Kh. Brussel 29 maart 1995, Annuaire 1995, 235, 237.

1095 Vz.Kh. Kortrijk, 5 mei 2003, Annuaire 2003, 184, 185 ; Vz. Kh., 6 november 1995, Annuaire 1995, 431, 432 ; Vz. Kh. Brussel, 10 juli, Annuaire 1996, 361, 362; Vz.Kh.Brussel, 12 mei 1999, Annuaire 1999, 188, 188; Vz. Kh. Mechelen, 12 juni 2001, Annuaire, 2001, 194, 195.

2. Allgemeiner Teil

a. Methode zur Feststellung einer Irreführung

aa. Irreführungsgefahr/tatsächliche Irreführung

Mangels weiterführender Hinweise des Gesetzgebers, was unter „susceptibles d'induire en erreur" zu verstehen ist, ist der Begriff der Irreführung einer weiten Auslegung zugänglich. Entscheidend ist daher der gewöhnliche Sprachgebrauch[1096], d.h. „een verkeerde voorstelling opwekken"[1097] bzw. „le fait de créer une perception erronée »[1098].

Auch im belgischen Recht reicht – der Gesetzeswortlaut ist eindeutig – bereits die Gefahr einer Irreführung aus.[1099] Es ist also nicht erforderlich, dass der Irrtum tatsächlich hervorgerufen wird, ausreichend ist, dass die Werbung geeignet ist, einen Irrtum hervorzurufen.[1100]

bb. Maßgeblichkeit der Verkehrsauffassung

aaa. Grundsatz

Auch im belgischen Recht ist bei der Feststellung einer Irreführung ausschließlich die Verbrauchersicht maßgeblich.

bbb. Objektiv zutreffende Werbung

aaaa. Grundsätze

Aus der Maßgeblichkeit der Verkehrsauffassung folgt, dass eine Werbung, die obwohl sie objektiv wahr ist, irreführend sein kann und umgekehrt, dass eine Werbung, die objektiv nicht mit den Tatsachen übereinstimmt, nicht irreführend ist: „Alors que la publicité trompeuse résultera en général, dans le chef du consommateur moyen, de la

---

1096 Ost F. et van de Kerchove M. « Entre la lettre et l'esprit. Les directives d'interprétation en droit, éd. Bruylant, 1989, p. 98 et 99.

1097 Vz. Kh. Mechelen, 12 juni 2001, Annuaire 2001, 194, 199; De Batselier Annuaire 2003, 248, 255.

1098 Vz.Kh. Vz. Kh. Kortrijk, 27 november 2000, 217; Vz. Kh. Kortrijk 22 october 2001, Annuaire 2001, 253, 255; Mecheln, 12 juni 2001, Annuaire 194, 195; Vz. Kh.Kortrijk, 19 februari, 2001, Annuaire 116, 117 ; Vz.Kh.Kortrijk 28 mei 2001, Annuaire 2001, 149, 150; vgl. auch Batselier Annuaire 2003, 248, 255: „Bij gebrek aan een wettelijke definitie moet het begrip „misleiding" worden uitgelegd overeenkomstig „et gewone spraakgebruik", d.i. „een verkeerde voorstelling opwekken" (Vz. Kh. Mechelen 12 juni 2001, Annuaire 2001, 194, 199)."

1099 Identisch bereits zu Art. 20 Nr. 1 GüH 1971: Hof van Beroep te Gent, 21 september 1995, Annuaire 1995, 92, 93.

1100 Dies entspricht auch der Rspr. zum GüH 1971, dass insoweit identische Begrifflichkeiten verwendete. Das insoweit auch kein Widerspruch zur Nissan-Entscheidung des EuGH besteht wurde bereits dargelegt (D. IV. 1. a.).

diffusion de déclarations, données ou présentations erronées, il est cependant nullement exclu que des messages publicitaires qui en soi se basent sur des faits exacts peuvent provoquer chez le consommateur une mauvaise perception des faits. Le caractère trompeur de la publicité doit être déterminé dans le chef du consommateur et pas exclusivement sur base du caractère véridique des éléments contenus dans le message publicitaire.[1101] So wertete das Handelsgericht Tournhout die objektiv falsche Angabe « prix de gros même pour des particuliers » als nicht irreführend, da der Verkehr diese ähnlich wie « prix de Saint-Nicolas », prix de fabrique » etc. verstehen würde und tatsächlich Preisnachlässe gewährt wurden.[1102]

In einer neueren Entscheidung aus dem Jahre 2001[1103], die im Anschluss an einen Aufsatz Van den *Berghs, R's*[1104], erging, findet sich nunmehr die Formulierung, dass eine objektiv zutreffende Werbung dann irreführend ist, wenn sie irreführende Vorstellungen bei „een niet onbelangrijke groep consumenten" hervorruft. Wie diese Passage zu verstehen ist, bleibt – weil sie nicht weiter präzisiert wird – völlig im Dunkeln. Sie ist aber deswegen erwähnenswert, weil sie die einzige Aussage über die notwendige Quantität von getäuschten Verbrauchern ist. Ob damit also eine Einschränkung gemeint ist, also dass – wie in Deutschland – eine höhere Irreführungsquote erforderlich ist, bleibt unklar.

bbbb. Formen der objektiv zutreffenden irreführenden Werbung

Van den Bergh[1105] hat im Anschluss an eine Arbeit *Preston's*[1106] eine Vielzahl von verschiedenen Formen irreführender Werbung herausgearbeitet, die letztlich auf die auch im deutschen Recht bekannten Fälle der assoziativen Zweitbedeutung und der Werbung mit Selbstverständlichkeiten hinauslaufen.
Einzig die Werbung mit Selbstverständlichkeiten – letztlich auch ein Fall der assoziativen Zweitbedeutung – wurde bislang ansatzweise vertieft:

[1101] Hof van beroep te Brussel, 19 october 1995, Annuaire 1995, 118, 119 ; ähnlich Vz. Kh. Kortrijk, 5 november 2001, Annuaire 2001, 783, 785.

[1102] Prés. Comm Bruxelles, 30 février 1992, Annuaire 1992, 115, 115 confirmé par Bruxelles, 13 octobre 1995, J.T. 1996, 27- 29 zu dieser Entscheidung : Prosmans in : CUP XVI, p. 256 ; allgemein zur Bedeutung der objektiven Wahrheit im Zusammenhang mit Werbevergleichen vgl. Vz. Kh. Kortrijk 28 mei 2001, Annuaire 2001, 149, 151 « Pour apprécier le caractère fallacieux ou non de la publicité comparative, la réponse à la question de savoir si la publicité incriminée est correcte n'est toutefois pas déterminante. L'important n'est, en effet, pas de savoir si le message de la publicité est, dans sa formulation expilicite, correct ou incorrect. Il s'agit de voir si ce message, malgré sa véricacité objective, est correctement compris ou non par le consommatuer moyen ».

[1103] Vz. Kh. Kortrijk 22 october 2001, Annuaire 2001, 253, 265; identisch: Vz. Kh. Kortrijk, 5 november 2001, Annuaire 2001, 783, 785.

[1104] Van den Bergh, in : Liber Amicorum Paul De Vroede, p. 1346.

[1105] Van den Bergh, in: Liber amicorum de Vroede, p. 1348 f.

[1106] Preston, I.L. „The Federal Trade Commission's Identification of Implications As Constituting Deceptive Advertising", Cincinnati Law Review, vol. 57, 1989, 1242, zitiert durch Van den Bergh, in: Liber amicorum de Vroede, p. 1348 f.

(1.) Assoziative Zweitbedeutung

Mangels weiterer Quellen im belgischen Schrifttum sei hier erneut auf die Arbeit Van den Bergh's – im Anschluss an *Preston*[1107] verwiesen. Dieser führt im Einzelnen auf:

- In een reclame wordt aangetoond dat een produkt een bepaald effect heeft en dit wordt door de doorsnee-consument gezien als een impliciet bewijs van een ander nog meer indrukwekkend effect („demonstration implication").
- En objectief juiste reclame impliceert bij de doorsnee-consument een verkeerde voorstelling over niet in de reclame beschreven eigenschappen („ineffective qualification").
- Een reclame benadrukt bepaalde kenmerken van een produkt en wekt daardoor bij de consument impliciet de indruk dat alleen het geadverteerde produkt deze eigenschappen bezit („uniqueness implication") [Insbesondere thematisiert ist diese Fallgruppe im Falle der Werbung mit Selbstverständlichkeiten].
- Een ware bewering dat het produkt in een bepaald aspect superieur is ten opzichte van concurrerende produkten impliceert bij de doorsnee-consument dat het produkt ook in andere opzichten superieur is („halo implication").
- Een reclame vergelijkt een produkt met een concurrerend produkt en wijst waarheidsgetrouw op een bepaald verschil, maar impliceert daardoor andere niet bestaande verschillen („constrast implication").
- Waneer beroemde personen in een reclame hun (ware tevredenheid over een bepaald produkt te kennen geven kann dit bij talrijke consumenten de indruk wekken dat zij ook over dit produkt tevreden zullen zijn („endorsement implication").
- De reclame benadrukt ene reel aanwezige produkteigenschap die echter niet van wezenlijk belang is voor de koopbeslissing („significance implication") [Insbesondere thematisiert ist diese Fallgruppe im Falle der Werbung mit Selbstverständlichkeiten].

(2.) Werbung mit Selbstverständlichkeiten

Im Anschluss an die grundlegende Erörterung *Van den Berghs* hat sich – jedenfalls in Belgien durchgesetzt, dass ein Werbender es unterlassen muss, Eigenschaften eines Produkts oder einer Dienstleistung, zu bewerben, « qui sont évidentes en fonction de la catégorie à laquelle il appartient"[1108], da ansonsten der Eindruck einer Besonderheit des beworbenen Produktes entstehe. So dürfe etwa nicht damit geworben werden, das Gesetz einzuhalten, wenn so der falsche Eindruck erweckt werde dass die so in den Vordergrund gerückten Eigenschaften nicht bei den Konkurrenzprodukten vorliegen.[1109]

[1107] aaO.

[1108] Puttemans Annuaire 1995, 104, 106.

[1109] Vgl. Van den Bergh in : Liber amicorum de Vroede, p. 1351 (mit Ausführungen zum deutschen Recht (p. 1352)).

cc. Vorgehensweise: Drei- Schrittprüfung

Es soll die bereits zum deutschen Recht verwendete Drei-schrittprüfung übernommen werden, um einen Vergleich zu erleichtern.

aaa. 1. Schritt

Zum deutschen Recht war zunächst zu klären, welche Verkehrskreise von einer Werbung betroffen sind. Ebenso wird im belgischen Recht verfahren. Auch hier ist anerkannt, dass Fachkreise eine Werbung anders beurteilen als Laien[1110]: « lorsque le produit s'adresse à un public de professionnels ou de spécialistes, c' est l'opinion de ce public spécifique qui sera prise en compte »[1111].

bbb. 2. Schritt

aaaa. Ermittlung der Verkehrsauffassung

Hier ist zu fragen, wie die festgestellten Verkehrskreise die Angabe verstehen. Betrachtet wird dabei das Verkehrsverständnis der jeweiligen Werbung. Maßgeblich ist dabei die einzelne Werbung. Dass andere Werbungen zum gleichen Produkt nicht irreführend waren und dem Publikum ein zutreffendes Bild über Produkt oder Dienstleistungen verschafft haben könnten, ändert nichts an der Eignung der Irreführung anderer Werbungen[1112]. Da es auf die einzelne Werbung ankommt, wird ein Verbot einer irreführenden Werbung nicht deshalb unmöglich, weil später eine Aufklärung erfolgt.[1113]

Für die Feststellung der Verkehrsauffassung haben sich bestimmte Vorgehensweisen der Gerichte herauskristallisiert. Die Gerichte gehen dabei davon aus, dass der Verkehr eine Aussage anhand ihrer Gesamtwirkung beurteilt: « ... il faut se baser sur l'impression totale qui est créée en tenant compte de tous les éléments de la publicité réunis, c'est-à-dire de l'impression globale qu'elle donne »[1114]. Der Verbraucher verschafft sich einen Gesamtüberblick über die Werbung – betrachtet sie als Ganzes – und wird

[1110] Prés. Comm. Namur, 19 février 1997, Ing.Cons., 1997, 126, 128.

[1111] Prés. Comm Bruxelles, 14 avril 1997, Annuaire 1997, 185, 185 (zu vergleichender Werbung).

[1112] Vz. Kh. Brussel, 7 juni 2000, Annuaire 2000, 135, 137: „Chaque publicité en soi est soumise à l'interdiction de publicité trompeuse, et le fait que des publicités non-trompeuses aient été faites par le biais d'autres médias n'enlève rien à son caractère trompeur ».

[1113] vgl. auch Vz. Kh. Hasselt, 16 juli 1996, Annuaire 1996, 237, 237; identisch auch: Vz. Kh. Mechelen, 12 juni 2001, Annuaire, 2001, 194, 195.

[1114] Vz. Kh. Kortrijk 22 october 2001, Annuaire 2001, 253, 255; vergleichbar: Kh. Kortrijk 27 november 2000, Annuaire 2000, 202, 208; Vz. Kh. Gent, 22 december 2003, Annuaire 2003, 281, 283 vgl. auch Batselier Annuaire 2003, 248, 255 : « Voor de beoordeling van de misleiding moet worden uitgegaan van de totale indruk die bij de klant wordt gewekt, rekening houdend met alle elementen van de reclame samen »; aus der Literatur vgl. etwa De Batselier Annuaire 2003, 248, 255; Hendrix/Francq Annuaire 2002, 207, 208.

sie nicht Punkt für Punkt analysieren[1115]: « L'appréciation d'une éventuelle création de confusion doit se faire non pas analythiquement mais synthétiquement : il faut donc partir de l'impression globale du consommateur, en tenant compte de tous les éléments de la publicité en même temps »[1116]. Der Verbraucher wird also nicht einzelne Sätze oder Satzteile betrachten, sondern die Werbung insgesamt in den Blick nehmen. [1117] Zwar besteht auch für den belgischen Richter die Möglichkeit eines Sachverständigengutachtens, um das tatsächliche Verkehrsverständnis zu ermitteln. Jedoch nehmen, wie gezeigt, die belgischen Gerichte diese Möglichkeit durchweg nicht wahr.

bbbb. Aufgreifschwelle („Irreführungsquote")

Insoweit finden sich in der belgischen Rechtsprechung und Literatur keine eindeutigen Aussagen, sondern allenfalls unklare Andeutungen, die es nicht möglich machen zu beurteilen, was für die Gerichte maßgeblich sein soll: So wird in einem Urteil des Handelsgerichts Brüssel[1118], die Irreführung damit begründet, dass « *la grande majorité* des lecteurs des catalogues de la défenderesse ne connaissent pas la définition de la défenderesse du 'prix public' ». Hinsichtlich objektiv zutreffender Werbung verlangt das Handelsgericht Kortrijk, dass eine Werbung irreführend ist, wenn sie irreführende Vorstellungen bei „*een niet onbelangrijke groep consumenten*" hervorruft.[1119]

ccc. 3. Schritt

In einem letzten Schritt ist zu prüfen, ob der Sinn, der der Angabe durch den maßgeblichen Verkehr beigelegt wird, mit der Realität übereinstimmt.

dd. Eignung zur Beeinflussung des wirtschaftlichen Verhaltens (Marktentscheidungsrelevanz)

Umstritten[1120] ist in der belgischen Literatur und Rechtspraxis, ob die irreführende Angabe geeignet sein muss, das wirtschaftliche Verhalten der Adressaten zu beeinflussen.

Zwar ist ein solches Erfordernis in Art. 23 GüH nicht vorgesehen. Jedoch machte bereits *Evrard*[1121]und im Anschluss die Rechtsprechung[1122] – kaum war das GüH in

---

[1115] D'un point de vue synthètique et non analytique, vgl. Ferrant, Pratiques du commerce, S. 47.

[1116] Vz. Kh. Mecheln, 12 juni 2001, Annuaire 194, 195 ; vgl. auch Puttemans Annuaire 1995, 105 f.

[1117] Cour d'appel de Bruxelles, 13 octobre 1995, Annuaire 1995, 96, 96 ; Vz. Kh. 24 februari 2000, Annuaire 2000, 89: « pour juger du caractère dénigrant d'une publicité, il faut tenir compte de l'entièreté de la publicité et
de la lecture de tout le texte par le consommateur, plutôt que de quelques phrases qui en font partie » ; Brussel, 13 october 1995, Annuaire 1995, 96, 96.

[1118] Prés. Comm. Bruxelles, 22 mars 1999, Annuaire 1999, 63, 67 (Hervorhebungen im Text durch Verf.).

[1119] Vz. Kh. Kortrijk 22 october 2001, Annuaire 2001, 253, 265 (Hervorhebungen im Text durch Verf.); identisch: Vz. Kh. Kortrijk, 5 november 2001, Annuaire 2001, 783, 785.

[1120] Unzutreffend daher Lettl, Schutz vor irreführender Werbung in Europa, S. 158.

[1121] Evrard J.T. 1992, 681, 685.

Kraft getreten – geltend, Art. 23 Nr. 1- 4 GüH seien so auszulegen, dass sie ein derartiges Erfordernis aufstellen. Grund hierfür war, dass das belgische Recht im Lichte der Irreführungsrichtlinie – in der ein solches Erfordernis aufgestellt wird – auszulegen sei, und eine andere Auslegung damit auf eine nicht richtlinienkonforme Umsetzung der Richtlinie in das belgische Recht hinauslaufen würde. Auch für Art. 23 Nr. 1 GüH sei daher zu fordern, dass die Angabe geeignet ist, den Verbraucher in seinem wirtschaftlichen Verhalten zu beeinflussen. Vergleichbar aber noch weitergehend ist eine etwas später ergangene Entscheidung des Handelsgerichts Brüssel[1123] vom 25. April 1994. Dieses hielt eine Werbung für zulässig, obwohl in dieser für eine Antiquitätenmesse mit irreführend hohen Besucherzahlen vorausgegangener Messen geworben wurde. Zwar erörterte der Präsident die Möglichkeit, dass Teile der Verbraucher, durch die zu hohen Besucherzahlen motiviert, die Messe besuchte, stellte dann jedoch das weitergehende Erfordernis auf, dass zu beweisen sei, dass der Verbraucher einen Schaden/Nachteil dadurch erlitten habe, dass die Besucherzahlen inkorrekt angegeben wurden. Dies werde durch das europäische Recht gefordert.[1124] Gegen letzteres Erfordernis spricht jedoch zwingend, dass sich weder im belgischen, noch im europäischen Recht die Voraussetzung findet, dass der Verbraucher durch die Täuschung einen Schaden erleidet. Es entspricht daher auch der allgemeinen Auffassung, dass durch die Irreführung kein Schaden entstehen muss.[1125] Inzwischen hat sich in der ganz überwiegenden Zahl der Gerichtsentscheidungen folgende Sprachregelung gebildet: „En appliquant le droit national, la juridiction nationale appelée à interpréter son droit est tenue de le faire dans toute la mesure du possible à la lumière du texte et de la finalité des directives européennes pertinentes. L´article 23, 1er de la LPCC doit dès lors être interprété à la lumière de la directive européenne relative à la publicité trompeuse.[1126] Il faut dès lors examiner in concreto si les fausses allégations reprises dans la publicité trompeuse sont susceptibles d´influencer le comportement économique des consommateurs auxquels s´adresse cette publicité.[1127] Es gelten also bei der Einschätzung die gleichen Grundsätze wie bei der Einschätzung der Verkehrsauffassung.
Ohne dass dies weiter in der belgischen Rechtsprechung erwähnt wird, soll die Bezugnahme auf europäisches Recht wohl auch die inhaltliche Übernahme der Grundsätze der Art. 2 Nr. 2 der Richtlinie bedeuten. Diese wurden bereits inzident im Rahmen der Schilderung der Nissan- Rechtsprechung dargestellt. Eine nähere Darstellung, wann ein Verhalten geeignet ist, die wirtschaftliche Darstellung zu beeinflussen, existiert

---

1122 Prés.Comm. Charleroi, 5 juin 1997, Annuaire 1997, 196, 201; Vz. Kh. Mechelen, 12 juni 2001, Annuaire 2001, 194, 196.

1123 Prés. Comm. Bruxelles, 25 avril 1994, Annuaire 1994, 88, 88.

1124 Prés. Comm. Bruxelles, 25 avril 1994, Annuaire 1994, 88, 88 : « le caractère licite ou illicite d'une information diffusée aux consommateurs et prétendument susceptible d'induire en erreur les consommateurs sur les caractéristiques d'un service doit s'apprécier en fonction du risque que le consommateur soit amené à prendre, en raison de cette information, une décision qui lui serait préjudiciable au sujet de l'utilisation du service ».

1125 E. III. 1. c.

1126 Prés. Comm Charleroi, 5 juin 1997, Annuaire 1997, 196, 196 .

1127 Hof van Beroep te Brussel, 13 april 1999, Annuaire 1999, 131, 132; Vz. Kh. Brussel, 12 mei, 1999, 188, 188: « Il suffit que le comportement économique du consommateur soit potentiellement influencé » ; vgl. auch Prés. Comm Charleroi, 5 juin 1997, Annuaire 1997, 196, 196.

nicht, lediglich vereinzelte Ausführungen für konkrete Einzelfälle. So ist etwa die Werbung für einen Videorekorder mit der Eigenschaft „VPS“, obwohl dieser nicht über VPS- Funktionen verfügt, geeignet, das wirtschaftliche Verhalten der Verbraucher zu beeinflussen.[1128]

Gegen das Relevanzerfordernis werden vereinzelt Bedenken geäußert. Zutreffend wird herausgearbeitet, dass Art. 7 I der Richtlinie 84/450/EG dem nationalen Gesetzgeber gerade die Möglichkeit gibt, weitergehende Regelungen zu treffen.[1129] Daher bedürfe Art. 23 GüH keiner Auslegung i.S.d. der h.M.[1130]

Eine eigene Stellungnahme erfolgt unter I. VI. 3. d.

b. Subjektiver Tatbestand

Zum alten Recht war noch streitig, ob für eine Irreführung ein subjektives Tatbestandsmerkmal zu fordern war. Teilweise wurde erwogen den für Art. 1116 Code civil erforderlichen Vorsatz auch im Rahmen des Irreführungstatbestandes zu fordern.[1131] Inzwischen besteht jedoch Einigkeit, dass kein subjektiver Tatbestand erforderlich ist: « La responsabilité qui pèse sur le commercant est une responsabilité objective. Même si l'acte contraire aux usages honnêtes en matière commerciale n'est pas imputable au commercant, les consommateurs ont cependant pu être abusés par celui-ci et l'ordre en cessation est par conséquent justifié».[1132] Dies lässt sich für das neue Recht zwanglos daraus ableiten, dass der Gesetzgeber für Art. 23 Nr. 4 GüH, bei dem er einen subjektiven Tatbestand für erforderlich hält, diesen ausdrücklich vorgesehen hat.

[1128] Vz. Kh. Hasselt, 16 juli 1996, Annuaire 1996, 237, 237

[1129] Explizit für den Fall des Relevanzerfordernisses: Prés. Comm. Namur, 31mai 1995, Annuaire 1995, 154, 172; ähnlich auch Puttemans in: Les pratiques du commerce, l'information et la protection du consommateur, premier bilan, p. 208; Dessard/Lambrechts Annuaire 1999, 70, 73; vgl. auch auch Prosmans in : CUP XVI, p. 243.

[1130] Prés. Comm. Namur, 31 mai 1995, Annuaire 1995, 154, 172 ; Puttemans in: Les pratiques du commerce, l'information et la protection du consommateur, premier bilan, p. 208; vgl. auch Prosmans in : CUP XVI, p. 243.

[1131] Vgl. die Darstellung bei De Caluwé/Delcorde/Leurquin, Les pratiques du commerce, l'information et la protection du consommateur, 1990, 2e édition, n° 11.21 der bereits einen subjektiven Tatbestand für das GüH 1971 ablehnte, vgl. unter 11.21.1 (4).

[1132] Cour d'appel de Bruxelles, 19 septembre 2002, Annuaire 2002, 342 348 ; vgl auch Cass., 31 janvier 1992, Pas. 1992, I, P. 481, 484: « Une pratique de commerce interdite peut toutefois résulter d'un acte accompli de bonne foi » ; Vz. Kh. Gent, 22 december 2003, Annuaire 2003, 281, 282: « Bien que l'erreur n'enlève en soi rien du caratère trompeur- l'intention de tromper n'étant pas exigée par l'article 23, 1° » ; ähnlich auch Vz. Kh. Brussel, 12 mei 1999, Annuaire 1999, 188, 188 ; Vz. Kh. Mechelen, 12 juni 2001, Annuaire 2001, 194, 195; Vz. Kh. Kortrijk, 5 mei 2003, Annuaire 2003, 184, 185.

c. Keine Beschränkung auf Verbraucher

Wie bereits festgestellt[1133], findet Art. 23 GüH auch Anwendung, wenn die Werbung sich nicht an Verbraucher wendet.

d. Publicité exagérée/superlative[1134]

aa. Übertreibende Werbung

aaa. Problemstellung

Bereits in den Motiven des GüH 1971 hat der Gesetzgeber zum Ausdruck gebracht, dass er eine weitreichende Toleranz für Übertreibungen in der Werbung aufbringt. Begründet wurde dies zum einen mit dem Zweck der Werbung, die Konsumenten auf das beworbene Produkt oder die beworbene Dienstleistung aufmerksam zu machen.[1135] In der Rechtsprechung wurde und wird die Zurückhaltung beim Verbot von « publicité exagérée » damit begründet, dass der Verbraucher inzwischen an Übertreibung gewohnt sei und nicht jede Werbung ernst nehme : « [...] il convient de juger la publicité selon l´impact qu´elle peut avoir sur le consommateur moyennement informé ; ce dernier, objet depuis longtemps des attentions d´entreprises publicitaires, se rend parfaitement compte que, dès qu´il s´agit uniquement de vanter un produit et non le décrire, d´enumerer ses qualités ou d´indiquer un usage, une certaine exagération entre toujours dans la facon dont l´annonceur tente d´arracher l´adhésion pour son produit»[1136]. „Dans l´état actuel des moeurs et de la sensibilité du public en général" sei eine Werbung daher nicht irreführend, die eine angebotene Dienstleistung als „die Beste" oder „Vorteilhafteste" bezeichne.[1137]

bbb. Grundsätze

Letztlich entscheidend ist auch hier die Verkehrsauffassung, vergl. *de Caluwé* : „il appartient au juge, dans ce cas, de faire la part des choses en se mettant à la place du consommateur moyen "[1138]. Glaubt der Verkehr von vornherein nicht an die Angabe liegt auch keine Irreführung vor.[1139] Übertreibende Werbung ist daher erlaubt, wenn es sich

---

[1133] Vgl. B II. 2.

[1134] Im Bereich der vergleichenden Werbung wird oftmals von publicité hyperbolique gesprochen: Prés. Comm. Bruxelles 20 september 2002, Annuaire 2002, 226, 226 : „La publicité hyperbolique est une technique de publicité subjective qui consiste à vanter, de manière exagérée, les qualités d´un produit (service) de facon à susciter l´attention du consommateur ».

[1135] De Caluwé/Delcorde/Leurquin, Les pratiques du commerce, l´information et la protection du consommateur, 1990, 2e édition, n° 11.22.

[1136] Prés. Comm. Bruxelles, 28 mai 1984, R.D.C. 1985, 123, 124 s.

[1137] Prés. Comm. Bruxelles, 25 oct. 1982, Ing. Cons. 1983, 168.

[1138] De Caluwé/Delcorde/Leurquin, Les pratiques du commerce, l´information et la protection du consommateur, 1990, 2e édition, n° 11.22.1.(3).

[1139] Die Frage,ob dies nicht möglicherweise bereits die Angabe ausschließt, wird im belgischen Recht nicht erörtert.

um eine « pure vantardise aisément décelable compte tenu des circonstances et des mœurs »[1140] handelt (und der Verkehr diese auch erkennt).[1141] Die Gerichte berufen sich dabei zumeist apodiktisch[1142] darauf, dass das Publikum an Übertreibungen gewöhnt sei und diese deshalb nicht ernst nehme.
So wurde etwa der Slogan 'il n'ya rien d'aussi pratique et avantageux' als erlaubte übertreibende Werbung eingestuft, da der Verkehr solche Wendungen als in der Werbung übliche Übertreibung betrachtet und nicht ernst nimmt.[1143] In seiner Begründung führt das Gericht aus: « De consument, die wordt overrompeld met reclameboodschappen waarin de voortreffelijkheid of superioriteit van bepaalde producten of diensten wordt angeprezen, heeft de reflex om dergelijke boodschappen te relativeren. Het doel van publiciteit is om het eigen product aan te prijzen, zelfs in superlatieve termen, doch zulks misleidt de gemiddelde en oplettende consument niet". „Waar in deze circulaire wordt overdreven met de woorden oof slagzinnen 'omnisbaar' en ' niets is zo handing en voordelig ' kann zulks beschouwd worden als superlatieve reclame, aangezien de consument het ervaart als overdrijvingen die inherent zijn aan reclame. »[1144]

Dabei wird nach den von der Werbung konkret beworbenen Produkten unterschieden. So sei etwa gerade im Bereich der Waschmittelwerbung eine übertreibende Werbung durchaus üblich und der Verkehr daher besonders zurückhaltend.[1145]

Dabei wird das Publikum Übertreibungen auch – wie in Deutschland – auf einen objektiven Sinngehalt reduzieren. Deutlich werden diese Grundsätze in der oftmals zitierten Pampers-Werbung- Entscheidung[1146].
In dieser Entscheidung hatte das Gericht zu beurteilen, ob der Slogan « mêmes mouillés ils sont secs » über Windeln in Verbindung mit einer Demonstration der Saugfähigkeit der Windeln, die mit Wasser demonstriert wurde, irreführend war, da die Saugfähigkeit hinsichtlich von Urin dahinter zurückblieb. In seinem Urteil entschied das Gericht : « Une telle publicité ne serait vraiment mensongère que si l'effet d'absorption promis ne se produisait pas du tout ou ne se produisait qu'après un delai

[1140] Vgl. Longfils Annuaire 2003, 223, 230.
[1141] Prés. Comm. Bruxelles, 25 août 1950, Ing. Cons., 1950, 226, 227 ; Prés. Comm. Bruxelles, 25 octobre 1982, Ing. Cons. 1983, 164, 168 ; Prés. Comm. Gand., 9 février 1988, Annuaire 1988, 70 ; Prés. Comm. Bruxelles 19 septembre 1994, Annuaire 1994, 138 ; Prés. Comm. Namur 1er juillet 1998, Annuaire 1998, 184.
[1142] Was den Gerichten natürlich insoweit auch einen breiten Entscheidungsspielraum offen hält ; vgl. dazu: Longfils Annuaire 2003, 223, 230.
[1143] Vz. Kh. Mechelen, 12 juni 2001, Annuaire 2001, 194, 195.
[1144] Vz. Kh. Mechelen, 12 juni 2001, Annuaire 2001, 194, 205; vgl. auch: Cour d'appel de Bruxelles, 10 avril 1997, Annuaire 1997, 133, 133: « Le consommateur est habitué à être confronté au choix à faire entre différents types de polices d'assurances et n'est donc pas ignornat des avantages et inconvénients des différents types de systèmes présentés. Dans ces conditions, les slogans d'assureurs faisant appel à l'utilisation de superlatifs ne pourront en tant que tels l'induire en erreur ou être considéré comme dénigrans à l'égard d'autres assureurs ».
[1145] Prés. Comm. Bruxelles, 19 septembre 1994, Annuaire 1994, 109, 109 mit einem Überblick üblicher Werbesprüche in der (belgischen) Waschmittelbranche.
[1146] Prés. Comm. Bruxelles, 15 février 1988, Ing.Cons. 1988, 174, 177 s.

exagérément long de, par exemple, plusieures heures, alors que n'importe quelle maman, n'importe quelle puéricultrice sait qu'une couche se change plusieurs fois par jour »[1147].

Trotz dem zumeist bloßen Recourieren auf Erfahrungswerte des Verkehrs lassen sich einige „handfeste" Kriterien[1148] herausarbeiten, die die Gerichte bei ihren Entscheidungen zu Grunde legen. Maßgeblich ist insbesondere, ob die Werbung lediglich Wertungen des Werbenden enthält, denn – soweit diese überhaupt eine „Angabe" darstellen – es sei dem Verkehr bewusst, dass Eigeneinschätzungen des Werbenden aus der Natur der Werbung als Verkaufsförderungsinstrument heraus übermäßig positiv ausfallen.[1149] Zwar wurde dieses Kriterium in älteren Entscheidungen noch verkannt, so in einer Entscheidung betreffend einer Werbung, die verboten wurde, weil für ein künstlich hergestelltes Nahrungsmittel mit « goût naturel » geworben wurde[1150], hat sich inzwischen jedoch allgemein durchgesetzt: „Concernant la publicité dite superlative, il faut faire la distinction entre le texte que le consommateur percoit comme une appréciation 'subjective', telle que 'le meilleur', 'le plus beau', etc. et d'autres 'données objectives'[...]. Les unes sont tolérables, les autres pas »[1151].

Diese Grundsätze wurden nahezu lehrbuchmäßig durch den Präsidenten des Handelsgerichts Nivelles angewendet.[1152] Das Urteil sei hier daher näher dargestellt:
Ein Fernsehwerbespot zeigte drei auf dem Kopf stehende Teetassen, die nach dem Prinzip des Hütchenspiels verschoben werden. Der Sprecher kommentierte diese Szene : « Qui est imbattable sur les taches difficiles comme le thé ? ».
Der Sprecher wendete nun eine Tasse, die mit dem Produkt des Unternehmens 'A' gespült wurde. Diese wies Flecken auf. Er drehte eine zweite Tasse, gespült mit dem Produkt des Unternehmens 'B', ebenfalls nicht restlos sauber geworden.
Alsdann wendete er die dritte Tasse, die sauber und weiß war und kommentierte :
« 'C' est Sun ».

[1147] Prés. Comm. Bruxelles, 15 février 1988, Ing.Cons. 1988, 175 s.; maßgeblich waren dabei auch Aspekte, die in Deutschland einer Interessenabwägung zuzuordnen gewesen wären: Es sei das Interesse des werbenden Unternehmens die Vorteile eines neuen, bislang unbekannten, Produktes vorzustellen mit zu berücksichtigen.

[1148] Zweifellos nicht dazu gehört die Berufung auf die „moeurs" die teilweise angeführt wird; so etwa von Prés. Comm. Bruxelles, 25 oct. 1982, Ing. Cons. 1983, 168 ; oder aus der Literatur: Longfils Annuaire 2003, 223, 230.

[1149] Identisch auch Longfils Annuaire 2003, 223, 230 : « En effet, le qualificatif vanté par le vendeur (tel que 'le plus efficace des produits',...) est percu par le consommateur comme étant une appréciation très subjective, habituelle dans les publicités, en sorte qu'il ne se laisse pas guider uniquement par de telles vantardises ».

[1150] Cour d'appel Bruxelles, 8 décembre 1986, R.W., 1986-87, 2153, 2153 réformant Prés. Comm. Bruxelles, 15 mai 1985, Ing. Cons. 1985, 217.

[1151] Prés. Comm. Courtrai, Annuaire 1988, 86, 86 s. à propos du slogan „the world largest builder..."; vgl auch Longfils, Annuaire 2003, 223, 230 : « Cette distinction permet de ne pas conclure trop rapidement à la licéité de cette publicité superlative ».

[1152] Prés. Comm. Nivelles, 18 juillet 2003, Annaire 2003, 213, 216, 217.

Die folgende Bilder zeigten ein Paket 'Sun Spülmaschinentabs' mit den aufeinanderfolgenden Kommentaren:
« Sun 3 en 1. Imbattable sur les taches difficiles»
« Pour vous conseiller aussi Sun est imbattable. Retrouvez conseils et astuces sur sun.online.be».
Das Gericht unterscheidet zwischen dem objektiven Kriterium, nämlich der Waschkraft des Mittels im Test mit anderen Produkten auf der einen Seite und auf der anderen Seite den lediglich wertenden Werbeslogans „Sun 3 en 1. Imbattable sur les taches difficilles».[1153]
Der Test zeigte, dass die Spültablette 'Sun 3 en 1' effizienter als andere Produkte ist. Dieses Ergebnis wurde in der Tat durch objektive Tests bestätigt. Daher urteilte das Gericht, dass die Angaben nicht irreführend, sondern „exactes et vérifiables" seien.[1154]
Die Slogans „Sun 3 en 1. Imbattable sur les taches difficiles" und "Pour vous conseiller aussi Sun est imbattables retrouvez conseils et astuces sur sun.online.be" schätzte das Gericht hingegen als übertreibende Werbung ein und urteilte mit den mehr oder weniger üblichen Äußerungen: "La publicité [...] est une expression générale d'autocongratulation , technique utilisée couramment par toute entreprise qui fait de la publicité et se prétend la meilleure, la plus perfomante dans son domaine. La clientèle, constamment soumise à un matraquage de spots publicitaires vantant quantité de produits de marques différentes, actives dans le même domaine et qui, curieusement, sont toutes les meilleures, imbattables etc. ne s'y trompe pas et n'y voit que ce qui doit être vu : une publicité superlative. Une publicité simplement superlative n'est en soi ni trompeuse [...] et elle est donc autorisée »[1155].

Weitere Kriterien, wann der Verkehr eine Übertreibung nicht erst nehmen wird, wurden von Gotzen[1156] herausgearbeitet. Danach wird das Publikum eine Übertreibung, die „dans une athmosphère de sensation" gemacht wird, kaum ernst nehmen, während es eine Übertreibung, die in seriöser oder vertrauenserweckender Weise „an den Mann" gebracht wird, eher ernst nehmen wird.

ccc. Beispiele

So wurde der Slogan „de grootste constructeur ter wereld" nicht für irreführend gehalten, da es sich um eine „exageration flagrante" handele, die vom Verkehr erkannt werde und ihn nicht täuschen könne.[1157]

1153 Prés. Comm. Nivelles, 18 juillet 2003, Annaire 2003, 213, 220 f. ; vgl. zu diesem Urteil auch Longfils Annuaire 2003, 223, 230 f.
1154 Prés. Comm. Nivelles, 18 juillet 2003, Annaire 2003, 213, 220.
1155 Prés. Comm. Nivelles, 18 juillet 2003, Annaire 2003, 213, 220 f.; identisch : Prés. Comm. Namur, 1 juillet 1998, Annuaire 1998, 184, 184 ; Prés. Comm. Bruxelles 19 septembre 1994, Annuaire 1994, 138, 138.
1156 Gotzen, p. 942.
1157 Cour d'appel Gand, 9 févr. 1988, Annuaire 1988, 70, 70 (réformant le jugement du première instance).

Werbung mit dem Superlativ « le + grand choix » enthält eine offensichtliche Übertreibung und kann daher den Verkehr nicht in die Irre führen.[1158]

bb. Publicité superlative

aaa. Definition

Unter „publicité superlative" ist Allein- oder Spitzenstellungswerbung zu verstehen.[1159]

Alleinstellungswerbung hinsichtlich von Produkten fällt nunmehr unter den Paralleltatbestand des Art. 20 Nr. 1 GüH 1971 nämlich Art. 23 Nr. 1 GüH 1991. Alleinstellungswerbung hinsichtlich von Dienstleistungen fällt nunmehr unter Art. 23, 2. Alleinstellungswerbung hinsichtlich von Unternehmen fällt unter Art. 23 Nr. 3 („qualités")

bbb. Grundsätze[1160]

Eine Werbung mit dem Superlativ ist dann unzulässig, wenn sie den Verkehr in die Irre führt.
Insofern die Verbraucher die Werbung ernst nehmen – insoweit gelten die Grundsätze der „publicité éxagérée" – liegt eine Irreführung vor, wenn der Werbende nicht die behauptete Stellung inne hat.

Allgemeine Aussagen, in welcher Hinsicht der Verkehr eine Aussage versteht, finden sich dabei kaum. Eine etwas ausführlichere Darstellung findet sich über den Begriff des Marktführers.[1161] Dieser wird vom Verkehr in seinem üblichen Sinne ausgelegt und bedeutet, dass der Werbende, der die Marktführerschaft in Anspruch nimmt, objektiv[1162] eine marktführende Stellung in seinem Bereich inne hat. Eine Position in der Spitzengruppe darf daher nicht als Marktführerposition beworben werden.[1163] Nicht ausreichend ist hingegen, dass der Werbende lediglich die Marktführerschaft in einem kleinen Bereich des Marktes inne hat (auf den er sich spezialisiert hat), wenn er den Bereich nicht hinreichend deutlich macht. So darf sich ein Unternehmen, das die

---

[1158] Prés. Comm. Bruxelles, 28 octobre 2002, Annuaire 2002, 240, 240.

[1159] Longfils Annuaire 2003, 223, 230 : „Toute la publicité par laquelle une firme se présente comme occupant une position exceptionnelle sur le marché eventuellement comme étant la seule à vendre un produit ou à le représenter, une des formes de cette affirmation d'une supériorité étant éventuellement le recours à l'emploi du superlatif »; De Caluwé/Delcorde/Leurquin, Les pratiques du commerce, l'information et la protection du consommateur, *1990*, 2ᵉ *édition*, n° 11.22.2.(2).

[1160] Zur rechtshistorischen Entwicklung insoweit : Vgl. De Caluwé/Delcorde/Leurquin, Les pratiques du commerce, l'information et la protection du consommateur, 1990, 2ᵉ édition, n° 11.22.2.(2). So findet sich bereits Rechtsprechung aus dem Jahr 1870 zur Alleinstellungswerbung, vgl. Bruxelles, 3 nov. 1870, B.J. 1871, 983 zitiert aus de De Caluwé, aaO.

[1161] Vz. Kh. Brussel, 6 maart 2000, Annuaire 2000, 95, 98.

[1162] Nicht ausreichend ist das lediglich beim Publikum der Eindruck entsteht das Unternehmen sei Marktführer.

[1163] Vz. Kh. Brussel, 6 maart 2000, Annuaire 2000, 95, 98.

marktführende Position im Verkauf von Baumaschinen an den Großhandel tatsächlich inne hat, sich nicht allgemein als Marktführer im Bereich des Baumaschinenverkaufs bezeichnen.[1164]

Konkretere Grundsätze haben sich auch zu der Frage der Behandlung des negativen Komparativs gebildet.
In einer Waschmittelwerbung hatte ein Waschmaschinenhersteller mit dem Werbespruch « aucune poudre au monde ne lave mieux » geworben.[1165] Die antragstellende Partei führte nun den Beweis, dass sein Produkt gleichwertig sei und die Werbung damit eine irreführende Alleinstellungsberühmung beinhalte. Dies wies das Gericht zurück: Eine derartige Formulierung sei keine Alleinstellungsbehauptung, sondern „énonce un critère d'égalité et non de supériorité"[1166]. Es gelten insoweit identische Grundsätze wie im deutschen Recht.

e. Unterlassen, Art. 23 Nr. 4 GüH

Durch das GüH 1991 wurde ausdrücklich eine Regelung bezüglich der Irreführung durch Unterlassen eingefügt:

> Sans préjudice d'autres dispositions légales ou réglementaires, est interdite toute publicité:
>
> 4° par laquelle le vendeur omet des informations essentielles dans le but d' induire en erreur sur les éléments visés aux 1er, 2° et 3°;

Mit Art. 23 Nr. 4 GüH wollte der Gesetzgeber eine angebliche Lücke im Gesetz schließen. In der Rechtsprechung wird insoweit formuliert, Art. 23 Nr. 4 GüH erlaube dem Verbraucher darauf zu vertrauen, alle wesentlichen Informationen durch die Werbung zu erhalten.[1167] Auch Art. 23 Nr. 4 GüH normiert jedoch keine umfassende Informationspflicht, wie ausdrücklich durch den Hoef van Beroep te Gent in einem 1995 ergangenen Urteil zum GüH 1971 festgestellt wurde: „ L'interdiction de faire de la publicité pouvant induire en erreur ne résulte pas en soi une obligation de fournir plus d'information concernant les ingrédients d'un produit que ce qui est prescrit par la réglementation spécifique applicable à ce produit »[1168] . Richtigerweise wird daher lediglich der Grundsatz festgeschrieben, dass der Verbraucher davon ausgehen kann, dass ihm in der Werbung nicht in irreführender Weise wesentliche Informationen vorenthalten werden.

[1164] Vz. Kh. Brussel, 6 maart 2000, Annuaire 2000, 95, 98. Es handelt sich – im Urteil wird erneut die genaue Rechtsgrundlage nicht genannt, sondern lediglich Art. 23 GüH mit der Bemerkung angeführt, es werde über die Stellung des Unternehmens zu den Konkurrenzunternehmen getäuscht – um einen Fall des Art. 23 Nr. 3 GüH (Irrtum über die Qualität des Unternehmens).
[1165] Prés. Comm. Bruxelles, 19 septembre 1994, Annuaire 1994, 109, 109.
[1166] Prés. Comm. Bruxelles, 19 septembre 1994, Annuaire 1994, 109, 110.
[1167] Vz. Kh. Mechelen, 12 juni 2001, Annuaire 2001, 194, 195.
[1168] Hoef van Beroep te Gent, 21 september 1995, Annuaire 1995, 92, 93.

aa. „Informations essentielles"

Bei der Beurteilung ist zu berücksichtigen, dass auch in Belgien gilt, dass eine Werbung kurz und prägnant sein muss, was ausschließt, dass jedes Detail Platz findet.[1169]

Wesentliche Informationen sind solche Informationen, die geeignet sind, die Entscheidung des Kunden ins Negative abzuwandeln, ihn an der Inanspruchnahme der Leistung, am Kauf zu hindern.[1170] Teilweise – inhaltlich identisch – wird auch gefordert, es müsse sich um eine Information handeln, die geeignet sei, den Käufer zu beeinflussen und ihn zum Kauf zu animieren.[1171] Dies ist aus der Perspektive des geschilderten Verbraucherleitbildes zu bestimmen.[1172]

Werden in einer Werbung etwa Prozentzahlen der finanziellen Vorteile (im konkreten Fall : einer Ölheizung gegenüber anderen Formen zu heizen) genannt, handelt es sich bei der Tatsache, dass diese Zahlen lediglich Anhaltspunkte bieten und möglichen Schwankungen unterliegen, nicht um eine vernachlässigbare Information. Der Verkehr wird über wesentliche Angaben hinsichtlich des Preises getäuscht.[1173]
Ebenso wurde eine telefonische Werbung in der dem Kunden ein Geschenk beim Besuch des Verkaufslokals angekündigt wurde, dabei aber weitere Voraussetzung zum Erhalt des Geschenks unterschlagen wurden, gem. Art. 23, 1, 4 als irreführend gewertet.[1174]
Als wesentliche Information gilt auch, dass der Anbieter nicht über die erforderliche Genehmigung zur Durchführung der von ihm beworbenen Tätigkeit besitzt.[1175]

bb. Abgrenzung Unterlassen/aktives Tun

Fraglich ist, wann ein Unterlassen von Angaben anzunehmen ist. Eine nähere Thematisierung findet kaum statt.
Es wird in der Rechtsprechung angesprochen, dass kaum lesbar klein geschriebene Angaben auch ein Unterlassen darstellen können.[1176] In dem angesprochenen Fall hatte ein Friseur mit einem Angebot « spécial couleur" geworben, jedoch Einschränkungen hinsichtlich von Preis und Dauer nur (fast) unleserlich klein angegeben. Das Gericht setzte dies ohne Problematiserung einem völligen Unterlassen der entsprechenden Informationen gleich und entschied: « En ne mentionnant pas les informations (...)les

---

[1169] Prés. Comm. Bruxelles, 5 déc. 1994, Annuaire 1994, 128, 132.
[1170] Doc. Parlem., Sénat, session 1984- 85, p.16 ; Van Den Bergh, Annuaire 1992, 74, n° 18 et 24°; Prosman in : CUP XVI, p. 249.
[1171] Leroy/Mouffe, Le droit de la publicité, p. 320 mwN.
[1172] Prosman in : CUP XVI, p. 250.
[1173] Prés. Comm. Bruxelles, 5 déc. 1994, Annuaire 1994, 128, 132.
[1174] Prés. Comm. Mons, 10 séptembre 1993, Annuaire 1993, 103 et s.
[1175] Prés. Comm. Anvers, 26 séptembre 1996, R.D.C. 1997, 450, 450.
[1176] Cour d'appel de Bruxelles, 19 septembre 2002, Annuaire 2002, 342, 347 et s.; in diesem Sinne auch Prés. Comm. Bruxelles, 22 mars 1999, Annuaire 1999, 63, 67.

sociétés O. Dachkin ont incontestablement induit le consommateur en erreur ce qui constitue une infraction à l'article 23, 2° et 4° de la LPCC »[1177].
Dieses Fehlen jeder Diskussion führt zu übermäßig weitgehenden Ergebnissen: So nahm das Handelsgericht Brüssel[1178] an, dass es ein Unterlassen sei, wenn ein Werbender den Begriff „prix public" verwende, diesen nicht weiter definiere und das Publikum ihn anders verstehe als der Werbende. Hier liegt richtigerweise kein Unterlassen vor, sondern eine Irreführung durch eine positive Handlung, nämlich die Verwendung eines irreführenden Begriffs.

Daneben wird die Frage, ob ein Unterlassen durch einen Verweis auf Informationsmöglichkeiten „aufgehoben" werden kann, diskutiert. Dies wird von der Rechtsprechung abgelehnt. Der Konsument könne im Regelfall davon ausgehen, dass alle wesentlichen Elemente in der Werbung selbst enthalten seien.[1179] So sei das Hinzufügen einer Telefonnummer, unter der weitere Informationen enthalten werden können, unbeachtlich und erlaube es nicht, wesentliche Informationen wegzulassen und durch die Werbung selbst den Verbraucher in die Irre zu führen.[1180] Insoweit entsteht auch kein Widerspruch zu der dargestellten[1181] Entscheidung des Handelsgerichts Brüssels vom 17 Juni 2002[1182] – das Gericht sah Informationen, die an anderem Ort der Homepage auffindbar waren als ausreichend an –, dort war es so, dass das Gericht hohe Ansprüche an das Publikum stellte und eindeutige Indizien bestanden, dass die Werbung eben nicht abschließend war.
Auch die Klarstellung in anderen Werbungen ist irrelevant.[1183] Es gilt der Grundsatz, dass jede Werbung für sich alleine betrachtet wird. Der irreführende Charakter durch das Unterlassen von wesentlichen Angaben kann dadurch nicht wiedergutgemacht werden, dass die entsprechenden Informationen sich in anderen Veröffentlichungen (insbesondere Werbemaßnahmen) des Werbenden finden.[1184]

cc. Subjektives Element : « dans le but d'induire en erreur »

Die Rechtsprechung ist hinsichtlich des subjektiven Erfordernisses unklar. In einer jüngeren Entscheidung hat das Handelsgericht Leuven[1185] das Merkmal explizit erwähnt und das Vorliegen recht ausführlich begründet, während in den meisten Ent-

---

[1177] Cour d'appel de Bruxelles, 19 septembre 2002, Annuaire 2002, 342, 349.
[1178] Prés. Comm. Bruxelles, 22 mars 1999, Annnuaire 1999, 63, 67.
[1179] Vz. Kh. Mechelen, 12 juni 2001, Annuaire 2001, 194, 195; dabei ist die Entscheidung in diesem Kontext jedoch zu weitgehend, vgl. E. III. 2. e.
[1180] Vz. Kh. Mechelen, 12 juni 2001, Annuaire 2001, 194, 195.
[1181] Vgl. C. II. 3. b. cc. bbb. bbbb.
[1182] Prés. Comm. Bruxelles, 17 juin 2002, Annuaire 2002, 204, 206.
[1183] E. III. 2. a. cc. bbb. aaaa.
[1184] Vz. Kh. Mechelen, 12 juni 2001, Annuaire 2001, 194, 195.
[1185] Vz. Kh. Leuven, 4 november 2003, Annuaire 2003, 265, 272: „De N.V. BASE heeft dan ook doelbewust deze informatie niet meegedeeld om de consument te misleiden te einde de prijs gunstiger voor te stellen dan hij in werkelijkheid is. In haar eigen brochure (stuk 1) spreekt zij immers zelf van activeringskosten. De N.V. BASE is zich bewust van het feit dat de consument de term 'installatiekosten' uitsluitend associeert met vaste telefonie".

scheidungen das Erfordernis zwar erwähnt, jedoch ohne weitere Erwägungen angenommen wird.

In anderen Entscheidungen wird das Element dagegen für unnötig gehalten und auf den irreführenden Charakter verwiesen: Unter dem Titel : 5. „La demanderesse soutient que la présentation de ses prix par la défenderesse constitue une publicité interdite par l'article 23, 1er et 4° LPCC » schreibt das Handelsgericht Brüssel: « Même s'il n'est pas prouvé qu'en agissant de la sorte, la défenderesse a eu pour but d'induire les lecteurs de ses catalogues en erreur, il ne peut être nié que la présentation de ses prix constitue une publicité trompeuse en ce qu'elle comporte des indications susceptibles d'induire en erreur sur un des caractéristiques de ses produits, à savoir le prix. Plus précisément, les informations données par la défenderesse concernent l'économie sur le prix dont elle laisse faussement croire à l'acquéreur qu'il va en bénéficier s'il lui passe commande. La publicité trompeuse de la défenderesse concerne donc un des éléments essentiels pris en considération par des acheteurs potentiels pour s'adresser à l'un ou l'autre vendeur »[1186]. daher liege ein Verstoss gegen Art. 23 Nr. 1, 4 GüH vor. Diese Entscheidung wird auch durch jüngere Rechtsprechung bestätigt: Hinsichtlich eines Verstoßes gegen Art. 23 Nr. 2, 4 formuliert die Cour d'appel de Bruxelles, dass eine unlautere Handlung auch aus einer Handlung „accompli de bonne foi“ resultieren könne. Die Verantwortlichkeit des Werbenden sei eine objektive. Selbst wenn die entsprechende Handlung dem Werbenden nicht vorwerfbar sei, sei dies unerheblich, die Verbraucher würden dennoch in die Irre geführt.[1187]
Auch in der Literatur wird die entsprechende Gesetzespassage verbreitet und zutreffend kritisiert: Der Gesetzgeber führt ein voluntatives Element („élément intentionell“) in eine Materie ein, in der der gute Glaube im Sinne von Aufrichtigkeit („bonne foi“) irrelevant ist.[1188] Daneben dürfte das Merkmal auch massive Beweisschwierigkeiten aufwerfen. Es bestünde dann die Gefahr, dass der Schutz hinter das Gesetz von 1971 zurückfallen würde, was mit Sicherheit nicht im Sinne des Gesetzgebers wäre.

Eine vertretbare Zwischenlösung dürfte es daher insoweit sein, das subjektive Element – wie im Bereich der Werbung gestützt auf die Lebenserfahrung – weitestgehend zu vermuten. Insofern der „annonceur“ eine wesentliche Information unterschlägt, ist dann davon auszugehen, dass er die Bedeutung der Information für den Kunden auch erkannt hat, so dass das Vorliegen des subjektiven Elementes unterstellt werden kann.[1189] Allerdings würde das Merkmal zugegebenermaßen auf diese Weise weitgehend ohne jede sachliche Wirkung bleiben.

[1186] Prés. Comm. Bruxelles, 22 mars 1999, Annuaire 1999, 63, 67.
[1187] Cour d'appel de Bruxelles, 19 septembre 2002, Annuaire 2002, 342, 348; identisch auch : Vz. Kh. Brussel, 7 juni 2000, Annuaire 2000, 135, 137 : „que le vendeur soit de bonne ou de mauvaise foi n'est pas pertinent »
[1188] Prés. Comm. Gent, 9 mars 1994, R.W. 1994- 95, 784, 784 ; Evrard J.T. 1992, 681, 685 (n° 21); Prosman in : CUP XVI, p. 250; De Caluwé, in : Les pratiques du commerce, Èditions du jeune Barreau, p. 50 ; L. de Gryse, in Stuyck/Wytinck, p. 46; De Caluwé/Delcorde/Leurquin, Les pratiques du commerce, l'information et la protection du consommateur, 1991, 2e édition, n° 11. 160.
[1189] Ähnlich: Straetmans, Handelspraktijken Anno 1996, p. 49, n° 22 ; Prosman in: CUP XVI, p. 250.

dd. Verweis auf Art. 23 Nr. 1- 3 GüH

Ein Unterlassen ist nur im Rahmen der Irreführungstatbestände der Art. 23 Nr. 1- 3 GüH relevant. Durch das Unterlassen muss der Verkehr also i.S.d. Art. 23 Nr. 1- 3 GüH getäuscht werden.

ee. Beispiele

aaa. Insbesondere: Verkauf veralteter Produkte oder von Auslaufmodellen

Von den Fällen, dass neue Waren, die durch fremde oder eigene Ware (Auslaufmodelle) technisch oder modisch überholt sind, veräußert werden, sind die Fälle zu unterscheiden, dass bereits gebrauchte Waren verkauft werden. Hier besteht offensichtlich eine Aufklärungspflicht.
Die Forderung nach einer Aufklärungspflicht hinsichtlich technischer oder modischer Veralterung, stellt ebenfalls eine Frage des Unterlassens und mithin des Art. 23 Nr. 4 GüH dar: Verlangt die Lauterkeit der Werbung eine Informationspflicht und führt eine Unterlassung zu Widerrechtlichkeit ?
Insoweit gilt folgender Grundsatz: Es ist zwischen Produkten, die schnell aus der Mode geraten, schneller Typänderung unterliegen und Produkten, die zeitlos bleiben, zu unterscheiden. Veraltert ein Produkt sehr schnell durch Modelländerung oder durch fortschreitende Technologie, muss der Käufer darauf hingewiesen werden, dass es sich um ein veraltertes Produkt handelt und der (eventuell) günstigere Preis durch den Kauf eines veralterten Produktes bedingt ist.[1190]

bbb. Weitere Beispiele[1191]

- Die Werbung für Anrufe mit einer sog. Prepaid-Telefonkarte in der lediglich ein Teil der anfallenden Kosten erwähnt wird, ein anderer Teil jedoch unerwähnt bleibt, ist irreführend und verstößt gegen Art. 23 Nr. 4 GüH.[1192]

- Eine Werbung, die angibt, es könne für 0,067 BEF pro Sekunde (4 BEF/ Minute) telefoniert werden, jedoch der Hinweis fehlt, dass pro Anruf ein Verbindungsentgelt von (zusätzlich) 2 BEF erhoben wird, führt den Verbraucher über den Preis der Dienstleistung in die Irre und verstößt damit gegen Art. 23 Nr. 2 und 23 Nr. 4 GüH.[1193]

[1190] De Caluwé/Delcorde/Leurquin, Les pratiques du commerce, l'information et la protection du consommateur, 1990, 2e édition, n° 11.66. (2).

[1191] Vgl. auch Vz. Kh. Hasselt, 17 januari 1997, Annuaire 1997, 173, 176; Corr. Turnhout, 24 mei 2002, Annuaire 2002, 146, 147; Prés. Comm. Liège, 13 juin 2003, Annuaire 2003, 202, 202 : « Le vendeur qui affiche un prix attrayant sur les côtés d'un salon dont le revêtement semble être en cuir alors que tel n'est pas nécessairement le cas commet une infraction à l'article 23, 4° LPCC ».

[1192] Hof van Beroep te Brussel, 30 juni 1999, Annuaire 1999, 142, 143.

[1193] Vz. Kh. Brussel, 7 juni 2000, Annuaire 2000, 135, 137.

- Fall Belgacom vs. Base[1194]: Der Sachverhalt dieser Entscheidung wurde bereits dargestellt[1195]. Das Gericht beurteilt diesen Sachverhalt (auch) unter dem Aspekt des Art. 23 Nr. 1, 4. Das Verschweigen der anfallenden Zusatzkosten i.H.v. 28 € Aktivierungskosten, stellt ein Verschweigen wesentlicher Information hinsichtlich des Preises dar und der Verbraucher mit normalen Fähigkeiten wird darüber getäuscht, dass nicht lediglich Kosten i.H.v. 0, 58 € pro Monat anfallen. Daher wurde die Werbung gem. Art. 23 Nr. 1, 4 GüH verboten.

f. Begriffe

aa. „Affirmation, indication, réprésentations"

aaa. Angaben

Erforderlich für Art. 23 Nr. 1- 4 GüH sind „Behauptungen, Angaben oder Darstellungen"[1196] die geeignet sind, einen Irrtum zu schaffen. Es ist nicht ersichtlich auf welchen sachlichen Unterschied der Gesetzgeber mit den verschiedenen Begriffen abzielt. Wir werden daher der Einfachheit halber nur den Begriff „indication", also „Angabe", verwenden.

bbb. Definition der Angabe

Der Begriff der „Angabe" wurde schon im alten Recht verwendet und an der insoweit existierenden Definition sollte sich nichts ändern, so dass sie auch für das neue Gesetz verwendet werden kann. Eine Angabe ist danach eine der objektiven Prüfung zugängliche Äußerung und unterscheidet sich durch dieses inhaltliche Erfordernis auch von der bloßen „Kommunikation", die dem Werbebegriff zu Grunde liegt.

ccc. Angaben durch Unterlassen

aaaa. GüH 1971

Vor dem Inkrafttreten des GüH, also unter dem Regime des GüH 1971, bestand Einigkeit, dass reines Verschweigen keine Angabe i.S.d. Gesetzes darstellt und daher nicht unter Art. 20 Nr. 1 GüH subsumierbar war. Anders jedoch, wenn zugleich positive Angaben erfolgten. Dann wurde für die Angabe auf die postiven Angaben abgestellt und eine Irreführung kam – wenn die positiven Angaben isoliert betrachtet nicht irreführend waren – unter Gesichtspunkt eines irreführenden Gesamteindrucks in Betracht. So wurde etwa ein Unterlassungsanspruch in einem Fall angenommen, in dem ein wis-

---

1194 Vz. Kh. Leuven, 4 november 2003, Annuaire 2003, 265, 272.
1195 Vgl. C. II. 3. b. cc. bbb. cccc.
1196 In der in der Überschrift genannten Reihenfolge übersetzt.

senschaftlicher Text unvollständig wiedergegeben wurde und so ein falscher Gesamteindruck von den Eigenschaften einer Ware entstand.[1197]

Reines Unterlassen fiel nach einheitlicher Auffassung nicht unter den Angabenbegriff und war daher von Art. 20 Nr. 1 GüH 1971 nicht erfasst.

bbbb. GüH 1991

Es besteht weiterhin Einigkeit, dass zu den Angaben, die bereits bislang unter den Angabenbegriff subsumierten Fälle, zu zählen sind, Art. 23 Nr. 4 GüH.[1198] Diese Fälle standen auch im Vordergrund der Überlegungen des Gesetzgebers. In den Motiven findet sich insoweit der – nicht unoriginelle – Beispielsfall, dass Kleidungsstücke – zutreffend – als besonders haltbar und solide beschrieben werden, in der Werbung jedoch der Hinweis unterbleibt, dass sich durch eine Wäsche die Farben auflösen.[1199] Die Fälle von bloßem Unterlassen stellen noch immer keine Angabe dar, da auch durch Art. 23 Nr. 4 GüH keine Informationspflichten begründet werden sollten.

bb. Produkte

Gem. Art. 1 Nr. 1 GüH sind Produkte

> les biens meubles corporels.

Ausgeschlossen sind durch das Erfordernis « meubles » Immobilien.[1200]

Durch das Erfordernis „corporels" werden nicht-körperliche Gegenstände ausgeschlossen, also Rechte, Forderungen, Gesellschaftsaktien, Verpflichtungen, Einkünfte etc. Ebenso ausgeschlossen – in jüngerer Zeit mit zunehmender Bedeutung – sind Timesharingverträge: Entweder handelt es sich hier um ein Forderungsrecht als unkörperliches Recht, oder aber um den Verkauf der Immobilie, beides unterfällt nicht der Produktdefinition.[1201]

[1197] Prés. Comm. Bruxelles, 20 mai 1985, Ing. Cons. 1985, 271. Weitere Beispiele bei De Caluwé/Delcorde/Leurquin, Les pratiques du commerce, l'information et la protection du consommateur, 1991, 2e édition, n° 11. 161.

[1198] Leroy/ Mouffe, Le droit de la publicité, p. 310.

[1199] Doc. Parlem., Sénat, session 1984- 85, p. 16.

[1200] Kein Ausschluss besteht jedoch für Dienstleistungen die sich auf Immobilien beziehen.

[1201] De Caluwé/Delcorde/Leurquin, Les pratiques du commerce, l'information et la protection du consommateur, 2003, 2e édition, n° 5.3. mwN.

aaa. Ausschluss vom Ausschluss: "instruments financiers und valeurs mobilières"

aaaa. Allgemeines

Ausgenommen von dem Ausschluss des Art. 1 GüH sind die – unkörperlichen – Finanzinstrumente[1202] und die Effekten. Durch Gesetz vom 21. Dezember 1994, kann der König Vorschriften des GüH auf Konstellationen für anwendbar erklären, die nicht unter die jeweiligen Vorschriften subsumierbar sind. Dies ist bezüglich der Finanzinstrumente und die Effekten durch königlichen Erlass vom 5. Dezember 2000 geschehen.[1203]

bbbb. Übersicht zum königlichen Erlass vom 5. Dezember 2000

(1.) Regelungen zu Art. 1 GüH

Gem. Art. 2 Nr. 1 des Erlasses umfasst der Begriff „produit" des Art. 1 GüH auch die Finanzinstrumente und die Effekten.[1204]

(2.) Regelungen hinsichtlich der Werbebestimmungen des GüH

Gem. Art. 2 des Erlasses sind die Art. 22 bis 24 und 27 bis 29 GüH anwendbar auf die Finanzinstrumente und die Effekten. Diese unterliegen somit den Werberegeln des GüH.

Gem. Art. 3 alinéa 1 sind die Art. 22, 23 Nr. 1- 10 und 12, Art. 28 und 30 bis 36 GüH mit Ausnahme der Art. 32 Nr. 7, 12 und 13 GüH auf jede Veröffentlichung, jedes Dokument, jede Werbung, die schriftlich oder in anderer Weise betreffend der öffentli-

---

1202 Unter Finanzinstrumente sind beispielsweise Aktien, vergleichbare Werte, Verpflichtungen und Forderungsrechte zu subsumieren. Eine vollständige Aufzählung aller unter das Gesetz subsumierbaren Fälle findet sich in einem „Bericht an den König". Die Liste ist in De Caluwé/Delcorde/Leurquin, Les pratiques du commerce, l'information et la protection du consommateur, 2003, 2e édition, n° 5.30.3 abgedruckt.

1203 Dies wird in neueren Darstellungen gelegentlich übersehen, vgl. beispielsweise Ferrant, Pratiques du commerce, p. 24.

1204 Ausnahme: Art. 2 alinéa 3: Pendant la durée de l'exposition, de l'offre ou de la vente publique concernée, l'alinéa 1er n'est pas applicable :

> 1° aux instruments financiers ou aux titres et valeurs qui font l'objet d'expositions, d'offres ou de ventes publiques visées par le titre II de l'arrêté royal n° 185 du 9 juillet 1935 précité, pour autant que ces émissions aient fait l'objet, soit d'un prospectus approuvé ou reconnu par la Commission bancaire et financière, soit d'une dispense totale de prospectus accordée ou reconnue par la Commission bancaire et financière ;
> 2° aux instruments financiers ou aux titres et valeurs qui font l'objet d'expositions, d'offres ou de vente publiques soustraites à l'application du titre II de l'arrêté royal n° 185 du 9 juillet 1935 précité, en vertu de l'article 34, § 1er, 1°bis et 2°, et § 2, 1° du dit arrêté royal n° 185.

chen Emission oder des in Belgien abgegebenen Verkaufsangebots von Anteilen eines Anlagefonds oder von Immobilienanteilen veröffentlicht wird, anwendbar.[1205]

bbb. Ausschluss von Immobilien

Ausgeschlossen bleiben damit im Wesentlichen nur noch Immobilien. Hierin ist kein Verstoß gegen die Richtlinie 84/450/EWG in deren Anwendungsbereich auch irreführende Werbung bezüglich von Immobilien fällt, zu sehen. Der belgische Staat muss zwar insoweit einen entsprechenden Mindestschutz gewährleisten. Dieser Schutz bezieht sich aber ausschließlich auf irreführende Werbung. Der Anwendungsbereich der Vorschriften gegen irreführende Werbung wird jedoch maßgeblich durch Art. 22 GüH bestimmt. Dieser bezieht ausdrücklich auch Immobilien ein.

cc. Dienstleistungen

Dienstleistungen i.S.d. GüH sind gem. Art. 1 Nr. 2 GüH

> toutes prestations qui constituent un acte de commerce ou une activité artisanale visée par la loi sur le registre de l´artisanat.

aaa. Leistung

Der Begriff „prestation" wird – insofern er überhaupt erörtert wird in Anlehnung an den Begriff „louage de service" aus Art. 779 s. des Code Civil definiert.[1206] „Leistung" umfasst danach jede Ausführung einer Tätigkeit. Dabei sind Leistungen, die auf Immobilien bezogen sind, nicht ausgeschlossen[1207]; und daher stellt ohne Zweifel auch die Arbeit eines Immobilienmaklers und eines Immobilienexperten eine Leistung i.S.d. GüH dar.[1208]

[1205] Insoweit besteht in den für anwendbar erklärten Art. ein (kleiner) Unterschied zu Art. 2 des arrêtés. Einschränkung: Art. 3 alinéa 3 : « Les alinéas 1er et 2 ne sont pas applicables aux parts d´organismes de placement collectif à nombre fixe de parts et aux certificats immobliers qui font l´objet d´une émission publique ou d´une offre en vente régie par le livre III de la loi du 4 décembre 1994 précité. Cette exception ne produit ses effets que pendant l´émission publique ou l´offre en vente concernée. »

[1206] De Caluwé/Delcorde/Leurquin, Les pratiques du commerce, l´information et la protection du consommateur, 2003, 2e édition, n° 5.7. ; Laffineur DCCR 2002, p. 3, 8 (n° 54).

[1207] Vgl. Laffineur DCCR 2002, p. 3, 11 (n° 54): « Au-delà de la querelle de mots, il convient de dissiper toute ambiguité lorsqu´une prestation de service s´accompagne d´une vente de biens. Tel est précisément le cas de la plupart des travaux d´entreprises immobilières. Si au sens de la LPCC, les produits ne peuvent être que des meubles, il n´empêche que l´objet d´une prestation peut être un immeuble ».

[1208] Laffineur DCCR 2002, p. 3, 8 (n° 54).

bbb. Acte de commerce[1209]

aaaa. Definition

Was ein « acte de commerce » ist, wird in Art. 2[1210] und 3[1211] des Code de Commerce geregelt, die eine abschließende Liste kommerzieller Akte enthalten.[1212]
Unzweifelhaft erfasst der Begriff der Dienstleistung – unabhängig von der Kaufmannseigenschaft des Handelnden – sog. „actes de commerce objectifs", d.h. alle Akte des Art. 2 bis auf den letzten Absatz und solche des Art. 3 des Code de commerce.
Erfasst sind jedoch auch die « actes de commerce subjectifs », d.h. solche gem. Art. 2 letzter Absatz des Code de commerce. Erforderlich ist in diesem Fall jedoch, dass es sich bei dem Handelnden um einen Kaufmann handelt. „Kaufmann" sind die in Art. 1 des Code de Commerce[1213] bezeichneten Personen sowie die Handelsgesellschaften[1214].

[1209] Allgemein hierzu vgl. etwa Ripert/Roblot, p. 213 ff.
[1210] Art. 2 du Code de Commerce
La loi répute acte de commerce:
-) Tout achat de denrées et marchandises pour les revendre, soit en nature, soit après les avoir travaillées et mises en œuvre ou même pour en louer simplement l'usage ; toute vente ou location qui est la suite d'un tel achat ; toute location de meubles pour sous-louer, et toute sous-location qui en est la suite ; toute prestation d'un travail principalement matériel fourni en vertu d'un contrat de louage d'industrie, du moment qu'elle s'accompagne, même accessoirement, de la fourniture de marchandises
-) Tout achat d'un fonds de commerce pour l'exploiter
-) Toute entreprise de manufactures ou d'usines, lors même que l'entrepreneur ne transformerait que les produits de son propre fonds et pour autant qu'il ne s'agisse pas d'une transformation qui relève normalement des entreprises agricoles
-) Toute entreprise de travaux publics ou privés, de transports par terre, par air ou par eau
-) Toute entreprise de fournitures, d'agences, bureaux d'affaires, établissements de vente à l'encan, de spectacles publics et d'assurances à primes
-) Tous engagements d'agents commerciaux pour la négociation ou la conclusion d'affaires
-) Toute opération de banque, change, commission ou courtage
-) Toute entreprise ayant pour objet l'achat d'immeubles en vue de les revendre
-) Toutes les opérations de banques publiques
-) Les lettres de change, mandats, billets ou autres effets à ordre ou au porteur
-) Toutes obligations de commercants, qu'elles aient pour objet des immeubles ou des meubles, à moins qu'il soit prouvé qu'elles aient une cause étrangère au commerce.
[1211] Art. 3 du Code de Commerce :
La loi répute pareillement actes de commerce:
-) Toute entreprise de construction et tout achats, vente et revente volontaires de bâtiments pour la navigation intérieure et extérieure
-) Toutes expéditions maritimes
-) Tout achat ou vente d'agrès, apparaux et avitaillements
-) Tout affrètement ou nolisement, emprunt ou prêt à la grosse
-) Toutes assurances et autres contrats concernant le commerce de mer
-) Tout accord et convention pour salaires et loyers d'équipage
-) Tous engagements de gens de mer, pour le service de bâtiments de commerce.
[1212] Vgl. Laffineur DCCR 2002, p. 3, 9 f. (n° 54) für eine Darstellung welche Tätigkeiten im Hinblick auf Unternehmen unter Art. 2 und 3 Code Commerce zu subsumieren sind.
[1213] Art. 1 Code de Commerce:

Eine weitere Zweifelsfrage ist, ob für die Annahme einer Dienstleistung i.S.d. Art. 1, 2 die ausführende Person mit Gewinnerzielungsabsicht handeln muss.[1215]
Erforderlich ist hier nämlich, wie gezeigt, ein „kommerzieller Akt" („acte de commerce") und nach tradierter Auffassung „il n'y a pas d'acte de commerce sans but de lucre"[1216].
Insoweit wird nun durch *Fagnart*[1217] und *Straetmans*[1218] vertreten, dass der Gesetzgeber durch die Einführung des Art. 1, 6 c) diese Auffassung aufgegeben habe. Art. 1, 6 c) regle inzident, dass ein kommerzieller Akt (vergl. Gesetzestext: „activité a caractère commerciale") auch ohne Gewinnerzielungsabsicht möglich sei und daher ein kommerzieller Akt nicht mehr zwingend mit Gewinnerzielungsabsicht verbunden sei. Die klassische Theorie sei ohnehin Gegenstand der Kritik geworden.[1219] Die Berechtigung dieser Kritik – eine handelsrechtliche Frage – soll hier dahinstehen. Sicher erscheint jedoch, dass der Gesetzgeber diese weitreichende genuin handelsrechtliche Frage nicht – zudem inzident – in einem Spezialgesetz wie dem GüH klären würde. Dementsprechend finden sich in den Motiven auch keine Äußerungen des Gesetzesgebers in die vorgeschlagene Richtung. Daher ist nicht davon auszugehen, dass die „klassische Ansicht" durch das GüH aufgegeben wurde. Es ist daher weiterhin Gewinnerzielungsabsicht zu fordern.[1220]

bbbb. Rechtsprechung zur Ablehnung eines « acte de commerce »

Keinen kommerziellen Akt begehen die Freiberufler[1221].[1222]

Sont commercant ceux qui exercent des actes qualifiés commerciaux par la loi et qui en font leur profession habituelle, soit à titre principal, soit à titre d'appoint.

1214 Prés. Comm. Bruxelles, 20 novembre 1995, D.C.C.R. 1996, 114, 115 : « Ainsi,le président du tribunal de commerce de Bruxelles décida qu'une société commerciale (enregistrée au registre de commerce) fourrnissant des services d'enseignement relatif à la conduite de véhicules est un vendeur ».

1215 Prés. Comm. Gand, 14 déc. 1992, Annuaire, 1992, 473 (zu dem Fall einer ASBL die Dienstleistungen anbot ohne dabei einen Gewinn anzustreben)

1216 Cour de cassation, 19 janvier 1973, Pas., 1973, I, 492, 496 note W.G.= R.C.J.B. 1974, 321, 323 note Van Ryn/ Heenen ; vgl. auch Van Ryn/Heenen p. 20 et s. (n° 12).

1217 Fagnart in: Les pratiques du commerce, l'information et la protection du consommateur, premier bilan, p. 8 et s.

1218 Straetmans D.C.C.R. 1996, 378.

1219 Fagnart in: Les pratiques du commerce,l'information et la protection du consommateur, premier bilan, p. 8; kritisch zur „theorie classique" bereits Van Ryn/Heenen, Anmerkung zu : Cour de cassation, 19 janvier 1973, R.C.J.B. 1974, 321 ff., R.C.J.B., 1974, 325, 325 ff.

1220 Identisch : Wytinck, Handelspraktijken Anno 1996, p. 12; Meeusen T.P.R., 1994, 103, 105.

1221 Definition der « professions libérales » in Art. 2 de la loi du 2 août 2002: « Art. 2. Pour application de la présente loi, on entend par :
1° profession libérale : toute activité professionnelle indépendante de prestation de services ou de fourniture de biens, qui ne constitue pas un acte de commerce ou une activité artisanale visée par la loi du 18 mars 1965 sur le registre de l'artisanat et qui n'est pas visée par la loi du 14 juillet sur les pratiques du commerce et sur l'information et la protection du consommateur, à l'exclusion des activités agricoles et d'élevage.
(...) »

Keine kommerzielle Aktivität üben auch „bloße" Arbeitnehmer eines Unternehmens aus.[1223] So ist etwa der Arbeiter, der durch eine Zeitarbeitsfirma beschäftigt wird und als „Interim" [1224] an ein Unternehmen ausgeliehen wird, mangels der Ausübung einer kommerziellen Aktivität kein « vendeur » i.S.d. GüH wenn er, bei dem ausleihenden Unternehmen arbeitend, einen Verstoß gegen das GüH begeht.[1225]

Ein weiterer Wirtschaftszweig der – jedenfalls in aller Regel – aus dem Anwendungsbereich des GüH fällt, ist das private Unterrichtswesen[1226]. Unterrichtsleistungen unterfallen nicht dem Katalog der Art. 2 und 3 des Code de Commerce und können daher nicht als „actes de commerce" eingeordnet werden.[1227] Angesichts der Einbeziehung von „actes de commerce subjectifs" kann anderes jedoch gelten, wenn der Veranstalter des Unterrichts als Handelsgesellschaft organisiert ist, ihm daher Kaufmannseigenschaft zukommt und daher Art. 2 in fine des Code de Commerce anwendbar ist.[1228]

ccc. Handwerkliche Aktivität i.S.d. loi sur le registre de l'artisanat (Art. 1 Nr. 2 GüH)

> L'artisan est la personne physique[1229] qui accomplit habituellement, soit à titre principal soit à titre d'appoint, en vertu d'un contrat de louage d'industriel, des prestations de travail principalement matérielles pour autant que ces prestations ne soient pas ou ne soient qu'occasionnellement accompagnées de la fourniture de marchandise.[1230]

Eine nicht abschließende[1231] Liste der Aktivitäten der handwerklichen Aktivitäten findet sich in dem königlichen Erlass vom du 25 août 1965, der hier aus Raumgründen nicht abgedruckt[1232] werden kann. Freiberufler üben danach keine handwerkliche Tätigkeit aus.[1233]

1222 Sh. zur Nichtanwendbarkeit des GüH bereits B. V. 2. a.; vgl. dazu etwa Vz. Kh. Leuven, 27 maart 2001, Annuaire 2001, 736, 736: Un dentiste n'est pas un vendeur au sens de l'article 1.6. LPCC ; Laffineur DCCR 2002, p. 3, 5 (n° 54).

1223 Vz. Kh. Brussel, 20 mei 1998, Annuaire 1998, 555, 558.

1224 = Zeitarbeiter.

1225 Vz. Kh. Brussel, 20 mei 1998, Annuaire 1998, 555, 555.

1226 Beispielsweise Fahrschulen, Privatschulen, etc.

1227 Prés. Comm. Bruxelles, 9 août 1994, Annuaire, 1994, 472, 472.

1228 Vgl. den Fall bei Prés. Comm. Bruxelles, 20 novembre 1995, D.C.C.R., 1996, 114.

1229 Ausdehnungsvorschlag bei Laffineur DCCR 2002, 3, 10 (n° 54): die Definition soll auch auf juristische Personen ausgedehnt werden.

1230 Art. 2 de la loi du 18 mars 1965 sur le registre de l'artisanat, M.B., 31 mars 1965.

1231 De Caluwé/Delcorde/Leurquin, Les pratiques du commerce, l'information et la protection duconsommateur, 2003, 2e édition, n° 5.9 ; Laffineur DCCR 2002, 3, 10 (n° 54).

1232 Abgedruckt in De Caluwé/Delcorde/Leurquin, Les pratiques du commerce, l'information et la protection du consommateur, 2003, 2e édition, (n° 5.9).

1233. Laffineur DCCR 2002, 3, 5 (n° 54).

dd. Vendeur[1234]

aaa. Bedeutung des Begriffs

Das Anwendungsfeld des GüH wird in persönlicher Hinsicht durch die Begriffe des « vendeur » und des „Verbrauchers" bestimmt: Die Mehrzahl der Vorschriften richten sich an den „vendeur". Ausnahmen sind lediglich die Art. 9, Art. 20 und Art. 21, Art. 23 Nr. 1- 5 GüH (beachte insoweit jedoch die Spezialregelung für irreführende Werbung bei Freiberuflern), Art. 40, Art. 63 bis Art. 68, Art. 76 und Art. 84 GüH.

bbb. Definition

aaaa. Allgemeines

Definiert wird der Begriff des « vendeurs » in Art. 1 Nr. 6 GüH:

> a) tout commercant ou artisan ainsi que toute personne physique ou morale qui offrent en vente ou vendent des produits ou des services, dans le cadre d'une activité professionnelle ou en vue de la réalisation de leur objet statuaire ;
> b) les organismes publics ou les personnes morales dans lesquelles les pouvoirs publics détiennent un intérêt prépondérant qui exercent une activité à caratère commercial, financier ou industriel et qui offrent en vente ou vendent des produits ou des services ;
> c) les personnes qui exercent avec ou sans but de lucre une activité à caractère commercial, financier ou industriel, soit en leur nom propre, soit au nom ou pour le compte d'un tiers doté ou non de la personnalité juridique et qui offrent en vente ou vendent des produits ou des services ;

Das GüH verwendet den Begriff « vendeur » dabei auch im Zusammenhang mit der Erbringung von Dienstleistungen – statt sprachlich korrekt: « prestataire » – , obwohl diese rein begrifflich nicht verkauft werden.[1235].

Vergleicht man den heutigen Verkäuferbegriff mit dem insoweit früheren Zentralbegriff für das Anwendungsfeld des GüH 1971 – dem Kaufmann –, so fällt auf den ersten Blick auf, dass der Begriff weiter geworden ist: Der Kaufmann des alten stellt im neuen Recht lediglich eine Teilmenge des « vendeur » dar. Dies gilt umso mehr, als sich die Auffassung durchgesetzt hatte, dass der Begriff „Kaufmann" im GüH 1971 i.S.d. insoweit engen Code de commerce zu verstehen war.[1236]

[1234] Der Begriff des „vendeur" ist nicht mit „Verkäufer" zu übersetzen. Vielmehr wäre „Leistungsanbieter" eine treffendere Umschreibung. Wir werden der Klarheit halber den Begriff „vendeur" verwenden.

[1235] De Caluwé/Delcorde/Leurquin, Les pratiques du commerce, l'information et la protection du consommateur, 2003, 2e édition, n° 5.22.(1) ; kritisch : Laffineur, DCCR 2002, 3, 11 (n° 54).

[1236] Cour de cassation, 1 février 1985, J.T. 1986, 178, 178, note De Vroede ; in dieser Entscheidung hatte der Cour de cassation zu Art. 19 GüH 1971 entschieden, dass der Begriff im GüH und im Code de Commerce deckungsgleich seien. Diese Entscheidung wurde als verallgemeinerungsfähig gehalten. Nachweise bei Fagnart in: Les pratiques du commerce, Éditions du jeune Barreau, p. 22 (n°. 18); zum

bbbb. Definitionen der verschiedenen Kategorien

(1.) Art. 1 Nr. 6 a) GüH

Danach ist Verkäufer

> tout commercant [(a.)] ou artisan [(b.)] ainsi toute personne physique ou morale qui offrent en vente ou vendent des produits ou des services dans le cadre d'une activité professionnelle ou en vue de la réalisation de leur objet statuaire [(c.)].

Die erste Kategorie spaltet sich danach in weitere drei Subkategorien :

(a.) Kaufmann

Hierunter fallen die Kaufleute i.S.d. Code de Commerce sowie die Handelsgesellschaften, d.h. Gesellschaften die eine kommerzielle Aktivität i.S.d. Art. 2 des Code de commerce zum Gegenstand haben (Art. 1 III de la loi sur les sociétés)[1237], s.o.

(b.) Handwerker

Im einzelnen, s.o. Der beschriebene Personenkreis hat für das GüH nie größere Relevanz erlangt.[1238]

(c.) „toute personne physique ou morale qui offrent en vente ou vendent des produits ou des services dans le cadre d'une activité professionnelle ou en vue de la réalisation de leur objet statuaire » :

Erforderlich ist also, dass im Rahmen einer beruflichen Aktivität oder im Rahmen der Realisierung der satzungsgemäßen Ziele, Produkte oder Dienstleistungen abgesetzt werden.

(aa.) Im Rahmen einer beruflichen Aktivität

Das neue Gesetz definiert zwar nicht das Konzept der „beruflichen Aktivität". Gesetzestexte sind aber grundsätzlich in ihrem üblichen Sinne zu verstehen, es sei denn, dass sich aus dem Gesetz etwas anderes ergibt.[1239] Der Begriff der « profession » ist daher im Sinne des Art. 1 des Code de commerce zu verstehen.[1240] Auf die diesbezüg-

---

alten Recht aus dem deutschen Schrifttum vgl. insoweit Henning- Bodewig, Recht der Werbung in Europa, Bd. 2, Belgien, Rn. 24 ff.

1237 Stuyck in : Les pratiques du commerce, autour et alentour, p. 21.

1238 Stuyck in : Les pratiques du commerce, autour et alentour, p. 21.

1239 Ost F. et van de Kerchove M. « Entre la lettre et l'esprit. Les directives d'interprétation en droit, éd. Bruylant, 1989, p. 98 et 99.

1240 Fagnart J.-L., Boutiquiers et consommateurs : même combat ?, in : Les pratiques du commerce, l' information et la protection du consommateur, Bruxelles, 1994, p. 24

liche Rspr. und Literatur[1241] sei verwiesen, hier sollen nur einige grundsätzliche Ausführungen erfolgen.

Einen Beruf ausüben bedeutet danach gewohnheitsmäßig und hauptsächlich eine Tätigkeit mit (pekuniärer) Gewinnerzielungsabsicht auszuführen.[1242] Daher fallen unter diese Kategorie insbesondere nicht Gelegenheitsverkäufer von Waren, selbst wenn diese auf öffentlichen Märkten verkaufen.

Die Unternehmenstätigkeit gehört dabei nicht zur Aktivität der Unternehmensorgane.[1243] Daher reicht Übernahme eines «mandat d'administrateur/chef d'entreprise" nicht aus, um als „vendeur" i.S.d. Art. 1, 6 a) zu gelten.[1244] Gleiches gilt für Aktionäre einer Aktiengesellschaft.[1245]

(bb.) en vue de la réalisation eines satzungsgemäßes Zieles

Dieser Teil der Definition erfordert dabei nicht, dass der Verkauf des Produkts oder der Dienstleistung einen „caractère habituel ou professionnel" hat.[1246]
Erforderlich ist lediglich, dass der Verkauf im Hinblick auf die Realisierung des Satzungsziels erfolgte.[1247] Trotz dieser eindeutigen Gesetzeslage bleibt die Rechtsprechung gespalten über die Frage, ob eine juristische Person, deren Hauptaufgabe nicht im Verkauf von Produkten oder Dienstleistungen besteht, als „vendeur" qualifiziert werden kann für den Verkauf von Produkten oder Dienstleistungen, die sie lediglich „d'une manière occasionnelle ou accessoire" vornimmt.[1248]

Die h.M. nimmt die Eigenschaft als Verkäufer an. Wichtig ist dies insbesondere bei ASBL's denen Verkäufereigenschaft mangels Eigenschaft als commercant (kein but de lucre) oder artisan nicht zukommt die aber für den Verkauf von Produkten oder Dienstleistungen im Hinblick auf die Realisierung ihres statutären Ziels als vendeur angesehen werden können.

Dagegen lehnt es eine in der Rechtsprechung vertretene Ansicht ab, auch denjenigen, der lediglich gelegentlich und ohne Gewinnerzielungsabsicht Produkte oder Dienstleistungen verkauft, als „vendeur" anzusehen. So wurde eine Schule die « occasion-

---

[1241] Sur cette notion, voy. Van Ryn/Heenen, n° 325 et s. ; Ripert/Roblot R. p. 104 f. (n° 104 f.), jeweils mwN.

[1242] Die Hervorhebung des Gewohnheitsmäßigen (habituellement) erweist sich insoweit als überflüssig: Der Beruf bedingt zwangsweise eine gewohnheitmäßige Ausübung bestimmter Tätigkeiten, vgl. etwa Ripert/Roblot, p. 104 (n° 136).

[1243] Vz. Kh. Gent, 18 november 2002, 249, 250, insbesondere 272; Vz. Kh. Kortrijk 14 maart 1994, Annuaire 1994, 440.

[1244] Vz. Kh. Leuven 27 maart 2003, Annuaire 2003, 783, 783.

[1245] Vz. Kh. Leuven 27 maart 2003, Annuaire 2003, 783, 783.

[1246] Stuyck in : Les pratiques du commerce, autour et alentour, p. 22.

[1247] Ferrant, Pratiques du commerce, p. 12.

[1248] Überblick bei De Brouwer, Le droit des promotions commerciales, p. 8 (n° 7).

nellement » ein gastronomisches Wochenende organisierte nicht als Verkäufer angesehen.[1249]

(2.) Art. 1 Nr. 6 b) GüH

(a.) Text

Vendeurs sind danach

> les organismes publics ou les personnes morales dans lequels les pouvoirs publics détiennent un intérêt prépondérant, qui exercent une activité à caractère commercial, financier ou industriel et qui offrent en vente ou vendent des produits ou des services

(b.) Begriff

(aa.) Maßgebliches behördliches Interesse

Wann ein derartiges Interesse vorliegt, wird weder in der Rechtsprechung, noch im Schrifttum allgemein definiert.[1250] Gemeint sind jedenfalls die „entreprises publiques".[1251]
Hierunter kann auch behördliches Handeln fallen. Wenn der belgische Staat etwa Räumlichkeiten an seine Bürger vermietet, sei er als Verkäufer i.S.d. l'art. 1 Nr. 6 GüH anzusehen.[1252]

(bb.) Aktivität mit kommerziellem, finanziellen oder industriellem Charakter

Entscheidend ist die tatsächliche Aktivität und nicht das satzungsgemäße Ziel des öffentlichen Organs bzw. der öffentlich dominierten juristischen Person.[1253] Die Aktivität kommerzieller, industrieller oder finanzieller Natur muss dabei gewohnheitsmäßig und nicht lediglich bei Gelegenheit durchgeführt werden.[1254]

« Acitivité à caractère commercial » ist im üblichen Sinne, d.h. basierend auf den commerziellen Akten i.S.d. Code de commerce auszulegen und zu verstehen.[1255]

[1249] Cour d'appel Liège, 21 mars 1995, Rev. Rég. Dr., 1995, 461, 462.
[1250] Vgl. nur De Caluwé/Delcorde/Leurquin, Les pratiques du commerce, l'information et la protection du consommateur, 2003, 2e édition, n° 5.24 zu dem Erfordernis des « intérêt prépondérant »: „Enfin, il faut que les pouvoirs publics détiennent un intérêt prépondérant dans l'être juridique visé ».
[1251] Stuyck in : Les pratiques du commerce, autour et alentour, p. 31.
[1252] Laffineur DCCR 2002, 3, 9 s. (n°. 54).
[1253] De Caluwé/Delcorde/Leurquin, Les pratiques du commerce, l'information et la protection du consommateur, 2003, 2e édition, n° 5.24 mwN; Stuyck in : Les pratiques du commerce, autour et alentour, p. 30.
[1254] Ferrant, Pratiques du commerce, p. 12 et s.
[1255] Bruxelles, 19. sépt. 1995, Annuaire, 1995, 492 ; Stuyck in : Les pratiques du commerce, autour et alentour, p. p. 31.

Zutreffend arbeitete bereits *Fagnart* heraus, dass der Gesetzgeber mit der Benutzung der verschiedenen Begriffe „kommerziell, finanziell oder industriell“ ein Ziel verfolgte, dass diesen Begriffen also jeweils eine spezifische Bedeutung zukommt. Durch die Bezugnahme nicht nur auf kommerzielle Aktivitäten, sondern auch auf finanzielle oder industrielle Aktivitäten wollte der Gesetzgeber insoweit klarstellen, dass auch finanzielle oder industrielle Aktivitäten ohne kommerziellen Charakter einbezogen werden sollten.[1256]
Industrielle Aktivitäten, die keinen kommerziellen Charakter haben, sind etwa rohstoffgewinnende Tätigkeiten (Bergbau, Steinbrüche).[1257] Finanzielle Aktivitäten nicht kommerzieller Art werden insbesondere von Krankenkassen ausgeübt.[1258]

(cc.) Verkauf von Produkten oder Dienstleistungen

Notwendig ist der Absatz von Produkten oder Dienstleistungen. Diese Begriffe wurden bereits[1259] definiert.

(c.) Beispiele

Die Belgacom als Aktiengesellschaft des öffentlichen Rechts bei der die öffentliche Hand mehr als 50 % der Anteile hält, wurde in mehreren Entscheidungen als Verkäufer qualifiziert.

Der „Service d'Immatriculation de vehicules“ wurde als Verkäufer qualifiziert, da seine Aktivität insbesondere in der Lieferung von Daten gegen Zahlung an Firmen bestehe.[1260]

Ebenso als vendeur wurden eingestuft: die Post[1261], die „Régie des Voies Aériennes“[1262], sowie das Rote Kreuz[1263].

[1256] Fagnart, in: Les pratiques du commerce, Èditions du jeune Barreau, p. 25 (n. 20); zustimmend: Stuyck in : Les pratiques du commerce, autour et alentour, p. 31.
[1257] Fagnart, in: Les pratiques du commerce, Èditions du jeune Barreau, p. 25 (n° 20); Van Ryn/Heenen n° 388 mwN.
[1258] J.-L. Fagnart, in: Les pratiques du commerce, Èditions du jeune Barreau, p. 25, (n° 20); Miedzianogora, « L'assurance à prime fixe et l'assurance mutuelle », in Unité et diversité du droit privé, ouvrage collectif, éd. de l'Université de Bruxelles, 1983, p. 585 et s.
[1259] Vgl. E. III. 2. f. bb. und cc.
[1260] Vz. Kh. Brussel, 12 juli 1996, 1996- 1997, 855, 857 note Meeusen.
[1261] Prés. Comm. Anvers, 20 juillet 1995, Annuaire, 1995, 819, 819.
[1262] Prés. Comm. Bruxelles, 7 décembre 1995, Annuaire 1995, 676.
[1263] Stuyck in : Les pratiques du commerce, autour et alentour, p. 31.

(3.) Art. 1 Nr. 6 c) GüH

"Vendeurs" sind danach:

> les personnes qui exercent avec ou sans but de lucre une activité à caractère commercial, financier ou industriel, soit en leur nom propre, soit au nom ou pour le compte d'un tiers doté ou non de la personnalité juridique et qui offrent en vente ou vendent des produits ou des services

Art. 1 Nr. 6 c) ist ein Auffangtatbestand.[1264] Er betrifft lediglich die (natürlichen oder juristischen) Personen des Öffentlichen- oder Privatrechts, die nicht schon durch die beiden ersten Kategorien erfasst sind.

Voraussetzung ist die Ausübung einer der in Art. 1 Nr. 6 c) genannten Aktivitäten, unabhängig ob mit oder ohne Dienstleistungsabsicht.

Bei dem Begriff der Dienstleistung ist in diesem Rahmen zu beachten, dass dieser zwar sämtliche in Art. 2 und 3 Code de Commerce genannten kommerziellen Akte umfasst, dass es jedoch auf eine Gewinnerzielungsabsicht gerade nicht ankommt. Diese Abweichung davon, dass ein kommerzieller Akt grundsätzlich eine Gewinnerzielungsabsicht voraussetzt, erklärt sich aus dem klaren Wortlaut des Art. 1 Nr. 6 c), der ausdrücklich keine Gewinnerzielungsabsicht fordert. Dies würde leer laufen, würde man ohne Gewinnerzielungsabsicht nur auf die kommerziellen, finanziellen oder industriellen Aktivitäten beziehen.

Beispiele:

Verkäufer ist auch ein Lehrer, der als Zwischenhändler auftrat und im eigenen Namen Skireisen verkaufte und sich mittels Reiseprospekten an die Öffentlichkeit wandte.[1265]

Als Verkäufer i.S.d. Art. 1, 6 c) wurde auch ein Krankenhaus erachtet, allerdings unter der Voraussetzung, dass die Leistungen, die in Frage stehen, nicht durch Ärzte erbracht werden. Letztere sind als Freiberufler nicht vom GüH erfasst.[1266] Diese Rechtsprechung unterstützt die Ansicht der Literatur, wonach auch Krankenhäuser, Schulen, etwa im Hinblick auf den Verkauf von Speisen an die Schüler und Patienten etc., Verkäufer sind.

Nicht möglich ist eine Einbeziehung von Angestellten und Organen eines Unternehmens, da diese die Tätigkeit nicht in eigenem Namen ausüben.

[1264] Stuyck in : Les pratiques du commerce, autour et alentour, p. 33 : « Catégorie résiduaire ».
[1265] Gent, 3 octobre 1996, A.J.T., 1996- 97, 310, 311 note G.L. Ballon. Ballon kritisiert die Entscheidung, ein professor sei nicht vendeur, sondern lediglich Organisator; vgl.auch Liège, 13 oct. 1995, Cour d'appel de Liège, 13 octobre 1995, Annuaire 1995, 504, 504 note A. Puttemans.
[1266] Juge de Paix de Soignies, 21 novembre 1996, D.C.C.R., 1996, 65 (n° 34).

cccc. Kritik am Begriffs des „vendeur"

Der Begriff des „vendeur" wird in der belgischen Literatur – soweit ersichtlich – durchweg und zutreffend kritisiert.[1267]

Zum einen erscheint die gesetzliche Definition bereits übermäßig kompliziert und schwierig in der Handhabung, was bereits die große Menge an Entscheidungen zu diesem Bereich deutlich zeigt.[1268]

Zum anderen ist er terminologisch äußerst unglücklich gewählt. Das übliche Verständnis eines „vendeur" « ne correspond en rien à ce qu'il est censé définir ». « Depuis quand vend-on un service ? »[1269]. Zudem existiert der Rechtsbegriff des „vendeur" be-reits in Art. 1582 ff Code civil und erlangt nun eine zweite – abweichende – Bedeutung. Dies wird zurecht als unglücklich angesehen.[1270]

Vorzugswürdiger wäre daher der Begriff „entreprise"[1271] gewesen, den der Gesetzgeber auch lediglich drei Wochen später im Gesetz des 5. Augustes 1991 « sur la protection de la concurrence économique » verwendet hat.[1272] „Entreprise" ist jede natürliche oder juristische Person, die in dauerhafter Weise ein ökonomisches Ziel verfolgt (Art. 1 des Gesetzes vom 5. August 1995). Der entstehende Unterschied in den Anwendungsbereichen zwischen Kartell- und Lauterkeitsrecht wird in der Literatur kritisiert,[1273] da eine kartellrechtswidrige Handlung i.S.d. Gesetzes vom 8. August 1991 auch zugleich einen Verstoß gegen Art. 93 und 94 GüH darstelle, sei es kohärenter gewesen den Anwendungsbereich deckungsgleich zu regeln.

ee. Verbraucher

Einige Bestimmungen (für diese Arbeit insbesondere Art. 23 Nr. 13 GüH sowie Art. 42 und 45 GüH) des GüH betreffen ausschließlich Verhaltensweisen gegenüber Verbrauchern:

[1267] Stuyck in : Les pratiques du commerce, autour et alentour, p. 19 s. ; De Caluwé/Delcorde/Leurquin, Les pratiques du commerce, l'information et la protection du consommateur, 2003, 2e édition, n° 5. 22 ; Fagnart, in: Les pratiques du commerce, Èditions du jeune Barreau, p. 26, Rn. 21: « Pourquoi appeler vendeur quelqu'un qui ne vend rien ? » ; J. Stuyck, Die nieuwe wet handelspraktijken, p. 26 (n° 46) ; zurückhaltender : Van Bunnen, Les pratiques du commerce, l' information et la protection du consommateur, p. 368, der sich für den Begriff « opérateur économique » ausspricht.

[1268] A. Puttemans, Professeur= vendeur ? Annuaire, 1995, p. 508 s.; vgl. für weitere Rechtsprechungsnachweise G. Straetmans, Who's Who, Verkoper of consument blift een prangende rechtsvraag, D.C.C.R, 1996, 382, 383 (n° 33)

[1269] De Caluwé/Delcorde/Leurquin, Les pratiques du commerce, l'information et la protection du consommateur, 2003, 2e édition, n° 5.22.

[1270] Fagnart, in: Les pratiques du commerce, Èditions du jeune Barreau, p. 27.

[1271] Gem. Art. 1 der Gesetzes vom 8. August 1991 ist eine entreprise „toute personne physique ou morale poursuivant de manière durable un but économique ».

[1272] Stuyck in : Les pratiques du commerce, autour et alentour, p. 19 s. ; De Caluwé/Delcorde/Leurquin, Les pratiques du commerce, l'information et la protection du consommateur, 2003, 2e édition, n° 5. 22 ; Fagnart, in: Les pratiques du commerce, Èditions du jeune Barreau, p. 26 et s.(n° 21); J. Stuyck, Die nieuwe wet handelspraktijken, p. 26 (n° 46).

[1273] Insbesondere Stuyck in : Les pratiques du commerce, autour et alentour, p. 19 s.

Gem. Art. 1 Nr. 7 GüH ist Verbraucher i.S.d. GüH:

> toute personne physique ou morale qui acquiert ou utilise à des fins excluant tout caractère professionnel des produits ou des services mis sur le marché.

Die insoweit gewählte Definition steht dem europäischen Verbraucherbegriff nahe : In mehreren Richtlinien wird der Verbraucher als jede natürliche Person definiert, die « zu einem Zweck handelt, der nicht ihrer beruflichen oder gewerblichen Tätigkeit zugerechnet werden kann »[1274].

Die Legaldefinition des Art. 1 Nr. 7 GüH verlangt einen totalen Ausschluss eines beruflichen Zwecks. Insoweit ergeben sich Unklarheiten.

aaa. Objektives oder subjektives Verständnis

Zunächst einmal muss geklärt werden, ob für die Ermittlung des beruflichen Zwecks die innere Willensrichtung des Handelnden im Moment des Kaufes maßgeblich ist, oder aber, ob die Frage objektiv verstanden wird.

Ein objektives Verständnis bedeutet, dass es objektiv unmöglich sein muss, das Produkt auch zu beruflichen Zwecken zu nutzen.[1275] Die Gesetzespassage „excluant tout caractère professionnel des produits ou des services mis sur le marché" wird dann – konsequent – so begriffen, dass eine berufliche Nutzung des Gegenstandes „nach seiner Natur" unmöglich sein muss. So verstanden, ist eine berufliche Nutzung (fast) nie ausgeschlossen: Fast jedes Produkt ist denkbarerweise auch einer beruflichen Nutzung zuführbar: Der Friseur der Tee kauft, kann diesen der Natur des Produktes nach, auch seinen Kunden ausschenken[1276]; ein Angestellter der ein KFZ kauft, könnte dieses zu Fahrten für seinen Arbeitgeber einsetzen[1277]. Der Beweis, dass eine professionelle Nutzung aus der Natur des Gegenstandes ausgeschlossen ist, ist nicht führbar. Das Gesetz würde damit ausgehebelt – was mit Sicherheit nicht in der Absicht des Gesetzgebers lag.
Richtigerweise ist daher der innere Wille, also die von dem Kunden im Zeitpunkt des Kaufes verfolgten Zwecke maßgeblich. Dies wird zwar vehement kritisiert, da das Ab-

---

1274 Vgl. Art. 2 Nr. 2 der Richtlinie 97/7/EG v, 20.05.1997 über den Verbraucherschutz bei Vertragsabschlüssen im Fernabsatz (ABl. EG v. 4.061997, Nr. L 144, S. 19); Art. 1 Abs. 2 Lit. a der Richtlinie 1999/44/EG v. 25.05.1999 zu bestimmten Aspekten des Verbrauchsgüterkaufs und der Garantien für Verbrauchsgüter (ABl. EG v. 7.07.1999, Nr. L 171, S. 12) in jüngerer Zeit Art. 2 Lit. d der Richtlinie 2002/765/EG v. 23.09.2002 über den Fernabsatz von Finanzdienstleistungen an Verbraucher und zur Änderung der Richtlinie 90/619/EWG des Rates und der Richtlinien 97/7/EG und 98/27/EG Abl. EG v.09.10.2002, Nr.L 271, S.16; vgl. insoweit auch Faber ZEuP 1998, 854 ff.

1275 So Fagnart in : Les pratiques du commerce, Èditions du jeune Barreau, p. 27 et s.

1276 Fagnart in: Les pratiques du commerce, Èditions du jeune Barreau, p. 28 ; Stuyck in : Les pratiques du commerce, autour et alentour, p. 36.

1277 Fagnart in: Les pratiques du commerce, Èditions du jeune Barreau, p. 28 ; Stuyck in : Les pratiques du commerce, autour et alentour, p. 36.

stellen auf die innere Willensrichtung jeder Beweisbarkeit entbehre.[1278] Eine solche Ermittlung erscheint jedoch keineswegs unmöglich – subjektive Elemente sind dem belgischen Recht nicht unbekannt. Der innere Wille kann ohne weiteres anhand objektiv feststellbarer Indizien ermittelt werden. Bedeutsam ist insoweit, ob der Gegenstand der beruflichen oder privaten Sphäre zuzuordnen ist. Wesentlich ist dabei das Kriterium der „destination“: « Cela implique que les achats ont un caractère professionnel – et qu'ils excluent par conséquent la qualification de consommateur dès que les produits ou services achetés sont destinés à être utilisés dans l'entreprise – en l'espèce les travaux d'entretien étaient destinés à un véhicule professionnel de sorte que le client ne pouvait être considéré comme consommateur»[1279].
Hinzu kommt, dass der Großteil der aus beruflichen Gründen Einkaufenden der MwSt unterliegen, sie aber – bei beruflichen Käufen – Anrecht auf Rückerstattung der MwSt haben. Dies dürfte für den Großteil der Zweifelsfälle verhindern, dass ein beruflicher Einkauf als privater deklariert wird.[1280]
Letztlich handelt es sich um eine rein beweisrechtliche Frage: Es ist an demjenigen, der sich auf das GüH berufen will, darzulegen, dass er das Recht hierzu hat.[1281] Gelingt es ihm nicht eine eindeutige berufliche Zwecksetzung darzutun, kann er nicht als Verbraucher angesehen werden.

bbb. Kritik an der Definition des Verbrauchers

Von Teilen der Rechtsprechung und mehreren Autoren wird daher eine andere Definition des Verbrauchers vorgeschlagen[1282]: Maßgeblich müsse das Kriterium des Wissens und der Kompetenz sein. An dieser mangele es typischerweise dem Verbraucher,

---

[1278] Fagnart in : Les pratiques du commerce, Èditions du jeune Barreau, p. 27 et s. ; Stuyck in : Les pratiques du commerce, autour et alentour, p. 36 will den Begriff objektiv verstanden wissen.

[1279] Vgl. etwa Comm. Hasselt 3 janvier 2003 , R.D.C. 2003, 407, 407.

[1280] De Caluwé/Delcorde/Leurquin, Les pratiques du commerce, l'information et la protection du consommateur, 2000, 2e édition, n° 5.28.

[1281] Identisch : De Caluwé/Delcorde/Leurquin, Les pratiques du commerce, l'information et la protection du consommateur, 2000, 2e édition, n° 5.28.

[1282] Vgl. bereits Fagnart in : Les pratiques du commerce, Èditions du jeune Barreau, p. 27-29, der sich (zutreffend, vgl. Doc. parl., 1989-1990, n°1240-20, p. 34) darauf beruft die Formel „à des fins excluant tout caractère professionnel“ sei durch die Kammer kritisiert worden; Streitdarstellung auch bei Stuyck in : Les pratiques du commerce, autour et alentour, p. 36 f.; vgl. auch C.Francq, „Les différentes images du consommateur à travers la doctrine et la jurisprudence », Ligue Internationale de la Concurrence, Rapport des Journées d'études de Salzbourg, 1995, 40 ff. sowie C. Doutrelepont „Quelles stratégies pour accroître la confiance du consommateur ? », Conférence @gora'98, 16 décembre 1998, p. 5 : « une entreprise acquérant, pour les besoins de son activité au sens large, des biens ou services sans aucun rapport avec l'objet de cette activité, ne pourra bénéficier de la protection consacrée, alors qu'elle n'a plus de connaissances sur le produit ou service en question que n'importe quel consommateur au sens strict du terme ». Weitere Beispiele durch Francq/Francq in : Le point sur le droit commercial, p. 168: « le psychologue qui achète sur Internet un CD audio contenenat des musiques de relaxation utilisées dans le cadre de ses thérapies n'est pas consommateur au sens de la loi et ne peut pas bénéficier des dispositions de la LPC en matière de contrats à distance. De même l'advocat qui achète en ligne un logiciel de comptabilité pour calculer ses impôts ne sera pas considéré comme consommateur ».

weshalb er dem insoweit bevorteiligten Verkäufer gegenüber schutzbedürftig sei. Erst Wissen und Kompetenz führten dazu, dass der Käufer mit dem Verkäufer auf Augenhöhe verhandeln könne und daher nicht als Verbraucher einzustufen sei. Um Wissen und Kompetenz – typisiert – festzustellen, sei aber das Kriterium der Finalität völlig ungeeignet. Vielmehr komme es darauf an, ob der Käufer im Bereich des Gegenstandes seines Berufes handele – dann handele er nicht als Verbraucher – oder aber außerhalb des beruflichen Gegenstandes – dann sei er Verbraucher.[1283]

Ein derartiger, kompetenzgestützter, Verbraucherbegriff ist in der Tat nicht zwingend von der Hand zu weisen, entbehrt sogar nicht einer gewissen Berechtigung.[1284]
Er ist jedoch unzweifelhaft nicht mit der derzeitigen Definition in Art. 1 Nr. 7 GüH vereinbar[1285], und entspricht – dies ist allerdings kein zwingender Hinderungsgrund – auch nicht dem europäischen Verbraucherbegriff.[1286] Er wäre nur durch eine Gesetzesänderung zu rechtfertigen. Die mit der Anerkennung dieser Interpretation verbun-dene Ausweitung des Verbraucherbegriffs würde zu einer – vom Gesetzgeber nicht gewollten[1287] – Ausweitung des Verbraucherschutzes[1288] führen, letztlich eine rechtspolitische Frage.[1289]

1283 Bruxelles 23 octobre 1997, Annuaire 1997, 316, 316; Comm. Hasselt 23 octobre 1997, Annuaire 1997, 226, 226; Cass., 11 mai 2001, R.D.C. 2001, 692, 692 note Straetmans; Fagnart in: Les pratiques du commerce, Èditions du jeune Barreau, p. 28.

1284 De Caluwé/Delcorde/Leurquin, Les pratiques du commerce, l'information et la protection du consommateur, 2000, 2e édition, n° 5. 28 unter Verweis auf eine unveröffentlichte Entscheidung des Juge de Paix. Bruxelles, 29 avril 1999; unzutreffend die Kritik bei Francq/Francq in: Le point sur le droit commercial p. 168: „Ce critère est cependant aussi critiquable car il peut faire l'objet d'interprétations différentes : est-ce la connaissance technique spécifique à une catégorie de produits ou de service ou est-ce la connaissance concernant la vie commerciale dans son ensemble ? » ; es kommt offensichtlich auf die technische Kenntnis an, es ist gerade Anliegen die besondere (technische) Kompetenz hinsichtlich bestimmter Produktgruppen in Maßgeblichkeit zu erheben.

1285 Evrard J.T. 1992, 681, 682; daher das Kriterium i.E. ablehnend jedoch ohne nähere Begründung et se referant au critère de la destination daher: Comm. Hasselt 3 janvier 2003 , R.D.C. 2003, 407, 407 note De Meese.

1286 Vgl. C.J.C.E. 14 mars 1991, affaire C-361/89, Di Pinto, jur 1991, I- 1189.

1287 vgl. Doc. parl., Chambre, 1989-1990, 1240/20, p. 33 wo der Vize-Premier-Minister bestätigt « que pour la majorité des personnes morales, la définition de consommateur ne sera pas rencontrée » weil für diese « le but de l'acquisition du produit ou du service aura un caractère professionnel ou d'investissement commercial ».

1288 Vgl. etwa Prés. Comm. Hasselt 3 janvier 2003 , R.D.C.C. 2003, 407, 407 note De Meese in dem nach beiden Interpretationen durchgelöst wird.

1289 Gegen eine Ausweitung auf derartige Fälle spricht jedenfalls, dass sich die Frage, ob ein „professionelles" Handeln vorliegt, in aller Regel bei Höherqualifizierten und Selbstständigen stellen wird. Die in solchen Positionen Tätigen, verfügen zwar nicht zwangsläufig über die notwendigen technischen Kenntnisse um wie ein Professioneller vorgehen zu können, wohl jedoch über die notwendigen intellektuellen Fähigkeiten und Geschäftserfahrung um ihre Interessen adäquat wahren zu können. Eine Ausdehnung des Schutzes auf Personen die sich ohnehin überdurchschnittlich gut selbst schützen können, erscheint jedoch nicht zwingend notwendig, sondern rechtspolitisch eher zweifelhaft: „Généraliser la protection du consommateur à ceux qui sont capables de se défendre eux-mêmes, c'est accentuer la politique d'assistance. Notre société souffre suffisamment du défaut d'initiative de certains et de leur mentalité d'assistés pour souhaiter ne pas étendre le mal davantage encore » (De

Caluwé/Delcorde/Leurquin, Les pratiques du commerce, l'information et la protection du consommateur, 2000, 2e édition, n° 5. 28.).

F. Rechtsvergleichende Darstellung der belgischen Fallgruppen irreführender Werbung

I. Struktur und Darstellungsweise

Im Folgenden werden wir die einzelnen – abschließenden – Fallgruppen der Irreführungsverbote des Art. 23 GüH sowie die Fallgruppe der irreführenden Eigenpreisvergleiche in Art. 42 ff. GüH darstellen und diesen die entsprechenden Anwendungsfälle des § 5 UWG gegenüberstellen. Dabei kann keine umfassende Kommentierung des Art. 23 GüH erfolgen, sondern es werden exemplarisch die wichtigsten Formen der Irreführung – die in ähnlicher Form auch in Deutschland thematisiert werden – jeweils im Vergleich zum deutschen Recht vertieft.

Im Rahmen des Art. 23 Nr. 1 GüH erscheint eine Trennung zwischen belgischem und deutschem Recht aufgrund der Fülle der einzelnen Unterteilungen zu unübersichtlich. Die Behandlung des deutschen Rechts wird dabei jeweils im Anschluss an die belgische Problemstellung erfolgen. Ansonsten wird zunächst das belgische Recht umfassend und erst im Anschluss das deutsche Recht dargestellt. Dabei wird nicht zu jedem einzelnen Punkt des belgischen Rechts das deutsche Recht gegenübergestellt. Vielmehr soll die Darstellung des belgischen Rechts einen möglichst breiten Überblick über das GüH geben. Eine Gegenüberstellung erfolgt in den wesentlichen Punkten.

Die Strukturierung der Darstellung zum belgischen Recht orientiert sich an der Darstellung *de Caluwé's*[1290], ohne dieser jedoch zu entsprechen.

II. Produktbezogene Irreführung

1. Art. 23 Nr. 1 GüH

Art. 23 Nr. 1 GüH untersagt irreführende Werbung im Hinblick auf Produkte:

> Sans préjudice d'autres dispositions légales ou réglementaires, est inderdite toute publicité:
>
> 1er qui comporte des affirmations, indications ou représentations susceptibles d'induire en erreur sur l'identité, la nature, la composition, l'origine, la quantité, la disponibilité, le mode et la date de fabrication ou les caractéristiques d'un produit ou les effets sur l'environnement, par caractéristiques il y a lieu d'entendre les avantages d'un produit, notamment au point de vue de ses propriétés, des possibilités d'utilisation, des résultats qui peuvent être attendus de son

[1290] De Caluwé, in : Les pratiques du commerce, Èditions du jeune Barreau, p. 49 et s., zu Art. 23, 1° S. 46, zu Art. 23, 2° S. 48, zu Art. 23, 3.

utilisation, des conditions auxquelles il peut être obtenu[1291], notamment le prix ou son mode d'établissement et les caractéristiques essentielles des tests ou contrôles effectués sur le produit et des services qui l'accompagnent ;

Von den genannten Irreführungsmodalitäten werden im Folgenden die praktisch Bedeutsamsten dargestellt.

2. „Utilités pratiques"

a. Begriff

Art. 23 Nr. 1 GüH verbietet Angaben mit Täuschungseignung hinsichtlich der Natur, die Charakteristika und die Zusammensetzung eines Produktes.

Unter Charakteristika sind die Vorzüge eines Produktes zu verstehen, insbesondere im Hinblick auf seine Eigenschaften, seine Verwendungsmöglichkeiten, die Ergebnisse, die von seinem Gebrauch erwartet werden können, die Verkaufsbedingungen, sowie den Preis, und die wesentlichen Charakteristika von Testkontrollen, denen das Produkt unterworfen wurde und die seinen Ankauf begleiten.
Die verschiedenen Begriffe der Natur, Zusammensetzung und Charakteristika werden im belgischen Recht dabei für so nah beieinanderliegend betrachtet, dass sie oftmals in der Frage der „utilités pratiques" des Produktes zusammengefasst werden. Hierunter ist auch der Preis bzw. das Preis-Leistungsverhältnis eines Produktes zu verstehen. Die verschiedenen Begriffe der Natur, Zusammensetzung und Charakteristika werden daher auch hier zusammen behandelt.

b. Erscheinungsformen der Irreführung hinsichtlich der „utilités pratiques"

aa. Irreführung hinsichtlich Inhalt/Bestandteile und Vorteile eines Produktes

In Betracht kommen Irreführungen hinsichtlich der Bestandteile, der Inhaltsstoffe, der (wirtschaftlichen) Vorteile und Wirkungsweisen. Es handelt sich hier zumeist um offensichtliche Formen der Täuschung, nämlich der schlichten Falschbehauptung über ein Produkt. Aus der neueren Rechtsprechung:

- Irreführung hinsichtlich des Inhalts/Bestandteile eines Produkts

Die Anpreisung, dass ein Brotaufstrich ein Milchprodukt sei, obwohl dies nicht zutrifft, verstößt nicht nur gegen Art. 2, 9 des arrêté royal vom 17. April 1980 betreffend der Werbung für Lebensmittel sondern auch gegen Art. 23 Nr. 1 GüH.[1292]
Werbung hinsichtlich des Verkaufs von koscherem Fleisch, das nicht nach den entsprechenden Vorschriften zubereitet wurde, ist geeignet den Verbraucher über die Her-

---

[1291] Mit dieser Änderung (vorher: acheté) sollte klargestellt werden, dass auch die Täuschung über die Konditionen des Erhaltes eines gratis angebotenen Produktes erfasst ist, vgl. Bosly/Tasiaux, p. 16.
[1292] Hof van Beroep te Brussel, 29 mei 1996, Annuaire 1996, 75.

stellungsweise und die Charakteristiken des Produktes zu täuschen und verstößt gegen Art. 23 Nr. 1 GüH (und Art. 93, 94 GüH).[1293]

Eine Werbung für Esszimmermöbel in der behauptet wurde, diese seien massiv, obwohl die Seitenteile aus Furnierholz bestanden.[1294]

Für ein Generika-Medikament das per Gesetz „essentiellement similaire" im Vergleich zum Referenzmedikament sein muss und auch ist, darf geworben werden, dass es eine gleichartige Qualität wie das Referenzmedikament aufweist und therapeutisch gleichwertig ist.[1295]

- Vorteile des Produktes :

Irreführend ist etwa eine Täuschung des Verkehrs über die ökonomischen Vorteile des Gebrauchs einer Ölheizung.[1296]

bb. Preis

Der Preis ist ein wesentliches Element der Kaufentscheidung für die meisten Produkte und entsprechend Ansatzpunkt für zahlreiche Täuschungsversuche.

Grundsätzlich gilt: « Il est question de publicité trompeuse lorsque le consommateur moyen, raisonnable et prudent est induit en erreur par la publicité en question, ou peut, à tout le moins être trompé concernant le prix des produits offerts »[1297].

aaa. Irreführung hinsichtlich der Höhe des Preises oder sonstiger Konditionen ein Produkt zu erhalten

- Preis

Als irreführend beurteilt wurde eine Werbung, in der ein Produkt zu Leasingraten mit angeblich 0% Zinsaufschlag angeboten wird, wenn der tatsächlich bezahlte Preis bei Wahl des Leasings höher ist als der Preis bei einen herkömmlichen Kauf.[1298]

Eine irreführende Werbung liegt hinsichtlich einer Dienstleistung vor, wenn diese als gratis beworben wird, obwohl sich der Werbende vertraglich vorbehält bestimmte Kosten zu erheben.[1299]

[1293] Cour d'appel de Bruxelles, 12 sépt. 2000, Annuaire 2000, 421, 424 et s.
[1294] Prés. Comm. Liège 13 juin 2003, Annuaire 2003, 202, 202.
[1295] Vz. Kh. Leuven, 26 maart 2002, Annuaire 2002, 170, 175.
[1296] Prés. Comm. Bruxelles, 5 déc. 1994, Annuaire 1994, 128, 132.
[1297] Vz. Kh. Brussel, 29 december 1997, Annuaire 1997, 214, 214 .
[1298] Prés. Comm. Verviers, 15 mars 1996, Annuaire 1996, 215, 215.
[1299] Hof van Beroep te Brussel, 24 december 1997, Annuaire 1997, 150, 151.

• Sonstige Konditionen ein Produkt zu erhalten

Werbung die fälschlich den Eindruck erweckt, dass bestimmte Produkte und Dienstleistungen nicht separat erhalten werden können, verletzt Art. 23 Nr. 1und 2 GüH, da sie hinsichtlich der Voraussetzungen unter denen ein Produkt erhalten werden kann, täuscht.[1300]

Eine Werbung die eine Lieferung von Waren als „gratis“ ankündigte, obwohl dies nur bei einer Bestellung über einem Warenwert von mehr als 2000 BF zutraf, täuscht über die Konditionen zu denen ein Produkt erhältlich ist.[1301]

bbb. Lockvogelangebote (prix d'appel)

Insoweit geht es um Lockvogelpraktiken: Die Kunden werden mit äußerst niedrigen Preisen für Ware angelockt, über die man nicht in ausreichender Zahl verfügt, vgl. näher bei Art. 23 Nr. 9 GüH[1302] und Art. 45 GüH[1303].

ccc. Werbung mit Preisherabsetzungen

Mit Art. 23 GüH wollte der Gesetzgeber die Gesamtheit der Techniken erfassen, die den Konsumenten eine Preissenkung vorgaukeln.[1304]

aaaa. Eigenpreisvergleiche

Art. 23 Nr. 1 GüH findet auch im Bereich der Eigenpreisvergleiche (Art. 42 f. GüH) Anwendung. Zwar handelt es sich auch dort um eine Irreführungsregelung, jedoch wird von der einheitlichen Rechtsprechung Art. 23 Nr. 1 neben Art. 42 et s. GüH angewendet. Dies entspricht der Vorgehensweise zum alten Recht. So schrieb etwa van Bunnen[1305] – basierend auf der Rechtsprechung[1306] – « Entre ce domaine [art. 2 à 4 des alten Rechts] et celui de la publicité, un lien existe qui se manifeste notamment dans le fait que dès qu'une publicité fait mention de prix – ce qui n'est pas obligatoire – elle deviendrait 'de nature à induire le public en erreur sur les caractérsitiques d'un

---

1300 Vz. Kh. Brussel, 22 décembre 1999, Annuaire 1999, 382, 384.

1301 Cour d'appel de Bruxelles, 21 janv. 1999, Annuaire 1999, 464, 468 et s.

1302 F. VI. 1.

1303 F. VIII. 1. d.

1304 Doc. parl., Sénat, session 1990-91, 1200, p. 56 ; De Caluwé/Delcorde/Leurquin, Les pratiques du commerce, l'information et la protection du consommateur, 2003, 2e édition, n° 14.12.(2.); Puttemans in: Les pratiques du commerce, l'information et la protection du consommateur, premier bilan, p. 225 .

1305 Van Bunnen, in : Balate/Stuyck, p. 94.

1306 Prés. Comm. Bruxelles, 30 nov. 1973, R.W., 1973-74, 377 ; Prés. Comm Malines, 30 nov. 1973, R.W., 1973-74, 378, note De Vroede ; Prés. Comm. Louvain, 14 janv. 1975, J.C.B., 1975, 298 ; weitere Nachweise bei De Caluwé/Delcorde/Leurquin, Les pratiques du commerce, l'information et la protection du consommateur, 1990, 2e édition, n° 11.90 (2).

produit'et notamment '...des conditions auxquelles il peut être acheté'si la mention de ces prix s'écartait des règles fixées aux articles 2 à 4 ».
In der neueren Rechtsprechung wird dabei von dem Vorliegen eines Verstoßes gegen Art. 42 et s. GüH auf eine Irreführung i.S.d. Art. 23 Nr. 1 GüH geschlossen. Üblich sind etwa Formulierungen wie die des Handelsgerichts Verviers[1307]: Ein Händler hatte seinen Preis angehoben um in der Folge eine Reduktion behaupten zu können. Das Gericht nahm einen Verstoss gegen Art. 43 GüH an und schrieb dann: „les annonces relatives à ces réductions de prix tombent de même sous le coup de l'article 23, 1er de la loi prohibant les indications susceptibles d'induire en erreur sur les caractéristiques d'un produit, celles-ci visant notamment les conditions auxquelles il peut être acheté, comme le prix ou son mode d'établissement ».
Eine Irreführung liegt daher etwa vor, wenn über die Bezugsgegenstände einer Preisreduktion getäuscht wird und entgegen einer Werbung nicht alle Waren, sondern nur speziell gekennzeichnete Waren preisreduziert angeboten werden.[1308]

bbbb. Fremdpreisvergleiche

Irreführungen kommen auch in Betracht bei Fremdpreisvergleichen, die nicht durch Art. 42 et s. GüH. erfasst werden. Neben einfachen Lügen über eigene oder fremde Preise kommen vor allem Irreführungen hinsichtlich des Bezugs des Vergleichs in Betracht: So hatte ein Werbender damit geworben, dass seine Preise wesentlich niedriger als ein „prix public" seien. Er verstand unter prix public dabei laut eigenen Angaben : « le prix public est le prix indicatif du fournisseur de la défenderesse ». Die Verkehrsauffassung wurde aber dahingehend festgestellt, dass der Verkehr unter « prix publics » die Preise, die durch Konkurrenten verlangt wurden, verstand. Insoweit war die Angabe unzutreffend und damit irreführend.[1309]

ddd. Vorspiegeln von Umständen, die auf außergewöhnlich niedrige Preise schließen lassen

aaaa. Belgisches Recht

Außerhalb von klaren Angaben hinsichtlich von Preisen existieren weitere Formen, dem Publikum vorzugaukeln, dass sie zu ungewöhnlich niedrigen Preisen einkaufen können. Hinsichtlich der Marktentscheidungsrelevanz von bloßen Täuschungen über den Anlass eines Verkaufs bei gleichzeitiger Erfüllung der Preisvorstellungen des Verkehrs finden sich keine Aussagen, im Ergebnis dürfte aber gelten, dass diese für den Verkehr ohne jede Relevanz sind[1310]. So nimmt das Handelsgericht Turnhout[1311] an, die bloße Täuschung über die Großhändlereigenschaft verstoße nicht gegen Art. 23 Nr.

[1307] Prés. Comm Vervier 5 juillet 1996, Annuaire 1996, 225, 228.
[1308] Prés. Comm. Verviers, 5 juillet 1996, Annuaire 1996, 225, 229.
[1309] Prés. Comm. Bruxelles, 22 mars 1999, Annuaire 1999, 63, 67.
[1310] Vgl. genauer sogleich zum deutschen Recht
[1311] Vz. Kh. Turnhout, 24 maart 1995, Annuaire 1995, 145, 148.

1 GüH. Zwar trifft die Begründung[1312], dass es sich um keinen geschützten Begriff handele nicht das Irreführungsrecht, auch bei Verwendung von nicht geschützten Begriffen kann ohne weiteres eine Irreführung vorliegen, im Ergebnis besteht jedoch Gleichheit mit dem deutschen Recht.

- Vorspiegeln einer Herstellereigenschaft

Diese Grundsätze kommen etwa im Fall der Täuschung über die eigene Herstellereigenschaft zum Tragen : « L´usage dans un slogan publicitaire de l´expression « prix de fabrique » par un non-fabricant, qui crée à tort l´impression que les produits sont vendus par un fabricant au prix le plus bas possible, à savoir le prix porté en compte par le producteur lui-même et sans les frais et bénéfices habituellement générés par la distribution du produit concerné par le commerce de gros et de détail, trompe le consommateur moyen de manière contraire à l´article 23, 1er LPCC»[1313].

- Vorspiegeln einer Großhändlereigenschaft

Irreführend ist es sich als Großhändler auszugeben wenn[1314] dadurch beim Publikum unrichtige Preisvorstellungen entstehen, die nicht erfüllt werden.[1315]

- Vorspiegeln eines Insolvenz- oder Liquidationsverkaufs.[1316]

Eine Werbung die vorspiegelt ein Verkauf werde durch einen Insolvenzverwalter durchgeführt obwohl dieses unzutreffend ist, weckt beim Publikum den Eindruck auf günstige Preise und ist daher irreführend, wenn diese günstigen Preise dann nicht gewährt werden.[1317]

bbbb. Deutsches Recht

(1.) Allgemeines

Auf deutscher Seite entspricht dem gerade Geschilderten, die Irreführung über den Anlass des Verkaufs und der Bezugsart- und quelle. Auch hier wird nämlich der Eindruck

---

[1312] Vz. Kh. Turnhout, 24 maart 1995, Annuaire 1995, 145, 148: „Verweerster gebruikt deze publiciteit weliswaar niet meer, maar waar zij geen groothandelaar is kon ten tijde van het gebruik ervan deze aankondiging wel misleidend zijn voor de consument, alhoewel. De term „groothandelsprijzen" is geen beschermde term en terecht stelt verwerende partij dat die term vergelijkbaar is met andere vermeldingen zoals Sinterklaasprijzen, braderijprijzen, weggeefprijzen, fabriekprijzen." „Dergelijke term is niet fondamental strijdig met de wet op de handelspraktijken zoals aanlegster het voorhoudt, en maakt geen reclame uit die als midleidend kann bestempeld worden."

[1313] Hof van Beroep te Gent, 29 september 1999, Annuaire 1999, 179, 179.

[1314] Die bloße Täuschung über die Großhändlereigenschaft ist dagegen nicht ausreichend, vgl. soeben.

[1315] Vz. Kh. Turnhout, 24 maart 1995, Annuaire 1995, 145, 148.

[1316] Prés. Comm. Liège, 5 juin 2003, Annuaire 2003, 385, 385. Prés. Comm. Liège, 5 juin 2003, Annuaire 2003, 385, 385.

[1317] Prés. Comm. Liège, 5 juin 2003, Annuaire 2003, 385, 385.

von Umständen, unter denen besonders günstige Bedingungen zu erwarten sind, geschaffen.[1318]
Die Irreführung über den Anlass des Verkaufs ist nunmehr in § 5 II Nr. 2 UWG geregelt. Dort ist im Gegensatz zu § 3 UWG 1909 der von Anlass und Zweck des Verkaufs sprach, nur noch von „Anlass" die Rede, jedoch ohne dass hiermit ein sachlicher Unterschied zum alten Recht bezweckt oder verbunden wäre. Auch der Wegfall der Sonderregelungen in §§ 6 ff UWG 1909[1319] hat keine direkten Auswirkungen auf das Irreführungsverbot gehabt, das stets unabhängig von diesen Sonderregelungen war.[1320] Die Irreführung kann auf zwei Ebenen bestehen: Einmal kann bereits der Anlass der Reduktion nicht vorliegen und/oder die suggerierte Reduktion nicht bestehen.

(2.) Marktentscheidungsrelevanz

Von der Relevanz sind beide Ebenen unterschiedlich zu betrachten. Jedenfalls von Relevanz ist es, ob die Preisreduktion besteht oder nicht. Es ist das Versprechen besonderer Preisgünstigkeit, das das spezielle Angebot interessant macht. Anders liegt es hingegen zumeist bei dem behaupteten Anlass der Preisreduktion. In der Literatur findet sich zwar durchgehend die Ansicht, eine Täuschung über den Anlass sei auch dann relevant wenn entsprechend preisgünstig angeboten werde.[1321] Das ist indes unzutreffend. Der Angabe – beispielweise – „Sommerschlussverkauf" entnimmt der Verkehr zwei Bedeutungen: Einmal, das preisgünstig Ware verkauft wird, zum anderen, dass Anlass dieses preisgünstigen Verkaufs das Ende des Sommers ist. Eine anlockende Wirkung letzterer Bedeutung ist aber nicht erkennbar. Ob tatsächlich Sommer ist, ist dem Kunden gleich, solange er nur preisgünstige Ware erhält. Der Kunde betritt den Laden des Werbenden nicht weil Sommer ist, sondern weil es preisgünstige Ware gibt. Die Werbung muss aber gerade in dem Punkt, in dem sie von der Wahrheit abweicht, geeignet sein, das wirtschaftliche Verhalten zu beeinflussen.[1322]
Die Gegenauffassung scheint auf dem Gedanken zu basieren, dass eine Täuschung – die Frage stellt sich insbesondere bei Täuschungen über die betriebliche/geografische Herkunft einer Ware – nicht deswegen ihre Relevanz verliert, weil gleichwertige Ware geboten wird. Dies ist deshalb zutreffend, weil die betriebliche Herkunft überhaupt von Relevanz ist. Genau diese Relevanz fehlt dem Anlass des Verkaufs aber.

[1318] BGH GRUR 2000, 239, 241- Last-Minute-Reisen; H-B/H-B/Weidert § 5 Rn. 508; Gloy/Helm § 60 Rn. 4.
[1319] § 6 zu Konkurswarenverkäufen § 7 hinsichtlich von Sonderveranstaltungen und § 8 zu Räumungsverkäufen.
[1320] H-B/H-B/Weidert § 5 Rn. 508; Gloy/Helm § 60 Rn. 4.
[1321] A.A.: etwa bei Baumbach/Hefermehl/Bornkamm § 5 Rn. 6.2.
[1322] Vgl. D. V. 1. c. aa.

(3.) Irreführung über den Anlass des Verkaufs

(a.) Scheininsolvenzverkäufe

Wird damit geworben, dass die zu verkaufenden Waren aus einer Insolvenz stammen, muss zweierlei vorliegen: Reduktion der Preise und die Ware muss aus einem Vermögen stammen, über das das Insolvenzverfahren eröffnet wurde.[1323] Bei letzterem Aspekt erscheint jedoch erneut die Marktentscheidungsrelevanz erneut äußerst zweifelhaft. Ob die Ware tatsächlich aus einer Insolvenz stammt, ist für den Kunden in der Regel ohne besondere Anlockwirkung. Diese geht vielmehr von den Preisen aus. Wird also zu entsprechenden Preisen verkauft, so fehlt es an einer marktentscheidungsrelevanten Irreführung.

(b.) Scheinsonderverkäufe.

Einen Sonderverkauf dürfte der Verkehr weiterhin Begriffen wie SSV oder WSV entnehmen. Dagegen soll der Verkehr aus dem Begriff „Sale“ nicht auf einen Sonderverkauf schließen;[1324] insoweit bleibt eine Verkehrsbefragung abzuwarten.
Mit einem Sonderverkauf setzt der Verkehr eine erhebliche Preisreduzierung eines Großteils der Waren gleich.[1325] Eine Irreführung liegt jedenfalls vor, insofern die Preise nicht reduziert wurden. Darüber hinaus darf der Verkehr nicht darüber in die Irre geführt werden, welche Waren von dem Sonderverkauf betroffen sind. Nicht betroffene Ware ist deutlich von der verbilligten Ware zu trennen.[1326] Nicht entscheidend dürfte – mangels Marktentscheidungsrelevanz – hingegen sein, ob der Grund des Sonderverkaufs/Räumungsverkaufs[1327] etc. vorliegt. Anders dürfte dies bei Jubiläumsverkäufen sein, bei denen eine Verbundenheit zum werbenden Unternehmen beim Kauf durchaus eine Rolle spielen kann.

[1323] Wird darüber hinaus von einem Insolvenzwarenverkauf gesprochen, wird damit der Eindruck erweckt, es handele sich um eine freihändige Verwertung beweglicher Gegenstände durch den Insolvenzverwalter (§ 166 InsO). Dies setzt dann voraus, dass das Insolvenzverfahren eröffnet worden und oder noch andauert.

[1324] H-B/H-B/Weidert § 5 Rn. 509.

[1325] Baumbach/Hefermehl/Bornkamm § 5 Rn. 6.5. ff.; H-B/H-B/Weidert § 5 Rn. 509; Gloy/Helm § 60 Rn. 6.

[1326] BGH GRUR 1987, 171- Schlussverkaufverbung; OLG Saarbrücken WRP 1991, 746, 748; H-B/H-B/Weidert § 5 Rn. 509; Gloy/Helm § 60 Rn. 6.

[1327] Insbesondere die insoweit immer wieder problematisierte Frage von vor- und nachgeschobenen Waren (vgl. nur Gloy/Helm § 60 Rn. 10) dürfte sich im Hinblick auf mangelnde Marktentscheidungsrelevanz weithin „auflösen“. Solange die nachgeschobenen Waren zu Räumungskonditionen, mit erheblichem Preisabschlag verkauft werden, wird der Verkehr nicht in entscheidungsrelevanter Weise getäuscht. Ohnehin ist das Irreführungsverbot mangels Kontrollmöglichkeit – die früher bestehenden Kontrollmöglichkeiten der Industrie und Handelskammern (§ 8 III 2 Nr. 3 i.V.m. § 8 IV UWG 1909) sind ersatzlos weggefallen – kaum mehr geeignet solchen Praktiken zu begegnen.

(c.) Versteigerungen

Wird eine Versteigerung angekündigt, ohne dass diese stattfindet, wird der Verkehr getäuscht.[1328] Der Verkehr wird jedoch nicht getäuscht, wenn ein freihändiger Verkauf an den Meistbietenden stattfindet, da der Verkehr zwischen öffentlicher und privater Versteigerung zu unterscheiden vermag.[1329] Ebenso weckt die Ankündigung einer „Internet-Auktion“ oder einer „Internet-Versteigerung“ beim durchschnittlichen Verkehr nicht den Eindruck, dass es sich um eine herkömmliche Versteigerung i.S.v. § 34b GewO handelt. Der Verkehr weiß darum, dass im Internet unter dem Namen „Auktion“ oder „Versteigerung“ die unterschiedlichsten – und von den Bedingungen einer „üblichen“ Versteigerung in unterschiedlichster Weise abweichende – auktionsartigen Verkaufsveranstaltungen abgehalten werden und die Begriffe daher eine derartige Vieldeutigkeit erlangt haben, dass eine klare Begriffszuordnung nicht möglich ist.[1330]

Dabei kommt der Art des Verkaufs – ob die Auktion also tatsächlich und im Rahmen des gesetzlichen Rahmens durchgeführt wird – auch Marktentscheidungsrelevanz zu: Viele Kunden werden gerade wegen ihrem besonderen Interesse an dieser Form Geschäfte zu machen eine Versteigerung besuchen. Insoweit wohnt bereits der bloßen Ankündigung einer Versteigerung, unabhängig besonderer Preiserwartungen, eine anlockende Wirkung inne.

(4.) Irreführung über Bezugsart und Quelle

(a.) Täuschung hinsichtlich der Tatsache „Hersteller“ zu sein

Gemeint sind Angaben, die dem Verbraucher sagen, dass die Ware – unter Ausschaltung von Zwischenhändlern – direkt vom Hersteller bezogen wurde. Der Verbraucher entnimmt derartiger Anpreisung eine besondere Preisgünstigkeit der Ware durch Wegfall der Gewinnmargen der Zwischenhändler, möglicherweise auch besondere Qualität der Ware und auch eine vereinfachte Garantiestellung.[1331] Ob eine Werbung eine Herstellereigenschaft vorspiegelt, bestimmt sich nach der Verkehrsauffassung.

(b.) Täuschung hinsichtlich der Tatsache „Großhändler“ zu sein

(aa.) Grundsätze

Wer sich als Großhändler bezeichnet, wirbt irreführend, wenn er entweder nicht zu Großhandelspreisen verkauft oder aber nicht Großhändler ist.

[1328] H-B/H-B/ Weidert § 5 Rn. 513; Baumbach/Hefermehl/Bornkamm § 5 Rn. 6.12.
[1329] H-B/H-B/Weidert § 5 Rn. 513; BGH GRUR 2003, 626, 627- Umgekehrte Versteigerung.
[1330] OLG Frankfurt GRUR-RR 2001, 317, 317- Internet-„Auktion“; KG MMR 2001, 764, 766 f.- Internetauktion; Gloy/Helm § 60 Rn. 5.
[1331] BGH GRUR 2005, 442, 443- Direkt ab Werk; BGH GRUR 1986, 676, 677- Bekleidungswerk; Baumbach/Hefermehl/Bornkamm § 5 Rn. 6.14.; Gloy/Helm § 61 Rn. 13.

In letzterem Falle stellt sich, sofern zu Großhandelspreisen verkauft wird, erneut die Frage nach der Marktentscheidungsrelevanz einer diesbezüglichen Täuschung: Verbindet der Kunde mit der Eigenschaft Großhändler zu sein nur die Aussicht auf günstigere Preise, so ist es ihm in der Regel gleich ob er bei einem Großhändler kauft, soweit ihm nur zu Großhandelspreisen verkauft wird. Verbindet er hingegen darüber hinaus andere Eigenschaften hiermit, so will er auch tatsächlich bei einem Großhändler kaufen und eine entsprechende Angabe ist somit auch von Relevanz.

(bb.) Wer ist Großhändler ?

Ob ein Händler, der behauptet Großhändler zu sein, dies auch tatsächlich ist, hängt davon ab, was nach Verkehrsauffassung unter einem Großhändler zu verstehen ist.[1332] Entscheidend ist danach weniger ein quantitatives Kriterium (großes Lager[1333], Höhe des Warenumsatzes, Preisstellung, breites Warenangebot). Maßgeblich ist vielmehr, dass der Betrieb ganz auf die Belieferung von Wiederverkäufern eingestellt ist.[1334] Dies ist bei einem Geschäftsbetrieb, der in erheblichem Umfang auch Einzelhandel betreibt nicht gegeben, die Werbung mit der Behauptung Großhändler zu sein, dann irreführend. Keine Irreführung liegt hingegen vor, wenn der Unternehmer, der neben dem Verkauf an Wiederverkäufern auch einen erheblichen Einzelhandel betreibt, in der Werbung seine Doppelstellung offenbart.[1335]

cc. Dem Kauf nachfolgende Dienstleistung: Insbesondere Garantien

aaa. Belgisches Recht

Irreführend i.S.d. Art. 23 Nr. 1 GüH sind auch falsche Aussagen über dem Kauf nachfolgende Dienstleistungen. Insoweit kommen etwa in Betracht, die Vorhaltung von Möglichkeiten zu Wiederbeschaffung der Ware, das Vorhalten eines Reparaturdienstes. Neuere Rechtsprechung findet sich jedoch ausschließlich zu der Frage des Bestehens einer Garantie.

Eine Täuschung über das Bestehen einer Garantie oder der Art einer Garantie stellt eine Irreführung i.S.d. Art. 23 Nr. 1 GüH dar. Nicht unlauter ist dagegen das bloße Fehlen einer Garantie insofern der Verkehr hierüber nicht getäuscht wird.
Die zum neuen Recht entschiedenen Fälle behandeln zumeist Täuschungen über die Reichweite der Garantie. Irreführend ist eine Werbung

- in der ohne Einschränkung eine Garantie über drei Jahre angekündigt wurde, wenn diese Garantie aber nicht für alle Schäden gilt. Der Verkehr wird über die Reich-

[1332] BGHZ 50, 169, 173- Wiederverkäufer; BGH GRUR 1978, 477, 478- Groß- und Einzelhandel.
[1333] OLG Hamm NJW 1963, 863, 863 f.
[1334] Gloy/Helm § 61 Rn. 19.
[1335] BGH GRUR 1965, 431, 433- Wickel; Gloy/Helm § 61 Rn. 19.

weite des „Services“ nach Kauf getäuscht, die Werbung verstößt gegen Art. 23 Nr. 1 GüH.[1336]

- Die einschränkungslose Ankündigung einer Garantie von fünf Jahren für die angebotenen Pflanzen, Sträucher etc. wenn diese tatsächlich nicht für die Gesamtheit der angebotenen Pflanzen etc. gilt.[1337]

bbb. Deutsches Recht

Die Werbung mit Garantien ist zunächst irreführend, wenn mit einem unzutreffenden Umfang der Garantie geworben wird. Dabei ist jedoch mit dem neuen Verbraucherleitbild zu Grunde zu legen, dass der Verbraucher auch bereit ist, sich über die Garantiebedingungen zu informieren, sprich das „Kleingedruckte“ liest, insofern es in der Werbung enthalten ist; irreführend ist es hingegen, wenn ohne Einschränkung mit Garantie geworben wird, diese aber in den erst später bekannt gemachten Garantiebedingungen eingeschränkt wird. Eine Obliegenheit des Verbrauchers, eindeutige Angaben zu verifizieren, besteht nicht.

Irreführend ist es etwa:

- wenn der Händler die angekündigte Garantie nicht rechtsverbindlich vereinbaren will, diese also letztlich nicht besteht.[1338]

- die Werbung mit einer „Vollgarantie“, wenn diese sich später laut AGB nur auf Mängel bezieht, die bei normalem Gebrauch und sachgemäßer Behandlung gar nicht auftreten dürfen.[1339]

- Irreführend ist auch die Werbung mit unzutreffenden Erfolgsgarantien. Insoweit ist die Verkehrsauffassung jedoch sorgfältig zu ermitteln: Nur wenn der Verkehr einen Erfolg als garantiert ansieht – der Begriff „Garantie“ braucht dabei in der Werbung nicht notwendig zu fallen – und die Garantie nicht erfüllt werden kann, wird irreführend geworben. Dabei ist jedoch mit dem neuen Verbraucherleitbild größere Zurückhaltung als bislang erforderlich. Die Werbung für Nachhilfeunterricht mit einer „Geld-zurück-Garantie“ bei Nichterfolg dürfte kaum mehr als Erfolgsgarantie aufgefasst werden.[1340] Selbst wenn der Verkehr eine solche Garantie ernst nimmt, ist ein solches Verständnis fernliegend: Wenn der Erfolg ohnehin sicher wäre, würde der Werbende kaum mit den Folgen bei Misserfolg werben, sondern mit dem garantierten Erfolg. Zum anderen wird eine solche Werbung bereits nicht ernst

[1336] Prés. Comm. Verviers, 5 juillet 1996, Annuaire 1996, 225, 233 ; bestätigt : Cour d'appel de Liège, 3 juin 1997, Annuaire 1997, 244, 248.
[1337] Cour d'appel de Bruxelles, 21 janv. 1999, Annuaire 1999, 464.
[1338] BGH GRUR 2000, 1106, 1108- Möbel-Umtauschrecht.
[1339] OLG Köln WRP 1980, 648, 649.
[1340] Anders: BGH GRUR 1983, 254, 255- Nachhilfeunterricht; ähnlich auch: OLG Hamm GRUR 1984, 140, 141; H-B/H-B/Weidert § 5 Rn. 608.

genommen – jedermann weiß von der Unmöglichkeit einer Erfolgsgarantie in diesem Bereich –, sondern vom Verkehr auf ein vernünftiges Maß reduziert, nämlich, dass der Nachhilfelehrer einen hochwertigen Unterricht anbietet.

Irreführend ist auch die Werbung mit einer Garantie, wenn diese praktisch wertlos oder rechtlich nicht durchsetzbar ist.[1341]

dd. Unzulässigkeit des Aussprechens einer Gebrauchsempfehlung[1342] für ein fremdes Produkt

aaa. Abgrenzung

Im Rahmen des GüH stellen sich zwei Fragen :

- Die Gebrauchsempfehlung kann einen « vente jumelée » provozieren. Diese Fälle sind in den Vorschriften über die „offre conjointe" in den Art. 54- 62 GüH geregelt.

- Die Fälle der Irreführung. Insoweit kommen verschiedene, im Folgenden dargestellte, Irreführungsarten in Betracht.

bbb. Irreführung

aaaa. Grundsätze

Der Verkehr erwartet von derartigen Empfehlungen, dass sie inhaltlich zutreffend und – insofern nichts anderes deutlich wird – objektiv und neutral zustande gekommen sind. Genügt eine Empfehlung nicht diesen Anforderungen, verstößt sie gegen Art. 23 Nr. 1 GüH da sie geeignet ist, den Verbraucher über die Vorteile eines Produktes zu täuschen.

bbbb. Sachgemäßheit der Gebrauchsempfehlung

Zunächst ist die Gebrauchsempfehlung bestimmte Produkte nur in Kombination mit anderen zu verwenden irreführend insofern sich diese Empfehlung nicht auf rational nachvollziehbare qualitative Kriterien stützt.[1343]

1341 BGH GRUR 1976, 146, 146 f.- Kaminisolierung; bloße Beweisschwierigkeiten führen dabei allerdings noch nicht zur Anwendung des § 5 UWG: BGH GRUR 1976, 146, 146 f.- Kamisolierung.

1342 Vgl. De Caluwé/Delcorde/Leurquin, Les pratiques du commerce, l'information et la protection du consommateur, 1990, 2e édition, n° 11.61. Es gilt dabei folgende Definition « La préconisation d'emploi est le fait pour un industriel ou un commercant de vendre ou d'exercer une action publicitaire en faveur d'une machine ou d'un matériel en recommandant à l'acheteur ou à l'utilisateur sans nécessité d'ordre technique d'employer pour assurer son fonctionnement ou son entretien, les produits d'une marque déterminée autre que la sienne propre ».

1343 Hof van Beroep Brussel, 12 novembre 1974, J.C.B. 1976, 180, 181 note Braun.

Ebenso liegen die Dinge bei Empfehlungen für den Gebrauch eines Produkts in Zusammenhang mit einem anderen, weil ansonsten beispielsweise die Garantie erlöschen könne, wenn es hierfür keinerlei technische Begründung gibt und die Angabe damit unzutreffend ist.

cccc. Zustandekommen der Empfehlung

Der Verkehr vertraut – insofern nichts anderes aus der Werbung deutlich wird – auf die Ehrlichkeit, Objektivität und Neutralität des Empfehlenden. Ist dieser nun nicht objektiv oder neutral – etwa weil er in engen geschäftlichen Beziehungen zum Hersteller des empfohlenen Produktes steht oder sogar Gewinnbeteiligungen erhält, ist die Empfehlung unzulässig.

ee. Werbung mit einer verkaufsfördernden Aussage Dritter und Befähigungen des Werbenden

aaa. Grundsätze

Sowohl positive Äußerungen Dritter als auch besondere Befähigungen des Unternehmers geben dem Kunden ein positives Bild von der zu erwartenden Qualität des Produkts. Im Anschluss an die Darstellung bei *de Caluwé* soll daher auch hier eine gemeinsame Darstellung erfolgen. Hinsichtlich der Äußerungen Dritter sollen vorab die insoweit geltenden Grundsätze dargestellt werden. Die Grundsätze hinsichtlich der Werbung mit Äußerungen Dritter sind im deutschen und belgischen Recht identisch, wenngleich sie im belgischen Recht nur implizit geäußert werden.
Wer mit Angaben Dritter wirbt, muss sich diese als eigene Angaben zurechnen lassen, wenn er sich die Angaben – der Verkehrsauffassung nach – zu Eigen gemacht hat.[1344] Gibt der Werbende eine Angabe eines Dritten wieder, reicht dies insoweit grundsätzlich, d.h. soweit die Verkehrsauffassung im Einzelfall nicht abweicht, selbst dann aus, wenn dem Werbenden die Kompetenz zur Beurteilung der Richtigkeit der Drittäußerung fehlt.

Äußerungen Dritter werden im Verkehr üblicherweise ernst genommen und stellen damit Angaben dar. Soweit sie geeignet sind den Verkehr zu täuschen, liegt ein Verstoß gegen Art. 23 Nr. 1- 4 GüH und § 5 UWG vor.

In dem aufgezeigten Bereich kommt eine Täuschung jeweils auf zwei Ebenen in Betracht: zum einen durch die Äußerung des Dritten selbst, zum anderen durch das Zustandekommen der Äußerung.

[1344] BGH GRUR 1961, 189, 191- Rippenstreckmetall; BGH GRUR 1962, 45, 49- Betonzusatzmittel; vgl. auch BGH GRUR 2003, 800, 801- Schachcomputerkatalog; nicht erforderlich ist hingegen, dass der Dritte mit der Äußerung Werbezwecke verfolgte; BGH GRUR 1961, 45, 49- Betonzusatzmittel; BGH GRUR 2002, 633, 635- Hormonersatztherapie; GK/Lindacher § 3 Rn. 95 f.; Baumbach/ Hefermehl § 3 Rn. 83, 84.

- Äußerung selbst

Wer mit der Äußerung eines Dritten wirbt, macht sich diese zueigen – und wirbt im Falle, dass der primäre Inhalt der Äußerung den Verkehr täuscht, irreführend.

- Durch das Zustandekommen

Die Äußerung des Dritten muss zum einen natürlich überhaupt existieren. Der Verkehr erwartet von bestimmten Äußerungen zum anderen eine gewisse Art und Weise des Zustandekommens. Von einer wissenschaftlichen Abhandlung erwartet er beispielsweise, dass sie wissenschaftlichen Mindeststandards entspricht[1345], bei Empfehlungsschreiben setzt er voraus, dass deren Verfasser ein Mindestmaß an Objektivität aufweisen und nicht „gekauft“ wurden[1346].

bbb. Unberechtigtes Führen, Imitation oder Ausnutzung von Auszeichnungen/Testergebnissen

aaaa. Belgisches Recht

(1.) Auszeichnungen und Ehrungen

Außerhalb von Produktwettbewerben und Ausstellungen, kommen auch die Ergebnisse von Sportwettbewerben etc, in Betracht. Insbesondere letzteren kommt in den Werbestrategien von Unternehmen hinsichtlich etwa KFZ und Zubehör wie Reifen, Öl etc. sowie bei Sportausstattung oftmals eine große Bedeutung zu.

(2.) Kundenempfehlungen

Eine weitere Möglichkeit die Kunden für sich einzunehmen liegt in der Werbung mit Kundenempfehlungen.[1347] In Betracht kommen dabei Bezeugungen von Zufriedenheit oder aber einfach die Angabe des Namens von bekannten Kunden, da sie das Vertrauen des Verkehrs in die Qualität und damit einer Charakteristik des Produktes i.S.d. Art. 23 Nr. 1 GÜH begründet. In Betracht kommen derartige Manöver sowohl hinsichtlich des Unternehmens oder hinsichtlich eines einzelnen Produkts.

Insofern die Referenz zutreffend/ehrlich ist, bestehen irreführungsrechtlich keinerlei Schwierigkeiten. Im gegensätzlichen Fall unterfällt sie Art. 23 Nr. 1 GüH wenn sie hinsichtlich eines Produktes in die Irre führt und zusätzlich Art. 23 Nr. 3 GüH, wenn irreführend allgemein mit Empfehlungen für das Unternehmen geworben wird.

[1345] BGH GRUR 2002, 633, 635- Hormonersatztherapie.

[1346] OLG Hamburg GRUR 1979, 246, 248; Baumbach/Hefermehl/Bornkamm § 5 Rn. 2.161. f.

[1347] Bruxelles (7e ch.), 8 décembre 1954, J.T. 1954, 293, 293 f. hervorgehoben werden insbesondere auch die Interessen desjenigen bei dem das Unternehmen tatsächlich Kunde ist, also Konkurrenteninteressen.

(3.) Warentests/Qualitätslabel

Die Frage stellt sich zum einen unter dem für uns nicht relevanten Aspekt, der Erlaubtheit des Gebrauchs oder die Erwähnung einer solchen Empfehlung überhaupt und der Ehrlichkeit der Werbung.

(a.) Zur Irreführung

Oftmals bedrucken Hersteller ihre Produkte mit Qualitätslabeln von unabhängigen Prüforganisationen. Damit eine solche Praxis nicht irreführend ist, ist erforderlich, dass die Analyse und die Kontrolle der Produkte seriös in der Weise durchgeführt wird, dass das Zertifikat kein Gefälligkeitsgutachten darstellt. Zudem muss der Autor neutral sein und es sich um einen wirklichen Test und nicht nur um eine Inszenesetzung des Produkts handeln. Sind diese beiden Voraussetzungen gegeben, liegt keine Irreführung vor.

(b.) Exkurs: Art. 23 Nr. 12 GüH[1348]

Die Einführung dieses Verbotes war vor allem motiviert durch zahlreiche Verstöße und Irreführungen die teilweise nicht mehr wiedergutzumachende Schäden herbeigeführt hatten.[1349]

Lediglich Werbung i.S.d Art. 22 GüH unterfällt dem Verbot. Dies ist nicht der Fall, wenn die Verbreitung nicht mit dem Ziel geschah den Verkauf eines getesteten Produkts zu fördern. Die Publikation eines Tests *durch eine Verbraucherschutzorganisation* ist also zulässig, s.o.

Die Vorschrift trifft auf verbreitete Kritik.[1350] Diese Kritik erscheint berechtigt. Täuschungen im Hinblick auf Warentest durch Verbraucherschutzorganisationen unterfallen bereits den Art. 23 Nr. 1, 23, 7[1351], 93 und 94 GüH. Die genannten Vorschriften erscheinen ausreichend um den Schutz der Interessen der „vendeurs" als auch der Verbraucher gegen derartige Werbung sicherzustellen. Die Aufrechterhaltung des Verbots läuft im Übrigen der Entwicklung des Rechts zur Zulässigkeit von vergleichender Werbung – insbesondere auch Europarecht – entgegen. Mangels Rechtsprechung zu diesem Bereich, erscheinen gerade angesichts dieser Entwicklung die Grenzen des Art. 23 Nr. 12 GüH als „terra incognita"[1352]

[1348] Art. 23 Nr. 12 GüH: Est interdite toute publicité qui se réfère à des tests comparatifs effectués par des organisations de consommateurs.

[1349] Doc. Parl. Chambre, Session 1990-1991, n° 1240/20, 62, 63; Prosmans in : CUP XVI, p. 279; De Caluwé, in : Les pratiques du commerce, Èditions du jeune Barreau, p. 62.

[1350] Ballon/De Vroede, p. 39-40 s. (n° 76) ; sh. auch Van Den Bergh Annuaire 1992, 74, 98

[1351] Art. 23, 7° ist einschlägig, wenn die Werbung einen oder mehrere andere vendeurs identifizierbar macht.

[1352] De Bauw, Annuaire 2001, 161, 193.

(4.) Bezugnahme auf Autoritäten

Irreführend ist insbesondere[1353] die Bezugnahme auf staatliche Stellen. Wer etwa suggeriert eine „autorisation légale“ für ein Produkt zu besitzen, obwohl eine Genehmigung für Geräte dieser Art nicht existiert, handelt irreführend.[1354]
Irreführend ist auch die Behauptung staatlich anerkannter Experte zu sein.[1355] Ebenso irreführend i.S.d. Art. 23 Nr. 1 (und Art. 94) GüH ist es, wenn ein Unternehmen den Eindruck erweckt, dass eine Behörde seine Werbekampagne unterstützt.[1356]

Dieser Rechtsprechung bleibt hinzuzufügen, dass ein Rekurs auf Art. 23 Nr. 1 GüH nur dann möglich ist, wenn durch diese Bezugnahme beim Verkehr Rückbezüge auf die Eigenschaften des Produkts erfolgen. Ansonsten sind Art. 23 Nr. 3 GüH und die Generalklauseln des GüH in Betracht zu ziehen.

bbbb. Deutsches Recht

(1.) Auszeichnungen/Ehrungen

(a.) Begriff/Allgemeines/Abgrenzungen

Auszeichnungen und Ehrungen kommt aufgrund der vom Verkehr erwarteten Objektivität eine hohe wettbewerbsrechtliche Relevanz zu. Sie sind daher nunmehr auch in der „Insbesondere“-Regelung des § 5 II UWG enthalten.

Unter Auszeichnungen und Ehrungen wird vom Verkehr alles verstanden, was das Unternehmen oder den Unternehmensträger als etwas Besonderes darstellt, ihn aus der Menge seiner Mitbewerber hervorhebt und ihm von dritter Seite bescheinigt worden ist.[1357]
In Betracht kommen etwa Denkmünzen, Ehrenurkunden, Diplome, behördliche Anerkennungsschreiben, Sterne (etwa Michelin Sterne), die Eigenschaft „Hofjuwelier“ oder „Hoflieferant“ zu sein bzw. gewesen zu sein.
Aufgrund dieses weiten Verständnisses sind dabei Überschneidungen mit anderen Fallgruppen unvermeidlich. So haben Auszeichnungen mit Tests, Prüfzeichen und Gü-

---

[1353] Jedoch nicht ausschließlich, vgl etwa Cour d'appel Bruxelles, 11 octobre. 1988, Ing. Cons. 1989, 55, 56: Der Gebrauch der Wörter « médical », « breveté clinic » für Matrazen ist irreführend, da sie den falschen Eindruck der Entwicklung der Matrazen durch Mediziner hervorruft; vgl. auch Prés. Comm. Charleroi 1978, 449 e s. note B. Francq.

[1354] Prés. Comm. Bruxelles, 11 janvier 1993, Annuaire 1993, 56, 57 f. vgl. zum alten Recht : Prés. Comm. Bruxelles, 18 déc. 1978, J.C.B., 1979, 130, 133 ; Prés.Comm. Liège, 14 déc. 1978, J.C.B. 1979, 132, 136 sowie Prés. Comm. Bruxelles, 29 févr. 1988, D.C.C.R., 1988-89, 167: Danach ist irreführend die falsche Behauptung, ein Telefon sei durch die R.T.T. (ehemaliger belgische Telefonmonopolist) geprüft.

[1355] De Caluwé/Delcorde/Leurquin, Les pratiques du commerce, l'information et la protection du consommateur, 1990, 2e édition, n° 11. 59.

[1356] Vz. Kh. Tongeren, 19 juin 2001, Annuaire 2001, 207, 209.

[1357] Baumbach/Hefermehl § 5 Rn. 5.156.

tezeichen gemeinsam, dass der Verkehr ihnen eine positive Äußerung durch einen Dritten, also eine Auszeichnung entnimmt.[1358]

(b.) Täuschungsformen

Für Auszeichnungen und Ehrungen gelten die gleichen materiellen Maßstäbe.[1359]

(aa.) Bestand der Auszeichnung/Ehrung

Voraussetzung ist zum einen, dass die Auszeichnung/Ehrung überhaupt besteht oder verliehen wurde. Eine Auszeichnung/Ehrung besteht für das beworbene Produkt nicht, wenn sie nicht mehr aktuell ist[1360], oder sich nicht auf das beworbene Objekt bezieht. Wofür eine Auszeichnung verliehen wurde ist vornehmlich der Verleihungsurkunde zu entnehmen.[1361] So ist es etwa unzulässig mit einer Auszeichnung, die allgemein für ein Unternehmen verliehen wurde für ein einzelnes Produkt zu werben.[1362] Daher ist eine Medaillenwerbung auf dem Flaschenetikett eines „Premium-Pils" irreführend, wenn die Medaillen nicht für das Produkt, sondern der Brauerei im Allgemeinen verliehen wurden.[1363]

(bb.) Anforderungen an den Auszeichnenden/Ehrenden

Der Verkehr erwartet – im Gegensatz zu Gefälligkeitsauszeichnungen[1364] – ein objektives und neutrales, auf fachlicher Kompetenz beruhendes, Prüfungsverfahren.[1365] Der Ehrende muss korrekt benannt werden. So werden Auszeichnungen und Ehrungen durch staatliche Organisationen vom Verkehr in der Regel höher geschätzt als solche von privaten Organisationen. Insoweit darf daher nicht getäuscht werden.[1366]

(cc.) Beschaffenheitstäuschung

Ob die Auszeichnung zu Recht oder zu Unrecht vergeben wurde, ist grundsätzlich unerheblich.[1367] Im Rahmen der Irreführungsprüfung findet keine Wiederholung der, der

---

1358 H-B/H-B/Weidert § 5 Rn. 672.

1359 H-B/H-B/Weidert § 5 Rn. 673.

1360 BGH GRUR 1961, 193, 196- Medaillenwerbung; BGH GRUR 1978, 368, 369- Gemmologe DGemG; H-B/H-B/Weidert § 5 Rn. 678.

1361 BGH GRUR 1961, 193, 196- Medaillenwerbung.

1362 BGH GRUR 1961, 193, 196- Medaillenwerbung; OLG München GRUR 1983, 339, 340- Eder-Alt; OLG München GRUR 1989, 123, 124- Premium Pils; Gloy/Helm § 61 Rn. 38.

1363 OLG München GRUR 1989, 123, 124- Premium Pils.

1364 BGH GRUR 1991, 552, 554- TÜV- Prüfzeichen; die Zahlung einer angemessenen Gebühr für die Durchführung der Prüfung deutet jedoch für sich alleine nicht auf ein erkauftes Ergebnis hin; BGH GRUR 1991, 550, 551- Zaunlasur; BGH GRUR 1991, 552, 554- TÜV- Prüfzeichen.

1365 BGH GRUR 1984, 740, 740 f.- Anerkannter KFZ- Sachverständiger; OLG Hamburg GRUR 1991, 470, 470; Gloy/Helm § 61 Rn. 40; Baumbach/Hefermehl § 5 Rn. 5.157.

1366 Baumbach/Hefermehl/Bornkamm § 5 Rn. 5.159.

1367 Gloy/Helm § 61 Rn. 40.

Auszeichnung zu Grunde liegenden, Prüfung statt.[1368] Allerdings erwartet der Verkehr von einem ausgezeichneten Produkt, zumindest eine gehobene Qualität. Minderwertige Produkte dürfen nicht via Auszeichnung angepriesen werden.[1369] Ergeben sich aus der Auszeichnung ausdrücklich bestimmte Eigenschaften, müssen diese auch vorliegen, da ansonsten zwar nicht über das Vorliegen einer Auszeichnung, wohl aber über die Beschaffenheit des Produktes getäuscht wird.

(2.) Kundenempfehlungen[1370]

Hauptproblem ist hier das Zustandekommen der Empfehlung. Zwar ist unbedenklich, dass der Werbende selbst zu den entsprechenden Äußerungen aufgefordert hat, jedoch erwartet der Verkehr, dass der Empfehlende in seinem Urteil frei und unabhängig war.[1371] Dies ist bei erkauften Empfehlungen nicht der Fall. Anders liegen die Dinge jedoch bei Empfehlungen, für die offensichtlich bezahlt wurde, etwa bei Produktempfehlungen durch Prominente.

Wird etwa ein Fußball mit „EURO 2000“ bezeichnet, so kann dies vom Verkehr so missverstanden werden, dass es sich um den von dem zuständigen Organisator verwendeten Ball handelt, was vom Verkehr durchaus als Empfehlung für eine besondere Qualität und Güte des Sportgerätes aufgefasst werden kann.[1372]

(3.) Warentest/Qualitätslabel

(a.) Warentests[1373]

Bei einer Werbung mit Testergebnissen, die Mitbewerber erkennbar macht, muss die Werbung neben § 5 UWG zudem den Standards des § 6 UWG genügen.[1374]

(aa.) Bestand des Test

Der Test muss selbstverständlich überhaupt durchgeführt worden sein. Erforderlich ist zudem die zutreffende Wiedergabe des Testergebnisses. Dagegen ist die objektive

[1368] Vgl. insoweit die identische Lösung bei Warentests: F. II. 2. b. dd. bbb. bbbb. (3.) (a.).
[1369] Gloy/Helm § 61 Rn. 40.
[1370] Im Bereich der Empfehlungs- und Dankesschreiben sind für bestimmte Bereiche Sonderbestimmungen zu beachten, so gilt etwa für den Bereich der Heilmittelwerbung ein generelles Verbot dieser Werbepraktik, § 11 Nr. 11 HWG
[1371] OLG Hamburg WRP 1985, 649, 650- « Vom DFB empfohlen » ; OLG Hamburg GRUR 1979, 246, 248 ; OLG Hamburg GRUR 1986, 550, 551; OLG Frankfurt GRUR 1994, 523, 523- Touristik-Gütesiegel; Gloy/Helm § 56 Rn. 61.
[1372] BGH GRUR 2004, 775, 778- EURO 2000; Gloy/Helm § 56 Rn. 61.
[1373] Vgl. auch die Empfehlungen der Stiftung Warentest zur „Werbung mit Testergebnissen“ (abgedruckt bei Baumbach/Hefermehl/ Köhler § 6 Rn. 104). Die Empfehlungen sind zwar nicht maßgeblich, jedoch bilden sie Anhaltspunkte was erlaubt ist und was nicht vgl. BGH GRUR 1991, 679, 679-Fundstellenangabe.
[1374] Gloy/Helm § 56 Rn. 55; H-B/H-B/Weidert § 5 Rn. 487.

Richtigkeit einer erhaltenen Testnote nicht Voraussetzung für den werblichen Hinweis darauf. Der Verbraucher entnimmt der Werbung lediglich, dass das beworbene Produkt bei dem genannten Test die behauptete Note tatsächlich errungen hat.[1375] Insbesondere braucht der Werbende daher keinen Qualitätsnachweis zu führen oder gar die Richtigkeit des Testergebnisses zu beweisen, was auf eine Wiederholung des Warentests hinausliefe.[1376] Ebenso besteht grundsätzlich keine Verpflichtung auf negative Testergebnisse hinzuweisen. Dies auch dann nicht, wenn der Unternehmer für andere, von ihm angebotene Produkte, auf positive Testergebnisse hinweist.[1377] Generell ist dies eine Frage nach Aufklärungspflichten und somit nach § 5 II 2 UWG zu beurteilen. Zu einer unzutreffenden Wiedergabe des Testergebnisses gehört auch eine Irreführung über die Stellung des Testergebnisses im Verhältnis zu dem Gesamtergebnis. Zwar besteht keine generelle Verpflichtung, Bewertungen von Konkurrenzprodukten wiederzugeben[1378], jedoch darf der Verkehr über die Stellung im Gesamtgefüge auch nicht irregeführt werden.[1379] So erwartet der durchschnittliche Verbraucher von einem Produkt, das mit „gut" abgeschnitten hat auch, dass es überdurchschnittlich abgeschnitten hat. Ist dies nicht der Fall, weil der Großteil der getesteten Produkte diese Note erhielt, ist das Fehlen entsprechender Angaben irreführend.[1380]

Der Verkehr entnimmt der Werbung mit einem Testergebnis, dass es sich um ein aktuelles Testergebnis handelt. Das bedeutet, dass die getestete Ware noch nicht von der technischen Entwicklung überholt sein darf, nachfolgend kein weiterer Test durch dieselbe oder eine vergleichbare Institution stattgefunden und dass der Test erst vor kurzem stattgefunden haben darf.[1381] Ist dies nicht der Fall, sind entsprechende Hinweise etwa Fundstelle und Jahrgang der Testzeitschrift erforderlich.[1382] Ein solcher Hinweis kann schon in dem Hinweis liegen, das entsprechende Produkt sei ein Restposten.[1383] Eine allgemeine Aufklärungspflicht existiert nicht.

Ausdrücklich genannt werden in § 5 II Nr. 1 UWG auch „wesentliche Bestandteile" eines Tests.

Dies bedeutet, dass auch die Darstellung von Testdetails eine Irreführung begründen kann, insofern diese wesentlich sind. „Wesentlich" beurteilt sich anhand der Verbrauchersicht, also alle Angaben, die für das Ergebnis, oder sonst für verbraucherrelevante Eigenschaften der getesteten Ware bedeutungsvoll sind.

[1375] BGH GRUR 2003, 800, 803- Schachcomputerkatalog.

[1376] Gloy/Helm § 56 Rn. 55; H-B/H-B/Weidert § 5 Rn. 491.

[1377] OLG München VersR 2000, 909, 909 [LS] m. Anm. Dallmayr.

[1378] OLG Frankfurt WRP 1982, 35, 36- Werbung mit Testergebnissen I; OLG Frankfurt WRP 1985, 495, 496- Werbung mit Testergebnissen II; H-B/H-B/Weidert § 5 Rn. 495; Die anderslautenden Empfehlungen der Stiftung Warentest sind für § 5 UWG selbstverständlich nicht bindend.

[1379] BGH GRUR 1982, 436, 437- Test Gut; Gloy/Helm § 56 Rn. 56 sowie die sogleich genannten.

[1380] BGH GRUR 1982, 436, 438- Test Gut; OLG Koblenz WRP 1982, 484; KG GRUR 1980, 728, 730- „Qualitätsurteil gut"; OLG Köln GRUR 1983, 514, 515.

[1381] BGH GRUR 1985, 932, 933- Veralteter Test; OLG Frankfurt NJWE-WettbR 1996, 54, 55; OLG Hamburg GRUR 2000, 530, 532.

[1382] Gloy/Helm § 56 Rn. 57; weitergehend (für § 1 a.F.) aber unzutreffend: BGH GRUR 1991, 679.

[1383] OLG Frankfurt GRUR-RR 2003, 344, 344 f.

Dabei wird eine irreführende Einzelangabe nicht durch die korrekte Angabe des Gesamtergebnisses „geheilt".
Trotz der isolierten Richtigkeit einer Einzelangabe, kann alleine die Beschränkung der werblichen Darstellung auf einzelne Testergebnisse irreführend sein.

Gehen Einzelergebnisse nicht in das Endergebnis ein, so darf hinsichtlich dieser Ergebnisse nicht mit einem „Testsieg" geworben werden.[1384] Daneben dürfen unwesentlichen Bestandteile nicht in irreführender Weise aufgewertet werden.[1385]

(bb.) Durchführung des Tests

Erforderlich ist, dass der Test objektiv, neutral, fachkundig und ernsthaft durchgeführt wurde.[1386]
So ist die Werbung „Testsieger" zu sein irreführend, wenn der Test nicht repräsentativ ist, weil nur vier von etwa dreißig in Betracht kommenden Produkten geprüft wurden.[1387] Sind diese Voraussetzungen nicht gewahrt, ist die Werbung hiermit irreführend. Sind diese Mindesterfordernisse erfüllt, ist eine Werbung auch dann nicht irreführend, wenn ein Test objektiv falsch ist, s.o.

(b.) Prüfzeichen, Gütesiegel und Gütezeichen

(aa.) Prüf- und Gütesiegel

Von Produkten, für die mit Prüfzeichen (TÜV- geprüft; VDE- oder QS-Zeichen) geworben wird, erwartet der Verkehr, dass sie von einem neutralen Dritten mit entsprechender Kompetenz anhand objektiver Prüfungskriterien einer Prüfung unterzogen wurden.[1388]

Bei Gütesiegeln erwartet der Verkehr ein auf adäquaten Bedingungen beruhendes seriöses und unabhängiges Vergabeverfahren.[1389] Dabei kommt auch die Verleihung von Gütezeichen durch gewerbliche Unternehmen in Betracht, jedoch ist auch hier die nötige Seriosität und Unabhängigkeit zu fordern. Wird etwa die Prüfung für ein Siegel für Unternehmen aus der Touristikbranche durch den Steuerberater des verleihenden

---

[1384] OLG Hamburg NJOZ 2001, 611, 613- Preis-Leistungs-Sieger.
[1385] H-B/H-B/Weidert § 5 Rn. 498.
[1386] St. Rspr. vgl. etwa: BGH GRUR 1986, 330 ff.- Warentest III; BGH GRUR 1987, 468, 469 ff.- Warentest IV; OLG Frankfurt GRUR 2003, 85, 86- Vergleich von Finanzdienstleistungen; OLG München NJW-RR 1997, 1330, 1330- Neutralität bei Warentest.
[1387] KG GRUR 1999, 192 [LS].
[1388] OLG Düsseldorf WRP 1984, 302, 302; OLG Düsseldorf BB 1985, 2191, 2192; OLG Hamburg BB 1985, 2193, 2193; OLG Celle GRUR 1985, 547, 548- Gütezeichen Buskomfort; OLG Frankfurt GRUR 1994, 523, 523- Touristik-Gütesiegel; OLG Hamm MD 2003, 71, 73- Bundesverband für Partnersuchende; Wiebe WRP 1993, 74, 79 ff.
[1389] OLG Düsseldorf WRP 1984, 302, 302; OLG Frankfurt GRUR 1994, 523, 523- Touristik-Gütesiegel; Gloy/Helm § 56 Rn. 60 mwN.

Unternehmens durchgeführt, so mangelt es an der notwendigen Seriosität und das Führen des Siegels ist irreführend.[1390]
Für die Werbung mit Gütesiegeln (AGR-Gütesiegel; DEKRA-Siegel) gelten die gleichen Kriterien wie für Prüfzeichen:

Eine Werbung mit Prüfzeichen und Gütesiegeln ist irreführend wenn:

- das Zeichen nicht vergeben wurde bzw. zwar vergeben wurde, inzwischen aber widerrufen wurde.

- das Zeichen/Siegel nicht durch eine Prüfung erlangt wurde, sondern erkauft, bzw. die objektiven Prüfungsrichtlinien aus anderen Gründen nicht eingehalten wurden

Darüber hinaus besteht hinsichtlich mit Prüfzeichen/Gütesiegeln beworbener Produkte eine Verkehrserwartung, dass die bei der Vergabeprüfung gestellten Anforderungen erfüllt wurden und auch aktuell noch erfüllt sind. Hätte das Zeichen daher nicht vergeben werden dürfen, weil etwa die Prüfung in wesentlichen Punkten unvollständig war oder die geprüfte Ware wesentliche Mängel, die eine Erteilung der Prüfzeichen hätte ausschließen müssen aufweist,[1391] so ist die Werbung mit dem Zeichen irreführend.

(bb.) Gütezeichen

Gütezeichen („Blaue Engel"; „Geprüfte Qualität-Bayern"; CMA-Zeichen: „Markenqualität aus deutschen Landen") werden von Gütezeichengemeinschaften vergeben, die auf gesetzlicher Grundlage oder aber unter Beachtung der „RAL-Grundsätze für Gütezeichen" tätig werden.[1392] Zwar können Gütezeichen nicht nur vom RAL[1393] vergeben werden, jedoch erwartet der Verkehr von einem entsprechenden Gütezeichenverband, dass die Prüfung und Qualitätsüberwachung nach Maßstäben durchgeführt werden, die mit den RAL- Grundsätzen zumindest vergleichbar sind.[1394] Ist dies nicht der Fall, fehlt es insbesondere an der Qualitätsüberwachung, so ist die Werbung mit einem entsprechenden Gütezeichen irreführend.[1395]
Daneben besteht eine Prüfsiegeln entsprechende Verkehrserwartung. Dem Werbenden muss das Gütezeichen aufgrund einer objektiven, seriösen, unabhängigen Prüfung rechtmäßig erteilt worden sein und die Anforderungen des Gütezeichens müssen auch im Zeitpunkt der Werbung noch eingehalten sein.[1396]

1390 OLG Frankfurt GRUR 1994, 523, 523- Touristik-Gütesiegel.
1391 OLG Oldenburg GRUR-RR 2003, 159 f- Torpfosten; Kollmann GRUR 2004, 6, 9.
1392 H-B/H-B/Weidert § 5 Rn. 505.
1393 RAL Deutsches Institut für Gütesicherung und Kennzeichnung e.V.
1394 BPatGE 28, 139, 143- Gütezeichenverband.
1395 Gloy/Helm § 56 Rn. 60.
1396 H-B/H-B/Weidert § 5 Rn. 506; vgl. auch OLG Düsseldorf WettbR 2000, 154, 155.

(c.) Wissenschaftliche Beiträge

Auch wissenschaftliche Beiträge macht sich der Werbende unter den soeben[1397] genannten Bedingungen zu Eigen und hat für ihre Richtigkeit einzustehen.[1398] Oftmals ist es jedoch so, dass die Feststellung der Richtigkeit schwierig bis – bei Streitfragen – jedenfalls zeitweilig, unmöglich ist. Der Problemschwerpunkt verlagert sich auch hier auf die Frage des Zustandekommens. Der Verkehr erwartet, dass der Beitrag anerkannten wissenschaftlichen Standards genügt. Ist dies nicht der Fall, ist die Werbung irreführend.[1399]

ccc. Täuschung über Befähigungen und der Inhaberschaft von immateriellen Rechten

aaaa. Belgisches Recht

(1.) Allgemeines

Eine irreführende Angabe kann etwa im fälschlichen Behaupten eines Diploms oder eines akademischen Titels des Werbenden bestehen. [1400] Art. 23 Nr. 1 GüH ist einschlägig, da der Verkehr von einem diplomierten vendeur eine höhere Qualität seiner Produkte oder Dienstleistungen erwartet und damit über die Qualität eines Produktes in die Irre geführt wird. Zusätzlich ist Art 23 Nr. 3 GüH einschlägig, da der Verkehr auch über die „qualité" des Unternehmers irrt, s.u.

Gleiches gilt für die irreführende Behauptung von Exklusivrechten, Lizenzrechten an einer Marke und sonstigen immateriellen Rechten.
Irreführend gem. Art. 23 Nr. 1 GüH kann daher die falsche Behauptung des Verkäufers sein, Exklusivvertreter eines Produktes zu sein. Derartige Behauptungen fallen, insoweit sie über das Produkt selbst täuschen, unter Art. 23 Nr. 1 GüH: « Une publicité qui fait croire qu'un vendeur possède un brevêt dans toute l'Europe pour un certain produit alors que tel n'est pas le cas, et dans laquelle ce vendeur annonce qu'il poursuivra les contrefacteurs, induit en erreur sur la nature et les caractéristiques du produit ».[1401] Eine solche Täuschung liegt jedoch keinesfalls stets vor, da das Publikum aus derartigen Behauptung nicht stets etwas über die Qualität des Produktes entnehmen wird. Eine Irreführung liegt etwa vor, wenn durch den Slogan „AZAP, la carte de conversion de la Commission Européenne » der falsche Eindruck hervorgerufen wird, der Werbende sei durch die Europäische Kommission mit der Herstellung beauftragt (für Umrechnungstabellen der nationalen Währungen in den Euro) worden bzw. sogar

[1397] Vgl. F. II. 2. b. ee. aaa.
[1398] BGH GRUR 1961, 189, 190- Rippenstreckmetall; BGH GRUR 1961, 45, 49- Betonzusatzmittel; BGH GRUR 2002, 633, 635- Hormonersatztherapie.
[1399] BGH GRUR 2002, 633, 635- Hormonersatztherapie.
[1400] Vz. Kh. Kortrijk, 25 juni 1984, R.W., 1984-85, 1796, 1798 note De Vroede .
[1401] Vz. Kh. Kortrijk, 5 november 2001, Annuaire 2001, 783, 785.

Exklusivvertreter der Kommission, da hierdurch der Eindruck besonderer Qualität der Produkte hervorgerufen wird.[1402]

(2.) Insbesondere: Täuschungen über die Zugehörigkeit zu einem Verbundnetz (insbesondere im Automobilbereich)

Insbesondere im Bereich der KFZ-Verkaufs- und Reparaturwerkstätten ist es oftmals Praxis, dass Händler, die nicht dem „offiziellen" Händlernetz des Herstellers angehören, dennoch mit dessen Namen operieren oder sich als Spezialist für KFZ dieser Marke bezeichnen.
Die irreführungsrechtliche Problematik stellt sich dabei sowohl für den Verkauf von KFZ (Art. 23, 1), als auch für Reparaturdienstleistungen und die Unterhaltung von Kraftfahrzeugen (Art. 23, 2).

Durch die Bezugnahme auf den Hersteller wird bei den Kunden ein besonderes Vertrauen in die Leistungen des Werbenden erweckt. Dieses Vertrauen wird von den Herstellern, die ein großes Interesse haben, beim Kunden den Eindruck von Qualität der Fahrzeuge und ihrer Händler hervorzurufen, aus naheliegenden Gründen unterstützt. Zu diesem Zweck wird das jeweilige Unternehmen bemüht sein, seinen „service aprèsvente" so hochwertig wie möglich zu gestalten wozu die Vertragshändler beständig auf dem neuesten technischen Stand gehalten und geschult werden und Kontrollen durch den Hersteller stattfinden. Daraus folgt, dass diejenigen die sich außerhalb des Netzwerks befinden, mangels entsprechender Schulungen sehr rasch ihre Fähigkeiten den qualitativen Standard der Netzinsider zu halten einbüßen werden. Dem Kunden sind diese Tatsachen bewusst, so dass er von besonderer Qualität des Services, Beständigkeit in dieser Hinsicht und wirtschaftlicher Seriosität bei Vertragshändlern ausgeht. Daher ist die Werbung mit einer unzutreffenden Netzzugehörigkeit irreführend. Der irreführende Eindruck der Vertragshändlerschaft wird auch erweckt, wenn sich jemand als „Spezialist" für einen bestimmten Hersteller bezeichnet.[1403] Die Verbraucher werden meinen, er gehöre dem Netzwerk an und er könne daher einen Service anbieten, den er wie dargelegt, über kurz oder lang nicht (mehr) bieten kann.

Trotz dieser an sich klaren Lage, aus der nur geschlussfolgert werden kann, dass nur Vertragshändler sich so oder in ähnlicher Weise (Spezialist etc.) bezeichnen dürfen, war die Rechtsprechung hinsichtlich der Bezeichnung „Spezialist" gespalten. So wurde angenommen, dass ein Werkstattinhaber, der lange Zeit an einem bestimmten Motorentyp gearbeitet hat, eine ausreichende Erfahrung erworben habe, um sich « spécialiste" nennen zu dürfen. Um jedes Risiko einer Irreführung zu vermeiden, müsse er

---

[1402] Vz. Kh. Kortrijk, 5 november 2001, Annuaire 2001, 783, 785; vgl. auch Prés. Comm Bruxelles, 28 avril 1975, Rev.Prat. Soc., 1975, 104, 104 note Leurquin. ; Prés. Comm Gand, 8 mars 1983, R.D.C., 1984, 84, 85.

[1403] Hof van Beroep te Brussel, 15 september 1999, Annuaire 1999, 160, 165.

aber den Zusatz „indépendant » tragen.[1404] Das Kriterium der langen Erfahrung wurde nun aber in einer neueren Entscheidung abgelehnt[1405]. Danach können sich lediglich diejenigen, die dem Vertragshändlernetz angehören und « qui bénéficient de la formation réservée aux membres de ce réseau" als Spezialist bezeichnen. Unerheblich ist dagegen, ob der Werbende früher einmal dem Händlernetz angehört hat.[1406]

bbbb. Deutsches Recht

(1.) Unrichtige Angaben über Befähigung und Qualifikationen

Irreführend sind unzutreffende Angaben zur Befähigung oder Qualifikation (bzw. verwandte Angaben die dazu dienen Vertrauen zu erwecken, wie etwa ein Adelstitel) des Werbenden und seiner Mitarbeiter.[1407] Beispiele:

- „Staatlich geprüft"

Wer den Zusatz „geprüft" verwendet, erweckt damit beim Verkehr den Eindruck, eine staatliche oder zumindest staatlich anerkannte Prüfung absolviert zu haben.[1408] Irreführend ist daher etwa die Werbung eines Fußpflegers mit dem Hinweis „ärztlich geprüft", wenn dieses Berufsbild nicht existiert und auch keine irgendwie anerkannten Ausbildungsrichtlinien für Fußpfleger bestehen.[1409]

- Doktortitel

Ein Doktortitel wird im Verkehr mit einer abgeschlossenen Hochschulausbildung und der Berechtigung, den entsprechenden Titel auch in Deutschland führen zu können, verbunden. Regelmäßig sieht der Verkehr diesen Titel auch als Gewähr für die besonderen intellektuellen Fähigkeiten, den guten Ruf und die Zuverlässigkeit.[1410]
Irreführend ist es daher, wenn in einer Werbung auf einen nicht bestehenden oder in Deutschland nicht rechtmäßig geführten Doktortitel verwiesen wird. Für eine Gesellschaft gilt das Gleiche, wenn kein Gesellschafter den Titel führt oder wenn zwar ein Gesellschafter den Titel führt, dieser aber die Belange der Gesellschaft nicht maßgeblich mitbestimmt.[1411]

[1404] Teilweise wurde jedoch auch die Bezeichnung « indépendant » für unzureichend – da Mitgliedschaft im Händlernetz suggerierend – angesehen, vgl. etwa : Prés. Comm. Bruxelles, 14 juillet 1980, Ing. Cons. 1980, 262, 265 et s.; Prés. Comm. Bruges, 29 mars 1984, Ing. Cons. 1984, 257, 259.
[1405] Hof van Beroep te Brussel, 15 september 1999, Annuaire 1999, 160, 165.
[1406] Hof van Beroep te Brussel, 15 september 1999, Annuaire 1999, 160, 161.
[1407] Vgl. Baumbach/Hefermehl/ Bornkamm § 5 Rn. 5.131 mwN.
[1408] Baumbach/Hefermehl/Bornkamm § 5 Rn. 5.153.
[1409] LG Hannover WRP 1982, 173, 174.
[1410] BGHZ 53, 65, 68- Doktortitel; BGH GRUR 1959, 375, 376- Doktor-Firma; BGH GRUR 1992, 121, 121- Dr. Stein...GmbH.
[1411] BGH GRUR 1992, 121, 121- Dr. Stein...GmbH; BGH GRUR 1990, 604, 605- Dr. S.-Arzneimittel; BGHZ 53, 65, 68- Doktorfirma.

Scheidet der Träger des akademischen Grades aus dem Unternehmen aus, muss die Firma entsprechend geändert werden. Bei der Nachfolge ist ein Nachfolgezusatz zu verlangen.[1412]

Selbst wenn der Werbende den Titel zulässig führt, kann sich im Einzelfall eine Irreführung daraus ergeben, dass der Verkehr auf Grund der Verwendung des Doktortitels Spezialkenntnisse und spezielle Fähigkeiten, gerade auf dem Gebiet des jeweiligen Betriebs, erwartet. Wurde in einem solchen Fall der Doktortitel auf einem anderen Fachgebiet erworben, ist das, um eine Irreführung zu vermeiden, durch Verwendung der Fakultätsangabe, deutlich zu machen.[1413] Dagegen ist die Verwendung eines medizinischen Doktortitels ohne Zusatz der Fakultät bei der Führung eines Rundfunkgeschäfts unerheblich.[1414]

(2.) Vortäuschen der Eigenschaft als Vertragshändler oder als Vertragswerkstatt

(a.) Grundsatz

Für die Kaufentscheidung des Kunden bei einem bestimmten Händler ist es regelmäßig von Belang, ob er mit einem Vertragshändler oder einem nichtautorisierten Händler zu tun hat.[1415] Die Bedeutung einer derartigen Information für den Verbraucher wurde bereits im belgischen Teil dargelegt.
Wer daher beispielsweise Kraftfahrzeuge nur vermittelt, darf nicht vortäuschen, er sei Vertragshändler. Ob er dabei die gleichen Konditionen bietet wie ein Vertragshändler, ist unerheblich. Die Eigenschaft Vertragshändler zu sein, ist als solche von Marktentscheidungsrelevanz.

(b.) Vortäuschen der Eigenschaft als Vertragshändler oder als Vertragswerkstatt

Ob eine Werbung dahin verstanden wird, dass es sich um einen Vertragshändler handelt, hängt von der Verkehrsauffassung im Einzelfall ab. Dabei können Zusätze eine Irreführung ausschließen.[1416]
Wer mit Gebrauchtfahrzeugen handelt, handelt irreführend, wenn er durch die Worte „Opel- Kunden" und „Abt Opel" beim Verkehr den irrigen Anschein erweckt, es mit einem Opel-Händler oder einer Vertragswerkstatt zu tun zu haben.[1417] Gleiches kann für die Werbung „Die Werkstatt für Ihren Opel" gelten, wobei der Hinweis „Ihr Opel-Vermittlungspartner" den Eindruck eines Vertragshändlers nicht ausschließt.[1418]

[1412] BGH GRUR 1998, 391, 393- Dr.St...Nachf.; BGHZ 53, 65, 68- Doktorfirma.
[1413] BGH GRUR 1959, 375, 376- Doktortitel.; H-B/H-B/Weidert § 5 Rn. 642.
[1414] BGH GRUR 1959, 375, 376- Doktortitel.
[1415] Baumbach/Hefermehl/Bornkamm § 5 Rn. 6.31 ff.
[1416] Baumbach/Hefermehl/Bornkamm § 5 Rn. 6.35.
[1417] BGH GRUR 1969, 467, 469- Vertragswerkstatt.
[1418] OLG Hamm GRUR 1990, 383, 384.

Dagegen deutet die bloße Angabe eines Tätigkeitsbereichs wie z.B. „Reparaturen von Mercedes-Fahrzeugen“ oder „Werkstatt für Porsche-Fahrzeuge“ noch nicht auf eine Vertragswerkstatt hin.[1419]

(c.) Spezialisierungsangaben

Wird in einer Werbung auf eine Spezialisierung hinsichtlich von Fahrzeugen einer Marke hingewiesen, so wird der Verkehr einen solchen Hinweis regelmäßig dahingehend verstehen, dass es sich um einen Vertragshändler handelt.[1420] Eine Irreführung ist dann richtigerweise auch nicht durch eine Interessenabwägung hinzunehmen.[1421] Den berechtigten Interessen an der Angabe des Tätigkeitsgebietes kann durch Zusätze wie „unabhängig“ genüge getan werden.
Wer sich als ´spezialisiert´ bezeichnet, von dem erwartet der Verkehr bestimmte Mindestvoraussetzungen an Qualifikation. [1422] Der Verkehr erwartet dann eine ähnliche Qualifikation wie ein Vertragshändler.[1423] So ist die Bezeichnung „Jaguar Spezialwerkstatt“ irreführend, wenn die Mitarbeiter der Werkstatt über keine aktuellen Informationen hinsichtlich dieser Fahrzeugtypen verfügen.[1424]

3. Werbung hinsichtlich des Ursprungs des Produktes

Hinsichtlich irreführender Werbung über den geografischen Ursprungs eines Produktes ist in Deutschland nach h.L. und Rspr. das Markengesetz in allen wesentlichen Bereichen abschließend.[1425] Ein Rechtsvergleich auf Basis von UWG und GüH scheidet folglich aus. Eine nähere Erörterung unterbleibt daher.

[1419] Herb WRP 1991, 699, 701.

[1420] Baumbach/Hefermehl/Bornkamm § 5 Rn. 6.31.

[1421] A.A.: Baumbach/Hefermehl/Bornkamm § 5 Rn. 6. 35; als zulässig angesehen wurden etwa: „Kfz Meisterbetrieb speziell für Mercedes-Benz (OLG Hamm GRUR 1990, 285, 287) sowie Mercedes-Benz Spezial-Abtlg. (KG GRUR 1977, 537, 538).

[1422] OLG Karlsruhe WRP 1980, 574, 575.

[1423] Dabei ist zu berücksichtigen, dass auf Grund von Art. 4 III der Verordnung 1400/2002 EG über Art. 81 III EG jeder KFZ-Hersteller verpflichtet ist, den nichtautorisierten Werkstätten „Zugang zu den für die Instandsetzung und Wartung oder für Umweltschutzmaßnahmen erforderlichen rechnischen Informationen, Diagnose- und anderen Geräten und Werkzeugen nebst einschlägiger Software oder die fachliche Unterweisung“ zu gewähren. Diese Möglichkeit muss wahrnehmen, wer sich als Spezialist bezeichnet.

[1424] OLG Karlsruhe WRP 1980, 574, 575.

[1425] Zwar wird die Irreführung über die geografische Herkunft (vormals § 3 UWG 1909: „Ursprung“) durch § 5 II 1 Nr. 1 UWG erfasst. Jedoch sind die §§ 126 f. MarkenG allgemein anerkannt lex specialis gegenüber § 5 UWG (s.o.). Daraus kann nun aber nicht im Umkehrschluss gefolgert werden, dass für alle nicht geregelte durch §§ 126 ff. Zeichen mit geografischer Implikation gerade nicht auf § 5 zurückgegriffen werden kann, da sie vom Gesetzgeber als nicht schutzwürdig angesehen wurden. Die §§ 126 ff. MarkenG betreffen – als Teil des Markenrechts – lediglich den Zeichenschutz. Außerhalb dessen liegende Anwendungsbereiche werden durch die §§ 126 ff. MarkenG nicht betroffen. Der Vorrang der §§ 126 MarkenG gilt lediglich im Bereich des Zeichenschutzes, Helm GRUR 2001, 291, 294. Dadurch verbleibt ein – wenngleich äußerst enger – Anwendungsbereich, nämlich Fälle, in denen Zeichenschutz der §§ 126 ff. MarkenG nicht einschlägig ist. Dies sind im wesentlichen drei Fälle:

III. Dienstleistungsbezogene Irreführung, Art. 23 Nr. 2 GüH

> Sans préjudice d'autres dispositions légales ou réglementaires, est interidite toute publicité:
>
> 2° qui comporte des affirmations, indications ou représentations susceptibles d'induire en erreur sur l'identité, la nature, la composition, la durée, la disponibilité, la date de prestation ou les caractéristiques d'un service ; par caractéristiques, il y a lieu d'entendre les avantages d'un service, notamment au point de vue des propriétés des résultats qui peuvent être attendus de son utilisation, des conditions auxquelles il peut être obtenu, notamment le prix ou son mode d'établissement et les caractéristiques essentielles des tests ou contrôles effectués sur le service et des services qui l'accompagnent;

Der Text des Art. 23 Nr. 2 GüH entspricht nach der Harmonisierung 1999[1426] nahezu Art. 23 Nr. 1 GüH. Gegen seine Fassung lassen sich daher die gleichen Kritikpunkte wie gegen Art. 23 Nr. 1 GüH vorbringen.
Mit Art. 23 Nr. 2 GüH schließt der Gesetzgeber eine im GüH 1971 bestehende Lücke für die Irreführung im Hinblick auf Dienstleistungen. Bis dahin wurden diese Fälle durch Rückgriff auf die Generalklausel (Art. 54 GüH 1971) erfasst.

Im Vergleich zu Art. 23 Nr. 1 GüH ergeben sich keine wesentlichen Besonderheiten. Es soll daher keine erneute Behandlung erfolgen.

IV. Unternehmensbezogene Irreführung, Art. 23 Nr. 3 GüH

Art. 23 Nr. 3 weist einen erfrischend prägnanten Wortlaut auf:

> Sans préjudice d'autres dispositions légales ou réglementaires, est interidite toute publicité:
>
> 3° qui comporte des affirmations, indications ou représentations susceptibles d'induire en erreur sur l'identité ou les qualités du vendeur d'un produit ou service

---

Keine Nutzung für Waren oder Dienstleistungen:
Mangels Anwendbarkeit des § 127 MarkenG ist § 5 dann anwendbar, wenn eine geografische Herkunftsangabe nicht für Waren oder Dienstleistungen, sondern in anderer Weise verwendet wird, etwa als Unternehmenskennzeichen, BGH GRUR 2001, 73, 76- Stich den Buben.
Es handelt sich nur scheinbar um eine geografische Angabe:
Gemeint sind Fälle von Fantasienamen, die im Verkehr den Eindruck ein geografischen Herkunftsangabe erwecken. So beispielsweise für die Angabe „Fürstenthaler" für einen Wein, BGH GRUR 1980, 173, 174- Fürstenthaler; Helm FS Vieregge 1995, 335, 340 f.
Verwendung nicht mehr existierender Ortsangaben:
§ 5 ist anwendbar bei der Verwendung nicht mehr verwendeter geografischer Herkunftsangaben, BGH GRUR 1995, 354, 356- Rügenwalder Teewurst II.
[1426] Vgl. dazu Bosly/Tasiaux, p. 1 et s.

Zwar existierte diese Kategorie im GüH 1971 nicht, jedoch wurden die genannten Fälle trotz der „interpretation limitative" weitgehend unter Art. 20 Nr. 1 GüH 1971 erfasst. Begründet wurde dies damit, der Verbraucher werde über die „conditions d'achat du produit" getäuscht.[1427] Mit Art. 23 Nr. 3 GüH wurde diese Rechtsprechung bestätigt. Dabei wurden die früher verwendeten Begriffe „fabricant, fournisseur ou vendeur" durch den Begriff des „vendeur" ersetzt.

Irreführungen hinsichtlich der Identität des vendeurs fallen unter das loi de Benelux. Das GüH ist – wenn überhaupt – nur unter dem Aspekt des Art. 23 Nr. 8 GüH thematisiert. Nur in einigen wenigen Einzelfällen wurden Art. 23 Nr. 3 und 23 Nr. 8 GüH[1428] nebeneinander angewendet.

1. « Qualités » des vendeurs

Es geht hier um die Täuschung über Qualitäten, d.h. Fähigkeiten, Auszeichnungen, Diplome, letztlich sämtliche Eigenschaften, des vendeur. Diese Fälle wurden bereits weitgehend dargestellt[1429], da regelmäßig zugleich eine höhere Qualität des Produktes oder der Dienstleistung erwartet wird. Aus der neueren Rechtsprechung sei hier genannt:

- Anlehnungen an fremde Hersteller:

So stellt etwa die Behauptung « concessionnaire exclusif » zu sein eine Irreführende Werbung i.S.d. Art. 23 Nr. 1, 3 GüH dar, wenn die entsprechende Stellung nicht besteht.[1430]

Ein vendeur der sich fälschlicherweise als akkreditierter Importeur eines amerikanischen Unternehmens für Motorräder darstellt begeht einen Verstoß gegen Art. 23 Nr. 3 GüH.[1431]

Ein Werbender der sich in einer Werbung als „Partner" eines Konkurrenten darstellt obwohl eine Zusammenarbeit nicht besteht, verstößt gegen Art. 23 Nr. 3 GüH.[1432]

[1427] Evrard J.T. 1985, 173, 175 (n° 12); De Caluwé/Delcorde/ Leurquin, Les pratiques du commerce, l'information et la protection du consommateur, 1e édition, nos 184 'a 201 et 243 à 266.

[1428] Auch im Falle des Art. 23, 8° LPCC kommt es auf den Verbraucher „moyen et raisonnablement normalement avisé et ne disposant pas de connaissances particulières » an, vgl. etwa Meyer 2001, 633, 634 Kommentierung der Entscheidung Prés. Comm. Liège 18 mai 2001. Um das Risiko einer Verwirrung zu bestimmen, ist die Sorgfalt und die Aufmerksamkeit mit dem das Publikum einer Werbung gegenübertritt zu beachten, vgl. Vz. Kh. Brussel, 21 maart 2000, Annuaire 2000, 104, 105. Insoweit kann auf die unter C. II. 3. genannten Grundsätze verwiesen werden.

[1429] Vgl. F. II. 2. b. aa.

[1430] Prés. Comm. Bruxelles, 3 août 1995, Annuaire 1995, 193, 195.

[1431] Vz. Kh. Brussel, 21 september 2001, Annuaire 2001, 245, 245.

[1432] Hof van Beroep te Antwerpen, 27 juni 2002, Annuaire 2002, 393, 401.

• Die Inanspruchahme besonderer Vertrauenswürdigkeit:

Ein Fall des Art. 23 Nr. 3 GüH dürfte etwa im sog. Punica-Fall vorgelegen haben. Dort wurde mit einem (nicht existierenden) « Centre Dittmeyer de Conseil sur la Nutrition » geworben. Das Gericht stützte sein Urteil ausschließlich auf Art. 93 GüH.[1433] Richtigerweise liegt auch ein Verstoß gegen die Art. 23 Nr. 1[1434] und 3 GüH vor, da der Verbraucher von einem Hersteller der ein eigenes, wissenschaftlichen Eindruck erweckendes Ernährungszentrum unterhält, höhere Produktqualität erwartet und ihm eine Wissenschaftlichkeit zuschreibt, die dem Hersteller nicht zukommt.

Die Behauptung der baldigen Eröffnung von Friseursalons in London, Paris, New York, obwohl diese sich erst im Stadium der Planung befinden, ohne dass bereits konkretere Schritte ergriffen worden sind, täuscht die Kunden über das Renomée des vendeurs, Art. 23 Nr. 3 GüH.[1435]

Das Verschweigen eines Werbenden, dass er als Handelgesellschaft im Handelregister gelistet ist, um sich ein wissenschaftlich, seriöses Bild zu geben und so eine größerere Objektivität in Anspruch zu nehmen, verstößt gegen Art. 23 Nr. 3 und 4 GüH.[1436]

Die Behauptung ein Produkt werde ausschließlich von Apotheken verkauft, obwohl bestimmte Formen dieses Produktes auch in Sportgeschäften veräußert werden, ist eine irreführende Werbung i.S.d. Art. 23 Nr. 1 und 3 GüH.[1437]

2. Täuschungen hinsichtlich der Identität des „vendeurs" außerhalb des loi de Benelux

a. Äußere Gestaltung eines Geschäftslokals (aspect extérieur de l'établissement)

Der äußeren Gestaltung eine Geschäftslokals kommt unzweifelhaft der Charakter einer Werbung i.S.d. Art. 22 GüH zu. Durch die Schaffung äußerer Identität mit einem fremden Geschäftslokals wird eine Irreführungsgefahr hinsichtlich der Identität des vendeurs aber auch der Herkunft von dessen Produkten und Dienstleistungen geschaffen.

b. Identische Verkaufsmethoden

In den meisten Fällen sind die Verkaufsformen und –methoden nicht originell und unterscheidungskräftig. In bestimmten Fällen verwenden Unternehmen jedoch besondere Verkaufsmethoden und es wird mit bestimmten Verkaufsformen ein Unternehmen charakterisiert, es grenzt sich derart von seinen Konkurrenten ab. Die Imitation der

---

[1433] Cour d'appel de Bruxelles, 13 octobre 1995, Annuaire 1995, 96, 102 f.
[1434] A.A.: Puttemans, Annuaire 1995, 104, 108.
[1435] Cour d'appel de Bruxelles, 19 septembre 2002, Annuaire 2002, 342, 342 (347 ff.).
[1436] Cour d'appel de Bruxelles, 6 mars 1998, Annuaire 1998, 108, 108.
[1437] Prés. Comm. Bruxelles, 25 septembre 2000, Annuaire 2000, 198, 200 f.

Verkaufsmethoden und Formen eines Konkurrenten kann dann eine Irreführung darstellen.

In Betracht kommen etwa besondere Bekleidungen und Uniformen des Verkaufspersonals, aber auch jede andere unterscheidungskräftige Besonderheit. So wurde die Imitation eines Verkaufssystems eines Händlers durch seinen vormaligen Zulieferer verboten.[1438]

c. Benutzung einer irreführenden Domain

Als irreführend wurde es in neuerer Zeit mehrmals bewertet, den Verkäufer mittels eines unzutreffenden Domainnamens über die Identität des vendeurs zu täuschen.

Irreführend ist es etwa eine Internetseite unter der Adresse „Victory-Europe .com» zu Gründen, wenn ein derartiges Unternehmen nicht existiert, sondern der Besucher lediglich zur „wirklichen" Adresse (www.Victory-USA.com) umgeleitet wird.[1439]

Ebenso stellt die Verwendung der Firma und der Marke eines Konkurrenten als Domainname (Homepageadresse) eine irreführende Werbung dar. Im konkreten Fall hatte die „FGA Motorsport" eine Internetseite namens psimotorsport.be (u.a.) angelegt die auf die „eigene" Homepage verwies.[1440]

V. Redaktionelle Werbung

1. Belgien, Art. 23 Nr. 5 GüH

a. Allgemeines

Art. 23 Nr. 5 lautet :

> Sans préjudice d'autres dispositions légales ou réglementaires, est interidite toute publicité:
>
> 5° qui, étant donné son effet global, y compris sa présentation, ne peut être nettement distinguée comme telle, et qui ne comporte pas la mention « publicité » de manière lisible, apparente et non équivoque ; La publicité par courier électronique, non sollicitée, doit être identifiable comme telle d'une manière claire et non équivoque dès sa réception par le destinaire[1441]

[1438] Prés. Comm. Coutrai, 13 juin 1974, J.C.B. 1975, 194, 195 note De Caluwé.
[1439] Vz. Kh. Brussel, 21 september 2001, Annuaire 2001, 245, 245.
[1440] Vz. Kh. Brussel, 21 september 2001, Annuaire 2001, 245, 245.
[1441] Der letzte Satz wurde durch das Gesetz vom 25 mai 1999 neu eingefügt. Er sollte auf der einen Seite den Schutz der Verbraucher verbessern, auf der anderen Seite aber dem Werbenden nicht die

Art. 23 Nr. 5 GüH dient der Bekämpfung redaktioneller Werbung, also Werbung, die nicht als solche erkennbar ist und den Anschein eines redaktionellen Beitrages erweckt. Die Täuschung über den Charakter als Werbung führt dazu, dass der Verbraucher die kritische Prüfung, die er ansonsten auf Werbung anwendet, unterlässt und er der Werbung einen objektiven Maßstab zubilligt, die ihr nicht zukommt.[1442]
In der Literatur werden Zweifel an der Notwendigkeit einer speziellen Regelung der redaktionellen Werbung angemeldet: Wenn die Werbung inhaltlich irreführend sei, falle sie ohnehin unter Art. 23 Nr. 1 und 2 GüH, sei sie inhaltlich zutreffend, sei die Tarnung der Werbung ein sittenwidriges Verhalten i.S.d. Art. 93 und 94.[1443]
Erklärung für das Tätigwerden des Gesetzgebers dürfte die unklare Handhabung durch die Rechtsprechung unter dem GüH 1971 gewesen sein. Solange die Werbung inhaltlich zutreffend ausgestaltet war, war die Rechtsprechung äußerst zurückhaltend mit der Untersagung der entsprechenden Werbung.[1444] Daher nahmen Teile der Literatur eine Regelungslücke an.[1445]

b. Voraussetzungen

Art. 23 Nr. 5 GüH nennt zwei Voraussetzungen die kumulativ vorliegen müssen:

- die Werbung kann unter Berücksichtigung ihres Gesamteindrucks und ihrer Präsentation nicht als solche erkannt werden und

- die Werbung ist nicht mit einem lesbaren, erkennbaren und eindeutigen Hinweis „publicité" gekennzeichnet.

aa. Die Werbung kann nicht als solche erkannt werden

Hieraus folgt, dass Werbung, die als solche erkennbar ist, (selbstverständlich) nicht untersagt werden kann.
Die Frage nach der Erkennbarkeit ist letztlich erneut eine Frage nach dem Verbraucherleitbild. Im Rahmen der redaktionellen Werbung muss insoweit hervorgehoben werden, dass das GüH von einem Verbraucher ausgeht, der die ihm zur Lektüre angebotenen Informationen auch wahrnimmt und bereit ist zu „verarbeiten". Dabei ist besonders bei Zeitungen und Zeitschriften darauf zu achten, welche Kreise eine Publikation erreicht.

Verpflichtung auflasten, den Verbraucher vor der Versendung von Werbung um Zustimmung bitten zu müssen; vgl. Bosly/Tasiaux, p. 7 ; Francq/Francq in: Le point sur le droit commercial, p. 195.
[1442] Evrard J.T. 1992, 681, 685 (n° 22).
[1443] De Caluwé in : Les pratiques du commerce, Èditions du jeune Barreau, p. 51 ; Straetmans, Handelspraktijken Anno 1996, p. 56, (n° 33); Prosman in : CUP XVI, p. 252.
[1444] Evrard J.T. 1992, 681, 686 (n° 22) mwN.
[1445] Stuyck/Gerven Handelspraktijken, p. 120; a.A. (keine Regelungslücke im alten Recht): De Caluwé in : Les pratiques du commerce, Èditions du jeune Barreau, p. 51.

Instruktiv ist insoweit eine Entscheidung des Handelsgerichts Brüssels über Angebote, die als Rechnung getarnt, verschickt wurden.[1446] Das Gesamtbild des Dokuments erinnerte an eine Rechung. Es beinhaltete die Identität des Angeschriebenen, dessen (angebliche) Kundennummer und eine zusammenfassende Beschreibung der Dienstleistung. Es gab den Preis mit MwSt an und war mit einem abreißbaren Antwortvordruck versehen. Der Begriff « Angebot » stand lediglich unauffällig in der oberen linken Ecke des Schriftstückes.
Das Gericht stellt einen potentiell irreführenden Charakter über den Werbecharakter fest, indem es darauf hinweist, dass einige der Angeschriebenen das Dokument als Rechnung – und nicht als Werbung – verstanden und gezahlt hätten. Auch der durchschnittliche Verbraucher könne zu dieser Auffassung kommen. Maßgebliche Verbrauchergruppen seien die angeschriebenen Kaufleute. Kaufleute seien ge-zwungen, ihre Post schnell zu bearbeiten. Lediglich das aufmerksame Lesen des ge-samten Dokuments erlaube es aber sich klar zu werden, dass es sich nicht um eine Rechung, sondern um ein Angebot handele. Dies könne aber nicht verlangt werden. Der Werbecharakter müsse unmissverständlich klar sein, damit der Hinweis „publicité" überflüssig werde. Das Dokument stelle daher eine nach Art. 23, 5 GüH verbotene Werbung dar.

Allgemein sind alle Umstände in Betracht zu ziehen, aus denen die Adressaten schließen können, dass es sich um Werbung und nicht einen redaktionellen Beitrag handelt. Bedeutsam sind insbesondere folgende Umstände:

- Erkennbare Unterschiede zu dem üblichen Inhalt von redaktionellen Beiträgen

  - Der Beitrag ist in einer durch eine Überschrift oder sonstigen Hinweis als Werbung gekennzeichneten Rubrik erschienen
  - Die Publikation enthält ausschließlich werbende Beiträge
  - Die Qualität der Güter wird besonders – werbemäßig – angepriesen[1447]
  - Für Vorrat, Preise, weitere Informationen wird auf die Herstellerfirma verwiesen[1448]

- Erkennbare Unterschiede zu üblichen Formalien bei redaktionellen Beiträgen:

  - dass der Text nicht mit einem Autorenkürzel abschließt
  - auf der Werbeseite kein Datum, keine Auflagennummer angegeben wird
  - die in Frage stehende Werbung eine andere Aufmachung, ein anderes Schriftbild etc. als der übrige redaktionelle Text aufweist

1446 Prés. Comm. Bruxelles, 18 avril 2003, Annuaire 2003, 451, 454.
1447 Vgl. Prés. Comm. Bruxelles, 9. sépt. 1994, inédit cité par Prosman in : CUP XVI, p. 251 et Straetmans, Handelspraktijken Anno 1996, p. 55 (Rn. 31).
1448 Vgl. Prés. Comm. Bruxelles, 9. sépt. 1994, inédit cité par Prosman in : CUP XVI, p. 251 et Straetmans, Handelspraktijken Anno 1996, p. 55 (Rn. 31).

- Sonstige Umstände
    - o Das verwendete Medium[1449]
    - o Stellung der fraglichen Publikation in der Gesamtpublikation[1450]

Beispiele:

Das Magazin „Trends-Tendance“ beinhaltete eine Rubrik „Publiscopie“ in der ausschließlich Werbung veröffentlicht wurde.
Die Werbung wurde aufgrund des Titels der Rubrik, der zum sonstigen Inhalt abweichenden Aufmachung, den fehlenden Seitenzahlen und des Datums auf den entsprechenden Seiten, als erkennbare Werbung gewertet. Das Handelsgericht lehnte in seiner Entscheidung daher eine Irreführung ab.

Dagegen wurde eine 637 Seiten starke Schrift „Parktische Gids voor platte daken“[1451], auf deren Umschlag der Markenname des veröffentlichenden Herstellers abgedruckt war, für irreführend erachtet. Der Charakter als „Werbung“ sei nicht erkennbar, da der Abdruck des Namens des Herstellers keine eindeutige Erkennbarkeit gewährleiste.[1452] Berücksichtigt wurde dabei auch der Umfang der Schrift, der gegen Werbung spreche.

bb. Die Werbung ist nicht mit „publicité“[1453] gekennzeichnet

Die Formulierung des Gesetzes ist ausschließlich auf visuelle Werbung, wie Fernsehspots, Zeitungsanzeigen etc. zugeschnitten.
Dennoch kann kein Zweifel bestehen, dass Art. 23, 5 GüH auch auf reine Audiowerbung anwendbar ist.[1454] In der belgischen Rechtslehre wird deshalb – ohne Gegenstimmen – vorgeschlagen, den Text in „de manière claire, lisible ou audible et non équivoque“ abzuändern.[1455]

Hinsichtlich der Modalitäten der Kennzeichnung sind zwei Zweifelsfragen aufgetreten. Diskutiert wird die Frage, ob ein Hinweis auf jeder Seite erfolgen muss, und, wie der gesetzlichen Formulierung nicht entsprechende, aber gleichbedeutende Hinweise zu beurteilen sind.

[1449] Ballon/De Vroede, p. 34; Straetmans, Handelspraktijken Anno 1996, p. 55 (n°. 31).
[1450] Ballon/De Vroede, p. 34; Straetmans, Handelspraktijken Anno 1996, p. 55.
[1451] Übersetzt: „Praktischer Leitfaden zu Flachdächern“.
[1452] Prés. Comm. Bruxelles, 14 déc. 1992, Annuaire 1992, 150, 150 note de Meuter.
[1453] Bzw. „Werbung“ oder „reclame“
[1454] Van Den Bergh, Annuaire 1992, 78 ff.; Puttemans in: Les pratiques du commerce, l'information et la protection du consommateur, premier bilan, p. 211.
[1455] Puttemans in: Les pratiques du commerce, l'information et la protection du consommateur, premier bilan, p. 211.

aaa. Hinweis auf jeder Seite ?

Das Handelsgericht Brüssel entschied in einer frühen Entscheidung zum neuen GüH, der Hinweis „publicité" müsse auf jeder Seite der entsprechenden Werbung erfolgen.[1456]

Zu Grunde lag der soeben beschriebene Fall einer 637-seitigen Werbeschrift für Flachdachkonstruktionen. Dabei wurde berücksichtigt, dass die Schrift in mehreren Bibliotheken, u.a. die der K.U. Leuven, verfügbar war und daher – auch angesichts des Umfangs – das Risiko bestand, dass der Leser nur einige wenige Seiten konsultieren werde und daher ein einzelner Hinweis unzureichend wäre.

Dem ist für den Einzelfall zuzustimmen. Eine Generalisierung ist aber mit der h.M. in der Literatur abzulehnen.[1457] Zum einen lässt das Gesetz einen Hinweis genügen, zum anderen ist kaum zu besorgen, dass der Leser den Hinweis während der Lektüre vergessen wird. Ein Hinweis auf mehreren Seiten ist mit Sinn und Zweck des Gesetzes nur dann zu fordern, wenn ein einzelner Hinweis aufgrund der konkreten Umstände nicht ausreicht, um die Hinweisfunktion zu erfüllen.

bbb. Gleichbedeutende Hinweise

Umstritten ist zudem, ob der Hinweis „publicité" durch einen gleichbedeutenden Hinweis ersetzt werden kann. Dies wird von Teilen der Rechtsprechung und der Literatur angenommen.[1458] Hier gegen spricht jedoch der eindeutige Text des Gesetzes. Zudem würde durch eine derartige Möglichkeit dem ohnehin verbreiteten Missbrauch Tür und Tor geöffnet und weitere – angesichts der Zumutbarkeit des Begriffs „publicité" – überflüssige Zweifelsfragen hinsichtlich gleichbedeutender Begriffe und deren Eindeutigkeit aufgeworfen. Aus diesem Grunde ist auch der vor Einführung des GüH verbreitete Hinweis „communiqué" nicht mehr zulässig.[1459]

Allerdings kommt es aufgrund des Verhältnisses der beiden Voraussetzungen auf diese Argumentation nicht an. Die zweite Voraussetzung ist bei näherer Betrachtung Teil der ersten: Findet sich auf der Werbung der Hinweis „publicité" ist die Werbung bereits als solche erkennbar, Art. 23, 5 GüH nicht einschlägig und es kommt auf die Frage, ob ein solcher Hinweis vorliegt oder nicht, nicht mehr an.

Gleiches gilt für gleichbedeutende Hinweise: Liegt tatsächlich ein „publicité" gleichbedeutender Hinweis vor, ist die Werbung bereits als solche erkennbar und es kommt auf die Frage, ob ausdrücklich „publicité" vermerkt ist, nicht mehr an.

[1456] Prés. Comm. Bruxelles, 14 déc. 1992, Annuaire 1992, 150, 150 note de Meuter.

[1457] So auch Puttemans in: Les pratiques du commerce, l'information et la protection du consommateur, premier bilan, p. 213; generell ablehnend: Prosman in : CUP XVI, p. 252.

[1458] In diesem Sinne Prés. Comm. Nivelles, 15 janvier 1993, inédit zitiert aus Prosman in : CUP XVI, 252 : « la condition légale peut se réaliser au moyen de n'importe quel titre qui indique induablement qu'il ne s'agit pas d'un texte rédactionnel»; ebenso : Ballon/De Vroede, p. 43 (n° 62).

[1459] De Caluwé, in : Les pratiques du commerce, Èditions du jeune Barreau, p. 52 ; Evrard J.T. 1992, 681, 685.

2. Deutsches Recht

Mit dem Wegfall des Erfordernisses der Irreführung über geschäftliche Verhältnisse fällt auch redaktionelle Werbung unter das Irreführungsverbot, wenn sie inhaltlich unrichtige Vorstellungen über eine Ware oder eine Dienstleistung hervorruft. Ansonsten handelt es sich nicht um einen Anwendungsfall des § 5 UWG, sondern ausschließlich des § 4 Nr. 3 UWG. Eine Erörterung soll daher unterbleiben.

VI. Fehlender Vorrat

1. Belgien, Art. 23 Nr. 9 GüH

Art. 23 Nr. 9 GüH lautet:

> Sans préjudice d'autres dispositions légales ou réglementaires, est interidite toute publicité:
>
> „qui porte sur une offre de produits ou de services, lorsque le vendeur ne dispose pas de stock suffisant ou ne peut effectivement prester les services qui doivent normalement être prévus compte tenu de l'ampleur de la publicité »

Zweck des Art. 23 Nr. 9 GüH ist es, Lockvogelpraktiken entgegenzutreten. Es soll verhindert werden, dass Kunden mit außergewöhnlich günstigen Preisen („prix d'appel") oder besonderen Markenprodukten („marques d'appel") bzw. der Verbindung zwischen beiden angelockt werden, wenn kein ausreichender Vorrat an Ware besteht, für die die beworbenen Bedingungen gelten.[1460] Geschützt werden sollen dabei insbesondere die Konkurrenten, deren Interessen dadurch beeinträchtigt werden, dass jedenfalls ein Teil der so angelockten Verbraucher dennoch anderweitige Geschäftsabschlüsse vornehmen wird, die er ansonsten möglicherweise bei anderen Anbietern vorgenommen hätte.[1461]

a. Voraussetzungen

aa. „Offre"

Ein „offre" verlangt kein Angebot i.S.d. Code Civil. Ziel war es jede Werbung zu verhindern, in der mit Waren oder Dienstleistungen geworben wird, die nicht ausreichend vorrätig sind.[1462] „Offre" meint daher jede Anzeige (Ankündigung) von Produkten oder Dienstleistungen. Lediglich Werbungen ohne jeden Warenbezug (Imagewerbung)

[1460] Prosman in : CUP XVI, p. 265; De Caluwé in : Les pratiques du commerce, Èditions du jeune Barreau, p. 58.
[1461] Ferrant, Pratiques du commerce, p. 53, Rn. 53.
[1462] Rapport De Cooman, Doc. Parl. Sén., 464 (1986-1987), n° 2, p. 73.

sind nicht erfasst. Soweit ein Werbender direkt oder indirekt auf den Verkauf von Waren oder Dienstleistungen hinweist ist Art. 23 Nr. 9 GüH einschlägig.[1463]

bb. Ausreichender Warenvorrat

aaa. Einleitung

Art, Umfang und sogar Anzahl der den Werbenden aus Art. 23 Nr. 9 GüH treffenden Pflichten ist umstritten. Nach ganz h.M. existieren zwei Pflichten mit unterschiedlichem Umfang.[1464] Auf der einen Seite die korrekte Einschätzung wie viel Vorrat vorhanden sein muss und auf der anderen Seite die tatsächliche Bevorratung der entsprechenden Menge an Ware (bzw. Dienstleistungen). Bei der Einschätzung über den notwendigen Vorrat wird vom Werbenden eine « prévision *normale*" (Art. 23 Nr. 9 GüH) erwartet. Diese ist eine „obligation de moyen"[1465], dh. eine Falscheinschätzung ist unschädlich, wenn die Prognose nach den Regeln eines „bon père de famille" getroffen wurde".[1466] Die Pflicht zur Erfüllung der Prognose ist hingegen eine „obligation de résultat", dh. sie ist unbedingt – unabhängig von Vorsatz/ Fahrlässigkeit zu erfüllen – laut Gesetzestext wirkt sich nur höhere Gewalt aus.

Gegen diese Zweiteilung und für die Beurteilung des Art. 23 Nr. 9 GüH als einen einheitlichen Tatbestand opponieren namentlich *De Vroede*[1467] und *Batselier*[1468]. Der Richter werde ansonsten hinsichtlich der obligation de moyen gezwungen im nachhinein zu beurteilen, ob die Prognose des Werbenden ex ante nach den Regeln eines bon père de famille getroffen wurde. Dies sei um so schwieriger, da eine Vielzahl von Einschätzungskriterien in Betracht kämen. Außerdem sei die Folge, dass Art. 23 Nr. 9 GüH nicht zu Anwendung komme, wenn die Einschätzung zu Anfang richtig getroffen wurde es aber aufgrund eines unerwarteten Absatzerfolges zu Vorratsengpässen komme. Dieser Erfolg sei – so offenbar der Gedanke der genannten Autoren – jedoch Folge der Werbung, weshalb der Werbende auch die Verantwortung dafür übernehmen müsse nun ausreichend Ware zu beschaffen.[1469] Diese Einschätzung ist abzulehnen. Gegen sie spricht der klare Wortlaut des Gesetzes der eindeutig zwischen der Einschätzung des Vorrats und der tatsächlichen Beschaffung dieses Vorrats trennt. Das Gesetz spricht von einer „normalen" Einschätzung. Welche Kriterien auch immer an eine „normale" Einschätzung angelegt werden, es läuft nicht auf eine perfekte Einschätzung hinaus. Dies entspricht auch den Vorstellungen des Verkehrs, dem ökonomische Grundzusammenhänge geläufig sind und daher nicht mehr als eine ökonomisch vernünftige und lautere Prognose erwartet.

[1463] Puttemans Annuaire 1993, 86, 96 ; de Vroede R.C.J.B. 1998, 31, 36.

[1464] Cour de cassation, 12 septembre 1996, Annuaire 1996, 142, 143 ; Puttemans Annuaire 1993, 86, 96, 98 ; De Caluwé, Rec.Cass. 1997, 213, 215 ; Prosmans in : CUP XVI, p. 266.

[1465] Puttemans Annuaire 1993, 86, 96.

[1466] Cour de cassation, 12 septembre 1996, Annuaire 1996, 142, 143 ; Puttemans Annuaire 1993, 86, 96, 98 ; De Caluwé Rec.Cass. 1997, 213, 215 : « distinction indispensable ».

[1467] De Vroede R.J.C.B. 1998, 31, 38.

[1468] Batselier Annuaire 2003, 176, 181, 183 f.

[1469] De Vroede R.J.C.B. 1998, 31, 38 ähnlich auch Batselier Annuaire 2003, 176, 181, 183 f.

bbb. „Normaler" Vorrat

aaaa. Darstellung der Rechtsprechung

Die Voraussetzungen wurden von der Cour de cassation[1470] dahingehend präzisiert, dass der Verkäufer, der mittels Werbung Produkte anpreist, über solche Vorräte verfügen muss, dass er die zu prognostizierende Nachfrage befriedigen kann.

Fraglich ist, wie der erforderliche Vorrat einzuschätzen ist. Es handelt sich – wie bereits dargestellt – um eine „obligation de moyen", dh. eine Falscheinschätzung ist unschädlich, wenn die Prognose nach den Regeln eines „bon père de famille" getroffen wurde. Genau dies prüft das Gericht nach.
Diese Prognose ist im konkreten Fall unter Verwendung einer Verhältnismäßigkeitsabwägung[1471], zu erstellen. Fraglich ist, ob Vorrat und Reichweite der Werbung ausreichend miteinander in Beziehung stehen.[1472] Der Richter prüft, ob dem Werbenden ein Einschätzungsirrtum bei der „evaluation proportionnelle des moyens publicitaires mis en œuvre, d'une part, et de la demande qui s'en suivrait normalement, d'autre part »[1473] unterlaufen ist.
Die Einschätzung erfolgt dabei ex ante : Der Richter darf also nur die Umstände zu Grunde legen, die zu dem Zeitpunkt, als der Werbende die Werbung lanciert hat, diesem bekannt waren oder hätten bekannt sein müssen.
Das Kriterium der Reichweite der Werbung ist dabei nicht das Einzige, in Betracht kommen auch noch andere Faktoren.[1474] Insbesondere sind auch folgende Umstände relevant:

- Die Größe des werbenden Unternehmens, in der Weise, dass der Verkehr von einem größeren Unternehmen größere Vorräte erwartet.[1475]

- Die beworbenen Produkte.[1476] Teure Produkte sind in der Regel nicht in der Menge vorrätig, wie Massenware.

[1470] Cour de cassation, 12 septembre 1996, R.D.C. 1997, 21, 21.
[1471] Chambre, Doc. Parl., 1989- 1990, n° 1240/20 ; Pasim., 1991/3 p. 2567; Prés. Comm. Liège 21 décembre 1995, Annuaire 1996, 1, 4.
[1472] "Il s'agit d' apprécier le bien-fondé de la décision économique de l'annonceur-vendeur : les prévisions de celui-ci étaient-elles proportionnées à l'ampleur de la publicité ? », Puttemans Annuaire 1993, 86, 98.
[1473] Puttemans Annuaire 1993, 86, 98.
[1474] Van den Bergh, R. Annuaire 1992, 74, 91 (n° 30).
[1475] Prosman in: CUP XVI, S. 266 mwN; Leroy/Mouffe, Le droit de la publicité, p. 326 ; Van den Bergh Annuaire 1992, p.91, n° 30.
[1476] Prosman in: CUP XVI, S. 266 mwN; Leroy/Mouffe, Le droit de la publicité, p. 326 ; Van den Bergh Annuaire 1992, p.91, n° 30.

- Der Inhalt der Werbung und die Verkaufsmethoden des Werbenden.[1477]
  Fraglich ist insoweit insbesondere, ob durch Hinweise wie „nur solange der Vorrat reicht“ oder durch konkrete Mengenangaben Art. 23 Nr. 9 GüH ausgeschlossen wird.
  Dies ist abzulehnen: So ist etwa der Hinweis « Offre valable jusqu'à épuisement des stocks » ohne Belang für die Einschätzung des normalen Vorrats.[1478] Durch derlei Hinweise wird ja auch nichts ausgesagt was nicht ohnehin jedem einleuchtet: Mehr als alles kann nie verkauft werden. Anders verhält es sich jedoch bei konkreten Mengenangaben. Da es maßgeblich auf die zu erwartende Nachfrage ankommt und ein solcher Hinweis Kunden, die sich aufgrund des Hinweises keine Chancen eine Ware zu erhalten ausrechnen, abschrecken wird, sind derartige Hinweise mit in Betracht zu ziehen. Sie stellen jedoch nicht das einzige Element zur Beurteilung, sondern nur eines unter mehreren dar.[1479]

- Der Ort des Verkaufs. In einer dicht bevölkerten Region muss mehr vorrätig sein, als auf dem Land.[1480]

- Mit zu berücksichtigen ist auch die Preisgünstigkeit, sowie der übliche Vorrat vor der Werbung.[1481]

bbbb. Rechtsnatur des Art. 23 Nr. 9 GüH

Bei Art. 23 Nr. 9 GüH handelt sich auf den ersten Blick um eine objektive Prüfung, scheinbar unabhängig der Verbrauchersicht. Eine Irreführung der Verbraucher über eine ausreichende Bevorratung ist nicht Voraussetzung. Die tatsächliche Verbraucheransicht findet jedenfalls keine explizite Erwähnung.[1482] Folglich würde es sich auf den ersten Blick nicht um einen Irreführungstatbestand handeln. Eine solche Interpretation wäre indes unzutreffend.
Gesetzgeberisch wäre es unsinnig, einen Tatbestand wie Art. 23 Nr. 9 GüH nicht als Irreführungstatbestand auszulegen. Art. 23 Nr. 9 GüH soll Verbraucher und Konkurrenten schützen. Dies kann auf der einen Seite jedoch nur gelingen, wenn Art. 23 Nr. 9 GüH dann greift, wenn die Verbraucher über eine Bevorratung in die Irre geführt werden. Dazu kann es nur auf die Verkehrsauffassung ankommen. Greift man auf objekti-

---

[1477] Prosman in: CUP XVI, S. 266; Leroy/Mouffe, Le droit de la publicité, p. 327 ; Van den Bergh Annuaire 1992, p. 91, n° 30.
[1478] De Gryse, in: De nieuwe handelspraktijken, p. 50.
[1479] De Gryse, De nieuwe handelspraktijken, p. 50.
[1480] Prés. Comm. Bruxelles, 8 mars 1993, Annuaire 1993, 81, 81 s. et note Puttemans A.
[1481] De Gryse, in: De nieuwe handelspraktijken, p. 50.
[1482] vgl. jedoch : Vz. Kh. Antwerpen 2 juni 1994, Annuaire 1994, 102: „L'utilisation du catalogue d'une marque internationale ou réputée, sans mentionner le nom de son propre établissement est un usage généralement connu [Hervorhebung durch den verf.] et n'est que l'expression du fait que cette marque est distribuée par ce commercant. Lorsque le commercant ne dispose pas de tous les articles figurant au catalogue,mais indique au moyen d'une liste de prix ajoutée en nom propre quels sont les articles qui peuvent être acquis chez lui, il ne se rend pas coupable d'une infraction à l'art. 23, 9° LPCC pour l'unique raison qu'il ne dispose pas des autres articles repris au catalogue“.

ve Kriterien zurück, sind Schutzlücken zu befürchten. Auf der anderen Seite macht ein Verbot keinen Sinn, wenn der Verbraucher nicht getäuscht wird, seine Entscheidung daher gar nicht beeinflusst werden kann und damit eine Verletzung der Interessen der Konkurrenten, der Verbraucher und der der Allgemeinheit ausgeschlossen ist. Es besteht dann keinerlei Verbotsinteresse. Art. 23 Nr. 9 GüH muss daher sinnvollerweise als Irreführungstatbestand ausgelegt werden.

Der Verbraucher erwartet hinsichtlich der Bevorratung, dass jemand der wirbt, auch über einen angemessenen, normalen Vorrat verfügt. Dieser bestimmt sich anhand der von einem „bon père de famille"-Werbenden prognostizierten Nachfrage. Insoweit sind dann die identischen Kriterien wie die soeben genannten maßgeblich. Der Gesetzgeber hat mit der Voraussetzung der normalen Nachfrage also letztendlich nur die Verkehrsauffassung ins Gesetz geschrieben. Anders wäre eine Einschätzung auch gar nicht möglich. Art. 23 Nr. 9 GüH ist daher als ein Irreführungstatbestand zu verstehen.[1483] Genau genommen handelt es sich bei den genannten Kriterien zur angemessenen Bevorratung daher um Erfahrungssätze über die Verkehrsauffassung, auf die es alleine ankommt.

Durch solche Werbung wird auch das wirtschaftliche Verhalten beeinflusst: Der Verbraucher sucht den Werbenden auf. Selbst wenn er nicht konkret zu anderen Produkten gelenkt wird, lag jedenfalls ein Anlocken vor.

ccc. Erfüllung der Einschätzung

aaaa. Art und Umfang der Verpflichtung

Erforderlich ist, dass der Werbende den prognostizierten erforderlichen Vorrat auch tatsächlich vorrätig hat und diese Vorräte für den Verbrauchern auch tatsächlich greifbar sind.[1484] Diese Pflicht ist eine Verpflichtung auf ein Resultat. Es ist unerheblich, ob sich der Verkäufer wie ein „bon père de famille" verhalten oder sogar alles ihm mögliche getan hat.[1485] Lediglich kann es ihm helfen darzulegen, dass sein Pflichtversäumnis auf „force majeur" zurückzuführen ist.

1483 Vgl. insoweit Leroy/Mouffe, Le droit de la publicité, p. 325 : « La publicité *trompeuse* [Hervorhebung durch Verf.] car éxagérée par rapport aux produits ou services vantés (Art. 23, 9° LPCC).

1484 Hof van Beroep te Brussel, 15 mei 2001, Annuaire 2001, 69, 70: „Il y a violation de l'article 23, 9° LPCC lorsque, tenant compte de l'ampleur de la publicité, le vendeur n'est pas à même de mettre effectivement à la disposition du consommateur auquel il s'est adressé, les produits dont il est censé posséder une réserve suffisante, sauf en cas de force majeure."

1485 „Des efforts louables mais vains", vgl. Puttemans Annuaire 1993, 86, 96 ; Prés. Comm. Bruxelles 8 février 1995, Annuaire 1995, 39, 39.

bbbb. Präzierung : « Mettre effectivement à la disposition »

In mehreren Urteilen wurde die Frage erörtert, ob es ausreichend ist, wenn die beworbenen Waren zwar nicht am Verkaufsort, wohl aber in einem anderen Lager vorrätig sind. Die Grundproblematik erhellt folgenden Fall[1486]: Die Di- Handelskette hatte für Nina-Ricci-Parfum, dass stark verbilligt verkauft wurde, geworben. In der „Di"- Filiale in Woluwé war nun das beworbene Parfum nicht mehr vorrätig, wohl allerdings in einem anderen Lager der Kette. Der Beklagte wandte nun ein, dies reiche aus. Schließlich bestehe in den einzelnen Filialen nicht die Möglichkeit größere Lagerbestände vorzuhalten und die Filialen hätten die Möglichkeit, bei einem Zentral-lager nachzubestellen und würden auch „rapidement" bedient. Dem wollte das Gericht jedoch nicht folgen: Der Verbraucher habe berechtigte Erwartungen, in jedem „Di"-Geschäft, das in die Werbung einbezogen war, den entsprechenden 50 ml Flacon zu finden.[1487]Aufgrund ihrer vorherigen Werbung treffe die Beklagte die Verpflichtung, Sorge zu tragen, dass jede ihrer Filialen über einen ausreichenden Vorrat verfügten. Es gelte : « On ne peut considérer que la présence d´un stock suffisant dans un dépôt ou un entredépot différent du point de vente concerné par la publicité, rendrait celle-ci conforme à l´art. 23, 9°»[1488]. Würde man dies annehmen, würde dies Art. 23 Nr. 9 GüH aushöhlen und die Ziele hinsichtlich von Verbraucher- und Konkurrentenschutz, die der Gesetzgeber mit Art. 23 Nr. 9 GüH habe erreichen wollen, massiv unterlaufen.
Wenig später erkannte aber die Cour de cassation dann in seiner Leitentscheidung zu Art. 23 Nr. 9 GüH die grundsätzliche Möglichkeit an, dass Produkte innerhalb eines Unternehmens nachgeliefert werden können. „Qu´ainsi l´arrêt admet de manière implicite mais certaine que si la demanderesse avait pu transférer en temps utile de la marchandise de ses autres établissements vers le point de vente litigieux, la violation de l´article 23, 9° aurait pu ne pas être établie ».[1489] Eine nähere Präzisierung erfolgte jedoch nicht. Diese erfolgte erst einige Jahre später durch den Hof van Beroep te Brussel: « Le fait que les dits produits se trouvent dans le stock n´est pas pertinent ; ils doivent se trouver sur les étagères.
La possibilité de transférer des produits entre des établissements non-indépendants peut en principe être prise en considération pour déterminer s´il y a une violation de l´art. 23,9° LPCC, mais dans ce cas, le transfert doit être offert par le vendeur et doit en tous cas pouvoir être réalisé rapidement. Il ne suffit dès lors pas de pouvoir commander en assurant une livraison à court terme»[1490].

[1486] Prés. Comm. Bruxelles, 2 septembre 1996, Annuaire 1996, 238, 241.
[1487] Wie das Gericht anmerkte laute ein Werbespruch des Unternehmens schließlich : « Chez Di, on entre...on trouve », Prés. Comm. Bruxelles, 2 septembre 1996, Annuaire 1996, 238, 241.
[1488] Prés. Comm. Bruxelles, 2 septembre 1996, Annuaire 1996, 238, 241.
[1489] Cour de cassation, 12 séptembre 1996, Annuaire 1996, 142, 146.
[1490] Hof van Beroep te Brussel, 15 mei 2001, Annuaire 2001, 69, 70.

cccc. Präzisierung : Force majeure

Sind nach dem gerade Geschilderten nicht ausreichend Waren vorhanden, muss der Werbende, um einem Verbot zu entkommen, darlegen, dass das beworbene Produkt aufgrund höherer Gewalt nicht vorrätig war.[1491]

Höhere Gewalt kann dabei nur bei einem Ereignis vorliegen das « indépendant de la volonté humaine [ist] et que cette volonté n'a pu prévoir ni conjurer »[1492] oder: « une cause de force majeure, laquelle ne peut résulter que d'un événement indépen-dant de la volonté humaine ».[1493]

Force majeure wurde etwa bei der Einstellung des Betriebs des Lieferanten aus wirtschaftlichen Gründen angenommen.[1494]

Abgelehnt wurde höhere Gewalt dagegen in folgenden Fällen:

- Die Tatsache, dass es sich um ein neuartiges Produkt handelt, von dem in angemessener Frist nicht ausreichende Mengen beschafft werden können.[1495] In dem entschiedenen Fall hatte sich auf dieses Argument ein Werbender berufen, der sich auch von der Tatsache, nicht einmal über ein einziges Exemplar eines neuen Motorradmodells zu verfügen, nicht hatte davon abhalten lassen, für dieses zu werben.

- Die Tatsache, dass die Werbeschrift bereits verteilt war, als der Werbende erfuhr, dass er nicht in ausreichender Menge beliefert werden würde.[1496]

- Begrenzte Lagerkapazitäten oder Versorgungsmöglichkeiten.[1497]

- Lieferverspätungen eines Zulieferers stellen keine höhere Gewalt, sondern – jedenfalls für größere Warenhäuser – ein vorhersehbares Risiko dar.[1498]

1491 Vgl. Cour de cassation, 12 septembre 1996, Prat. Comm. 1996, 242 = R.D.C. 1997, 21 : « Il ressort des termes de l'article 23, 9° (...) que la prévision du stock suffisant ne peut constituer dans le chef du vendeur qu'une obligation de moyen, tandis que la constitution du stock nécessaire pour répondre à cette prévision correspond à une obligation à laquelle le vendeur ne peut échapper que s'il établit und cause de force majeure ».

1492 Cass., 9 octobre 1986, J.T. 1987, 468, 468.

1493 Prés. Comm Bruxelles, 8 février 1995, Annuaire 1995, 140 ff. :

1494 Liège, 21 décembre 1995, Prat. Comm., 1996/1, 4.

1495 Prés. Comm. Bruxelles 8 février 1995, Prat. Comm., 1995/ 2, 39

1496 Prés. Comm. Bruxelles, 8 mars 1993, Annuaire 1993, 81.

1497 Prés. Comm. Bruxelles, 2 septembre 1996, Annuaire 1996, 238, 241: « Cette obligation n'est pas affectée par les limites des possibilités de stockage de ses magasins, ni par la gestion de l'approvisionnement de ceux-ci, lequel se fait apparemment à la demande de leur responsable».

1498 Prés. Comm. Bruxelles, 8 mars 1993, Annuaire 1993, 181, 181 confirmé par Bruxelles, 16 juin 1995, Annuaire 1995, 104, 107 et Cour de cassation, 12 séptembre 1996, Annuaire 1996, 142, 143.

cc. Hinlenken zu anderen Produkten

Die Tatsache, dass der Verbraucher nicht zu anderen Produkten hingelenkt wurde, ist für die Anwendung des Art. 23 Nr. 9 GüH unbeachtlich.[1499]

b. Beispielsfälle[1500]

Als Verstoß gegen Art. 23 Nr. 9 GüH wurden – neben den bereits beschriebenen Beispielsfällen gewertet:

- Die Prospektwerbung einer Handelskette, in der Mäntel zu besonders günstigen Konditionen angeboten wurden, obwohl gemessen an der großen Reichweite, der in einer besonderes bevölkerungsreichen Region lancierten Werbung, keine ausreichenden Vorräte vorhanden waren.[1501]

- Die Verwendung eines Kataloges einer reputierten Marke besagt nur, dass die Marke überhaupt geführt wird. Wenn der Händler nun nicht über alle Waren des Kataloges verfügt, aber in eigenem Namen eine Preisliste über die durch ihn tatsächlich geführten Artikel beilegt, so verstößt dies nicht gegen Art. 23 Nr. 9 GüH[1502] Das Gericht schweigt sich zwar insoweit aus, jedoch fehlt es letztlich bereits an einem « offre » der nicht in dem Preisangebot genannten Artikel.

- Ein Motorradhändler hatte für eine « Moto Guzzi 1100 Sport » zum Preis von 335.000/340.000 BFR geworben, obwohl er zum Zeitpunkt der Werbung (20. Dezember) nicht einmal über ein Ausstellungsexemplar verfügte. Erst Anfang Februar sollte eine einzige Maschine geliefert werden, eine größere Lieferung sollte erst im Monat März erfolgen.[1503] Auch war der Händler nicht in der Lage, innerhalb üblicher Fristen, zu liefern.
  Dazu befand das Gericht einen Verstoß gegen Art. 23 Nr. 9 GüH:« Que même pour des motos neuves, qui vraisemblamblement ne peuvent toutefois pas être en stock en grande qualité, un vendeur offrant un modèle particulier d´une moto à un prix avantageux, devra nécessairement disposer d´au moins un exemplaire de ladite moto et devra, en outre être en mesure de livrer d´autres exemplaires dans les meilleurs délais. »[1504]

c. Art. 23 Nr. 1 GüH: „Disponibilité"

Hinsichtlich der Konkurrenz zu Art. 23 Nr. 9 GüH läge es zwar nahe Art. 23 Nr. 9 GüH, der auch einen Irreführungstatbestand darstellt, – soweit er einschlägig ist – als

---

[1499] Vz. Kh. Hasselt, 13 décembre 1996, Annuaire 1996, 252, 254.

[1500] Rechtsprechungsüberricht bis einschließlich 1996: De Vroede R.C.J.B. 1998, 31, 36 et s.

[1501] Prés. Comm. Hasselt, 13 décembre 1996, Annuaire, 1996, 252, 254; ähnlich Prés. Comm Hasselt 16 juin 1996, Annuaire, 1996, 237, 237 ff.

[1502] Vz. Kh. Antwerpen 2 juni 1994, Annuaire 1994, 102, 102 ff.

[1503] Prés. Comm Bruxelles, 8 février 1995, Annuaire 1995, 140 ff.

[1504] Prés. Comm Bruxelles, 8 février 1995, Annuaire 1995, 140, 144.

lex specialis anzusehen. In der belgischen Rechtsprechung finden sich derartige Überlegungen jedoch nicht, vielmehr wird ohne Auseinandersetzung Art. 23 Nr. 1 und 23 Nr. 9 GüH nebeneinander angewendet[1505], teilweise sogar ohne nähere Präzisierung, welcher Tatbestand geprüft wird[1506].
Jüngere Entscheidungen in denen nur die „disponibilité" – richtigerweise wäre jeweils auch Art. 23 Nr. 9 GüH einschlägig gewesen – herangezogen wurde, finden sich vor allem zu Dienstleistungen. Irreführend im Sinne des Art. 23 Nr. 2 GüH ist es etwa, wenn damit geworben wird, eine Dienstleistung sei „bientôt" verfügbar, obwohl die erforderliche Genehmigung noch nicht erhalten wurde.[1507]
Ebenfalls einen Irrtum hinsichtlich der „disponibilité" stellt die Irreführung über die Tatsache dar, wann eine bestimmte Dienstleistung erbracht wird. Gilt ein bestimmtes preisgünstiges Angebot für eine Haarfärbung nur zu bestimmten Wochentagen und –zeiten und wird dies nicht angegeben, so stellt dies eine Irreführung hinsichtlich der Verfügbarkeit der Dienstleistung i.S.d Art. 23 Nr. 2 (i.V.m. Art. 23 Nr. 4) GüH dar.[1508]

Eine allgemeine Definition wann ein solcher Irrtum über die „disponibilité" hervorgerufen wird, existiert in der belgischen Rechtsprechung und im Schrifttum nicht. Aus der genannten Rechtsprechung ergibt sich aber, dass im breitesten Sinne die Verfügbarkeit von Waren oder Dienstleistungen gemeint ist.

2. Deutsches Recht, § 5 V UWG

a. Allgemeines

aa. Vergleich zu § 3 UWG 1909

Mit § 5 UWG wollte der Gesetzgeber an die zu § 3 UWG 1909 entwickelten Grundsätze[1509] anknüpfen und das Irreführungsverbot in diesem Bereich präzisieren.[1510] Mit

---

[1505] Vz. Kh. Brussel, 15 januari 2003, Annuaire 2003, 161, 161; Prés. Comm Bruxelles, 2 septembre 1996, Annuaire 1996, 238, 241; in einer vereinzelt gebliebenen Entscheidung (Prés. Comm. Nivelles, 15 décembre 1995, 237, 243) in der ein Unternehmen lediglich zwei Audio-Geräte vorrätig hatte, die Werbung aber den Eindruck größerer Vorräte erweckte, wird Art. 23 Nr. 9 GüH sogar ganz außer acht gelassen (ohne jede Begründung).

[1506] Prés. Comm. Liège, 5 juin 2003, Annuaire 2003, 385, 386 s. ; vgl. auch Prés. Comm. Tournai, 26 mars 1997, Annuaire 1997, 178, 178 : Le fait de faire, [...] de la publicité pour des modèles de meubles dont on ne dispose pas, est une publicté mensongère au sens de l'article 23 LPCC ».

[1507] Hof van Beroep te Brussel, 26 oktober 1999, 344, 355.

[1508] Cour d'appel de Bruxelles, 19 septembre 2002, Annuaire 2002, 342, 348.

[1509] BGH GRUR 1982, 681, 682- Skistiefel; BGH GRUR 1984, 593, 594- adidas-Sportartikel m. Anm. Harte-Bavendamm; BGH GRUR 1985, 980, 981- Tennisschuhe; BGH GRUR 1987, 52, 53- Tomatenmark; BGH GRUR 1987, 371, 372- Kabinettwein; BGH GRUR 1988, 311, 312- Beilagen- Werbung; BGH GRUR 1988, 629, 630- Konfitüre m. Anm. Reuthal; BGH GRUR 1999, 27, 28- Aktionsmarkt; BGH GRUR 1999, 1011, 1012- Werbebeilage; BGH GRUR 2002, 1095, 1095 f.- Telefonische Vorratsanfrage; BGH GRUR 2003, 163, 164- Computerwerbung II; BGH GRUR 2003, 804, 805- Foto-Aktion; BGH GRUR 2004, 343, 344- Playstation.

[1510] Begr RegE UWG zu § 5 V, BT- Drcks. 15/1487. S. 20.

§ 5 V UWG wird daher im Grunde lediglich bislang Bekanntes für die Zukunft in Gesetzesform klargestellt und fortgeschrieben.[1511]

bb. Darlegung der Irreführung

§ 5 V UWG ist eine Irreführungsregelung. Maßgeblich ist daher die Verkehrserwartung.[1512] § 5 V 2 UWG sagt insoweit nichts anders aus. § 5 V 2 UWG stellt lediglich eine widerlegbare Vermutung auf.[1513]
Wird im Handel für den Verkauf bestimmter Waren öffentlich geworben, so erwartet der Verbraucher, dass die angebotenen Waren zu den angekündigten Bedingungen, dem angekündigten oder nach den Umständen zu erwartenden Zeitpunkt in einer ausreichenden Menge vorhanden sind, so dass die übliche oder zu erwartende Nachfrage gedeckt ist. Besteht kein angemessener Warenvorrat, so wird der Verbraucher irregeführt.[1514] Die Marktentscheidungsrelevanz besteht in der anlockenden Wirkung derartiger Werbung.

b. Feststellung der Irreführungsgefahr

aa. Vorhandensein der Ware

Was unter Vorhandensein der Ware zu verstehen ist, ist anhand des Verkehrsverständnisses der Werbung zu beurteilen. Wird die Werbung vom Verkehr so verstanden, dass die Ware sofort mitgenommen werden kann, so ist die Ware nur dann vorrätig, wenn sie auch zur sofortigen Mitnahme bereit steht.[1515] Wenn die Werbung eine sofortige Mitnahmemöglichkeit suggeriert, diese aber (mangels Vorrat am richtigen Ort) nicht eingehalten wird, ist dies ein Fall mangelnder Bevorratung. [1516] Gleiches gilt für das Suggerieren des Vorhandenseins einer Ware in einem bestimmten Ladenlokal, wenn die Ware woanders abgeholt werden muss. Auch dies ist ein klassischer Fall eines Lockvogelangebotes i.S.d. § 5 V UWG. Besteht hingegen eine Verkehrserwartung, dass eine Ware lediglich nach Lieferfrist erhältlich ist, reicht es aus, wenn die Ware

---

[1511] Begr RegE UWG zu § 5 V, BT- Drcks. 15/1487. S. 20.
[1512] Baumbach/Hefermehl/Bornkamm § 5 Rn. 8.12.; H-B/H-B/Weidert § 5 Rn. 847.
[1513] Begr. RegE BT-Drcks. 15/1487, S.20; Baumbach/Hefermehl/Bornkamm § 5 Rn. 8.12.; H-B/H-B/Weidert § 5 Rn. 847.
[1514] Begr. RegE UWG zu § 5 V, BT-Drcks. 15/1487, S. 20; BGH GRUR 1982, 681, 682- Skistiefel; BGH GRUR 1984, 593, 594- adidas-Sportartikel m. Anm. Harte Bavendamm; BGH GRUR 1985, 980, 981- Tennisschuhe; BGH GRUR 1987, 52, 53- Tomatenmark; BGH GRUR 1987, 371, 372- Kabinettwein; BGH GRUR 1988, 311, 312- Beilagen- Werbung; BGH GRUR 1988, 629, 630- Konfitüre m. Anm. Reuthal; BGH GRUR 1999, 27, 28- Aktionsmarkt; BGH GRUR 1999, 1011, 1012- Werbebeilage; BGH GRUR 2002, 1095, 1096- Telefonische Vorratsanfrage; BGH GRUR 2003, 163, 164- Computerwerbung II; BGH GRUR 2003, 804, 805- Foto-Aktion; BGH GRUR 2004, 343, 344- Playstation.
[1515] Baumbach/Hefermehl/Bornkamm § 5 Rn. 8.9.; im Bereich des Versandhandels geht der Verbraucher regelmäßig davon aus, dass die beworbene Ware unverzüglich versand werden kann, vgl. BGH GRUR 2005, 690, 692- Internet- Versandhandel.
[1516] A.A.: H-B/H-B/Weidert § 5 Rn. 843.

nach der erwarteten (also im Regelfall: üblichen) Frist geliefert wird.[1517] Weist etwa eine einer Tageszeitung beigelegte Werbung für Standard- PC und Zubehör keinen besonderen Hinweis auf, so besteht eine Verkehrserwartung hinsichtlich der sofortigen Mitnehmbarkeit der Ware.[1518] Anders hingegen bei individuell zu konfigurierenden Computern: Hier erwartet der Verkehr keine sofortige Mitnahmemöglichkeit.[1519]

Erforderlich ist jedenfalls, dass die Ware zu den angebotenen Bedingungen zur Verfügung steht.

bb. Angemessene Menge zur Befriedigung der Nachfrage

aaa. Anfangszeitpunkt

Maßgeblich ist die Bevorratung ab Verkaufsbeginn. Der Verkaufsbeginn ergibt sich dabei aus dem Verständnis des Verkehrs von der Werbung. Wenn ausdrücklich ein bestimmtes Datum genannt wird, wird dieses maßgeblich sein.[1520] Bei Werbung in einer Tageszeitung geht der Verkehr etwa davon aus, dass die beworbene Ware ab demselben Tag verfügbar ist. Die Werbung für zum persönlichen Gebrauch bestimmte Ware, wie eine Computeranlage auf der ersten Seite einer Werbebeilage, vermittelt den Eindruck, die Ware sei im Zeitpunkt des Erscheinens der Werbung im Verkaufslokal vorrätig.[1521]

bbb. Angemessene Menge

aaaa. Grundsätze

§ 5 V UWG verlangt eine ex-ante- Betrachtung.[1522] Erforderlich ist nur, dass der Unternehmer aus ex-ante- Perspektive über einen angemessenen Vorrat verfügte. War dieser Vorhanden, stellt sich aber im nachhinein – aufgrund unerwartet hoher Nachfrage – als zu gering heraus, liegt keine Irreführung vor.

Für die Angemessenheitsfrage ist die Verkehrserwartung maßgeblich. Entscheidend muss jeweils sein, ob nach Auffassung verständiger Verkehrskreise eine entsprechende Bevorratung erwartet wird. Der Verkehr erwartet dabei, dass die zu erwartende Nachfrage abgedeckt wird.[1523]

[1517] OLG Oldenburg GRUR 1978, 114, 114- Autoradios.
[1518] BGH GRUR 1996, 800, 801- EDV- Geräte; BGH GRUR 1999, 1011, 1012- Werbebeilage; BGH GRUR 2000, 911, 912- Computerwerbung I; BGH GRUR 2003, 163, 164- Computerwerbung II.
[1519] BGH GRUR 1999, 509, 511- Vorratslücke.
[1520] H-B/H-B/Weidert § 5 Rn. 847.
[1521] BGH GRUR 1999, 1011, 1012- Werbebeilage; BGH GRUR 2000, 911, 912- Computerwerbung I; BGH GRUR 2003, 163, 164- Compuerwerbung II.
[1522] H-B/H-B/Weidert § 5 Rn. 844.
[1523] BGH GRUR 1982, 681, 682- Skistiefel; BGH GRUR 1984, 593, 594- adidas-Sportartikel m. Anm. Harte Bavendamm; BGH GRUR 1985, 980, 981- Tennisschuhe; BGH GRUR 1987, 52, 53- Toma-

Entscheidend ist insoweit, wie ein verständiger Unternehmer in der konkreten Situation des Werbenden die Nachfrage einschätzen würde.[1524] Dies, da der Verkehr von einem ökonomisch vernünftigen und lauteren Werbenden ausgeht. Maßgeblich ist ausweislich des Gesetzestextes, die Art der Ware, sowie die Gestaltung und Verbreitung der Werbung.

bbbb. § 5 V 2 UWG

Dabei besteht im „Regelfall" eine Vermutung, dass die Ware für zwei Tage nach Verkaufsbeginn vorrätig sein muss, § 5 V 2 UWG. Im Rahmen der Rechtsprechung zum alten UWG wurde ein „Regelfall" zutreffend bei Waren des täglichen Bedarfs angenommen.[1525] Dies ist für das neue Recht zu übernehmen.
Die Vermutung des § 5 V 2 UWG ist widerlegbar.[1526] Eine Widerlegung der Vermutung ist auch dann möglich, wenn die notwendige Vorratszeit länger als die gesetzliche Vermutung ist.[1527] Dies geht zwar aus dem Gesetzestext nicht eindeutig hervor, erscheint jedoch zwingend. Etwas anderes wäre zum einen mit dem Charakter des § 5 UWG als Irreführungsregelung nicht vereinbar. Zudem würde § 5 V 2 UWG sonst zwingend vorschreiben, dass die Bevorratung bei Waren des täglichen Bedarfs nie länger als zwei Tage betragen muss. Dies wäre nicht sachgerecht. Bedeutung hat § 5 V 2 UWG daher insbesondere für die Beweislast: Ist die Ware schon vorher nicht mehr vorrätig, muss nunmehr der Schuldner des Unterlassungsanspruchs beweisen, dass eine kürzere Frist angemessen ist.

cccc. Präzisierung der Grundsätze

Bewertungsfaktoren für die Verkehrserwartung hinsichtlich des zur Befriedigung der Nachfrage notwendigen Vorrats, sind nach der gesetzlichen Regelung die Art der Ware sowie die Gestaltung und Verbreitung der Werbung. Die in § 5 UWG enthaltene Aufzählung der Kriterien, nach denen die Verkehrserwartung hinsichtlich eines angemessenen Vorrats zu bestimmen sind, ist dabei nicht abschließend. Zwar ist im Gegensatz zu § 5 II keine Einschränkung durch „insbesondere" explizit gemacht, jedoch ist kein Grund ersichtlich, warum § 5 V UWG abschließend gemeint sein sollte. Maßgeblich ist ausschließlich die Verkehrsauffassung. Deshalb sind u.a. auch die Art, Größe und die Bedeutung des werbenden Unternehmes in Betracht zu ziehen.[1528]

Für die „Art der Ware" sind die tatsächlichen und wirtschaftlichen Verhältnisse der angebotenen Ware entscheidend. Es kommt daher neben der Attraktivität des Angebots insbesondere auf die Lagermöglichkeiten an. Der verständige und durchschnittlich

---

[1524] Baumbach/Hefermehl/Bornkamm § 5 Rn. 8. 11.
[1525] Baumbach/Hefermehl/Bornkamm § 5 Rn. 8.12.
[1526] Begr. RegE BT-Drcks. 15/1487, S.20.
[1527] H-B/H-B/Weidert Rn. 847.
[1528] BGH GRUR 1984, 593, 595; BGH GRUR 1987, 371, 372; BGH GRUR 1989, 609, 610; OLG Hamburg MD 2001, 1261, 1263; OLG Hamburg GRUR-RR 2005, 287; H-B/H-B/Weidert § 5 Rn. 846; Baumbach/Hefermehl § 3 Rn. 360.

informierte Verbraucher zieht grundsätzliche unternehmerische Zusammenhänge mit in sein Kalkül: bei schwer zu lagernder Ware erwartet er weniger Vorräte als bei leicht zu lagernder Ware.

Unter „Verbreitung der Werbung" ist neben der Anzahl der erreichten Personen – bei schriftlichen Publikationen die Auflagenhöhe der Publikation und bei audio- visueller Werbung die Zuschauer bzw. Höreranzahl – auch ihre Intensität zu verstehen.
Unter „Gestaltung der Werbung" fallen alle inhaltlichen und äußeren Merkmale, also auch die Art der Werbung.
Von Bedeutung ist insbesondere der Inhalt der Werbung. Maßgeblich für das Verständnis des Inhaltes der Werbung ist die Auffassung des durchschnittlichen Verbrauchers.
Der Werbende kann die Verkehrserwartung durch einen Hinweis steuern, er kann durch aufklärende Hinweise von vornherein eine Irreführung ausschließen. Entscheidend ist, ob der Verkehr aufgrund des Hinweises nicht mit einer Bevorratung der Ware rechnet. Ausgangspunkt ist die Frage, welche Vorräte der Verkehr aufgrund der Werbung erwartet. Das sind üblicherweise Vorräte, um die zu erwartende Nachfrage befriedigen zu zu können. Werden konkrete Vorratszahlen genannt, ist dies aus der Sicht eines Verbrauchers mit durchschnittlichen Fähigkeiten zu betrachten. Der Verkehr wird solche Zahlen nicht als solche nehmen – sie sind für ihn als solche ohne Belang – sondern sich ein weitergehendes Verständnis dieser Zahl bilden, d.h. er wird sich eine Meinung bilden, wie lange – ausschließlich diese Frage ist für den Verbraucher wichtig – der Vorrat halten wird. So lange diese Auffassung in vernünftigem Maße bleibt, ist sie für die Dauer des vom Verkehr erwarteten Vorrats maßgeblich. Ist die Zahl dabei ohne jede Aussagekraft – wirbt beispielsweise ein großer Lebensmitteldiscounter damit, 20 000 Packungen Kaffee zu einem besonders günstigen Preis zu verkaufen, wird der Verkehr regelmäßig eine Frist von zwei Tagen annehmen, § 5 V 2.[1529] Eine genannte konkrete Zahl hat also nur insoweit Steuerungskraft, als sie dem Verbraucher mit durchschnittlichen Eigenschaften konkrete Vorstellungen über die Zeit der Bevorratung gibt. Gibt der Werbende also – zutreffend – die Menge an vorrätiger Ware an, schließt dies eine Irreführung nicht zwingend aus.[1530]
Auch mit Hinweisen wie „Restposten" oder „Einzelstücke" kann der Werbende die Verkehrsauffassung hinsichtlich des erwarteten Vorrats steuern. Welche Dauer des Vorrats der Verkehr konkret erwartet, kann nicht abstrakt, sondern nur waren- und branchenbezogen, bestimmt werden. Bei Waren die erfahrungsgemäß schnell abverkauft werden, können wenige Stunden ausreichen.
Nicht ausreichend die Verkehrserwartung zu beeinflussen, sind hingegen allgemeine Hinweise wie „solange der Vorrat reicht" [1531] ebenso rechtfertigt der Hinweis, „dass bestimmte Artikel trotz sorgfältig geplanter Angebotsmenge allzu schnell ausverkauft sein können" nicht, dass die beworbene Ware bereits am ersten Tag nicht mehr vorrä-

---

[1529] Sh. auch Berlit WRP 2004, 1245, 1249.
[1530] A.A. etwa Köhler NJW 2004, 2121, 2125.
[1531] A.A.: BGH GRUR 2004, 343, 344- Playstation; wie hier:H-B/H-B/Weidert § 5 Rn. 850 (Fn. 2375).

tig ist.[1532] Insoweit wird dem Verkehr nichts gesagt, was er nicht ohnehin schon wüsste, nämlich, dass über den Vorrat hinaus Waren nicht geliefert werden können. Bei blickfangmäßig herausgestellten Angaben, gelten die hierzu dargestellten Grundsätze. Der Hinweis muss also am Blickfang teilhaben, damit die Zuordnung zu den herausgestellten Angaben gewahrt bleibt.[1533]
Wird eine bestimmte Zeitspanne eines „Angebots" angegeben, so ist diese maßgeblich. Der Verkehr erwartet also, dass die Ware während dieser Zeitspanne vorrätig ist.[1534]
Bei konkreten Zeitangaben erwartet der Verkehr – in vernünftigem Maße –, dass für außergewöhnlich hohe Nachfragen ausreichende Vorräte geschaffen werden, damit während der angegebenen Zeitspanne die Ware vorrätig ist.
Eine Zeitspanne kann sich auch implizit ergeben. Ein „Sommerkatalog" beansprucht Gültigkeit während des gesamten Sommers. Dementsprechend müssen die Waren wenigstens während des Sommers lieferbar sein.
Je länger der angegebene Zeitraum ist, desto weniger wird der Verkehr allerdings von einer sofortigen Mitnahmemöglichkeit ausgehen, sondern davon, dass die Ware lediglich innerhalb einer vernünftiger Frist lieferbar ist.[1535]

Ebenso zu berücksichtigen ist die Art der Werbung. Die erwartete Verfügbarkeit von Waren hängt auch von der Art der Werbung ab. Der Verkehr erwartet – mangels anderer Angaben oder Hinweise – hinsichtlich Werbung, die mehr als nur einen kurzfristen Aufmerksamkeitswert hat, eine längere Vorratsfrist als bei Werbung mit hohem Aktualitätswert wie bspw. Anzeigen in Tageszeitungen.[1536]
Entscheidend ist dabei auch, ob die Werbeform der eher dauerhaften/mehrfachen Verwendung oder eben, wie bei einer Tageszeitung, nur dem einmaligen Lesen dient. Zu berücksichtigen ist dabei jedoch stets auch die Art der Ware und dem Verbraucher bekannte Werbegepflogenheiten. Bei Werbebeilagen im EDV-Bereich sei daher von einer Mindestvorratsfrist von einer Woche auszugehen, da der Verbraucher die entsprechende Beilage der Zeitung entnehmen, gesondert aufbewahren werde und „am Wochenende" miteinander vergleichen wolle. Auf der anderen Seite sei zu beachten, dass der Verbraucher über die hohe Angebotsfluktuation im EDV- Bereich Bescheid wisse und daher von eher kurzen Fristen ausgehe. Daraus ergebe sich eine Frist von einer Woche.[1537]

cc. Entlastung des Unternehmers

Besteht kein angemessener Warenvorrat, so führt dies nicht zwangsläufig zu einer Irreführung des Verkehrs. Bereits im alten Recht war anerkannt, dass es den Unternehmer

---

[1532] OLG Düsseldorf WRP 2002, 1467, 1470- Lockvogel- Angebote; Berlit WRP 2004, 1245, 1249.
[1533] Vgl. etwa: BGH GRUR 2000, 911, 913- Computerwerbung I; BGH GRUR 2003, 163, 164- Computerwerbung II.
[1534] Berlit WRP 2004, 1245, 1248.
[1535] BGH GRUR 1999, 1011, 1012- Werbebeilage.
[1536] BGH GRUR 1999, 1011, 1012- Werbebeilage.
[1537] BGH GRUR 1999, 1011, 1012- Werbebeilage.

vom Irreführungsvorwurf entlastet, wenn er, aus, von ihm nicht zu vertretenden Umständen, seinem Werbeversprechen nicht nachkommen kann.[1538]
Erforderlich ist, dass er die Umstände nicht zu vertreten hat[1539], er sie also nicht vorhersehen konnte und er sich hinsichtlich der Sicherstellung seiner angemessenen Bevorratung sorgfältig verhalten hat.[1540] Er muss dabei seinen Warenvorrat sorgfältig kalkuliert haben, hinreichend gesicherte Bestellungen abgegeben, die Nachfrage beobachtet und im Bedarfsfalle mit Nachbestellungen reagiert haben[1541].
Hinsichtlich der sorgfältigen Kalkulation hat der Werbende die gerade genannten Kriterien zu beachten. Hinsichtlich der Sicherstellung seiner Belieferung hat er die Zuverlässigkeit seiner Lieferanten zu bedenken. Er hat insoweit insbesondere zu berücksichtigen, ob zum Lieferanten bereits zuverlässige Lieferbeziehungen bestehen oder ob es sich um eine Erstbestellung handelt, bei der er sich nicht ohne weiteres auf die Zusage des Vertragspartners verlassen kann.[1542]
Die den Werbenden treffenden Sorgfaltspflichten sind dabei bei intensiver, insbesondere blickfangmäßiger Werbung höher. Werden eine Vielzahl von Produkten beworben, so rechnet der Verkehr mit vereinzelten Fehldispositionen. Anderes gilt bei einer besonderen werblichen Ankündigung gerade des beworbenen Artikels.[1543] In diesen Fällen stellt der Verkehr höchste Ansprüche an die Sicherstellung der Lieferung.[1544]

c. Irreführung über den Dienstleistungsvorrat, § 5 V 3 UWG

§ 5 V 1 ist entsprechend für Dienstleistungen anwendbar, § 5 V 3 UWG.[1545]
Vorrat ist hier gleichbedeutend mit Kapazität. Dabei ist bei Dienstleistungen jedoch oftmals von vornherein klar, dass nur eine, aufgrund räumlicher Kapazitäten, eng begrenzte Anzahl von Karten, Plätzen etc. zur Verfügung steht. Der Verbraucher wird nicht in die Irre geführt, wenn die Plätze dann vergeben sind.

d. Abgrenzungen zu § 5 II Nr. 1 UWG

§ 5 II Nr. 1 und § 5 V UWG weisen in zahlreichen Bereichen Deckungsgleichheit auf. § 5 V UWG ist in seinem Anwendungsbereich dabei die speziellere Regelung.[1546]

1538 BGH GRUR 1982, 681, 682- Skistiefel; BGH GRUR 1985, 980, 981- Tennisschuhe; BGH GRUR 1984, 593, 594- adidas-Sportartikel; BGH GRUR 2000, 907, 909- Filialleiterfehler; OLG Hamburg ZUM-RD 2003, 194, 195.
1539 Dabei wird ihm das Verschulden seiner Angestellten zugerechnet, vgl. BGH GRUR 1984, 593, 594- adidas-Sportartikel; BGH GRUR 2000, 907, 909- Filialleiterfehler.
1540 H-B/H-B/ Weidert § 5 Rn. 840; Köhler/Piper § 3 Rn. 424.
1541 BGH GRUR 1985, 980, 981- Tennisschuhe; OLG München WRP 1991, 744, 745.
1542 BGH GRUR 2002, 187, 189- Lieferstörung.
1543 BGH GRUR 1987, 52, 54-Tomatenmark; BGH GRUR 1987, 371, 372- Kabinettwein; BGH GRUR 1988, 311, 312- Beilagen-Werbung; BGH GRUR 1989, 609, 610- Fotoapparate; BGH GRUR 1982, 858, 859- Clementinen.
1544 BGH GRUR 2002, 187, 189- Lieferstörung.
1545 Im Gegenschluss: § 5 V 2 nicht. Die Vermutungsregel passt auf Dienstleistungen kaum.
1546 H-B/H-B/Weidert § 5 Rn. 292.

Der Anwendungsbereich des § 5 II Nr. 1 UWG ist daher eher gering. Er kommt insbesondere in Betracht bei der Angabe von zu niedrigen Vorräten (um die Ware „interessanter“ zu machen) oder wenn die Ware zwar zu den beworbenen Konditionen vorrätig ist, der Werbende aber aus sonstigen Gründen den Verkauf verweigert.

e. Beispielfall[1547]

Seit einigen Jahren vertreiben große Lebensmittelkonzerne zunehmend in „Aktionsangeboten“ branchenfremde Ware, insbesondere hochwertige Unterhaltungselektronik. Diese Angebote sind – da die Konzerne aufgrund ihrer Marktmacht häufig exzellente Einkaufpreise durchsetzen und damit ein exzellentes Preis-Leistungsverhältnis bieten können – oftmals bereits Minuten nach Verkaufsbeginn ausverkauft. Fehlen entsprechende Hinweise stellt sich die Frage, ob der Verbraucher hierdurch in die Irre geführt wird.

Ein in einer solchen Situation beklagter Konzern hatte sich auf den Standpunkt gestellt, der Verkehr erwarte eine unzureichende Bevorratung, er wisse, dass eine angemessene Bevorratung aufgrund mangelnder Lagerkapazitäten und nur begrenzter Liefermengen nicht möglich sei. Es entspreche daher durchaus der Verkehrserwartung, wenn ein Computermonitor schon nach 35 Minuten ausverkauft sei.[1548] Eine solche Verkehrsauffassung wollte das entscheidende OLG Hamburg jedoch nicht feststellen.[1549] Die Verkehrsauffassung dürfe nicht auf sog. Schnäppchenjäger reduziert werden: „Es mag sein, dass es viele sog. Schnäppchenjäger gibt, die die ganze Sache ′sportlich′ sehen, sich schon Stunden vor Ladenöffnung anstellen und es wie einen Lotteriegewinn betrachten, wenn es ihnen gelingt, nach regelrechten ′Kämpfen′ ein Stück der ′Aktionsware′ zu ergattern. Dies ist indes nur ein kleiner Teil des angesprochenen Verkehrs.“[1550] Der Normalverbraucher habe eine andere Verkehrsauffassung. Zudem spricht die – üblicherweise hohe Intensität der Bewerbung für eine Erwartung des Verkehrs, dass die Ware auch vorrätig ist, s.o.

Zudem kann das Argument, dem Verkehr seien diese Praktiken inzwischen bekannt, nur eingeschränkt überzeugen: Die Bekämpfung von Schwindelreklame darf nicht an der Existenz des Reklameschwindels scheitern.[1551]

[1547] Vgl. OLG Hamburg WRP 2002, 1467 ff.
[1548] OLG Hamburg WRP 2002, 1467, 1469 f.
[1549] OLG Hamburg WRP 2002, 1467, 1469 f.
[1550] OLG Hamburg WRP 2002, 1467, 1469.
[1551] RGSt 36, 377, 378.

VII. Exkurs: Missbräuchliche Gesundheitswerbung, Art. 23 Nr. 13 GüH

1. Text

Art. 23 Nr. 13 GüH verbietet Werbung, die

> ayant trait à des produits ou appareils autres que des médicaments, fait référence de manière abusive à l'amélioration de l'état de santé du consommateur

Art. 23 Nr. 13 GüH dient dazu, den Missbrauch der Leichtgläubigkeit der Menschen im Hinblick auf die Heilung und Linderung von Krankheiten zu verhindern.[1552]

2. Einzelheiten

a. Anwendungsbereich

Art. 23 Nr. 13 bezieht sich nicht auf Medikamente. Dieser Ausschluss gilt nur für Art. 23 Nr. 13 GüH, nicht jedoch für den Rest des GüH's, der durchaus auch auf Medikamente Anwendung findet. Der Bereich der Werbung für Medikamente wird ansonsten durch den königlichen Erlass vom 7. April 1995[1553] geregelt.
Art. 23 Nr. 13 GüH verdrängt nicht Art. 23 Nr. 1 und 2 GüH. Vielmehr soll er, im Gegenteil, gerade im Zusammenspiel mit Art. 23 Nr. 1, 2 und Art. 94 GüH den Verbraucherschutz auf dem Gebiet der Werbung für Heilprodukte verbessern.[1554]

b. Begriff der « l'amélioration de l'état de santé du consommateur »

Fraglich ist insoweit, ob auch die Werbung für kosmetische Produkte, also Produkte, deren Anwendung dem äußeren Erscheinungsbild des Anwendenden zuträglich sein sollen, erfasst ist. Der Gesetzgeber ging hiervon ausweislich der Gesetzesbegründung aus.
Dennoch ist eine entsprechende Ausdehnung des Anwendungsbereichs mit Stimmen in der belgischen Literatur zutreffend abzulehnen. Der besondere Unrechtsgehalt, der der Regelung des Art. 23 Nr. 13 GüH zu Grunde liegt, ist das Ausnutzen der besonderen Zwangslage in die Menschen durch eine Krankheit versetzt werden. Voraussetzung ist daher, dass die Werbung an diese besondere Zwangslage anknüpft.[1555] Ein solcher Zustand liegt aber (jedenfalls im absoluten Regelfall) bei der Werbung für „Wellnessprodukte" gerade nicht vor. Das Streben nach einem für Dritte angenehmeren Äußeren, stellt insoweit kein anderes Bedürfnis als das Streben nach Prestigeprodukten dar und kann daher auch nicht anders als dieses behandelt werden. Dem ent-

---

[1552] Doc. Parl. Chambre, Session 1990- 1991, n° 1240/19, 89/90, 3 ; n° 1240/20, 89/90, 64- 66.
[1553] M.B., 12. 05. 1995, p. 12694 ; das Gesetz stellt eine Umsetzung der Richtlinie 92/28/CEE dar.
[1554] De Caluwé, in : Les pratiques du commerce, Èditions du jeune Barreau, p. 62.
[1555] De Caluwé, in : Les pratiques du commerce, Èditions du jeune Barreau, p. 63; vgl. auch C. II. 1. b. bb. bbb. bbbb. (2.) und D. VI. 3. a. aa. aaa.

spricht auch der Wortlaut des Art. 23 Nr. 13 GüH: dieser spricht von einer „Verbesserung des *Gesundheitszustandes*".

VIII. Eigenpreisvergleiche

1. Belgisches Recht (Art. 42 et s. GüH)

Irreführende Eigenpreisvergleiche werden neben Art. 23 Nr. 1 und 2 GüH auch durch die Art. 42 ff. GüH erfasst.
Werbung mit ermäßigten Preisen ist grundsätzlich und selbstverständlich weder verboten noch irreführend. Die Werbung mit Preisherabsetzungen ist im belgischen Wettbewerbsrecht daher lediglich reglementiert, d.h. an bestimmte Modalitäten geknüpft, die für einen lauteren – i.S.v. ehrlichen – Umgang mit diesem Werbeinstrument sorgen sollen.
Reglementiert ist dabei lediglich die Werbung mit Preisherabsetzungen, nicht jedoch Preisherabsetzungen selbst.[1556] Es ist grundsätzlich[1557] Sache jedes Wettbewerbers die Preise zu verlangen, die er für angemessen hält.
Die Art. 42 ff. GüH werden von den Vorschriften der „bon de valeur" Art. 63 ff. GüH nicht verdrängt. Auch ein Vorgehen über einen „bon de valeur" muß den Vorschriften der Art. 42 ff. entsprechen.[1558]

Art. 43 GüH lautet:

> § 1 er Tout vendeur qui annonce une réduction de prix doit faire référence au prix qu'il pratiquait antérieurement et d'une manière habituelle pour les produits ou services identiques dans le même établissement.
>
> § 2. Les réductions de prix annoncées doivent être réelles. Sauf pour les produits susceptibles d'une détérioration rapide, aucun prix ni tarif ne peut être considéré comme habituel s'il n'a pas été pratiqué pendant une période continue d'un mois précédant immédiatement la date à partir de laquelle le prix réduit est applicable. La date à partir de laquelle le prix réduit est applicable doit demeurer indiquée pendant toute la période de vente.
> Hormis les ventes en liquidation, cette période ne peut excéder un mois et sauf pour les produits visés à l'article 41, § 1 er, c, ne peut être inférieure à une jounée entière de vente.
>
> § 3. Pour les produits offerts en vente de la manière prévue à l'article 49, est considéré comme habituel, le prix pratiqué de manière ininterrompue durant les périodes visées à l'article 53.

[1556] Ferrant, Pratiques du commerce, p. 99 et s. (n° 173).
[1557] Zu Ausnahmen vgl. insbesondere Art. 44: Le Roi désigne les produits, les services ou les catégories de produits ou de services pour lesquels les annonces de réduction de prix ou de tarif visées à l'article 42 sont interdites, et fixe les modalités et les périodes d'application du précedent alinéa, le Ministre consulte le Conseil de la consommation et le Conseil supérieur des classes moyennes et fixe le délai dans lequel l'avis doit être donné. Passe ce délai, l'avis n'est plus requis ; weitere Ausnahme Art. 40 ff. : ventes à perte.
[1558] Vgl. nur Vz. Kh. Leuven, 14 juli 1994, Annuaire 1994, 250, 250.

§ 4. Sans préjudice des dispositions prévues à l'article 23bis, le vendeur ne peut faire référence à d'autres prix que s'il l'annonce d'une manière lisible, apparante et sans équivoque et qu'il s'agit d'un prix au détail réglementé en application d'une loi. Dans ce cas il ne peut recourir aux modes d'indication de réduction de prix visés à l'article 5. [Art. 5 vergl. Fn.[1559]]

§ 5. Nul ne peut recourir à une annonce de réduction de prix ou comparaison de prix s'il ne peut justifier que le prix de référence répond aux dispositions fixées au présent article.

a. Anwendungsbereich

Anwendbar ist Art. 43 GüH auf die Ankündigung einer Preisherabsetzung i.S.d. Art. 42 GüH:

Sont soumises aux dispositions de la présente section, les annonces de réductions de prix de vente au consommateur effectuées conformément à l'article 5 et celles suggérant une réduction de prix sans recourir à une des modalités prévues à l'article 5.

aa. « Annonce de réduction de prix de vente »

aaa. Preisreduktion

aaaa. Grundsatz

Erfasst wird dabei jede Kommunikation gegenüber Verbrauchern, die es diesen erlaubt auf eine Eigenpreisreduktion zu hoffen und zwar unabhängig davon, ob die Preisherabsetzungen i.S.d. Art. 5 GüH oder in anderer Form angekündigt wird.[1560]
Eine Reduktion erfordert jedoch, dass in einem direkten oder indirekten Vergleich zu einem eigenen, vormals verlangten Preis ein neuer, vergleichsweise günstigerer, Preis angekündigt wird.[1561] Dies kann etwa durch Begriffe wie „prix de faveur“, „prix avantageux“, den Begriff „hyper“[1562] in Bezug auf einen Preis geschehen.[1563] Gleiches gilt

---

[1559] Art. 5 GüH:
Toute indication d' une réduction de prix ou de tarif s' exprimant par un montant ou un pourcentage de réduction doit être opérée :

a) soit par la mention du nouveau prix à coté du prix antérieur surchargé d' une barre ;

b) soit par les mentions « nouveau prix », « ancien prix » à coté des montants correspondant ;

c) soit par la mention d' un pourcentage de réduction et du nouveau prix fugurant à côté du prix antérieur surchargé d' une barre ;

d) soit par la mention du pourcentage uniforme de réduction consentie sur kes produits et services ou les catégories de produits et de services concernés par cette mention. Dans les deux cas, l' annonce doit indiquer si la réduction a été ou non effectuée.

En aucun cas, une réduction de prix d' un produit ou d' un service ne peut être présentée au consommateur comme une offre gratuite d' une qunatité du produit ou d' une partie du service.

[1560] Vz. Kh. Antwerpen, 27 juni 1996, Annuaire 1996, 327, 327.

[1561] Hof van Beroep te Gent, 7 juni 1996, Annuaire 1996, 321, 322; Vz. Kh. Antwerpen, 27 juni 1996, Annuaire 1996, 327, 327 ; De Caluwé/Delcorde/Leurquin, Les pratiques du commerce, l'information et la protection du consommateur, 2003, 2e édition, n° 14. 13.

[1562] Prés. Comm. Bruxelles, 10 juillet 1996, Annuaire 1996, 131, 131.

[1563] Prés. Comm. Bruxelles, 10 juillet 1996, Annuaire 1996, 131 et 136.

für Werbung mit den Begriffen wie „prix massacrés", „prix reduits", prix en baisse".[1564] Auch in diesen Fällen wird aufgrund des Vergleichs zu bislang verlangten Preisen eine Preisreduktion i.S.d. Gesetzes angekündigt.
Zu prüfen ist daher im jeweiligen Einzelfall, ob tatsächlich eine Preisreduktion angekündigt wird. So stellt ein Informationsbrief in dem ein vendeur auf seine « conditions habituelles » Bezug nimmt keine Suggerierung einer Eigenpreisreduktion dar[1565] und kann auch ein vendeur mit Eröffnungspreisen werben, solange diese nicht als Preisreduktion dargestellt werden.[1566]
Ebenso suggeriert die Angabe auf der ersten Seite einer Reisebroschüre dass sie « pleine à ras bord de promotions de voyages » ist, keine Preisreduktion und unterfällt damit nicht Artikel 42 LPCC.[1567]

Nicht ausreichend ist insbesondere, wenn der eigene Preis mit einem fremden Preis verglichen wird.[1568] Keine Reduktion liegt vor, wenn lediglich bekundet wird, dass im Vergleich zur Konkurrenz oder zum Markt im allgemeinen, ein besonders günstiger Preis verlangt wird.[1569] Deshalb verstößt ein Bekleidungsgeschäft, dass damit wirbt seine Produkte seien 30 % billiger als vergleichbare Bekleidung großer Marken, nicht gegen die Art. 43 § 1, 2 GüH.[1570]

bbbb. Zweifelsfälle

- Nicht vom Gesetz erfasst ist auch der Fall, dass zum *gleichen* Preis eine größere Menge angeboten wird.[1571] Zwar ist auch ein solches Angebot wirtschaftlich günstiger für den Konsumenten, jedoch verlangt das Gesetz eindeutig eine Preissenkung. Die Möglichkeit derartige Fälle als preisreduziertes Angebot der größeren Menge anzusehen, wird in Belgien nicht thematisiert, entspricht aber auch nicht der Verkehrsauffassung hinsichtlich eines solchen Angebotes. Vom Verkehr wird ein solches Angebot als Erhöhung der Menge und nicht als Reduzierung des Preises angesehen. So ist das Angebot, 20 Tage einer Reise zum Preis von ursprünglich 14 Tagen zu gewähren als „offre conjointe" und nicht als Preisreduktion zu verstehen.[1572]

1564 Rapport, loc. cit., p. 56 ; De Caluwé/Delcorde/Leurquin, Les pratiques du commerce, l'information et la protection du consommateur, 2003, 2e édition, n° 14.13.(1).
1565 Hof van Beroep te Gent, 7 juni 1996, Annuaire 1996, 321, 322.
1566 Vz. Kh. Antwerpen, 19 juni 1997, Annuaire 1997, 264, 264.
1567 Vz. Kh. Hasselt, 29 november 1996, Annuaire 1996, 330, 331.
1568 Hof van Beroep te Brussel, 28 februari 1996, Annuaire 1996, 312, 313.
1569 Hof van Neroep te Gent, 7 juni 1996, Annuaire 1996, 321, 322; Hof van Beroep te Brussel, 6 februari 1997, Annuaire 1997, 251, 252; Prés. Comm. Bruxelles, 24 déc.1997, Annuaire 1997, 150, 151 ; Vz. Kh. Brussel, 22 décmbre 1999, Annuaire 1999, 382, 383 : « La publicité qui se limite à affirmer que l'annonceur vend à bas prix, ce qui est illustré par la mention de prix de quelques produits, n'est pas une annonce de réduction de prix, même si la publicité indique que l'offre est limitée dans le temps ».
1570 Hof van Beroep te Brussel, 28 februari 1996, Annuaire 1996, 312, 313.
1571 Prés. Comm. Bruxelles, 1 avril 1996, Annuaire 1996, 523, 526.
1572 Bruxelles, 13 octobre 1998, Annuaire 1998, 47, 47.

- Fraglich ist, ob die Inzahlungnahme einer alten, beim Kauf einer neuen Sache, eine Preisreduktion darstellt.

  Grundsätzlich handelt es sich in diesen Fällen um einen Fall der „offre conjointe“ i.S.d. Art. 54 GüH.
  Dennoch haben belgische Gerichte in Einzelfällen eine Preisreduktion angenommen. So entschied der Präsident des Handelgerichts von Malines[1573], dass das Angebot eines Optikers beim Kauf einer neuen Brille die vormals getragene Brille zu einem Preis von zwischen – damals – 650 F (ca. 16 €) und 2500 F (ca. 62,5 €) in Zahlung zu nehmen, eine Preisreduktion i.S.d. Art. 42 GüH sei.[1574] Das Gericht begründete dies damit, dass sich die Vergütung für die „alte“ Brille nicht nach deren Zeitwert, sondern nach der Höhe des Kaufpreises der neuen Brille richte und daher deren Preis gemindert werden solle. Letztlich muss es sich hier um eine Einzelfallbetrachtung handeln. Richtet sich der erstattete Preis im konkreten Fall nicht nach der in Zahlung gegebenen Ware, sondern nach der neuen Ware – insbesondere wenn die in Zahlung zu gebende Ware bei Anschaffung der neuen Ware evidenterweise verfügbar wird – muss in der Tat von einer Preisreduktion dieser Ware ausgegangen werden.

- Keine Preisreduktion stellen die im Rahmen von Kundenkarten gewährten Vorteile und Ermäßigungen sowie Vorteile im Rahmen einer schnellen Reservierung dar:[1575] „Dat hieruit voortvloeit dat wij de stelling van verweerster bijvallen, die pleit dat de artikelen 43 en 53 WHPC,in casu, niet van toepassing zijn, vermits hier geen sprake is van een „aangekondigde prijsvermindering“ maar wel van de prijs stricto sensu, de constante altijd toegepaste prijs, geldend voor een beoogde categorie klanten, zij die in het bezit zijn van een Club Partner Plus of een Club Partnerkaart“.

bbb. "Annonce"/"Indication"

Das Gesetz spricht von einer „annonce de réductions de prix“, d.h. der Ankündigung einer Preisreduzierung.

[1573] anders: De Caluwé/Delcorde/Leurquin, Les pratiques du commerce, l'information et la protection du consommateur, 2003, 2e édition, n° 14.13: Ne constitue pas une réduction le titre visant à la reprise d'un objet usage wie hier auch : Prés. Comm. Bruxelles, 17. novembre 1994, Annuaire 1994, 265, 265.

[1574] Und zwar eine illegale, da sie gegen das zeitliche Limit des Art. 43 § 2, 3e alinéa verstieß; identische Grundsätze bei Prés. Comm Verviers, 5 juillet 1996, Annuaire 1996, 225, 227 unter Verweis auf eine Stellungnahme des Ministère des Affaires Economiques, der darlegte: „l'offre de payer un prix de reprise pour un ancien produit, à condition qu'un nouveau produit soit achtée au même moment, alors que le prix de reprise n'est pas fixé en fonction de la valeur de l'ancien produit mais uniquement en fonction du prix d'achat du nouveau produit, doi être qualifiée comme une annonce de réduction de prix pour le nouveau produit“.

[1575] Prés. Comm. Bruxelles, 30 octobre 1997, Annuaire 1997, 266, 266; Bruxelles, 13. oct. 1998, Annuaire 1998, 47, 47.

In der belgischen Literatur wird nun thematisiert, ob die Art. 42 ff. GüH auch auf bloße „indications“ (d.h. Angaben) anwendbar sind, ob Art. 42 GüH also auch dann erfüllt wird, wenn der Preis und die Reduktion nur auf dem Produkt selbst angegeben wird.[1576]

Der Gesetzgeber wollte beide Fälle erfassen. Dies geht aus den Vorbereitungsarbeiten hervor. Danach soll Art. 42 GüH auch anwendbar sein bei « indications de réduction de prix, se trouvant en magasin, ou rayon ou sur les produits, en vitrine sur n'importe quel support publicitaire“[1577]. Der Gesetzgeber stellt die Begriffe „annonce“ und „indication“ folglich auf eine Ebene, unabhängig, ob es sich nun um eine „indication“ oder eine „annonce“ handelt, müssen die Regeln der Art. 42 ff. GüH daher respektiert werden.[1578] Eine Unterscheidung zwischen „indication“ und „annonce“ wurde deshalb bereits zum alten Recht zutreffend von der Cour d'appel de Bruxelles verworfen.[1579]

Bestätigt wird dies durch Schutzzwecküberlegungen. Von Preisreduktionen, die außerhalb des Geschäftes angegeben werden, geht für das Geschäft insgesamt eine anlockende Wirkung aus, die Angaben auf den Produkten selbst nicht ausüben. Diese Wirkung macht jedoch allenfalls einen Teilaspekt der Irreführungsgefahr, die von einem unwahren Reduktionsversprechen ausgeht aus. Zudem wird in Art. 45 GüH, der sich ausschließlich mit dieser anlockenden Wirkung beschäftigt, der Fall der Werbung außerhalb des Geschäftslokals mit anderer Terminologie geregelt: der Gesetzgeber spricht dort von en „dehors de l'établissement“. Es ist kein Grund ersichtlich, warum der Gesetzgeber, wenn er eine derartige Beschränkung gewollt hätte, im Rahmen des Art. 43 GüH eine andere (unklarere) Terminologie verwenden sollte. Reduktionsversprechen auf dem Produkt selbst sind auch nicht grundsätzlich weniger gefährlich, bei ihnen fehlt – bzw. wird nicht wahrgenommen – dem Kunden typischerweise die Möglichkeit das Angebot in Ruhe zu vergleichen. Daher besteht kein Grund zwischen „Ankündigungen“ und „Angaben“ zu unterscheiden.[1580]

bb. Verbraucher

Art. 42 GüH betrifft ausschließlich Verkäufe an Verbraucher i.S.d. GüH. Ausgeschlossen sind also insbesondere Verkäufe zwischen „vendeurs“. Irrelevant ist dabei,

---

[1576] Sh. dazu : Doc. parl. Sénat 86- 87, n° 464/ 2, p. 131 ; contra : Van Bunnen, J.T., 1986, 435, 435 f.; H. Swennen, in: Stuyck/Wytinck, p. 80 ; s.h. auch : Evrard, J.T. 1992, 681, 690 (n° 55); De Caluwé, in : Les pratiques du commerce, Èditions du jeune Barreau, p. 76; Ferrant, Pratiques du commerce, p. 101.

[1577] Doc. parl., Sénat 86-87, n° 464/ 2, p. 131.

[1578] Dessard in : CUP. XVI, p. 157 ; Vz. Kh. Antwerpen, 27 juni 1996, Annuaire 1996, 327, 327: « Une indication de réduction de prix » au sens de la LPCC doit être assimilée à l'annonce d'une réduction de prix ». Daher seien die Angabe in den Auslagen eines Geschäftes « Conditions d'ouverture – Prix Spéciaux » et « Prix de gros boucles d'oreilles 18 ct. à partir de …frs ; demandez nos prix les plus bas », « annonces der réductions de prix » i.S.d. Artikel 42 GüH ; sh. auch Van Bunnen J.T. 1986, 435, 435 f.

[1579] Cour d'appel de Bruxelles, 18 avril 1991, J.L.M.B. 1992, 186 note Balate.

[1580] Vgl. Evrard J.T. 1992, 681, 690 (n° 55): « Il n'est donc plus possible de soutenir que le terme « annonce » ne vise que toute forme de publicité donnée à la réduction et ne couvre pas l'indication discrète de la réduction sur le produit lui-même ».

ob die Ankündigung einer Preisherabsetzung gegenüber dem breiten Publikum („public anonyme“) oder individualisierten Verbrauchern erfolgt.[1581]

b. Art. 43 GüH

Art. 43 GüH bestimmt die Modalitäten unter denen der „vendeur“ eine Preisherabsetzung ankündigen darf. Diese Modalitäten dienen dazu, sicherzustellen, dass die Preisreduktion auch tatsächlich durchgeführt und nicht nur vorgespiegelt wird.

Dabei trifft den Werbenden die Pflicht bevor er wirbt, Sorge zu tragen, die Einhaltung der Voraussetzungen auch beweisen zu können, § 43 § 5 GüH. § 43 § 5 GüH konstituiert eine eigenständige Beweispflicht des Werbenden.[1582] Der Verstoß liegt darin, mit der Annonce einer Preisreduzierung zu werben, ohne diese beweisen zu können.[1583] Soweit der Werbende diesen Beweis nicht führen kann, ist ein Verstoß gegen die Art. 43, § 1 – 2 anzunehmen und die Werbung zu untersagen.[1584]

Die Pflichten des Verkäufers ergeben sich aus Art. 43 § 1 und § 2 GüH:

aa. „Wahrheit“ der Preisherabsetzung, Art. 43 § 2 GüH

Die Preisherabsetzung muss tatsächlich stattgefunden haben, also der aktuell verlangte Preis geringer sein als der vormals verlangte Preis. Dazu ist ein Vergleich zwischen der Höhe des vormals verlangten Preises und des inzwischen verlangten Preises notwendig. Der Referenzpreis bietet nun besondere Angriffsfläche für Missbrauch: Wird hier ein zu hoher Preis genannt, der in Wahrheit nie, nie ernsthaft oder nur für ganz kurze Zeit gefordert wurde, kann von einer Preisreduktion nicht die Rede sein.[1585] Das belgische Recht stellt – um diese Missbrauchsmöglichkeiten einzuschränken – daher bestimmte Anforderungen an den Referenzpreis:

[1581] Corr. Dendermonde, 8 oktober 2001, Annuaire 2001, 317, 319; teilweise wird, ohne erkennbare Berechtigung und Begründung zusätzlich gefordert, dass es sich um eine offene Gruppe oder die Gesamtheit von Verbrauchern handeln muss und nicht lediglich einen ausgesuchten, geschlossenen, Kundenstamm, vgl. De Brouwer, Le droit des promotions commerciales, p. 57; Ferrant, Pratiques du commerce, p. 100 (n° 174).

[1582] Doc. parl. Sénat, session 1990-91, 1200, 2, p. 57 ; Prés. Comm. Nivelles, 15 déc. 1995, Annuaire 1995, 257, 258; Prés. Comm. Anvers, 27 juin 1996, Annuaire 1996, 327, 328; De Caluwé/Delcorde/Leurquin, Les pratiques du commerce, l'information et la protection du consommateur, 2003, 2e édition, n° 14.12.(2) ; besonders deutlich : Cour d'appel de Liège, 3 juin 1997, Annuaire 1997, 244, 246.

[1583] Evrard J.T. 1992, 681, 690 Nr. 57 ; De Caluwé/Delcorde/Leurquin, Les pratiques du commerce, l'information et la protection du consommateur, 2003, 2e édition, n° 7.45. ; Cour d'appel de Liège, 3 juin 1997, Annuaire 1997, 244, 246.

[1584] Prés. Comm. Nivelles, 15 décembre 1995, 237, 243 f. ; Identisch auch Vz. Kh. Antwerpen, 27 juni 1996, Annuaire 1996, 327, 328; Prés. Comm. Liège, 3 juin 1997, Annuaire 1997, 310, 310.

[1585] So lag der Fall etwa in Prés. Comm. Verviers, 5 juillet 1996, Annuaire 1996, 225, 227, in dem der Verkäufer seine Preise kurzfristig heraufgesetzt hatte, um die entgeltliche Rücknahme von Altgeräten „gegenzufinanzieren“.

Der Verkäufer muss

« faire référence au prix qu'il pratiquait antérieurement et d'une manière habituelle pour des produits ou services identiques dans le même établissement. », Art. 43 § 1er.

„Faire référence“ bedeutet, dass der Preis angegeben werden muss.[1586] Wird die Reduktion in der Form des Art. 5 GüH angekündigt, ist dieses Erfordernis notwendig erfüllt, wird die Reduktion in anderer Form angekündigt, muss der vormals verlangte Preis kenntlich gemacht werden.[1587]
Der Referenzpreis muss gewohnheitsmäßig verlangt worden sein. Das belgische Gesetz definiert lediglich wann ein Preis *nicht* gewohnheitsmäßig verlangt worden ist: Ein Preis, der nicht mindestens während eines Monats unmittelbar vor dem Datum ab dem die Preisreduktion gilt, verlangt wurde, gilt demnach als nicht gewohnheitsmäßig verlangt.
Das Kriterium der Unmittelbarkeit dient dabei dazu, zu verhindern, dass gleich welche Einmonatsperiode als Vergleich herangezogen werden kann. Erforderlich ist daher, dass der reduzierte Preis im unmittelbaren zeitlichen Anschluss an das Ende der Anwendung des Referenzpreises verlangt wird.

Mit der Beschreibung ab wann „gewohnheitsmäßig“ frühestens vorliegen kann, ist jedoch nicht geklärt, ab wann dieses Kriterium tatsächlich erfüllt ist. Soweit ersichtlich wird dieser Begriff in der belgischen Literatur nicht weiter definiert, jedoch darauf hingewiesen, dass das Mindestkriterium auch als Mindestkriterium verstanden wird und gewohnheitsmäßig nicht zwangsläufig schon nach einem Monat erfüllt ist. Es gilt also zu klären, wann das Merkmal „gewohnheitsmäßig“ erfüllt ist.
Fraglich ist insoweit insbesondere, ob dieser Begriff anhand der Verkehrsauffassung zu bestimmen ist, oder ob der Verkehrsauffassung keine Bedeutung zukommt und der Begriff anhand anderer Kriterien ausgefüllt wird.
Die Antwort auf diese Frage hängt davon ab, ob es sich bei Art. 42 ff. GüH um eine spezielle Ausprägung des Irreführungsverbotes, also um eine Irreführungsvorschrift handelt, und es in der Folge bei der Auslegung der einzelnen Tatbestandsmerkmale auf die Verkehrsauffassung ankommen soll, oder ob Art. 43 GüH eine rein objektive Prüfung verlangt.

Eine Irreführungsvorschrift zeichnet sich in einem empirischen Modell durch die Voraussetzung aus, dass Verbraucher in die Irre geführt werden. Diese Voraussetzung ist in Art. 43 GüH nicht ausdrücklich vorhanden. Vielmehr wird in Art. 43 GüH mit der einmonatigen Mindestfrist sogar ein von der Verkehrsauffassung unabhängiges Kriterium eingeführt. Eine Vorentscheidung, die ein Abstellen auf die Verkehrsauffassung verbietet, wird hierdurch indes nicht getroffen. Der Gesetzgeber schließt insoweit lediglich einen Teil der Ansichten der Konsumenten aus. Betrachtet man Art. 43 GüH,

---

[1586] De Caluwé/Delcorde/Leurquin, Les pratiques du commerce, l'information et la protection du consommateur, 2003, 2e édition, n° 14.15.
[1587] De Caluwé/Delcorde/Leurquin, Les pratiques du commerce, l'information et la protection du consommateur, 2003, 2e édition, n° 14.15.

ist das Hauptanliegen, die Wahrheit der Ermäßigungsbehauptungen zu sichern, eine Täuschung der Konsumenten durch falsche Reduktionsversprechen zu verhindern. Gerade dieses Täuschungsverbot macht den Regelungsgehalt des Art. 43 GüH aus. Insoweit ist Art. 43 GüH als besondere Ausprägung des Irreführungsverbotes anzusehen. Zentral für diesen Zweck ist der Begriff „habituellement“ Dieser Begriff kann daher sinnvoll nur im Sinne der Verkehrsauffassung ausgelegt werden. Richtig ist daher die fälschliche Behauptung von Preisvorteilen in erster Hinsicht als ein Irreführungsproblem anzusehen. Prägnant, wenngleich zum deutschen Wettbewerbsrecht, formuliert insoweit *Emmerich*: „Besondere Bedeutung hat das Irreführungsverbot des § 3 UWG für die Werbung mit Preisen, da die Verbraucher mit keinem Argument so erfolgreich anzusprechen sind wie mit dem Hinweis auf niedrige Preise.“[1588]
Entscheidend ist also, ob der Referenzpreis in einer Art und Weise verlangt wurde, die der Verkehr als ausreichend ansieht um den neuen Preis als Preisreduktion anzusehen. Erfahrungsgemäß beurteilt der Verkehr die Frage anhand der zeitlichen Beständigkeit des alten Preises in Abhängigkeit von der jeweiligen Ware.
Bei sehr teuren Waren, die jeweils lange Zeit angeboten werden – wie beispielsweise KFZ, Möbel –, geht der Verkehr grundsätzlich von einer größeren Beständigkeit der Preise aus. Anders hingegen bei billigeren Waren, die nur kurze Zeit verkauft werden, insbesondere bei modischer Saisonware, sich überholender Unterhaltungselektronik. Hier geht der Verkehr von einer geringeren Beständigkeit der Preise aus, die Preise müssen hier nur eine kürzere Zeit verlangt worden sein.

Ausnahmen gelten für Produkte, die einer schnellen Wertminderung unterliegen sowie im Falle von Verkäufen i.S.d. Art. 49 GüH, d.h. Schlussverkäufen. In letzterem Fall ist der gewohnheitsmäßig verlangte Preis „le prix pratiqué de manière ininterrompue durant les périodes visées à l'article 53“, also der Preis, der während 6 Wochen vor dem Schlussverkauf ununterbrochen verlangt worden ist.
Ununterbrochen muss der Preis verlangt worden sein, weil das Vorliegen einer Reduktion zweifelhaft erscheine, wenn in der Periode vor dem Schlussverkauf mehrere Preise praktiziert worden seien.[1589] Dies ist jedenfalls nicht der Fall, wenn das Geschäft während der Periode wegen Umbauarbeiten geschlossen war.[1590]
Dabei ist das Merkmal eng auszulegen. Es muss ein und derselbe Preis sein, in der Referenzperiode verlangt worden ist. Zwar würde es dem Gesetzeszweck genügen, dass verschiedene Preise verlangt worden sind, solange diese über dem als Reduktion beworbenen Preis lagen.
Jedoch stellen sich hier unüberwindliche Beweisschwierigkeiten. Man müsste dann nach Sinn und Zweck des Gesetzes verlangen, dass der Werbende den niedrigsten verlangten Preis als Referenzpreis nennt. Während es für den Werbenden ein leichtes wäre seiner Beweisverpflichtung hinsichtlich höherer Preise durch schlichte Lüge zu genügen, wäre das Gegenteil fast unnachvollziehbar.

[1588] Emmerich, S. 232 (6. Auflage).
[1589] De Caluwé/Delcorde/Leurquin, Les pratiques du commerce, l'information et la protection du consommateur, 2003, 2e édition, n° 14.16.
[1590] Vz. Kh. Leuven, 19 juli 1994, Annuaire 1994, 250, 250.

b. Zulässige Dauer der Reduktionswerbung

Die Dauer der Werbung mit der Preisreduktion darf einen Monat ab Beginn der Reduktion nicht überschreiten. Das Datum des Beginns muss angegeben werden.[1591]
Diese Einschränkung soll verhindern, dass der reduzierte Preis zum gewöhnlichen Preis wird und das Reduktionsversprechen deswegen irreführend wird.[1592]
Lediglich bei Ausverkäufen[1593] kann die Frist überschritten werden, und die Reduktion während der Dauer des Ausverkaufs beworben werden.

cc. Weitere Erfordernisse

Die Referenz muss Preise für identische Produkte und Dienstleistungen im gleichen Geschäftslokal durch den gleichen „vendeur" betreffen.

c. Exkurs: Art. 45 GüH

aa. Allgemeines und Text

Art. 45 GüH gibt den Kunden für Waren die nicht mehr vorhanden sind und bezüglich derer mit einer zeitlich befristeten Rabattaktion außerhalb des Geschäftslokals geworben wurde, einen Anspruch auf einen Gutschein über die Ware:

> Lorsqu'une réduction de prix est annoncée en dehors de l'établissement comme étant limitée dans le temps, le vendeur qui ne dispose plus des produits concernés est tenu de délivrer au consommateur, pour tout produit d'un prix supérier à 1000 F dont le stock est épuisé, un bon donnant droit à son achat dans un délai raisonnable et dans les termes de l'offre, sauf en cas d'impossibilité de réapprovisionnement dans les mêmes conditions.
> Le présent article n'est pas applicable aux ventes en solde ni aux ventes en liquidation.
> Le roi peut adapter le montant mentionné au premier alinéa.

Art. 45 GüH ergänzt – jedenfalls für einen Großteil der durch Art. 45 GüH erfassten Fälle – die Regelung des Art. 23 Nr. 9 GüH für die – auch durch Art. 23 Nr. 9 GüH untersagte – Praktik des „prix d'appel".
Art. 45 GüH wird in der belgischen Literatur zutreffend begrüßt, da dem Kunden mit der ihm durch Art. 23 Nr. 9 GüH und Art. 43 GüH vermittelten Möglichkeit die Werbung zu untersagen, nur begrenzt weitergeholfen wird. Indem ihm ein Anspruch auf einen Gutschein und letztlich damit auf die Ware zu den beworbenen Konditionen eingeräumt wird, werden seine Interessen weitergehend gegen unlautere Geschäftspraktiken geschützt.[1594]

[1591] Vz. Kh. Brussel, 14 juli 1996, Annuaire 1996, 361, 367 et s..
[1592] Vgl. zu einer Anwendung dieser Frist in der Rspr. : Hof van Beroep te Antwerpen, 18 september 2000, Annuaire 2000, 378, 379.
[1593] Vgl. auch Balate, Anmerkung zu Cour d' appel de Bruxelles, 18 avril 1991, « L' annonce des prix en période de présoldes », J.L.M.B. 1992, 186 ff., J.L.M.B. 1992, 189 ff.
[1594] Allerdings ist – soweit ersichtlich – bislang kein Fall der Anwendung ersichtlich (so auch: (für die Zeit bis 1998) De Vroede, R.C.J.B. 1998, 26, 40).

Art. 45 GüH ist dabei von seinem Wesen her kein eigentlicher Irreführungstatbestand, da er nicht auf die Ansicht der Verbraucher abstellt, sondern an einen objektiven Tatbestand anknüpft, nämlich ob ausreichend Waren vorhanden sind oder nicht. Dennoch liegt Art. 45 GüH der Irreführungsgedanke zu Grunde, es wird durch Art. 45 GüH ein Erfahrungstatbestand festgeschrieben, nämlich die Verkehrsauffassung, dass im Rahmen zeitlich begrenzter Aktionen die Ware auch vorhanden ist. Zwar werden mögliche Ausnahmen die im Rahmen der Verkehrsauffassung bestehen (etwa höhere Gewalt) nicht thematisiert, dies konnte jedoch unterbleiben, da die Verkehrsauffassung generalisiert betrachtet wird, was angesichts der begrenzten Rechtsfolge auch vertretbar erscheint.

Art. 45 GüH und Art. 23 Nr. 9 GüH stehen angesichts ihrer unterschiedlichen Rechtsfolgen nebeneinander. Art. 45 GüH wird dabei immer auch dann vorliegen wenn Art. 23 Nr. 9 GüH im Rahmen einer Preisreduktion i.S.d. Art. 42 GüH thematisiert ist. Umgekehrt ist dies jedoch nicht zwangsläufig der Fall. Es besteht vielmehr die Möglichkeit, dass Art. 45 GüH greift, der Irreführungstatbestand jedoch nicht. Als Beispiel sei der Fall höherer Gewalt genannt.

bb. Voraussetzungen

Voraussetzungen sind:

aaa. Positive Voraussetzungen

aaaa. Ankündigung einer Preisreduktion

Sh. insoweit unter G. VIII. 1. a. aa.

bbbb. Außerhalb der Niederlassung (Geschäftslokal)

Der Gesetzgeber wollte mit diesem Kriterium Art. 45 GüH auf Fälle beschränken, in denen die Werbung zum Kunden gebracht wird, beispielsweise durch postalische Werbeschriften, durch e-mail-Werbung, durch Werbebeilagen in Zeitungen.
Nicht betroffen sind hingegen Sachverhalte, in denen der Kunde sich selbst zum Geschäft begibt und die Reduktionsannonce dort wahrnimmt. So etwa bei Werbetafeln auf der Außenwand des Geschäfts, bei Preisangaben auf dem Produkt selbst, da es hier der Kunde ist, der sich zum Geschäft begibt und die besondere Gefahr des Anlockens nicht gegeben ist.[1595]

[1595] Dessard in : CUP XVI, p. 161.

cccc. Zeitliche Begrenzung

Die zeitliche Beschränkung meint nicht die gesetzliche Beschränkung aus Art. 43 § 2 alinéa 3[1596] GüH, sondern nur ausdrückliche zeitliche Beschränkungen, die sich aus der Werbung selbst ergeben.

Beispiele:

- Jede Art von Laufzeitangabe der Preisreduzierung.

- Nicht gegeben ist das Erfordernis hingegen bei der Angabe „valable jusqu´a l´épuisement du stock". Hier erfolgt keine zeitliche Einschränkung, Art. 45 GüH ist daher nicht einschlägig.
  In diesem Zusammenhang ist die Frage aufgekommen, ob eine zeitlich beschränkte Preisreduzierung der Anwendung des Art. 45 GüH entzogen werden kann, indem der Hinweis „sauf épuisement du stock" beigefügt wird. Dies ist den Vorbereitungsarbeiten des Gesetzgebers zufolge abzulehnen, da eine solche Formulierung ausschließlich dazu diene, das Gesetz zu umgehen. Dem kann schon alleine deshalb zugestimmt werden, da die zeitliche Begrenzung durch eine derartige Angabe nicht aufgehoben wird und Art. 45 GüH zudem nicht auf die tatsächliche Verkehrsauffassung abstellt, die durch einen derartigen Zusatz beeinflusst werden könnte.

dddd. Produkte mit höherem Preis als 25 €

Der Begriff des Produktes wurde bereits[1597] diskutiert, Dienstleistungen werden insoweit ausgeschlossen.
Es kommt auf den Verkaufspreis an, nicht auf den objektiven Wert.

eeee. « Vendeur » und Konsument

Zu diesen Begriffen, sh. unter E. III. 2. f. dd. und ee.

ffff. Erschöpfung der Vorräte

Es gelten insoweit die zu Art. 23 Nr. 9 GüH dargestellten Grundsätze[1598].

bbb. Negative Voraussetzungen

Es darf sich nicht um einen Schluss- oder Ausverkauf handeln, Art. 45 alinéa 2.

1596 So auch De Caluwé, in : Les pratiques du commerce, Èditions du jeune Barreau, p. 79.
1597 Vgl. E. III. 2. f. bb.
1598 Vgl. F. VI. 1. a. bb.

cc. Rechtsfolge

Der Kunde erhält einen Warengutschein, der ihn berechtigt, dass ihm in angemessener Frist für die Ware ein Kaufangebot zu den vormaligen Bedingungen unterbreitet wird und ihm die Ware zu diesen Bedingungen auch übereignet wird.
Erfüllt der Verkäufer diese Verpflichtung nicht, macht er sich gem. Art. 102 Nr. 4 GüH strafbar. Ausnahme von dieser Rechtsfolge ist, dass es dem Verkäufer unmöglich ist, die Ware zu den gleichen Bedingungen erneut zu beschaffen.
Eine Irreführung gem. Art. 23 Nr. 9 GüH wird durch den Warengutschein nicht beseitigt.[1599]

2. Deutsches Recht

a. Irreführende Werbung mit (eigenen) Preisherabsetzungen

Grundsätzlich ist der Unternehmer frei, seine Preise festzusetzen wie es ihm beliebt. Er kann auch mit besonders günstigen Preisen werben, jedoch nicht in irreführender Weise.
Eigenpreisvergleiche sind dann irreführend, wenn durch sie ein Irrtum bei dem Verkehr ausgelöst wird. Dies ist insbesondere dann der Fall, wenn die Reduktion lediglich vorgegeben wird oder die Reduktion sich nicht auf identische Waren bezieht.
In der Kategorie der Eigenpreisvergleiche hat der Gesetzgeber nunmehr die Fallgruppe der „Mondpreise" besonders geregelt. Dadurch werden die übrigen Fallgruppen jedoch nicht irrelevant. Mit 5 IV UWG sollte keine abschließende Regelung für die Irreführung bei Eigenpreisvergleichen geschaffen werden. Wir werden daher sämtliche relevanten Fallgruppen darstellen und § 5 IV UWG dort einordnen, wo er für die Fallgruppe der „Mondpreise" relevant wird.

b. Beschreibung der Fallgruppen

aa. Der Referenzpreis wurde niemals gefordert

Wurde der Referenzpreis niemals gefordert, ist die Behauptung einer Preisreduktion selbstverständlich irreführend. So hatte die Werbende mit einer Aufstellung der Einzelpreise der Produkte, aus denen sich ein Produktset zusammensetzte, geworben, um die besondere Günstigkeit des Sets darzulegen. Allerdings hatte sie diese Einzelpreise nie gefordert. Der BGH hielt dies für irreführend, da in einem solchen Fall dem für das Setangebot verlangten Preis die herausgestellte Sparwirkung und besondere die Preisgünstigkeit fehle.[1600]

[1599] A.A. offenbar De Vroede R.C.J.B. 1998, 31, 39 unter unzutreffender Berufung auf Evrard J.T. 1992, 681, 691. Eine solche Einschränkung würde Art. 23 Nr. 9 GüH jedoch in weiten Teilen seiner Wirksamkeit berauben, was nicht mit der Intention des Art. 45 GüH einen zusätzlichen Verbraucherschutz zu gewährleisten vereinbar wäre.
[1600] BGH GRUR 1996, 796,798- Setpreis.

bb. Fordern des ursprünglichen Preises lediglich für eine unangemessen kurze Zeit (§ 5 IV UWG)

aaa. Vergleich mit dem UWG 1909

§ 5 IV UWG entspricht im Wesentlichen der früheren „ernsthaft-gefordert“ Rechtsprechung des BGH.[1601] Selbst wenn der Referenzpreis nicht unangemessen kurz gefordert wurde, kommt weiterhin eine Irreführung in Betracht, wenn bspw. explizit falsche Zeitraumsangaben über den Zeitraum gemacht wurden, in dem der Referenzpreis gefordert wurde. Allerdings greift in diesen Fällen die Vermutung des § 5 IV UWG nicht.

bbb. Unangemessen kurzes Fordern des Referenzpreises, § 5 IV 1 UWG

Maßgeblich ist hier nicht die tatsächliche Verkehrsauffassung. Es kommt nicht darauf an, ob durch den Zeitraum der Verkehr tatsächlich in die Irre geführt wird. Es wird lediglich vermutet, dass der Verkehr bei vorliegen bestimmter Kriterien in die Irre geführt wird. Ob dies tatächlich zutrifft, ist in einem zweiten Schritt von dem Werbenden zu widerlegen.

Wann Unangemessenheit vorliegt, kann anhand der alten Rechtsprechung zu „Mondpreisen“ beantwortet werden. Die Vermutung gründet darauf, dass eine Irreführung regelmäßig vorliegt, wenn der Zeitraum unangemessen ist. Danach kam es entscheidend auf die Umstände des Einzelfalles, dh. auf die Art der Werbung, auf die Branche, auf die Art der Ware und auf die Marktsituation an. Insbesondere muss es möglich bleiben, flexibel auf Preissenkungen der Konkurrenz zu reagieren und den neuen Preis auch werbewirksam „an den Mann“ zu bringen.
Bei Markenspirituosen im Einzelhandel sah der BGH zwei Monate Geltungsdauer für den Referenzpreis als ausreichend an.[1602] Dies kann für ähnliche Güter und Vertriebsformen als Richtschnur angesehen werden. Drei Wochen sind in der Regel zu kurz[1603], eine Woche ohnehin[1604]. Bei höherwertigen Gütern muss der Preis tendenziell länger gelten, eine Pauschalierung auf mindestens sechs Monate ist aber abzulehnen.[1605]

ccc. Vermutung des § 5 IV 1 UWG

Steht fest, dass der Referenzpreis nur unangemessen kurz gefordert wurde, greift die Vermutung des § 5 IV 1 UWG. Die Irreführung wird vermutet, wenn die Vermutung nicht widerlegt wird.[1606]

[1601] So auch H-B/H-B/Völker § 5 Rn. 837.
[1602] BGH GRUR 1978, 652, 654- mini-Preis.
[1603] OLG Hamm WRP 1977, 814.
[1604] OLG Stuttgart WRP 1996, 791, 796.
[1605] BGH GRUR 1999, 507, 508- Teppichpreiswerbung.
[1606] In diesem Sinne auch BGH GRUR 1975, 78, 79- Preisgegenüberstellung.

Es ist dabei Sache des Unternehmers, die Vermutung zu entkräften. Dieser muss also darlegen, dass der Verkehr trotz des unangemessen kurzen Zeitraums nicht in die Irre geführt wird. Dies wird ihm in der Regel nur dann gelingen, wenn in der Werbung die Geltungsdauer des Referenzpreises explizit genannt ist. Ansonsten kommt wohl nur die Beweisführung per demoskopischem Gutachten in Betracht.

ddd. Beweislast des § 5 IV 2 UWG

aaaa. Vermutung zugunsten der Unangemessenheit ?

Ist streitig, ob und in welchem Zeitraum der (ursprüngliche) Preis gefordert worden ist, trifft die Beweislast denjenigen, der mit der Preisherabsetzung geworben hat. In einer non liquet- Situation geht die Nichterweislichkeit zu Lasten des Werbenden, dh. dann, dass die Angaben des Klägers für wahr zu halten sind.

§ 5 IV UWG schließt seinem Wortlaut nach nur die Beweislast, nicht aber die Darlegungslast (abstrakte Behauptungslast) mit ein. Dies bedeute, so Bornkamm,[1607] dass, wenn der Kläger nur vermutet, dass der Zeitraum unangemessen kurz gewesen ist, aber keine konkreten Angaben zu Zeiträumen machen kann, er erst gar nicht seiner Substantiierungslast genügt. Hierüber helfe nun auch § 5 IV UWG nicht hinweg. Unzutreffend an dieser Analyse ist jedoch, dass die von Bornkamm geforderte Abschwächung und Verschiebung der Substantiierungslast vom BGH bereits bislang in Fällen, in denen in Frage stand, ob der beworbene Preis überhaupt und ernsthaft gefordert wurde, angewendet wurde.[1608] Wenn Bornkamm diese Rspr. nun in § 5 IV UWG hineinlesen und diesen insoweit als Vermutung einer unangemessen kurzen Frist verstehen will[1609], spricht nichts dagegen, ein derartiger Wille des Gesetzgebers – dem Kläger zu helfen, der „in der Regel keinen Zugang zu den maßgeblichen Informationen hat“[1610] – erscheint sogar nicht unwahrscheinlich. Notwendig erscheint aber eine solche Auslegung nicht, da nicht ersichtlich ist, dass der BGH von seiner Rechtsprechung abrücken wird.

bbbb. Kein außerprozessualer Auskunftsanspruch[1611]

Wie im alten Recht besteht weiterhin kein außerprozessualer Auskunftsanspruch hinsichtlich der für § 5 IV UWG relevanten Tatsachen. Der Kläger muss also weiterhin das Klagerisiko eingehen.

1607 Baumbach/Hefermehl/Bornkamm § 5 Rn. 7.82.

1608 BGH GRUR 1975, 78, 79- Preisgegenüberstellung I; Grundlage ist die vom BGH in st. Rspr. praktizierte Auferlegung von sekundären Behauptungslasten aus Treu und Glauben, vgl. näher G. II. 3. b. Bei dem hier in Frage stehenden Thema ist es oftmals schwierig für den Kläger festzustellen, ob, wie lange und wann der vom Werbenden behauptete Preis tatsächlich verlangt worden ist, während diese Angaben für den Beklagten ohne weiteres möglich sind.

1609 Baumbach/Hefermehl/Bornkamm § 5 Rn. 7.83.

1610 Begr RegE zu § 5 IV BT- Drcks 15/1487, S.20.

1611 Vgl. auch G. II. 3. d.

Hierin mag man eine Unzulänglichkeit des § 5 IV UWG sehen.[1612] Andererseits ist zu bedenken, dass ansonsten bei jeder Werbung mit Preisreduktionen eine Fülle solcher Ansprüche drohen würde, die den Werbenden finanziell und ressourcenmäßig leicht überlasten könnten. Insoweit erscheint die Ablehung eines solchen Anspruchs gerechtfertigt.

cc. Wie lange darf mit einer erfolgten Preisherabsetzung geworben werden ?

Behauptet ein Werbender eine Preisreduktion, geht der Verkehr davon aus, dass die Reduktion einen gewissen Aktualitätswert aufweist.[1613] Preissenkungswerbung ist „Neuheitswerbung".[1614]
Insoweit können keine schematisierenden Angaben von Zeiträumen oder von starren Fristen gemacht werden. Maßgeblich ist die Verkehrsauffassung. Erfahrungsgemäß sind die Art der Ware, der Branche, die Marktsituation sowie die Verhältnisse des werbenden Unternehmens und insbesondere der Inhalt der Werbung maßgeblich.[1615] Formulierungen wie „jetzt" oder „ab sofort" suggerieren etwa eine hohe Aktualität.[1616]Das OLG Nürnberg wertete es als irreführend, wenn der Referenzpreis schon drei Wochen zuvor herabgesetzt wurde.[1617] Soweit in der Branche allgemein, oder durch das werbende Unternehmen insbesondere, für die betreffende Ware Preissenkungen häufig sind, ist die Frist, innerhalb derer mit einer Preissenkung geworben werden darf, tendenziell kürzer.

dd. Irreführung über den Umfang der Preisherabsetzung

aaa. Unbestimmte Preisherabsetzung

Der Verkehr darf nicht darüber getäuscht werden, auf welche Produkte sich die Reduktion bezieht.[1618] Enthält etwa eine Werbung die Angabe „20 % auf das gesamte Sortiment" ist die Werbung irreführend, wenn die Reduktion nicht das gesamte Sortiment betrifft.

bbb. Irreführung über die zu herabgesetztem Preis angebotene Ware oder Dienstleistung

Der Verkehr geht bei einer Preisreduktion davon aus, dass sie sich auf identische Ware bezieht. Irreführend ist es, ohne entsprechenden Hinweis mit einer Reduktion zu wer-

---

1612 Trube WRP 2003, 1301, 1311 ff.; Köhler/Bornkamm/Henning-Bodewig WRP 2002, 1317, 1322; Baumbach/Hefermehl/Bornkamm § 5 Rn. 7.80.
1613 BGH GRUR 1968, 433, 437- Westfalen- Blatt II.
1614 H-B/H-B/Völker § 5 Rn. 838.
1615 BGH GRUR 1999, 507, 508- Teppichwerbung; BGH GRUR 2000, 337, 338- Preisknaller.
1616 BGH GRUR 2000, 337, 338- Preisknaller; OLG Hamm DB 1979, 1356; GK/Lindacher § 3 Rn. 912.
1617 OLG Nürnberg GRUR 1979, 558, 558- Statt-Preise.
1618 BGH GRUR 1966, 382, 384- Jubiläum; Baumbach/Hefermehl/Bornkamm § 5 Rn. 7.88.

ben, wenn die Ware nicht mehr den gleichen Wert hat, etwa weil sie beschädigt, fehlerhaft etc. geworden ist.[1619]

Bei Gattungsware bezieht der Verkehr die behauptete Preisherabsetzung nicht allein auf das konkrete angebotene Einzelstück, sondern auf alle Waren der Gattung. Auch für diese muss daher die Preisreduktion gelten.[1620]

[1619] GK/Lindacher § 3 Rn. 913.

[1620] D.h. Waren gleicher Art und Güte; BGH GRUR 1999, 507, 508- Teppichpreiswerbung.

G. Beweisfragen

I. Belgisches Recht

1. Mögliche Beweismittel

Das GüH schweigt sich zu den in Frage kommenden Beweismitteln aus; daher ist auf die allgemeinen Grundsätze zurückzugreifen.[1621] In Betracht kommen etwa Parteienbefragungen, Feststellungen des Gerichtsvollziehers usw. In völlig vereinzelt gebliebenen Entscheidungen wurde auch auf Meinungsumfragen[1622] zurückgegriffen: „Lorsque le juge ne dispose pas de suffisamment de connaissances pour déterminer l´importance pour le comportement d´achat du consammateur, de l´information éventuellement erronée, il peut demander l´avis d´un expert ».[1623]

Dabei kommt im belgischen Recht den Feststellungen des Gerichtsvollziehers, den das Gericht mit Ermittlungen beauftragen kann,[1624] besondere Bedeutung zu.[1625] Die Feststellungen des Gerichtsvollziehers sind für den Richter allerdings nicht bindend, sondern unterliegen seiner freien Würdigung.[1626] Die Feststellungen des Gerichtsvollziehers sind sogar dann verwertbar, wenn dieser – was unzulässig ist[1627] – seine Eigenschaft als Gerichtsvollzieher verschleiert hat und wie ein Käufer aufgetreten ist.[1628] Dabei gelten allerdings bestimmte Voraussetzungen: « Le fait qu´un huissier ne décline pas son identité lorsqu´il fait ses constatations, alors qu´il n´a pas utilisé des moyen illégitimes ou la provocation pour faire ces constations, et qu´il est plausible qu´il n´aurait pu faire ces constations s´il n´avait dévoilé son identité, n´invalide pas la valeur du constat réalisé »[1629].

2. Feststellung der Verkehrsauffassung kraft eigener Sachkunde

In Belgien stellen die Richter die Verkehrsauffassung durch eigene Sachkunde fest. Einschränkungen sind nicht erkennbar.

[1621] Huart/Honon in: CUP XVI, p. 74

[1622] Cour d' appel Bruxelles, 9 mai 1989, Ing.- Cons 1989, 164, 166 note de Caluwé.

[1623] Vz.Kh. Hasselt, 17 januari 1997, Annuaire 1997, 173, 173 ; vgl. zum alten Recht: Prés. Comm Bruxelles, 21 juin 1989, R.D.C. 1985, 795, 798 note de Caluwé (zum Warenzeichenrecht); Henning-Bodewig, Recht der Werbung in Europa, Bd. 2, Belgien, Rn. 77.

[1624] Vgl. etwas Prés. Comm. Courtrai, 16 juin 1983, R.D.C. 1983, 672, 672.

[1625] Ferrant, Pratiques du commerce, p. 147 ; Francq in: Les pratiques du commerce, Èditions du jeune Barreau, p. 235.

[1626] De Leval, Institutions judiciaires, éd. Collection scientifique de la Faculté de droit de Liège, n° 321.

[1627] De Leval, Institutions judiciaires, éd. Collection scientifique de la Faculté de droit de Liège, n° 322.

[1628] Prés. Comm. Tournai, 26 mars 1997, Annuaire 1997, 178, 178.

[1629] Prés. Comm. Tournai, 26 mars 1997, Annuaire 1997, 178, 178.

3. Beweislast bei irreführender Werbung

a. Allgemeines/Grundsatz

Allgemein ist es Sache des Klägers darzulegen, dass eine Irreführung vorliegt. Im Schrifttum wurde nun häufig angenommen, dass dem Kläger der Beweis, dass Angaben unzutreffend sind, oftmals schwer fallen werde, da er häufig auf tatsächliche Kenntnisse angewiesen sei, über die nur der Beklagte verfügt.
Erleichterung verschaffen zwar insoweit die Art. 871[1630] und 877[1631] Code judiciaire, indem sie dem Richter die Möglichkeit verschaffen, den Beklagten zu verpflichten, sich an dem Beweis zu beteiligen. Diese Möglichkeiten wurden jedoch als unzureichend[1632] angesehen und sind für das Verfahren gem. Art. 101 GüH (Abmahnverfahren) gänzlich unanwendbar. Weitergehende Beweiserleichterungen kannte das alte Wettbewerbsrecht nicht und war deshalb immer wieder Gegenstand der Kritik.[1633] Es bestand weitgehend Einigkeit, dass insoweit ein Verstoß gegen den Mindeststandard des Art. 6 der Richtlinie 84/450/EWG vorlag. Diesen Bedenken wurde mit Art. 24 GüH Rechnung getragen. Ob diese Beweislastumkehr[1634] auch faktisch notwendig ist, erscheint eher zweifelhaft, jedenfalls sind Entscheidungen, in denen eine Irreführung abgelehnt wurde, weil sie nicht zu beweisen war, sehr selten[1635] und auch in den neueren Entscheidungen wird auf Art. 24 GüH kaum zurückgegriffen.

1630 Art. 871 Code Civil :

> Le juge peut néanmoins ordonner à toute partie litigante de produire les éléments de preuve dont elle dispose.

1631 Art. 877 Code Civil :

> Lorsqu' il existe des présomptions graves, précises et concordantes de la détention par une partie ou un tiers, d' un document contenant la preuve d' un fait pertinent, le juge peut ordonner que ce document ou une copie de celui-ci certifiée conforme, soit déposé au dossier de la procédure.

1632 Ganz h.M., vgl. nur De Caluwé/Delcorde/Leurquin, Les pratiques du commerce, l'information et la protection du consommateur, 1991, 2e édition, n° 11. 239.

1633 Stuyck/van Gerven, Handelspraktijken, Rn. 124; wohl auch einer insbesondere in den 80- Jahren international geführten Diskussion geschuldet, die der Problematik einen überaus hohen Stellenwert einräumte; vgl etwa Schricker RabelZ 40 (1976), 535, 544 ff.: „international meistdiskutierte Problem".

1634 Art. 24 stellt nach ganz h.M. eine Beweislastumkehr dar, vgl. etwa Evrard J.T. 1992, 681, 687; Ferrant, Pratiques du commerce, p. 57; A.A. nur De Caluwé, in : Les pratiques du commerce, Èditions du jeune Barreau, p. 63 f.

1635 Evrard J.T. 1992, 681, 687 (n° 32).

b. Besonderheiten für das Abmahnverfahren (Art. 101 GüH) und die Unterlassungsklage – Anwendungsbereich und Rechtsfolgen des Art. 24 GüH

aa. Anwendungsbereich

aaa. Art. 24 § 1 GüH

Leitet der Wirtschaftsminister ein Abmahnverfahren aufgrund irreführender Werbung ein, so muss der Werbende den Wahrheitsgehalt bestimmter seiner Angaben beweisen.

Art. 24 § 1 normiert abschließend um welche Angaben es sich dabei handelt:

- die Identität
- die Menge
- die Zusammensetzung
- den Preis
- den Ursprung
- das Herstellungs- und Verfallsdatum
- die Verkaufs-, Vermietungs-, Leih-, Lieferungs- oder Garantiebedingungen für Produkte oder Dienstleistungen, die den Gegenstand der Werbung bilden
- die Gerbrauchsmöglichleiten
- die Lieferbarkeit und das Vorhandensein von angebotenen Produkten oder Dienstleistungen.

bbb. Art. 24 § 2 GüH

Die nämliche Beweisregelung besteht im Falle einer Unterlassungsklage durch den Minister, Art. 24 § 2 Nr. 1 GüH. Erheben andere in Art. 98 GüH genannte Personen die Unterlassungsklage, so kann der Handelsgerichtspräsident unter Berücksichtigung der legitimen Interessen aller Parteien, insbesondere des Beklagten, die Beweislastregelung für anwendbar erklären, Art. 24 § 2 Nr. 2 GüH. Fraglich ist, welche Interessen der Richter berücksichtigen muss. Der Gesetzesbegründung zufolge – die auf die Vorbereitungsarbeiten der Richtlinie 84/450/EG verweist – sind dies im wesentlichen die Fabrikationsgeheimnisse des Herstellers.[1636]
Dabei dürfte diese Einschränkung jedoch kaum einmal relevant werden.[1637] Der Hersteller wird sich vorsehen in der Werbung entsprechende Angaben zu machen. *Evrard* schlussfolgert hieraus nun, dass der Untersuchungsrichter immer auf Umkehr der Beweislast entscheiden könne, wenn es ihm für die Lösung der Falles notwendig erscheint.[1638] In der Tat erscheint der Werbende kaum einmal schutzwürdig: Wenn er seine eigenen Verhältnisse zum Gegenstand seiner Werbung macht kann es sich nicht anschließend diesbezüglich auf Geheimhaltung berufen.

[1636] Doc. parl., Sénat, 1990- 1991, 1200-2, p.26.
[1637] Evrard J.T. 1992, 681, 687 (n° 34).
[1638] Evrard J.T. 1992, 681, 687 (n° 34).

bb. Folgen eines „Nichtbeweises"

Erbringt der Beklagte innerhalb der normierten Einmonatsfrist nicht den erforderlichen Beweis, so ergeben sich die Rechtsfolgen aus Art. 24 § 2 alinéa 3 sowie Art. 24 § 3 GüH. Insoweit ist zwischen den Folgen für die Unterlassungsklage bzw. dem Abmahnverfahren und den vertragsrechtlichen Folgen zu trennen.

aaa. Abmahnverfahren/Unterlassungsklage

Für beide Fälle wird die Rechtsfolge in Art. 24 § 2 alinéa 3 GüH geregelt, der sich auch auf Art. 24 § 1 GüH bezieht. Der Richter sieht danach die nicht bewiesenen Angaben für unwahr an und wird der Klage stattgeben.

bbb. Exkurs : Vertragsrechtliche Folgen (Art. 24 § 3 GüH)

Hierbei handelt es sich weniger um eine beweisrechtliche Regelung, vielmehr werden allgemein die Folgen von irreführenden Werbeangaben auf vertraglicher Ebene geregelt:
Werbeangaben i.S.d. § 24 § 1 GüH werden gem. Art. 24 § 3 GüH Teil des Vertrages. Geschuldet wird also eine Leistung wie sie in der Werbung beschrieben wird.
Dies gilt selbst dann, wenn eine Freistellungsklausel das Gegenteil besagt.
Maßgeblich ist dabei das Verbraucherleitbild des GüH. Es handelt sich insofern um eine wettbewerbsrechtliche Auslegungsregel auf vertraglicher Ebene. Zurecht wird Art. 24 § 3 GüH daher als Komplementärelement der zivilrechtlichen Auslegungsregeln der Art. 1134[1639], 1135[1640] und 1602[1641] Code civil hinsichtlich der Interpretation von Verträgen angesehen.
Die Auslegungsregel findet jedoch nur Anwendung insofern der Verkäufer auch annonceur der Werbung ist.[1642] Trifft dies nicht zu, gelten die allgemeinen Auslegungsregeln.[1643]

[1639] Art. 1134 Code Civil : Les conventions légalement formées tiennent lieu de loi à ceux qui les ont faites.
Elles ne peuvent être révoquées que de leur consentement mutuel, ou pour les causes que la loi autorise.

[1640] Art. 1135 Code Civil : Les conventions obligent non seulement à ce qui est exprimé, mais encore à toutes les suites que l' équité, l' usage ou la loi donnent à l' obligation d' après sa nature.

[1641] Art. 1602 Code Civil : Le vendeur est tenu d' expliquer clairement ce à quoi il s' oblige.
Tout pacte obscur ou ambigu s' interprète contre le vendeur.

[1642] De Caluwé/Delcorde/Leurquin, Les pratiques du commerce, l'information et la protection du consommateur, 1991, 2e édition, n° 11. 244.

[1643] De Caluwé/Delcorde/Leurquin, Les pratiques du commerce, l'information et la protection du consommateur, 1991, 2e édition, n° 11. 244.

II. Deutsches Recht

1. Beweismittel

In Betracht kommen die üblichen zivilprozessualen Beweismittel. Hinsichtlich der Verkehrsauffassung kommt insbesondere in Betracht:

- Auskünfte von Kammern und Verbänden[1644]

Auskünfte von Kammern und Verbänden kommen insbesondere für die Ermittlung des Verständnisses von Fachkreisen in Betracht. Ihr Vorteil im Vergleich zu Verkehrsbefragungen liegt in den geringeren Kosten. Sie weisen jedoch eine potentiell höhere Fehlerquote auf.

- Meinungsumfragen

Es handelt sich bei den Meinungsumfragen um einen Sachverständigenbeweis i.S.d. § 402 ZPO.

2. Möglichkeit der Feststellung der Verkehrsauffassung ohne Beweisverfahren

a. Grundsätzliches

Die Tatsachenermittlung ist keine genuin wettbewerbsrechtliche Fragestellung, sondern durch die Vorschriften der ZPO geregelt.
Es ist anerkannt, dass nicht jede prozessrelevante Tatsache auch des Beweises bedarf. Das Gericht kann in gewissen Grenzen auch auf eigene Sachkunde zurückgreifen; wo seine Urteilskraft jedoch endet, muss es auf ein Beweisverfahren zurückgreifen.
Die Verkehrsauffassung muss daher nicht zwingend bewiesen werden. Vielmehr kann der Richter die erforderlichen Feststellungen selbst, d.h. aufgrund seines eigenen Erfahrungswissens treffen. Diese Art der Feststellung der Verkehrsauffassung ist im deutschen Wettbewerbsprozess schon aus Kostengründen die Regel.[1645]

Unabhängig davon, ob der Richter die Verkehrsauffassung ohne Beweiserhebung feststellt oder ob er Beweis erhebt und beispielsweise ein Sachverständigengutachten (Meinungsumfrage) anfertigen lässt, gründet die Feststellung auf Erfahrungssätzen.[1646] Weder aufgrund eigener Sachkunde, noch durch eine Verkehrsbefragung kann die tatsächliche Verkehrsauffassung festgestellt werden. Dies wäre nur durch einen Zeugen-

---

[1644] Vgl. beispielsweise BGH GRUR 1963, 270, 273-Bärenfang; BGH GRUR 1997, 669, 670- Euromint; BGH GRUR 2000, 239, 240 f.- Last-Minute-Reisen.

[1645] Vgl. Baumbach/ Lauterbach/ Hartmann Übers § 402 Rn. 9: Bei einer Mehr-Themen-Befragung können leicht mehr als 100 000 € Kosten entstehen, bei einer Sonderbefragungen leicht über 300 000 €.

[1646] Vgl. Bornkamm WRP 2000, 830, 831.

beweis möglich, der aber bereits aus praktischen Gründen – die Größe der Verkehrskreise – ausscheidet.[1647]
Insbesondere werden auch bei der Einholung einer Meinungsumfrage keine Tatsachen ermittelt.[1648] Bei einem Meinungsforschungsgutachten handelt es sich um ein Sachverständigengutachten.[1649] Der Sachverständige – im Unterschied zum Zeugen, der Tatsachen bekundet[1650] – gibt dem Richter allgemeine Erfahrungssätze aus seinem Fachgebiet.[1651] Auch die Probanden einer Meinungsumfrage sind keine Zeugen, vielmehr sollen mit ihrer Hilfe Erfahrungssätze entwickelt werden, anhand derer auf die Verkehrsauffassung geschlossen werden kann.[1652]

b. Grenzen der Feststellung aufgrund eigener Sachkunde

Nach einer lange Zeit geltenden BGH-Rechtsprechung konnte der Tatrichter die Anschauungen der beteiligten Verkehrskreise gemäß seines eigenen Erfahrungsschatzes selbst beurteilen, sofern – insbesondere bei Gegenständen des allgemeinen Bedarfs – die Anschauungen des unbefangenen Durchschnittskunden zu ermitteln waren und die Richter des zur Entscheidung berufenen Kollegiums selbst diesem Personenkreis angehörten (aa.). Außerdem musste es sich bei der in der Werbung verwendete Angabe um einen Begriff handeln, dessen Verständnis in einem bestimmten Sinn einfach und naheliegend ist (bb.), und es durften keine Umstände vorliegen, die eine bestimmte Auffassung als bedenklich erscheinen bzw. Zweifel an der Feststellungsfähigkeit aufkommen ließen (cc.). Diese Rechtsprechung hat in neuerer Zeit durchgreifende Änderungen erfahren.

aa. Angehörigkeit des entscheidenden Kollegiums zum angesprochenen Verkehr

Eine Einschränkung wurde, wie soeben gezeigt, darin gesehen, dass das entscheidende Richterkollegium zu den angesprochnen Verkehrskreisen gehören musste, wenn es aufgrund seines eigenen Erfahrungswissens entscheiden wollte. Insbesondere über die Auffassungen von Fachkreisen musste Beweis erhoben werden.[1653]

[1647] Vgl. Bornkamm WRP 2000, 830, 831.
[1648] Baumbach/Lauterbach/Hartmann Übers § 402 Rn. 4, 7.
[1649] Baumbach/Lauterbach/Hartmann Übers § 402 Rn. 7.
[1650] Baumbach/Lauterbach/Hartmann Übers § 402 Rn. 4.
[1651] Baumbach/Lauterbach/Hartmann Übers § 402 Rn. 4.
[1652] Stein/Jonas/Leipold vor § 402 Rn. 23.
[1653] BGH GRUR 1992, 406, 407- beschädigte Verpackung; BGH GRUR 1995, 354, 357- Rügenwalder Teewurst II; BGH GRUR 2000, 239, 240- Last-Minute-Reise. So sprach der BGH in seiner Entscheidung „beschädigte Verpackung“ von der Möglichkeit der Feststellung der Verkehrsauffassung aufgrund eigenen Erfahrungswissens lediglich kraft „Zugehörigkeit zum angesprochenen Verkehrskreis“, in den Entscheidungen Rügenwalder Teewurst II und Last-Minute- Reisen formulierte der BGH jeweils identisch: „[…] setzt außer […] der Zugehörigkeit der Richter zum angesprochenen Verkehrskreis […] voraus“.

Diese Restriktion wurde durch den BGH nunmehr aufgehoben.[1654] Eine Feststellung aufgrund eigenen Erfahrungswissens komme zwar insbesondere dann in Betracht, wenn der Richter zu den angesprochenen Verkehrskreisen zähle, aber nicht ausschließlich dann.[1655] Es sei zwar häufig so, dass die Verkehrsauffassung im Wege der Beweisaufnahme ermittelt werden müsse wenn keiner der erkennenden Richter dem angesprochenen Verkehr angehöre; es bestehe jedoch kein Rechtssatz (und lasse sich auf nicht aufstellen), der dies zwingend festlege.[1656] Ähnliches dürfte für die Forderung gelten, dass der Richter speziellen Fachkreisen angehören müsse, wenn sich eine Werbeaussage an Fachkreise richtet und das Verständnis der Werbeaussage Fachkenntnisse erfordert.[1657] Diese Fachkenntnisse können im Einzelfall durchaus auch außerhalb des Fachkreises vorhanden sein. Zu betonen ist dann aber das Erfordernis einer Begründung der besonderen Fachkenntnis.[1658]
In der Tat ist die Verkehrsauffassung – es handelt sich immerhin um Werbebotschaften, die in der Regel auf Verständlichkeit angelegt sind und deren Auswirkungen daher überblickbar bleiben – auch häufig von Personen einschätzbar, die nicht zum angesprochenen Verkehrskreis gehören.

bb. Beschränkung auf einfache Begriffe mit naheliegendem Verständnis

Weiter musste es sich bei der in der Werbung verwendeten Angabe um einen Begriff handeln, dessen Verständnis in einem bestimmten Sinn einfach und naheliegend ist.[1659] Dies soll nicht der Fall sein, wenn Kenntnisse und Denkprozesse im Zusammenhang mit diesem Begriffen erforderlich sind, die nicht ohne weiteres vorausgesetzt werden können[1660], beispielsweise, weil eine wortlautgetreue Auslegung des Begriffs unzutreffend und der Begriff in einem anderen Sinne auszulegen ist.[1661] In der neueren Rechtsprechung findet sich das Erfordernis nicht mehr. Ihm wird für die Zukunft daher keine Ausschlussfunktion, sondern allenfalls eine Hinweisfunktion zukommen. Gerade bei eher schwierigen und komplexen Begriffen versteht der Verkehr den Begriff häufig nicht in seinem vollständigen Sinne richtig, sondern oft nur teilweise objektiv korrekt. Das Verkehrsverständnis wird dann besonders uneinheitlich sein, was eine richterliche Eigenfeststellung natürlich erschwert.

1654 Vgl. BGH WRP 2004, 339, 340- Marktführerschaft.
1655 BGH WRP 2004, 339, 342- Marktführerschaft.
1656 BGH WRP 2004, 339, 342- Marktführerschaft.
1657 Teplitzky, Kap. 47, Rn. 9.
1658 Bornkamm WRP 2000, 830, 833.
1659 BGH GRUR 1995, 354, 357- Rügenwalder Teewurst II; BGH GRUR 2000, 239, 240- Last-Minute-Reise.
1660 BGH GRUR 1995, 354, 357- Rügenwalder Teewurst II.
1661 BGH GRUR 2000, 239, 240- Last-Minute-Reise.

cc. Sonstige Zweifel an der Feststellungsfähigkeit

Wann solche Gründe vorliegen, ist allgemein nicht definiert. Sie können sich aus den „verschiedensten, vom Richter in seine Überlegungen umfassend einzubeziehenden, Gründe ergeben“[1662].

aaa. Bejahung oder Verneinung der Irreführung

Eine Grenze der Feststellung durch eigenes Erfahrungswissen zog der BGH in der Bärenfang- Entscheidung[1663]. Der BGH trennte nunmehr danach, ob das Gericht die Irreführung bejaht oder verneint: Meine der Richter feststellen zu können, dass er für seine Person als unbefangener Durchschnittsverbraucher irregeführt wird, erlaube dies den Schluss, dass ein nicht ganz unbeträchtlicher Teil der beteiligten Verkehrskreise getäuscht werde. Meint der Richter – in der Tendenz eher ein umsichtiger und verständiger Verbraucher – dagegen, nicht irregeführt zu werden, könne er deswegen nicht ausschließen, dass nicht doch ein kleiner, aber nicht völlig unbeachtlicher Teil des Verkehrs, doch irregeführt werde.[1664]
Die Einschränkungen der Bärenfang-Entscheidung, die von den Untergerichten ohnehin nicht durchgängig beachtet wurden, wurden nunmehr in der Elternbrief-Entscheidung[1665] aufgegeben.
Entscheidende Überlegung der Unterscheidung zwischen Verneinung und Bejahung der Irreführung war, dass aus Verneinung der eigenen Täuschung[1666] durch das Rich-

---

[1662] So Teplitzky, Kap. 47, Rn. 7.
[1663] BGH GRUR 1963, 270, 273- Bärenfang.
[1664] BGH GRUR 1963, 270, 273- Bärenfang; „Handelt es sich, wie im Streitfall, um die Frage, ob eine Werbemaßnahme im Sinne des § 3 UWG irreführend ist, so werden in der Regel an die Sachkunde und Lebenserfahrung des Gerichts unterschiedliche Anforderungen zu stellen sein,je nachdem ob es dazu neigt, eine Irreführung zu bejahen oder sie zu verneinen. Im ersteren Fall wird der Tatrichter häufig ohne fremde Hilfe zum Ziel gelangen, denn wenn er selbst oder wenn die Mitglieder des zur Entscheidung berufenen Kollegiums glauben feststellen zu können, dass sie für ihre Person als unbefangene Durchschnittskäufer einer Irreführung unterliegen würden, und wenn dieses Urteil noch durch allgemeine Erfahrungen gestützt wird, so wird vielfach schon aus der Summe dieser Kenntnisse und Erfahrungen unbedenklich gefolgert werden können, dass zumindest ein nicht ganz unbeträchtlicher Teil der beteiligten Kreise getäuscht wird.
Anders verhält es sich aber, wenn das Gericht glaubt die Gefahr einer Irreführung verneinen zu müssen. In diesen Fällen kommt es gewöhnlich auf die Gesamtheit der von der Werbung angesprochenen Verkehrskreise an und bedarf es der Feststellung, dass in allen diesen Kreisen, abgesehen höchstens von einem ganz unbeträchtlichen Teil, mit einer Täuschung ernstlich nicht zu rechnen ist. Über den hierzu – ähnlich wie regelmäßig bei der Beurteilung der Verkehrsgeltung – erforderlichen umfassenden Einblick in die Anschauungen eines weit gespannten und vielschichtigen Personenkreises, wobei zudem in vielen Fällen, [...] ein weit ausgedehnter räumlicher Bereich in Betracht kommen kann, innerhalb dessen erfahrungsgemäß landmannschaftliche Besonderheiten eine Rolle spielen können, wird das Gericht in der Regel nicht ohne weiteres verfügen und deshalb genötigt sein, sich geeigneter Beweismittel zu bedienen“; BGH GRUR 1985, 140, 141- Größtes Teppichhaus der Welt; BGH GRUR 1987, 444, 446- Laufende Buchführung; BGH GRUR 1992, 406, 407- Beschädigte Verpackung I.
[1665] BGH GRUR 2002, 550, 552- Elternbriefe.

terkollegium eben nicht geschlossen werden kann, dass dies für sämtliche, auch kleinere, Minderheiten des Verkehrs, die möglicherweise nur schwer nachvollziehbare Ansichten vertreten, gilt. Diese Erwägung hat umso größere Tragkraft, wenn sich die Werbung an breite Verbraucherschichten wendet und der Verkehr daher aus einem heterogenen Personenkreis besteht. Mit dem neuen Verbraucherleitbild des BGH hat die Bärenfangdoktrin jedoch ihre Überzeugungskraft verloren. Inzwischen ist auf situationsadäquat durchschnittlich aufmerksame, informierte und verständige Verbraucher abzustellen. Auf abweichende Ansichten von nicht durchschnittlichen Verbrauchern kommt es hingegen nicht mehr an, so dass die Frage, ob der Richter, der ein durchschnittlicher Verbraucher ist, von sich nicht auf jede Minderheit schließen kann, nicht mehr von Belang ist.[1667]
Die Aufgabe von „Bärenfang" stößt in der Literatur nicht nur auf Zustimmung. Namentlich *Teplitzky*[1668] wirft dem BGH vor, er vernachlässige, dass es für die Verneinung der Irreführung weiterhin auf einen deutlich überwiegenden Teil des angesprochenen Verkehrs ankommt.

bbb. Weitere Umstände

„Umstände", die Zweifel an der Feststellungsfähigkeit des entscheidenden Kollegiums begründen, hat der BGH beispielsweise angenommen, wenn ein Sachverständigengutachten, selbst wenn es nicht als Beweismittel geeignet sein sollte,[1669] den Anschauungen des Gerichts widerspricht[1670]; wenn die Anschauung des Gerichts einer Branchenüblichkeit oder anderen beachtlichen Umständen[1671] widersprechen[1672]; oder aber andere Auffassungsmöglichkeiten vernachlässigt werden, die nach der Lebenserfahrung

---

[1666] Die Rspr. geht insoweit offenbar davon aus, dass der Richter sich selbst einer Verkehrsbefragung unterzieht (vgl. insoweit Baumbach/Hefermehl/Bornkamm § 5 Rn. 3.6.). Diese Vorstellung ist hingegen unzutreffend. Der Richter schließt bei der Beurteilung aufgrund eigener Sachkunde aus eigenem Erfahrungswissen auf die Verkehrsansicht. Zu diesem Wissen gehört aber nicht nur die Frage ob er selbst in die Irre geführt wird. Wenn der Richter selbst nicht in die Irre geführt wird, kam dennoch eine Bejahung aufgrund eigenen Erfahrungswissens über die Verkehrsauffassung in Betracht. Die richtige Begründung dafür, dass der Richter nicht aufgrund eigener Sachkunde eine Irreführung verneinen durfte, lautete denn auch nicht, dass der Richter nicht von sich auf Minderheiten schließen konnte, sondern dass die Möglichkeiten des Richters zur Verneinung der Irreführung eng mit der Höhe der Irreführungsquote korreliert: Je geringer diese war, desdo weniger konnte ausgeschlossen werden, dass nicht doch relevante Verkehrskreise getäuscht wurden und umso größer war der Teil der Verbraucher deren Ansicht der Richter richtig beurteilen musste.
Die Unterscheidung zwischen Bejahung und Verneinung ist nunmehr jedoch aufzugeben, da die Ansichten des durchschnittlichen Verkehrs – auf die es ausschließlich ankommt – deutlich leichter einzuschätzen sind als im Einzelfall kaum nachvollziehbare Minderheitenansichten.
[1667] BGH GRUR 2002, 550, 552- Elternbriefe.
[1668] Teplitzky, Kap. 47, Rn. 8a.
[1669] BGH GRUR 1987, 467, 468- das unmögliche Warenhaus; Teplitzky, Kap. 47, Rn. 7.
[1670] BGH GRUR 1987, 467, 468- das unmögliche Warenhaus; BGH GRUR 1992, 406, 407- beschädigte Verpackung; BGH GRUR 1995, 354, 357- Rügenwalder Teewurst II.
[1671] BGH GRUR 1982, 491, 492- Möbel- Haus; BGH GRUR 1984, 465, 467- Natursaft.
[1672] GRUR 2000, 239, 240- Last- Minute- Reisen.

nicht fernliegend sind[1673]. Dagegen hindert eine abweichende Beurteilung der Irreführungsgefahr durch ein Untergericht (LG) die nächsthöhere Instanz (OLG) nicht an der Beurteilung aufgrund eigener Sachkunde, die Beurteilung des LG sei schließlich überprüfbar.[1674]

ccc. Beweisanträge einer Partei

Eine weitere Einschränkung wurde eine Zeitlang aus der Meisterkaffee-Entscheidung[1675] abgeleitet.

Der BGH hatte entschieden: „über die [...] Behauptungen des Beklagten durfte das BerG, auch wenn es hinsichtlich der hier zu entscheidenden Frage ausreichend sachkundig im Sinne der § 291 ZPO gewesen sein sollte, ohne Einholung einer Meinungsumfrage [...] nicht hinweggehen."[1676] Die Möglichkeit den Gegenbeweis zu führen schließe § 291 ZPO nicht aus, daher habe das Vorbringen des Beklagten der Abklärung bedurft.

Wie diese Entscheidung zu verstehen war, war zunächst unklar geblieben. Vertreter der Literatur hatten sie zunächst so aufgefasst, dass der BGH davon ausgehe die Feststellung der Verkehrsauffassung sei ein Fall des § 291 ZPO und im Falle, dass die Gegenpartei einen einschlägigen Beweisantrag stelle, sei die Feststellung kraft eigenen Erfahrungswissens nicht mehr möglich.[1677]

Diesem generalisierenden Verständnis trat der BGH in zwei nachfolgenden Entscheidungen[1678] entgegen. Die Meisterkaffee-Entscheidung habe sich nur auf den Fall bezogen, dass das Gericht seine Sachkunde nicht kraft Zugehörigkeit zum angesprochenen Verkehr, sondern aufgrund seiner richterlichen Tätigkeit in Anspruch genommen habe.

Durch die neuestens ergangene Marktführerschaft-Entscheidung[1679] ist nunmehr die gesamte Fragestellung überholt, da die Meisterkaffee-Entscheidung aufgegeben wurde. Auch der BGH geht danach davon aus, dass § 291 ZPO für die Feststellung der Verkehrsauffassung nicht anwendbar ist, da die Feststellung der Verkehrsauffassung aufgrund Erfahrungswissens geschieht, § 291 ZPO indessen unstreitig[1680] nur Tatsachen, nicht aber Erfahrungssätze betrifft[1681].

[1673] BGH GRUR 1992, 406, 408- beschädigte Verpackung.
[1674] OLG Jena GRUR 2003, 978, 979- Verbandslink.
[1675] BGH GRUR 1990, 607 f.- Meisterkaffee.
[1676] BGH GRUR 1990, 607, 608- Meisterkaffee.
[1677] In diesem Sinne Lindacher BB 1991, 1524, 1524; Müller JR 1992, 8, 12; a.A. Teplitzky GRUR 1991, 709, 712; ders. GRUR 1992, 821, 826; sowie später Teplitzky, Kap. 47 Rn. 10.
[1678] BGH GRUR 1992, 406, 407- beschädigte Verpackung; BGH GRUR 1993, 677, 678- bedingte Unterwerfung.
[1679] BGH WRP 2004, 339 ff.- Marktführerschaft.
[1680] Lindacher BB 1991, 1524, 1524; MüKo ZPO/Prütting § 291 Rn. 3.
[1681] BGH WRP 2004, 339, 341- Marktführerschaft.

3. Beweis- und Darlegungslast

a. Grundsatz

Die Frage der Beweis- und Darlegungslast stellt sich im Rahmen des § 5 UWG in dreierlei Hinsicht. Zum einen bei der Ermittlung der Bedeutung der Werbeangabe (=Feststellung der Verkehrsauffassung), zum zweiten bei der Relevanz einer Irreführung für den Kaufentschluss und zum dritten im Hinblick auf die realen Verhältnisse, d.h. insbesondere der Frage, welche Eigenschaften die Ware tatsächlich aufweist.

Das UWG enthält wie schon das UWG 1909 keine allgemeine Regelung der Beweislast. Es gilt vielmehr, wie sich auch im Gegenschluss aus § 5 IV UWG ergibt, die allgemeine Beweislastverteilung des Zivilprozesses[1682], also die modifizierte Normentheorie. Diese besagt, dass die anspruchstellende Partei die Beweislast für die anspruchbegründenden Tatsachen trägt, während die beklagte Partei die Beweislast für die anspruchhemmenden und vernichtenden Tatsachen trägt.[1683] Hinsichtlich der Behauptungslast gilt folgendes: Die beweisbelastete Partei muss die durch sie zu beweisenden Tatsachen (abstrakte Behauptunglast) substantiiert (konkrete Behauptungslast) vortragen. Die Gegenpartei muss nun substantiiert bestreiten (§ 138 II ZPO). Unsubstantiiertes Bestreiten – es gilt dabei die Regel, dass der Umfang der Substantierungslast sich nach der Substantiierheit der Einlassung des Gegners richtet[1684] – ist nur unter den Voraussetzungen des § 138 IV ZPO erlaubt. Wird unzulässig unsubstantiiert bestritten, gilt § 138 III ZPO.
Hinsichtlich einer Tatsache kann die Substantiierungslast also zwischen den Parteien hin- und herwechseln, während die Beweislast und auch die abstrakte Behauptungslast bei einer Partei verbleibt.[1685]

b. Erleichterungen aufgrund des Näheprinzips

Im Hinblick auf die Frage, welche Eigenschaften eine Ware tatsächlich aufweist, etwa wie sie produziert wird, ob ein Unternehmen tatsächlich das Größte ist – kurz ausgedrückt: auf die tatsächlichen Vergleichsumstände für die Verkehrsauffassung – steht der Kläger oftmals außerhalb des Geschehens und kann daher keine Angaben zu den maßgeblichen Tatsachen machen. Anerkannt ist daher eine Beweiserleichterung aus Gründen der unterschiedlichen Geschehensnähe von Kläger und Beklagten.[1686] Begin-

---

[1682] BGH GRUR 1959 365, 366- Englisch Lavendel; BGH GRUR 1966, 382, 385- Jubiläum; BGH GRUR 1969, 422, 425- Kaltverzinkung; BGH GRUR 1973, 594, 596- Ski-Sicherheitsbindung; BGH GRUR 1985, 104, 142- Größtes Teppichhaus der Welt; BGH GRUR 2004, 246 f.- Mondpreise ?; BGH GRUR 1997, 229- Beratungskompetenz; Lindacher WRP 2000, 950, 952; Teplitzky, Kap. 47, Rn. 30; GK/Lindacher § 3 Rn. 1013; Fezer/Peifer § 5 Rn. 463; Baumbach/Hefermehl/Bornkamm § 5 Rn. 3.19.

[1683] Vgl. etwa Rosenberg/Schwab/Gottwald § 114 Rn. 10 mwN.

[1684] BGH NJW 1962, 1394, 1395; BGH NJW 1999, 1404, 1405; Stein/Jonas/Leipold § 138 Rn. 36.

[1685] Hansen JuS 1991, 588, 589.

[1686] Vgl. etwa Musielak, Die Grundlagen der Beweislast im Zivilprozeß, 1975, S. 141 ff.

nend mit der Fotokopisten-Entscheidung[1687] hat die Rechtsprechung, den Anforderungen Art. 6 der Richtlinie 84/450/EG genügende[1688], Darlegungserleichterungen gewährt, wenn der Beweispflichtige außerhalb des Geschehensablaufs steht und die maßgeblichen Tatsachen nur unter größeren Schwierigkeiten ermitteln kann, während der Gegenpartei die betreffenden Tatsachen leicht zugänglich sind: Grundsätzlich trage zwar der Kläger die Darlegungs- und Beweislast, jedoch können ihm insoweit Erleichterungen zugute kommen, „wenn es um die Aufklärung von Tatsachen geht, die in den Verantwortungsbereich des Beklagten fallen und diesen deshalb nach dem Gebot redlicher Prozessführung (§ 242 BGB) eine prozessuale Erklärungspflicht trifft"[1689]. Die Maßgeblichkeit der größeren Nähe hat der BGH jüngst in der „Mondpreise ?"- Entscheidung bestätigt. Danach kommen hinsichtlich der Marktverhältnisse die beschriebenen Erleichterungen nicht zum Tragen, da diese vom Kläger ebenso ermittelt werden können, wie von dem – diesen Verhältnissen nicht näherstehenden – Beklagten.[1690]

Voraussetzung ist allerdings, dass der Kläger alles ihm Mögliche getan hat. Insoweit ihm also eine Substantiierung selbst möglich ist, muss er substantiieren. Er muss die ihm verfügbaren, für eine Irreführung sprechenden, Tatsachen dartun.[1691]

Die Substantiierungspflicht des Beklagten besteht nur im Rahmen der Zumutbarkeit. Von dieser wird aber regelmäßig auszugehen sein.[1692] Insbesondere erscheint der Beklagte, nachdem er seine eigenen Verhältnisse zum Gegenstand seiner Werbung gemacht hat, mit eventuellen Geheimhaltungsinteressen[1693] nur noch in geringem Umfang schutzwürdig und kann sich daher nur noch eingeschränkt auf sie berufen.[1694]

Diese Erklärungspflicht stellt, wie der BGH ausdrücklich[1695] klargestellt hat, richtigerweise keine Umkehr – sei es auch nur eine partielle – der Beweislast dar, sondern ein

---

[1687] RGZ 166, 240, 242- Fotokopisten; BGH GRUR 1961, 356, 359- Pressedienst; BGH GRUR 1963, 270, 271- Bärenfang; BGH GRUR 1969, 461, 463- Euro-Spirituosen; BGH GRUR 1975, 78, 79- Preisgegenüberstellung; BGH GRUR 1985, 140, 142- Größtes Teppichhaus der Welt; BGHZ 120, 320, 327- Tariflohnunterschreitung; BGH GRUR 1997, 229, 230- Beratungskompetenz; BGH GRUR 2003, 800, 803- Schachcomputer; zuletzt: BGH GRUR 2004, 246, 247- Mondpreise.

[1688] Lindacher WRP 2000, 950, 951.

[1689] st. Rspr. RGZ 166, 240, 242- Fotokopisten; BGH GRUR 1961, 356, 359- Pressedienst; BGH GRUR 1963, 270, 271- Bärenfang; BGH GRUR 1969, 461, 463- Euro-Spirituosen; BGH GRUR 1975, 78, 79- Preisgegenüberstellung; BGH GRUR 1985, 140, 142- Größtes Teppichhaus der Welt; BGH GRUR 1992, 42- Luftfrachtsendungen; BGHZ 120, 320, 327- Tariflohnunterschreitung; BGH GRUR 1997, 229, 230- Beratungskompetenz; BGH GRUR 2003, 800, 803- Schachcomputer; zuletzt: BGH GRUR 2004, 246, 247- Mondpreise.

[1690] BGH GRUR 2004, 343, 344- Mondpreise ?; zur Frage einer Verallgemeinerung der Nähegrundsätze vgl. G. II. 3. c. bb.

[1691] BGH GRUR 1997, 229, 230- Beratungskompetenz.

[1692] Melullis, S. 525 (Rn. 687).

[1693] vgl. bereits BGH GRUR 1963, 270, 271- Bärenfang.

[1694] Melullis, S. 524 (Rn. 686); Einen möglichen Kompromiss hat der BGH bereits in der Bärenfang-Entscheidung dargestellt. Den Geheimhaltungsinteressen kann Rechung getragen werden, indem der Erklärungspflichtige die maßgeblichen Tatsachen einem zur Verschwiegenheit verpflichteten Sachverständigen mitteilt: Melullis, S. 524 (Rn. 686); Lindacher WRP 2000, 950, 953.

[1695] BGH GRUR 1971, 164, 167-Discount-Geschäft (« unbeschadet der Beweislast »); vgl. auch Lindacher WRP 2000, 950, 952; Teplitzky Kap. 47 Rn. 32.

Abwandeln der Substantiierungslast (konkrete Behauptungslast; sog. sekundäre Behauptungslast des Beklagten): An die Substantiiertheit des Vortrags der beweispflichtigen Partei werden geringere Anforderungen gestellt, hingegen muss die Gegenpartei im Rahmen des Zumutbaren auch auf unsubstantiierte Vorträge substantiiert antworten. Diesen Vortrag kann der Kläger dann für den eigenen Vortrag und Beweisführung nutzen. Kommt der Beklagte seiner Erklärungspflicht nicht nach, gilt § 138 III ZPO. Das Gericht geht[1696] dann von der Unrichtigkeit der Aussage aus und wird die Werbung als irreführend bewerten (insofern die übrigen Voraussetzungen vorliegen).[1697] Dabei bleibt die Beweislastverteilung durch die Substantiierungslast unverändert[1698]. Bleiben also Zweifel ist dies weiterhin zum Nachteil des Klägers zu berücksichtigen.[1699]

c. Fallgestaltungen außerhalb des Näheprinzips

aa. Alleinstellungs- und Spitzenstellungsbehauptungen

Bei Alleinstellungswerbungen werden zurecht über das Näheprinzip hinaus Beweiserleichterungen angenommen.[1700] Der Werbende muss danach nicht nur Tatsachen darlegen, denen er näher steht, sondern auch solche hinsichtlich derer er keinen leichteren Zugang als der Kläger hat: „Die Revision weist auch zurecht darauf hin, dass sich die Beklagte vor Aufstellung der Alleinstellungsbehauptung über die geschäftlichen Verhältnisse ihrer Mitbewerber unterrichten musste. Hat sie das nicht oder nicht hinreichend getan und befindet sie sich deshalb in Darlegungs- und Beweisschwierigkeiten, geht das nach Treu und Glauben zu ihren Lasten. Allgemein lässt sich sagen, dass derjenige, der die geschäftlichen Verhältnisse seiner Mitbewerber in der Weise in seine eigene Werbung einbezieht, dass er behauptet, er sei das größte Unternehmen seiner Branche in einem bestimmten Gebiet, das auch darlegen und beweisen muß, wenn seine Werbung als unrichtig beanstandet wird und der Kläger entweder überhaupt nicht oder nur mit erheblichen Schwierigkeiten klären kann, wie groß die Mitbewerber nach Art und Umfang ihres Geschäftsbetriebes sind und ob die behauptete Alleinstellung der Wahrheit entspricht."[1701]

1696 Lindacher WRP 2000, 950, 952; GK/Lindacher § 3 Rn. 1015; MüKoZPO/Peters § 138 Rn. 21; Zöller/Greger § 138 Rn. 21.

1697 Fezer/Peifer § 5 Rn. 465; Baumbach/Hefermehl/Bornkamm § 5 Rn. 3.23.; Lindacher WRP 2000, 950, 952; GK/Lindacher § 3 Rn. 1015; MüKo ZPO/Peters § 138 Rn. 21; Zöller/Greger § 138 Rn. 21.

1698 Musielak, Die Grundlagen der Beweislast im Zivilprozeß, 1975, S. 144 f.; Stein/Jonas/Leipold § 138 Rn. 38.

1699 Hansen JuS 1991, 588, 590.

1700 Zum alten Recht: BGH GRUR 1973, 594, 596- Ski-Sicherheitsbindungen; BGH GRUR 1978, 249, 250- Kreditvermittlung, BGH GRUR 1983, 779, 781- Schuhmarkt; OLG Karlsruhe GRUR 1994, 134, 135; Baumbach/Hefermehl/Bornkamm § 3 Nr. 3.25.; Lindacher WRP 2000, 950, 953; Fezer/Peifer § 5 Rn. 467.

1701 BGH GRUR 1978, 249, 250- Kreditvermittlung.

Unnötig einschränkend erscheinen dabei die vorgenommenen Zumutbarkeitserwägungen hinsichtlich von Eigeninformationsverschaffung auf Klägerseite.
Wer bezugnehmend auf andere wirbt, trägt billigerweise die Verantwortung dafür, dass die von ihm vorgetragenen Tatsachen wahr sind. Er hat die Pflicht, die Tatsachen im Prozess auch darzulegen und zu beweisen.

bb. Verallgemeinerung der Alleinstellungsgrundsätze

Maßgeblich war in den Entscheidungen die Alleinstellungswerbung betreffend zweierlei: Darlegungs- und Beweisschwierigkeiten des Klägers auf der einen Seite und auf der anderen Seite die Pflicht des Werbenden seine Behauptung zu verifizieren, welche dazu führt, dass Nichtwissen zu seinen Lasten geht.[1702]
Unter Verallgemeinerung dieser Grundsätze wollen Teile der Literatur nun in allen Fällen in denen die beiden genannten Bedingungen vorliegen[1703], die von der Rechtsprechung gewährten Vortrags- und Beweisführungshilfen anwenden, also auch und gerade in Fällen, in denen die beweisbelastete Partei nicht näher an der Faktenlage „dran" ist.[1704]
Grundlage für die Idee dieser „Quasi"-Beweislastumkehr[1705] ist das Postulat, dass nur mit geprüft richtiger Werbung geworben werden darf. Dies hat zur Folge, dass der Beklagte (also der Werbende) in Fällen, in denen beide Parteien sich in Beweisnot befinden, im Prozeß unterliegt. Er muss es also Unterlassen eine Behauptung aufzustellen, die nicht (erweisbar) falsch ist, sondern, die bloß nicht erweisbar richtig ist. Letztlich bedeutet dies, dass eine Werbung verboten wird, nicht weil sie falsch ist, sondern weil sie falsch sein könnte.
Diese Konsequenz sei zu rechtfertigen, da eine solche Prüfungspflicht wünschenswert sei und auch auf diesem Weg durchgesetzt werden könne.[1706]

Bereits eine isolierte Betrachtung der wettbewerbsrechtlich geschützen Interessen verbietet eine solche Verallgemeinerung der Alleinstellungsgrundsätze.
Informierende, tatsachengestützte Werbung würde dadurch erschwert, das Risiko für den Werbenden, informierend, also auf Tatsachen bezugnehmend, zu werben würde wachsen. Die Werbenden würden in noch größerem Maße von informierender und tatsachengestützter Werbung absehen. Die Bedeutung von Informationen für den Ver-

---

[1702] Vgl. etwa den soeben (G. II. 3. c. aa.) wiedergegebenen Teil der Kreditvermittlungsentscheidung (BGH GRUR 1978, 249, 250- Kreditvermittlung).
[1703] Im Einzelnen Kur GRUR 1982, 663, 665.
[1704] Diese Interpretation erscheint zum einen schon deshalb unhaltbar, da keinerlei Anhaltspunkte in der weiteren Rspr. bestehen, dass eine mehr-oder-weniger Beweislastumkehr durch den BGH gewollt wäre – ganz im Gegenteil, vgl. jüngst BGH GRUR 2004, 343, 344- Mondpreise ?. Die zitierten Entscheidung bezogen sich ausschließlich auf Alleinstellungskonstellation, in der anerkanntermaßen besondere Grundsätze gelten. Sie wäre auch vom Ergebnis her nur schwer mit dem Gesetz in Einklang zu bringen. Der Gesetzgeber hat es 1969 abgelehnt eine Beweislastumkehr in das Gesetz aufzunehmen – vgl. Bork WRP 1982, 657, 657 – und auch durch die neuerliche Reform hat er dies ohne weitere Begründung nicht getan.
[1705] Technisch liegt, wie bereits unter G. II. 3. b. herausgearbeitet, keine Beweislastumkehr vor.
[1706] Kur WRP 1982, 663, 665.

kehr wurde bereits zuvor hervorgehoben. Darauf sei verwiesen. Betrachtet man demgegenüber die geringe Anzahl an Entscheidungen, in denen es überhaupt auf Beweis- und Darlegungsregeln ankam, ist die Verhältnismäßigkeit der Mittel kaum mehr gewahrt.

Die geforderte Prüfungsobliegenheit, ist zudem verfassungsrechtlich unhaltbar. Werbung steht unter dem Schutz des Art. 5 I GG, bei dem anerkanntermaßen der Grundsatz gilt, dass eine Aussage so auszulegen ist, dass sie möglichst nicht gegen ein Gesetz verstößt. Eine Werbung kann also nicht deswegen verboten werden, weil sie lediglich möglicherweise irreführend ist.

cc. Fachliche Behauptungen

Entnimmt der Verkehr der Aussage des Beklagten, eine Angabe sei unumstritten, ist die Werbung bereits irreführend wenn dem Kläger der Nachweis gelingt, dass die Aussage nicht unumstritten ist. Der Kläger muss also lediglich darlegen, dass es andere wissenschaftliche Auffassungen gibt.[1707]

Hinsichtlich der Richtigkeit einer fachlichen Behauptung gilt eine Beweislastspaltung. Der Kläger muss lediglich beweisen und darlegen, dass die Aussage nicht unumstritten ist[1708], während der Beklagte die Beweis- und Darlegungslast für die Richtigkeit der Aussage trägt.[1709]
Dem liegt der Gedanke zu Grunde, dass derjenige, der sich auf eine fachlich umstrittene Aussage stützt ohne die Gegenansicht zu erwähnen, die Verantwortung für die entsprechende Richtigkeit der Aussage trägt.

d. Außerprozessualer Auskunftsanspruch

Ein (einklagbarer) Auskunftsanspruch dahingehend, dass der Werbende außerhalb eines Prozesses Auskünfte hinsichtlich der Richtigkeit der Werbung erteilen müsste, besteht nicht.[1710] Dies auch dann nicht, wenn dem Kläger nach den soeben[1711] dargestellten Grundsätzen Darlegungs- und Beweiserleichterungen zugute kommen. Es handelt sich wie dargestellt um prozessuale Erklärungspflichten, aus denen keine (außerprozessuale) Verpflichtung, jedem Interessierten Auskünfte zu erteilen, ableitbar ist. Niemand ist verpflichtet – so völlig zutreffend der BGH[1712] – auf diese Weise einem mög-

[1707] Lindacher WRP 2000, 950, 954.
[1708] OLG Hamburg Pharma Recht 2003, 330, 331- Gleiche Verträglichkeit.
[1709] BGH GRUR 1958, 485, 486- Odol (offen gelassen wegen gleichzeitigem Verstoß gegen das Verbot vergleichender Werbung); BGH GRUR 1965, 368, 372 f.; BGH GRUR 1991, 848, 849- Rheumalind II ; OLG Karlsruhe NJWE-WettbR 1997, 174, 175 ; Baumbach/Hefermehl/Bornkamm § 5 Rn. 3.26 ; Fezer/Peifer § 5 Rn. 469; Lindacher WRP 2000, 950, 954 ; GK/Lindacher § 3 Rn. 1020.
[1710] BGH GRUR 1978, 54, 55- Preisauskunft ; Melullis, S. 526 (Rn. 689).
[1711] Vgl. G. II. 3. b. und c.
[1712] BGH GRUR 1978, 54, 55- Preisauskunft.

lichen Gegner selbst das nötige Material zu verschaffen, damit dieser Ansprüche gegen ihn geltend machen kann.
Es besteht darüber hinaus auch kein Grund einen solchen Anspruch einzuräumen.[1713] Er wird insbesondere nicht durch Interessen der Allgemeinheit, der Mitbewerber oder Verbraucher vorgegeben. Es ist Sache und Risiko des Klägers durch ausreichende Marktbeobachtung eine Irreführung festzustellen und sein Prozessrisiko so einzugrenzen.[1714] Ein allgemeiner Auskunftsanspruch würde durch Bearbeitungsaufwand und Ausforschungsrisiken zudem die wirtschaftlichen Interessen des redlich Werbenden in unzumutbarer Weise beeinträchtigen.

[1713] BGH GRUR 1978, 54, 55- Preisauskunft.

[1714] Im Preisauskunfts-Fall (BGH GRUR 1978, 54, 55- Preisauskunft) konnte daher ein Händler, der seinem alten höheren, einen neuen niedrigeren Preis entgegengesetzt hatte, nicht auf die Auskunft in Anspruch genommen werden ob und wie lange er den alten Preis tatsächlich gefordert hatte. Im Prozess hingegen kamen dem Kläger Darlegungserleichterungen nach dem Näheprinzip zugute.

H. Besonderheiten des belgischen Prozess- und Sanktionensystems

I. Beschränkung der Erörterung

In Belgien kommen dem Staat hinsichtlich Ermittlung und Verfolgung von Verstößen gegen das Lauterkeitsrecht wesentlich größere Befugnisse als in Deutschland zu. Im Folgenden sollen diese Befugnisse dargestellt werden und auf Fragen zum Klagegegner im Rahmen der Unterlassungsklage eingegangen werden, da diese Fragen in Belgien im Rahmen der Rechtsprechung der letzten Jahre mehrmals thematisiert wurden. Nicht eingehen werden wir im Sinne einer Beschränkung auf das materielle Recht hingegen auf sonstige prozessrechtliche Fragen.

II. Die Befugnisse des Staates

Im deutschen Recht bestehen im Bereich des allgemeinen Unlauterkeitsrechts keine Verfolgungs- oder Klagemöglichkeiten von Behörden. Hier besteht ein wesentlicher Unterschied zum belgischen Recht. Wir werden daher im Folgenden die Aktionsmöglickeiten des belgischen Staates darstellen.

1. Ermittlung und Feststellung von verbotenen Handlungen

a. Staatliche Ermittlung und Feststellung von verbotenen Handlungen

Art. 113 § 1, 114 und 115 GüH regeln die Befugnisse und die Zuständigkeiten der Beamten i.S.d. Art 113 § 1 GüH bzw. die von den Ministern i.S.d. Art. 98 § 2 GüH beauftragten Beamten, bestimmte Verstöße gegen das GüH aufzuklären und zur Anzeige zu bringen.

Dem Minister kommt nicht nur die Möglichkeit zu, eine Unterlassungsklage zu erheben, sondern auch Marktbeobachtung zu betreiben um Verstöße gegen das GüH aufzuklären. Es handelt sich bei der zuständigen A.I.E. daher um eine Art Wirtschaftspolizei.

aa. Art. 113 § 1 und § 2 GüH

aaa. Anwendungsbereich

Gem. Art. 113 § 1 GüH sind die, zu diesem Zweck vom Wirtschaftsminister beauftragten, Beamten zuständig, Verstöße gegen Art. 102- 105 GüH aufzuklären und festzustellen.
Art. 113 § 2 GüH regelt die Befugnisse der Beamten um ihre Aufgabe zu erfüllen.

bbb. Gesetzestext

Art. 113 GüH:

§ 1er. Sans préjudice des devoirs incombant aux officiers de police judiciaire, les agents commissionnés par le Ministre sont compétents pour rechercher et constater les infractions mentionnées aux art. 102 à 105. Les procès-verbaux dressés par ces agents font foi jusqu'a preuve du contraire.

§ 2. Dans l'exercice de leurs fonctions les agents visés au § 1er peuvent :
1.pénétrer, pendant les heures habituelles d'ouverture ou de travail, dans les ateliers, bâtiments, cours adjacentes et enclos dont l'accès est nécessaire à l'accomplissement de leur mission ;
2. faire toutes les constatations utiles, se faire produire, sur première réquisition et sans déplacement, les documents, pièces ou livres nécessaires à leurs recherches et constatations et en prendre copie ;
3. saisir, contre récépissé, les documents visés au point 2 qui sont nécessaires pour faire la preuve d'une infraction ou pour rechercher les coauteurs ou complices des contrevenants ;
4. prélever des échantillons, suivant les modes et les conditions déterminés par le roi ;
5. s'ils ont des raisons de croire à l'existence d'une infraction, pénétrer dans les locaux habités avec l'autorisation préalable du juge du tribunal de police ; les visites dans les locaux habités doivent s'effectuer entre huit et dix-huit heures et être faites conjointement par deux agents au moins.

§ 3. Dans l'exercice de leur fonction, les agents visés au § 1er peuvent requérir l'assistance de la police communale ou de la gendarmerie.

§ 4. Les agents commissionnés exercent les pouvoirs qui leur sont accordés par le présent article sous la surveillance du procureur général, sans préjudice de leur subordination à l'égard de leurs supérieurs dans l'administration.

§ 5. Les infractions visées à l'article 102, alinéa 2, peuvent être recherchées et constatées tant par les agents visés auch 1er que par ceux visés à l'article 11 de la loi du 24 janvier 1977 relative à la protection de la santé des consommateurs en ce qui concerne les denrées alimentaires et les autres produits.

§ 6. En cas d'application de l'artcile 101, le procès-verbal visé au 1er n'est transmis au procureur du Roi que lorsqu'il n'a pas été suite à l'avertissement. En cas d'application de l'article 116, le procès-verbal n'est transmis au procureur du Roi que lorsque le contrevenant n'a pas accepté la proposition de transaction

bb. Art. 114 und 115 GüH

aaa. Anwendungsbereich

Gem. Art. 114 und 115 GüH sind die Beamten i.S.d. Art 113 § 1 GüH bzw. die von den Ministern i.S.d. Art. 98 § 2 GüH beauftragten Beamten zuständig Verstöße, die eine Unterlassungsklage des Wirtschaftsministers und der übrigen Minister i.S.d. Art. 98 § 2 GüH ermöglichen, aufzuklären und festzustellen.

Die Befugnisse der Beamten weichen von den in Art. 113 § 2 GüH eingeräumten Befugnissen nach unten ab, Art. 114 § 2 und 115 § 2 GüH erklären nur die Befugnisse die durch Art. 113 § 2 Nr. 1, 2 und 4 GüH gewährt werden für anwendbar.

bbb. Gesetzestext

Art. 114 GüH:

> § 1er. Les agents visés à l'article 113, § 1er,sont également compétents pour rechercher et constater les actes qui, sans être punissables, peuvent faire l'objet d'une action en cessation formée à l'initiative du Ministre. Les procès-verbaux dressés à ce propos font foi jusqu'a preuve du contraire.
>
> § 2. Dans l'exercice de leurs fonctions, les agents visés au § 1er disposent des pouvoirs mentionés à l'article 113, § 2, 1er, 2° et 4°.

Art. 115 GüH:

> § 1er. Les agents commissionnés à cette fin par les Ministres visés à l'article 98, § 2, sont compétents pour rechercher et constater les infractions pouvant donner lieu à l'action prévue à l'article 97. Les procés-verbaux dressés à ce propos font foi jusqu'à preuve du contraire.
>
> § 2. Dans l'exercice de leurs fonctions, les agents visés au § 1er disposent des pouvoirs mentionnés à l'article 113, § 3, 1er, 2° et 4°.

b. Möglichkeit eines Vergleichs

Art. 116 GüH stellt eine Neuerung des GüH dar.

> Les agents commissionnés à cette fin par le Ministre peuvent, au vu des procès-verbaux constatant une infraction aux articles 102 à 105 GüH et dressés par les agents visés à l'article 113, § 1er, proposer aux contrevenants le paiement d'une somme qui éteint l'action publique.
> Les tarifs ainsi les modalités de paiement et de perception sont fixés par le Roi.

Die vom Minister beauftragten Beamten können danach dem Urheber eines gesetzeswidrigen Aktes i.S.d. Art. 102- 105 GüH eine Art Vergleichsvorschlag unterbreiten. Gegen Zahlung einer Geldsumme entfällt danach die Strafklage und das Dossier wird geschlossen.
Wird das Angebot hingegen nicht angenommen, wird das Protokoll i.S.d. Art. 113 § 1 an den Staatsanwalt weitergeleitet, der in voller Freiheit entscheidet, Art. 113 § 6 GüH.

Art. 113 § 6 GüH regelt, ein ähnliches Vorgehen bei dem Abmahnungsverfahren. Das Protokoll i.S.d. Art. 113 § 1 GüH wird nur dann an den Staatsanwalt weitergegeben, wenn der Abmahnung nicht Folge geleistet wird.

c. Verfassungsmäßigkeit der Art. 101, 113, 116 GüH

Gegen die Art. 101 GüH[1715] (procédure d'avertissement) sowie die Art. 113 und 116 GüH (recherche et constatation des actes interdits) wurden verfassungsrechtliche Bedenken geltend gemacht.

Gegenstand der Vorlagefrage des tribunale correctionnel durch sein Urteil vom 30 Juni 1993 war, ob die genannten Vorschriften gegen die Art. 10 et 11 der belgischen Verfassung verstoßen, da sie einen gegen das Gesetz Verstoßenden besser stellen, wenn der Verstoß von einem durch den Wirtschaftsminister zu diesem Zweck beauftragten Beamten festgestellt wird, als wenn er von einem Beamten der Gerichtspolizei festgestellt wird. Stellt ersterer einen Verstoß gegen das GüH fest, kann nämlich der Innenminister eine Verwarnung erteilen oder aber ihm einen Verwaltungsvergleich vorschlagen, was bei einem durch die Gerichtspolizei festgestellten Vergleich nicht möglich ist. Die Cour d'arbitrage[1716] entschied nun, dass kein Verstoß gegen die Art. 10[1717] und 11[1718] der Verfassung (Gleichbehandlungsgrundsatz) vorliege. Es sei nicht verfassungswidrig, wenn das spezialisiertere Staatsorgan mehr Befugnisse und Entscheidungsbefugnisse als das weniger spezialisierte habe. Maßgeblich sei außerdem, dass diesen Prozeduren jedermann ausgesetzt sei und deswegen niemand ungleich behan-

---

[1715] Art. 101 :

Lorsqu'il est constaté qu'un acte constitue une infraction à la présente loi, à un de ses arrêtés d'exécution aux arrêtés visés à l'article 122 ou qu'il peut donner lieu à une action en cessation à l'initiative du Ministre, celui-ci ou l'agent qu'il commissionne en application de l'artcile 113, § 1er, peut adresser au contrevenant un avertissement le mettant en demeure de mettre fin à cet acte, sans préjudice de l'article 24.

L'avertissment est notifié au contrevenant dans un délai de trois semaines à dater de la constatation des faits, par lettre recommandée à la poste avec accusé de réception ou par la remise d'une copie du procès-verbal de constatation des faits.

L'avertissement mentionne :

a) Les faits imputés et la ou les dispositions légales enfreintes ;

b) le délai dans lequel il doit y être mis fin ;

c) qu'au cas où il n'est pas donné suite à l'avertissement, soit le Ministre intentera une action en cessation, soit les agents commissionnés en application de l'article 113, § 1er, ou en application de l'article 116, pourront respectivement aviser le procureur du Roi ou appliquer le Règlement par voie de transaction prévu à l'article 116.

Un rapport annuel détaillé sur le fonctionnement de la procédure d'avertissement est présenté dans un délai raisonnable aux Chambres législatives qui décident de sa publiciation éventuelle. Les données fournies dans ce rapport sont anonymes.

[1716] Cour d'arbitrage, 07/02/1995, n° 13/95, Moniteur Belge, 11 mars 1995, p. 56.14= Annuaire 1995, 472 ff.

[1717] Art. 10 Constitution :

Il n' y a dans l' Ètat aucune distinction d' ordres.

Les Belges sont égaux devant la loi ; seuls ils sont admissibles aux emplois civils et militaires, sauf exceptions qui peuvent être établies par une loi pour des cas particuliers.

[1718] Art. 11 Constitution :

La jouissance des droits et libertés reconnus aux Belges doit être assurée sans discrimination. À cette fin, la loi et le décret garantissent notamment les droits et libertés des minorités idéologiques et philosophiques.

delt werde. Außerdem sorge Art. 113 § 4 (Überwachung der beauftragten Beamten) für eine gleichmäßige Gesetzesanwendung.

d. Beschlagenahmerecht

Art. 117 GüH billigt dem Staatsanwalt und den Beamten i.S.d. Art. 113 § 1 GüH in bestimmten Fällen ein Beschlagnahmerecht hinsichtlich der Produkte, die Gegenstand der Gesetzesverletzung bilden, zu.

2. Antragsbefugnis bei der Unterlassungsklage

a. Allgemeines zum belgischen Recht

Die Antragsbefugnis ist in Belgien grundsätzlich an zwei Basisvoraussetzungen gebunden: Der Antragende muss ein „intérêt" und die „qualité" (art. 17 code judiciaire) haben.
Nicht erforderlich ist dagegen, dass der Antragstellende eine besondere Dringlichkeit oder einen ansonsten drohenden irreversiblen Schaden darlegt.[1719]

aa. Intérêt

Art. 18 code judiciaire regelt, dass das Interesse « né et actuel » (gegenwärtig) sein muss. Ein Interesse i.d.S. liegt vor, wenn der Kläger einen materiellen oder ideellen Vorteil aus der Klage ziehen kann. Maßgeblicher Zeitpunkt ist insoweit der Moment der Klageerhebung.[1720]

bb. Qualité

Der « qualité » entspricht im deutschen Recht die Parteifähigkeit.

[1719] Hof van Beroep te Brussel, 28 avril 1999, Annuaire 1999, 136, 136.
[1720] Cour de cassation, 14. nov. 1986, J.T. 1987, 522, 522.

b. Art. 98 GüH[1721]

aa. Allgemeines

Art. 98 GüH legt in Wettbewerbssachen die „qualité" fest und enthält Sonderregelungen für das „intérêt" indem er für bestimmte Fälle das genannte Erfordernis aufhebt.

Antragsbefugt für eine Unterlassungsklage auf Basis des GüH sind:

- les intéressés
- les ministres
- les groupements professionnels ou interprofessionnels ayant la personnalité civile
- les associations de consommateurs

Wir beschränken die Darstellung zum einen auf den Minister, da nur in seiner Klagebefugnis die zum deutschen Recht verschiedene Klagebefugnis des Staates zum Ausdruck kommt.
Zum anderen werden kurze Ausführungen zu dem Klagerecht der Verbraucherverbände erfolgen. Dabei wird der Schwerpunkt allerdings nicht auf den Voraussetzungen

---

[1721] Art. 98 :

§ 1er. L'action fondée sur l'article 95 est formée à la demande:

1. des intéressés ;
2. du Ministre, sauf lorsque la demande porte sur un acte visé à l'article 93 de la présente loi ;
3. d'un groupement professionnel ou interprofessionnel ayant la personnalité civil, sauf lorsque la demande porte sur un acte visé à l'article 94 de la présente loi ;
4. d'une association ayant pour objet la défense des intérêts des consommateurs en jouissant de la personnalité civil pour autant qu'elle soit représentée au Conseil de la consommation ou qu'elle soit agrée par le Ministre des affaires économiques, suivant des critères déterminés par arrêté royal délibéré en Conseil des Ministres, sauf lorsque la demande porte sur un acte visé à l'article 93 de la présente loi.

Par dérogation aux dispositions des articles 17 et 18 du Code judiciare, les associations et groupements visés aux points 3 et 4 peuvent agir en jusitice pour la défense de leurs intérêts collectifs statutairement
définis.

L'action en cessation des actes interdits par l'article 33 peut être dirigée, séparément ou conjointement, contre plusieurs vendeurs du même secteur économique ou leurs associations qui utilisent ou recommandent l'uitilisation des mêmes clauses contractuelles générales, ou de clauses similaires.

§ 2. Sans préjudice de l'application éventuelle des articles 93 et 95 aux actes qu'ils visent, l'action fondée sur l'article 97 est formée à la demande du Ministre qui est compétent pour la matière concernée.

L'action fondée sur l'artcile 97, 14°, est formée à la demande du Ministre de l'environnement. Le Comité crée par la loi du 14 juillet 1994 portant création du Comité d'attribution du label économique européen, peut proposer au Ministre d'introduire une telle action.

im Einzelnen liegen – wenngleich auch insoweit ein kurzer Überblick erfolgen soll – sondern auf der praktischen Vorgehensweise der Verbraucherverbände bei grenzüberschreitender Werbung. Letztendlich erfolgt noch ein kurzer Exkurs hinsichtlich der Jury d' éthique publicitaire, deren Arbeit in einschlägigen deutschen Publikationen[1722] gelegentlich überschätzt wird.

bb. Klagebefugnis der Minister

aaa. Begrifflichkeit

Ist im Gesetz nur von « le ministre » die Rede, so ist gem. Art. 1 Nr. 8 GüH der Wirtschaftsminister (bzw. der Minister in dessen Ressort die Zuständigkeit für die Wirtschaft fällt) angesprochen.

bbb. Art. 98 § 1 Nr. 2 GüH

Der Wirtschaftsminister kann gem. Art 98 § 1 Nr. 2 GüH aufgrund sämtlicher Grundlagen des GüH – mit Ausnahme des Art. 93 GüH – eine Unterlassungsklage erheben.

Der Wirtschaftsminister muss kein besonderes « intérêt » begründen[1723]: Das intérêt des Wirtschaftministers begründet sich in seiner ihm durch Art. 98 § 1 Nr. 2 GüH übertragenen Aufgabe jedwede Form von unlauterer Werbung zu verhindern, er handelt also stets im Allgemeininteresse. Dieses Allgemeininteresse hängt nicht von der Verletzung der Interessen einzelner Bürger ab. Die gesetzliche Aufgabe des Ministers begründet vielmehr die unwiderlegliche Vermutung dass der Minister im Allgemeininteresse handelt, ohne dass hierfür in concerto der Beweis geführt werden müsste.[1724]
Art. 93 GüH wird ausgeschlossen, da Klagen auf seiner Grundlage den Interessenverbänden und den Wirtschaftsverbänden vorbehalten bleiben sollen.
Diesem Ausschluss dürften jedoch keine praktische Bedeutung zukommen, da der Wirtschaftsminister aufgrund einer Verletzung des Art. 94 GüH eine Unterlassungsklage erheben kann. Der Anwendungsbereich von Art. 93 und 94 GüH ist aber regelmäßig deckungsgleich.

[1722] Vgl. etwa Lettl, S. 152: „Daneben gibt es in Belgien ein effektives System der Werbeselbstkontrolle durch die 'Jury d' Ehtique Publicitaire' (JEP)"; ähnlich Bodewig/Henning-Bodewig WRP 2000, 1341, 1342.
[1723] Ferrant, Pratiques du commerce, p. 142; Huart/Honon in: CUP XVI, p. 57 ; Francq in: Les pratiques du commerce, Èditions du jeune Barreau, p. 222.
[1724] Hof van Beroep te Antwerpen, 29 juni 1993, Annuaire 1993, 38, 40.

ccc. Art.98 § 2 GüH

aaaa. alinéa 1

Andere Minister als der Wirtschaftsminister können aufgrund einer Verletzung des Art. 97 GüH eine Unterlassungsklage erheben, insoweit die Angelegenheit in ihre Ressortzuständigkeit fällt.

Sinn und Zweck des Art. 97 GüH « était de permettre d'intenter des actions en cessation déstinées à mettre fin à d'autres manquements que ceux prévues par la présente loi »[1725].

Wichtig für unseren Gegenstand ist Art. 97 Nr. 12 GüH:

> le non respect des dispositions légales, décrétales et réglementaires en matière de publicité, autres que celles qui sont prévus dans la présente loi ou prises en éxecution de celle –ci ;

Dieser Punkt sollte dem jeweils zuständigen Minister die Möglichkeit einer Unterlassungsklage gegenüber Werbung, die gegen Vorschriften verstößt, die die Gesundheit der Verbraucher im Hinblick auf Lebensmittel und anderen Produkte schützen sollen, geben.[1726]
Insoweit zielt Art. 97 Nr. 12 GüH insbesondere auf Verletzungen der Spezialvorschriften über Medikamente, Tabak, Alkohol etc. ab[1727].

bbbb. intérêt

Auch die anderen Minister müssen, insoweit sie in ihrem Ressort agieren, kein intérêt darlegen. Allein die Tatsache, dass sie in ihrem Zuständigkeitsbereich und damit im Allgemeininteresse handeln, begründet ihr intérêt.[1728]

cc. Verbraucherverbände

aaa. Klagebefugnis für die Unterlassungsklage

Hervorgehoben sei, dass, wie in Deutschland[1729], dem einzelnen Verbraucher keine Klagebefugnis zukommt. Die Klagebefugnis der Verbände wird dabei ausschließlich für die Unterlassungsklage gewährt. Die Verbände können andere Ansprüche – etwa Schadenersatzansprüche – nicht im Namen ihrer Mitglieder geltend machen. Ebenso scheiterten Versuche von Verbraucherschutzorganisationen, eine am amerikanischen

---

[1725] Doc. Parl., Ch. repr., sess. ord. 1998- 1999, n°s 2050/1- 2051/1, p. 43.
[1726] Vgl. Doc. Parl., Ch. repr., sess. ord. 1998- 1999, n°s 2050/1- 2051/1, p. 43.
[1727] Bosly/Tasiaux, p. 73.
[1728] Huart/Honon in: CUP XVI, p. 57.
[1729] Nach der Begründung des Regierungsentwurfs sogar ausdrücklich nicht, vgl. Begr. RegE UWG zu § 8 BT- Drcks. 15/1487, 22.

Rechtssystem orientierte, sog. *class action* („action collective") in Belgien einzuführen.[1730]

bbb. Voraussetzungen (Überblick)

aaaa. Belgisches Recht: Art. 98 § 1, 4° GüH

(1.) Voraussetzungen gem. Art. 98 § 1, 4° GüH

Gem. Art. 98 § 1, 4° GüH sind unter bestimmten Voraussetzungen auch Verbraucherschutzorganisationen klagebefugt.

Die Verbände müssen kein „intérêt" i.S.d. Art. 17 und 18 code judiciare nachweisen. Art. 98 GüH enthält insoweit eine explizite Verdrängung der Art. 17 und 18 Code judicaire.[1731]
Das Erfordernis eines intérêt an einer Klage wurde, wie sich unmittelbar aus dem Wortlaut ergibt, nicht aufgegeben, vielmehr ist nunmehr ein verändertes Interesse notwendig.[1732] Zur Bestimmung dieses Interesses können weder die Art. 17 und 18 Code judiciare, noch – aufgrund des Willens des Gesetzgebers, die insoweit bestehenden Auslegungsschwierigkeiten zu beenden – die alte Rspr.[1733] herangezogen werden. Der Wortlaut bietet insoweit jedoch ausreichend klare Hinweise: Erforderlich ist, dass die Statuten des jeweiligen Verbandes die Verteidigung d'un intérêt collectif als Verbandziel zumindest inzident enthalten.[1734] Dafür spricht auch die Tatsache, dass die Neuerungen des GüH lediglich der größeren Rechtssicherheit dienen, nicht aber einen Einstieg in eine Popularklage eröffnen sollten.

Fehlt ein solcher Hinweis ist eine Klage des jeweiligen Verbandes unzulässig. Wird das in den Statuten definierte Schutzinteresse nicht verletzt gilt nämliches. Die Klage

---

1730 De Caluwé/Delcorde/Leurquin, Les pratiques du commerce, l'information et la protection du consommateur, 2003, 2e édition, n° 14.16.

1731 Ferrant, Pratiques du commerce, p. 142.

1732 Huart/Honon in: CUP XVI, p. 58 ; De Caluwé, Delcorde et Leurquin, Les pratiques du commerce, l' information et la protection consommateur, 1996, 2e édition, n° 37. 3 (7). Die Zitate beziehen sich zwar auf die entsprechenden Passagen zu den ebenfalls klagebefugten sog. groupements professionnels et interprofessionnels (Art. 98 § 1, 4° GüH), jedoch gilt für die Verbraucherverbände identisches, vgl. Huart/Honon in: CUP XVI, p. 59.

1733 Umstritten insoweit insbesondere die Entscheidungen: Cass., 7 juin 1984, J.T. 1984, 708 sowie Cass., 17 oct. 1986, R.C.J.B., 1988, 327 et s., note P. de Vroede; Cass., 1er février 1990, R.W., 1989-90, 1261; Prat. Comm., 1990, 556 ; die Ausführungen der Gerichte welches Interesse erforderlich ist, haben aber aufgrund des eindeutigen Wortlautes des GüH jede Relevanz für die Anwendung des GüH verloren; Überblick über die Unklarheiten zum alten Recht bei De Caluwé, Delcorde et Leurquin, Les pratiques du commerce, l' information et la protection consommateur, 1996, 2e édition, n° 37. 8.

1734 Huart/Honon in: CUP XVI, p. 58; De Caluwé, Delcorde et Leurquin, Les pratiques du commerce, l' information et la protection consommateur, 1996, 2e édition, n° 37. 3 (7).

ist auch dann mangels verletztem statutärem Interesse unzulässig und nicht – wie teilweise angedeutet[1735] – zwar zulässig aber unbegründet.[1736]

Es ergeben sich folgende Voraussetzungen:

- Dem Verband muss Rechtspersönlichkeit zukommen
- Der Verband muss das statutäre Ziel haben, die Interessen der Konsumenten zu schützen.
- Der Verband muss im Verbraucherrat vertreten sein oder – insoweit Neuerung zum GüH 1971 – durch den Wirtschaftsminister, anerkannt sein.

(2.) Exkurs: Conseil de la Consommation

Der Conseil de la Consommation ist ein beratendes Organ, das 1964 durch den A.R. du 20 février 1964[1737] gegründet wurde.

[1735] De Caluwé, Delcorde et Leurquin, Les pratiques du commerce, l' information et la protection consommateur, 1996, 2e édition, n° 37.3.(7).

[1736] Huart/Honon in: CUP XVI, p.58.

[1737] M.B. 02.04.1964, modifié par les arrêtés royaux des 2 juillet 1964, 27 mars 1969, 30 novembre 1973, 18 juillet 1983, 6 avril 1984, 28 juin 1985, 9 décembre 1992 et 23 janvier 1997. Die wichtigsten Bestimmungen lauten :

Art. 1er.

Il est institué auprès du Ministère des Affaires économiques et de l' Energie un organisme consulatitif dénommé Conseil de la Consommation.

Art. 2.

Le Conseil de la Consommation a pour mission :

1. de remettre soit d'initiative, soit à la demande du Ministre qui a les Affaires économiques dans ses attributions, des Exécutifs ou des Corps constitués :

- des avis exprimant les différents points de vue exposés en son sein sur les questions intéressant la consommation des produits et l'utilisation des services et sur les problèmes présentant de l'improtance pour les consommateurs ;
- des propositions sur les actions entreprises ou à entreprendre en faveur des consommateurs ;

2. de permettre l'échange de vues et la concertation entre les représentants des organisations de consommateurs et les représentants des organisations de la production, de la distribution, de l'agriculture et des classes moyennes pour tout ce qui a trait aux problèmes de consommation ;

3. de rechercher et de rassembler une documentation sur les problèmes relatifs à la consommation en général, suivre et encourager les travaux de recherche y afférents ainsi que coordonner et harmoniser les actions d'information entreprises en faveur des consommateurs.

Art. 3.

§ 1. Le Conseil est composé comme suit :

- un président ;
- deux vice-présidents ;
- treize membres représentant les organisations de consommateurs ;
- huit membres représentant les organisations de la production ;
- deux membres représentant les organisations de la distribution ;
- un membre représantant les organisations de l'agricluture ;

Seine Hauptaufgabe besteht in der Verfassung von Gutachten[1738] für den Wirtschaftsminister und für andere exekutive und legislative Institutionen, hinsichtlich Konsumenten betreffende Fragen. Seit seiner Gründung verfasste der « Conseil de consommation" zirka 280 Gutachten.
Darüber hinaus bildet er ein Forum des Dialogs und der Konzertierung zwischen Verbrauchern und Gewerbetreibenden.[1739]

Der Conseil ist paritätisch zusammengesetzt aus 13 Repräsentanten verschiedener Verbraucherorganisationen auf der einen, sowie aus 13 Repräsentanten aus Wirtschafts-, Mittelstands- und Landwirtschaftsorganisationen auf der anderen Seite.

(3.) Exkurs : JEP

(a.) Beschreibung der JEP

Die JEP ist der Rat der werbenden Industrie. Die Jury setzt sich zusammen aus vier Mitgliedern der „annonceurs", 4 Mitgliedern der Werbeagenturen und 8 Mitgliedern der Medien, Art. 5 I der Statuten. Diese sind insoweit unabhängig, als sie im eigenen Namen und nicht im Namen ihrer Arbeitgeber handeln, Art. 5 IV der Statuten. Die JEP wird dabei ausschließlich im Bereich der durch Massenmedien verbreiteten Werbung aktiv, Art. 1 der Statuten. Andere Arten der Werbung, etwa Einzelkontakte zwischen Unternehmern und Verbrauchern, können nicht zum Gegenstand vor der Jury gemacht werden. Die Jury entscheidet nicht mehr hinsichtlich von Werbung, die bereits von einer gerichtlichen oder sonstigen offiziellen Stelle überprüft wurde. Antragsbefugt ist jede natürliche oder juristische Person, die keine geschäftlichen Interessen verfolgt, Art. 7 Nr. 2 der Statuten.

Die JEP geht bei ihren Entscheidungen von den Zulässigkeitskriterien der Internationalen Handelskammer aus, nach denen Werbung lauter, dezent, wahr, in Überein-

---

- deux membres représentant les organisations des classes moyennes.

§ 3 Le président est nommé par le Ministre qui a les Affaires économiques dans ses attributions.

(...)

[1738] 2005 gab der Conseil Gutachten zu folgenden Themen ab:
*) Avis sur la proposition de loi modifiant l'article 21, 5°, du Code des impôts sur les revenus 1992, visant à assurer une meilleure transparence du calcul des primes d'accroissement et de fidélité afférentes aux comptes épargne (26 janvier 2005).
*) Avis sur la problématique des labels (26 janvier 2005).
*) Avis sur la proposition de directive relative aux services dans le marché intérieur et son impact (2 juin 2005).
*) Avis sur le projet de loi-cadre sur le port du titre professionnel d'une profession intellectuelle prestataire de services (2 juin 2005).
*) Avis sur la mise sur pied d'un "Oscar de la consommation" (2 juin 2005).
*) Avis sur le traitement des plaintes et des litiges dans le secteur des assurances (30 novembre 2005).
Die Gutachten sind öffentlich zugänglich auf der Internetsite des belgischen Wirtschaftsministeriums.
[1739] Kurzdarstellung bei Bericht EVZ 2003, S. 27.

stimmung mit den gesetzlichen Vorschriften stehen und die soziale Verantwortung der Werbenden spiegeln muss. Maßgeblich ist danach auf der einen Seite insbesondere das GüH und spezielle Regelungen hinsichtlich von Produkten und Dienstleistungen, Art. 3 der Statuten. Auf der anderen Seite bilden Standesregelungen, insbesondere der Code International de pratiques loyales en matière de publicité der internationalen Handelskammer die Beurteilungsgrundlage.

Die Jury hat drei verschiedenen Entscheidungsoptionen, Art. 14 der Statuten. Auf eine spätere gerichtliche Entscheidung hat die Entscheidung des JEP selbstverständlich keinerlei Einfluss.

- sie kann sich dafür aussprechen, dass die Werbung keinerlei rechts- oder standeswidrige Elemente enthält.

- sie kann feststellen, dass die Werbung Elemente enthält die zu beanstanden sind. Je nach Art und Bedeutung dieser Bestandteile spricht die Jury einen Änderungsvorschlag oder eine Unterlassungsempfehlung aus. Diese Empfehlung richtet die Jury zunächst an den annonceur. Bleibt eine positive Antwort aus, oder reagiert dieser nicht, richtet die Jury eine Unterlassungsempfehlung an die Medien, die gehalten sind den Empfehlungen Folge zu leisten. Art. 14 ff. der Statuten;

- überschreitet die Werbung lediglich die Grenzen des guten Geschmacks, formuliert die Jury eine Missbilligungserklärung, die jedoch die Art der Umsetzung offen lässt. Art. 4 der Statuten.

Eine Entscheidung der Jury kann dabei, um die Lauterkeit einer Werbung abzusichern, vorab durch die Annonceurs, Werbeagenturen oder die Medien eingeholt werden, Art. 7 Nr. 1 der Statuten. Auch insoweit besteht selbstverständlich keine Bindungswirkung für die ordentlichen Gerichte.

(b.) Kritik an der JEP

Von den Verbraucherschutzorganisationen wird die Arbeit der JEP kritisch betrachtet.[1740] Es werden Bedenken hinsichtlich der Neutralität der Jury geltend gemacht.
Diese Zweifel werden genährt durch die Besetzung der Jury ausschließlich durch die Produzentenseite im weiteren Sinne. Andererseits ist aber zu bedenken, dass die Sitzungen der Jury vertraulich sind, was die Unabhängigkeit der einzelnen Mitglieder zumindest befördert. Aus diesem Grund wurde auch die Aufnahme der JEP in den Verbraucherrat abgelehnt. Die JEP hatte, zum Zweck der Anerkennung als Verbraucherschutzorganisation insoweit angeboten der Verbraucherseite ein Stimmenquorum von 30 % zu eröffnen. Dieser Vorschlag traf allerdings auf (massive) Ablehnung der Ver-

---

[1740] Von Januar bis Juni 2005 wurden von 100 zu prüfenden Werbevorlagen ca. 55 % unbeanstandet gelassen, im Einzelnen vgl. insoweit die auf der Internetsite der JEP (www.jepbelgium.be) veröffentlichen Trimesterberichte der Jury.

braucherschutzorganisationen, die eine Beteiligung von 50 % forderten, die bislang verwehrt wird. Eine Anerkennung als Verbraucherschutzorganisation scheitert also vorläufig.

bbbb. Deutsches Recht

(1.) Die Anspruchsberechtigten sind in § 8 III UWG abschließend geregelt

- die von dem Wettbewerbsverstoß betroffenen Mitbewerber, § 8 III Nr. 1 UWG
- die Wirtschaftsverbände, § 8 III Nr. 2 UWG
- die qualifizierten Einrichtungen zum Schutz der Verbraucher, § 8 III Nr. 3 UWG
- die Handwerkskammern, § 8 III Nr. 4 UWG

(2.) Qualifizierte Einrichtungen zum Schutz der Verbraucher, § 8 III Nr. 3 UWG

Anspruchsberechtigt gem. § 8 III Nr. 3 UWG sind Organisationen, die nachweisen, dass sie in die Liste qualifizierter Einrichtungen nach § 4 des Unterlassungsklagegesetzes oder in dem Verzeichnis der Kommission der Europäischen Gemeinschaften nach Art. 4 der Richtlinie 98/27/EG des Europäischen Parlaments und des Rates vom 19. Mai 1998 über Unterlassungsklagen zum Schutz der Verbraucherinteressen (ABl. EG Nr. L 166 S. 51) eingetragen sind.

(a.) Überblick über Voraussetzungen der Eintragung (§ 4 II 1 UKlaG)[1741]

Das Vorliegen der Eintragungsvoraussetzungen wird gem. § 4 II 2 UKlaG bei den Verbraucherzentralen und anderen mit öffentlichen Mitteln geförderten Verbraucherverbänden unwiderleglich vermutet.

- Rechtsfähiger Verband

Es muss sich zunächst um einen rechtsfähigen Verband handeln. Praktisch relevant sind insoweit nur in das Vereinsregister eingetragene Idealvereine (§ 21 BGB).[1742]

- Satzungszweck

Die Zielsetzung des Vereines, die Interessen der Verbraucher durch Beratung und[1743] Aufklärung mehr als nur vorübergehend – und vor allem nicht gewerbsmäßig – wahrzunehmen, muss sich zumindest – hinreichend deutlich – aus der Satzung ergeben.[1744]

[1741] Beachte: Sind die Eintragungsvoraussetzungen erfüllt, besteht ein Rechtsanspruch auf Eintragung, vgl. etwa B/H/Köhler § 8 Rn. 3.54.
[1742] Gloy/Loschelder/Gloy § 21 Rn. 48.
[1743] Kumulativ, vgl. B/H/Köhler § 8 Rn. 3.56.
[1744] BGH GRUR 1983, 130, 133- Lohnsteuerhilfe-Bundesverband.

Ausgeschlossen sind daher sog. Mischverbände, die satzungemäß oder tatsächlich gleichrangig Verbraucher- und gewerbliche Interessen vertreten.[1745]
Dabei muss der satzungemäße Zweck auch auf die Wahrnehmung der kollektiven Verbraucherinteressen und nicht nur auf die seiner Mitglieder ausgerichtet sein.[1746]

- Satzungsmäßige Tätigkeit

Zwar lassen sich die Anforderungen an die *tatsächliche* Aufklärungs- und Beratungstätigkeit nicht allgemein gleichsam quantifizieren. Erforderlich ist aber jedenfalls, dass der Verband seit mindestens einem Jahr besteht und auf Grund seiner bisherigen satzungsgemäßen Tätigkeit Gewähr für eine sachgerechte Aufgabenerfüllung bietet.[1747] Erforderlich ist insoweit, dass der Verband über eine hinreichende finanzielle, sachliche und personelle Ausstattung verfügt.[1748]

- Mindestanzahl der Mitglieder

Der Verband kann sich ausschließlich aus anderen Verbänden zusammensetzen, die in dem satzungsmäßigen Aufgabenfeld des Vereins tätig sind.[1749] Ist die nicht der Fall, muss der Verband mindestens 75 natürliche Personen als Mitglieder haben. Dies müssen zwar nicht ausschließlich Verbraucher (oder Verbraucherverbände) sein, jedoch muss die Verfolgung von Verbraucherinteressen sichergestellt bleiben.[1750]

(b.) Keine gerichtliche Überprüfung der Eintragungsvoraussetzungen

Ob die dargestellten Voraussetzungen erfüllt sind, wird seit der Neuregelung 2000 nicht mehr im Prozess geprüft. Die Prüfung erfolgt bei Eintragung durch das Bundesverwaltungsamt. Bei gerichtlichen Zweifeln an der Erfüllung der Eintragungsvoraussetzungen, kann (und muss) das Gericht das Bundesverwaltungsamt um Prüfung bitten und den Rechtsstreit aussetzen (§ 4 IV UKlaG).

[1745] BGH GRUR 1985, 58, 59- Mischverband II; BGH GRUR 1988, 832, 833- Benzinwerbung.
[1746] BGH GRUR 1973, 78, 79- Verbraucherverband.
[1747] St. Rspr. vgl. etwa BGH GRUR 1973, 78, 79 f- Verbraucherverband; Gloy/Loschelder/Gloy § 21 Rn. 50.
[1748] BGH GRUR 1990, 282, 285- Wettbewerbsverein IV; Einzelheiten etwa bei B/H/Köhler § 8 Rn. 3. 57.
[1749] B/H/Köhler § 8 Rn. 3. 58.
[1750] BGH GRUR 1985, 58, 59- Mischverband II, BGH GRUR 1988, 832, 833- Benzinwerbung; zum Ganzen: Gloy/Loschelder/Gloy § 21 Rn. 48.

ccc. Bedeutung der Verbraucherverbände im Hinblick auf die Tätigkeit des Wirtschaftsministeriums

aaaa. Exkurs: Bedeutung der Verbraucherschutzverbände in Deutschland

Die Bedeutung der Verbraucherschutzorganisationen in Deutschland braucht kaum näher dargestellt zu werden. Den Organisationen kommt im Kampf gegen den unlauteren Wettbewerb ohne Zweifel eine zentrale Stellung zu.

bbbb. Lage in Belgien

Anders stellt sich hier die Lage in Belgien dar. Zwar existiert mit der privaten Verbraucherschutzorganisation „test achat“ eine schlagkräftige Verbraucherschutzorganisation, die auch von ihrem Klagerecht Gebrauch macht. Jedoch wird diese Organisation lediglich für ihre Mitglieder tätig. Anders hingegen die Lage bei den „öffentlichen“[1751] Verbraucherschutzorganisationen, bei denen Mitgliedschaft nicht Voraussetzung ist. So sieht etwa das ostbelgische Verbraucherschutzzentrum seine Arbeit eher im präventiven Bereich der Aufklärung auch der Unternehmer, was erlaubt ist und was nicht. Im trotzdem eintretenden Streitfalle wendet man sich mit einer Abmahnung an das je-weilige Unternehmen und gibt, wenn auch dies fruchtlos bleibt, die Akte an das Wirtschaftsministerium weiter. Statistiken führen die Verbraucherschutzstellen insoweit zwar nicht, die zuständigen Sachbearbeiterinnen *Schlösser* und *Laschet* des ostbelgischen VSZ konnten sich aber nicht erinnern, ihr Klagerecht gem. Art. 98 GüH jemals ausgeübt zu haben. Das Wirtschaftsministerium bietet insoweit auch dem privaten Verbraucher die Möglichkeit[1752] bei Beratungsbedarf oder Klagewunsch an das Ministerium heranzutreten. Erkennen die zuständigen Sachbearbeiter insoweit Gesetzesverstöße, wird das Ministerium aktiv.

Es bleibt daher festzuhalten, dass der Verbraucherschutz in Sachen Handelspraktiken in Belgien viel eher durch das Wirtschaftsministeriums als durch originäre Verbraucherschutzorganisationen gewährt wird.

ddd. Praktische Vorgehensweise in europäischen cross-border Sachverhalten

aaaa. Exkurs : Europäisches Klagerecht der Verbraucherverbände am Beispiel des loi du 26 mai 2002[1753]

Mit diesem Gesetz wird die Richtlinie 98/27/EG vom 19. Mai 1998 umgesetzt, Art. 1er. Das Gesetz bestimmt in Art. 4, dass auch ausländische Verbraucherschutzverbände

---

[1751] Nicht im Sinne der Organisationsform. Diese sind ebenso privatrechtlich organisiert.

[1752] Nach Ansicht der Verbraucherschutzorganisationen mit deutlich zu geringen Kapazitäten.

[1753] M.B. 10 juillet 2002; teilweise abgedruckt auch bei De Caluwé, Delcorde et Leurquin, Les pratiques du commerce, l'information et la protection consommateur, 2003, 2e édition, A. 16; Übersicht bei Ferrant, Pratiques du commerce, p. 144, Rn. 295.

eine Unterlassungsklage[1754] in Belgien anstrengen können. Zuständig für ihre Klagen ist dabei ausschließlich der Präsident des Handelsgerichts Brüssel, Art. 6. Voraussetzungen für die Klagebefugnis sind lediglich, dass

- eine « infraction »[1755], die ihren Ursprung in Belgien und Auswirkungen im europäischen hat, vorliegt
- die durch die jeweilige « entité qualifiée »[1756] geschützten Interessen durch die « infraction » verletzt werden
- die besagte Organisation auf der Liste der « entités qualifiées » der Europäischen Kommission erscheint.

bbbb. Praktische Vorgehensweise: EVZ

In der Praxis zeigt sich jedoch, dass die Verbraucherschutzorganisationen – die belgischen Verbraucherschutzorganisationen noch konsequenter als die deutschen – den Weg der Auslandsklage kaum einmal beschreiten. Grund hierfür sind, abgesehen von der Unsicherheit über ausländische Rechtssysteme, insbesondere auch abweichende Kostenregelungen in den einzelnen Mitgliedsstaaten. Im belgischen Prozesskostenrecht etwa ist keineswegs sicher, dass die obsiegende Partei auch tatsächlich ihre Prozesskosten von der unterliegenden Partei zurückerhält.
Es hat sich vielmehr ein europäisches Netzwerk von Verbraucherschutzorganisationen, das EVZ (Europäisches Verbraucherzentrum) gebildet, in dem im Falle notwendiger Klage die Rechtsstreitigkeit an die ausländische Partnerorganisation weitergereicht werden kann. Innerhalb dieses Netzwerks ist dies die ganz überwiegende Art die Behandlung ausländischer Fragestellungen.[1757]

Das EVZ-Netz ist das Resultat der am 1. Januar stattgefundenen Fusion zwischen dem bisherigen EVZ- Netzwerk und des EEJ-Net (das Europäische außergerichtliche Netzwerk). Das EVZ in Belgien ist Teil eines Netzwerks von 23 Verbraucherzentren[1758] der

---

[1754] Die Beschränkung auf die Unterlassungsklage schließt eine action populaire durch ausländische Verbraucherschutzorganisationen aus.

[1755] Vgl. die Legaldefinition in Art. 2 des Gesetzes :

> Pour l'application de la présente loi, on entend par :
> 1° infraction : toute acte portant atteinte aux intérêts collectifs des consommateurs et qui est contraire :
> a) soit aux dispoition énumérés en annexe de la présente loi ;
> b) soit aux dispositions d'un Etat membre de l'Union Européenne ayant transposé des directives citées dans l'annexe de la directive visée à l' article 1er.

[1756] Vgl. die Legaldefinition in Art. 2 des Gesetzes :

> « Pour l'application de la présente loi, on entend par :
> 2° entité qualifiée : toute organisation constituée conformément au droit d'un Etat membre de l'Union Européenne, ayant un intérêt légitime à intenter une action en cessation d'une infraction en vue de protéger les intérêts collectifs des consommateurs, en vertu des critères fixés par le droit de cet Etat membre.

[1757] Vgl. zum EVZ Bericht EVZ 2003, S. 19ff. und Bericht EVZ 2004, S. 1 ff.

[1758] Mit geplantem Wachstum von weiteren 4 Zentren im Jahr 2006.

alten und neuen Mitgliedsstaaten. Wir wollen die Arbeit dieser nationalen Zentren am Beispiel des belgischen EVZ, dessen Mutterorganisation das VSZ Ostbelgien ist, näher beleuchten. Es handelt sich dabei notwendig um eine eher technische Darstellung.[1759]

2004 hat das belgische EVZ 5817 Anfragen von Verbrauchern beantwortet, die allerdings nicht allesamt *cross-border* Sachverhalte zum Gegenstand hatten; lediglich 46 % (2665 Fälle) der Sachverhalte betrafen grenzüberschreitende Sachverhalte.

Dies ist auch der Tatsache geschuldet, dass das Verbraucherschutzangebot in Belgien, wie bereits oben erwähnt, keine große Dichte aufweist.

In den cross-border Sachverhalten stellt es sich dabei so dar, dass die Anfragen nicht nur von in Belgien lebenden Verbrauchern stammen. 25 % (also ca. 700) der Anfragen stammen dabei von im Ausland lebenden Verbrauchern, davon 223 von in Deutschland lebenden Verbrauchern. Im Gegensatz zu den nationalen Anfragen, bei denen Mietsachen mit 55 % der Fälle im Vordergrund stehen, dominieren in grenzüberschreitenden Sachverhalten Fragestellungen hinsichtlich des Automobilkaufes (20 %), an zweiter Stelle Mietfragen (18 %), Timesharingverträge (16 %), Reisen (10 %) sowie Konsumgütern (ca. 10 %). Grund der Anfrage sind dabei im wesentlichen Mängel des Produktes oder der Dienstleistung (23 %), irreführende Werbung[1760] (21 %), Unstimmigkeit über Vertragsbedingungen und Zahlung (26 %) und in 6 % der Fälle sonstige unzulässige Verkaufsmethoden (worunter gelegentlich auch Fälle der irreführenden Werbung erfasst werden).

Dabei ist das EVZ immer bemüht eine außergerichtliche Lösung herbeizuführen.[1761] Insoweit wurden in diesem Jahr das europäische Netzwerk für außergerichtliche Einigungen (EEJ-Net) und das EVZ miteinander verschmolzen. Die Unterscheidung war schon bislang praktisch kaum relevant, da es die gleichen Mitarbeiter waren, die die Dossiers bearbeiteten, nur eben in anderer Funktion.[1762]

[1759] Zu den einzelnen statistischen Angaben vgl. Bericht EVZ 2004, S. 1 ff.

[1760] Statistisch unter dem englischen Begriff „deceit“ erfasst.

[1761] Ohnehin ist die Streitlust der belgischen Verbraucherzentralen deutlich geringer, als die ihrer deutschen Pendants.

[1762] Il [der Sachbearbeiter] devra en fait changer de casquette mais pour le consommateur, rien ne change, Bericht EVZ 2004, S. 19.

III. Besonderheiten für den Klagegegner bei der Unterlassungsklage (Art. 27 GüH)

1. Grundsätzliches

Die Unterlassungsklage ist grundsätzlich gegen den Verantwortlichen des Verstoßes zu richten.[1763] Dies ist in aller Regel der „vendeur".
In Einzelfällen kommen – soweit eine andere Person als der „vendeur" überhaupt gegen das Gesetz verstoßen kann, insbesondere im Bereich der Werbung – auch andere Personen in Betracht.[1764]

Für die spezielle Frage gegen wen die Unterlassungsklage aufgrund von Verstößen gegen Art. 23 GüH gerichtet werden kann, gilt jedoch nicht dieser allgemeine Grundsatz, sondern gibt Art. 27 GüH die Antwort vor.

2. Art. 27 GüH[1765]

Art. 27 GüH sieht für die Unterlassungsklage, auf die er sich ausschließlich bezieht,[1766] eine stufenweise Haftung vor. Die Klage *muss* zunächst gegen den „annonceur" gerichtet werden:

> L'action en cessation ne peut être intentée du chef de manquement aux dispositions des articles 23 et 23bis qu'a charge de l'annonceur de la publicité incriminée.
> Toutefois lorsque l'annonceur n'est pas domicilié en Belgique et n'a pas désigné une personne responsable ayant son domicile en Belgique, l'action en cessation pourra également être intentée à charge de :
> -) l'éditeur de la publicité écrite ou le producteur de la publicité audiovisuelle ;
> -) l'imprimeur ou le réalisateur, si l'éditeur ou le producteur n'ont pas leur domicile en Belgique et n'ont pas désigné une personne responsable ayant son domicile en Belgique ;
> -) le distributeur ainsi que toute personne qui contribue sciemment à ce que la publicité produise son effet, si l'imprimeur ou le réalisateur n'ont pas leur domicile en Belgique et n'ont pas désigné une personne responsable ayant son domicile en Belgique.

Ziel des Gesetzgebers – wie schon zum alten Recht – war es, zu verhindern, dass aus dem Ausland in Belgien unzulässige Werbung „geschaltet" wird und der Verantwort-

---

[1763] De Caluwé/Delcorde/Leurquin, Les pratiques du commerce, l'information et la protection du consommateur, 1996, 2e édition, n° 37.15.(1) ; Huart/Honon in: CUP XVI, p. 60.
[1764] Vgl. Francq in: Les pratiques du commerce, Èditions du jeune Barreau, p. 228 : « Il convient donc de s'interroger chaque fois sur la nature de l'opération critiquée ».
[1765] Erörtert wurde die Verfassungsmäßigkeit von Art. 27 in Betracht auf die Haftung von Journalisten – also in Bezug auf die Pressefreiheit, Art. 25 der belgischen Verfassung (BV). Diese sehr spezielle Frage kann hier nicht abschließend beantwortet werden, Art. 27 GüH wird von der Rspr. als verfassungskonform angesehen, vgl. Cour d'appel de Bruxelles, 19 mai 1998, Annuaire 1998, 118; ausführlich (allerdings noch zu Art. 18 der alten BV) Prosman in: CUP XVI, p. 284.
[1766] Evrard J.T. 1992, 681, 689 (n° 39).

liche sich aufgrund seines auswärtigen Wohnsitzes seiner Verantwortung entziehen kann.[1767]

a. annonceur (~ « Veranlasser »)

aa. Historisches

Im alten Recht wurde statt „annonceur" der in der Literatur stark kritisierte Begriff „auteur" (~„Urheber") verwendet, vgl. Art. 21 GüH 1971[1768].
„Auteur" sollte die Person sein, der die Entscheidung über „Ob und Wie" der Werbung obliegt.[1769] Als « auteur » wurde in erster Hinsicht der „annonceur" angesehen.[1770]

Dabei existierte, vgl. Art. 21 GüH 1971, auch schon zum früheren Recht eine stufenweise Haftung. Zunächst haftete der „auteur" i.S.d. „annonceur"[1771], nur wenn der „auteur" keinen Wohnsitz in Belgien hatte, konnte auf die übrigen Personen zugegriffen werden[1772].

bb. Definition

Der Gesetzgeber hat durch das neue Recht der Kritik am Begriff „auteur" Rechnung getragen, um so erstaunlicher erscheint daher, dass unter „annonceur" verstanden wird: „l'annonceur doit être considéré comme *l'auteur* de la publicité".[1773]
In enger Anlehnung an die früheren Grundsätze kann inzwischen die Großzahl der Fälle mit dem Grundsatz gelöst werden, dass „annonceur" derjenige ist, der mit der Werbung für seine Produkte wirbt.
Im einzelnen gilt, dass „annoceur" derjenige ist, zu dessen Vorteil die Werbung lanciert wird[1774], und der zusätzlich Einfluss auf das „Ob und Wie" der Werbung ausüben konnte[1775].

[1767] Doc. Parl. Sénat, Session 1967- 68, p. 15.
[1768] Art. 21 GüH 1971 lautete : « Peut seul être mis en cause du chef de manquement aux dispositions de l'article 20, l'auteur de la publicité commerciale incriminée.
Toutefois, au cas où ce dernier ne serait pas domicilié en Belgique ou n'aurait pas désigné une personne responsable ayant son domicile en Belgqiue, l'action en cessation pourra également être inténtée à charge de l'éditeur, de l'imprimeur ou du distributeur de la publicité commerciale incriminée ansi que toute autre personne qui contribue à ce qu'elle produise ses effets ».
[1769] Prés. Comm. Bruxelles, 3. septembre 1974, J.C.B. 1974, 500, 506, note Ballon ; De Caluwé/Delcorde/Leurquin, Les pratiques du commerce, l'information et la protection du consommateur, 1991, 2e édition, n° 11. 251.
[1770] Prés. Comm. Bruxelles, 3. septembre 1974, J.C.B. 1974, 500, 506, note Ballon Cour d'appel Bruxelles, 2 juillet 1987, J.-T. 1988, 536 ff. note Van Bunnen ; Evrard « Les ventes à perte », J.T. 1973, 685, 687.
[1771] Comm. Bruxelles, prés., 20 mai 1985, Ing. Cons. 1985, 271, 271.
[1772] Bruxelles, 2 juin 1987, R.D.C. 1988, 212, 215 f.
[1773] Prosmans in: CUP XVI, p. 284.
[1774] Vz. Kh. Hasselt, 6 juli 2000, Annuaire 2000, 175, 176, ausführlich: 180 f.
[1775] Vz. Kh. Gent, 18 november 2002, Annuaire 2002, 249, 250.

Wenn durch Fehler eines Dritten, beispielsweise des Druckers eine andere Werbung als die Beauftrage erscheint, ist der Auftraggeber nicht als „annonceur" anzusehen, insoweit er bei der Übermittlung seiner Daten nicht fahrlässig gehandelt hat und alles Zumutbare getan hat, um Irrtümer zu verhindern.[1776]
„Annonceur" können dabei auch mehrere Personen sein: Wenn eine Werbung mehrere Gesellschaften nennt, die alle die gleiche Tätigkeit unter der gleichen Adresse ausüben, sind alle diese Gesellschaften « annonceur ».[1777]

b. Andere Haftungssubjekte

Hat der „annonceur" keinen Wohnsitz in Belgien und auch keine verantwortliche Person mit Wohnsitz in Belgien benannt, kann die Unterlassungsklage auch gegen andere Personen als die soeben genannte Person gerichtet werden. Es findet gem. Art. 27 GüH eine stufenweise Haftung in folgender Reihenfolge statt:[1778]

- Gegen den Verleger einer gedruckten Werbung oder den Produzenten einer audiovisuellen Werbung.

- Gegen den Verteiler und jede andere Person, die bewusst dazu beiträgt, dass die Werbung ihre Wirkung erzielt, wenn der Drucker oder Ausführende keinen Wohnsitz in Belgien haben und auch keinen Verantwortlichen mit Wohnsitz in Belgien benannt haben.

[1776] Vz. Kh. Kortrijk, 27 november 2000, Annuaire 2000, 202, 204.
[1777] Vz. Kh. Tongeren, 19 juni 2001, Annuaire 2001, 207, 209.
[1778] Zum Ganzen vgl. Ferrant, Pratiques du commerce, p. 58 (n° 86) mwN.

I. Rechtsvergleichende Zusammenfassung

I. Regelungstechnik

In Deutschland bedient man sich auch im neuen Gesetz einer Generalklausel, die lediglich durch einen Beispielkatalog konkretisiert wurde.[1779] Auch in Belgien ist man mit dem – inzwischen schon etwas älteren – GüH seiner Linie treu geblieben, wie im GüH 1971 wurden die Irreführungstatbestände abschließend aufgezählt. In Betracht kommt bei „entwischenden“ Werbeformen lediglich die allgemeine lauterkeitsrechtliche Generalklausel, die jedoch insbesondere einen Schaden beim von der Werbung Betroffenen verlangt.

Die Kritik an diesem Regelungsstil wurde bereits[1780] dargestellt. Ihr kann sich nur angeschlossen werden. Zwar ist durch die Ausweitung der Irreführungstatbestände die Problematik entschärft worden, jedoch ist es in Zeiten sich schnell entwickelnder Werbeformen und Strategien, ein aussichtloses Unterfangen, alle in Betracht kommenden potentiellen Irreführungsformen zu erfassen. Daher erscheint die Generalklausel hier einer detaillierten gesetzlichen Regelung überlegen.

II. Schutzzwecke

Einigkeit besteht zwischen den Rechtsordnungen hinsichtlich der Schutzzwecktrias. In der belgischen Rechtsprechung und Literatur fehlen – wie dargelegt – jedoch nähere Ausführungen, so dass der Rechtsvergleich an dieser Stelle stehen bleiben muss.

III. Auswirkungen des europäischen Rechts

Die Auswirkungen des europäischen Rechts sind in beiden Rechtsordnungen erheblich. Seit auch in Deutschland davon ausgegangen wird, dass das neue UWG im Bereich des Irreführungsrechts der Umsetzung des europäischen Rechts dient, dürften – nimmt man die Berücksichtigung von Art. 28 und 49 EG im Rahmen der Interessenabwägung mit in den Blick – insoweit kaum noch Unterschiede bestehen. Betrachtet man zusätzlich die Rechtslehre, so liegt es so, dass in Belgien im Gegensatz zu Deutschland europäisches Recht oftmals geradezu „blind“ übernommen wird und die Anwendbarkeit (etwa Art. 7 I der Irreführungsrichtlinie) nicht einmal diskutiert wird.

[1779] Da es sich bei § 5 UWG um ein Beispiel der unlauteren Werbung handelt, handelt es sich bei genauer Betrachtung um Unterbeispiele.

[1780] Vgl. E. III. 1. a.

IV. Verbraucherleitbild

Die verschiedenen Leitbilder wurden bereits unter C. II. gegenübergestellt. Dort wurde auch ein eigener Lösungsvorschlag entwickelt. Insoweit wird verwiesen.

Hinsichtlich der Schutzhöhe besteht – auf dem Papier – weitgehende Einigkeit zwischen deutschem und belgischem Recht. Hinsichtlich der Art der Ermittlung konnte für das belgische Recht nur spekuliert werden, was einen Rechtsvergleich auf dieser Basis in den Bereich juristischer Wahrsagerei entgleiten lassen würde.
Rückschlüsse gibt der Vergleich allerdings über die Bedeutung, die der Fragestellung eingeräumt wird. Es zeigt sich, dass es sich bei der Art der Ermittlung um eine für das deutsche Recht spezifische Frage handelt. Hinsichtlich der Art der Ermittlung findet sich in Belgien – wie auch im europäischen Recht – keine Erwähnung.
Allgemein wird die Frage der Verkehrsauffassung im Vergleich zu Deutschland geradezu auf die leichte Schulter genommen. Die Richter begründen die Verkehrsauffassung nicht, sondern stellen sie recht apodiktisch fest. Das zeigt sich auch daran, dass die Frage, wann die Richter feststellungsbefugt sind, in Belgien nicht existiert. Dies erleichtert in Belgien der Rechtsprechung natürlich vieles, ist in Zweifelsfällen indes – bei allem Verständnis für Besonderheiten der nationalen Rechtsordnungen – kaum tolerabel.

Angemerkt sei hier noch, dass, insoweit die jeweiligen nationalen Leitbilder einen höheren Schutzstandard gewähren als das europäische Recht, sich das Problem der sog. Inländerdiskriminierung stellt.[1781]

V. Adressaten des Irreführungsrechts (Wer kann getäuscht werden ?)

In Betracht kommt sowohl in Belgien als in Deutschland jeder Werbende. Die Werbung braucht sich dabei nicht an Verbraucher zu wenden. Lediglich im Falle der Regelungen zu Eigenpreisvergleichen muss sich die Werbung in Belgien an Verbraucher wenden, damit die Regelungen des Art. 42 et s. Anwendung finden.

[1781] Vgl. hierzu etwa Spätgens, FS Gamm, S. 201 ff.; Schilling JZ 1994, 8 ff.; Ackermann WRP 1996, 502, 515.

VI. Tatbestandvoraussetzungen

1. Werbung

Die Voraussetzungen sind identisch: Es muss (objektiv) eine Äußerung und (subjektiv) ein Absatzförderungsziel vorliegen. In Belgien muss die Werbung dem Absatz von Produkten dienen. In Deutschland muss die Werbung zusätzlich in Ausübung eines Handels, Gewerbes, Handwerks oder freien Berufs erfolgen. Da es sich hier jedoch um ein sehr weites Kriterium handelt, ist der Unterschied nicht groß: Er manifestiert sich nur wenn ein Dritter, der nicht selbst unternehmerisch tätig wird, für ein fremdes Unternehmen wirbt, ohne von diesem damit betraut worden zu sein. Da in Belgien, soweit ersichtlich, ein solcher Fall (noch) nicht entschieden wurde, können hier konkrete Unterschiede nicht benannt werden.

2. Angabe

Der Begriff der Angabe ist in beiden Ländern identisch: Eine der objektiven Prüfung zugängliche Aussage. Allerdings kommt diesem Merkmal in Belgien keine erkennbare Bedeutung zu. In den Fällen in denen der Verkehr erkennt, dass eine offensichtliche Übertreibung vorliegt, lehnen die belgischen Gerichte nicht die Angabe, sondern die Irreführung ab und liegen damit auf der Linie, die in Deutschland von *Hefermehl*[1782] für diese Fälle vorgeschlagen wird.

3. Methode der Feststellung

a. Angesprochener Verkehr: Publikumswerbung/Fachwerbung

In beiden Ländern werden die Fähigkeiten des durchschnittlichen Verbrauchers nicht durch die abstrakte Definition eines durchschnittlichen Verbrauchers „für alle Fälle“ festgelegt, sondern anhand einer konkreten Betrachtung der Fähigkeiten des angesprochenen Verkehrs. Dabei wird von der Rechtsprechung beider Länder insbesondere zwischen Werbung die sich an die Allgemeinheit (Publikumswerbung) und Werbung an Fachkreise unterschieden. Letztere werden dabei in ihrem Bereich als aufmerksamer, informierter und auch für verständiger eingeschätzt. In Deutschland schließt sich der Frage ob sich eine Werbung an Fachkreise richtet, die Frage an, wie Vorfeldpersonal zu beurteilen ist. Diese Frage wird in Belgien, soweit ersichtlich, nicht erörtert.

[1782] vgl. bereits Baumbach/Hefermehl § 3 Rn. 17: Es liege in den Fällen einer vom Verkehr erkannten Übertreibung zwar eine Angabe aber keine Irreführung vor – überraschend da ders. § 3 Rn. 12: „ Angaben … können nur solche sein, die in Bezug auf diesen Sachverhalt nach Auffassung der Verkehrs etwas aussagen“.

b. Gesamtbetrachtung. Blickfangwerbung

Über die Art der Betrachtung des Verbrauchers auf die Werbung besteht Einigkeit: Dieser betrachtet die Werbung in ihrer Gesamtheit, „synthétique et non analytique".
Im Gegensatz zum deutschen Recht existiert in Belgien keine Blickfanglehre. Dies muss aber nicht bedeuten, dass ein Richter die Auswirkungen eines Blickfangs nicht doch berücksichtigen kann, die belgischen Richter nehmen bei der Einschätzung der Verkehrsauffassung große Freiheit in Anspruch. Es sind insoweit allerdings bislang keine Entscheidungen erkennbar in denen vergleichbare Grundsätze ausdrücklich eine Rolle gespielt hätten. Ganz im Gegenteil ist der Entscheidung des Hof van Beroep te Brussel[1783] der Grundsatz zu entnehmen, dass insoweit einzelne Teile eines Produktetiketts den Verbraucher in die Irre führen können, „il est mis fin à cette erreur", insofern sich eindeutig sichtbar Hinweise auf dem (identischen) Etikett des Produktes ergeben, die diesen Irrtum aufheben.

Ähnliches gilt im Übrigen auch für das europäische Recht.[1784]Auch in Europa bestehen keinerlei Anhaltspunkte für eine derartige Rechtsprechung. Sie würde auch im Widerspruch zur Etikettierungsrechtsprechung (Informationsmodell[1785]) stehen, die nach Sinn und Zweck gerade keine Begrenzung auf blickfangmäßig hervorgehobene Angaben zulässt.[1786]

c. Irreführungsquote

Von der grundsätzlichen Formulierung her besteht in beiden Ländern Einigkeit: In Deutschland[1787] fordert man einen „nicht unerheblichen", einen „nicht ganz unmaßgeblichen" einen „nicht zu vernachlässigenden", „nicht unwesentlichen", „nicht unbeachtlichen" Teil und in Belgien – der Formulierungsreichtum ist insoweit etwas geringer – „een niet onbelangrijke groep" an getäuschten Verbrauchern.

Unterschiedlich sind jedoch die Schlussfolgerungen, die hieraus gezogen werden. Während in Deutschland eine konkrete Quote entwickelt wurde – bislang war eine Quote von 10-15% erforderlich, die in Zukunft absinken[1788] dürfte, allerdings ausschließlich auf den Durchschnittsverbraucher bezogen sein wird – existiert in Belgien

[1783] Hof van Beroep te Brussel, 23 avril 1996, Annuaire 1996, 65, 65.
[1784] Vgl. insoweit Wuttke WRP 2004, 820, 823.
[1785] Vgl. C. II. 1. b. bb. bbb. aaaa.
[1786] Vgl. etwa EuGH Slg. 2000, I-117, Rn. 29.
[1787] BGH GRUR 1981, 71, 72- Lübecker Marzipan; BGH GRUR 1991, 852, 854- Aquavit; BGH GRUR 1992, 66, 67 f- Köngl. Bayerische Weisse; BGH GRUR 1992, 70, 72- 40 % weniger Fett; BGH GRUR 1995, 612, 614- Sauerstoff-Mehrschritt-Therapie; BGH GRUR 1996, 910, 912- Der meistverkaufte Europas; BGH GRUR 1996, 949, 951- D-Netz-Handtelefon; BGH GRUR 2001, 420, 421- Spa; Sack WRP 2004, 521, 525 mwN.
[1788] Ein insbesondere von *Lettl* avisiertes Wegfallen einer Eingriffsschwelle ist Ausdruck einer ausschließlich normativen Ermittlung der Verkehrsauffassung, die, soweit ersichtlich, vom BGH nicht geteilt wird.

eine solche Festlegung nicht. Es bleibt – soweit diese Frage überhaupt einmal aufgeworfen wird – vielmehr völlig im Dunkeln was unter einem „niet onbelangrijke groep consumenten" zu verstehen ist.

d. Marktentscheidungsrelevanz

Während im deutschen Recht dieses Erfordernis unbestreitbar besteht, ist in Belgien die Existenz eines solchen Kriteriums umstritten. Wie dargestellt spricht sich der überwiegende Teil der belgischen Rechtsprechung und Literatur für die Übernahme des europäischen (vgl. Art. 2 Nr. 2 der Richtlinie 84/450/EG) Erfordernisses aus. Die Anforderungen – insbesondere hinsichtlich der Reichweite des Kriteriums, Stichwort: Anlocken, – sind dabei identisch.
Selbst wenn – wie hier – die Übernahme des europäischen Erfordernisses als nicht zwingend durch die Richtlinie geboten angesehen wird, bleibt einzuräumen, dass es dann – wie in Deutschland – als ungeschriebenes Erfordernis in den Gesetzestext hineinzulesen ist.
Die Gründe dafür wurden bereits[1789] im Rahmen des deutschen Rechts angesprochen. Nicht gefolgt werden kann dabei der Kritik[1790], die es für unmöglich hält herauszufinden, ob gerade infolge der Täuschung das wirtschaftliche Verhalten beeinflusst wurde, ob also gerade der täuschende Teil der Werbung (infolge der ihm innewohnenden Täuschung) das wirtschaftliche Verhalten des Verkehrs beeinflusst hat. Auf diesen Punkt wird in Deutschland seit Jahrzehnten abgestellt, ohne dass sich die behauptete Unmöglichkeit ergeben hätte.
Hingewiesen sei lediglich noch darauf, dass sich ein solches Erfordernis auch aus der primärrechtlichen Rechtsprechung des EuGH ableiten lässt. Der EuGH leitet dieses aus dem Verhältnismäßigkeitsgrundsatz ab: In der bereits vorgestellten Entscheidung Pall/Dahlhausen entschied der EuGH, dass selbst wenn der Verkehr darüber in die Irre geführt werde wo eine Marke eingetragen wird, dies keine so erhebliche Reaktion wie ein Verbot rechtfertige, da sich die Verbraucher „mehr für die Eigenschaften einer Ware, als dafür interessieren, wo das Warenzeichen eingetragen ist"[1791].

e. Interessenabwägung

Eine zusätzliche Abwägung zur Korrektur eines durch die übrigen Kriterien gefundenen Ergebnisses ist dem belgischen Recht fremd. Allgemein scheint es sich bei der Interessenabwägung bezogen auf Europa um eine deutsche Besonderheit zu handeln.[1792] Dennoch werden auch in Belgien – allerdings äußerst punktuell – die in Deutschland im Rahmen einer Interessenabwägung berücksichtigten Interessen in Betracht gezogen. Eine geschlossene oder nur erkennbare Dogmatik existiert insoweit

---

[1789] Vgl. D. V. 1. a.
[1790] Straetmans, Handelpraktijken Anno 1996, p. 42 et s.; Prosman in: CUP XVI, S. 243.
[1791] EuGH Slg. 1990, I-4827 Rn. 19- Pall/Dahlhausen.
[1792] Vgl. Lettl, Schutz vor irreführender Werbung in Europa, S. 309.

nicht, was auch dem mangelnden Begründungsaufwand der belgischen Gerichte zu Herleitung einer Irreführung geschuldet ist.

Soweit erkennbar, prüft die belgische Rechtsprechung die jeweilige, gegen ein Verbot sprechende Wertung nach der Frage, ob der Verkehr in die Irre geführt wurde.
Dabei sind die Informationsbedürfnisse des Werbenden und des Verkehrs grundsätzlich als Verbotsgegeninteresse anerkannt, wenngleich sie größere Beachtung bislang nur im Rahmen der Generalklausel fanden: « Pour juger de l'acceptabilité de l'utilisation de tests comparatifs, en tant que publicité, l'élément de nécessité est de grande importance. Tout comme le droit à l'information du consommateur et la valeur et/ou l'indépendance des études de marché utilisées. La référence à des tests effectués par des organisations indépendantes à l'exeption de ceux organisés par des organisations de consommateurs, n'est pas explicitement interdite à la lettre de la loi, dans laquelle, en application de l'art. 94 LPCC, les intérêts du consommateur justifient une attitude plus souple à l'égard de la notion de « nécessité » »[1793].
Im Rahmen des Irreführungsrechts ging etwa das Handelsgericht Brüssel[1794] auf diese Grundsätze ganz kurz ein und äußerte, das Interesse des Werbenden, die Vorteile eines neuen, bislang unbekannten Produktes dem Publikum vorzustellen sei – ohne zu präzisieren wie – zu beachten.
Im Zusammenhang der Beachtung der Informationsinteressen des Werbenden könnte auch die Ablehnung des Vorliegens einer „Werbung", aufgrund eines angeblichen Selbstverteidigungsrechts gegen einen Konkurrenten, durch das Handelsgericht Charleroi zu sehen sein.[1795]
In einer anderen Entscheidung findet sich eine Andeutung, dass die Frage ob eine Täuschung vorliegt in Bezug auf das Gewicht der Irreführungsgefahr zu bestimmen ist: So wurde als Hilfsargument gegen ein Verbot betont, dass eine Angabe zwar irreführend sei, da sie aber nur selten benutzt wäre, das Gewicht der Irreführungsgefahr daher nur gering sei.[1796]

In kennzeichnungsrechtlichen Entscheidungen findet dabei auch das Kriterium des „langen Gebrauchs" Beachtung.

Eine stringente Dogmatik – selbst Angaben zu den genauen Auswirkungen der jeweiligen Erwägung – fehlt wie bereits gesagt, und die hiesige Darstellung bezieht sich, wie schon die geringe Masse an zitierter Rechtsprechung zeigt, auf ganz vereinzelte Richtersprüche. Es *scheint* so, dass die Gerichte dann auf solche Argumente als Unterstützung zurückkommen, wenn Unsicherheit bei der Frage, ob der Verkehr in die Irre geführt wurde, vorhanden ist.

[1793] Vz. Kh. Antwerpen, 10 oktober 1996, Annuaire 1996, 245, 245.

[1794] Prés. Comm. Bruxelles, 15 février 1988, Ing.Cons. 1988, 175 et s.

[1795] Prés. Comm. Charleroi, 6 mai 1994, D.C.C.R, 1995, 335, 338, note Straetmans.

[1796] Prés. Comm. Bruges, 25 sépt. 1986, Prat. Comm., 1986, III, 105: So wurde entschieden, dass ein hinreichender Unterschied zwischen « S.A. Biscuiterie Jules Destrooper » und « S.A. Destrooper-Olivier » besteht um eine Irreführung zu verneinen, insbesondere, da die letztere Firma nur zu administrativen Zwecken verwendet wurde.

VII. Einzelheiten

1. Objektiv zutreffende Angaben

In Belgien wie in Deutschland besteht Einigkeit, dass objektiv zutreffende Werbung den Verkehr irreführen kann. Dies überzeugt auch wertungsmäßig. Für den Verbraucher besteht, durch die objektiv falsch verstandene Angabe, die Gefahr getäuscht zu werden und daher am Bedürfnisoptimum vorbeigehende wirtschaftliche Entscheidungen zu treffen, unabhängig vom Wahrheitsgehalt der Entscheidung.
Für den Konkurrenten besteht, unabhängig vom objektiven Wahrheitsgehalt der Angaben, die Gefahr, dass getäuschte Kunden, die dem Produkt der Konkurrenz falsche Eigenschaften zurechnen, sich dem Konkurrenten zuwenden.
Während in Deutschland in diesen Fällen allerdings die Voraussetzungen des Irreführungsverbotes via Interessenabwägung verschärft werden, liegen für eine ähnliche Vorgehensweise in Belgien – kritikwürdig, zu den Gründen der deutschen Vorgehensweise vgl. D. IV. 2. c. – allerdings keine Anhaltspunkte vor.

2. Unterlassen

Zur Irreführung durch Unterlassen finden sich in den verschiedenen Rechtsordnungen ähnliche Regelungen. Bedeutsamstes Kriterium ist in beiden Rechtsordnungen, dass es sich um eine wesentliche Information handelt. Die sich hieran in Deutschland anknüpfenden schwierigen Abgrenzungs- und Zumutbarkeitserwägungen finden sich in Belgien nicht. Die Rechtsordnung greift auf Art. 23 Nr. 4 GüH ohne großartige Abgrenzung zurück und legt einfach dar, dass es sich um eine wesentliche Information handelt. Eine weitergehende Abgrenzung wird auch wegen der Geringschätzung des subjektiven Erfordernisses nicht für nötig gehalten. In diesem subjektiven Erfordernis liegt – jedenfalls auf dem Papier – der wesentliche Unterschied zu Deutschland. Es wurde jedoch schon dargelegt[1797], dass dieses Erfordernis in Belgien nicht wirklich ernst genommen wird und auch massiv in der Kritik steht.

3. Allein- und Spitzenstellungswerbung

Irreführende Allein- oder Spitzenstellungswerbung ist in Belgien und Deutschland gleichermaßen verboten. Allerdings besteht in Belgien eine größere Bereitschaft Angaben als werbeimmanente Übertreibungen, denen niemand bereit ist zu vertrauen, anzusehen. Dies weniger weil die Grundsätze liberaler sind, sondern, weil sie durch die Gerichte, die sich zumeist apodiktisch auf eine Gewöhnung des Verbrauchers an Übertreibungen berufen diese weniger streng anwenden. Diese Sichtweise ist wohl Ausdruck der Überzeugung, dass der Verbraucher den Werbenden wenig vertraut. Dies ist in Deutschland insoweit anders, hier nimmt man offenbar ein größeres Vertrauen der Verbraucher an. Realistischer erscheint allerdings die belgische Sichtweise. Durch den

[1797] Vgl. E. III. 2. e. cc.

weitgehenden Siegeszug von sog. Discountern wird der Verkehr immer mehr mit Werbeformen und Geschäftspraktiken konfrontiert, die dem Verkehr kaum noch Grund geben auf die Seriosität des Werbenden vertrauen zu können. Wer etwa mit bestimmten Akteuren aus der Pop-Musik lautsprecherartig wirbt, macht nicht nur auf seine Waren aufmerksam, sondern offenbart auch ein bestimmtes Geschäftsgebaren. Hinzu kommt, dass die vollmundigen – aber mangels Präzision oder objektiv nachprüfbaren Charakters („Geiz ist Geil“, „Ich bin doch nicht blöd“) allenfalls konturenhaft nachprüfbaren – Ankündigungen tatsächlich oftmals unzutreffend sind: Waren sind vergriffen, Behauptungen über die angebliche Preisgünstigkeit eines ganzen Unternehmens nur für einzelne Waren zutreffend oder insgesamt falsch. Auf der anderen Seite darf – insoweit besteht ein Dilemma – die Bekämpfung der „Schwindelreklame“ nicht an der Existenz des Reklameschwindel scheitern.[1798] Es ist also mit der Annahme, dass der Verkehr Werbeaussagen pauschal nicht ernst nimmt durchaus Zurückhaltung geboten.[1799] Das UWG würde ansonsten gerade diejenigen die beim Publikum noch Vertrauen genießen gegenüber den angesprochenen schwarzen Schafen schutzlos lassen und letztlich sogar schlechter stellen, da auf die lauteren Wettbewerber § 5 UWG anwendbar wäre. Dennoch kann – gerade da das BVerfG eine konkrete Schutzgutgefährdung verlangt – eine Werbung, die vom Verkehr *tatsächlich* als übertreibend nicht ernst genommen wird, auch nicht als irreführend qualifiziert werden.

Ist einmal angenommen, dass der Verkehr eine Angabe ernst nimmt, sind die Grundsätze im wesentlichen die gleichen: Kommt dem Werbenden bzw. seinen Produkten/Dienstleistungen nicht die behauptete Spitzenposition zu, ist die Werbung irreführend und damit verboten.

VIII. Beweis

1. Beweismittel

Die Beweismittel unterscheiden sich in der Theorie in beiden Ländern nicht. Jedoch wird in der Praxis die Verkehrsauffassung in Belgien (fast) ausschließlich im Wege des Rückgriffs auf die eigene Sachkunde des Gerichts festgestellt.

2. Beweislast

Beide zu untersuchende Rechtssysteme gehen von dem gleichen Grundsatz aus: Die Partei, die sich auf die Irreführung beruft, muss die Irreführung auch beweisen.

Im Rahmen der Unterlassungsklage und des Verfahrens gem. 101 GüH besteht in Belgien für bestimmte Angaben eine Beweislastumkehr, s.o. Obwohl der Wortlaut des

[1798] So schon RGSt 36, 377, 378.
[1799] So auch das OLG Stuttgart NJW- RR 1988, 1254, 1254.

Art. 24 GüH hinsichtlich einer Beweislastumkehr nicht zwingend ist, sondern auch nur auf eine Verschiebung der Substantiierungspflichten hinweisen könnte sieht die ganz h.M. Art. 24 GüH – im Hinblick auf Art. 6 GüH der Richtlinie 84/450/EG – als Beweislastumkehr.
Eine Art. 24 GüH vergleichbare Regelung findet sich im UWG zwar nicht, jedoch nimmt die Rechtsprechung aufgrund des Näheprinzips (§ 242 BGB) eine Darlegungspflicht des Werbenden, die einer Beweislastumkehr sehr nahe kommt, an.[1800]
Die Unterschiede zwischen beiden Systemen werden nur im Falle eines non liquet spürbar. Während in Belgien dieses Risiko – soweit die Beweislastumkehr bzw. die Beweisverpflichtung reicht – der Werbende trägt, trägt es in Deutschland weiterhin der Kläger, da die Darlegungslastverschiebung des BGH sich nicht auf die Beweislast auswirkt.[1801]

Soweit im Rahmen von Beweislastumkehr oder Verschiebung der Substantiierungslast Geheimnisinteressen des Werbenden in Rede stehen, werden diese in beiden Ländern zurecht nur als gering eingeschätzt, da der Werbende mit der Werbung selbst in die Öffentlichkeit gegangen ist.
Hingewiesen sei für das belgische Recht noch auf die weitreichenden Folgen einer irreführenden Werbung für die Auslegung des Vertrages über ein irreführend beworbenes Produkt, Art. 24 § 3 GüH.

IX. Staatliche Befugnisse

Die staatlichen Aktionsmöglichkeiten sind in Belgien wesentlich weiter als in Deutschland, wo der Gesetzgeber sich auch im neuen Recht weitgehend gegen staatliche Klagebefugnisse und Verfolgungsmöglichkeiten entschieden hat.[1802] Von der Effizienz her sind sich beide Systeme ebenbürtig, jedenfalls sind aus keinem der beiden untersuchten Länder vernehmliche Klagen über eine mangelnde Umsetzung der jewei-

---

[1800] Im Bereich der Eigenpreisvergleiche gelten in Belgien andere Regeln. Hier normiert in Belgien Art 43 § 5 eine Beweisverpflichtung des Werbenden, d.h. der Werbende muss seine Angaben überprüft haben (Doc. parl. Sénat, session 1990-91, 1200, 2, p. 57 ; Prés. Comm. Nivelles, 15 déc. 1995, Annuaire 257 ; Prés. Comm. Anvers, 27 juin 1996, Annuaire 1996, 327 ; De Caluwé/Delcorde/Leurquin, Les pratiques du commerce, l'information et la protection du consommateur, 2003, 2e édition, n° 14.12.(2)), während in Deutschland – wie der BGH jüngst nochmals in seiner Mondpreise ?- Entscheidung (BGH GRUR 2004, 246 f.- Mondpreise ?) betont hat – ausschließlich Beweis- und Darlegungslasterleichterungen nach dem Näheprinzip gewährt werden.

[1801] Vgl. G. II. 3. b.

[1802] BT-Drcks. 15/1487, S. 22 ; für eine verstärkte Einbeziehung staatlicher Behörden als « letzte Durchsetzungsinstanz" wird dagegen im Grünbuch der Kommission der Europäischen Gemeinschaften zum Verbraucherschutz in der Europäischen Union vom 2.10.2001 KOM (2001) plädiert, vgl. BR-Drcks. 851/01, S. 19. Dementsprechend ist in dem Vorschlag für „eine Verordnung über die Zusammenarbeit im Verbraucherschutz" v. 18.7.2003 KOM (2003), 443 end. die Einrichtung öffentlicher Behörden mit speziellen Verantwortlichkeiten in der Durchsetzung des Verbraucherschutzes in allen Mitgliedsstaaten vorgesehen, vgl. Begründung Nr. 26 ff.

ligen Gesetze gegen den unlauteren Wettbewerb zu hören.[1803] Insoweit erscheint das deutsche System vorzugswürdig, es bietet den gleichen Schutz bei geringerer staatlicher – und damit für die Allgemeinheit weniger kostenintensiver – Beteiligung.

X. Regelungsdichte

Die Regelungsdichte ist in beiden hier untersuchten Ländern ähnlich ausgeprägt. Auffallend ist jedoch, wie viel mehr Dogmatik das deutsche Recht aus inhaltlich weitgehend identischen Regelungen geschaffen hat. Dies mag in den Regelfällen zu beklagen sein, jedoch sind diese auch im deutschen Recht leicht zu lösen. In Grenzfällen erweisen sich die deutschen Entscheidungen jedoch als nachvollziehbarer und voraussehbarer. Hieran mangelt es gerade bei der Einschätzung der Verkehrsansicht, vielen belgischen Richtersprüchen.

[1803] Vgl. BT-Drcks. 15/1487, S.22, die kein Erfordernis für eine behördliche Lösung sah.

J. Literaturverzeichnis

Ackermann, B., Die deutsche Umweltrechtsprechung auf dem Weg zum Leitbild des verständigen Verbrauchers ?, WRP 1996, 502 ff.

dies., Wettbewerbsrecht. Unter Berücksichtigung europarechtlicher Bezüge, Heidelberg 1997.

dies., Die Bedrohung der Werbefreiheit, Einige kritische Anmerkungen zum Werbeverbot für Tabakwaren, WRP 1998, 665 ff.

Ahrens, H.J., Verwirrtheiten juristischer Verkehrskreise zum Verbraucherleitbild einer „normativen“ Verkehrsauffassung, WRP 2000, 812.

Ahrens, S., Der Irreführungsbegriff im deutschen Wettbewerbsrecht, WRP 1999, 389 ff.

Aicher, J, Aushöhlung höherer Verbraucherstandards durch Art. 30 EWGV ?, in: Schuhmacher, W., Verbraucherschutz in Österreich und in der EG, Wien, 1992, S. 116 ff.

Arndt, H.-W., Warenverkehrsfreiheit und nationale Verkaufsbeschränkungen. Anmerkungen zum Urteil des EuGH vom 24.11.1993, ZIP 1993, 1813- Keck und Mithouard, ZIP 1994, 188.

ders. Warenverkehrsfreiheit innerhalb der Europäischen Union: Der Fall „Keck“, JuS 1994, 469 ff.

Badura, P., Staatsrecht, Systematische Erläuterung des Grundgesetzes für die Bundesrepublik Deutschland, 3. Aufl., München 2003, C 62.

Balate, E., Anmerkung zu Cour d' Appel de Bruxelles, 18 avril 1991, « L' annonce des prix en période de présoldes », J.L.M.B., 1992, 186 ff., J.L.M.B., 1992, 189 ff.

ders., Loyauté et louvoyage, Les articles 93 et 94 de la loi du 14 juillet 1991 sur les pratiques du commerce et la protection du consommateur, in : Les pratiques du commerce, l' information et la protection du consommateur, Bruxelles, 1994, p. 161 et s.

ders., L´ ètiquette ou le savoir-vivre en droit communautaire in : Formation permanente C.U.P., Pratiques du commerce, vol. XVI, 1997, p. 287 s.

Ballon, G.L., Prés. Comm. Bruxelles, 3. septembre 1974, J.C.B. 1974, 500 ff., J.C.B., 1974, 511.

ders./De Vroede, P., Handelspraktijken en consumentenbescherming, Handels- en Economisch recht, Anvers, 1994.

ders., Anmerkung zu Gent, 3 octobre 1996, A.J.T., 1996- 97, 310 ff., A.J.T. 1996-97, 311 ff.

Basedow, J., Keck on the facts, EuZW 1994, 225.

Baumbach, A./Hefermehl. W., Wettbewerbsrecht, 9. Auflage, München, 1969.

ders./Hefermehl, W., Wettbewerbsrecht, 22. Aufl., München 2001.

ders./Hefermehl, W., Köhler, H., Bornkamm, J., Wettbewerbsrecht, Gesetz gegen den unlauteren Wettbewerb, Preisangabenverordnung, 23. Aufl., München 2004.

ders./Lauterbach, W./ Albers, J./Hartmann, P., Zivilprozessordnung mit Gerichtsverfassungsgesetz und anderen Nebengesetzen, 63. Aufl., München, 2005.

Beater, A, Schutzzweckdenken im Recht gegen den unlauteren Wettbewerb, JZ 1997, 916 ff.

ders., Verbraucherschutz und Schutzzweckdenken im Wettbewerbsrecht, Tübingen 2000

ders., Zum Verhältnis von europäischem und nationalem Wettbewerbsrecht, GRUR Int. 2000, 963 ff.

ders., Unlauterer Wettbewerb, München 2002.

ders., Europäisches Recht gegen unlauteren Wettbewerb- Ansatzpunkte, Grundlagen, Entwicklung, Erforderlichkeit, ZEuP 2003, 11 ff.

ders., Verbraucherverhalten und Wettbewerbsrecht, in: Keller, E. et al. (Hrsg.) Festschrift für Winfried Tilmann, Köln et al., 2003, S. 87 ff.

Beier, F.-K./Schricker, G., Stellungsnahme des Max-Planck-Instituts für ausländisches und internationales Patent-, Urheber- und Wettbewerbsrecht zur Novellierung des Gesetzes gegen unlauteren Wettbewerb (1993), GRUR 1993, 880.

v. Becker, B., Werbung Kunst Wirklichkeit – Bemerkungen zu einem schwierigen Verhältnis –, GRUR 2001, 1101 ff.

Berlit, W., Handel im Wandel: Die Warenbevorratung bei Sonderangeboten und Sonderveranstaltungen gem. § 5 Abs. 4,5, § 3 UWG, WRP 2004, 1245 ff.

Bogaert G./Maeyaert P., Handelsnaam, venootschapsnaam, merk, bescherming en onderlinge conflicten, Rechtspraak 1984-1989, R.D.C. 1990, 190 ff.

Borck, H.- G., Irreführende Werbung und Umkehr der Beweislast, GRUR 1982, 657 ff.

ders., Die Interessenabwägung bei irreführender Werbung, WRP 1985, 63 ff.

ders., Im Blickpunkt: Der „Blickfang“, GRUR 1988, 422 ff.

Bornkamm, J., Anm. zu EuGH, GRUR 1993, 746 (Yves Rocher), in GRUR 1993, 748.

ders., Anm. zu EuGH GRUR 1994, 558 (Keck), in: GRUR 1994, 297 ff.

ders., Wettbewerbs- und Kartellrechtsprechung zwischen nationalem und europäischem Recht, in: Geiß, K./Nehm, K./Brandner, H.E./Hagen, H. (Hrsg.) 50 Jahre Bundesgerichtshof, Bundesanwaltschaft und Rechtsanwaltschaft beim Bundesgerichtshof, Köln 2000, S. 343 ff.

ders., Die Feststellung der Verkehrsauffassung im Wettbewerbsprozess, WRP 2000, 830 ff.

ders., Markenrecht und wettbewerbsrechtlicher Kennzeichenschutz, GRUR 2005, 97 ff.

Bosly, T./Tasiaux, A., Les nouvelles lois sur les pratiques du commerce, Diegem 1999.

Brandner, H.E., Beiträge des Wettbewerbs zum Schutz der Umwelt, in: Erdmann, W. et al., Festschrift für Otto-Friedrich Frhr. v. Gamm, Köln 1990, S. 27 ff.

ders., Imagewerbung mit dem World Trade Center ?, Werbung zwischen Sittenwidrigkeit und Meinungsfreiheit, in: Ahrens, H.-J./Bornkamm, J./Gloy, W./Starck, J./v. Ungern-Sternberg, J. (Hrsg.), Festschrift für Willi Erdmann, Köln et al. 2002, S. 533 ff.

Braun, A., Anmerkung zu Hof van Beroep Brussel, 12 november 1974, J.C.B. 1976, 180 ff., J.C.B. 1976, 184.

Braun, K., Werbung und Meinungsfreiheit nach Art. 5 Abs. 1 Satz 1 Grundgesetz (GG), WRP 1982, 510 ff.

Brison, F., Anmerkung zu Hof van Beroep te Antwerpen, 19 november 1990, Annuaire 1990, 274 ff., Bescherming van de handelsnaam via de WHP, Annuaire 1990, 279 ff.

Bußmann, Anmerkung zu BGH GRUR 1958, 185 ff.- Gabriele Wyeth, GRUR 1958, 188 ff.

Büttner, H., Die Irreführungsquote im Wandel – Folgen eines sich ändernden Normverständnisses, GRUR 1996, 533 ff.

Calliess, C./Ruffert, M. (Hrsg.), Kommentar des Vertrages über die Europäische Union und des Vertrages zur Gründung der Europäischen Gemeinschaft – EUV/EGV –, 2. Auflage, Neuwied, 2002.

Chrocziel, P., Die eingeschränkte Geltung des Gesetzes gegen Unlauteren Wettbewerb für EG-Ausländer, EWS 1991, 173 ff.

Coene, G., Handelspraktijken : de gevolgen van misleidende reclame op het contract, D.C.C.R. 1992-93, 116 ff.

Coing, H., Europäisierung der Rechtswissenschaft, NJW 1990, 937 ff.

Daele, K., Vergelijkende reclame : een eerste overzicht van rechtspraak na 2 jaar toepassing van de nieuwe wetgeving, T.B.H. 2002, 247 ff.

Dallmayr, R., Anmerkung zu OLG München, VersR 2000, 909 [LS], VersR 2000, 909 ff.

Dauses, M.A., Information der Verbraucher in der Rechtsprechung des EuGH, RIW 1998, 750 ff.

De Batselier, E., De verenigbaarheid van het lokvogelprocédé van Carrefour met art. 23, 9° W.H.P.C., in: De Bauw, H. (Hrsg.), Annuaire 2003, 176 s.

ders., De strijd om de consument door de sector van de reisorganisatoren is niet altijd even geoorloofd, Annuaire 2003, 248 ff.

De Bauw, H., Grenzen van vergelijkende reclame, Annuaire, 2001, 161 ff.

De Brouwer, L., Le droit des promotions commerciales, 2e éd., 1997.

De Caluwé A., Anmerkung zu Prés. Comm. Bruxelles, 18 juin 1964, Ing. Cons., 1964, 342 ff., Ing. Cons., 1964, 347.

ders../Delcorde A.C./Leurquin, X., Les pratiques du commerce (2 tomes), Bruxelles, 1973.

ders., Anmerkung zu Prés. Comm. Coutrai, 13 juin 1974, J.C.B. 1975, 194, J.C.B. 1975, 205.

ders., Anmerkung zu Prés. Comm. Bruxelles, 21 juin 1989, RDC 1985, 795 ff., RDC 1985, 800.

ders., La publicité : définition et réglementation, in : Fagnart J.- L. et al., Les pratiques du commerce et la protection et l' information du consommateur depuis la loi du 14 juillet 1991, Bruxelles, 1991, p. 9 s.

ders./Delcorde A.C./Leurquin, X./De Grauwe d' Aoust, B./Prosman, J./Bogaert, G./Maeyaert, P., Les pratiques du commerce, l' information et la protection du consommateur, 2e éd., Bruxelles, 1991.

ders., A., Promotion commerciale et stock disponible. Cassatie, 12 september 1996, Rec. Cass. 1997, 213 ff.

ders., A., La norme générale de conformité aux usages honnêtes est-elle principale ou résiduelle ? Est elle subordonnée à la loi du 5 août 1991 ?, in : Formation permanente C.U.P., Pratiques du commerce, vol. XVI, 1997, p. 103 s.

De Gryse, L., De vernieuwingen inzake reklame: in: in: Stuyck, J. et en Wytinck, P. (édtrs.), De nieuwe wet handelspraktijken, Bruxelles, 1992, p. 39 s.

De Locht, D., Introduction à la loi sur les pratiques du commerce, Gand, 1996.

De Meese, Anmerkung zu Comm. Hasselt, 3 janvier 2003, R.D.C. 2003, 407, R.D.C. 2003, 407.

De Meuter, S., Anmerkung zu Vz. Kh. Brussel, 14 october 1992, 150 ff., Annuaire 1992, 154.

De Vroede, P., Anmerkung zu Vz. Kh. Kortrijk, 25 juin 1984, R.W. 1984-85, 1795 ff., R.W. 1984- 85, 1802.

ders., Overzicht rechtspraak – Wet op handelspraktijken (1983-1988), TPR 1989, 189 ff.

ders., Misleidende Reclame opnieuw bekeken in: Willy, A. et al., Liber amicorum Aimé de Caluwé, Bruxelles 1995, p. 145 ff.

ders., Note sous Cour de cassation, 1er chambre, 12 septembre 1996, Problèmes autour de l' article 23, 9° L.P.C.C., R.C.J.B. 1998, 31 ff.

Degenhart, C., Meinungs- und Medienfreiheit in Wirtschaft und Wettbewerb, in: Leßmann, H./Großfeld, B./Vollmer, L., Festschrift für Rudolf Lukes- FS, Köln et al. 1989, S. 287 ff.

Dessard, D., Les ventes spéciales (1er partie), in: Formation permanente C.U.P., Pratiques du commerce, vol. XVI, 1997, p. 147 ff.

ders./Lambrechts, A.-F., „Prix public trop privés ?, Annuaire 1999, 70 ff.

Dethloff, N., Europäisches Kollisionsrecht des unlauteren Wettbewerbs, JZ 2000, 179, 181

dies., Europäisierung des Wettbewerbsrechts: Einfluß des europäischen Rechts auf das Sach- und Kollisionsrecht des unlauteren Wettbewerbs, Tübingen 2001.

Deutsch, V., Der Einfluß des europäischen Rechts auf den Irreführungstatbestand des § 3 UWG, GRUR 1996, 541 ff.

ders., Noch einmal: Das Verbraucherleitbild des EuGH und das „Nissan"- Urteil, GRUR 1997, 44 ff.

ders., Anspruchskonkurrenzen im Marken- und Kennzeichenrecht, WRP 2000, 854 ff.

Diamant, N., Publicité et effets spéciaux, Annuaire 2001, 100 ff.

Doepner, U., Anm. zu BGH GRUR 1996, 910 (Der meistverkaufte Europas), GRUR 1996, 914.

ders., Verbraucherleitbilder zur Auslegung des wettbewerblichen Irreführungsverbots, WRP 1997, 999 ff.

ders. Verbraucherleitbilder zur Auslegung der wettbewerbsrechtlichen Irreführungsverbots – Anmerkungen zum Diskussionsstand –, in: Niederleithinger, E./Werner, R./Wiedemann, G. (Hrsg.), Festschrift für Otfried Lieberknecht, München 1997, S. 165.

Doutrepont, C., « Quelles stratégies pour accroître la confiance du consommateur ?, Conférence @gora'98, 16 décembre 1998, p. 5.

Dreher, M., Der Verbraucher – Das Phantom in der opera des europäischen und deutschen Rechts ?, JZ 1997, 167.

Dreier H. (Hrsg.)/Bauer, H. et al., Grundgesetz, Kommentar, Bd. 1, Präambel, Art. 1.- 19, 2. Aufl. Tübingen 2004.

Drettmann, F., Wirtschaftswerbung und Meinungsfreiheit, Frankfurt am Main et al., 1984.

Drexl, J., Die wirtschaftliche Selbstbestimmung des Verbrauchers, Tübingen 1998.

ders., Die Einwirkungen der Grundrechte auf die Auslegung der Generalklauseln des UWG, in: Schricker, G./Henning-Bodewig, F. (Hrsg.), Neuordnung des Wettbewerbsrechts, Baden-Baden 1998/1999, S. 163 ff.

ders., Wettbewerbsverfassung – Europäisches Wettbewerbsrecht als materielles Verfassungsrecht, in: Bogandy, A. (Hrsg.), Europäisches Verfassungsrecht, Berlin et al. 2003, S. 747 ff.

Droste, Anmerkung zu BGH GRUR 1958, 485 ff.- Odol, GRUR 1958, 487 ff.

Ebenroth, C.T., Neue Ansätze zur Warenverkehrsfreiheit im Binnenmarkt der Europäischen Union, in: Erdmann W./Gloy, W./Herber, R. (Hrsg.), Festschrift für Henning Piper, München 1996, S. 133.

Ehlers, D. (Hrsg.), Europäische Grundrechte und Grundfreiheiten, Berlin, 2003.

Eicke, U., Meinungsfreiheit für die Werbung ?, WRP 1988, 645 ff.

E.K., Anmerkung zu Cour de Cassation, 27 mai 1977, Pas. 1977 I, 994 ff., Pas. 1977 I, 995.

Emmerich, V., Wettbewerbsbeschränkungen durch die Rechtsprechung; Hermann Lange et. al. (Hrsg.), Festschrift für Joachim Gernhuber, Tübingen 1993, S. 857 ff.

ders., Unlauterer Wettbewerb, Ein Studienbuch, 3. Auflage, München 1990.

ders., Unlauterer Wettbewerb, Ein Studienbuch, 6. Auflage, München 2002.

ders., Unlauterer Wettbewerb, Ein Studienbuch, 7. Aufl., München 2004.

Engisch, K./Würtenberger T./Otto, D. (Hrsg.), Einführung in das juristische Denken, 10. Auflage, Stuttgart 2005.

Eppe, M., Der lauterkeitsrechtliche Tatbestand des übertriebenen Anlockens im Wandel- am Beispiel der Wertreklame, WRP 2004, 153 ff.

Everling, U., Zur Bedeutung der Rechtsprechung des Europäischen Gerichtshofs für die Werbung in Europa, in: ZAW (Hrsg.), Irreführende Werbung in Europa. Maßstäbe und Perspektiven, Bonn, 1990, S. 43 ff.

ders., Die Einwirkung der Grundfreiheiten des EWG- Vertrages auf das Wettbewerbsrecht der Mitgliedsstaaten, in: Zentrum für europäisches Wirtschaftsrecht (Hrsg.), Vorträge und Berichte Nr. 17, Bonn, 1992, S. 18 ff.

ders., Der Einfluß des EG- Rechts auf das nationale Wettbewerbsrecht im Bereich des Täuschungsschutzes, ZLR 1994, 221 ff.

Evrard, J.J. Les ventes à perte, J.T. 1973, 687 s.

ders., Les pratiques du commerce (la loi du 14 juillet 1971), J.T. 1985, 173 ff.

ders., Les pratiques du commerce (la loi du 14 juillet 1971), J.T. 1985, 189 ff.

ders., Les pratiques du commerce, l' information et la protection du consommateur (loi du 14 juillet 1991), J.T. 1992, 681 ff.

Faber, W. Elemente verschiedener Verbraucherbegriffe in EG-Richtlinien, zwischenstaatlicher Übereinkommen und nationalem Zivil- und Kollisionsrecht, ZeuP 1998, 854.

Fagnart J.-L., Boutiquiers et consommateurs : même combat ?, in : Les pratiques du commerce, l' information et la protection du consommateur, Bruxelles, 1994, p. 5.

Feiden, S., Die Bedeutung der „Keck“-Rechtsprechung im System der Grundfreiheiten, Ein Beitrag zur Konvergenz der Freiheiten, Berlin 2003 (zugl.: Diss., Bonn 2001).

Ferrant, I., Les pratiques du commerce, Bruxelles, 2003.

Fezer, K.-H., Europäisierung des Wettbewerbsrechts, Gemeinschaftsrechtliche Grenzen im Recht des unlauteren Wettbewerbs – Kommentar zur jüngsten Entwicklung der Rechtsprechung des EuGH zum Warenverkehrsrecht (Rechtssachen „Yves Rocher“, Keck und Mithouard“ und „Hünermund“), JZ 1994, 317 ff.

ders., Das wettbewerbsrechtliche Irreführungsverbot als ein normatives Modell des verständigen Verbrauchers im Europäischen Unionsrecht, Zugleich eine Besprechung der Entscheidung „Mars“ des EuGH vom 6. Juli 1995 – Rechtssache C 470/93, WRP 1995, 671 ff.

ders., Imagewerbung mit gesellschaftskritischen Themen im Schutzbereich der Meinungs- und Pressefreiheit, NJW 2001, 580 ff.

ders., Markenrecht, Kommentar zum Markengesetz, zur Pariser Verbandsübereinkunft und zum Madrider Markenabkommen, Dokumentation des nationalen, europäischen und internationalen Kennzeichenrechts, 3. Aufl., München 2001.

ders., Modernisierung des deutschen Rechts gegen den unlauteren Wettbewerb auf der Grundlage einer Europäisierung des Wettbewerbsrechts, WRP 2001, 989.

ders. (Hrsg.), Lauterkeitsrecht, Kommentar zum Gesetz gegen den unlauteren Wettbewerb (UWG), München 2005

Franck, J., Publicité trompeuse: quel consommateur choisir ? Le dilemme de l´ appréciation du caractère trompeur, REDC 2000, 93 ff.

Francq, B., Anmerkung zu Prés. Comm. Charleroi, 17mars 1977, J.C.B., 1978 449 e, J.C.B. 1978, 449 h.

ders., Concurrence déloyale, faute et directive européenne : révision salutaire ou concept devoyes, Ing. Cons. 1986, 183 ders., Procédure et sanctions in : Fagnart J.- L. et al., Les pratiques du commerce et la protection et l' information du consommateur depuis la loi du 14 juillet 1991, Bruxelles, 1991, p. 222.

ders../ Francq, C., Nouvauté en matière de pratiques du commerce, in : Le point sur le droit commercial, Formation permanente CUP, 2000, p. 151 s.

Francq. C., Les différentes images du consommateur à travers la doctrine et la jurisprudence. Ligue Internationale de la Concurrence, Rapport des Journées d' études de Salzbourg 1995, 40 ff.

Freund, H.J., Keck und die Folgen, Zur neueren Rechtsprechung des EuG zur Warenverkehrsfreiheit, JA 1997, 716 ff.

Friauf, K.H./Höfling W., Meinungsgrundrechte und Verfolgung von wirtschaftlichen Belangen, AfP 1985, 249 ff

Gamerith, H., Die Einflüsse des Gemeinschaftsrechts auf das UWG am Beispiel des Irreführungsverbots, § 3 UWG, WBl. 1995, 473 ff.

ders., Neue Herausforderungen für ein europäisches Lauterkeitsrecht, WRP 2003, 143.

v. Gamm, O.-F., Gesetz gegen den unlauteren Wettbewerb, 3. Aufl., Köln et al. 1993.

Geis, N., Das Lauterkeitsrecht in der rechtspolitischen Diskussion, in: Erhard Keller et al. (Hrsg.) Festschrift für Winfried Tilmann, Köln 2003, S. 121 ff.

Gerlache, Alain et al., La Belgique pour débutants, 2004.

Gloy, W. Verkehrsauffassung – Rechts- oder Tatfrage, in: Ahrens, H.-J./Bornkamm, J./Gloy, W./Starck, J./v. Ungern-Sternberg, J. (Hrsg.), Festschrift für Willi Erdmann, Köln et al. 2002, S. 811 ff.

ders./Loschelder, M. (Hrsg.), Handbuch des Wettbewerbsrechts, 3. Aufl., München 2005.

v.Godin, H./Hoth, J., Kommentar zum Gesetz gegen den unlauteren Wettbewerb und zum Zugabe- und Rabattrecht, Berlin 1957.

Gotzen, M., Anmerkung zu Vz. Kh. Turnhout, 28 avril 1971 R.W. 1971- 72, 1070 f. R.W. 1971- 72, 1071 f.

Groeschke, P./Kiethe, K., Die Ubiquität des europäischen Verbraucherleitbildes – Der europäische Pass des informierten und verständigen Verbrauchers, WRP 2001, 230 ff.

Gross, Anmerkung zu BGH GRUR 1969, 422 ff.- Kaltverzinkung, GRUR 1969, 426.

Hailbronner, K./Nachbaur, A. Die Dienstleistungsfreiheit in der Rechtsprechung des EuGH, EuZW 1992, 105 ff.

Hansen, U., Die Substantiierungslast, JuS 1991, 588 ff.

Harte-Bavendamm, H., Anmerkung zu BGH GRUR 1984, 593 ff.- adidas-Sportartikel, GRUR 1984, 595.

ders./Henning-Bodewig F. (Hrsg.), Gesetz gegen den unlauteren Wettbewerb (UWG), Mit Preisangabenverordnung, Kommentar, München 2004.

Hartwig, H., Die lauterkeitsrechtliche Beurteilung der Werbung mit dem „Grünen Punkt“ (§ 3 UWG), GRUR 1997, 560 ff.

dies., Anmerkung zu EuGH, GRUR Int. 2000, 756 (Darbo), in GRUR Int. 2000,758.

dies., Verfassungsrechtliche Anforderungen an die Fallgruppenbildung nach § 1 UWG, NJW 2002, 38 ff.

dies., Neuere Literatur zum Verhältnis von Werbung und Meinungsfreiheit, Besprechung der Festschriften für Helm, Ermann und Ulmer, WRP 2003, 1193.

Hatje, A., Werbung und Grundrechtsschutz in rechtsvergleichender Betrachtung, in: Schwarze, J. (Hrsg.), Werbung und Werbeverbote im Lichte des europäischen Gemeinschaftsrechts, Baden-Baden 1999, S. 37 ff.

Heermann, P., Auswirkungen der Europäischen Rechtsentwicklung auf das deutsche Wettbewerbsrecht, WRP 1993, 578.

ders., Das deutsche Wettbewerbsrecht und die „Keck"-Rechtsprechung des EuGH, WRP 1999, 381.

ders. Art. 30 EGV im Lichte der „Keck"-Rechtsprechung: Anerkennung sonstiger Verkaufsmodalitäten und Einführung eines einheitlichen Rechtfertigungstatbestands ?, GRUR Int. 1999, 579.

Helm, H, Der Schutz geografischer Herkunftsangaben nach dem Markengesetz, in: Baur, J.F., Jacobs, R., Lieb, M., Müller-Graff, P.-C., Festschrift für Ralf Vieregge FS-Vieregge, Berlin, New York, 1995, S. 335 ff.

ders., Das Verbraucherleitbild des Europäischen Gerichtshofs und des Bundesgerichtshofs im Vergleich, in: Keller, E. et al. (Hrsg.), Festschrift für Winfried Tilmann, Köln et al. 2003, S. 135 ff..

Helm, M., Zur ergänzenden Anwendung wettbewerbsrechtlicher Bestimmungen auf markenrechtliche Tatbestände, GRUR 2001, 291 ff.

Hendrix, I./Francq, C., Charleroi : een voorstad van Brussel ?, Annuaire 2002, 207 ff.

Henning-Bodewig, F., Belgien, Bd. 2, in: Schricker, G. (Hrsg.), Recht der Werbung in Europa, Bonn, 1990.

dies., Schockierende Werbung, WRP 1992, 533 ff.

dies., Die Regelung der Werbung im belgischen Handelspraktikengesetz vom 14 Juli 1991, GRUR Int. 1994, 455 ff.

dies., Comparative Overview of Alternative Legislation Solutions, in: Bernitz, U. (Hrsg.), Towards a Harmonised View on Fair Trading in Europe, Stockholm 2001, S. 37 ff.

dies., E-Commerce und irreführende Werbung. Auswirkungen des Herkunftslandprinzips auf das europäische und deutsche Irreführungsrecht, WRP 2001, 771 ff.

dies., Das europäische Wettbewerbsrecht: Eine Zwischenbilanz, GRUR Int. 2001, 389 ff.

dies./Schricker, G., Stellungnahme des Max-Planck-Instituts für ausländisches und internationales Patent-, Urheber- und Wettbewerbsrecht zum Grünbuch zum Verbraucherschutz in der EU KOM 2992, 531 endg., GRUR Int. 2002, 319.

dies., Das Europäische Wettbewerbsrecht: Eine Zwischenbilanz, GRUR Int. 2002, 389.

dies., F., Das Europäische Lauterkeitsrecht: B2C, B2B oder doch besser beides ?, in: Erhard Keller et al. (Hrsg.) Festschrift für Winfried Tilmann, Köln 2003, S. 149 ff.

Herb, W., Spezialisierungshinweise und irreführende Werbung nicht markenbezogener Reparaturwerkstätten, WRP 1991, 699 ff.

v. Hippel, E., Grundfragen des Verbraucherschutzes, JZ 1972, 417.

ders., Besserer Rechtschutz des Verbrauchers, Rabels Z 37 (1973), 268.

Höder, A., Die kollisionsrechtliche Behandlung unteilbarer Multistate-Verstöße – Das Internationale Wettbewerbsrecht im Spannungsfeld von Marktort-, Auswirkungs- und Herkunftslandprinzip, München 2002 (zugl.: Diss., München, 2002).

Hoepffner, Anmerkung zu BGH GRUR 1967, 360 ff.- Maßkleidung, GRUR 1967, 362

Hösl, F.E., Interessenabwägung und rechtliche Erheblichkeit der Irreführung bei § 3 UWG, Köln et al. 1984 (zugl.: Diss., München 1984)

Hoth Anmerkung zu BGH GRUR 1974, 729 ff.- Sweepstake, GRUR 1974, 731.

d´ Huart, V./Honon A.-F., La procédure in : Formation permanente C.U.P., Pratiques du commerce, vol. XVI, 1997, p. 49 s.

Ingerl, R./Rohnke, C., Markengesetz, Gesetz über den Schutz von Marken und sonstigen Kennzeichen, 2. Auflage, München, 2003.

ders., Der wettbewerbsrechtliche Kennzeichenschutz und sein Verhältnis zum MarkenG in der neueren Rspr. des BGH in der UWG- Reform, WRP 2004, 809 ff.

Jacobs, R./Lindacher W.F./Teplitzky, O, UWG Großkommentar, Berlin, Stand 1991.

Jarass, H.D./Pieroth, B., Grundgesetz für die Bundesrepublik Deutschland, 7. Aufl., München 2004.

Jestaedt, T./ Kaestle, F., Kehrtwende oder Rückbesinnung in der Anwendung von Art. 30 EGV: Das Keck-Urteil, EWS 1994, 26.

Joliet, R. Das Recht des unlauteren Wettbewerbs und der freie Warenverkehr, GRUR Int. 1994, 1 ff.

ders., La libre circulation de marchandises: l' arrêt de Keck et Mithouard et les nouvelles orientations de la jurisprudence, J.T.D.E. 1994, 145 ff.

ders., Der freie Warenverkehr: Das Urteil Keck und Mithouard und die Neuorientierung der Rechtsprechung, GRUR Int. 1994, 979.

Keilholz, K., § 3 und der mündige Bürger, in: Brandt, W./Gollwitzer, H./Henschel, F.H., Ein Richter, ein Bürger, ein Christ, Festschrift für Helmut Simon, Baden-Baden 1987, S. 681.

Kemper, R./Rosenow, J., Der Irreführungsbegriff auf dem Weg nach Europa, WRP 2001, 370 ff.

Keßler, J., „Marktordnung, Wettbewerb und Meinungsfreiheit" – wettbewerbstheoretische und verfassungsrechtliche Aspekte des § 6e UWG, WRP 1987, 75.

ders., Wettbewerbstheoretische Aspekte des Irreführungsverbotes – eine ökonomische und dogmengeschichtliche Analyse, WRP 1990, 73 ff.

ders., Wettbewerbsrechtliches Irreführungsverbot und Verbraucherinformation – erste Anmerkung zur „Yves Rocher"- Entscheidung des EuGH, WRP 1993, 571.

Keyssner, T., Täuschung durch Unterlassen – Informationspflichten in der Werbung: rechtsvergleichende Untersuchung zum deutschen, schwedischen u. dänischen Recht, Köln et al., 1986 (zugl. Diss., München, 1985)

Kießling, E./Kling, M., Die Werbung mit Emotionen – zugleich Anm. zu BVerfG, Beschluss vom 6.2. 2002 (1 BvR 952/90 und 1 BvR 2151/96), und zu BGH, Urteil vom 6. 12. 2001 (I ZR 284/00) –, WRP 2002, 615 ff.

Kisseler, M., Das deutsche Wettbewerbsrecht im Binnenmarkt, WRP 1994, 1 ff.

ders., Deregulierung als wirkliches Ziel ?, GRUR 1995, 73 ff.

Kloepfer, M./Michael, G., Vergleichende Werbung und Verfassung – Meinungsgrundrechte als Grenze von Werbebeschränkungen, GRUR 1991, 170 ff.

Knobl, P., Ein Meilenstein im Europarecht der Bank- und Wertpapierdienstleistungen sowie im Anwendungsbereich der Dienstleistungsfreiheit, Das EuGH- Urteil „Alpine Investments BV" vom 10.5.1995, Rs C- 384/93, WBl. 1995, 313 ff.

Kocher, D., Ungenügende Harmonisierung im Bereich der irreführenden Werbung am Beispiel der finnischen Rechtsprechung zu Tiefstpreisgarantien, GRUR Int. 2002, 707.

Kollmann, A., Technische Normen und Prüfzeichen im Wettbewerbsrecht, GRUR 2004, 6 ff.

Köhler, H., Der Einfluß des EG- Rechts auf das nationale Wettbewerbsrecht im Bereich des Täuschungsschutzes, ZLR 1994, 241 ff.

ders., Irreführungsrichtlinie und deutsches Wettbewerbsrecht, GRUR Int. 1994, 396 ff.

ders., Anm. zu BGH LM Nr. 836 UWG § 1; ZPO 286 v. 18.10.2001- Elternbriefe.

ders., Zum Anwendungsbereich der §§ 1 und 3 UWG nach Aufhebung von RabattG und Zugabe-VO, GRUR 2001, 1067.

ders., H./Piper, H., Gesetz gegen den unlauteren Wettbewerb mit Preisangabenverordnung, 3. Aufl., München 2002.

ders./Bornkamm, J./Henning-Bodewig, F., Vorschlag für eine Richtlinie zum Lauterkeitsrecht und eine UWG-Reform, WRP 2002, 1317 ff.

ders. UWG-Reform und Verbraucherschutz, GRUR 2003, 265.

Kort, M., Schranken der Dienstleistungsfreiheit im europäischen Recht, JZ 1996, 132 ff.

Kresse, H., Wirtschaftswerbung und Art.5 Grundgesetz (GG), WRP 1985, 536 ff.

Kriele, M., Wirtschaftsfreiheit und Grundgesetz, Rückblick und Bilanz am Verfassungstag, ZRP 1974, 105 ff.

Krings, E. Ph./Dietlein, D., Anlehnende bezugnehmende Werbung im Lichte des BVerfG-Urteils „Therapeutische Äquivalenz, in: Bopp, T./Tilmann, W., Festschrift für Horst Helm, München 2002, S. 100 ff.

Krüger, T., Die Zulässigkeit vergleichender Werbung aufgrund gemeinschafts-rechtlicher Vorgaben: Das Leitbild des mündigen Verbrauchers und die Öffnung der nationalen Märkte, Berlin, 1996 (zugl. Diss, Potsdam, 1996).

Krüger, H., Staatsverfassung und Wirtschaftsverfassung, DVBl. 1951, 361 ff.

ders., Wirtschaftsverfassung, Wirtschaftsverwaltung, Rechtsstaat, BB 1953, 565 ff.

Kübler F./Kübler J., Werbefreiheit nach „Benetton“ in: Habersack, M./Hommelhoff, P./Hüffer U./Schmidt, K., Festschrift für Peter Ulmer, Berlin 2003, S. 907.

Kulms, R., Werbung: Geschützte Meinungsäußerung oder unlauterer Wettbewerb ?, RabelsZ 63 (1999), 520.

Kunert, F., Das Grundgesetz im Parlamentarischen Rat, JuS 1979, 322 ff.

Kur, A., Irreführende Werbung und Umkehr der Beweislast, GRUR 1982, 663 ff.

dies., Verwechslungsgefahr und Inrreführung – zum Verhältnis von Markenrecht und § 3 UWG, GRUR 1989, 240 ff.

dies., Das Herkunftslandprinzip der E-Commerce-Richtlinie: Chancen und Risiken, in: Ahrens, H.-J./Bornkamm, J./Gloy, W./Starck, J./v. Ungern-Sternberg, J. (Hrsg.), Festschrift für Willi Erdmann, Köln et al. 2002, S. 629 ff.

Laffineur, J., L´ application de la L.P.C.C. aux produits et aux services immobiliers, DCCR, 2002, S. 3 ff.

Lagasse, Dominik, Observations sous Cour d´ arbitrage, 13 juillet 1989 – La loi-programme du 30 décembre 1988 imposait-elle aux laboratoires non hospitaliers de biologie clinique des conditions d´ exploitation discriminatoires par rapport aux laboratoires hospitaliers ?, J.T. 1990, S. 1 ff.

Larenz, K., Methodenlehre und Rechtswissenschaft, 6. Aufl., Berlin 1991.

Lecheler, H./Gundel, J. (Bearb.), Einführung in das Europarecht, 2. Aufl., München 2003.

Lehmann, M., Schutz des Leistungswettbewerbs und Verkauf unter Einstandspreis, GRUR 1979, 368 ff.

ders., Anm. zu EuGH, GRUR Int. 1993, 763 (Yves Rocher), in: GRUR Int. 1993, 764.

ders., Informationsverantwortung und Gewährleistung für Werbeangaben beim Verbrauchsgüterkauf, JZ 2000, 280.

Leible, S., Abschied vom flüchtigen Verbraucher, DZWir 1994, 177 ff.

ders./Sosnitza, O., „2 für 1-Vorteil“, Rabattgesetz und Europäisches Gemeinschaftsrecht – Anmerkungen zur Entscheidung des BGH vom 23.3.1995, GRUR 1995, 515- „2 für 1-Vorteil“, GRUR 1995, 799 ff.

ders., Anm. zu EuGH, EuZW 1998, 526, in: EuZW 1998, 528 ff.

Leisner, W., Der mündige Verbraucher in der Rechtsprechung des EuGH - Zur europarechtlichen Zulässigkeit abstrakter Gefährdungstatbestände (§§ 6a, 6b UWG), EuZW 1991, 498 ff

Lenz, C. O., Ein undeutlicher Ton, NJW 1994, 1633 ff.

Lerche, P., Werbung und Verfassung, München et. al., 1971.

Leroy, M./Mouffe, B., Le droit de la publicité, Bruxelles, 1996.

Lettl, T., Anm. zu BGH WuB V B. § 1 UWG 4.02 v. 18.10.2001 – Elternbriefe.

ders., Die Wettbewerbswidrige Ad hoc- Mitteilung, ZGR 2003, 853 ff.

ders., Der lauterkeitsrechtliche Schutz vor irreführender Werbung in Europa, München 2004

ders., der lauterkeitsrechtliche Schutz vor irreführender Werbung in Europa, GRUR Int. 2004, 85 ff.

ders., Gemeinschaftsrecht und neues UWG, WRP 2004, 1079 ff.

ders., Das neue UWG, München 2004

De Leval, G., Institutions judiciaires, éd. Collection scientifique de la Faculté de droit de Liège, Liège, 1993.

Lindacher, W. F., Grundfragen des Wettbewerbsrechts; BB 1975, 1311 ff.

ders., Lockvogel-und Sonderangebote, rechtliche Grenzen selektiver Niedrigpreisstellung, Köln, 1979.

ders., Funktionsfähiger Wettbewerb als Final- und Beschränkungsgrund des lauterkeitsrechtlichen Irreführungsverbots, in: Bruchhausen, K./Hefermehl, W./Hommelhoff, P./Messer, H. (Hrsg.), Festschrift für Rudolf Nirk, München 1992, 587 ff.

ders., Zum internationalen Privatrecht des unlauteren Wettbewerbs, WRP 1996, 645 ff.

ders., Kritisierende vergleichende Werbung, in: Pfeiffer, G.,Kummer, J., Scheuch, S., Festschrift für Hans Erich Brandner, Köln, 1996, S. 399 ff.

ders., Beweisrisiko und Aufklärungslast der nicht risikobelasteten Partei in Wettbewerbssachen, WRP 2000, 950 ff.

ders., Anmerkung zu OLG Köln v. 1.6.2001-6U 204/00, EWiR 2002, 831.

ders., Gefühlsbetonte Werbung nach BVerfG GRUR 2002, 455 – Tier- und Artenschutz in: Keller, E./Plassmann, C./v. Falck, A., Festschrift für Winfried Tilmann, Köln/Berlin/Bonn/München 2003, S. 195 ff.

Lobe, A., Die Bekämpfung des unlauteren Wettbewerbs, Bd. I, Leipzig, 1907.

Loewenheim, U., Aufklärungspflichten in der Werbung – Eine Analyse der neueren Entscheidungspraxis –, GRUR 1980, 14 ff.

Longfils, F., Publicité comparative et publicité superlative : où sont les limites ?, in : De Bauw, H. (Hrsg.), Annuaire 2003, 223 s.

Lüder, T., Mars: Zwischen Keck und Cassis, EuZW 1995, 609.

ders., Die Grenzen der Keck-Rechtsprechung, EuZW 1996, 615.

Ludwig, B., Irreführende und vergleichende Werbung in der Europäischen Gemeinschaft, Baden-Baden 1995 (zugl. Diss., Erlangen-Nürnberg, 1993).

Lurger, B./Vallant, S.M., Grenzüberschreitender Wettbewerb im Internet, RIW 2002, 188 ff.

Lux, H, Alleinstellungsberühmung als Vergleichende Werbung ? – Zugleich Besprechung des Urteils des OLG Hamburg vom 20.7.2000 – 3 U 191/99 – GRUR 2002, 682

Mankowski, P., Internet und Internationales Privatrecht, GRUR Int. 1999, 909 ff.

ders., Das Herkunftslandprinzip als Internationales Privatrecht der e-commerce-Richtlinie, ZVglRWiss 100 (2001), 137 ff.

Mathies, H., Art. 30 EG-Vertrag nach Keck, in: Due, O./Lutter, M./Schwarze, J. (Hrsg.), Festschrift für Ulrich Everling, Bd. I, Baden-Baden 1995, S. 803.

Maunz, T./Dürig, G. et al., Grundgesetz, Bd. I, Art. 1- 5, München, Stand 1992.

dies., Grundgesetz, Bd. II, Art. 6- 16 a, München, Stand 1991.

Meeusen, J., De aanknopingspunten in de nieuwe wet handelspraktikjen, T.P.R. 1994, 103 s.

ders., Anmerkung zu Vz. Kh. Brussel, 12 juli 1996, R.W. 1996- 1997, 855 ff., R.W. 1996- 1997, 858 s.

Melullis, K.- J., Handbuch des Wettbewerbsprozesses unter besonderer Berücksichtigung der Rechtsprechung, 3. Aufl., Köln 2000.

Menke, B., Die moderne informationsökonomische Theorie der Werbung und ihre Bedeutung für das Wettbewerbsrecht, dargestellt am Beispiel der vergleichenden Werbung, GRUR 1993, 718.

Meyer, A.H., Anm. zu EuGH, WRP 1994, 380 (Clinique) in: WRP 1994, 382.

ders., Weiterverkauf zum Verlustpreis, Anmerkung zu EugH, Urteil v. 24 November 1993, Rechtssache C-267/91 und C-268/91, WRP 1994, 99 f.

ders., Bemerkungen zur „Mars“-Entscheidung des EuGH, GRUR Int. 1996, 98 ff.

Michalski, L., Das Verbot der Werbung mit Selbstverständlichkeiten, BB 1992, 440 ff.

Michaux, B., Concurrence déloyale et anciens cocontractants – Les mises au point de la dernière jurisprudence, R.D.C. 1994, 578 s.

Michel, S., Ungleichgewicht einzelner Angaben bei der Blickfangwerbung am Beispiel der Entscheidungen „Einzelteil-Räumung“, Orientteppichmuster“ kontra „Computerwerbung“ – Auswirkungen des europäischen Verbraucherleitbildes auf die Grundsätze zur Blickfangwerbung, WRP 2002, 389 ff.

Micklitz, H.-W., Das Keck-Urteil des EuGH – vom Binnenmarkt zurück zum Freihandel ?, IStR 1994, 86.

ders./Keßler, J., Europäisches Lauterkeitsrecht – Dogmatische und ökonomische Aspekte einer Harmonisierung des Wettbewerbsverhaltensrechts im europäischen Binnenmarkt, GRUR Int. 2002, 885 ff.

ders./Keßler J., Funktionswandel des UWG, WRP 2003, 919 ff.

Miedzianogora, Y., L´ assurance à prime fixe et l´ assurance mutuelle, in : Unité et diversité du droit privé, ouvrage collectif, éd. de l´ Université de Bruxelles, 1983, p. 585 et s.

Möllering, J., Das Recht des unlauteren Wettbewerbs in Europa- eine neue Dimension, WRP 1990, 1 ff.

Möschel, W., Neuere Entwicklungen der Wettbewerbstheorie, Kritische Bemerkungen zu kritischen Bemerkungen, ZHR 145 (1981), 590 ff.

Müller, C., Zur Führung des Firmenzusatzes „Deutsch“, GRUR 1971, 141 ff.

Müller, T., Mutmaßungen über die Verkehrsauffassung, JR 1992, 8 ff.

v. Münch, I./Kunig, Ph. (Hrsg.), Grundgesetz-Kommentar, Bd. 1 (Präambel bis Art. 19), 5. Auflage, München, 2000.

Münchener Kommentar zum BGB mit Einführungsgesetzen und Nebengesetzen, 4. Aufl., München 2000 ff.

Münchener Kommentar zur Zivilprozessordnung mit Gerichtsverfassungsgesetz und Nebengesetzen, 2. Aufl., München 2000.

Musielak H.- J., Die Grundlagen der Beweislast im Zivilprozeß, Berlin et al. 1975.

ders. Kommentar zur Zivilprozessordnung mit Gerichtsverfassungsgesetz, 4. Aufl., München 2005.

Nastelski, K., Schutz der Allgemeinheit im Wettbewerbsrecht, GRUR 1969, 322 ff.

Niemöller, S., Das Verbraucherleitbild in der deutschen und europäischen Rechtsprechung, München 1999 (zugl.: Diss., Augsburg, 1998).

Nipperdey, H.C., Wettbewerb und Existenzvernichtung, Berlin, 1930.

Nordemann, A./Nordemann, J.B./Nordemann, W., Wettbewerbs- und Markenrecht, 10. Auflage, Baden-Baden, 2004.

Nordemann, W., Irreführung und vergleichende Werbung in Europa, in: Schwarze, J. (Hrsg.), Werbung und Werbeverbote im Licht des europäischen Gemeinschaftsrechts, Baden-Baden 1999, S. 148.

ders., Wie sich die Zeiten ändern – Der Wandel der Rspr. zum Verbraucherleitbild in § 3 UWG, WRP 2000, 977.

Nyssens, H., Perceptions europénne et belge d´ un consomateur transfrontalier: Promotion ou appréhension du marché unique ?, J.T. 1998, 207 ff.

Ohly, A., Herkunftslandprinzip und Kollisionsrecht, GRUR Int. 2001, 899 ff.

ders., A., Irreführende vergleichende Werbung, GRUR 2003, 641.

Ost F./Van de Kerchove M, Entre la lettre et l´ esprit. Des directives d´ interprétation en droit, 1989.

Paech, P., Der Einfluß der Richtlinie 84/450/EWG auf die Rechtsprechung zur irreführenden und vergleichenden Werbung, Bonn 2001 (zugl. Diss., Bonn 2001).

Paulus, J., Wirtschaftswerbung und Meinungsfreiheit – Inhalt und Schranken von Art.5 Abs. 1 S. 1 Grundgesetz (GG), WRP 1990, 22 ff.

Piper, H., Neuere Rechtsprechung des BGH zum Wettbewerbsrecht, GRUR 1996, 147 ff.

ders., Der Schutz der bekannten Marken, GRUR 1996, 429 ff.

Ponet, B., Anmerkung zu Prés. Comm. Nivelles, 18 novembre 2002, R.D.C. 2002, 183 f., R.D.C. 2002, 183 f.

Pons Großwörterbuch Französisch-Deutsch, 1. Aufl., Stuttgart 2004

Pottier, E., La nécessaire autonomie de l' article 20, 1° de la loi sur les pratiques du commerce par rapport à la réglementation technique applicable en matière de commercialisation et de publicité pour le tabac et les produits similaires, note sous Cass., 29 janv. 1987, R.D.C. 1987, 433 s.

Prosman, J., Evolution de la publicité depuis 1991, in : Formation permanente C.U.P., Pratiques du commerce, vol. XVI, 1997, p. 229 s.

Puttemans, A., Publicité interdite et obligation de résultat: la rupture de stock due au défaut de livraison d' un fournisseur n' est pas une cause de force majeure (art. 23 L.P.C.C.), note sous Prés. Comm. Bruxelles 8 mars 1993, Annuaire, 1993, 86 s.

dies., Publicité commerciale et vente commerciale, in : Fagnart J.- L. et al., Les pratiques du commerce, l'information et la protection du consommateur – premier bilan et perspectives d' application de la loi du 14 juillet 1991, notamment au regard du droit européen, Bruxelles, 1994, p. 203 s.

dies., Publicités Punica: la Cour dit toujours Non ! Pas d' avis de légalité, pas d' appréciation analytique, Annuaire 1995, 104 ff.

dies., Anmerkung zu Cour d' Appel de Liège, 13 octobre 1995, Professeur= vendeur ? Où il sera question d' enseignement hôtelier, d' artisanat, d' autorégulation et de concurrence déloyale, Annuaire 1995, 504 ff., Annuaire 1995, 508 ff.

Reese, V., Grenzüberschreitende Werbung in der Europäischen Gemeinschaft, München 1994 (zugl.: Diss., Bonn, 1992).

ders., Das „6-Kron-Eier"-Urteil des EuGH- Leitentscheidung für ein Leitbild ?, WRP 1998, 1035.

Reich, N., Rezension von Niemöller, S., Das Verbraucherleitbild in der deutschen und europäischen Rechtsprechung, München 1999, in: ZHR 164 (2000), 433 ff.

Reuthal, K.-P., Verstößt das deutsche Irreführungsverbot gegen Art. 30 EGV ?, WRP 1997, 1154 ff.

Ripert G./Roblot R., Traité élémentaire de droit commerciale, L.G.D.J., t. I, vol. 1., Commercants, Tribunaux de commerce, Fonds de commerce, Propriété industrielle, Concurrence (droit communautaire et francais), 18 édition, Paris, 2001.

Rittner, F., Über das Verhältnis von Vertrag und Wettbewerb, AcP 188 (1988), 101 ff.

Rosenberg, L./Schwab, K.H./Gottwald, P. Zivilprozessrecht, 16. Aufl., München 2004.

Roth, W.-H., Zur Tragweite der Harmonisierung im Recht des unlauteren Wettbewerbs, in: Immenga, U./Möschel, W./Reuter, D. (Hrsg.), Festschrift für Ernst-Joachim Mestmäcker, Baden-Baden 1996, S. 725 ff.

ders., Freier Warenverkehr nach „Keck" in Hübner, U./Ebke, W.F. (Hrsg.), Festschrift für Bernhard Großfeld, Heidelberg 1999, 929.

Ruess, P., Werbung zwischen Meinung, Markt und Menschenwürde, Zu den dogmatischen Grundlagen und Konsequenzen der BGH-Entscheidung H.I.V.-Positive II, WRP 2002, 1376 ff.

Rüffler, F., Irreführende Werbung und Europarecht – Teil I, WBl. 1996, 89; Teil II, WBl. 1996, 133.

Sack, R., Der Sonderschutz bekannter Marken, GRUR 1995, 81 ff.

ders., Irreführende Werbung mit wahren Angaben, GRUR 1996, 461 ff.

ders., Zeichenrechtliche Grenzen des Umpackens fremder Waren, GRUR 1997, 1 ff.

ders., Die Bedeutung der EG-Richtlinien 84/450/EWG und 97/55/EG über irreführende und vergleichende Werbung für das deutsche Wettbewerbsrecht, GRUR Int. 1998, 263 ff.

ders., Staatliche Werbebeschränkungen und die Art. 30 und 59 EG- Vertrag, WRP 1998, 103 ff.

ders., Das Verbraucherleitbild und das Unternehmerleitbild im europäischen und deutschen Wettbewerbsrecht, WRP 1998, 264 ff.

ders., Auswirkungen der Art. 30, 36 und 59 ff. EG-Vertrag auf das Recht gegen den unlauteren Wettbewerb, GRUR 1998, 871.

ders., Auswirkungen der Art. 30, 36 und 59 ff. EG-Vertrag auf das Recht gegen den unlauteren Wettbewerb, in: Schricker, G./Henning-Bodewig, F. (Hrsg.), Neuordnung des Wettbewerbsrechts, Baden-Baden 1998/1999, S. 135.

ders., Die Auswirkungen des europäischen Rechts auf das Verbot irreführender Werbung, in: Schwarze, J. (Hrsg.), Werbung und Werbeverbote im Lichte des europäischen Gemeinschaftsrechts, Baden-Baden 1999, S. 102.

ders., Die Präzisierung des Verbraucherleitbildes durch den EuGH, WRP 1999, 399 ff.

ders., Die Beurteilung irreführender Werbung für Importfahrzeuge aus EG-Staaten nach EG-Recht, WRP 2000, 23.

ders., Das internationale Wettbewerbsrecht nach der E-Commerce-Richtlinie (ECRL) und dem EGG-/TDG-Entwurf, WRP 2001, 1408.

ders., Herkunftslandprinzip und internationale elektronische Werbung nach der Novellierung des Teledienstegesetzes (TDG); WRP 2002, 271

ders., Auswirkungen des Europäischen Verbraucherleitbildes auf das Markenrecht, Mitt. 2002, 494 ff.

ders., Der Gewinnabschöpfungsanspruch von Verbänden in der geplanten UWG-Novelle, WRP 2003, 546.

ders., Die relevante Irreführung im Wettbewerbsrecht, GRUR 2004, 89 ff.

ders., personen- und unternehmensbezogenen Werbehinweise auf Mitbewerber als vergleichende Werbung nach § 6 UWG, WRP 2004. 817 ff.

Säcker, F. J., Das UWG zwischen den Mühlsteine europäischen Harmonisierung und grundrechtsgleicher Liberalisierung, WRP 2004, 1199 ff.

Scherer, I., Divergenz und Kongruenz der Rechtsprechung des EuGH und des BGH zur Verbraucherwerbung, WRP 1999, 991 ff.

dies., Normative Bestimmung von Verwechslungs- und Irreführungsgefahr im Markenrecht, GRUR 2000, 273 ff.

Scherl, H., Die Armen zahlen mehr – ein vernachlässigtes Problem der Verbraucherpolitik in der Bundesrepublik Deutschland ?, ZVP 1978, 110.

Schilling, T., Rechtsfragen zu Art. 30 EGV, EuR 1994, 50 ff.

ders., Gleichheitssatz und Inländerdiskriminierung, JZ 1994, 8 ff.

Schmidt-Bleibtreu, B./Klein, F., Kommentar zum Grundgesetz, 10. Aufl., München, 2004.

Schmidt, W.- A., Art. 30 EG- Vertrag als Grenze der Anwendbarkeit des nationalen Wettbewerbsrechts: Eine Untersuchung unter Berücksichtigung der neueren Rechtsprechung des Europäischen Gerichtshofs, Frankfurt am Main et al., 1999 (zugl. Diss., Heidelberg 1999)

Schricker, G., Das belgische Gesetz über Handelspraktiken. Neue Vorschriften über unlauteren Wettbewerb, Ursprungsbezeichnungen, Zugaben, Sonderveranstaltungen, Preis- und Mengenauszeichnungen sowie verwandte Gebiet, GRUR Int. 1972, 184 ff.

ders., Wettbewerbsrecht und Verbraucherschutz, Eine Darstellung des geltenden Rechts mit vergleichenden Anmerkungen, Rabels Z 36 (1972), 315.

ders., Möglichkeiten zur Verbesserung des Schutzes der Verbraucher und des funktionsfähigen Wettbewerbs im Recht des unlauteren Wettbewerbs, ZHR 139 (1975), 208 ff.

ders., Grenzen des Verbraucherschutzes, GRUR 1975, 349.

ders., Wettbewerbsrechtliche Aspekte des Verbraucherschutzes, Rabels Z 40 (1976), 535.

ders., Probleme der Europäischen Angleichung des Rechts des unlauteren Wettbewerbs, in: Berstein, K. (Hrsg.), Festschrift für Konrad Zweigert, Tübingen 1981, S.536 ff.

ders., Anm. zu EuGH, WRP 1993, 615 (Yves Rocher), in WRP 1993, 617.

ders., Deregulierung im Recht des unlauteren Wettbewerbs ? GRUR Int. 1994, 586 ff.

Schünemann, W.B., Mündigkeit versus Schutzbedürftigkeit. Legitimationsprobleme des Verbraucher-Leitbildes, in: Pfeiffer, Gerd, Festschrift für Hans Erich Brandner, Köln, 1996, S. 279.

ders., „Unlauterkeit" in den Generalklauseln und Interessenabwägung nach neuem UWG, WRP 2004, 925 ff.

Schwarze, J., Probleme des europäischen Grundrechtsschutzes, in: Everling, U. et al., Festschrift für Arved Deringer, Baden-Baden, 1993, S. 159 ff.

ders., Werbung im Gemeinschaftsrechtrechtsbestand und Grundfragen, in: Schwarze, J. (Hrsg.), Werbung und Werbeverbote im Lichte des europäischen Gemeinschaftsrechts, Baden-Baden 1999, S. 9 ff.

Schweikert, H., Anmerkung zu OLG Frankfurt vom. 9. Juni 1981 – 6 U 137/82, WRP 1984, 557, WRP 1984, 613 ff.

Schweizer, R., Die „normative Verkehrsauffassung" – ein doppeltes Missverständnis, GRUR 2000, 923 ff.

Schwintowski, H.-P., Freier Warenverkehr im Europäischen Binnenmarkt – eine Fundamentalkritik an der Rechtsprechung des EuGH zu Art. 28 EGV, in: Grundmann, S. (Hrsg.), Systemlücken in Kerngebieten des Europäischen Privatrechts: Gesellschafts-, Arbeits- und Schuldvertragsrecht, Tübingen, 2000, S. 457.

Seibt, K., Das europäische Verbraucherleitbild – ein Abschied von der Verwechslungsgefahr als Rechtsfrage ?, GRUR 2002, 465 ff.

Seidel, M., Die Dienstleistungsfreiheit in der neuesten Rechtsentwicklung, in: M. Seidel, Rechtsangleichung und Rechtsgestaltung in der Europäischen Gemeinschaft, 1. Auflage, Baden-Baden, 1990, S. 61 ff.

Seitz, C./Riemes, B., Anm. zu EuGH, EuZW 2000, 508 (Darbo), in: EuZW 2000, 511.

Skouris, W., Werbung und Grundrechte in Europa, EuZW 1995, 438.

Sosnitzka, O., Wettbewerbsbeschränkungen durch die Rechtsprechung: Erscheinungsformen und Ursachen auf dem Gebiet des lauterkeitsrecht, Baden-Baden, 1995 (zugl. Diss, Bayreuth, 1994)

ders., Das Koordinatensystem des Rechts des unlauteren Wettbewerbs im Spannungsfeld zwischen Europa und Deutschland, GRUR 2003, 739.

Spätgens, K., Irreführende Werbung – Verbraucherleitbild – Marktforschung, WRP 2000, 1023.

ders., Wettbewerbsrechtsprechung im Wandel – Anmerkungen zu jüngsten Entwicklungen, in: Keller, E. et al. (Hrsg.), Festschrift für Winfried Tilmann, Köln et al. 2003, S. 239.

ders., Zum Problem der sogenannten Inländerdiskriminierung nach dem EWG-Vertrag, in: Erdmann, W. et al., Festschrift für Otto-Friedrich Fhr. v. Gamm, Köln, Berlin, Bonn, München, 1990, S. 201 ff.

Spindler, G., Internet, Kapitalmarkt und Kollisionsrecht unter besonderer Berücksichtigung der E-Commerce-Richtlinie, ZHR 165 (2001), 324 ff.

ders., Das Gesetz zum elektronischen Geschäftsverkehr – Verantwortlichkeit der Diensteanbieter und Herkunftslandprinzip, NJW 2002, 921ff.

Stadler, H./Micklitz, H.-W., Der Reformvorschlag der UWG-Novelle für eine Verbandklage auf Gewinnabschöpfung, WRP 2003, 559.

Stein, F./Jonas, M., Zivilprozessordnung, Band 3, §§ 128-252, 22. Auflage, Tübingen, 2005

ders./Jonas, M., Zivilprozessordnung, Band 4, Teilbd. 2, §§ 348-510b, 21. Auflage, Tübingen, 1999.

Steindorff, E., Unlauterer Wettbewerb im System des EG- Rechts, WRP 1993, 139 ff.

Straetmans, G., De vernieuwde reclamereglementering uit de W.H.P.C. herbezocht aan de hand van markante rechtspraak in Handelspraktijken, in: Handelspraktijken anno 1996, Anvers, p. 29 ff.

ders., G., Who´s Who ? Verkoper o consument blijft een prangende rechtsvraag ?, note sous Bruxelles, 21 juin 1996, D.C.C.R., 1996, 376 s.

ders., Anmerkung zu Prés. Comm. Charleroi, 6 mai 1994, D.C.C.R. 1995, 335 ff., Noot: Zelfverdediging in handelspraktijken, en volwaardige buitengerechtelijke conflictbeheersing ?, D.C.C.R. 1995, 339 ff.

ders., Anmerkung zu Cass. 11 mai 2001, R.D.C. 2001, 692 ff., R.D.C. 2001, 694.

Streinz, R., Verkehrsauffassung in Europa, in: Heinze,M. (Hrsg.), Festschrift für Wolfgang Gitter, Wiesbaden 1995, 977.

ders./Leible, S., 10 % mehr Eiskrem für alle ! – Anmerkung zum Urteil des EUGH vom 6.7.1995 („Mars“), ZIP 1995, 1236.

ders., Werbung für Lebensmittel – Verhältnis Lebensmittel- und Wettbewerbsrecht, GRUR 1996, 16.

ders./Ohler, C. (Hrsg.), EUV/EGV, Vertrag über die Europäische Union und Vertrag zur Gründung der Europäischen Gemeinschaft; München, 2003.

Stuyck, J./Van Gerven, W., Beginselen van Belgisch Privaatrecht, XIII, Handels- en Economisch Recht, 2, Mededingsrecht, Handelspraktijken, Gent, 1985.

ders., La compabilité de la loi belge avec le droit européen actuel, A la recherche d´ un équilibre entre libre circulation et subsidiartité, in : Fagnart J.- L. et al., Les pratiques du commerce, l´information et la protection du consommateur – premier bilan et perspectives d´ application de la loi du 14 juillet 1991, notamment au regard du droit européen, Bruxelles, 1994, p. 273 s.

ders., J. « Consommateurs » et « vendeurs » dans la loi sur les pratiques du commerce in: Gillardin, J./Putzeys, D., Les pratiques du commerce, autour et alentour, Bruxelles 1997, p. 17 ff.

Swennen, H., Bepaalde handelspraktijken, in: Stuyck, J. et en Wytinck, P. (édtrs.), De nieuwe wet handelspraktijken, Bruxelles, 1992, p. 63 s.

Teplitzky, O., Die jüngste Rechtsprechung des Bundesgerichtshofs zum wettbewerblichen Anspruchs- und Verfahrensrecht, GRUR 1989, 461 ff.

ders., die jüngste Rechtsprechung des Bundesgerichtshofs zum wettbewerblichen Anspruch- und Verfahrensrecht, GRUR 1991, 709 ff.

ders., Die jüngste Rechtsprechung des Bundesgerichtshofs zum wettbewerblichen Anspruchs- und Verfahrensrecht IV, GRUR 1992, 821 ff.

ders., Zur Methodik der Interessenabwägung in der neueren Rechtsprechung des Bundesgerichtshofs zu § 3 UWG, in: Baur, J.F./Jacobs, R./Lieb, M./Müller-Graff, P.-C. (hrsg.), Festschrift für Ralf Vieregge, Berlin/New York 1995, S., 853 ff.

ders., Wettbewerbsrechtliche Ansprüche und Verfahren, 8. Aufl., Köln et al., 2002

ders., Irreführung und ihre Relevanz, Verwirkungseinwand und die Verhältnismäßigkeit eines Unterlassungsgebots – Klosterbrauerei, LMK 2003, 130 f.

Tilmann W., Irreführende Werbeangabe und täuschende Werbung, GRUR 1976, 544 ff.

ders., Die UWG- Novelle 1994, BB 1994, 1793 ff.

ders., Der „verständige Verbraucher", in: Erdmann, W./Gloy, W./Herber, R. (Hrsg.), Festschrift für Henning Piper, München 1996, S. 481.

ders., Richtlinie vergleichende Werbung, GRUR 1997, 790

Timmermans, C., Werbung und Grundfreiheiten, in: Schwarze, J. (Hrsg.), Werbung und Werbeverbote im Lichte des europäischen Gemeinschaftsrechts, Baden-Baden 1999, S. 26 ff.

Traub, F., Probleme der Interessenabwägung bei Anwendung des § 3 UWG, in: Bruchhausen, K./Hefermehl, W./Hommelhoff, P./Messer, H. (Hrsg.), Festschrift für Rudolf Nirk, München 1992, S. 1017 ff.

ders., Das Verbraucherleitbild in rechtsvergleichender Sicht, Baden-Baden 1998.

Trube, C.M., Mondpreiswerbung und der geplante § 5 IV UWG, WRP 2003, 1301 ff.

Ullmann, E, Der Verbraucher – Ein Hermaphrodit, GRUR 1991, 789.

ders., Einige Bemerkungen zur Meinungsfreiheit in der Wirtschaftswerbung, GRUR 1996, 948 ff.

Ulmer, E./Schricker, G./Wunderlich, D., Das Recht des unlauteren Wettbewerbs in den Mitgliedstaaten der Europäischen Wirtschaftsgemeinschaft, Bd. II, 1. Halbbd., Belgien/Luxemburg, München/Köln 1967.

Ulmer, P., der Bergriff „Leistungswettbewerb“ und seine Bedeutung für die Anwendung von GWB und UWG-Tatbeständen, GRUR 1977, 565 ff.

Uyttendaele, Marc, Précis de droit constitutionnel belge ; Regards sur un système institutionnel paradoxal, Bruxelles, 2001.

Van Bunnen, L., Les ambiguités de la loi du 26 juillet 1985 modifiant la loi sur les pratiques du commerce, J.T. 1986, 435 s.

ders., Anmerkung zu Bruxelles, 2 juillet 1987, J.T. 1988, 536 ff., J.T. 1988, 539.

ders., La protection juridique et jurisprudentielle des slogans et des expressions publicitaies, R.D.C. 1988, 900

ders., De l´ information commerciale et de la publicité : examen critique de l´ état actuel du droit et des réformes envisagées, in Balate, E./Stuyck, J., Les pratiques du commerce, l´ information et la protection du consommateur, Actes des journées d´ étude organisées le 19 et 20 novembre 1987, Louvain, 1988, p. 85 s.

ders., La nouvelle L.P.C. après deux ans, Rapport de synthèse, in : Fagnart J.- L. et al., Les pratiques du commerce, l´information et la protection du consommateur –

premier bilan et perspectives d' application de la loi du 14 juillet 1991, notamment au regard du droit européen, Bruxelles, 1994, p. 367 s.

Van Den Bergh, R., „De vernieuwde regeling van de reclame in de wet handelspraktijken 1991: geen reclame voor de Belgische wetgever", Annuaire 1992, 74 ff.

ders./Lehmann, M., Informationsökonomie und Verbraucherschutz im Wettbewerbs- und Warenzeichenrecht, GRUR Int. 1992, 588.

ders., Das neue belgisches Gesetz über die Handelspraktiken und die Information und den Schutz des Verbrauchers, GRUR Int. 1992, 803.

ders., Misleidende juiste reclame, in: Liber amicorum Paul de Vroede, Bruxelles, 1994, p. 1345 s.

Van Ryn, J./Heenen, J. Anmerkung zu Cass. 19 janvier 1973, R.C.J.B. 1974, 321 ff., Esprit de lucre et droit commercial, R.C.J.B. 1974, 325.

ders./Heenen J. Principes, Principes de droit commercial, tome 1, 2eme éd, Bruxelles, 1976.

Vande Lanotte, Johan/Goedertier, Geert, Inleiding tot het Publiekrecht, Deel 2, Overzicht Publiekrecht, 2003

Verbraucherschutzzentrale VoE., 2003 : Das Jahr, St. Vith, 2003

Verougstraete, I., Anmerkung zu Prés. Comm. Bruxelles, 14 mars 1977, J.C.B. 1978, 293 ff., J.C.B. 1978, 308.

ders., Praktijken strijdig met de eerlijke gebruiken, in: Stuyck, J. et en Wytinck, P. (édtrs.), De nieuwe wet handelspraktijken, Bruxelles, 1992, p. 129 ff.

Wacke, G., Werbeaussagen als Meinungsäußerungen, in: Ipsen, H.P., Hamburger Festschrift für Friedrich Schack, Hamburg, 1966, S. 197 ff.

Walebroeck, A., l' arrêt Keck et Mithouard : Les conséquences pratiques, J.T.D.E., 1994, 160 ff.

Weiler, F., Ein lauterkeitsrechtliches Vertragsauflösungsrecht des Verbrauchers ?, WRP 2003, 423.

W.G., Anmerkung zu Cass. 19 janvier 1973, Pas., 1973, I, 492, Pas., 1973, I, 495.

Wieacker, Franz, Privatrechtsgeschichte der Neuzeit, 2. Nachdr. der 2. Aufl., Göttingen, 1967.

Wiebe, A., Wettbewerbs- und zivilrechtliche Rahmenbedingungen der Vergabe und Verwendung von Gütezeichen, WRP 1993, 74 ff.

ders., EG-rechtliche Grenzen des deutschen Wettbewerbs am Beispiel der Umweltwerbung, EuZW 1994, 41.

Wimmer, F., Mangelnde Einkaufseffizienz einkommensschwacher Verbraucher – eine empirische Überprüfung und inhaltliche Erweiterung des These „Die Armen zahlen mehr“ für die BRD, ZVP 1981, 64.

Wohlgemuth, F.K., Das Recht des unlauteren Wettbewerbs in Belgien, WRP 1992, 457.

Wrange, H., Normative Irreführung und Täuschungsschutz, WRP 1986, 125 ff.

De Wulf, H., Loi du 2 août relative à la publicité trompeuse et à la publicité comparative, aux clauses abusives et aux contrats à distance en ce qui concerne les professions libérales, R.D.C. 2002, 95 ff.

Wuttke, T., Neues zur wettbewerbsrechtlichen Relevanz und Interessenabwägung bei der irreführenden Werbung – zugleich eine Anmerkung zu BGH, Urt. v. 7. November 2002 – I ZR 276/99 – Klosterbrauerei –, WRP 2003, 842 ff.

ders., Die Konvergenz des nationalen und des europäischen Irreführungsbegriffs, WRP 2004, 820, 821

Wytinck, P., Het toepassingsgebied van de W.H.P.C., in: Handelspraktijken anno 1996, p. 1- 27.

Zöller, R./Greimer, R., Zivilprozessordnung mit Gerichtsverfassungsgesetz und den Einführungsgesetzen, mit Internationalem Prozessrecht, EG- Verordnungen, Kostenanmerkungen, Kommentar, 25. Aufl. Köln 2005.

N.N., „Pratiques honnêtes » pour les professions libérales, Bilan 2001, 420 ff.

N.N., L´ évolution des règles et des pratiques relatives à la publicité et à l´ information sur les services offerts par l´ avocat, D.C.C.R., 1994, 198 ff.

Kolibri 360 GmbH
Ferdinand-Jühlke-Straße 7
99095 Erfurt, Deutschland
produktsicherheit@kolibri360.de

Druck:
CPI Druckdienstleistungen GmbH
im Auftrag der
Kolibri 360 GmbH
Ferdinand-Jühlke-Str. 7
99095 Erfurt